史海拾贝

——杜蒸民学术论文集

上

杜蒸民◎著

安徽师范大学出版社
ANHUI NORMAL UNIVERSITY PRESS
·芜湖·

图书在版编目(CIP)数据

史海拾贝：杜蒸民学术论文集 / 杜蒸民著 .—芜湖：安徽师范大学出版社，2021.3

ISBN 978-7-5676-3500-5

I. ①史… II. ①杜… III. ①中国历史—近代史—文集②中国历史—现代史—文集 IV. ①K25-53

中国版本图书馆CIP数据核字(2021)第062390号

SHIHAI SHIBEI DU ZHENGMIN XUESHU LUNWENJI

史海拾贝——杜蒸民学术论文集

杜蒸民◎著

责任编辑：孙新文　　责任校对：牛　佳
装帧设计：王晴晴　　责任印制：桑国磊
出版发行：安徽师范大学出版社
芜湖市北京东路1号安徽师范大学赭山校区
网　　址：http://www.ahnupress.com
发 行 部：0553-3883578　5910327　5910310(传真)
印　　刷：苏州市古得堡数码印刷有限公司
版　　次：2021年3月第1版
印　　次：2021年3月第1次印刷
规　　格：700 mm × 1000 mm　1/16
印　　张：36.75
字　　数：550千字
书　　号：ISBN 978-7-5676-3500-5
定　　价：128.00元(全二册)

前　言

2015年4月，杜蒸民先生把他的个人著作及私人藏书1000多册，捐献给了中学时代的母校——磐安中学。在捐书的同时，杜先生还捐献了一些私人藏品，其中有他与两代国家主要领导人的合影，有郭沫若的手书条幅等。

对于从事教学与科研的学者来说，最为珍视的，莫过于自己的作品与藏品。而今，杜先生把这些全都捐献出来，可见他对母校的情感是何等深厚。有感于此，我写了一篇新闻报道，以"校友捐书千册，了却六十载夙愿"为题，在《浙江教育报》等多家媒体发表。学校也在新建的图书馆设立专柜予以收藏和借阅，并决定把杜先生的论文整理出来。我有幸接到这一任务，并在两年后完成了这项工作。

杜先生著述丰富，科研成果丰硕。有个人专著《胡适与郭沫若》等；曾参与合著《戴震哲学著作选注》《中国史学发展史》等；在三十多家学术杂志上发表论文七十余篇。在这本论文集中，共收录杜先生作品四十三篇，五十余万字，其中胡适研究十二篇，郭沫若研究十篇，李大钊研究五篇，吕振羽研究七篇，其他杂说九篇。虽未能全收全录，却已得其大部，从中已能大致看出杜先生的主要学术成就。

历史如同大海，浩瀚深邃，变幻莫测，稍纵即逝，难窥真容。但在千淘万漉中，总会在不经意间，把一些闪着异彩的贝壳留在沙滩上。杜先生把自己比作早起的人，常常为捡拾到这些贝壳而欣喜万分，所以把论文集命名为"史海拾贝"。而在我看来，所谓"拾贝"，其实就是对真理的执着追求。

其实，编辑、整理的过程也是学习与思考的过程，也是另一种“拾贝”。如今，这些珍贵的贝壳串在了一起，所欣喜的，又岂止是工作的完成？期间获得的教益万千，已敬存于心。相信读者也会有同感。

感谢杜老，一位真诚的学者，我的校友，我的老乡。

黄无违

2017年4月于磐安中学

目　录

第一部分　李大钊研究

第二部分　郭沫若研究

第三部分 胡适研究

第四部分 吕振羽研究

第五部分　文史杂论

第一部分　李大钊研究

李大钊哲学思想发展初探

武仁同志在《“五四”前后李大钊哲学思想探讨》一文（见《哲学研究》1979年第5期，以下简称武文）中，对李大钊同志在1915年至中国共产党创立这一时期，即“‘五四’前后”的哲学思想，作了深入的探讨，明确肯定了李大钊同志作为五四运动的旗手，传播马克思主义的先驱和中国共产党建党思想奠基人的历史地位。并着重从他的哲学思想方面论证了他作为“中国哲学史上以辩证唯物主义为武器来观察社会、认识社会和改造社会的第一个哲学家”，“中国哲学发展史的新时代的开拓者”的历史功绩。这些论述，无疑是有意义的。

但是，武文把这一时期李大钊同志的哲学思想，说成“已经是一个马克思主义的辩证唯物主义者”和能够“运用历史唯物主义的原理去解决中国革命问题”的论断，我们是难以同意的。因为这个论断，不仅与武文在开头提出的也是国内史学界公认的，李大钊同志作为当时进步分子的代表，同样经历了一个“由民主主义到共产主义，由旧唯物主义到辩证唯物主义和历史唯物主义的转变过程”的论断不合，而且也与李大钊同志哲学思想发展的事实不合。

我们认为，李大钊同志哲学思想的发展是密切地联系于中国革命发展的历史进程的。在武文所说的“五四”前后时期，以十月革命为界线，显现为李大钊哲学思想发展的第一、第二两阶段。在第一阶段他的哲学思想只能是以进化论为特征的旧唯物论；第二阶段，才逐步成长为有初步辩证唯物论和历史唯物论的思想家；到中国共产党成立，才进入他的哲学发展的第三阶段，即随着他政治上日益成长为一个成熟坚定的共产主义者，哲学上确立了辩证唯物论和历史唯物论的世界观。下面，我们就李大钊哲学思想发展的三个阶段作一些初步的分析，以求教于武仁同志和专家、读者们。

一

如所周知，十月革命前，李大钊是作为一个小资产阶级激进民主主义者，一个热诚的爱国主义者，投身到以《新青年》为阵地的反封建新文化运动的洪流中去的。从当时他发表的《民彝与政治》《青春》《自然的伦理观与孔子》等一系列充满哲理的战斗文章中，我们看到他哲学上所使用的武器是以进化论为特征的旧唯物论，而决不是如武仁同志所说的是辩证唯物论和历史唯物论。

首先，在自然观或宇宙观上，与宗教及各种唯心论相反，他认为宇宙是不依人的意志为转移的客观的物质存在，世界上的万事万物则是运动着的物质的不同形态。他说："种种教宗哲派，要皆以宇宙具有一具绝对理性、绝对意思之不可思议的、神秘的大主宰。"（《自然的伦理观与孔子》）他说与这种"宇宙一切皆为神造"（《青春》）观点相反，"吾人以为宇宙乃无始无终自然的存在"，或者叫做"无始无终的大实在"（《"今"》），不仅宇宙本身是"自然存在"，而且宇宙中的一切现象，即万事万物都是"宇宙自然之真实本体所生"（《自然的伦理观与孔子》），都是"循此自然法而自然的、因果的、机械的以渐次发生渐次进化"（同上）的。他还指出，宇宙或物质世界也是运动的发展的，在时间上和空间上都是无限的永恒的。他说："宇宙果有初乎？曰，初乎无也。果有终乎？曰，终乎无也"，"无初无终，是于空间为无限，于时间为无极。质言之，无而已矣！"（《青春》）但是从宇宙的"万象万殊"来观察，即从具体事物的相对意义来观察，那么又是"有限"的，"有初有终"的，是"既有进化，必有退化。于是差别之万象万殊生焉"（同上）。接着他分析了具体事物生死、盛衰、阴阳、否泰、消长等现象，说"有生即有死，有盛即有衰，有阴即有阳"，"质言之有而已矣！"（同上）显然这是对客观世界的唯物主义表述。正是在这一基础上，他宣告形形色色的宗教和唯心论“非重于今日世界之吾人所足取也”（《自然的伦理观与孔子》），表示了与唯心论宇宙观的决裂。

其次，他指出客观物质世界不是静止不动、停滞不变的，而是“不断轮回”“刻刻流转”的。他说“宇宙本相，为不断轮回”（《新生命诞孕之努力》）。又说：“大实在的瀑流永远由无始的实在向无终的实在奔流。”（《“今”》）他认为“宇宙大化之流行，盛衰起伏，循环无已”（《“晨钟”之使命》）。而“新生命之诞生，固常在累累坟墓之中也”（同上）。这就肯定宇宙是运动发展的，而发展是沿着不断更新，即“新生命之诞生”的方向前进的。他的结论是“实在即动力，生命即流转”（《“今”》）。更重要的是他已经看到事物存在着矛盾对立的两面及其联系，特别是矛盾着的两面的“不均”推动着事物的发展。他说：“宇宙进化的机轴，全由两种精神运之以行，正如车有两轮，鸟有两翼；一个是新的，一个是旧的。”而矛盾生活“就是新旧不调和的生活”（《新的！旧的！》）这种新与旧的斗争，构成事物发展的规律，这就是“一成一毁者，天之道也。一阴一阳者，易之道也”。又说：“天之行也以其动，其动也以不均”，“及其均平，天地乃毁”（《青春》）。应该说，这种从事物内部去寻找发展动力的看法，是一种自发的辩证法见解。

他进一步指出，无论是生物界还是人类社会，发展的基本趋势都是新的战胜旧的，新生力量战胜腐朽力量。他说：“新兴之国族与陈腐之国族遇，陈腐者必败；朝气横溢之生命力与死灰沉滞之生命力遇，死灰沉滞者必败；青春之国民与白首之国民遇，白首者必败。此殆天演之公例，莫或能逃者也。”（同上）正是基于这样的一种发展观，他著文宣布孔子“其人已为残骸枯骨，其学说之精神，已不适于今日之时代精神”（《自然的伦理观与孔子》）。批判尊孔复古派，“言必称尧舜”，“义必取诗、礼”的谬论，无情地鞭挞腐朽的旧事物；热情鼓励青年一代，以不断改造自己和追求进步的精神，勇敢地冲决历史上一切网罗和破除一切陈腐学说，为“再造中国”而奋斗。这样，他就使唯物论和进化论的发展观直接服务于以批孔为核心的反封建新文化运动。

他还提出大冲“真理之权威”的有唯物论倾向的认识论。他说：“余信宇宙间有唯一无二之真理”，认为“人生最高之理想，在求达于真理”（《真理之权威》）。在肯定世界的客观性时，也肯定真理的客观性。他认为所谓真理就是“洞明实体的认识”（同上），而实体是“流”动的，发展变化的，因而对实体的认识也必将发生变化，所以“古今来之天经地义，未必永为天经地义，而邪说淫辞，则又未必果为邪说淫辞”（同上）。因此，人们的认识就不能停滞不前，要不断探索真理。他指出人们获取真理之方法有二，“一在查事之精，一在推论之正”，“而二者之中，尤以手握事实为要”，即接触实际“求其真实之境”（同上）。他认为用这种办法，经过曲折反复的探索，就可逐步地取得对客观真理的认识。他提出“与其信仰孔子”，“毋宁信真理”的口号，从真理论上直接为批判孔孟学说和“民主”思想作了有力的论证。当时他虽然还不了解实践在认识和检验真理中的作用，但他肯定真理就是对“实体”的认识，真理是发展的。这不能不说是一种杰出的有唯物论倾向的见解。

在社会历史观上，他批判了各种英雄史观，主张“民彝可以创造历史，而历史者不可以束缚民彝”的“唯民主义”历史观。他指出：“圣智之与凡民，其间智能相去不远。”“吾民当知国家之大事，经纬万端，非一二人之力所能举，圣智既非足依，英雄亦莫可恃，匹夫之责，我自尸之。”（《民彝与政治》）又说：“国家之成，由人创造，宇宙之大，自我主宰。”（《厌世心与自觉心》）这样，他就从人与人之间的智能“相去不远”，引申到人民管理国家大事的政治结论，这种认识是深刻的。他还把两种对立的历史观直接与两种对立的政治制度联系起来考察，他说：“唯民主义，乃立宪之本，英雄主义，乃专制之原。”（《民彝与政治》）正是这样，他提出反对形形色色的英雄史观为基础的改头换面的政治主张，诸如“新英雄主义”“哲人政治”“贤人政治”等口号，坚决否定有“官僚政治存在于世界之余地”（《俄国大革命之影响》）。应该肯定这种与英雄史观和专制制度相对立的“唯民主义”观点，在一定程度上承认了人民群众创造历史和主宰历史的观点，是同期包括陈独秀在内的许多进步分子所不可企及的，是一种接近历史唯物主义的进步观点。

从上述分析中，我们看到李大钊同志对宇宙的本源的看法是唯物主义的，发展观有着辩证法的因素，真理论有唯物论倾向，历史观也有接近历史唯物主义的因素。这是他较同期其他进步分子更为激进的地方，也是十月革命后，他能迅速地转变到辩证唯物论和历史唯物论的良好基础。但是，从总体上看，这时李大钊的哲学思想并没有达到辩证唯物论，而是以进化论为旗帜的机械唯物论，历史观则基本上还是历史唯心论。

他在阐述自己的宇宙观和社会历史观时，始终是打着达尔文的进化论的旗号，始终是贯串着进化论的观点。例如在阐述对宇宙的看法时，强调“宇宙为有进化者”，而宇宙的变化，就是“日新，日日新又日新之谓也”。他在阐述了自然和社会的发展变化时，强调的是“天演之迹，进化之理”，是“儒家日新之旨”。在谈到新兴战胜陈腐，青春战胜白首的历史趋势时，强调的还是“天演之公例”。在批判旧道德，宣判孔学“死刑”时，同样是以进化的道理来加以论证。他还十分推崇维新派思想家谭嗣同，大量引用谭嗣同的言论来进行反封建斗争。这一切表明，他的哲学思想实际上是进化论和中国儒家“日新说”的结合，外加一些老、庄、佛的哲学语言，他与维新派一样用的是进化论的思想武器，所不同的是他更为激进。可见，他的哲学就是维新运动以来，中国进步资产阶级的哲学观点的继续和发展。

他在阐述宇宙的发展观时，没有引入“突变”的概念，在社会观上没有突出“革命”的意义，所以实际上仍没有超出“进化论”的范围。进化论的发展观就在于不承认质变或突变在发展中的意义。他这时所宣传的正是这种发展观。他讲客观物质世界的发展变化，是强调“自然的、因果的、机械的以渐次发展渐次进化”（《自然的伦理观与孔子》），他否认“突变”，讳言“革命”，甚至想求得“突发之革命可免，日新之改进可图”（《民彝与政治》）。他虽然也讲“矛盾”，也讲联系，但讲的只是新与旧的矛盾，只是时间上的先后联系，显然还不是辩证唯物论的科学的矛盾观和普遍联系的概念。这一切说明他的发展观有明显的机械唯物论性质，还没有超出进化论的范围，所以他对客观世界的运动发展还不能作完全科学的说明。

从他对许多重大历史问题的论述看，他的社会历史观，基本上还是历史唯心主义的。例如，他宣传过“精神具万能之势力”（《国民之薪胆》），认为只要中国人“良知一念之微明”（同上），就可以拯救中国于沦亡。因此，他曾主张教育救国论。又如，他主张“唯民主义”，一面强调“人”和“众庶”在历史上的作用，一面又说“群枢”（领袖），有“移风易俗的力量”（《风俗》），还保留有英雄史观的尾巴，还谈不上如武文所说“科学地批判了帝王圣贤偶像崇拜，充分地论述了人民群众创造历史这一历史唯物主义的重要原理”。他的“唯民主义”，充其量不过是卢梭的“天赋人权”论和托尔斯泰主义在中国的翻版而已。

总之，我们在充分肯定李大钊同志哲学思想的进步因素的同时，也应该实事求是地指出他思想上的某些消极因素，恰当地予以评价，而不要拔高。

二

十月革命后，李大钊同志看到了马克思主义的无比威力。他的视线转向了马克思主义，逐步抛弃资产阶级世界观，接受并宣传马克思主义，开始了从民主主义向共产主义，从旧唯物论向辩证唯物论的转变。他先后发表了《庶民的胜利》《布尔什维主义的胜利》《我的马克思主义观》等一系列政治、哲学论文，表明他的哲学观点已经越出了旧唯物论和进化论的范围，成为一个初步具有辩证唯物论和历史唯物论观点的哲学家。其哲学思想变化的基本特点是努力学习，积极宣传并开始应用历史唯物主义。

首先，他指出，马克思主义是与以往各种“不是偏于感情，就是涉于空想”的社会主义流派不同的学说，是“一个科学的理论与系统”（《我的马克思主义观》）。他说：“从前的历史，专记述王公世爵纪功跃武的事。史家的职分，就在买此辈权势阶级的欢心。”以使“那些永据高位握有权势的人，才能平平安安的常享特殊的权利”，这种史观“简直是权势阶级愚民的器具”。而唯物史观“不是一种供权势阶级愚民的器具，乃是一种社会进化的研究”，它对历史的“解释方法不求其原因于心的势力，而求之于物的势力”，是“于人类本身的性质内求达到较善的社会情状的推进力与指导力”（以上引文见《唯物史观在现代史学上的价值》）。这样，它就把两种历史观的对立从阶级利益上加以考察，肯定了唯物史观的科学价值，划清了两种历史观的界限。

其次，他写了许多文章热情洋溢地宣传唯物史观的一些基本原理。

关于存在和意识、基础与上层建筑及其相互关系。他指出，唯物史观把世界上的“万殊”现象归结为“物质”和“精神”两种。也就是存在和意识两种。他认为“自然、物质和人类的生活要求”等都属于物质现象，而“思想、主义、哲学、宗教、道德、法制等”（《物质变动与道德变动》）社会意识，则属于精神现象。在物质和精神、基础和表层之间，他认为“社会现象，以经济现象为最重要”，“精神现象是物质现象的反映”（同上），肯定了经济是社会发展变化的决定因素和最后原因。他说：“上层的变革，全靠经济基础的变动，故历史非从经济关系上说明不可。”（《我的马克思主义观》）在这样的前提下，他指出精神、上层建筑也有反作用（不是决定作用），他说：“一切表层构造，如法律等，不是绝对的不能加些影响于各个经济现象，但是他们都是随着经济全进程的大势走的。”（《物质变动与道德变动》）就这样，他对唯物史观关于物质与精神、基础与上层建筑的原理，作了比较正确的介绍，既坚持了唯物论，又避免了机械唯物论。

关于生产力和生产关系及其相互关系的原理。他指出，“人类社会生产关系的总和，构成社会经济的构造”，而“基础构造的变动，乃以其内部促他自己进化的最高动因，就是生产力”。他说：“生产力与社会组织有密切的关系。生产力一有变动，社会组织必须随着他变动。社会组织即社会关系，也是与布帛菽粟一样，是人类依生产力产出的产物。”他进而指出：“生产力在那里发展的社会组织，当初虽然助长生产力的发展，后来发展的力量到那社会组织不能适应的程度，那社会组织不但不能帮助他，反倒束缚他妨碍他了。”（以上见《我的马克思主义观》）社会革命就是在这种矛盾发展的基础上必然到来的。这样，他就简明地概述了唯物史观关于生产力和生产关系相互关系的原理。

关于阶级和阶级斗争问题。他指出阶级斗争学说是唯物史观“对于过去历史的一个应用”（同上）。他说所谓阶级“就是经济上利害相反的阶级”，“在土地共有制崩坏以后，经济的构造都建在阶级对立之上”。这种对立的阶级“一方是压服他人掠夺他人的，一方是受人压服，被人掠夺的”（同上）。他认为从奴隶社会直到资本主义社会，都是在阶级对立中依次“进化”而来的。他还指出，阶级斗争不但是历史上客观存在的，而且是推动历史发展的动力。他说：“社会组织的改造，必须假手于其社会内的多数人。而为改造运动的基础势力，又必发源于现在的社会组织下立于不利地位的阶级。”这样，“一阶级运动改造，一阶级反对改造”（《阶级竞争与互助》）的阶级斗争，推动着社会的进步。他进一步指出，与阶级是在历史上产生一样，它也必将在历史上消亡。到了“生产力非常发展”，“改造社会消泯阶级的最后”（同上）时刻就到来了。这些言论与前期用“贪”与“惰”的根性说明社会问题的唯心史观对比，确是一大进步，标志着在历史观上，李大钊已由进化论和唯心史观向历史唯物主义阶级论的重大转变。

此外，关于人民群众特别是劳动人民在历史上的进步作用的论述方面，与前期抽象地主张“唯民主义”，实际上寄希望于“中级社会”不同，他明确提出“人民”或“劳动人民”创造历史的观念，肯定人类历史是物质资料生产的历史，劳动人民的历史。他说：“一切过去的历史，都是靠我们本身具有的人力创造出来的，不是那个伟人圣人给我们造的。”（《唯物史观在现代史学上的价值》）又说：“社会主义的实现，离开人民的本身，是万万做不到的。”（《我的马克思主义观》）因此，他认为“无论何人，应该认识民众势力的伟大，在民众本身，尤应自觉其权威而毅然以张用之”（《要自由集合的国民大会》）。这就较前更深刻地批判了英雄史观。

他还开始运用历史唯物主义来观察说明历史，指导现实斗争，这是他哲学思想转变的又一个重要标志。例如，他运用经济基础与上层建筑相互关系的原理，进一步开展对以孔学为中心的封建文化的批判；他还运用阶级分析方法，写了一系列分析战后世界形势，十月革命和中国革命的政治论文；他还运用唯物史观反击了胡适派的改良主义，研究回答了中国革命中的许多问题，等等。

综上所述，这时李大钊同志不仅信仰唯物史观，积极宣传唯物史观，而且开始“以辩证唯物主义为武器来观察社会、认识社会和改造社会”，做出了可贵的成绩。但是，对他的哲学思想发展水平也还不能估价过高。事实是，这时他对马克思主义哲学的掌握和运用都只具有初步的性质，他还学得不深不透，宣传得也不全正确，运用也不够娴熟，甚至还会在各种社会主义流派面前，目迷五色，真假不辨，用他自己的话说就是“平素对于马氏的学说没有什么研究”（《我的马克思主义观》）。具体表现如下：

（一）他还不能严格区别唯物史观和资产阶级社会学。例如，他把法国资产阶级启蒙学者孔道西说成是“唯物史观的开创者”（同上），说实证论者孔德与马克思一样，是“努力以求历史法则之发见为己任而终能有成，跻后起的历史学、社会学于科学之列”（《史观》）的哲学家。又如，他拥护唯物史观，又表示赞成克鲁泡特金的“互助论”；他赞成唯物史观，又不喜欢这个名称，认为把唯物史观叫做经济史观“妥当一些”，说唯物史观一辞，“只是历史之经济的解释”（《唯物史观在现代史学上的价值》）。他有时还把唯物史观叫做“社会组织进化论”，把科学社会主义叫做“社会主义运动论”，把阶级斗争学说叫做“阶级竞争说”等等。

（二）对唯物史观的某些原理尚有保留，对唯心史观有让步。例如，他对生产力和生产关系的矛盾运动与阶级、阶级斗争规律之间的联系不理解。他认为唯物史观一面肯定历史发展的原动力是生产力，一面又说历史是阶级斗争史，是“矛盾冲突”，“终觉有些牵强矛盾的地方”（《我的马克思主义观》）。又如，他肯定阶级斗争学说，又说“协合与友谊，就是人类社会生活的普遍法则”，说“自虫鸟牲畜乃至人类，都是依互助而进化的”（《阶级竞争与互助》）。甚至说阶级斗争学说有“偏蔽”。这样，他实际上看不到阶级斗争在历史上的作用，陷入了克鲁泡特金“互助论”的历史唯心论的泥坑。所以，他对未来社会改造，“主张以人道主义改造人类精神，同时以社会主义改造经济组织。”（《我的马克思主义观》）主张物心两面的改造，“灵肉一致的改造”（《物质变动与道德变动》）。这实际上是一种二元论的社会历史观，带有浓厚的唯心主义和空想社会主义的色彩。

（三）在应用上，还不能把唯物史观贯彻到底。例如，对道德这一社会意识形态的说明上，他虽然正确地看到它与社会经济基础的关系，但对道德产生于原始社会的情况又不能正确解释，不懂得原始社会的道德，同样植根人们的社会经济关系，根源于原始公社的生产资料公有制。竟说“道德原来是动物界的产物……道德心是动物的本能”（同上），把道德说成是人的自然本性，这样，他又陷入了社会达尔文主义的泥坑。

我们约略指出李大钊同志这时的某些“未必精当”（《〈守常全集〉题记》）的理论观点，只是说明他在由旧唯物论向辩证唯物论和历史唯物论转变过程中，有一个不成熟的过渡阶段。

三

中国共产党成立后，李大钊作为党的创始人和领导人之一，一面积极参加对中国革命的领导，一面更加发奋研究马克思主义。从他先后发表的《马克思的经济学说》《“今”与“古”》《土地与农民》等许多文章看，与他政治上转变为坚定的共产主义立场相应，哲学思想上他则彻底地抛弃了进化论，或“创造的进化论”，主张“创造的革命论”，更加娴熟地运用唯物史观来研究历史，观察现实和解释党的路线和政策。用他自己的话说对马克思主义已“稍微知道一点”（《马克思的经济学说》）了。表明他已经发展成为一个比较成熟的辩证唯物主义和历史唯物主义哲学家。

首先，他更加坚定地拥护辩证唯物论和历史唯物论，拥护“创造的革命论”，批判复古主义和历史循环论。针对当时的复古逆流，他强调指出：“宇宙的运命，人间的历史，都可以看作无始无终的大实在的瀑流，不断的奔驰，不断的流转，过去的一往不还，未来的万劫不已。”

（《“今”与“古”》）他说：“历史的进路，纵然有时一盛一衰，一衰一盛的作螺旋状的运动，但此亦是循环着前进的，上升的，不是循环着停滞的。”（《现代史学的研究及于人生态度的影响》）据此，他批判了“一切今的，都是恶的，一切古的，都是好的”（《“今”与“古”》）形而上学和复古主义思潮。与前一阶段不同，他现在“崇今”是在辩证唯物论基础上，肯定历史的发展是螺旋式上升的，是经历着由进化到革命的路程前进的。他形象地比喻说：“‘社会主义’之想打破资本主义的制度，亦恰如鸡子之想打破卵壳一样”（《马克思的经济学》），是经历着量变到质变的过程的。“革命乃是我们更大的途程”，“革命是不可避免的”（同上）。这样，他就把量变与质变规律，用来说明事物发展的客观进程，论证了革命的必然性，表明他从进化论转变到辩证唯物论和历史唯物论。这是他在前二阶段都未达到的新的哲学高度。

表明他从进化论到辩证唯物论和历史唯物论飞跃的另一个明显标志，就是他对社会改良主义的批判。例如，他把当时国际上的社会主义运动区分为两大潮流：社会党人的改良主义运动，他称之为“创造的进化论”；共产党人领导的共产主义运动，第三国际领导的运动，他叫做“创造的革命论”。他这样用“创造的革命论”来否决“创造的进化论”，表明他世界观上已明确地肯定革命在历史发展中的重大意义，是对自己所曾赞赏的“进化论”和“日新说”的清算。

在肯定世界的辩证发展的同时，他更坚定了对唯物史观的信仰，更加强调唯物史观对中国革命的指导作用。他说，我们“应该细细的研考马克思的唯物史观，怎样应用于中国今日的政治经济情形。详细一点说，就是依马克思的唯物史观以研究怎样成了中国今日政治经济的情状，我们应该怎样去作民族独立运动，把中国从列强压迫之下救济出来”（《这一周》）。这段话表明他已完全去掉对唯物史观的误解，衷心拥护唯物史观作为中国革命的哲学基础，“拯救中国的导星”（同上）。这是与前期不同，是他发展成为自觉的马克思主义哲学家的又一标志。

其次，他更加努力和更加娴熟地应用辩证唯物论和历史唯物论来批判唯心史观，研究历史和指导中国革命，朝着马克思主义理论与中国革命的结合上前进了一大步，这是他这个时期哲学思想发展的基本标志，是与前期相比最大的特点。

例如在历史研究上，他针对以“史书”为历史的错误观念，指出：“历史是有生命的，活动的，进步的；而不是一成不变的。”“不但过去的历史是社会的变革，即是现在，将来，社会无一时不在变革中。”（《研究历史的任务》）他指出用唯物史观的科学态度和方法研究历史，就是“一，整理事实，寻找出它的真确的证据；二，理解事实，找出它的进步的真理”（同上）。根据这样的要求，他提出“改作重作”历史的任务，希望把那些被唯心史观，“怪诞不经的话”伪造出来的历史著作，加以改写，删去其神学迷信和歪曲，使历史著作建立在实事求是的科学的基础上。为了实现这样的任务，他写了许多历史政治论文。他研究分析了宗教的本质和原始宗教产生的根源，指出原始宗教是“强力的缺陷”“身体的缺陷”“生命的缺陷”“品性的缺陷”（《宗教与自由平等博爱》），即生产力水平低下，人们在自然力面前无力反抗的表现。他还分析了原始时代的中国历史，剥去了旧史书中对它的种种神化、美化的光环。他还分析了中国历史上的土地问题和农民问题，指出：“中国今日的土地问题，实远承累代历史上农民革命运动的轨辙”，“而有待于中国现代广大的工农阶级依革命的力量以为之完成。”（《土地与农民》）此外，他还较系统地介绍了国际共产主义运动的历史，巴黎公社的历史，科学社会主义发展的历史。他还分析了十月革命后的世界形势，说明了中国革命与世界革命的关系等。尽管这些文章仍有这样那样的缺点，其明显的特点是，由于较深入地钻研了历史唯物主义，因而对历史事件的分析说明，就显得更加透辟、深刻。而且由于他把历史的研究与现实的斗争直接联系起来，从历史上为党的新民主主义纲领和政策作了论证，就使这些文章具有更浓厚的现实针对性和战斗性。

又如，在应用阶级观点进一步清算各种错误思想的影响方面，他指出“空想社会主义者流的哲学，为十八世纪启蒙派的社会哲学”（《桑西门的历史观》）。空想社会主义者要求一个“合于理性的时代”，方法是“平和的”；科学社会主义者要求一个“阶级消泯的时代”，主张“革命的方法”，主张在“革命时期”，“不能不经过一个无产者专政时期”（《平民主义》）。只有经过这个阶段，阶级才会消灭，“那时事的管理，代替了人身的统治”（同上）。这样，他就正确区分了两种不同的社会主义流派，赞成科学社会主义，“拥护无产阶级专政”。这与前期想用“互助论”和“工联主义”来修补阶级斗争学说的“偏蔽”，是又一个重大进步，表明他与空想主义和无政府主义思想彻底划清了界限。

他还用阶级观点进一步分析中国革命，为党的民主革命纲领、路线、政策作论证。他指出：“英帝国主义对于中国的压迫，造成了中国革命。”（《马克思的中国民族革命观》）他认为中国只有“在压迫中国民众的帝国主义完全消灭的时候，才有光荣的胜利终结”（《孙中山先生在中国民族革命史上之位置》）。因此，他十分重视把中国革命与世界革命联系起来，反复宣传中国革命是“世界的一部”的思想。他还专门分析了中国的土地问题这个反封建的民主革命的中心问题的历史和现状。提出实行“平民政治”，打倒封建军阀、虚伪的议会制度和一切特权阶级，要求建立“一个人民的政府”（《十月革命与中国人民》）。

他还写了大量歌颂工农群众运动的文章，宣传相信群众，依靠群众，放手发动群众特别是工农群众起来参加国民革命的路线。他指出“在国民革命中当先锋的亦只有无产阶级”（《追悼列宁并纪念“二七”》），肯定无产阶级在民主革命中的领导地位。他还集中地研究分析了农民问题，分析了历史上的农民运动和农村阶级，充分估计农民在民主革命中的重要地位。他满怀热望地说：“中国浩大的农民群众，如果能够组织起来，参加国民革命，中国国民革命的成功就不远了。”（《土地与农民》）他还正确地分析了鲁豫陕等省农民自发武装组织红枪会，并主张用《国际歌》的精神教育农民和武装农民，彻底肃清唯心史观对农民的精神束缚，集中地反映了他坚信人民群众是历史的创造者这一光辉立场。由上说明，在对工农群众运动的态度上，他与党内其他马克思主义者毛泽东、周恩来、彭湃等一样，代表了第一次国内革命战争时期的正确路线。这是他牢固确立辩证唯物论和历史唯物论观点的最有力的证据。

总之，这个时期李大钊哲学思想的基本特点是，摆脱和抛弃了前一阶段尚残留的各种唯心主义思想的影响，从理论上说明，特别在应用上表明他已牢固地确立辩证唯物论和历史唯物论的世界观。当然，这不是说他已经没有缺点了，问题是与他的基本方面相比已经显得更为次要了。这表明随着中国革命实践的发展，他不仅政治上成长为一个坚定的马克思主义者，在哲学思想上也相应地成长为一个比较成熟的马克思主义的哲学家，一个中国哲学发展史的新时代的开拓者。

（原载《哲学研究》1981年第6期）

李大钊经济思想述论

杜蒸民　汪世忠

中华人民共和国成立以来，特别是党的十一届三中全会以来，学术界对于十月革命之后李大钊同志在中国革命史上的丰功伟绩，以及在传播马克思主义哲学和科学社会主义方面所作出的重大贡献，进行了广泛而深入地研究，并给予高度的评价；而对于他的经济思想以及他在传播马克思主义政治经济学方面所作出的重大贡献，却刚刚开始研究。

当我们阅读李大钊遗著时，就不难发现，李大钊同志在中国最先介绍了马克思的巨著《资本论》的主要观点，第一次比较系统、准确地解释和宣传了马克思经济学说的基本原理。他研究了马克思"经济论"产生的历史背景，认为马克思经济理论是"一个时代的产物"。他着重介绍了马克思经济理论的核心"余工余值说"，即剩余价值的学说，并在此基础上进一步分析了劳动力这种商品"能生产比他自身所含价值还多的东西"的特性，指出：资本主义生产的目的，就在于"增大余值"，资本家却将工人"余工"所创造的"余值"纳入自己的囊中。这就一针见血地揭开了"现代资本主义的秘密"所在，明确指出，"余值论"是马克思的"经济学说的根本观念"，充分肯定了剩余价值学说在马克思主义经济理论中的地位。这些表明李大钊同志已经比较正确地把握了马克思经济思想的精髓，对马克思主义政治经济学的研究，已具有相当的广度和深度。正由于这样，方使他能够应用马克思主义观点来分析说明中国社会经济问题，并第一个在中国提出关于社会主义条件下经济结构的设想，在我国现代经济史上写下了光彩夺目的一页，留下了极其宝贵的思想财富。本文将从李大钊同志对中国社会经济的分析和关于社会主义经济结构的论题两个方面所作的贡献作一试述，供共同研究和探讨。

一、应用马克思主义经济理论来研究中国社会经济问题

“五四”运动爆发后，李大钊同志不仅继续努力宣传马克思主义，而且提出把马克思主义“应用于中国今日的政治经济情形”[①]，“我们应该怎样去作民族独立的运动，把中国从列强压迫之下救济出来”[②]的任务。为此，他发表了一系列重要论文，以马克思主义经济理论为指导，认真考察、分析中国历史上和当代的社会经济问题，探讨了改造中国的道路。这构成了李大钊经济思想的重要内容。

首先，他应用马克思主义经济观点，考察了中国历史上的社会经济结构及其变动，着重剖析了中国封建经济结构的特点，剖析了资本帝国主义入侵后近代中国社会经济结构变动的情况。

例如在《由经济上解释中国近代思想变动的原因》一文中，他分析了二千年来中国封建社会的经济结构，指出：中国是“以农业立国”的国家，“在东洋诸农业本位国中，占很重要的位置，所以大家族制度在中国特别发达”。他认为，中国的大家族制度，一面是血缘的结合，一面又是经济的结合，其中经济的结合是主要的。由于农业生产力发展缓慢，自给自足的自然经济占统治地位，虽然商品交换早已存在，但在整个经济中不起决定的作用。因此，中国社会自从脱离奴隶制度进到封建制度以后，其经济、政治、文化长期陷于发展迟缓的状态中。他认为，这种“大家族制度”和“农业经济组织”是中国二千余年的“社会的基础构造”，也是它的上层建筑孔子学说所以能够作为“万世师表”“永久不变的真理”，一直支配着中国人的精神世界的根本原因。他还把这种以“农业为本位”、几千年来在经济上处于停滞不前状况中的东方文明，称之为“静的文明”，而把以“工商为本位”，以及“与自然竞争”“与同类竞争”的西方文明，称之为“动的文明”。他从“静”和“动”两个不同角度，考察了两种截然不同的经济结构，虽然还不够深刻，但却极其形象生动地描述了中国封建经济结构变动缓慢的历史特点。

---

①《这一周》。
②《这一周》。

他指出，随着资本主义的发展，资本帝国主义为了“扩张市场”“搜求原料”，加紧了对中国的经济侵略。他说：“时代变了！西洋动的文明打进来了！西洋的工业经济来压迫东洋的农业经济了！”“资本主义所扩张的生产力，非现在国家的界限所能包容。”[①]由于这种经济上的需要，西洋的商人来叩“东洋沉静的大门了”。

1840年，英国的大炮轰开了中国的大门，帝国主义遂以“武力强挟鸦片及其他商品等经济势力”[②]来压迫中国，“打落了清朝皇帝的威灵，强迫这天朝上国与俗野的世界相接触”[③]，使长期闭关自守的中国封建社会解体了，这与“谨藏在封固的棺中的木乃伊不论何时，一与空气相接，立即分解”[④]完全一样，外国资本主义的侵入对于中国的社会经济起了很大的分解作用。

接着，他分析了鸦片战争后，中国社会经济结构的变动情况。他指出，由于资本帝国主义列强强迫中国签订了一系列不平等条约，控制了中国沿海的通商口岸，掌握了中国的关税、铁路等经济大权，用“在国外制成的精制品以极低的税输入国内”，使中国的手工业和家庭工业竞争不过国外的机械工业、工厂工业。结果就是“中国的农业经济挡不住国外的工业经济的压迫，中国的家庭产业挡不住国外的工厂产业的压迫，中国的手工产业挡不住国外的机械产业的压迫”。封建自给自足的农业经济遭受破坏，新兴民族资本主义的经济力量很软弱，也遭到排挤，“国内的产业多被压倒，输入超过输出”。因而大批农民和手工业者破产，“一切生活都露出困迫不安的现象”。总之，中国近代社会经济结构的变动，乃是“由于外力压迫的结果”。

由于中国是以“农业为本位”的国家，所以，他在探讨中国社会经济问题时，还十分重视对中国土地问题的研究。他指出：“在中国历史上自古迄今不断地发生平均地权的运动。”[⑤]但是直到“经济落后沦为半殖

①《Bolshevism的胜利》。
②《孙中山先生在中国民族革命史上之位置》。
③《马克思的中国民族革命观》。
④《马克思的中国民族革命观》。
⑤ 均见《土地与农民》。

民的中国”[1]的近代，土地问题仍然是中国社会经济的突出问题。太平天国宣布“一种含有均分共有性质”[2]的土地政策和孙中山提出的以“平均地权与节制资本”[3]为中心的民生主义，都是试图解决中国长期存在的土地问题的，但均未见其实行。因此，时至今日，土地问题仍是中国半殖民地半封建社会经济的中心问题。

由上可见，李大钊同志应用马克思主义唯物史观，考察了中国社会经济形态的演变过程，并作出了有价值的分析，这对于我党研究中国革命的性质是作出了重要贡献的。

其次，他应用经济分析的方法，进行了大量的社会调查，考察了中国社会各阶级的经济地位，为我党的民主革命的路线和政策的制定提供了有益的论据。

他指出，中国工人“天高地阔，只有一身”[4]，在资本家残酷的掠夺和压榨下，终日在“仿佛是一座地狱”[5]的炭坑里做工，享受不到“人世间的空气阳光”[6]，过着“不如骡马”的生活；他们辛辛苦苦生产的结果，都“为少数资本家所垄断所掠夺”，终岁勤劳，却得不到温饱和学习的机会；而童工、女工所受的压迫、剥削和侮辱尤为严重。中国无产阶级不仅受本国资本家的直接压迫，而且还“受到他国资本家间接压迫的影响，比各国无产阶级者受他们资本家直接压迫的影响还要厉害”[7]，除了反抗，没有别的出路。所以，他认为，从历史上看，“别的阶级都丧失其意义，惟独产业者阶级，其意义反以逐渐增加”[8]，他断言“产业者阶级毕竟是最大重要的阶级”[9]。

他指出，“我们中国是一个农国，大多数的劳工阶级就是那些农民”[10]。“农民约占总人口百分之七十以上，在全国人口占主要的位置，

①《土地与农民》。
②《土地与农民》。
③《土地与农民》。
④《战后之妇人问题》。
⑤《唐山煤厂的工人生活》。
⑥《唐山煤厂的工人生活》。
⑦《马克思的经济学说》。
⑧《桑西门的历史观》。
⑨《桑西门的历史观》。
⑩《青年与农村》。

农业尚为国民经济之基础”[1]。他认为，中国的农业是小农经济，自耕农、佃农及自耕兼佃的农民为最多。所以，他列举大量材料，着重分析了“农民中最多数最困苦的阶级——自耕农与佃农”[2]，而按照经济状况，又把他们区分为中农和贫农两个阶层，并指出自耕农不仅受土豪劣绅掠夺之苦，“豪强兼并土地”之害，而且深受“外货侵入军阀横行的影响”[3]，生活不安定，濒于“破产的境遇”[4]，出现一个“全国农民破产的潮流”[5]。总之，“中国农民在帝国主义压迫之下已趋于难境，重以兵祸连年，流离失所。入民国来，苛捐杂税，负担日重”[6]；而佃农及雇工所受压迫更甚，正因为这样，“当估量革命动力时，不能不注意到农民是其重要成分”[7]。

在分析工人阶级经济状况的同时，他分析了中国民族资产阶级的经济地位，认为他们不仅有剥削、压迫工人阶级的一面，而且也有受帝国主义经济势力排挤和打击的一面。他说：鸦片战争以后，“在外货竞争之下，中国的纺织者，遭遇了最大的艰难，社会生活随着外货压迫的比例，显出不安的现象”[8]。他又说：辛亥革命时期，“全国经济阶级都相助”[9]孙中山领导的资产阶级革命。但是，与工人阶级相比，资本家毕竟是剥削阶级，他们的财产全是“基于别人的汗血，别人的辛苦”[10]。由于“经济阶级没有受到痛苦，不想去革命”，“只是唱着平和”[11]，所以“革命终不能成功”。这样，他就从中国民族资产阶级经济地位上的两重性，进而指出它们在政治上的两面性，即既有革命性的一面，又有妥协性和革命的不彻底性的一面。

在分析农民各阶层经济状况的同时，他指出，地主豪绅即“那些赃

①《土地与农民》。
②《土地与农民》。
③《土地与农民》。
④《鲁豫陕等省的红枪会》。
⑤《土地与农民》。
⑥《土地与农民》。
⑦《土地与农民》。
⑧《孙中山先生在中国民族革命史上之位置》。
⑨《劳动问题的祸源》。
⑩《我的马克思主义观》。
⑪《劳动问题的祸源》。

官、污吏、恶绅、劣董”[①]是农村中的剥削阶级，是造成“中国农村的黑暗”[②]的根子，是中国革命的对象。

基于上述考察和分析，他肯定在资本帝国主义压迫下，全国的资产阶级、农民、小资产阶级，都不能领导革命取得胜利，而只有无产阶级，才能“在国民革命中当先锋”[③]。肯定中国的农民是国民革命的主力军，“中国浩大的农民群众，如果能够组织起来，参加国民革命，中国国民革命的成功就不远了”[④]。肯定中国今日的土地问题，“有待于中国现代广大的工农阶级依革命的力量以为之完成”[⑤]。

这样，他通过对中国社会各阶级经济地位的考察和分析，为我党提出反帝反封建的革命纲领、坚持无产阶级领导权和工农联盟的思想作了初步的论证。尽管这种分析还比较粗糙，还不够完善，但是鉴于当时我们党还处在幼年时代，鉴于当时全党的马列主义水平，却是非常难能可贵的，反映了他已具有较高的马列主义水平。

再次，他还应用马克思主义经济理论，坚持了从经济制度角度对中国社会进行根本改造的主张。

“五四”运动以后，以胡适为代表的资产阶级改良主义者，为了抵制马克思主义在中国的传播，反对对中国问题的根本解决。胡说什么“‘十部盈余价值论’不如一点研究的兴趣”，鼓吹一点一滴的改良主义的主张。李大钊同志在《再论问题与主义》一文中，揭露了胡适之流企图在现存社会制度下改造中国的幻想，针锋相对地指出：“经济问题的解决，是根本的解决”[⑥]“经济组织没有改造以前，一切问题，丝毫不能解决”[⑦]。他认为，谋求中国社会的改造，首先必须根本改变社会经济制度。因为“经济问题一旦解决”，可以导致政治问题、法律问题、家族制度问题、女子解放问题、工人解放问题的全部解决。同时，他又强调指

①《青年与农村》。
②《青年与农村》。
③《追悼列宁并纪念“二七”》。
④《土地与农民》。
⑤《土地与农民》。
⑥《再论问题与主义》。
⑦《再论问题与主义》。

出：经济问题的根本解决，不能等待“集产制”即社会主义的公有制的自然成熟，而为了要改造社会经济制度，就必须进行“阶级斗争”、必须有“相当的准备活动”，否则，“那经济的革命，恐怕永远不能实现”[①]。从而指明了，只有推翻中国的半殖民地半封建的反动政权，彻底改造中国的社会经济制度，才是彻底改造中国社会的唯一出路。

他还指出：“上层的变革，全靠经济基础的变动。”[②]由于近代中国社会经济状况的变动，经济基础发生变化了；那么，反映农业经济的帝王思想、孔子学说也就“根本动摇”了。随着经济的变动，“至圣先师”失灵了。无产阶级觉醒了。新思想则应“经济的新状态，社会的新要求”[③]而发生了。帝王思想、宗教迷信必然被民主、科学思想所取代。这样，他就应用马克思主义关于经济基础和上层建筑相互关系的基本原理，进一步说明了孔子学说必将随着中国封建经济基础瓦解而趋于破产，从而把当时的批孔斗争引向深入。

从“经济问题的解决，是根本的解决”这一马克思主义基本观点出发，李大钊同志提出了改造中国的两个方面任务，即“物心两面的改造，灵肉一致的改造”[④]，这就是“以社会主义改造经济组织”和“以人道主义改造人类精神”[⑤]；也就是说，以生产斗争、阶级斗争作为“改造社会组织的手段”，以互助的原理作为“改造人类精神的信条”。他强调指出“精神的改造，实在是要与物质的改造一致进行，而在物质的改造开始的时期，更是要紧。”他认为“人类在马克思所谓‘前史’的期间，习染恶性很深，物质的改造虽然成功，人心内部的恶，若不铲除净尽，他在新社会生活里依然还要复萌，这改造的组织，终于受他的害，保持不住”[⑥]。这样，他既反对了那种所谓“人心改造”为根本改造的“教育救国论”等错误观点，又反对了那种单纯的所谓“发展实业”的“实业救国论”的错误观点。我们认为这种主张，不是什么“二元论”，而是“一

①《再论问题与主义》。
②《马克思的历史哲学》。
③《由经济上解释中国近代思想变动的原因》。
④《阶级竞争与互助》。
⑤《我的马克思主义观》。
⑥《“少年中国”的“少年运动”》。

元论”。理由是：其一，他首先强调：“经济的生活，是一切生活的根本条件”[①]，物质资料的生产即“生产衣食方法的进步与变动”[②]，决定了“所有别的进步”。坚持了物质改造是一切改造的前提。其二，他在肯定物质改造的决定条件下，承认精神有反作用。他说：“经济组织没有改变，精神的改造很难成功”[③]，但是“不改造人类精神，单求改造经济组织，也怕不能成功”[④]。总之，他是从物质改造和精神改造的辩证关系上，提出中国社会改造缺一不可的两个方面的任务的。

如前所述，李大钊同志努力应用马克思主义观点，探讨和研究了中国社会的经济结构及其变动情况，考察和分析了中国半殖民地半封建社会各阶级的经济状况，提出了从经济制度上根本改造中国社会的主张，从而为我党确立中国新民主主义革命的性质、任务、动力、对象、前途等一系列问题提供了理论依据。这表明他在应用马克思的经济理论，解决中国革命实际问题上，迈出了可贵的第一步。

二、对中国社会主义经济结构的初步设想

李大钊同志作为我国最早的马克思主义经济学家的另一个重要标志，还在于他应用马克思主义经济理论和俄国建设社会主义新经验，在我国较早地、较系统地提出关于实现社会主义经济问题的若干设想，为发展马克思主义政治经济学，起了开路作用。

李大钊同志关于中国社会主义经济问题的若干设想，是在同形形色色假社会主义流派斗争中形成起来的。“五四”运动以后，中国长期被禁锢的思想闸门被打开了，在科学社会主义传播的同时，各种冒牌社会主义也一拥而入，纷至沓来：空想社会主义、新村主义、无政府主义、工读主义、泛劳动主义、基尔特社会主义以及贴上社会主义标签的封建主义，五光十色，真假莫辨。张东荪、梁启超等假社会主义者，又挑起关

①《唯物史观现代史学上的价值》。
②《唯物史观现代史学上的价值》。
③《“少年中国”的“少年运动”》。
④《我的马克思主义观》。

于“社会主义问题”的论战。李大钊同志坚持科学社会主义，写了《中国的社会主义与世界的资本主义》《平民主义》《社会主义下的经济组织》《社会主义释疑》等一系列论文，阐述了马克思关于社会主义社会的理论，驳斥了资产阶级对社会主义制度的各种诬蔑，探索了在中国实现社会主义的具体道路。

首先，他肯定中国只能走社会主义道路，而不能走资本主义道路。他针对资产阶级右翼所谓中国的出路，“只能是资本主义，而不是社会主义”的反动说教，明确指出：要问“中国今日是否能行社会主义”①，就必须先问“世界今日是否已具实现社会主义的倾向的经济条件”②。他分析了当时世界资本主义发展的趋势和工人运动蓬勃发展的历史潮流，指出，“现在世界的经济组织”，已经“由自由竞争，发达到必由社会主义共营地位”③，中国人民在世界经济上的地位，已立在“这劳工运动日盛一日的风潮中”。因此，“想行保护资本家的制度，无论理且不可，抑且势所不能”④。他强调指出：“今日在中国想发展实业，非由纯粹生产者组织政府，以铲除国内的掠夺阶级，抵抗此世界的资本主义，依社会主义的组织经营实业不可”⑤。“中国实业之振兴，必在社会主义之实行”⑥。这样，他就从十月革命之后的世界经济、政治形势的高度，考察了中国革命，得出了中国必须走社会主义道路的结论。这是列宁、斯大林关于社会主义理论和帝国主义时代的殖民地、半殖民地国家民族解放运动，是属于世界无产阶级社会主义革命一部分的思想的具体发挥。

其次，他认为实现社会主义，必须首先夺取政权，然后根据不同的社会经济成分，采取不同方式建立社会主义公有制。他明确指出：“社会主义的实现，必须经过三个阶段：一、政权的夺取；二、生产及交换机关的社会化；三、生产分配及一般执行事务的组织”⑦。这里所说的第一

①《中国的社会主义与世界的资本主义》。
②《中国的社会主义与世界的资本主义》。
③《中国的社会主义与世界的资本主义》。
④《中国的社会主义与世界的资本主义》。
⑤《中国的社会主义与世界的资本主义》。
⑥ 见1921年3月出版的《曙光》第2卷第2期《社会主义下之实业》。
⑦《社会主义下的经济组织》。

阶段，就是指“取革命的手段”，也就是说无产阶级以暴力夺取政权，实行无产阶级专政。第二、第三阶段，就是指在无产阶级专政条件下，如何建立“社会主义下的经济组织。”他认为，无产阶级夺取政权以后，应立即把“生产工具由资本家的手中夺来，仍以还给工人”[①]，“一切生产事业都归国营”[②]，实现生产资料公有制。第一步应将“大资本的企业：铁路、矿山、轮船公司、承办运输事业，大规模的制造工业、大商店收归国有”[③]。但是，对中小工商业者、个体劳动者私有制却应实行逐步改造，将“小工商业及运输机关，亦渐次收归国有”[④]的政策。又如对农民，他认为“除去有土农夫所有的土地以外，土地亦收归国有。但在新组织下，他种职业未觅得以前，此项农民仍准续理前业”[⑤]。稍后，在《土地与农民》《鲁豫陕等省的红枪会》等论文中，他又提出“耕地农有”的主张，“使耕地尽归农民，使小农场渐相联结而为大农场，使经营方法渐由粗放的以向集约的，则耕地自敷而效率益增，历史上久久待决的农民问题，当能谋一解决。”这就是说，对广大的手工业者和农民的个体私有制经济，不能采取剥夺的方式，在社会主义发展的一定时期内，还必须允许存在，并采取逐渐引导的办法使之走上集体化和现代化的道路。这样，他既坚持了必须对各种非社会主义经济成分实现社会主义改造的思想，又主张根据不同阶级不同对象的情况，有区别地逐步地进行社会主义改造的原则，反对一刀切。这是对马克思列宁主义关于社会主义改造思想的具体而比较准确的阐述，也是对十月革命后俄国生产资料公有化经验教训的一种客观总结。这不仅在理论上是一种贡献，而且也对我们当前的经济变革有一定的指导意义。

再次，他强调在确立以生产资料公有制为基础的社会主义生产关系之后，要实行“工人政治”，发展社会生产力，这是无产阶级政权的根本任务。他说：“随着无产者专政状态的经过，随着阶级制度的消灭，Ergatocrary的内容将发生一大变化，他的统治的意义，将渐就消泯，以事

①《我的马克思主义观》。
②《社会主义下的经济组织》。
③《社会主义下的经济组织》。
④《社会主义下的经济组织》。
⑤《社会主义下的经济组织》。

物的管理代替了人身的统治”[1]，此时，所谓工人政治，就是“为工人，属于工人，由工人的事务管理”[2]，此时，所要求的社会组织不是“以官治民，以中央统驭地方”[3]的所谓“纵”的组织；而是“以爱结合的组织”的所谓“横”的组织。此时，所要解决的问题，“不是政治问题，乃是经济问题”。这就是说，对物的管理，是在完成生产资料私有制改造以后所面临的一个首要问题，也是无产阶级专政国家一个极其重要的经济任务。他认为，关于国家组织的新指令、新计划能否被付诸实际，这不仅是权力的问题，而且是一个执行技术的难问题。因此，“不必研究怎样可以得着权力，应该研究怎样可以学会管理事物的技术。”[4]什么是管理事物的技术呢？他指出：“农部委员必集合农业专门家，组织高等会议，分部实行指导农民，以图农业生产的改进。工部委员及其他委员亦然”[5]；还应该奖励“科学上有所发明普及的工人”[6]，允许“个性发展的机会”，用“极经济的组织与方法”[7]来指导和组织生产。这就是说，必须依靠各行各业的专家，参加国民经济各个方面的领导，调动一切积极因素，来“开发富源，俾利国用”，发展工农业生产。尤其难能可贵的是，他还指出要反对“闭户自封”，在维护国家主权独立的基础上，也可举办“国际的共营的事业”[8]，实行对外开放的政策。总而言之，就是用经济的办法来管理经济。

他还对当时流行的“平民主义”作出新解释。他说：真正的“平民主义”，就是“把政治上、经济上、社会上一切特权阶级完全打破，使人民全体，都是为社会国家作有益的工作的人”[9]。不论是官吏还是公民，都是“治理国家事务”的人；而且，人人都是“治者”。这里，所谓“治者”[10]，不是对人的统治，而是对事物的管理。人与人之间的关系不是隶

①《平民政治与工人政治》。
②《平民主义》。
③《由纵的组织向横的组织》。
④《平民主义》。
⑤《社会主义下的经济组织》。
⑥《社会主义下的经济组织》。
⑦《社会主义下的经济组织》。
⑧《社会主义下的经济组织》。
⑨《平民主义》。
⑩《平民主义》。

属关系，而是互助、友爱、平等的关系，是一种新型的社会主义关系。这样，他就给“平民主义”赋予了社会主义民主的新含义。

同时，他还肯定了在社会主义制度下商品生产、商品交换的存在。在社会主义条件下，是否存在商品生产问题，是马克思主义经典作家尚未完全解决的问题。十月革命前，列宁曾说：“社会主义就是消灭商品经济。”[①]十月革命后，经过实践方在“新经济政策”中承认了社会主义过渡时期商品生产和商品交换的客观必然性。李大钊同志在设想社会主义经济制度时，正是根据苏联的经验指出：“生产品不就是为消费的，有直接分配于消费者，有分配他业者，后者不过记一记账，前者则须代价，金银纸币流行，可以换取所需的物品。”[②]“国家将生产品经过一回中心市场，使有货币者得以换取所需的物件，售价适应于此期流行的货币。”[③]短短数语，明确肯定了社会主义条件下，还存在着商品生产、商品交换和货币联系，肯定了价值规律自然起作用。这在一定意义上正是对列宁在新经济政策中提出关于社会主义制度下商品生产和商品交换的思想的补充和发挥。

他还论述了社会主义制度下个人消费品的分配问题。他说：“劳苦工作的人得一种均等机会去分配那生产的结果。”[④]应该使直接从事生产的人能够“得和他劳工相等的份”[⑤]，必须“谋一个对于同一工作给与同额报酬的方法”[⑥]，从而正确介绍了社会主义按劳分配的原则。

上述关于实现生产资料公有制后，以发展生产力作为无产阶级政权的根本任务；强调用经济手段管理经济，依靠各方面的专家来领导生产、实行对内开发、对外开放的政策，对“平民政治”的新解释，以及社会主义条件下还存在商品生产和商品交换的论述，不仅有重大的理论意义，也有重大的现实指导意义。

此外，他还正确阐述了社会主义的生产目的，驳斥了资产阶级对社

---

①《列宁全集》第15卷，第112页。
②《社会主义下的经济组织》。
③《社会主义下的经济组织》。
④《劳动教育问题》。
⑤《战后之妇人问题》。
⑥《我的马克思主义观》。

会主义制度的各种诬蔑，回答了人们对于社会主义所存在的种种疑虑。他对社会主义生产目的的阐述，是从分析生产与消费的关系开始的。他说："生产为消费者的需要所轨制，计算应绰裕一点"，"使生产恰合于公众的需要"。①这就是说，生产是为了消费，并受消费所制约，消费是生产的前提、生产的动力，是检验生产的标准。生产的最终目的归根到底是为了满足人们的个人消费需要，应使生产走上适应消费的轨道，各个生产部门和单位，要根据社会的总计划和消费者的具体需要，生产各种相应的消费品。进而，他明确指出：社会主义生产就是"使生产品为有计划的增殖"，"能够使我们人人都能安逸享福，过那一种很好的精神和物质的生活"②，这就比较全面地指出了社会主义生产目的及其手段。这个表述虽然还没有作为社会主义基本经济规律这一经济范畴提出，同时也还不够完善；但是，与三十年后斯大林在《苏联社会主义经济问题》一文中关于社会主义基本经济规律的表述基本上是一致的，是不谋而合的。这是李大钊同志对社会主义政治经济学的一大创见。

在正确阐述社会主义生产目的的基础上，他驳斥了当时资产阶级散布的怀疑社会主义的种种谬论。他针对"社会主义制度之下，是穷苦的，不是享福的"谬论，明确指出："社会主义是要富的，不是要穷的，是整理生产的，不是破坏生产的。"③针对"社会主义制度成立以后，人民就要发生怠工的现象"④的谬论，指出："社会主义制度底下做工，是很愉快的，很舒服的，并不象现在资本主义制度下的工作，非常劳苦，用那牛马一样，得不到一点人生的乐趣。"⑤针对"社会主义制度底下是不自由的"谬论，指出"经济上的自由，才是真正的自由"⑥。总之，他认为，实现社会主义"是寻快乐的，不是向那穷苦不自由的地方去"⑦。由此联想到林彪、四人帮反革命集团，鼓吹"穷过渡""勒紧裤带干革命"

①《社会主义下的经济组织》。
②《社会主义下的经济组织》。
③《社会主义释疑》。
④《社会主义释疑》。
⑤《社会主义释疑》。
⑥《社会主义释疑》。
⑦《社会主义释疑》。

等假社会主义的谬论以及破坏社会主义生产，反对改善人民生活的反革命罪行，我们更加深深感到，李大钊同志关于社会主义生产目的和维护社会主义制度声誉的光辉论断，是多么精辟，多么深刻。

从上可见，李大钊同志关于社会主义经济问题中的若干设想，是在国际共产主义运动还没有多少现成经验的历史条件下，是在中国革命刚刚转入新民主主义革命阶段的情况下，根据马克思主义经典作家关于社会主义社会的总设想提出来的。他提出这些设想的目的，是给社会主义经济制度，勾画出一个轮廓以鼓舞人们为争取在中国实现社会主义而斗争。这些设想由于是在与形形色色假社会主义斗争中提出的，因而不仅具有战斗性，而且还具有创造性。这些设想在今天看来，虽然还是初步的，不够充分的，不够成熟的，但仍然放射出真理的光辉，有着现实的指导意义。

综观李大钊同志传播马克思主义经济理论、应用马克思主义经济理论来探讨说明中国社会经济状况和探索社会主义经济制度的一些重大课题方面的成就，我们认为，他堪称是我国经济史上捍卫和发展马克思主义经济理论的先驱者，一位最早的马克思主义经济学家。他的经济思想，是中国社会经济矛盾运动和中国革命客观规律的反映，他写的涉及经济理论的专著，是研究中国现代经济思想史的珍贵文献。我们必须认真研究和继承这份遗产，为实现中国社会主义现代化，努力学习和发展马克思主义经济理论。

（原载《史学月刊》1984年第6期）

李大钊经济思想初探

杜蒸民　汪世忠

中华人民共和国成立以来，学术界对李大钊同志在中国革命史上的功绩，以及在传播马克思主义方面所作出的贡献给予了高度的评价，而对于他的经济思想，研究者还不多，本文试作一些探索，以求教于学术界。

一、李大钊的早期经济思想及其转变

李大钊同志早在学生时代，“感于国势之危迫，急思深研政理，求得挽救民族、振奋国群之良策”①，潜心地研究过包括马克思主义政治经济学在内的各种经济学说。

十月革命前，李大钊同志在反封建的新文化运动中，发表了许多爱国主义和革命民主主义思想的战斗文章，同时也提出过自己的经济主张。在《大哀篇》中，他针对当时“农失其田，工失其业，商失其源，父母兄弟妻子离散茕焉，不得安其居，刀兵水火，天灾乘之，人祸临之，荡析离居，转死沟洫，尸骸暴露，饿殍横野”的悲惨情景，提出了“振农、通商、惠工”的经济主张。所谓“振农、通商、惠工”，就是“农以生之，工以成之，商以通之。”他认为在我国“版图若兹其阔，民庶若兹其繁，江河贯于南北，沃野千里，天府之区”的极有利条件下，实现这种主张，“不待十年，丰庶之象，可坐而睹”。这里，充分表明了他对祖国对人民命运的深切关注，构成了他爱国主义思想的重要内容。但是应当指出，他的这种主张实际上仍然停留在孙中山的“人尽其才，地尽其利，物尽其用，货畅其流”的经济思想水平上，还没有超出资产阶级民主主

① 李大钊《狱中自述》。

义者有关社会经济改革主张的范围；他也没有认识到这种主张在半殖民地半封建的中国是根本不可能实现的。

随着国际国内形势的变化，李大钊的经济思想也不断变化。一九一七年三月，他针对帝国主义者利用马尔萨斯人口论作为侵略借口的反动行径，发表过《战争与人口问题》的文章，指出："吾虽不欲苟论古人，而对马氏人口论所授近世侵略家以口实之事实，亦不敢为之曲讳。"他认为马尔萨斯关于人口按几何级数增长，食物按算术级数增长的理论，既不符合当时人口增长和食物增长的事实，又抹杀了现代科学技术进步对生产发展的推动作用，而且成为帝国主义者"文饰侵略之材料，奖励战争之口实"。他认为战争的真正原因，"不在人满乏食，乃在贪与惰之根性未除。"他对马尔萨斯人口论的批判和对战争原因的剖析，虽然还没有达到阶级论的高度，但是已经接触到战争的社会本质。这表明他的经济思想开始发生了变化。

"十月革命一声炮响，给我们送来了马克思列宁主义"，李大钊同志从俄国革命的胜利中，敏锐地看到马克思主义的无比威力，认识到它是"世界改造原动的学说"[①]，也是"拯救中国的导星"[②]。一九一八年十月，李大钊发表《庶民的胜利》《Bolshevism的胜利》两篇文章，宣告自己由民主主义向共产主义、由进化论向阶级论的转变。在《新纪元》一文中，他进一步展开对马尔萨斯人口论的批判。指出：当时"种种不公平背人道的事情，都起于这个学说"；提出今后"生产制度如能改良，国家界线如能打破，人类都得一个机会同去作工，那些种种的悲情、穷困、疾疫、争夺，自然都可以消灭。"这表明了他的经济思想发生了深刻变化。

一九一九年五月，在《我的马克思主义观》这篇论文中，他对经济思想史上的"个人主义经济学、社会主义经济学与人道主义经济学"进行了分析比较，指出：从前的经济学是"以资本为本位""以资本家为本位"，以后的经济学要以"劳动为本位"、以"劳动者为本位"；以前的经济学"不是偏于感情，就是涉于空想"，只有马克思的经济学"才用科学的论式，把社会主义的经济组织的可能性与必要性，证明与从来的个人主义经济学截然分立，而别树一帜。"他认为现在正是"社会主义经济学

①《我的马克思主义观》。

②《这一周》。

改造世界的新纪元。”他充分肯定了马克思主义经济学在经济思想史上的重要地位，表达了自己对马克思经济学说的信仰。这篇文章标志着李大钊的经济思想发生了新的飞跃。

二、对中国社会经济问题的考察和分析

“五四”运动以后，李大钊同志明确提出把马克思主义“应用于中国”的任务，具体地说就是“研究怎样成了中国今日政治经济的情状，我们应该怎样去做民族独立的运动，把中国从列强压迫之下救济出来”[①]。运用马克思主义经济理论，考虑、分析中国历史上和当代的社会经济问题，构成李大钊经济思想的重要内容。

（1）在《原人社会于文字书契上之唯物的反映》一文中，他考察分析了中国古代社会的经济结构。他说：“中国以农立国，而周朝复以农开基（始祖为后稷），故以谷熟为年”。又说，“中国古代以‘黄色’为重，其始祖为‘黄帝’，亦是农业经济时代的反映”。他由“家”和“牢”二字，推断“古代中国的家庭农业经济团体的意味很重”；还由“物”和“半”二字，说明豕和牛等家畜已是“中国古代社会的重要财产”。由“姓从女生”，推断中国古代有一个“惟知有母，不知有父”的母系时代；还由“男”和“妇”二字，说明在农业经济时代，男子“便专从事于农作，在经济上占优越的地位”，女子“遂退处于家庭以内，做些洒扫的琐事”，“女权衰落”。他还根据中国古代经济上的用语多从“贝”的事实，来确定“贝在中国古代曾通用为货币”，说明商品交换的存在和货币经济的出现。这样，他就从生产力和生产关系两个方面，论述了中国古代原始社会，以及进入私有制社会时期的经济情况。

（2）在《由经济上解释中国近代思想变动的原因》一文中，他分析了二千余年来中国封建社会的经济结构，指出：中国“在东洋诸农业本位国中，占很重要的位置，所以大家族制度在中国特别发达。”他认为，中国的大家族制度，一面是血缘的结合，一面又是经济的结合，其中经

①《这一周》。

济的结合是主要的。自给自足的自然经济占着统治地位，虽然商品交换早已存在，但在整个经济中不起决定的作用。因此，中国社会自从脱离奴隶制度进到封建制度以后，其经济、政治、文化长期陷于发展迟缓的状态中。他认为，这种“大家族制度”和“农业经济组织”是中国二千余年的“社会的基础构造”，也是它的上层建筑孔子学说所以能够作为“万世师表”、一直支配着中国人的精神世界的根本原因。他还把这种以“农业为本位”、几千年来在经济上处于停滞不前状况中的东方文明，称之为“静的文明”，而把以“工商为本位”，以及“与自然竞争”“与同类竞争”的西方文明，称之为“动的文明”。他从“静”和“动”这两个不同角度，考察了两种截然不同的经济结构，极其形象地描述了中国封建经济结构变动缓慢的历史特点。

随着资本主义的发展，资本帝国主义为了“扩张市场”“攫取原料”，加紧了对中国的经济侵略。他说：“时代变了！西洋动的文明打进来了！西洋的工业经济来压迫东洋的农业经济了！”“资本主义所扩张的生产力，非现在国家的界限所能包容。”[①]由于这种经济上的需要，西洋的商人来叩“东洋沉静的大门了”。

（3）他分析了鸦片战争后，中国社会经济结构的变动情况。他指出，由于帝国主义列强强迫中国签订了一系列不平等条约，控制了中国沿海的通商口岸，掌握了中国的关税、铁路等经济大权，用“在国外制成的精制品以极低的税输入国内”，使中国的手工业和家庭工业竞争不过国外的机械工业、工厂工业。结果就是“中国的农业经济挡不住国外的工业经济的压迫，中国的家庭产业挡不住国外的工厂产业的压迫，中国的手工产业挡不住国外的机械产业的压迫”。封建的自给自足的农业经济遭受破坏，新兴的民族资本主义的经济力量很软弱，也遭到排挤，“国内的产业多被压倒，输入超过输出。”因而大批农民和手工业者破产，“一切生活都露出困迫不安的现象。”总之，中国近代社会经济结构的变动，乃是“由于外力压迫的结果”。

（4）由于中国是以“农业为本位”的国家，所以，他在探讨中国社

---

①《Bolshevism的胜利》。

会经济问题时，还十分重视对中国土地问题的研究。他指出：“在中国历史上自古迄今不断地发生平均地权的运动。”①他说：在中国原始社会“有一个土地共有的阶段”，周秦以来，人们曾追求过“一种理想的土地制度”——井田制，汉代有一种“限田制”的建议，晋代提出过“占地制度”，北魏曾设“均田法”，唐代立“租庸调税法”，宋代主张“行限田制”。这一切都未曾解决“中国农民的土地问题”，直到“经济落后沦为半殖民的中国”②的近代，土地问题仍然是中国社会经济的突出问题。所以，他认为，太平天国宣布“一种含有均分共有性质”③的土地政策和孙中山提出的“以平均地权与节制资本”④为中心的民主主义，都是与土地问题直接有关。但可惜，前者随着“太平天国的灭亡归于消灭”⑤，后者也“未能及身而见其实行”⑥。因此，中国今日的土地问题，“实远承累代历史上农民革命运动的轨辙，近循太平，辛亥诸革命进行未已的途程”⑦。这说明李大钊同志把土地问题看作是中国封建社会和近代半殖民地半封建社会经济的中心问题。

（5）他主张从经济制度上，对中国社会进行根本的改造。“五四”运动以后，以胡适为代表的资产阶级改良主义者，为了抵制马克思主义在中国的传播，反对对中国问题的根本解决。胡说什么“‘十部赢余价值论’不如一点研究的兴趣”，鼓吹一点一滴的改良主义的主张。李大钊同志在《再论问题与主义》一文中，揭露了胡适之流企图在现存社会制度下改造中国的幻想，针锋相对地指出，“经济问题的解决，是根本的解决”⑧，“经济组织没有改造以前，一切问题，丝毫不能解决”⑨。他认为，谋求中国社会的改造，首先必须根本改变社会经济制度。因为“经济问题一旦解决”，可以导致政治问题、法律问题、家族制度问题、女子

①《土地与农民》。
②《土地与农民》。
③《土地与农民》。
④《土地与农民》。
⑤《土地与农民》。
⑥《土地与农民》。
⑦《土地与农民》。
⑧《土地与农民》。
⑨《土地与农民》。

解放问题、工人解放问题的全部解决。同时，他又强调指出：经济问题的根本解决，不能等待“集产制”即社会主义的公有制的自然成熟，为了要改造社会经济制度，就必须进行“阶级斗争”，必须有“相当的准备活动”，否则，“那经济的革命，恐怕永远不能实现。”[①]这表明他已认识到，只有推翻中国的半殖民地半封建的反动政权，彻底改变中国的社会经济制度，才是彻底改造中国社会的唯一出路。

从“经济问题的解决，是根本的解决”这一马克思主义基本观点出发，李大钊同志提出了改造中国的两个方面任务，即“物心两面的改造，灵肉一致的改造”[②]，这就是“以社会主义改造经济组织”和“以人道主义改造人类精神”[③]；他强调指出，“精神的改造，实在是要与物质的改造一致进行，而在物质的改造开始的时期，更是要紧。”他既反对了那种所谓“人心改造”为最根本改造的“教育救国论”的错误观点，又反对了那种单纯的所谓“发展实业”的“实业救国论”的错误观点。他说：“经济组织没有改变，精神的改造很难成功。”但是，“不改造人类精神，单求改造经济组织，也怕不能成功。”[④]总之，他是从物质改造和精神改造的辩证关系上，提出中国社会改造缺一不可的两个方面的任务的。

综上所述，李大钊同志努力运用马克思主义的唯物史观，探讨和研究了中国古代社会的经济结构及其变动情况，考察和论述了中国半殖民地半封建的经济状况，提出了从经济制度上根本改造中国社会的主张，从而为我党确定中国新民主主义革命的性质、任务、动力、对象、前途等一系列问题提供了理论依据。这表明他在应用马克思的经济理论，解决中国革命实际问题上，是有远见卓识的。

三、关于中国社会主义若干经济问题的设想

李大钊同志关于中国社会主义若干经济问题的设想，是在同形形色

---

①《土地与农民》。
②《阶级竞争与互助》。
③《我的马克思主义观》。
④《我的马克思主义观》。

色假社会主义流派斗争中形成起来的。“五四”运动以后，在科学社会主义思想传播的同时，各种冒牌社会主义也一拥而入，空想社会主义、新村主义、无政府主义、工读主义、泛劳动主义、基尔特社会主义，以及贴上社会主义标签的封建主义等等，真假莫辨。而张东荪、梁启超等假社会主义者，又挑起关于“社会主义问题”的论战。李大钊同志坚持科学社会主义，写了《中国的社会主义与世界的资本主义》《平民主义》《社会主义下的经济组织》《社会主义释疑》等一系列论文，阐述了马克思关于社会主义社会的理论，驳斥了资产阶级对社会主义制度的各种诬蔑，探索了在中国实现社会主义的具体道路。

第一，他肯定中国只能走社会主义道路，而不能走资本主义道路。他针对所谓中国的出路，“只能是资本主义，而不是社会主义”的反动说教，明确指出：要问“中国今日是否能行社会主义”[①]，就必须先问“世界今日是否已具实现社会主义的倾向的经济条件”[②]。他分析了当时世界资本主义发展的情况和工人运动蓬勃发展的历史潮流，指出，“现在世界的经济组织，既已经资本主义以至社会主义”[③]，世界已经“由自由竞争发达到必须社会主义共营地位”[④]。中国人民在世界经济上的地位，已立在“这劳工运场日盛一日的风潮中”[⑤]。因此，“想行保护资本家的制度，无论理且不可，抑且势所不能。”[⑥]他强调指出：“今日在中国想发展实业，非由纯粹生产者组织政府，以铲除国内的掠夺阶级，抵抗此世界的资本主义，依社会主义的组织经营实业不可。”[⑦]这样，他就从十月革命之后的世界经济、政治形势的高度，得出了中国必须走社会主义道路的结论。

第二，他认为实现社会主义，必须首先夺取政权，建立社会主义公有制。他明确指出：“社会主义的实现，必须经过三个阶段：一、政权的夺取，二、生产及交换机关的社会化，三、生产分配及一般执行事务的

①《中国的社会主义与世界的资本主义》。
②《中国的社会主义与世界的资本主义》。
③《中国的社会主义与世界的资本主义》。
④《中国的社会主义与世界的资本主义》。
⑤《中国的社会主义与世界的资本主义》。
⑥《中国的社会主义与世界的资本主义》。
⑦《中国的社会主义与世界的资本主义》。

组织。”[①]他认为，无产阶级夺取政权以后，应立即把“生产工具由资本家的手中夺来，仍以还给工人”[②]，“一切生产事业都为国营”[③]，实现生产资料公有制。同时，他认为“除去有土农夫所有的土地以外，土地亦收归国有。但在新组织下，他种职业未觅得以前，此项农民仍准续理前业。”[④]这就是说，对广大的农民和手工业者的个体私有制经济，不能采取剥夺的方式，在社会主义发展的一定时期内，还必须允许它存在。这样，他既坚持了必须对各种非社会主义经济成分实现社会主义改造的思想，又主张根据不同阶级不同对象的情况，有区别地逐步地进行社会主义改造的原则。这是对马克思列宁主义关于社会主义改造思想的具体而比较准确的阐述。

第三，他指出在确立以生产资料公有制为基础的社会主义生产关系以后，实行“工人政治”，发展生产，是无产阶级政权的根本任务。他说：“随着无产阶级专政状态的经过，随着阶级制度的消灭，Ergatocrary的内容将发生一大变化。他的统治意义，将渐就消泯，以事物的管理代替了人身的统治。”[⑤]这就是说，对物的管理，是在完成生产资料私有制改造以后所面临的一个首要问题，也是无产阶级专政国家一个极其重要的经济任务。他认为，关于国家组织的新指令、新计划能否被付诸实际，这不仅是权力的问题，而且是一个掌握管理技术的问题。因此，“不必研究怎样可以得着权力，应该研究怎样可以学会管理事物的技术。”[⑥]什么是管理事物的技术呢？他指出：“农部委员必集合农业专门家，组织高等会议，分部实行指导农民，以图农业生产的改进。工部委员及其他委员亦然”[⑦]；还应该奖励“科学上有所发明普及的工人，”[⑧]允许“个性发展的机会”，用“极经济的组织与方法”[⑨]来指导和组织生产。“开发富源，

①《社会主义下的经济组织》。
②《我的马克思主义观》。
③《我的马克思主义观》。
④《社会主义下的经济组织》。
⑤《平民政治与工人政治》。
⑥《平民主义》。
⑦《社会主义下的经济组织》。
⑧《社会主义下的经济组织》。
⑨《社会主义下的经济组织》。

俾利国用”。他还指出，在对外政策上，要反对“闭户自封”，在维持国家主权独立的基础上，也可举办“国际的共营事业”[①]。李大钊同志提出的实现公有制以后，抓好经济管理的必要性，这是可贵的思想。

第四，他正确阐述了社会主义的生产目的，驳斥了资产阶级对社会主义制度的各种诬蔑。他对社会主义生产目的的阐述，是从分析生产与消费的关系开始的。他说，“生产为消费者的需要所轨制，计算应绰裕一点”[②]，“使生产恰合于公众的需要”[③]。这就是说，生产是为了消费，并受消费所制约，消费是生产的前提，生产的动力，是检验生产的标准。生产的最终目的归根到底是为了满足人们的消费需要，应使生产走上适应消费的轨道，各个生产部门和单位，要根据社会的总计划和消费者的具体需要，生产各种相应的消费品。他明确指出：社会主义生产就是“使生产品为有计划的增殖”，“能够使我们人人都能安逸享福，过那一种很好的精神和物质的生活”[④]。这就比较全面地指出社会主义生产目的及其手段。这个表述虽然还不够完善，但它与社会主义基本经济规律的表述基本上是一致的，这是李大钊同志对社会主义生产实质的深刻认识。

上述李大钊同志关于社会主义若干经济问题的设想，给社会主义经济制度，勾画出了一个轮廓，这些设想由于是在与形形色色假社会主义斗争中提出的，因而不仅具有战斗性，而且还具有创造性。这些设想在今天看来，仍然放射出真理的光辉，有着现实的指导意义。

李大钊同志的经济思想，是中国社会经济矛盾运动和中国革命客观规律的反映，他写的涉及经济理论的许多专著，是研究中国现代经济思想史的珍贵文献，我们必须认真研究和继承这份遗产。

（原载《江淮论坛》1982年第1期）

①《社会主义下的经济组织》。
②《社会主义下的经济组织》。
③《社会主义下的经济组织》。
④《社会主义释疑》。

李大钊早期哲学思想探源

李大钊早期哲学思想，是指他在1918年下半年，转向马克思主义以前的哲学思想。这时，他“感于国势之危迫，急思深研政理，求得挽救民族、振奋国群之良策”，“振翰荦荦，发为感慨悲歌之篇，其造意树义，一以民生为念，阐扬先哲贻德为急”，写出了许多光辉的哲学政治论文。这些论文，闪烁着有辩证法因素的唯物论和进化论思想，惟民主义的社会历史观和奋发前进的“青春”人生观，达到了相当的历史高度，是他的哲学思想的重要组成部分。

李大钊的早期哲学思想，固然与西方传入的资产阶级哲学有关，也是我国“先哲贻德”的继承和“阐扬”。问题是，他究竟吸收了西方资产阶级的哪些思想，继承了中国哪些“先哲贻德”？他是怎样吸收和继承西方文化和中国的优秀文化传统，并使两者结合起来，形成自己的哲学思想的？这在李大钊思想研究中，是一个值得认真探讨的新课题。搞清这个问题，不仅可以帮助我们更加深刻地理解李大钊早期哲学思想的特质，了解他成长的道路和后来发展成为我国传播马克思主义先驱的思想基础，学习他对待中外文化思想遗产的正确态度，而且也有助于我们加深了解我国先进思想家们的进步思想后来演变的足迹和规律，更好地理解中国近代的思想发展史。这就是本文的命意所在。

（一）李大钊早期哲学著作表明，在自然观上他明确地表示自己是站在唯物主义一边的。他指出：历史上“种种教宗哲派，要皆以宇宙有一具绝对理性、绝对意思之不可思议的、神秘的大主宰”。[①]与这种宇宙一切皆为神造的观点相反，“吾人以为宇宙乃无始无终自然的存在”[②]，或

①《李大钊选集》第79页。

②《李大钊选集》第79页。

者叫做“无始无终的大实在”[①]。不仅如此，而且宇宙中的一切事物，即“万象万殊”，也都是“宇宙自然之真实本体所生”[②]的。从而肯定宇宙和万事万物都是不依人的意志为转移的客观的物质存在。在此基础上，他进而指出：“宇宙果有初乎？曰，初乎无也。果有终乎？曰，终乎无也。”“无初无终，是于空间为无限，于时间为无极。质言之，无而已矣，此绝对之说也。”[③]说明宇宙从时间和空间上或者说从绝对意义上看，是无限的永恒的。但是，从宇宙的“万象万殊”来观察，也就是从事物的相对意义来观察，那么又是“有初有终”的，因为“惟其为万象万殊，故于全体为个体，于全生为一生。个体之积，如何其广大，而终于有限。一生之命，如何其悠久，而终于有涯”。例如具体事物的生死、盛衰、阴阳、否泰、消长等等现象，就是“有生即有死，有盛即有衰，有阴即有阳”的，所以他肯定说，“资言之有而已矣”。总之，“秘观宇宙有二相焉：由佛理言之，平等与差别也，空与色也。由哲理言之，绝对与相对也。由数理言之，有与无也。由《易》理言之，周与易也。”[④]显然，这是对宇宙观，也就是对客观世界的唯物主义表述。正是基于这样的宇宙观，他宣告形形色色的宗教和唯心论哲学，“非生于今日世界之吾人所足取也”[⑤]，表述了与唯心论宇宙观的决裂。

他还进而指出，宇宙或自然界不是静止不动的，而是“不断轮回”“刻刻流转”“时时流传，时时变易”的。他说：“宇宙本相，为不断轮回”[⑥]；又说：“大实在的瀑流永远由无始的实在向无终的实在奔流，”[⑦]“宇宙大化之流行，盛衰起伏，循环无已。”[⑧]总之，宇宙是运动的发展的。所以，他说：“实在即动力，生命即流转。”[⑨]而宇宙运动发展的方向，是沿着“新生命之诞孕”的方向，不断更新不断前进的。他认为宇

①《李大钊选集》第49页。
②《李大钊选集》第79页。
③《李大钊选集》第66页。
④《李大钊选集》第66页。
⑤《李大钊选集》第79页。
⑥《李大钊选集》第64页。
⑦《李大钊选集》第95页。
⑧《李大钊选集》第58页。
⑨《李大钊选集》第95页。

宙和自然界之所以如此，是因为宇宙和万象万殊都存在着矛盾对立的两面，以及矛盾着的两面的“不均”，推动着它的运动和发展。他说：“一成一毁者，天之道也。一阴一阳者，易之道也。”[①]又说：“盖天之行也以其动，其动也以不均，犹水之有高下而后流也，”“及其均平，天地乃毁。”[②]李大钊不仅看到宇宙的运动发展，而且从事物内部寻找发展动力的观点，这是一种有辩证法因素的见解，这是他的自然观高出他的前辈和同辈的主要标志之一。

显然，李大钊的这种自然观，与当时传入的自哥白尼、牛顿的自然科学发现以来的自然科学为基础的哲学思潮有关。我们知道，自从十六世纪哥白尼的《天体运行》一书公开发表以来，欧洲中世纪的神学宇宙观就被冲破了一个重大的缺口。他证明：地球不是宇宙的中心，也不是太阳绕地球转，相反，倒是地球和其他行星一起围绕太阳旋转，太阳是宇宙的中心。后来，意大利的自然科学家布鲁诺进一步把这种宇宙观发展为一种唯物主义的自然观，认为世界不是上帝创造的，自然界是唯一的实体，唯一的存在，是永恒的不生不灭的物质实体，诸多事物无非是同一实体的流逝的、运动的、变易的外观；又认为物质的宇宙是无限的，在时间上是无始无终的，在空间上是无边无际的，并提出事物矛盾和转化的思想。这种唯物主义的自然观，后来随着自然科学的进一步发展，随着资产阶级革命运动的兴起，不断发展，形成了十八世纪的欧洲机械唯物主义哲学。尽管李大钊在自己的哲学著作中，没有直接点明自己的宇宙观来自欧洲哪一家哲学，我们也不能随便断定他与欧洲哪派哲学的师承关系。但是他当时对宇宙的看法，如关于宇宙是“自然存在”“大实在”，宇宙是无始无终的永恒存在的实体，宇宙是不断运动和发展的，以及宇宙的新旧矛盾推动它的运动和发展等思想，与欧洲自哥白尼以来反神学的自然科学唯物论有着惊人的相似之处。这当然不是偶然的巧合，而是表明了他与西方哲学的渊源关系。从李大钊自己的哲学论著中，我们也可以看到这种师承关系的蛛丝马迹，例如他在论述被世俗所认定为邪说淫辞的学说，不一定是邪说淫辞而是真理时，就曾举例说：“二十年

①《李大钊选集》第68页。
②《李大钊选集》第68页。

以前，洋海始通，西学输入，缙绅先生尚持天动地静之说，而以为奇技淫巧焉。今地球绕太阳之理，声光化电之学，虽在童骙，亦粗知其义矣。”[①]这段话不仅说明当时人们对西学看法的变化，对宇宙观的变化，也可以视为他的哲学与西学，与“地球环绕太阳之理”以及与“声光化电之学”，即与西方的天文学和现代物理学的关系的最好说明。又如他在论述事物的矛盾运动，以及矛盾的两方的“不均”，推动事物发展这一观点时，又明确指出是根据“唐生维廉与铁特[②]两家，遽研物理”[③]中得来的。在谈到“地球之有生命”时，则又是根据“地质学家”和“生物学家”之言，来加以证明的。再如他在论述以法兰西为代表的欧洲各国的进步时，就充分肯定“笛卡尔、培根、休谟、康德之徒”，具有“怀疑主义”色彩的“清新之哲学”，对破坏旧传统，促进社会和科学进步的伟大作用。据此，我们可以合理地设想，李大钊在发挥自己的自然观时，不仅是充分吸取了哥白尼以来的现代天文学、物理学以至地质学、生物学的成果，而且也吸取了笛卡尔、培根、休谟、康德等人的自然科学成果，吸取过他们哲学思想中的许多合理因素，如笛卡尔关于宇宙是一种永恒运动着的物质的观念等。如果我们的这些判断不错的话，那么我们认为李大钊同志早期哲学思想的自然哲学，与西方的进步的自然科学成就，和西方资产阶级进步的哲学思想是有着直接的渊源关系的。

其次，李大钊这种自然观，也与我国固有的朴素唯物主义的宇宙观，朴素辩证法的运动观有明显的师承关系。我国关于宇宙的观念，早在《墨经》就有表述：“宇，弥异所也”；“久，弥异时也”。《尸子》更通俗地说：“四方上下曰宇，往古来今曰宙。”汉代张衡则进一步指出“宇之表无极，宙之端无穷”，认为宇宙或时空是客观存在的，无限的。在我国古代的儒家以及某些子书中，还提出了一种世界万物由“五行”，即金、木、水、火、土五种物质元素构成和用阴阳两气解释四季变化和万物的繁茂、凋衰的朴素唯物主义自然观。另外在我国古代的儒家经书中还有

①《李大钊选集》第52页。

② 唐生维廉、铁特，今译为汤姆森、泰特。两人皆为英国物理学家（19世纪至20世纪初），合著有《论自然科学》一书。

③《李大钊选集》第68页。

朴素辩证法的运动发展观，如《易传》中就有"生生之谓易"的命题，《论语》中也有"逝者如斯，不舍昼夜"的慨叹。在老庄哲学中更提出了充满矛盾对立转化的观念。这种观念发展到清代，戴震则提出了物质世界是"气化流行，生生不息"的论述。但是，我国古代对于宇宙和自然界的这些闪烁着朴素唯物主义和辩证法思想光辉的哲学思想，虽然经历着若干发展阶段，水平不断提高，但是直到鸦片战争前始终停留在素朴的直观的阶段。只是到了19世纪末，在不断输入西方的自然科学和资产阶级的意识形态以后，才发生了重大的变化，发展到一个新水平。例如康有为在《诸天讲》中，就介绍过哥白尼的"太阳中心说"、牛顿的天体力学和康德的"星云"说，并试图与中国古代的天文学和宇宙观加以糅合，提出自己的新宇宙观。他认为天体就是星球的旋转、运行和它们之间的互相吸引；认为太阳有成有毁，地球有生有灭，并且肯定宇宙"大无限"。从而使自己的宇宙观达到一个新的高度。但是，他最后还是步牛顿的后尘，走上"上帝必有"的神学结论。谭嗣同利用西方物理学的"以太"来解释宇宙，并论证了宇宙的有限与无限，相对与绝对的关系，如说，"日、地未生之前，必仍为日、地，无始也；日、地既生之后，必仍为日、地，无终也。"[①]但是，他有时视"以太"为"仁"，为"心力"，所以最终又滑向唯心论。很明显，李大钊的早期自然观，无论从思想内容和表达方式上都与康有为、谭嗣同等人有许多雷同之处，充分表明他这时的哲学思想是以资产阶级维新派的哲学为师承，为起点，并以中国古代哲学的优秀传统为资料、营养而发展起来的。这种继承突出地表现在他直接使用中国古代哲学概念，引证古代儒家和老庄哲学著作来说明自己的自然观上。例如他在论证宇宙的客观实在性，宇宙的有无、相对绝对的关系时，不仅直接使用了老子哲学的"有""无"的概念，使用了其关于生死、盛衰、阴阳、否泰、屈信（伸）、消长、盈虚、吉凶、祸福等概念，说明事物的"轮回反复，连续流转"；而且直接引用庄周"朝菌不知晦朔，蟪蛄不知春秋"和"小知不如大知，小年不如大年"来说明"欲断空间时间不能超越之宇宙为有为无，是亦朝菌之晦朔，蟪蛄之春秋

①《仁学·终篇》。

耳！”[1]他还引“仲尼曰：自其异者视之，肝胆楚越也，自其同者视之，万物皆一也”；又引“东坡曰：自其变者而观之，则天地曾不能以一瞬，自其不变者而观之，造物与吾皆无尽藏也”[2]，来进一步说明宇宙间事物的同异、变与不变的相对性和绝对性。又如，他还以“川上尼父，有逝者如斯之嗟；湘水灵均，兴春秋代序之感”[3]，和金圣叹释“周”和“易”，“周乃圣人之能事，易乃大千之变易。大千本无一有，更立不定，日新、日日新、又日新”[4]来说明大自然或宇宙的千变万化和不断运动发展。凡此表明，李大钊不仅吸收了西方资产阶级哲学原料，而且继承了资产阶级维新派的融合中西的宇宙观，也直接继承了我国古代的朴素唯物主义和辩证法的优秀传统，继承了他们的许多哲学概念，作为自己自然观的论点和论据，建立自己的哲学思想体系。

但是，李大钊对中西哲学的自然观和运动观的继承上是采取吸取其精华，剔除其糟粕的批判继承态度，不是囫囵吞枣照抄照搬的。例如对西方资产阶级哲学，他继承的是“地球环绕太阳之理，声光化电之学”，是唐生维廉和铁特的“物理”学，地质学家、生物学家之“言”，特别是笛卡尔、培根、休谟、康德等的“清新之哲学”，也就是以现代自然科学为基础的，关于宇宙是唯一客观实体和宇宙无限、宇宙流动变易的哲学观念，而不是他们体系中的唯心主义和形而上学的东西。又如对于中国的传统哲学，他吸取了儒家的宇宙流动变“易”观念，使用孔子“逝者如斯”的“流”的观念，但没有采用“仁”作为宇宙的本体，而且否决了其天命论的唯心主义的神学说教。他吸取了老庄哲学中许多有辩证法因素的观念，甚至采取了其中的一些论点作为资料，论证宇宙的有限和无限，相对和绝对，但抛弃了老子的神秘的“道”，也没有走上庄子的相对主义。又如他直接以康有为、谭嗣同糅合中西的宇宙观，以及关于宇宙的有限无限的具有现代科学内容的发展观，但是抛弃了康有为的唯心主义“上帝必有”论，和谭嗣同的有唯心论倾向的“以太”说，坚持宇

①《李大钊选集》第66页。
②《李大钊选集》第67页。
③《李大钊选集》第73页。
④《李大钊选集》第67页。

宙为“自然的存在”或“大实在”的较为科学的宇宙论。这一切表明，李大钊早期的自然观不是单独地照搬哪一家哲学，而是批判地继承和吸取了当时中外哲学的精华，经过自己的消化改造，形成了既是唯物主义又有辩证法因素，既有哲学思辨又有现代自然科学内容的自然观。尽管他的论证还不够充分和细致，但与康有为、谭嗣同等人的自然观相较，是有明显的进步的地方。

（二）李大钊的早期哲学论著还表明，他在自然观上坚持唯物主义的同时，还始终坚持用达尔文的进化论来解释宇宙以及宇宙中的生物界和人类社会的发展问题。例如在谈到宇宙的有限的一面时，就认为“宇宙为有进化者。既有进化，必有退化”。[①]肯定宇宙中的一切现象，都是“循此自然法而自然的、因果的、机械的以渐次发生渐次进化”的；并认为“道德者，宇宙现象之一也。故其发生进化亦必应其自然进化之社会。”[②]所以“古今之社会不同，古今之道德自异。而道德之进化发展，亦泰半由于自然淘汰，几分由于人为淘汰”。[③]道德如此，其他更不待言。那么事物是怎样进化的呢？他说：“宇宙进化的机轴，全由两种精神运之以行，正如车有两轮，鸟有两翼，一个是新的，一个是旧的。”[④]他认为这种“新”与“旧”的斗争，构成“新旧不调和”的“矛盾生活”，构成事物发展的规律。他认为无论是自然界还是人类社会，发展的基本趋势，都是新的战胜旧的，新生力量战胜腐朽力量。他说，从历史上来考察就是：“新兴之国族与陈腐之国族遇，陈腐者必败；朝气横溢之生命力与死灰沉滞之生命力遇，死灰沉滞者必败；青春之国民与白首之国民遇，白首者必败，此殆天演之公例，莫或能逃者也。”[⑤]所以他认为“虽以旷世殊俗，理之创于古者不必其宜于今也。法之适于前者不必其合于后也，夏葛之不宜于冬裘也，胶柱之不足以鼓瑟也”。他认为这就是“天演之迹，进化之理，穷变通久之道，国于天地，莫或可逃，莫或能抗者”[⑥]。

---

①《李大钊选集》第66页。
②《李大钊选集》第79页。
③《李大钊选集》第80页。
④《李大钊选集》第97页。
⑤《李大钊选集》第70页。
⑥《李大钊选集》第43页。

正是基于这样的一种发展观，他开展了对孔学的批判，宣布“孔子者，数千年前之残骸枯骨，其学说之精神，已不适于今日之时代精神”[①]，坚决反对康有为等封建复古派妄图把孔教定为国教，把“孔子之道”写进宪法的“怪诞事实”。也是基于这样的历史发展观，他又指出，“即尧、舜、禹、汤、文、武、周、孔之嘉言懿行，传流虽久，施之今世，决非所通”[②]；批判了封建复古派的“言必称尧舜”，“义必取《诗》《礼》”的“怪诞”行动；宣告“井田之不可复反也，封建之不可复兴也”[③]。也是基于这样的历史发展观，他还开展对哲学上的“厌今”的“复古”派，和“厌今”的梦想派的批判。因为“这两派人都是不能助益进化，并且很阻滞进化的”。他主张“宜善用‘今’以努力为‘将来’之创造”[④]。并导引出自己的乐天努进的“青春”人生观，热诚地鼓励青年一代，以炽热的爱国热情，和不断改造自己、追求进步的精神，“冲决过去历史之网罗，破坏陈腐学说之囹圄，勿令僵尸枯骨，束缚现在活泼泼地之我，进而纵现在青春之我，扑杀过去青春之我，促今日青春之我，禅让明日青春之我。”[⑤]他希望青年们“本其理性，加以努力，进前而勿顾后，背黑暗而向光明，为世界进文明，为人类造幸福，以青春之我，创建青春之家庭，青春之国家，青春之民族，青春之人类，青春之地球，青春之宇宙”[⑥]。凡此，表明他当时对达尔文进化论的热诚信仰和拥护的态度，并用这种进化论的发展观，来直接服务于当时以批孔为中心内容的反封建新文化运动，激励青年们为“再造中国”而奋斗。这是他高出同时代人的包括陈独秀在内的思想的突出标志之一。

但是，他的发展观并不是达尔文进化论的简单抄袭，而是从时代的新经验出发加以改造，并吸取了中国的优秀的哲学传统，形成有自己新见解的中国式的历史发展观。

首先，他在肯定了达尔文进化论是适用于宇宙和自然界、人类社会

①《李大钊选集》第81页。
②《李大钊选集》第46页。
③《李大钊选集》第43页。
④《李大钊选集》第96页。
⑤《李大钊选集》第75页。
⑥《李大钊选集》第76页。

的普遍规律的同时，又根据新的历史经验对它所宣扬的“生存竞争，弱肉强食”的庸俗进化论观念进行了尖锐的批判。由于他亲眼看到当时正在进行的第一次世界大战，许多帝国主义国家的“侵略家”，“全根于马尔萨斯之人口论与达尔文之天演论”，宣传“优胜劣败，弱肉强食，天演之义，万无可逃”的严重事实，他说：“吾人虽不欲苛论古人，而对于马氏人口论所授近世侵略家以口实之事实，亦不敢为之曲讳”[①]。他之所以把马尔萨斯的人口论与达尔文的天演论相提并论，是因为“达尔文之天演论，盖深感于斯说而著的”。他指出，马尔萨斯人口论和达尔文天演论之所以“有助于战争之恶影响者”，“半由其说本身之不完，半由野心家之利用”。他以当时自然科学和社会生产力发展的大量事实，揭露和批驳了马尔萨斯人口论的四大“不完”；认为正是这些不完备之处，“野心家乃取以与达尔文之天演论并为文饰侵略之材料，奖励战争之口实。”[②]正是基于这样的认识，他在宣传达尔文进化论时，取其事物不断进化，愈进化愈进步的思想，而否定“生存竞争，弱肉强食”的内容。这是他较之康有为、严复、谭嗣同等资产阶级维新派宣传的进化史观，有明显进步之处。

尤其值得注意的是，他在宣传进化发展观时，曾热烈地赞赏过柏格森的“创造进化论”。他说：“中国至于今日，诚已濒于绝境，但一息尚存，断不许吾人以绝望自灭。挽近公民精神之进行，其坚毅足以壮吾人之意气。人类云为，固有制于境遇而不可争者，但境遇之成，未始不可参以人为。故吾人不得自画于消极之宿命说（Determines），以尼精神之奋进。须本自由意志之理（Theory of free will），进而努力，发展向上，以易其境，俾得适于所志，则 Henri Bergson 氏之‘创造进化论’尚矣。”[③]他认为，创造就是指“人类本其民彝，改易环境而能战胜自然之度也”；也就是文明之人，“务使其环境听命于我，不使其我奴隶于环境。”[④]正是基于这样的认识，他认为中国历史上的圣人尧、舜、禹、汤、文、武、

①《李大钊选集》第 83 页。
②《李大钊选集》第 84 页。
③《李大钊选集》第 31 页。
④《李大钊选集》第 55 页。

周、孔等，之所以今天还有值得人们崇敬的地方，并不是由于他们留下的法制典章可以示人以“守成之规”，而在于他们的“卓越天才示人以创造之力”。所以他认为吾人的历史使命，就是“秘契先民创造之灵，而以创造新国民之新历史”[①]。可见，他推崇柏格森，是因为他认为其学说要比达尔文的进化论更进一步，从适应环境到积极创造，从做环境的奴隶，发展为做环境的主人。他的目的在于反对安于落后，屈于环境的宿命论思想，振起一种奋发向上以易其环境的积极猛进的精神，或者为《青春》中反复宣传的乐天努进的积极进取的人生观。在这个意义上，他与孙中山当时推崇柏格森是一致的，不过李大钊表现得更热烈、更富于青春之朝气。

其次，正如他自己所指出的，他的进化论的发展观，也就是“儒家日新之旨”[②]。这是他的发展观的又一个来源，正是这个来源使他的思想具有民族的特色。诚如他所说的那样，在我国，早在《易·系辞》中，就有“日新之谓盛德，生生之谓易”之说。《书经》也说“汤之《盘铭》：‘苟日新，日日新，又日新’。《康诰》曰：‘作新民’”。《诗经》也有“‘周虽旧邦，其命维新’，是故君子无所不用其极”。《大学》更进一步提出“新民”说等等。儒家的日新变更的发展观，被以后中国的许多进步思想家发展并用作推动社会变革的武器，也是近代史上资产阶级维新派与资产阶级革命派用来与西方进化论相结合，反对封建顽固派进行改革的主要思想武器。例如康有为就据此宣传了一种“变者，天道也”的历史进化观，认为世界上的事物“无一不变，无刻不变”。又说：“新则壮，旧则老，新则鲜，旧则腐，新则通，旧则滞”[③]，并据此形成他的“三世说”的历史进化论和维新变法理论。谭嗣同则在王夫之发展的天地日新理论的基础上，进一步肯定从“以太”到天地万物无时不在变易，无时不在更新，并根据这种信念，勇敢地发出了冲决封建网罗的战斗号召，还用自己的生命实践了这一光辉的誓言。梁启超更进一步发挥了这种观念，继《变法通议》之后，又在20世纪初办起了“新民丛报”，大倡

①《李大钊选集》第46页。
②《李大钊选集》第56页。
③《上清帝第六书》。

《新民说》《少年中国说》，大力鼓吹“新史学”“新诗歌”“新小说”……等许多“新”口号。很显然，李大钊的发展观，就是对我国历史上儒家日新说这一优秀历史传统，特别是近代史上资产阶级维新派的以进化论和日新说结合的历史进化观的继承和发扬。这不仅表现在他的思想和维新派论述的进化史观的多方面的一致上，而且也表现在如下的事实上：例如他表示十分崇敬“湘贤谭复生”，而且直接使用了谭嗣同的冲决封建网罗的口号，作为激励青年反对封建文化，再造中国的行动口号。又如直到他已经把自己的信仰转向马克思主义后，还参与一批革命青年发起建立“少年中国”学会的活动上。所不同的是，资产阶级维新派的进化史观，仍是一种庸俗进化论的观点，而且是在尊孔的旗号下来继承和发挥日新说的。而李大钊则强调创造的进化，拥护辛亥革命的民主主义革命，尤其是在批孔的前提下来继承进化论和儒家的日新说的。

这里还必须说一说，李大钊多次提到王守仁的良知良能说的问题。早在新文化运动前，他就提出：“诚以精神具万能之势力，苟克持之以诚毅，将有伟大之功能事业。基于良知一念之微明，则曹沫雪辱，勾践复仇，会有其时。”[①]他还把“吾民之良知良能”与柏格森的“创造进化论”联系起来加以阐扬。他也曾引证过王守仁的“除山中贼易，除心中贼难”，说明克服由于长期来“圣哲垂训”造成的国民崇拜英雄的卑琐心理的不易；说明“民贼之巢穴，不在民军北指之幽燕，乃在吾人自己之神脑”[②]。他还肯定孔子和孟子的“有我”的思想，说“真能学孔孟者，真能尊孔孟之言者，但学其有我。尊其自重之精神，以行己立身、问学从政而已足”[③]。他还说过：“人生本务，在随实在之进行，为后人造大功德，供永远的‘我’享受，扩张、传袭，至无穷极，以达于‘宇宙即我，我即宇宙’之究竟”[④]等等。能否据此说他是在赞赏和宣传唯心论呢？我们认为不能。如所周知，“良知”说创自孟子，是一种唯心主义的先验论。他认为人具有一种不学而能、不虑而知的才能，并进而推导出“劳

①《李大钊选集》第17页。
②《李大钊选集》第47页。
③《李大钊选集》第43页。
④《李大钊选集》第96页。

心者”治人的政治结论。宋代陆九渊进而发展成为“心即理”的主观唯心论，鼓吹良知良能“我固有之，非由外铄”。王守仁据此提出了“致良知”的学说，鼓吹“知是心之本体，心自然会知”①，把人的“良知”说成是一切知识的源泉，是非善恶的唯一标准。显然，从孟子到陆王所鼓吹的“良知”，其本质在于鼓吹封建道德是人生来就固有的；把封建道德说成自发的非强制的，内在的非外来的，便于人们更易于接受封建道德的束缚，接受封建统治。但是它又强调个人的主观能动性，强调精神的作用，在一定意义上又有辩证法思想因素，和反对奴隶盲从与宿命思想的作用。正是这样，康有为、梁启超等都曾崇信过这种唯心主义的思想体系，并作为推动维新改革的精神动力。李大钊与他们不同的地方，是在宣传柏格森的“创造进化论”的创造精神，激励青年们奋起再造中国的爱国主义精神时，强调“良知”，强调“精神万能”，强调“有我”的。他的目的，在护国运动前，曾用以劝谏当时政府，不要作“亡国政府”，“及早觉悟其复古之非，弃民之失，与天下更始，定根本大计，回复真正民意机关，普及国民教育”②。其次是说明“多难兴邦，殷忧启圣”，希望“国民勿灰心，勿短气，勿轻狂躁进，困心衡虑，蕴蓄其智勇深沉刚毅果敢之精神，磨炼其坚忍不拔百折不挠之志气”③，以求使吾中华民族能处“天演之中，宅优胜之位置”④；也是为了说明“境遇之成，未始不可参以人为”，希望国民“本自由意志之理，进而努力，以易其境”，而不要“过自菲薄”等等。这一切说明，他不是从本体论，或哲学根本问题上，也就是精神与物质的关系上去肯定“良知”和“精神万能”。而是从精神的反作用上，去提倡一种自强不息的救国精神，提倡一种奋发向上的积极猛进的创造精神，反对那种消极宿命，屈服环境的奴隶主义与惰性传统。这与他当时赞赏柏格森，既批判尼采的超人哲学，又肯定“其说颇能起衰振蔽”⑤，可以“鼓舞青年之精神，奋发国民之勇气”，同其指导思想。所以从一定意义上讲，他讲“良知良能”“精神万能”和

①《传习录》。
②《李大钊选集》第17页。
③《李大钊选集》第18页。
④《李大钊选集》第17页。
⑤《介绍哲人尼采》,《晨钟报》1916年8月22日。

“有我”，与他批判地讲达尔文进化论，讲柏格森“创造进化论”和“儒家日新之旨”，都是对中外思想史上优秀传统的批判继承。

（三）这个时期，李大钊还宣传了一种“民彝者，可以创造历史，而历史者，不可以束制民彝”[①]的“惟民主义”社会历史观。什么是“民彝”呢？他根据儒家的经注说，“彝”“一训器”，“亦训常”，“亦训法”。说“民彝者，悬于智照则为形上之道，应于事物则为形下之器，虚之则为心理之征，实之则为逻辑之用也。”它作为“为治之道”则“不尚振奇幽远之理，但求平易近人，以布帛菽粟之常，与众共由”；又说“民彝者，民宪之基础也。”[②]概言之，他认为人类社会中存在着一种共同的民意，这种共同的民意是自然形成的民族的自然秉性。他认为“民彝”是人类社会的根本，它的自然进化，是推动人类历史发展的根本动力，也是人类社会“吾民衡量事理之器”。他认为历史上政治的好坏，全在“民彝”的“彰”与“蔽”，好的政治就在“因民彝而少加牖育之功”。所以他说：“政治者，一群民彝之结晶，民彝者，凡事真理之权衡也。”[③]基于这样的认识，他主张“因性以为法”，反对“立法以禁欲”，也就是反对用强制手段来束制和阻挠“民彝”的自然发展，也反对用千古不变的圣人“垂训”来戕贼民意。他又认为真理是“从世运而变迁”的，而“民彝”的智察能力是永恒的；并进而指出，“圣智之与凡民，其间智能相去不远。彼其超群轶类者，非有时会之因缘，即在众庶之信仰。秉彝之本，无甚悬殊也”[④]，阐扬了天赋平等观。在此基础上，他开展了对中外思想史上的英雄史观的批判，以恢复“民彝”的权威。他说：“英雄之势力，初无是物。历史上之事件，固莫不因缘于势力，而势力云者，乃以代表众意之故而让诸人之众意总积也”[⑤]。他大声疾呼说：“吾民当知国家之事，经纬万端，非一二人之力所能举，圣智既非足依，英雄亦莫可恃，匹夫之责，我自尸之”[⑥]，又说“国家之成，由人创造，宇宙之大，自我

---

①《李大钊选集》第46页。
②《李大钊选集》第40页。
③《李大钊选集》第41页。
④《李大钊选集》第48页。
⑤《李大钊选集》第48页。
⑥《李大钊选集》第50页。

主宰"[①]。进而他肯定"惟民主义为其精神；代议制度为其形质之政治"，为"最适宜之政治"，为立宪政治作了理论论证。他还把"惟民主义"和"英雄主义"两种对立的历史观，与两种对立的政治制度联系起来加以考察，明确指出"惟民主义，乃立宪之本；英雄主义，乃专制之原"；鞭挞了形形色色以英雄史观为基础的各种政治主张，诸如"新英雄主义""哲人政治""贤人政治"等"人治"主张和"官僚政治"。正是基于这样的观点，他对中国历史上自嬴政以来的"窃国大盗"和"乡愿"开展了尖锐的批判，也开展了对新窃国大盗袁世凯的批判，充分发挥"民与君不两立，自由与专制不并存，是故君主生则国民死，专制活则自由亡"的道理。李大钊的这种"民彝创造历史"的观点，从根源上说当然有唯心主义的天赋道德论和抽象人性论的烙印。但是，他从人的秉性平等进而引申出人民群众是历史的主体，高度重视人民群众的历史作用，以及对英雄史观的批判，还是闪烁着唯物史观的光辉。这是他的社会历史观的突出特点，也是他后来突破旧框框转向马克思主义唯物史观的思想基础。这不仅是鼓吹英雄史观的资产阶级维新派所不可企及，也是资产阶级革命派领袖孙中山所不能相比，就是陈独秀也是望尘莫及的。

李大钊之所以能够在这时提出这种超越前辈和当时的最先进的思想家的"惟民主义"的社会历史观，同样是他批判地继承了中西文化思想史上优秀传统的结果。

首先，这种社会历史与当时西方传入的资产阶级民主主义的革命观，如卢梭的《民约论》、约翰·穆勒的《自由论》《群己权界论》（严复 译）等所宣扬的"天赋人权""主权在民"以及自由、平等、博爱等观念有直接联系。这不仅可以从李大钊所宣扬的"惟民主义"的一系列观点中，看出这种思想来源，而且还可以从李大钊论著的字里行间直接看到这种继承关系。例如他在说明自己写作《民彝与政治》一文的动机时，就明确指出由于"大盗窃国，予智自雄，冯借政治之枢机，戕贼风俗之大本"，使人民"天赋之德，暗然日亡"，表明他是根据"天赋人权"之旨来论证民彝与政治这样一个历史主题的。他认为"天之所以赋人焉能夺，

①《李大钊选集》第29页。

天之所禁人何能予”[①]。所以民彝说也就是人之自然素性说，从思想脉络上就是直接导源于天赋人权论的。在具体论证时，他又多次引证穆勒的著作中关于自由、民权之说。如说：“‘意念自由之重，不必于思想大家乃为不可阙之心德也，其事实生民之秉彝，天既予人人以心矣，虽在常伦，而欲尽其心量者，尤非自由不可’。此穆勒氏之所诏谕吾人者也。”[②]在论到“立宪政治基于自由之理”的民权思想和言论自由的合理性时，又大段引证穆勒的自由论，视为“透宗之旨”，说“微引其言，以证社会言论，对于异说加以距辟，无论其说之本非邪说淫辞，真理以是而隐，不得与天下后世共见，其害滋甚”；并说“凡事之涉及民生利害者，其是非真妄宜听民彝之自择，未遽可以专擅之动作云为，以为屏斥杜绝之方也。”[③]他还几次引“海智氏著的《政治常识》一书”的论旨，阐明同样的道理，作为自己的“民彝”史观的理论。他也多次赞扬卢梭、孟德斯鸠、伏尔泰等对法国资产阶级革命的伟大贡献，说他们“扬其民权自由之声，卒酿革命之风云，而共和之基卒以奠定”[④]；又说：“法兰西人冒革命之血潮，认得自我之光明，而开近世自由政治之轨者，起于孟德斯鸠、卢梭、福禄特尔诸子之声也。”[⑤]以上言论，不仅说明他当时对西方资产阶级革命学说的向往，也说明他的“民彝”史观直接导源于这种学说，并且以这种学说作为自己的“民彝”史观的重要论据的。

其次，这种社会历史观还直接渊源于我国古代儒家的经书，特别是孟子的人性论和民本思想，他与老庄的“无君”思想有联系。当然也与继承了上述思想的资产阶级维新派的学说直接关联。

这种继承关系，首先表现在他直接引用大量古代儒家和道家的言论来作为自己的“民彝”史观的论点和论据上。例如他关于“民彝”这一概念的来源和命意的解释上，就开宗明义地引证说：“《书》曰：‘天视自我民视，天听自我民听。’视听之器，可以惑乱于一时，秉彝之明，自能烛照万物。”又说：“‘天生蒸民，有物有则。民之秉彝，好是懿德。’

①《李大钊选集》第53页。
②《李大钊选集》第40页。
③《李大钊选集》第53页。
④《李大钊选集》第54页。
⑤《李大钊选集》第60页。

言天生众民，有形下之器，必有形上之道。道即理也，斯民之生，则本此理以为性，趋于止善而止焉。爰取斯义，锡名民彝，以颜本志。”[①]可见“民彝”这一命题，就是来源于古老的经书。至于“彝”的含义，他训为“常”，为平易近人的为政之道；训为“法”，作为立宪共和制度的基础等，则更是大量引证儒道二家的经书。如《书经·洪范》的“彝伦攸叙”；《老子》的“大道甚夷，而民好径”；《诗经》的“天之牖民，如壎如篪，如璋如圭，如取如携。携无曰益，牖民孔易，民之多辟，无自立辟。”[②]《书经》的“永弼乃后于彝宪”等作为论据。这种关系更为直接地表现在他对历史上儒道两家关于君与民、或君主制与民本思想的分析批判上。例如他肯定：“汉土自春秋战国以还，诸子争鸣，百家并起，子舆氏（即孟子——引者）以论证名家，所言多与近世民政相符”；又批评说：“独其距辟杨墨，至诋为邪说淫辞，而谓‘杨子为我，是无君也，墨子兼爱，是无父也。无父无君，是禽兽也’。吁！此其言之背与逻辑，何其甚也！”并且认为“吾人追究作俑之罪，春秋之意，责备贤者，虽以子舆氏阐明民政之功，而亦不能为之曲讳矣。”[③]表明他赞赏孟子的民本思想，但又反对他保留君主地位的观点，认为后者对几千年的君主专制制度是有“罪”的。这不仅表明他的卓识，也表明他自己与孟子学说的师承关系。他还引证《道德经》“圣人不死，大盗不止”，“民不畏死，奈何以死惧之”；儒家的“人存政举，人亡政息”等“终寓不磨之理”，来和西方资产阶级民主学说相结合，开展对历史上“大盗”和“乡愿”的批判。他说：“盖自有周之衰，暴秦踵起，用商鞅、李斯之术，焚书坑儒，销兵铸鐻，堕名城，徙豪杰，生民之厄，极于此时。汉兴，更承其绪，专崇儒术，定于一尊。为利一姓之私，不恤举一群智勇辩力之渊源，斫丧于无形。由是中国无学术也，有之则李斯之学也；中国无政治也，有之则嬴秦之政也。学以造乡愿，政以畜大盗，大盗与乡愿交为狼狈，深为盘结，而民命且不堪矣。”“卒至一夫窃国，肆志披昌，民贼迭兴，

①《李大钊选集》第36页。
②《李大钊选集》第38—39页。
③《李大钊选集》第51页。

藐无忌惮”[①]等等。以上可见，他在提出和发挥自己的“民彝”史观时，从论点到论据主要都是直接引自儒道两家的经书的。

我们认为更重要的，不是继承语言，而是反映在儒家经书和道家著作中，以及延续下来的具有民主性精华的一些优秀思想传统。如所周知，中国历史上儒家和道家学派在社会历史观上基本上是唯心主义的，特别是儒家学派的学说还曾长期起过维护封建专制统治的作用，但是其中也确有一些值得继承和发扬的优秀传统。例如孔子关于性和习的论述，对“乱臣贼子”的批判，特别是李大钊当时反复肯定过的孟子与近世民政相符的观点，也就是他的性善论和民本思想，更有相当的合理因素。孟子的性善论认为，人生来都有一种最基本的共同天赋本性，这就是“不忍人之心”，或对别人的“同情心”。据此他认为“人皆可以为尧舜”。这是一种天赋道德论。他的目的当然是为巩固封建统治服务的。但是，由此导引出“仁政”学说，主张经济上“制民之产”，政治上“以德服人”，以及提出“民为贵，社稷次之，君为轻”的民本思想，对“苛政猛如虎”的批判，对“暴君”和“民贼”的批判，不仅在当时起过进步作用，也为后世进步思想家所继承。老子作为当时政治上的在野的反对派，也曾发出过如上引的对暴君和民贼的批判言论，主张过“无君”和“无为而治”，在历史上也起过进步作用，成为我国的宝贵的思想遗产。历史上出现的“民可载舟也可覆舟”的思想，明清之际进步思想家对君权的猛烈批判，对“独夫”“民贼”的批判，都是儒道两家这些光辉思想的继承和发展。资产阶级维新派，更是把这些思想与资产阶级的天赋人权论和民主主义学说相结合，作了进一步的改造和发挥，形成了具有现代意义的资产阶级民权主义色彩的新的社会历史观。例如康有为据以提出“去阶级平民族”的“人人平等”的大同理想，谭嗣同则把它和《民约论》结合起来，开展对封建君主制度的批判，对“大盗”和“乡愿”的批判。他说：“二千年来之政，秦政也，皆大盗也；二千年之学，荀学也，皆乡愿也。唯大盗利用乡愿，唯乡愿工媚大盗，二者交相资”（《仁学》）。严复也据以认为历代皇帝，统统是从人民手中辗转窃取政权的“窃国大

①《李大钊选集》第44页。

盗”，提出人民是“天下之真主”，王侯将相是人民“公仆”的思想（见《辟韩》《原强》）。由上可见，李大钊关于存在共同民彝，关于人民自然秉性平等，关于人民是历史主人，以及由此引申出来的惟民主义为其精神和代议制度为其形质的政治结论，并进而开展对“大盗”与“乡愿”和袁世凯的批判，不仅从使用的术语和论据，而且从思想内容上都是从儒、道两家直至资产阶级维新派的上述思想中，一脉相承地继承下来。这就是为什么他在批孔中，提出批孔子只是“掊击孔子为历代君主所雕塑之偶像的权威”；“乃掊击专制政治之灵魂”，而“非掊击孔子之本身”①。这就是既要批判孔子和孔学，又给历史上的孔子以一定的地位的原因所在。

李大钊超越前人之处在于，他是在批孔的旗帜下，在批判的基础上，来继承中西方思想中有利于民主主义的积极因素的，并且是针对辛亥革命后封建复古派的复辟思潮和活动，来改造和展开这种社会历史观的。例如他吸取了孟轲符合当前民权主义的思想因素，但不赞成其“辟杨墨”的保留君权的思想，并多次肯定“杨朱为我之说，墨翟兼爱之旨”，在“哲学上之价值，固不减于孔、孟”②。他继承了老子、孟子以来的批“大盗”和“乡愿”的思想，但又不像维新派那样只要君主立宪，而主张共和代议制度。又如他对当时西方流行的英雄史观，经过自己的研究，肯定了托尔斯泰的有唯物史观因素的观点。这一切表明，他的民彝史观或者说“惟民主义”社会历史观，是在新的历史条件下，在对中外思想进行分析比较、去粗取精、去伪存真而形成的一种比前人更激进的社会历史观。这种历史观，尽管仍是一种抽象的人性论，从本质上说是一种唯心主义观点；但是，也包含着许多闪烁历史唯物主义因素的思想因子。而由此引申出来的民主主义的政治结论，对历史上“窃国”“大盗”和现实中的袁世凯之流的批判，更是有着现实的战斗意义。

上面，我们对李大钊早期哲学思想的几个方面，及其与中外传统的关系的粗略评述中，说明他当时所提出的许多哲学思想的确是他在继承中外思想优秀传统和批判地汲取中外唯心主义体系中某些合理的思想因

①《李大钊选集》第80页。
②《李大钊选集》第88页。

素基础上，结合时代的新经验加工制作而成的一种闪烁着人类智慧的结晶和时代光芒，超越前人和同辈的激进民主主义的哲学政治观点。这是他本人在十月革命的影响下，能够迅速转向马克思主义的思想基础。他的这种哲学思想，在促进当时人民的觉醒和革命进程方面起了巨大作用，也为后人留下了一份极其珍贵的思想遗产。他在对待古今中外的文化思想遗产方面，为我们树立了一个值得永远效法的榜样。

（原载《齐鲁学刊》1985年第1期）

贵在求真和创新

——朱成甲著《李大钊早期思想和近代中国》简评

历史研究贵在求真，历史论著的价值和生命，就看能否真实地反映历史的本来面目，揭示历史的本质。1989年7月，河北人民出版社出版的朱成甲著《李大钊早期思想和近代中国》一书，与李大钊研究的其他论著，尤其是早期思想研究论著相比，其最大的特色，就是在求真上狠下功夫，因而在再现李大钊早期思想的真实面貌方面取得了很大进展。他突破了以往研究领袖人物时以成熟期的思想来规范其早期思想，从概念和想象出发，或孤立地就思想论思想的方法，坚持从客观的事实出发，摆脱一切成见的束缚，在认真研究原著的基础上，密切联系当时的历史环境，尤其是联系与李大钊思想直接相关的具体环境和人际关系，进行反复深入的研究，从而弄清了多年来未曾弄清，或尚未研究过的一些重要历史事实和重要理论问题，并进而对这些历史事实和理论问题，进行了比以往某些论著更为深入的探讨和评论。这样，它就以前所未见的崭新的面目，把李大钊早期思想呈现在广大读者面前。这是迄今为止，在李大钊早期思想研究中分量最重、学术价值最高的研究成果。

以往，许多研究者出于对李大钊的热爱和崇敬之情，加上对李大钊的原著缺乏深入的钻研，因此在许多论著中，大都脱离李大钊所处的具体时代和社会历史背景，大而化之地谈论李大钊的思想，拔高李大钊的认识水平，以致出现了许多与事实不符甚至完全相悖的论断。例如，对李大钊在民初以来政争和对袁世凯态度的评论上，有的就认为，早在辛亥革命以后，李大钊就看出了“袁世凯军阀统治的专横实质”，《大哀篇》就是“对袁世凯专制统治最早也是最深刻的揭露和批判”；也有的认为，李大钊在《国情》一文中，就已“看透了袁世凯称帝的野心”，还有的认为，在《警告全国父老书》和《国民之薪胆》等文中，李大钊就已“公开举起反帝的旗帜”，等等。本书的著者认为，以上种种论断，都是与李大钊当时的思想实际不符的。

早在1983年，著者就在《历史研究》第6期上发表了《李大钊对袁世凯的认识过程》一文，提出了与上述论断相反的看法，明确指出“李大钊对袁世凯的认识是有一个过程的”。在本书中，著者更以5章200多页的篇幅，集中深入地考察了李大钊在民初政争和反袁斗争中的态度及其变化过程，认为李大钊早期在政治上、思想上都曾经深受改良主义的影响，在辛亥革命以后的政争中，在革命党人与袁世凯的一系列斗争中，他实际上经历了一个从拥袁到逆袁再到反袁的复杂和曲折的过程。著者提出，李大钊对袁世凯的态度开始时都表现在发表于《言治》上的许多文章中，其中像《隐忧篇》《大哀篇》《裁都督横议》等文章，所批评的“骄横豪暴之流”，指的是当时的革命党，而不是袁世凯之流，他要裁的都督“实际上并不是所有都督”，“而是专门送给国民党的那几位都督”的。所以，这些文章批评的矛头都是指向“急进派”，也就是革命党人的，是为袁世凯的统治辩护的。著者指出，民初以来革命党人与袁世凯从建都地点之争，“张方案”和《临时约法》问题之争，“宋案”与“二次革命”之争，李大钊实际上都采取了拥袁的立场。因此，说李大钊在那时就对袁世凯专制统治作了揭露和批判，是毫无根据的。著者指出，李大钊在袁世凯镇压了“二次革命”，正式登上总统宝座，转而向资产阶级议会和宪法原则进攻之后，才开始与袁世凯的封建专制主义发生冲突，表现出“逆袁”的倾向。

李大钊从逆袁到反袁也经历了一个曲折的过程。尽管在《风俗》和《国情》等文章中，他从伦理的角度对袁世凯的反民主倾向有所批判，但也根本谈不到已“看透了袁世凯称帝的野心”。直到发表《警告全国父老书》与《国民之薪胆》时，他批判的主要矛头还是“对准日本侵略者，而不是对准袁世凯当局”。著者认为，李大钊在1915年下半年逐步认清袁世凯反动面目，并彻底走上了反袁的道路，其反袁的观点，与中国留日学生总会的《对各友邦宣言书》和中国留日学生联合会的《讨袁宣言》

中的表述是一致的，而发表于《民彝》杂志上的《民彝与政治》一文，不仅是李大钊对反袁斗争的理论贡献，也表明了他“对封建主义勇猛战斗和彻底批判”的坚决态度。

著者指出，李大钊在一段时期内拥袁不是偶然的，而是有着深刻的复杂的社会历史背景和原因的。首先，袁世凯的反动面目尚未暴露，在一些人中他还有“清末先进的革命家”的虚誉，又拥有军事实力，又有忠于国民的誓言，加上迫使清帝退位中起过重大作用，使包括李大钊在内的许多人认为，只有他这个“枭雄”“能够统率人民，治理好国家”。其次，与当时革命党人本身的状况也有密切关系。革命党人虽然有若干防袁的打算和反袁活动，但是就其整体而言，从孙中山、黄兴到宋教仁，从上到下，“基本上也都采取了拥袁的立场”。尽管李大钊拥袁主要不是来自革命党人的影响，但这足以反映人们在一段时间内对袁世凯的认识水平。第三，李大钊受北洋法政学校的影响很大。这所学校是袁世凯适应清末新政的需要创办的，李大钊在这所学校学习6年。1913年春成立的北洋法政学会，就是一个以拥袁为主旨的政治性集团，它所创办的《言治》月刊所载文章都是拥袁的。李大钊当时的交游就囿于这个集团之中，他在《言治》上发表的许多文章，当然也是拥袁的。第四，与当时特殊的历史条件和社会心理密切相关。辛亥革命以后，人们“望治情殷，厌乱心切”，普遍存在一种“厌乱”“依赖”的社会心理，又为袁世凯当时打出的“统一”旗号所惑，使包括李大钊在内的许多人都反对一切的“乱”；再加上青年李大钊“经验不足的原因”，就使他在一个时期内采取了拥袁的立场。

这样，著者就在李大钊对待袁世凯的态度问题上，以对原著的准确解释和对李大钊的思想与时代关系的令人信服的分析，恢复了李大钊思想的真实面貌，纠正了以往许多重大的误解和误断。

在书中著者还指出，李大钊不仅对袁世凯有一个认识过程，而且在袁世凯灭亡后，对段祺瑞政权的认识也有一些曲折。这是一个以往无人考察过的新问题，所以它是作者的新的探索。作者依据李大钊的原著和社会联系，认为在《宪法公言》和《甲寅》日刊时期，李大钊的政治倾向已与革命党人基本一致，反对投靠段祺瑞以维护中央集权为主旨的旧进步党人的主张（此时是研究系），所以在制宪会议有关省制、思想自由、孔教等问题的斗争中，明显地站在章士钊、张继、孙洪伊等人一边。但是，由于他本人特别强烈的爱国主义热情，加上段祺瑞所玩弄的阴谋尚未暴露，因而在对德外交和参战等问题上，他又一度赞成和支持过段祺瑞和研究系的主张。这样，著者又把这个以往研究很少的空白点作了填补，从而使我们对李大钊从辛亥革命以来的政治态度有了一个正确的、明晰的、系统的了解。

与对李大钊的早期政治态度和倾向的研究相比较，以往对他的理论观点的研究比较充分一些，但是，总的看仍然是不够的。尤其在对早期马克思主义者的转变的评论上，存在这样一种模式：一般是从爱国主义和激进民主主义转变到马克思主义，这在一定程度上影响了对他们的早期思想观点的符合本来面貌的研究和评论。本书的新贡献，就是同样本着求真和创新的原则，冲破原有的思维定式的约束，在认真研读原著，并联系近代中国实际的基础上，作出了比较符合李大钊思想原貌的评述。

《民彝与政治》与《青春》两篇文章，是李大钊早期理论观点的代表作，在中国近代思想文化史上有着重要的地位。但是，以往的许多研究者都重视《青春》而忽视前者。如有的比较权威的著作认为，《青春》是“‘五四’以来革命民主主义的一篇宣言书，对新文化运动有着重大影响”，也是“大钊同志作为革命民主主义者的代表作”，而对《民彝与政治》一文略而不谈。与以往研究者的看法不同，本书著者认为：两篇文章都是李大钊这个时期重要的代表作，都表现了李大钊卓越的理论才能。两篇文章侧重点不同，“《民彝与政治》涉及的理论问题很多，但主要是政治哲学。《青春》涉及的理论问题也很多，主要则是谈历史哲学与人生哲学”。两篇文章的主旨，都是从根本理论上回答当时中国所面临的一系列迫切需要解决的重大问题，但是两相比较，就其思想内容来说，《青春》的“丰富性、深刻性和重要性都没有超过《民彝与政治》。《青春》的思想，实质上是民彝思想的进一步发展和发挥。从其思想倾向来说，民彝思想比《青春》中的思想要更加切近于‘五四’新文化运动的思想”。作为当时反袁斗争的一面理论旗帜，著者认为，民彝思想比孙中山的反袁宣言以恢复约法和国会为目标，比蔡锷等护国军以“辅世之德”为标准的批判袁世凯的水平，大大高出了一头，是一种“更为接近法国大革命时期《人权宣言》的思想”。正是基于这样的认识，本书对反映在《民彝与政治》中的民彝思想，进行了较为深入的探讨和评述。

针对学术界对民彝概念的种种歧异释义，著者首先以近万字的篇幅，重新考释了“民彝”的涵义，列举了李大钊运用民彝思想对袁世凯的英雄史观、封建禁欲主义和文化专制主义的批判，考察了民彝思想与“五四”新文化运动的关系，民彝思想与李大钊本人其后思想发展的关系。一句话，从多方面考察和评述了民彝思想的历史地位和作用，并给予了高度的评价。同时，也以相应的篇幅考察了李大钊的“创造青春中华的思想”，肯定这个思想反映了李大钊的强烈的、高层次的爱国主义思想，集中评述了这个思想的理论基础“泛青春论”，青春的宇宙观、历史观、人生观，及其与西方文化和中国传统文化的关系，重新评论了李大钊创造青春中华理想的意义。

本书对李大钊的民彝思想和泛青春论思想及其在近代文化史上的意义和评述，尽管不能作为定论，但与以往的论断相比较，无疑有许多创新，也显得更为深入和透辟，因而，对今后的深入探讨必然会有启迪。

如果说，对李大钊的民彝思想和青春思想以往曾较多地进行研究和评论的话，那么，李大钊早期思想中的调和论思想，尽管是他这个时期思想中的重要组成部分，却是长期以来人们很少涉足甚或讳言的问题。近年来学术界虽然有人开始探讨这个问题，但总的说还是非常初步。在本书中，著者的求真精神的又一个表现，就是本着实事求是的原则，以相当的篇幅，联系当时的斗争实际，对这个问题进行了深入的研究，重点地、集中地从思想政治角度进行了评述，指出反映在李大钊的《调和之法则》《辟伪调和》等一系列专题和其他论文中的调和思想，是“他早期思想的一个重要组成部分，关系到他的哲学观、伦理观、历史观和美学观，是一个比较复杂的问题”。著者认为，李大钊的调和思想“孕育于清末立宪，发展于东京留学时期，系统化于《甲寅》日刊时期”。李大钊所讲的“调和之真意”是指“肇于两让”，“保于两存”，目的是“在存我而不在媚人”，“在容人而不在毁我”；真伪调和的区别，是看“有利于进化”否，看是“促进民主还是加强专制”，其哲学基础是认定“新旧之质性本非绝异”。从政德上讲，则强调“不专己以排人，不挟同以强异”，做到“有容”。著者指出，李大钊就是以这样的观点，来展开对梁启超的伪调和的批判，认为伪调和是一种“自毁之调和”，“间接之调和”，揭露了伪调和派拥袁的罪行与恶果，批评伪调和派依附特殊势力，玩弄政治权术，是“以势力为重，以情理为轻，以成败为重，以是非为轻”的一个“覆雨翻云”的政客集团。著者认为，李大钊对伪调和的特点的概括，是“非常准确深刻的”。他指出，李大钊对伪调和的批判，是他对辛亥革命以来的经验进行反思的结果，是直接为当时的政治斗争服务的，它表明李大钊对中国革命和中国国情的认识进了一步，说明他的政治倾向进一步转向急进派即革命党人，远离了曾影响他多年的梁启超、汤化龙等改良派，也说明了他的理论思维的新发展。著者认为，李大钊的调和理论“有不少深刻的道理，合理的因素，在一定的制度和历史条件下可以作为处理社会矛盾与推动社会进步的一种理想原则”。但是，在当时的中国，这种理想实际上只是一种空想。著者还指出，从理论上讲，李大钊的调和论“并不是一种严密的科学思想”，对于梁启超的伪调和的批判也限于政治和政德批判，“从理论本身来看，他们之间是有很多相同或相似之处”，分歧只在于梁启超不搞真调和，“至于真调和本身是否可取，他这时还是无力加以批判的”。这样，著者就对这个新课题作了比较真实而又系统的评述。

此外，著者还专节评述了以往无人涉足的李大钊对梁启超、段祺瑞的伪国家主义的批判，认为李大钊在批判中提出的“民治主义政治理想其彻底性超过了孙中山的民权主义”。李大钊的这一批判，与对伪调和、伪共和的批判，“都直接关系到当时全国的政治斗争，是孙中山护法反段斗争的理论表现”。

就这样，《李大钊早期思想与近代中国》一书，真实地、具体而生动地再现了李大钊早期思想演变和发展的过程，用无可辩驳的事实充分说明了李大钊探求救国救民道路的艰巨性和曲折性，阐明了他转向马克思主义、传播马克思主义，是一种慎重的选择，是历史发展的必然。本书的出版，不仅对于李大钊的研究，而且对于中国近代思想文化史的研究，都是一种开拓性的可贵贡献。

当然，本书也有不足之处。作为对李大钊在中国共产党成立以前的早期思想研究的成果，对于他转向马克思主义之后思想的评述，显得分量太轻，线条太粗。就十月革命前的早期思想的评论看，也侧重政治态度、政治理论的评论，相对来说对李大钊的其他思想，如哲学思想、伦理思想、经济思想以及批孔反孔的反封建文化思想等，未能进行集中的评述，甚或未曾涉及，对调和论等思想也只侧重于政治上的透视，未能从哲学、世界观的高度展开更为深入的评述，显得美中不足。相信在本书再版时，作者会把它提到一个更高的水平。

（原载《中共党史研究》1990年第2期）

第二部分　郭沫若研究

从“五四”评法到郭沫若的尊法反术

——郭沫若法家批判反思

在20世纪的中国，随着西方文化的冲击，国内革命逐步走向高潮，对中国传统文化的批判，也掀起了阵阵热潮。其中，抗日战争时期，郭沫若的先秦诸子批判，尤其是对法家的批判，堪称一绝。他的批判，既是一种学术批判，又是一种政治批判；既有学术批判的优点，又有政治化情绪化的缺失。长期以来，海外某学者曾以“抄袭论”来贬低其学术价值；“文化大革命”期间，国内则从政治上以“反法”的罪名，对他进行严厉的指控。近年来，一些学者为之进行了学术上的辨正，肯定了其参证资料上的独立贡献[①]，还有的学者把他的法家观归纳为“赞前期法家，斥后期法家”[②]，否定了“文化大革命”中的“反法”指责。笔者以为，“抄袭”论是一种诬指，“反法”论是一种政治武断，近期的“尊前反后”论，也不够准确。我们不仅应实事求是地指出其资料考证上的新贡献，还应准确地归纳其法家批判的科学观点，即“尊法反术和全盘否定法术家韩非”。这不是他随意编造，而是“五四”以来胡适、梁启超的尊法反术评论，和李大钊政治上全盘否定法家的观点的继续和发展，既反映了“五四”以来的学术批判的进步，又深刻地反映了抗日战争时期反独裁争民主的时代烙印，其内涵是十分深刻和丰富的。

一

说郭沫若的法家批判是“五四”以来评法思潮的继续和发展，首先

① 参见翟清福、耿清珩：《一桩学术公案的真相——评余英时〈批判书〉与〈先秦诸子系年互校记〉》，《中国史研究》1996年第3期。

② 林甘泉、黄烈：《郭沫若与中国历史学》，中国社会科学出版社1992年版，第410页。

表现在，他也是从考证法家资料入手，进而在对法家群体的认知上取得了新的进展。

在历史上，“法家”两字最早见于《孟子·告子下》，是我国战国时的一个重要学派。它起源于春秋时期管仲、子产，发展于战国时的李悝、商鞅、慎到和申不害，到战国末期，韩非集其大成。可见，法家是先秦诸子中，代表人物众多，遗留的著述也较多的一个学派。与对其他学派一样，后人对这个学派的代表人物及其著述，也有一个考证认定的过程，构成对该学派思想主张评判的前提和基础。如《史记》的《管晏列传》《老子韩非列传》，说管仲有“通货积财，富国强兵”之策，申不害“主刑名”，韩非“喜刑名法术之学”，但并未指名为“法家”，而是归入“黄老”。《汉书·艺文志》则把李悝的《李子》“列为法家之首”，明定李悝商鞅、申子、慎到、韩非为法家，并视《管子》《商君书》为管仲、商鞅所作。但是，后来人却对《管子》等系列法家著作的真伪、作者等，屡屡提出质疑和问难。如朱熹就提出，《管子》有老庄之说，“非仲所作”①。崔述在《考信录》中，也提出《管子》和《商君书》，“非管仲作”，“非商鞅作”。②其他如《韩非子》的作者问题，人们也有种种疑问。正是因为这样，许多学者，一般都在法家批判之前，先进行法家资料的考证。

例如，胡适《中国哲学史大纲（上）》中，就沿着前人的足迹对法家著述进行过考证。他也认为，《管子》“定非管仲所作”，理由是，“该书是把一些法家的、儒家的、道家的‘议论’和许多夹七夹八的话，并作一书”③，其中如《小称篇》“称毛嫱、西施事”，《立政篇》谈“寝兵”“兼爱”之说，且“全书的文法笔势也都不是老子、孔子以前能产生”的，其法治学说也是“战国末年的出产物”④，所以，他认定该书“大概是前三世纪的人假造的”⑤。他认为，与《管子》一样，《商君书》也是

---

①《朱子语类》第137卷《战国汉唐诸子》。

② 梁启超：《中国近三百年学术史》，中国书店出版社1985年版，第250页。

③《胡适学术文集·中国哲学史·上册》，中华书局1991年版，第18页。

④《胡适学术文集·中国哲学史·上册》，中华书局1991年版，第18页。

⑤《胡适学术文集·中国哲学史·上册》，中华书局1991年版，第244页。

“商君死后的人假造”[1]的。今本《韩非子》也有“很多不可靠”，严格说，“仅有一二分可靠，其余都是加入的”[2]。如该书中既有“攻韩”，又有“存韩”等“绝对不相容”[3]的文章，就是明显的例子。正是在这样考证辨析的基础上，他不承认包括申、商在内的早期法家为“法家”的传统说法，因为，他们的著述中没有法理学的内容，所以只能算是“实行的政治家”[4]。他认为，在先秦称得上有法理学的“法家”，只有慎到与《慎子》、尹文与《尹文子》、尸佼与《尸子》和韩非与《韩非子》。

与胡适类似，梁启超在他的评法论著中，也是采取先考证资料再评判的评法路子。他部分地认同胡适的考证结论，又提出一些不同的见解。例如，他也认为，《管子》《商君书》记述毛嫱、西施及长平之役等史事，说明《管子》《商君书》两书“决非管、商作，最少有一部分为后人窜乱”[5]；又说：“管子里头有驳‘兼爱’驳‘寝兵’之说”。“故知决非春秋初年管仲所作”[6]。所以，《汉书·艺文志》把两书题为管仲、商鞅所作，是“汉人误推”[7]。但是，他却不同意胡适由《管子》之伪，就断言“管仲是实行的政治家，不是法理学家”，因为，《管子》书中，有许多奥衍的学理，这虽然是后人的引申放大，但何以不依托他人，而“独上依托管仲”？这说明“管仲和这种思想渊源一定有些瓜葛”[8]。据此，他说，尽管中国法家成为一有系统的学派为时甚晚，但“法治主义，则起源甚早，管仲、子产时确已萌芽”[9]。

与胡适、梁启超一样，郭沫若在先秦诸子的批判中，也十分注意先对文献资料的鉴别考证。他的法家批判，就是沿着并汲取前人和胡、梁等的考证路子和成果，应用从思想内容上进行考证的方法，以独具的慧眼，对法家群体留存下来的资料，进行了再考证。在许多问题上做出了

①《胡适学术文集·中国哲学史·上册》，中华书局1991年版，第19页。
②《胡适学术文集·中国哲学史·上册》，中华书局1991年版，第245—246页。
③《胡适学术文集·中国哲学史·上册》，中华书局1991年版，第21页。
④《胡适学术文集·中国哲学史·上册》，中华书局1991年版，第245页。
⑤《中国近三百年学术史》，第250—251页。
⑥《中国近三百年学术史》，第250—251页。
⑦《中国近三百年学术史》，第260页。
⑧《梁启超哲学思想论文选》，北京大学出版社1984年版，第356页。
⑨《先秦政治思想史》，《饮冰室合集》专集五十，合集之13册，第132—133页。

与前人及同代人不同的新判断，使他的法家批判确立在更加扎实的资料工作基础上。

例如，他对《管子》，就曾花了较大的工夫，集校了自清代戴望的《管子校正》到许维遹、闻一多的《管子校释》，形成了一部130万字的《管子集校》，得出了“《管子》一书乃战国秦汉文字总汇”的论断，并具体地判断了各篇的成书时代，从而把崔述、胡适、梁启超等提出的有关《管子》真伪、成书时代及各篇作者的质疑和考证，推进到一个新的阶段。

又如，对《韩非子》，他也作过相当全面和深入的考证。他认为，从思想内容看，该书“有些不是韩非的作品”[①]，如《初见秦》《有度》等。[②]他认为，该书的《解老》《喻老》“所解所喻同于今本《老子》”，但两者又有区别，“《解老》与儒家思想太接近”，可说非韩非所作；而《安危》《喻老》则与《韩非》全书相符合，尤其《主道》《扬榷》等是充分表现了《老子》学派的“君人南面之术”，所以，不能把他们说成“出于‘汉初道家’”[③]。他认为，《初见秦》篇，也不是张仪、范雎、蔡泽、韩非所作，而是吕不韦所作。他的考辨，与胡适只是提出问题而没有明确回答各篇作者的考证相比，是以敏锐的新眼光，把这些问题的回答大大地前进了。

此外，他还在《宋钘尹文遗著考》中，发现了《管子》的《心术》上下、《白心》、《内业》等篇为宋钘、尹文遗作，提出了与以往把这些篇章视为管仲所作的不同看法，得到了学术界的认同。又提出《管子》的《法法》《任法》《明法》诸篇，“理论渊源于慎到，而为韩非所本”，“是慎到与韩非之间的桥梁”，从而“找到了法家思想发展的来龙去脉，找到了韩非思想的另一个来源”[④]。

在这样比较细致考辨的基础上，他基本上认同《汉书·艺文志》关于法家群体的认定。他认为，从思想渊源上看，子产是先秦法家的“先

①《郭沫若全集·历史编(二)》,人民出版社1982年版,第352页。
②《郭沫若全集·历史编(二)》,人民出版社1982年版,第352页。
③《郭沫若全集·历史编(二)》,人民出版社1982年版,第360—361页。
④《郭沫若与中国史学》,第451—452页。

驱者”，“法家的产生应该上溯到子产”[①]。在严密的意义上，李悝是“法家的始祖”[②]。他又把吴起也列为“法家的一位重要人物”[③]，商鞅则为“纯粹的法家代表”[④]，“法家的成功的代表”[⑤]。慎到也是“严格意义的法家”[⑥]，申不害则为“术家”[⑦]，韩非“应该称为‘法术家’”[⑧]。他还进一步提出，从思想渊源上看，李悝、吴起、商鞅都出于儒家的子夏，是所谓“子夏氏之儒”，而慎到和申不害则“属于黄老学派”[⑨]。并认为，“子夏氏之儒中是注重礼制的一派，礼制与法制，只是时代演进上的新旧名词而已”[⑩]。这样，他就在对先秦法家群体的认定上，做出了基本上认同《汉书·艺文志》，又略有不同的认定，更与胡、梁有某种趋异的新认定，即明确提出并区分了前期法家、术家和后期的法术家。他正是在此基础上展开了对法家群体的具体批判，形成了他的法家批判的独特个性。

这里需要附带指出的是，海外学者余英时，把郭沫若在前后期法家群体、吕不韦与秦王政关系的新考辨上所引某些资料与钱穆《先秦诸子系年》有相同和类似之处，就指责郭氏“抄袭”《系年》，借此贬损郭氏法家批判的新贡献，显然是一种政治偏见，是完全不能成立的，也是徒劳的。因已有专文逐条批驳[⑪]，在此从略。

二

与“文化大革命”中笼统指责郭沫若“反法”不同，也与近来说他“赞前期法家，斥后期法家”稍异，笔者以为，准确地说他的法家批判应归纳为赞法斥术全盘否定法术家。这是他在对法家资料进行考证和对法

①《郭沫若全集·历史编(二)》,第312页。
②《郭沫若全集·历史编(二)》,第314页。
③《郭沫若全集·历史编(二)》,第319页。
④《郭沫若全集·历史编(二)》,第425页。
⑤《郭沫若全集·历史编(二)》,第329页。
⑥《郭沫若全集·历史编(二)》,第341页。
⑦《郭沫若全集·历史编(二)》,第332页。
⑧《郭沫若全集·历史编(二)》,第343页。
⑨《郭沫若全集·历史编(二)》,第341页。
⑩《郭沫若全集·历史编(二)》,第341—342页。
⑪ 见前注《一桩学术公案的真相》一文。

家群体进行新认定的基础上，继承了“五四”以来胡适、梁启超的肯定法家，指责术、势，尤其是李大钊从政治上整体否定法家的思路，以唯物史观为指导，以“人民本位”为标准，从反对专制独裁的政治高度，对法家群体作出的新的评判体系，形成了20世纪中期的独特的法家观。

在中国历史上，在从奴隶制向封建制过渡时期，随着私有经济的发展，宗法制逐步崩溃，在社会矛盾日益尖锐复杂的条件下，为维护封建专制统治的需要，逐步形成了一种既继承儒家的礼治精神，又否定维护宗法等级制的礼治中的德治内容的法治学说，主张建立一个绝对专制主义王权，以法治来代替德治和礼治，也就是人治的法家学派。其思想集中地表现为前期以商君的重法、申不害的重术和慎到的重势思想，后来则由韩非集三者之大成，形成法、术、势三者结合的理论。这种理论以人性恶为根据，把法治建立在人性的趋利避害的基础上，根本否定伦理道德的作用，与儒家的“仁义”形成尖锐的对立。提出“法不阿贵”和“严刑重罚”的政治主张，“不期修古，不法常可”，随着时代变化，改变政治制度，反对因循守旧，反对复古倒退的变法主张。在历史上，为进步的封建政治家所推重，成为他们励精图治、变法革新的思想武器，也为秦始皇统一中国，建立封建的中央集权专制提供了政治理论根据，有着明显的进步作用。但由于其只强调暴力统治的一面，忽略了怀柔的一面，不利于调和阶级矛盾，易于激起劳动人民的反抗；又由于它完全摈弃儒家的仁义，否认伦理道德的价值，把人与人之间的关系暴露为赤裸裸的利害关系，不利于调剂和谐统治阶级内部的伦理秩序；更由于其极度反对思想自由，主张高度的思想统一，反对法家以外的一切异端思想等理论上的偏颇，在秦统一中国以后，就引发了“焚书坑儒”的严重事件，激起陈涉、吴广的农民大起义，使秦帝国不两世就被推翻，暴露了其思想中的严重的反民主的为专制独裁服务的冷酷残忍的反人道的一面。所以，秦王朝覆灭以后，历代的封建统治者，虽然继承了其思想精髓，但不再公开打出法家旗号，而采取了以儒为主、儒表法里或阳儒阴法的统治手法。历代儒家学者，也在政治上采取了批法反法的态度，法家学说长期处于“毁过于誉”的状况。例如，贾谊在《新书》中就说商鞅变法是“违礼仪，弃伦理”；《史记·太史公自序》也说：“法家不别亲疏，不殊贵贱，一断于法”，是“严而少恩”；苏轼著《韩非论》，说：“老庄之后，其祸为申韩”；朱熹也骂商、申、韩“残忍”“少恩”。[1]总之，汉以来的学者，尤其儒家学者，都视法家学说偏重暴力，与儒学绝不相容，而予以否定。这种看法，虽然存有严重的门户偏见，但确也包含相当的合理成分，在一定程度上看到了其否定伦理作用对封建统治不利的严重偏颇，看到了“德治”在治理国家稳定封建社会秩序中的重大作用。

历史上的“反法”思维，到19世纪末，在王先谦《韩非子集解》提出应该将韩非思想和孟子主张以相同的评价之后，开始有了变化。继而章太炎的《诸子学略说》也明确表示他赞赏法家的“法不阿贵”的主张。但是，真正以现代的新眼光，给法家及其思想以较为客观公允的新评判的，则始于“五四”时期，从胡适和梁启超开始。

在《中国哲学史大纲（上）》中，胡适主要抓住法家思想中合理的进步的一面，应用民主、科学的价值评判标准，进行评估。他认为，从有无法理学的角度看，中国“古代本没有什么‘法家’”。[2]因为，《管子》《申子》《商君书》所讲的“都不过注重刑赏的政策，与法理学没有关系”[3]，所以，管仲、子产、申不害等，都只是“实行的政治家”[4]。他说：“刑罚是从古以来就有了的，法的观念是战国末年方才发生的”[5]。他认为，先秦只有韩非称得上为“法家”。他说：“法家所主张的，并不是用刑罚治国。他们所说的‘法’，乃是种客观的标准法，要‘宪令著于官府，刑罚必于民心’，百姓依这种标准行动，君主官吏依这种标准赏罚”[6]。尽管这样，他对前期的“实行的政治家”，还是给予肯定的评价。例如，他说：“商鞅用赏罚来提倡实业，提倡武力”，使“秦国渐渐富强起来，立下后来吞并六国的基础”[7]，所以称得上为“大政治家”。至于

①《朱子语类》第137卷《战国汉唐诸子》。
②《胡适学术文集·中国哲学史·上册》，第243页。
③《胡适学术文集·中国哲学史·上册》，第245页。
④《胡适学术文集·中国哲学史·上册》，第245页。
⑤《胡适学术文集·中国哲学史·上册》，第349页。
⑥《胡适学术文集·中国哲学史·上册》，第251页。
⑦《胡适学术文集·中国哲学史·上册》，第244页。

韩非这位“最有特别的见地”的“法家”，更因其“相信历史进化”，政治哲学是“论世之事，因为之备”，“法治观念也是进化的”[①]，而给予高度的肯定评价。他尤其赞赏韩非注重“参验”和“功用”的政治实践观，认为与墨子的“应用主义”的“大旨相同”。[②]在这样的意义上，他称颂韩非和李斯为“中国历史上极伟大的政治家”，“应该受到我们的敬仰”。[③]他还认为，中国法理学的根本观念来自历史上老、孔、墨的无为主义、正名主义、平等主义、客观主义和绩效主义，是一种比历史上的人治主义高明的一种类似“立宪政体”的学说。[④]但是，这种学说的短处也是很明显的，即“不知道人事非常复杂，有种种个性的区别，决不能全靠一些全称名词便可包括了一切”[⑤]，尤其是韩非的“极端狭义的功用主义”，“把一切‘微妙之言’、‘管商之法’、‘孙吴之书’都看做‘无用’的禁品”[⑥]，以致李斯“当真实行起来，遂闹成焚书坑儒的大劫”[⑦]。此外，他也对先秦法家的其他人物，如慎到、尹文等进行过既有肯定又指出其局限的评述。以上表明，胡适是以民主和科学的尺度，在肯定法家有进步作用的同时，又明确认定其理论和实践上的严重缺失，这就比历史上的“反法”思维，显得公允合理。

与胡适的法家评判大致相同，梁启超在《先秦政治思想史》等著作中，也以同样的尺度，从理论上对法家学说作出过有分析的稍异于胡适的评论。他认为，在先秦诸子中，法家的法治主义、道家的放任主义、儒家的人治主义礼治主义和势治主义不同，是一种“治的”“有格式的”“有强制力的”和“有限制的”思想政治学说[⑧]，是一种对人治、礼治的合乎时代潮流的否定。但是，法治主义也有“短处”，通有的短处是，“法律权力渊源在国家，过信法治主义，便是过信国家权力，结果个人自由，都被国家吞灭了”。其次，“法治主义总不免机械观，万事都像一个

①《胡适学术文集·中国哲学史·上册》，第256—257页。
②《胡适学术文集·中国哲学史·上册》，第258页。
③《胡适学术文集·中国哲学史·上册》，第330页。
④《胡适学术文集·中国哲学史·上册》，第255页。
⑤《胡适学术文集·中国哲学史·上册》，第255页。
⑥《胡适学术文集·中国哲学史·上册》，第259页。
⑦《胡适学术文集·中国哲学史·上册》，第259页。
⑧《饮冰室合集·文集》第15册，第92页。

模型里定制出来，妨害个性的发展”；[①]其特有的短处是，“立法权应该属于何人”的问题没有解决，结果是“造法权在什么人，变法废法的权也自然在那人，君主承认的便算法律，他感觉不便时，不承认它，当然失了法律的资格”，“法律万能，结果成了君主万能”，先秦法家“最失败的一点”在此。[②]这个论断反映了他自身的政治实践的深刻体验。他尤其认为，在法家中，法治与术治、势治是不同的：“术治主义者，其作用在秘密，与‘编著诸图籍布之于百姓’，之公开而画一的‘法’，其性质极不相容”，所以，“术”是“法家所最恶”[③]。又说：“术治‘亦人治主义之一种’，势治也是‘专制行为，而法治则专制之反面也’。”[④]因为，法治主义“认法律为绝对神圣，不许政府动辄法律范围以外”，“就此点论，可谓与近代所谓君主立宪政体者精神一致”[⑤]。可见，他是基本上肯定法家，但否定和反对术、势理论的。总之，他认为，中国法家，“起战国中叶，逮其末叶而大成”，“秦人用之以成统一之业”，其“最大缺点，在立法权不能正本清源”[⑥]，所以，在君权国家，“无监督机关，君主可以自由废法”，因而“仍是人治而非法治”，加上人心复杂，非法所能完全范围，法家“万事皆归于一，百度皆准于法”，“亦空想而已”[⑦]。这样，他就以民主主义的法律意识，对法家的法、术、势理论，进行了有条理的细致分析，确立起基本肯定法家，否定术、势理念的评法体系。

与胡适、梁启超注重从学术上对法家基本上肯定又实事求是地否定术、势的评法体系不同，这时，另外一位民主主义政治思想家李大钊，则从争民主反袁世凯复辟封建帝制的需要出发，从政治上对法家及其为之服务的封建帝制进行了整体的全盘否定的批判。在《民彝与政治》中，他明确地提出：“自有周之衰，暴秦踵起，用商鞅李斯之术，焚书坑儒，销兵铸镰，堕名城，徙豪杰，生民之厄，极于此时。汉兴，更承其绪，

①《饮冰室合集·文集》第15册，第217页。
②《饮冰室合集·文集》第15册，第217页。
③《饮冰室合集·文集》第50册，第138页。
④《饮冰室合集·文集》第50册，第138—139页。
⑤《饮冰室合集·文集》第50册，第147页。
⑥《饮冰室合集·文集》第50册，第149—150页。
⑦《饮冰室合集·文集》第50册，第149—150页。

专崇儒术，定于一尊。……由是中国无学术也，有之则李斯之学也；中国无政治也，有之则嬴秦之政也。学以造乡愿，政以畜大盗，大盗与乡愿交为狼狈，深为盘结，而民命且不堪矣。”[①]这里，李大钊完全是从政治反袁帝制复辟着眼，把法家与后期儒家一起，作为封建专制主义制度的意识形态，来全盘加以否定的，所以，不能视为学理的有分析的批判，而是反映了现实政治斗争的需要。尽管如此，他在全盘否定法家中，其侧重点则是“商鞅李斯之术”，一定程度上说明他是把“术”与“法”等同起来了。

郭沫若的法家批判，就是在“五四”以来胡、梁、李等的法家批判的思想文化背景下，继承了他们的民主主义的因素，用唯物史观的新眼光在抗日战争时期争民主反独裁的历史条件下，在考证法家资料，区分法家群体的基础上，汲取了他们的评法成果，确立起自身的肯定前期法家，否定术、势理论，全盘否定法术家韩非的独特的尊法反术势的评判体系。

首先，郭沫若与胡适、梁启超一样，对法家，尤其是对前期的法家思想予以肯定甚至是更高意义的评价。例如，他认为，法家始祖李悝《法经》以惩治“盗贼”为首要，表明“新起的法家精神是以保卫私有财产为本位的”[②]，是一种历史的进步。他认同胡适的说法，说“秦王政后来之所以能够统一中国，是由于商鞅变法的后果，甚至于我们要说秦、汉以后中国政治舞台是商鞅开的幕”[③]。他列举了商鞅改革的一系列举措，深刻地指出：“战国时法家所共同的一个倾向，是强公室而抑私门。这是含有社会变革的意义的”[④]。特别是商鞅的“废井田，开阡陌”，在变法过程中是“更为重要的事项，它是把生产方法和社会制度改革了”[⑤]，所以称得上是“一个划时代的变革”[⑥]。为此，他明确表示不能认同韩非对商鞅“行法而不用术”的指责，因为，这“正是初期法家富

①《李大钊文集》(上)，人民出版社1984年版，第162—163页。
②《郭沫若全集·历史编(二)》，第424页。
③《郭沫若全集·历史编(二)》，第322—323页。
④《郭沫若全集·历史编(二)》，第325页。
⑤《郭沫若全集·历史编(二)》，第325页。
⑥《郭沫若全集·历史编(二)》，第326页。

有进步性的地方”[1]。他说，以商鞅为代表，包括吴起、慎到等初期法家，“主张公正严明，一切秉公执法，以法为权衡尺度，不许执法者有一毫私智私慧以玩弄权柄”[2]，就体现了这种进步性。以上表明，他不但不反法，而是在更高意义上尊法：既从民主主义的高度，更从生产关系与上层建筑的相互关系上，从生产关系的变革和社会的进步上，来高度评价前期法家的进步作用的。他的评判言前人所未言，显然是一种比胡、梁的评判更为深刻的肯定评价。

其次，与对前期法家的肯定评判不同，郭沫若对术、势家的“术”“势”理论，则表示了极度的厌恶。在他看来，法家的术、势理论，是“以私智私慧以玩弄权柄”，就是搞阴谋诡计，权谋术数，就是一种尊主卑臣和愚民政策。它“倡导于老聃、关尹，而发展于申不害，再结穴于韩非”，所以“申不害与韩非，严格地说时已经不是纯粹的法家了”[3]。他认为，与纯粹法家“以富国强兵为目标，他们采取的国家本位”不同，术家是“王家本位”的。[4]如申不害所讲的“术”，就是“帝王南面之术”，即“权变”，“这和‘法’认真说倒是不两立的东西”。[5]可见，在他心目中，法与术是完全对立的两种内容，他正是在这样的严格区别中，确立起尊法反术的立场的。显然，这又是“五四”时期胡、梁否定术、势，和李大钊侧重以反“术”角度来全盘否定法家的理论的继续和发展。

郭沫若对法家批判的与众不同处，突出地表现在对韩非这位法术家的抨击与全盘否定上。他认为韩非子与商鞅为法家、申不害为术家不同，“韩非子是法术家”，是把申、商“二人综合了，而且更加向前推进了一大段”[6]的人物。他说，法家导源于儒，术家导源于老，韩非则“把这两家综合了起来，向他所主张的绝对君权上去使用”[7]。或者说，“把老子的形而上观，接上了墨子政治独裁的这一点。他把墨子的尊天明鬼，兼

①《郭沫若全集·历史编(二)》,第329页。
②《郭沫若全集·历史编(二)》,第329页。
③《郭沫若全集·历史编(二)》,第329页。
④《郭沫若全集·历史编(二)》,第329—330页。
⑤《郭沫若全集·历史编(二)》,第330—331页。
⑥《郭沫若全集·历史编(二)》,第346—348页。
⑦《郭沫若全集·历史编(二)》,第346—348页。

爱尚贤扬弃了，而把尚同、非命、非乐、非儒的一部分发展到了极端”[①]，采取了“君主本位的立场”，对“术”特别感兴趣，其书陈述和赞扬“术”的内容“在百分之六十以上”[②]。他揭露韩非的“术”，“除多设目”外，还有：权势不可以假人，深藏不露；把人当成坏蛋；毁坏一切伦理价值；厉行愚民政策；罚须严峻，赏须审慎；遇必要时不择手段等。又说，韩非只要三种人：牛马、豺狼和猎犬。“牛马以耕稼、豺狼以战阵，猎犬以告奸，如此而已。愚民政策是绝对必要的”[③]。所以，他不同意梁启超把韩非说成是法治派而不是势治派的论断，认为这是梁氏“《难势篇》根本没读懂”[④]。因为从《难势》中，“你可以知道韩非才正是一位极端的势治派，他正是极力主张‘专制行为’而为‘法治之反面’的”[⑤]。不过韩非的势治，是“人所设定之势，便是所谓多设耳目的‘聪明之势’，任用法术的‘威严之势’”[⑥]。他认为，韩非“推重权势的结果流而为专制独裁，那是必然”[⑦]。在韩非看来，“帝王是无须乎贤者能者的，只要有法术”就行，“他是把一切的人看成坏蛋的，所谓‘君人南面之术’的另一种秘诀，也就是要把一切的人看成坏蛋”[⑧]。总之，在韩非那里，“除明法之外无教育，除耕战之外无学习”，仁义道德，德政，“都是宽缓败法的东西，也就是‘卑主危国’的东西”[⑨]。其思想本质是“帝王本位”，“在韩非所谓‘法治’的思想中，一切自由都是禁绝了的”，“韩非就是这样一位极权主义者”[⑩]。其著述如《五蠹》《显学》之类，“完全是一种法西斯式的理论”[⑪]。这样，他就通过对韩非术、势主法的揭露和批判，冠以“法西斯式的理论”的头衔，全盘否定了。这表明，他确实是把梁启超的批术观，李大钊对法家的全盘否定，推进到一个更

①《郭沫若全集·历史编(二)》，第347—348页。
②《郭沫若全集·历史编(二)》，第352页。
③《郭沫若全集·历史编(二)》，第381页。
④《郭沫若全集·历史编(二)》，第355—356页。
⑤《郭沫若全集·历史编(二)》，第357—358页。
⑥《郭沫若全集·历史编(二)》，第358页。
⑦《郭沫若全集·历史编(二)》，第359页。
⑧《郭沫若全集·历史编(二)》，第372页。
⑨《郭沫若全集·历史编(二)》，第374页。
⑩《郭沫若全集·历史编(二)》，第385页。
⑪《郭沫若全集·历史编(二)》，第473页。

加严厉的全盘否定阶段。这是他的法家观的独特之处，切中了法术思想的要害，但也有明显的以点带面的偏激片面之处，所以，也可以说是他的法家批判的缺失所在。

在全盘否定韩非的同时，郭沫若对法家的政治实践家秦王政也采取了严厉的全盘否定的批判。他认为，秦王政“采用法家的主张”①，实行“严刑峻法”，又接受了神仙家的“迷信鬼神”和墨家的“强力疾作”，政治上“极端专制，不让人民有说话的余地”②。他还依据清代《史记志疑》，对传统的秦王政是吕不韦之子的说法，提出了新的看法，认为这两人是代表了两条对立的政治路线：吕不韦“反对家天下制”，“尊重民意”，奉行“修齐治平的哲人政治”，代表了“封建思想”③；秦王政“则依然站在奴隶主立场”，兼并六国以后，又“把六国的奴隶主和已经解放了的人民，又整个化为了奴隶”④。据此，他创作了《高渐离》等剧本，对秦王政进行了猛烈的批判。

综上可见，郭沫若的法家批判是在新的历史时期，沿着“五四”以来胡适、梁启超等肯定法家，批判术、势，特别是李大钊从政治上全盘否定法家的路子前进的，形成了他肯定前期法家，否定术家，全盘否定法术家韩非的独特的批判体系，成为抗日战争以来一面批判法家的新旗帜。他的批判，既推进了“五四”以来的评法事业，也存在自身的局限。

笔者以为，郭沫若的新法家观的形成不是偶然的。

首先，是由于他与胡适、梁启超等一样，都受过西方民主、科学思想的深刻影响，民主主义是积淀于他的世界观深处的价值观念。因而他在对法家思想的认知中，自然要以民主和科学作为评判的尺度，肯定法家思想中有民主主义因素的内容，否定反民主的为君主专制独裁服务的“南面之术”的术、势思想，从而走上肯定法家，否定术家的批判之路。

但是，郭沫若的肯定法家，否定术家的与众不同之处，还因为他是一个马克思主义者。所以，他还用唯物史观的方法以及由此产生的“人

①《郭沫若全集·历史编(二)》，第428页。

②《郭沫若全集·历史编(二)》，第439页。

③《郭沫若全集·历史编(二)》，第458—459页。

④《郭沫若全集·历史编(二)》，第458—459页。

民本位”的评判标准，这就使他能从生产力和生产关系的相互关系上，从社会的变革方面去论证其进步意义，从阶级分析上去揭露术势理论的反动实质。这就使他的法家观，能够比“五四”时期胡适、梁启超的法家批判有较大的前进。

其次，与胡、梁等的法家批判，特别是对韩非这个后期法术家的批判的不同之处，还与他的独特的文化个性密切相关。胡、梁的法家批判，主要表现为学术的批判，而郭沫若则除表现为学术批判之外，还有浓厚的政治批判色彩。这是因为，他自幼深受“尊儒反法”和“经世致用”治学思想的影响，长期以来一直持尊儒的传统文化态度，转向马克思主义后，又信奉为“革命而研究历史”的主张，所以，在传统文化的批判上，不但表现为学术的，而且更多地注意于政治的批判。因此，在皖南事变以后的反独裁、争民主的斗争中，就很自然地会与李大钊一样，把法家批判与争民主的现实斗争直接联系起来，通过对法术家的专制独裁统治术的否定，来影射批判现实中的专制独裁。他的文化个性的另一个特点是，他不但是一个历史学家，而且是一个浪漫主义的诗人、文学家，因而在史学研究中，也会流露其情感的因素，使用浪漫主义的夸张手法，这在法家批判中，就表现为抓住韩非的术、势理论，以点带面地进行了全盘否定，背离了实事求是的思想路线，失去了学术批判应有的客观和冷静。正是这种文化个性，使他在当时把韩非、秦王政等历史人物与现实中的蒋介石的独裁和专制等同起来，使他的法家批判，一时起到了配合现实的战斗作用，同时又使自身的学术价值受到了一定的损害。所以，我们说，在一定意义上讲，他的法家批判，包括他的先秦诸子批判的优点在此，其缺点也在此。这也是他以后不得不自我批判的原因所在。

不过应该补充说明的是，郭沫若的尊儒反法，与历史上儒家的尊儒反法，是不能也不应完全相提并论的。因为后者是从维护封建制度出发的，而他则是从反对和否定国民党统治的目的出发的。所以，两者的思想趋向是完全不同的，一个是反动，一个则代表了历史的进步趋向。所以，“文化大革命”期间，把他的主张笼统地概括为“反法”，或“尊儒反法”，把他与历史上儒家的反法混为一谈，显然是不对的。

再次，还应指出的是，郭氏对韩非和秦王政的全盘否定的批判，也与他当时对中国古代社会性质的认识直接关联着。在抗日战争时期，他对中国古代社会性质的判断是：周秦之际处于“奴隶制向封建制的推移阶段”[①]，或者说，“秦始皇时代，看来是奴隶制的大逆转”[②]的时代。所以，他把秦始皇看成奴隶主阶级代表，受到秦始皇喜爱的韩非思想，自然也是反动奴隶主阶级的意识形态了。这又是他对后期法术家思想作出全盘否定的逻辑结论了。

总之，郭沫若的法家批判，是“五四”以来法家批判思潮的进一步发展，也与他所处的时代和他的文化个性密切相关，是既有进步价值的论断，又是有某种局限的一家之言。两相比较，其进步意义是主要的。

（原载《郭沫若与二十世纪中国文化》，福建人民出版社2002年版）

①《郭沫若全集·历史编(二)》,第460页。
②《郭沫若全集·历史编(二)》,第460页。

从郭沫若对胡适学术的批判，看胡适在中国学术史上的地位

在中国现代学术史上，郭沫若曾经批判过胡适的学术观点。用郭沫若的话说，就是“一出马我们就反对胡适”，[①]或者说，他从事学术研究，“是准备向搞旧学问的人挑战，特别是想向标榜‘整理国故’的胡适之流挑战的”。[②]事实确是如此，早在20世纪20年代初，他就在翻译问题、“整理国故”评价以及对传统文化的估价等问题上，对胡适进行过批判和争论。第一次大革命后，他更是在政治上、思想上和学术上对胡适展开了全面的批判。尤其把批判的矛头集中对胡适的以“整理国故”为特色的学术活动，进行了全面的持续的批判，形成了郭沫若对胡适批判的基本特色。

第一次大革命以后，郭沫若之所以把主要精力集中到对胡适学术的批判上，笔者认为，胡适能在当时学术界处于支配地位，不只是因为他提倡白话文，更不是由于他政治上主张自由主义和改良主义，而是在很大程度上，因为他提倡“整理国故”，出版了诸如《中国哲学史大纲》《白话文学史》等众多学术论著，在当时学术上作出了许多独特的建树，是我国学术近代化进程中的重要开拓者之一，这样一种学术地位所致。而且胡适当时之所以能在政治上产生影响，也完全以这样的学术成就为依托，以资产阶级在文化学术界的主要代表为资本的。正是因为这样，郭沫若在转向马克思主义以后，就更加自觉地把学术批判的主要目标选中胡适。在第一部中国马克思主义史学的开创之作——《中国古代社会研究》中，开宗明义地表达了这样的目标。他说：

“胡适的《中国哲学史大纲》，在中国的新学界上也支配了几年，但

①《文艺论集》1958年11月写的《前记》。

②《金文丛考·重印弁言》。

那对于中国古代的实际情形，几曾摸着了一些儿边际？社会的来源既未认清，思想的发生自无从说起。所以我们对于他所‘整理’的过程，全部都有从新‘批判’的必要。

我们的‘批判’有异于他们的‘整理’。

‘整理’的究极目标是‘实事求是’，我们的‘批判’精神是要在‘实事之中求其所以是’。

‘整理’的方法所能做到的是‘知其然’，我们的‘批判’精神是要‘知其所以然’。

‘整理，自是‘批判’过程所必经的一步，然而它不能成为我们所应该局限的一步。”①

这个声明，可以说是郭沫若批判胡适学术的总纲。它不仅评论了胡适学术，即“整理”过程的学术成就和整体水平，而且表达了自己“批判”所追求的超越胡适的目标。第一次大革命后，郭沫若对胡适学术所进行的为期几十年的多方面的批判，就是沿着这样的方向和思路进行的。我们的文章，就是试图通过郭沫若在大革命后，对胡适“整理”过程的“批判”资料，从一个重要的侧面，看一看胡适在中国现代学术史上的贡献和地位。

一

郭沫若对胡适“整理”过程的“批判”，首先集中在对胡适等所取得的古代文献资料的真伪、时代以及作者等方面的考证成果，所采取的批评、辩难、立异和认同，也就是批判的再考证上。

胡适在他的主要代表作《中国哲学史大纲》的“自序”中，就明确地把明变、求因、评判规定为哲学史的三项目的，而把哲学史史料的收集、审定和整理，称之为实现上述目的的“根本工夫”，“叫做述学”。说“述学的所以难，正为史料或不完备，或不可靠”。所以，他在强调收集资料的重要意义的同时，尤其不厌其烦地分析了中国古代哲学史料真伪

①《中国古代社会研究·自序》。

杂存的情况，概述过中西结合审定史料和整理史料的方法。他的包括哲学史论著在内的众多学术论著，都是从收集和审定史料入手，然后进行明变、求因和再评判的研究。与胡适一样，郭沫若作为中国传统文化的批判继承者，同样深刻地认识到资料搜集、考证的重要意义。他曾强调说："无论任何研究，材料的鉴别是最必要的基础阶段。材料不够固然大成问题，而材料的真伪、时代性未规定清楚，那比缺乏材料还更加危险。因为材料缺乏，顶多得不出结论而已，而材料不正确便会得出错误的结论，这样的结论比没有更为有害。"①又说："研究历史，和研究任何学问一样，是不允轻率从事的。掌握正确的科学的历史观点是非常必要，这是先决问题，但有了正确的历史观点，假使没有丰富的正确的材料，材料的时代性不明确，那也得不出正确的结论。"②正是基于这样的认识，他在"批判"胡适的"整理"过程时，除了重视地下出土资料外，就沿着胡适的同样的路子，对胡适考证过的大量文献资料，进行了追踪"批判"和再考证。然后，对胡适的学术观点进行批判性的评论。现在列举几个事例于下：

（1）关于《周易》的制作时代和作者问题

这是研究中国古代哲学首先遇到的问题。因为，自从汉司马迁提出"文王拘而演《周易》"，③继而班固提出伏羲氏"始作八卦"，文王"重易六爻"，孔子作"《十翼》"，"人更三世，世历三古"之说，④它就被古文经学家列为《六经》之首，视为儒家《六经》中最早的一部经书。

在《中国哲学史大纲》中，胡适一反历史成说，把《诗经》作为中国古代哲学开端时期的时代说明，"丢开了唐、虞、夏、商，径从周宣王以后讲起"。⑤他认为，"《易经》除去《十翼》，止剩得六十四个卦，六十四条卦辞，三百八十四条爻辞，乃是一部卜筮之书，全无哲学史料可说"。所以，"不能用作上古哲学史料"。⑥但是，他又认同孔子作《十翼》

①《古代研究的自我批判》。
②《中国古代社会研究》1954年新版引言。
③《报任少卿书》。
④《汉书·艺文志》。
⑤ 顾颉刚《古史辨·自序》第一册。
⑥《中国哲学史大纲·导言》。

的旧说，说“孔子晚年最喜《周易》”，所以，“把他的心得做成了六十四条卦象传，三百八十四条爻象传，六十四条彖辞”。[①]因此，他又用《易传》来说明孔子的哲学思想，说：“孔子学说的一切根本，依我看来，都在一部《易经》。”[②]到了20世纪30年代，在《说儒》中，他又把《周易》的时代往前推到殷周之交，说，从《系辞传》的两处推测中，“可以推测《易》的卦爻辞的制作大概在殷亡之后，殷民族受周民族的压迫最甚的一二百年中”，“作者是殷人。所谓《周易》，原来是殷民族的卜筮书的一种”。以此作为《说儒》证定儒为殷民族的奴性宗教的证据。这样，通过考证，胡适在《周易》的时代和作者问题上，就抛弃了其“人更三世，世历三古”的不经之说，认同了其为儒家的一部较早的经书，肯定了孔子与《周易》中的《十翼》的关系，并以此为据对儒家的哲学演变作了新的评说。胡适的上述考证，在学术界曾经引起了许多不同的评说。例如，顾颉刚就曾发表《论〈易系辞传〉中观象制器的故事》一文，[③]提出了与胡适不同的考证结论。他推定《易经》可能是西周初年的作品，不能晚于周成王时代。《易传》则大部分是战国时期的作品，而《系辞传》则是西汉京房一流人的作品。顾颉刚的论断大大推进了对《周易》时代和作者问题的研究。

以胡适的《中国哲学史大纲》为批判目标，进行中国古代社会研究时，郭沫若的第一篇论文，就是《〈周易〉时代的社会生活》。当时，他受传统观点的影响，也是把《周易》误“认为殷末周初的作品”，用作“研究殷末周初的资料”。[④]后来经过认真的研究胡适、顾颉刚等的考证成果，郭沫若在1935年撰著的《〈周易〉之制作时代》中，就修正了自己以往的看法。他认同顾颉刚的考证论断，认为顾“把这件事情论证得很透彻”，认为，八卦“大部分是既成文学诱导出来的”，其构成时代不“出于春秋以前”，与文王、孔子均无关系。他的考证不同于顾颉刚关于《周易》产生时代的论定。更重要的是他推翻了包括胡适在内的，关于孔

①《中国哲学史大纲》第4篇。
②《中国哲学史大纲》第4篇。
③《燕大月刊》1930年10月发表。
④《古代研究的自我批判》。

子作《十翼》的历史成说，而认定“《易》之作者当是馯臂子弓”。这成为他稍后在批驳胡适《说儒》证据中，关于《周易》制作时代的论据的一条重要证据。

以上，郭沫若与胡适在《周易》制作时代和作者问题上的不同论断，至今也只是各为一家之言。但是，它们对进一步考证《周易》的时代和作者，无疑都作出了贡献。而郭沫若的新考证，无疑是在“批判”胡适的过程中，吸收了学术界新成果，并以胡适的考证为起点前进的。

（2）关于《诗经》和《今文尚书》的时代和真伪的考证

这与《周易》一样为研究古代社会、文化的重要儒家经典。在历史上，《诗经》真伪问题，历来争议较少，但其时代和作者则需进一步认定；《尚书》有今古文之争，为时甚久，但自清初阎若璩考定《古文尚书》为伪书后，《今书尚书》被认为真书，争议也较少。

但是，在《中国哲学史大纲》中，胡适从“存疑主义”出发，本着“重新评估一切价值”的精神，对上述文献重新作了论定。他认为在古书中，只有《诗经》“可算得是中国最古的史料”，如它记载的日食的史料，“有科学上的铁证”。所以，他作哲学史，“从老子说起，用《诗经》作当日时势的参考资料。”[①]稍后，他进而断定，《诗经》不是经典，“是一部古代的歌谣总集”，可以用作社会史、政治史和文化史的材料，并认定孔子没有删《诗》，《诗经》也不是一个时代辑成的，也不成于一人之手。[②]对《诗经》的性质和作者作了新的证定。关于《尚书》，他认为，《古文尚书》自不待言，即使“二十八篇的‘真古文’，依我看来，也没有信史的价值”，而只是儒家造出来的“托古改制”的书，是“歌功颂德的官书”。[③]胡适的这些新考证，是他据以评判和说明托古哲学的主要依据，并诱导出包括古史辨学派在内的众多文献考证新结论。

在《中国古代社会研究》中，郭沫若撰著的第二篇论文《〈诗〉、〈书〉时代的社会变革与其思想上之反映》，就本着“在据以为研究材料之前，材料的可据性的研究当然是先决问题”的原则，首先对胡适的有

①《古史辨·自序》第一册。
②《谈谈诗经》。
③《中国哲学史大纲·导言》。

关上述两书的考证，进行了"批判"和再考证。他认同古人和胡适的论断，认为"《诗经》是我国文献中的一部可靠的古书"，而"《古文尚书》除今文所有的二十八篇之外都是伪作"，《今文尚书》的二十八篇，也"依然包含着一个很大的问题"，即"《虞书》和《夏书》的四篇完全不可靠。再分别细说时，《尧典》《皋陶谟》《禹贡》三篇为后世儒家伪托，其他一篇《甘誓》，或许是《商书》羼入的"。以上，郭沫若对二书的时代、真伪的认定与胡适基本认同，是再考证后的认同，是新的基础上的认同，科学上的认同。

（3）关于老子其人和其书问题的认同与立异

这是一个聚讼很久的问题。司马迁在《史记·老子列传》中，提出老子其人的三种说法。胡适在《中国哲学史大纲》中，沿用《礼记》《庄子》和《史记》的旧说，以老子为孔子师，《老子》先于《论语》的次序，排列古代哲学发展的顺序。对此，梁启超曾进行过批评，并提出孔先老后，《老子》"成书年代约略在战国中叶"的说法。[①]梁启超的批评，引起了学术界对老子其人和其书的广泛讨论，马叙伦、张煦、唐兰、高亨、钱穆、冯友兰、罗根泽、顾颉刚等许多知名学者，纷纷发表考证论文，大多赞同梁启超而略有不同。如顾颉刚的《从〈吕氏春秋〉推测〈老子〉之成书年代》一文，就认定"老聃是杨朱、宋钘后的人，已当战国的中叶"，《老子》所包含的时代为"上至春秋时的'以德报怨'，下至战国末的'绝圣弃智'，大约三百年的历史"。所以，老子后于《庄子》。梁、顾等的观点，受到胡适的反驳。

郭沫若在20世纪30年代撰著的《老聃、关尹、环渊》和《先秦天道观之进展》，在一定意义上可以说是直接参加这场争论中的一家之言。关于老子其人问题，他基本上认同胡适的观点，视"老子即是老聃、略先于孔子，曾经教导过孔子"，他的根据就是《庄子》《韩非子》和《吕氏春秋》的相关记载。并认为"《老子》书也确是老聃的语录，就和《论语》是孔子的语录，《墨子》是墨翟的语录一样，特集成《老子》这部语录的是楚人环渊"。又说："《老子》虽然不是老聃手笔，但其中的主要

---

①《评胡适之〈中国哲学史大纲〉》。

思想，仍然是老聃的创见”。[1]根据是《史记·孟子荀卿列传》记有“环渊著《上下篇》;《史记·老子列传》所指关尹，即环渊”，“关尹、环渊均一声之转”。[2]以上郭沫若的新论断，在老子其人问题上虽然与胡适相近，但对《老子》的作者问题上又显然是一个别出“新裁”的新见解。但是，无论是认同还是立异，其缘起则无疑是在参加这场论争中导引出来的，而且其创新的考证也是用胡适在《中国哲学史大纲》中提出的，从史事、文字、文体、思想等内考证之法作出的。郭沫若也正是据此确立起类似于胡适的先秦天道观发展的序列的。

(4) 关于屈原其人和《楚辞》作者问题

这是文学史上的问题。自从司马迁在《史记》中为屈原立传以来，屈原其人长期以来被视为楚国的重要历史人物，中国古代的文学大师。但是，在“五四”前后，在当时怀疑思潮的影响下，四川的廖平和胡适先后提出了有无其人，以及《楚辞》作者究竟是谁的问题。在1922年的《读〈楚辞〉》中，胡适开宗明义就提出;“屈原这个人究竟有没有”的问题。他认为:“屈原是一种复合物，是一种‘箭垛式’的人物，与黄帝、周公同类，与希腊的荷马同类。”又说:“屈原也许是二十五篇《楚辞》之中的一部分的作者，后来渐渐被人认作这二十五篇全部的作者。”他还进而提出，“屈原的传说不推翻，则《楚辞》只是一部忠臣教科书，但不是文学’”。他据以否定屈原其人和屈原为《楚辞》作者的理由是:《史记·屈原贾生列传》不可靠;屈原被视为“忠臣”，而“忠臣在汉以前是不会发生的”;《楚辞》从内容看，决非成于一人之手，《天问》显系“后人杂凑起来的，《九歌》也与屈原传说绝无关系”。这样，他就对屈原其人到屈原作《楚辞》的旧有的成说，不但提出了质疑，而且直接作了否定。

郭沫若自幼喜爱屈原，为了回答胡适的质疑和否定，从20世纪30年代起，他对屈原和《楚辞》进行了长期的深入考证和研究。1942年他把考证研究成果汇编成《屈原研究》一文。他承认“胡适的论断是有根据的，因为他是一位地道的实验主义者。自‘五四’以来，提倡实验主义

① 均见《老聃、关尹、环渊》。
② 均见《老聃、关尹、环渊》。

不遗余力，他主张一切要有真凭实据；不过问题就在于他的凭据是不是真实”。[①]又说胡适“对于《屈原传》所提出的疑问，骤看都觉得很犀利，但仔细检查起来，却一项也不能成立。”[②]针对胡适的质疑，他指出早在司马迁之前，贾谊和刘安就谈到过屈原其人，所以，《史记·屈原传》“纵使有疏失和为人所窜改的地方，而在大体上是不能推倒的。”[③]他还根据《离骚》，把屈原的生卒年、月、日都考了出来。进而，他指出，《九歌》与《离骚》一样，“应该还是屈原的作品”，前者作于“早年得志的时分”，后者则作于“被放逐之后”。他还认为，《天问》“要算空前绝后的第一等奇文字”，“在研究中国古代史上可以说是极重要的一项资料，它替我们保存下了无数古代的神话传说”，“单就它替我们保存下来的真实史料而言，也足抵得过五百篇《尚书》。”[④]这样，他就对胡适提出的质疑，作出了完全否定的回答。

尽管这样，郭沫若也不否认胡适提出这一问题的意义。他认为，问题提出的本身，就是“十多年来新文化运动的结果，因为由于近代科学的发达，怀疑精神和批判精神急剧进展，人们对于古代的一切，都想用另外一副眼光去加以怀疑，加以批判，因此，过去不成问题的东西，许多到了现代成为问题了”。[⑤]而且“胡适提倡实验主义，主张用科学方法批判文化遗产是好的”。[⑥]因此，“象廖、胡的怀疑，我们不好说他们多此一举。因为对学术采取多怀疑、多研究的态度，才会有进步。同时经得起批判的才是真实的。”[⑦]可见，郭沫若对胡适的“批判”是冷静的，心平气和的。

（5）围绕《说儒》对几个文献资料的再考证

《说儒》是胡适的一篇“得意”之作，是在《中国哲学史大纲》的基础上，吸收傅斯年《周东封与殷遗民》的成果，于1934年12月发表的一

①《屈原考》。
②《屈原研究》。
③《屈原研究》。
④《屈原研究》。
⑤《屈原考》。
⑥《屈原研究》。
⑦《屈原研究》。

篇关于儒的产生演变的新论文。它的文献资料的依据是《论语·子张问》，论断“三年之丧”制本是殷人的传统礼俗；视《周易》为西周的作品，如前述；把《左传》《史记》中所引《正考父鼎铭》作为“儒”本殷民族奴性宗教的事例，以及《诗经·商颂·玄鸟》视为与犹太民族的弥赛亚一样的预言诗等。胡适的论文，受到了学术界的广泛批评。郭沫若也于1937年5月，著文《借问胡适》，即后来改题的《驳〈说儒〉》对胡适进行了批判。

《驳〈说儒〉》在资料方面，除了用《〈周易〉的制作时代》来否定胡适关于《周易》的论断外；还根据甲骨文的记载，说明殷代没有“三年之丧”的礼俗，“高宗谅阴，三年不言”，是患了“不言症”，断言“三年之丧非殷制”；又根据《左传》《史记》等关于《正考父鼎铭》的记载，认定是刘歆的“伪造”或“窜改”，认为“那文字的前半是剽窃《庄子》，后半是摹仿《檀弓》”的。并强调指出，《商颂·玄鸟》“并非预言诗”等等。这样，他就对《说儒》一文的文献资料，通过自己的再考证，一一作了否定。

以上列举的几个事例生动地表明，郭沫若对胡适以“整理”为特征的古代文献资料考证的成就所作的“批判”，并不是一般的全盘的否定，而是通过自己的再考证，有分析地否定他认为应予否定的内容，认同他认为合理的成分。而从整体上看，他的“批判”，在认同的方面还多于否定抛弃的内容。正是在这样深入批判的基础上，他改变了早期那种文人相轻式的轻率否定态度，面对胡适的学术采取严肃的求实的精神。早在20世纪30年代初，他自我批判说，开始时因感情作用，一度对“《努力报》发表的文章，差不多都不曾读过”，“还曾加以讥笑”。[①]但是，“现在自己研究了一番过来”，觉得包括胡适在内的古史辨派，“在旧史料中凡作伪之点大体是被他道破了”。[②]又说：“关于文献上的辨伪工作，自前清的乾、嘉学派以至最近的《古史辨》派，做得虽然相当透彻，但也不能说已做到了毫无问题的止境。”[③]给予了相当的承认和肯定。也是基于同

①《中国古代社会研究·附录》。
②《中国古代社会研究·附录》。
③《中国古代社会研究·附录》。

样的认识，他批判新史学家们在史料的引征上，“首先便没有经过严密的批判：《易经》仍被视为殷末周初的古书，《书经》甚至引用到梅赜的伪古文，《诗经》则一本《毛传》。对于旧文献的批判根本没有做够，不仅《古史辨》派的阶段没有充分达到，甚至康有为、阎百诗都要落后，这样怎么能够扬弃史学呢？”[①]以上郭沫若“批判”胡适过程中的考证学方面的成就的事实，和对包括胡适在内的《古史辨》派在史料论据方面的成就的肯定表明，胡适在中国学术现代化进程中，确实做出了前无古人的新成就，成为中国学术在马克思主义学术创立以前的代表一个时代水准的新阶段的代表人物。

二

如果说在古代文献资料的考证上，郭沫若对胡适的批判和扬弃，虽有否定和立异而更多的则是科学的认同的话，我们认为在中国古代社会史、先秦思想史或诸子学方面以及文学史的评判上的“批判”，特别是对胡适《中国哲学史大纲》《说儒》以及墨学论著的基本论断的“批判”上，则主要表现为整体性的否定和立异，但在一些具体的学术观点上也仍有许多“批判”的认同。而无论是否定、立异或认同，都在客观上反映了胡适学术作为马克思主义学术体系创立前的阶段的地位和意义。

（1）关于中国古代社会性质的批判性立异

在《中国哲学史大纲》中，胡适指出：“欲知一家学说传授沿革的次序，不可不先考定这一家学说产生和发达的时代。”因此，他对中国先秦各派哲学思想产生的社会时代背景，都刻意地进行过分析。这是他的哲学史论著较前人不同的特色之一，也是中国传统文化现代化的一种标志。他认为，在老、孔以前二三百年的“中国哲学的结胎时代”，或称“诗人时代”，是一个战祸连年，社会阶级渐渐消灭，贫富不均、政治黑暗、百姓愁怨的时代。由于长期战争，灭国无数，“古代的封建制度的种种社会阶级都渐渐的消灭了”，但又“新添了一种生计上的阶级”。到孔子时，

①《古代研究的自我批判》。

已是一个“邪说暴行的时代”，或叫“邪说横行、处士横议的时代”，等等。20世纪30年代初，他又提出，“中国的封建制度早已在二千年前崩坏了”。这就是他根据《诗经》等文献资料所作的古代社会状况的分析。

在对胡适“整理”过程的“批判”，郭沫若也明确提出，他的研究方法是，“尽可能搜集了材料，以求时代与社会的一般的阐发，于此寻出某种学术所以发生的社会基础，学说与学说彼此间的关系和影响，学说对于社会进展的相应之或顺或逆。”①本着这样的思想，他先撰著《中国古代社会研究》，对古代的社会性质，作一般的阐发，然后开展对先秦诸子的研究和评论，撰成《十批判书》等论著。在唯物史观的指导下，他首次提出，以商代为开幕期的中国历史，经历了从原始公社到奴隶制和封建制社会的发展演变过程。具体地说“商代和商代以前是原始公社社会”，②或者说“殷代是原始公社的末期，周代是奴隶社会的开始”。③后来，随着研究的深入，他修正了上述论断，认为殷代已是奴隶社会，“西周是奴隶社会的见解，我始终是维持着的”。④到孔子时，已是“由奴隶社会变为封建社会的上行阶段”。⑤到《奴隶制时代》，最终把奴隶社会的上限定在夏代，下限定于春秋战国之交。他正是本着这样的社会性质的判断，对胡适的《中国哲学史大纲》展开批判的。

（2）关于先秦诸子的评论的“批判”

在《中国哲学史大纲》《先秦名学史》《墨家哲学》等众多有关先秦诸子的评论中，胡适备受学术界称誉的是，他以西方哲学为参照，在对先秦文献进行新的考证的基础上，对诸子学说进行了独具一格的创新评论：在思想内容上，他把先秦诸子区分为忧时派、厌世派、乐天安命派、纵欲自恣派、愤世派、救世派等，如老子、邓析为极端怀疑派，孔子则代表积极救世派，某些隐士为极端厌世派；在学说发生的次序上，则沿袭以往成说，仍按老先孔后，以老、孔、墨的序列进行评述，说明其先后影响；在学说的价值评估上，则一反历史上尊经抑子，尊孔贬子的传

①《青铜时代·后记》。
②《中国古代社会研究》。
③《古代研究的自我批判》。
④《中国古代社会研究·后记》。
⑤《十批判书·后记》。

统，以平等原则将孔子与诸子平等看待，并形成了新的“扬墨抑儒”“扬荀抑孟”的独特评论。

郭沫若在完成《中国古代社会研究》，“清算过往的社会”之后逐步撰成的《驳〈说儒〉》《青铜时代》尤其是《十批判书》等论著，就是以“批判”胡适上述论断为目标，形成联系深刻的社会性质分析，以阶级分析为特色的新的马克思主义的诸子学。

例如，表现在对胡适“扬墨抑儒”的批判上：

众所周知，胡适是“五四”时期“打倒孔家店”口号的归纳提出者。表现在他的学术论著中，则在“平等”的原则下，高评墨子和墨学，把墨子和墨学放在平等的地位来评判，并抓住墨学的方法，尤其是后期墨家——“别墨”的逻辑思想予以高评，称其为“科学的墨学”，推崇《墨辩》六篇为“中国古代的第一奇书”，在世界逻辑史上“应该占一个重要位置”。[①]他的评论，受到梁启超的响应，引起了学术界的广泛兴趣，也受到后来的马克思主义史学家的广泛认同，成为一个时代的思潮。

对于胡适的“扬墨抑儒”的新评论，郭沫若早在“五四”时期就持相反看法。不过直到抗日战争时期的《孔墨的批判》等文中，才确立起理性的“扬儒抑墨”的与胡适相反的评论。他认为，春秋战国时代的百家争鸣，乃当时我国社会由奴隶制向封建制大转变在意识形态上的反映，各家各派都有他们的思想立场。只有在搞清他们立场的基础上，才能科学地评定他们的思想价值。他认为，孔子之所以值得肯定，就是因为他是“由奴隶社会变为封建社会的那个上行阶段的前驱者”，其基本立场是“顺应着当时的社会变革潮流的”，[②]以孔子为代表的“先秦儒家在历史发展中曾经起过进步作用”。[③]相反，他认为，墨子是作为孔子学说的“反对命题而出现的”。[④]与孔子的顺乎时代潮流，同情人民解放不同，墨子是站在“王公大人的立场”，[⑤]“承认着旧有的一切阶层秩序，而在替统

①《中国哲学史大纲》第8篇第3章。

②《孔墨的批判》。

③《孔墨的批判》。

④《墨子的思想》。

⑤《墨子的思想》。

治者画治安策的”。[①]又说：墨子是“同情公室而反对私门的人”，全部言论都是“开倒车”，因此，“他的思想充分地具有反动性”。[②]总之，墨子“不过是一位顽梗的守旧派，反抗时代精神的复辟派”。[③]他特别对胡适肯定墨家逻辑表示反对意见，说胡适称墨子是“一位科学家”，“至少我个人是不能不踌躇的”。[④]他批判胡适“游离了社会背景而专谈逻辑”。[⑤]认为，“整个说来，无论是先秦名家、墨家辩者，或其他学派，关于名辩的努力，都没有达到纯粹逻辑的地步”，[⑥]所以，“称颂辩者为最有科学精神，都不免犯了主观主义的毛病”。[⑦]他的结论是：“儒宜分别言之，墨则无可扬之理。”[⑧]尽管他的新论断，至今认同的较少，但对胡适的“批判”性立异却显得旗帜鲜明，引人注目。

再如，关于对胡适《说儒》中新看法的批驳：

胡适自称《说儒》确立起了关于“中国古代学术文化史一个新鲜看法”，[⑨]“一个新的理论”。[⑩]“根据这个理论可将公元前一千年的文化史从头改写”。[⑪]这个新看法就是：“儒”原是殷民族的教士，从事的是治丧相礼的职业，老子也是儒，到孔子时，才由柔弱的儒改变到刚毅进取的儒。在《驳〈说儒〉》中，郭沫若在对《说儒》的资料证据“三年之丧”、《周易》、《正考父鼎铭》、《商颂·玄鸟》等进行新考证后，又对上述论断进行了驳难。他的结论是，“中国文学导源于殷人，殷灭于周，其在中国北部的遗民在周人统治之下化为了奴隶。在春秋时代奴隶制逐渐动摇了起来，接着便有一个灿烂的文化期开花，而儒开其先。”这是与胡适类似的论断，但郭沫若认为他的论断是在《中国古代社会研究》中已包含了的，先于胡适提出来的。但是，在儒的成分和儒的柔性问题上，

---

①《墨子的思想》。
②《孔墨的批判》。
③《墨子的思想》。
④《孔墨的批判》。
⑤《我怎样写〈青铜时代〉和〈十批判书〉》。
⑥《我怎样写〈青铜时代〉和〈十批判书〉》。
⑦《我怎样写〈青铜时代〉和〈十批判书〉》。
⑧《青铜时代·后记》。
⑨《胡适论学近著·自序》。
⑩《胡适的自传》。
⑪《胡适的自传》。

则又提出了与胡适相异的看法。这就是："儒应当本来是'邹鲁之士缙绅先生'们的专号。那在孔子以前已经是有的，但是春秋时代的产物，是西周的奴隶制逐渐崩坏中所产生出来的成分。"他认为："儒的本意诚然是柔，但不是由于他们本是奴隶而习于服从的精神的柔，而是由于本是贵族而不事生产的筋骨的柔。"他的《驳〈说儒〉》一文，被顾颉刚视为当时批评胡适《说儒》的论文中，逼得胡适"不敢回答"的最有份量的文章。[①]邓广铭则认为"《说儒》与《驳〈说儒〉》两文章虽有瑕疵可指，然而两文以其各有创见创获，它们是各有千秋的。"[②]

复如，郭沫若还对胡适《白话文学史》作过"批判"：

他的晚年力作《李白与杜甫》，就是对胡适及其以后的"扬杜抑李"论的批判所作的新评判。在中国文学史上，自唐元稹开"扬杜抑李"的评论后，一千多年来，出现了"千家注杜，一家注李"的局面。胡适的《白话文学史》，本着"重新评估一切价值"的精神，以历史进化的文学观念为指导，"白话文学为正宗"，写实主义和双线文学观念为标准，对李杜进行了再评论。他的评论虽颇多新意，但仍保持"扬杜抑李"的格调，"全面颂扬"杜甫，贬低李白。从篇章结构、份量到具体评论，均不离此基调。他认为，李白充其量只"是个隐逸诗人"，"世外道士"；李白的诗，"与我们不发生交涉"，反之，"杜甫是我们的诗人"，是"中国文学史上一个最光辉灿烂时期的创始人与最伟大的代表"，"杜甫代表中国民族积极入世的精神"，其作品表现的"不是那想象的人生，是那实在的人生：民间的实在痛苦，社会的实在问题，国家的实在状况，人生的实在希望与恐惧"，等等。他的这个新评论，在文学史界赢得了许多认同的评论。

对于胡适的新"扬杜抑李"论，郭沫若早有不同意见。1971年的《李白与杜甫》则是他晚年的最终评论。他从考证李白身世和政治动机入手，认为李白虽有追求"权势"的一面，但却"能保持一定的平民性，能和中层的民众接近，有时仿佛能浮云富贵而粪土王侯"，所以，"李白

①《我是怎样写〈古史辨〉的》。

②《胡适〈说儒〉与郭著〈驳说儒〉平议》(生活·读书·新知三联书店1993年版《现代学术史上的胡适》)。

对于朝廷的失败还敢于批评，有时流于怨诽”。反之，“杜甫是完全站在统治阶级、地主阶级一边的”。所以，在《三吏》《三别》中，杜甫的同情，“是廉价的同情；他的安慰，是在自己安慰自己；他的怨天恨地是在为祸国殃民者推卸责任”。杜甫笔下的“良民”，是“合乎地主阶级、统治阶级的需要”的，否则，“就归于‘盗贼’的范畴”。杜甫“有时也骂骂‘小吏’，而为‘大吏’大帮其忙”。这样，他就把杜甫头上的“诗圣”“人民诗人”的桂冠摘了下来，确立起与胡适对立的新的“扬李抑杜”论。

以上郭沫若对胡适关于中国古代社会性质，对先秦诸子，对中国文学史的评论，基本上持完全相反的评论，这固然受着政治立场的影响，也与传统的学派门户之见的影响有关，[①]但是主要的则是反映了各自所受的不同的西方哲学和治学方法的影响所致。对于郭沫若对胡适的上述“批判”，以及互相对立的学术论断，作为学术观点来说，我们不应武断地判断其是非，更不应当以郭沫若的是非为是非，而是应当采取科学的具体分析的态度，通过深入认真的研究和历史检验，来逐步加以评判。但是应当肯定的是，无论是胡适还是郭沫若，他们的许多重要的学术论断，都不是对历史上传统学术观点的简单重复，而是在新的历史条件下，应用新的观点和方法，在对于文献资料进行考证和搜集了更多的新资料的情况下，经过认真研究胜出的新评论。所以，尽管他们都不是完美无缺的，但都是对中国学术现代化所作出的一种创造性的新贡献。而郭沫若的众多的学术新成果，则更是一种直接地全面地“批判”胡适学术，在批判地扬弃胡适论断的前提下作出的新的或修正胡适的失误，或提出与胡适相反的看法。在这样的意义上，可以说郭沫若的马克思主义的新学术体系，是在批判否定胡适“整理”过程而创建形成起来的。这就从一个重要的侧面，说明了胡适在中国学术史上的重要地位。

如果说，郭沫若对胡适的具有整体性的基本性质的学术观点的“批判”，主要表现为批判的否定和立异的话，那么，他对胡适的一些具体的学术观点，则有许多认同和肯定。

---

① 胡适较多接受古文经学的影响，郭沫若则较多地接受今文经学的影响。

例如，在《中国古代社会研究・附录》中，他就对胡适的如下说法表示认同："'九鼎'我认为是一种神话。铁固非夏朝所有；铜（Bronze）恐亦非那时所能用。发现渑池石器时代文化的安特森（J. G. Anderson）近疑商代是石器时代的晚期（新石器时代）。我想他的假定颇近是。"[①]又说："我对古史的大旨，是：（1）商民族的时期，以河南为中心。此民族来源不可考。但《商颂》所记玄鸟的神话当是商民族的传说。关于此一时期，我们应该向'甲骨文字的系统的研究'里去寻史料。（2）周民族的时期，约分三时期：（a）始兴期，以甘肃及陕西西境为中心。（b）东侵期，以陕西为中心，灭了河南的商民族的文化而代之。周公之东征，召公之南下，当在稍后。（c）衰落期，以东都为中心，仅有虚名的共主而已，略如中古时代之'神圣罗马帝国'。（3）秦民族的时期，也起于西方，循周民族的故迹，而渐渐东迁，至逐去犬戎而占有陕西时始成大国。……至于以山西为中心之夏民族，我们此时所有的史料实在不够用，只好置于'神话'与'传说'之间，以俟将来史料的发现。"[②]对于上述胡适的论断，郭沫若公开承认："便是胡适对于古史也有些比较新颖的见解，如他以商民族为石器时代，当向甲骨文字里去寻史料；以周、秦、楚为铜器时代，当求之于金文和《诗》。"[③]又说："胡适的见解，比起一般旧人来，是有一些皮毛上的科学观念。我前说他在《中国哲学史大纲》中，'对于中国古代的实际情形，几曾摸着了一些儿边际'，就《古史辨》看来，他于古代的边际算是摸着了一点。"[④]

此外，郭沫若还在其他一些具体的学术观点上，实际上认同或接受了胡适的影响。如，关于中国古代史的开端问题，胡适"丢开唐、虞、夏、商"的传统历史，以"诗人时代"作为中国哲学史的开端。郭沫若则依据甲骨文等新资料和王国维的《殷周制度论》，并参照胡适、古史辨的考证，也丢开神话历史，把商代作为"中国历史的真正起头！"[⑤]再如，胡适的《中国哲学史大纲》，视老子为孔子师，按老、孔、墨安排古代哲

①《论帝天及九鼎书》(《古史辨》第1册)。
②顾颉刚:《答刘、胡两先生·引胡适语》(《古史辨》第1册)。
③《中国古代社会研究·附录》。
④《中国古代社会研究·附录》。
⑤《中国古代社会研究·卜辞中的古代社会》。

学的顺序，说明其相互承续及对立的关系，郭沫若虽然对老子其人其书的考证与胡适有异，但也基本认同胡适的论断，在《先秦天道观之进展》中，也按老、孔、墨的序列，开展对其天道观和其他思想的具体评述。

以上事例表明，郭沫若对胡适学术评论的“批判”上，同样是不但有批判的否定，也有许多具体学术上的认同。前者成为他标新立异，创建自己的马克思主义学术体系的辩证驳难的反面教员，通过批判和否定，发现对方的失误和不足，作为自己深入研究，补充其不足，修正其失误以形成自己的新学术的动力；后者则成为他进一步验证充实自己新学术体系的重要资料。这就从正反两个侧面充分显示了胡适学术成就的意义和价值。

三

应当指出，上面列举的郭沫若在某些文献资料的考证上，和许多基本的学术观点上，对胡适以“整理”为特色的学术成就所进行的批判事例，只是郭沫若对胡适学术批判中的一部分。除了以上事例外，他还对胡适在先秦诸子的其他学派的评述、文学的观念和理论以及治学方法等方面，进行过批判。但是，仅仅从上面的事例中，我们就可以看到，他对胡适学术的批判，虽也带有某些感情上的偏颇，但从整体上看，是基本上遵循学术批判的原则，即不是简单地采取全盘抹杀和否定，而是采取了具体的分析的态度，采取了“批判的扬弃”和“批判的摄取”的态度。也就是以马克思主义的唯物史观为指导，应用近代的科学方法，通过认真的研究和具体的分析，区分其正确和错误，否定和抛弃他认为应该抛弃的内容，肯定和认同他认为正确的或基本上是正确的成分，从而修正和完善胡适的失误和不足，吸收其正确的因素，从而形成和创建起自己的马克思主义的新的学术体系。

尽管作为学术的新成果或新体系，由于十分复杂的原因，我们认为，郭沫若的“批判”，也不是完美无缺的。它本身也正在并且必须接受历史和时代的检验，存在着许多有待进一步研究和探讨的问题，甚至也有许多失误和不足。因此，我们在回顾郭沫若在近半个世纪的时间中，对胡适“整理”过程的“批判”历史时，当然不应该以郭沫若的是非，作为评判胡适学术的是非的标准，这是不言而喻的。但是，我们从郭沫若在“批判”胡适以“整理”为特色的学术，从而形成起来的初具规模的马克思主义学术体系事实中，却可以清楚地看到，在某种程度上，我们可以说，没有以胡适为代表的资产阶级学术的新成就，就不会有以郭沫若为代表的马克思主义学术体系的创建。也正是在这样的意义上，我们认为，胡适的资产阶级学术体系，与郭沫若的马克思主义学术体系一样，仍将是中国学术继续发展进步的重要媒体、酵母、养料，将为繁荣和发展中国现代的科学的学术，发挥其应有的作用。

（原载《影响近代中国历史的安徽人》，黄山书社1994年版）

郭沫若对顾颉刚和《古史辨》史学的科学批判

中国马克思主义史学是在批判地继承封建史学和资产阶级史学的基础上建立起来的，郭沫若对顾颉刚和《古史辨》史学的科学批判，就是一个范例。

顾颉刚（1893—1980）和《古史辨》史学，是在我国“五四”民主和科学的旗帜及其引发的疑古思潮的影响下，崛起的一个重要的史学流派。它以“层累地造成的古史观”为核心，对我国的古史、古地、古人和古书等古代史料的各个方面进行了深入的考证，取得了卓越的成就，为科学地研究我国古代历史，提供了许多确实可信的文献资料。

顾颉刚和“古史辨”史学观点提出以来，引起了学术界广泛的兴趣和批评，赞誉、认同者有之，贬低、斥责者也不乏其人。在众多批评者中，郭沫若的批评，显示了一种实事求是的、有分析的客观而公正的批评，称得上是一种科学的批判。他正是用这样的批判，逐步地确立起自己的马克思主义的史学体系的。重温20世纪三四十年代他对这个学派所进行的科学批判，不但可以使我们正确地认识它的历史贡献，更可以使我们具体生动地了解中国马克思主义史学对资产阶级史学的批判继承关系，有助于我们推动今天史学的繁荣。

一

郭沫若对顾颉刚和《古史辨》史学的科学批判，首先表现在他对其史学的整体性学术价值、思想意义及其科学精神，不是采取文人相轻式的虚无主义的否定上，而是采取了实事求是的有分析的肯定评估上。

照郭沫若自己的说法，开始时他对这个学派的学术观点，曾一度有过极其肤浅的文人相轻的态度。他说："顾颉刚的'层累地造成的古史'，的确是个卓识。从前因为嗜好的不同，并多少夹以感情的作用，凡在《努力报》上发表的文章，差不多都不曾读过。他所提出的夏禹的问题，在前曾哄传一时，我当时耳食之余，不免还加以讥笑"。[①]但是，他在自己研究古史的过程中，深切地感受到中国古代历史文献存在很多问题，与古罗马的庞贝城被毁于维苏威火山一样，也曾遭遇过"嬴秦焚书"，历代专制君王的删削歪曲等"劫难"，以及"学者又无创造之才能，非曲解古籍以谄媚朝政；则撰述伪书以紊乱古学"，以致造成古籍真伪杂存，不考证无法用以说明中国古史的严重困难，确立起"所有据论典籍，非信其决非伪托者，决不滥竽。后人笺注，非经附以批评的条件，亦决不妄事征引"的科学治史态度。[②]这种态度到20世纪20年代末，确立起马克思主义唯物史观的治史态度，并认真地阅读了古史辨史学的成果之后，就使他能够客观地冷静地给予肯定的评价了。

所以，他在《中国古代社会研究》中，就对这个学派的史学观点及史学的成就，给予了有分析的肯定评价。他说："顾颉刚所编著《古史辨》第一册，最近始由朋友寄来，我因为事忙，尚没有过细地翻阅；但就我东鳞西爪的检点，我发现了好些自以为新颖的见解，却早已在此书中由别人道破了。"[③]又说：顾颉刚的层累地造成的古史观是个"卓识"，"觉得他的识见是有先见之明。在现在新的史料尚未充足之前，他的论辩自然并未能成为定论，不过在旧史料中凡作伪之点大体是被他道破了"。[④]这里他使用了"卓识"的字样，说自己的新见解和旧史料中"作伪之点"都早已被这个学派所"道破了"的评价，由衷地道出了他对这个学派在史料考证上的重大贡献。此后，他又在《古代研究的自我批判》中，再一次对这个学派在文献考证上的整体性的贡献作了肯定评价，他说："无论作任何研究，材料的鉴别是最必要的基础阶段。材料不够固然

①《郭沫若全集》历史编第1卷，人民出版社1982年版，第304页。
②《我国思想史上之澎湃城》，《学艺杂志》1921年第5期（第3卷第1号）。
③《郭沫若全集》历史编第1卷，人民出版社1982年版，第303页。
④《郭沫若全集》历史编第1卷，人民出版社1982年版，第304—305页。

不成问题，而材料的真伪或时代性如未规定清楚，那比缺乏材料还要更加危险。因为材料缺乏，顶多得不出结论而已，而材料不正确便会得出错误的结论。这样的结论比没有更要有害”。[①]他认为，“研究中国古代，大家所最感受着棘手的是仅有的一些材料都是真伪难分，时代混沌，不能作为真正科学研究的素材”。[②]他正是在这样的意义上对《古史辨》派作了整体的高度评价：“关于文献上的辨伪工作，自前清乾、嘉学派以至最近的《古史辨》派，做得虽然相当透彻，但也不能说已经做到了毫无问题的止境。而时代性的研究更差不多是到近十五年来才开始的”。[③]这里他虽然仍指出“古史辨”派在文献考证上的不足，即不是“毫无问题的止境”，尤其是“时代性”研究还注意较迟，但却已是“相当透彻”，而且是把它看做乾嘉学派以来在文献考证上的一个新阶段，可以与乾嘉学派相媲美的一个重要学派来称道的。

其次，他对“五四”以来，尤其对包括“古史辨”派在内的“五四”以来的、不盲从不迷信古史古书的怀疑思想，也给予了足够的肯定评价。他说：“从前的人大抵是笃信古书的，凡是黑字印在白纸上的东西似乎都可信，而且要愈古的也就愈见可信”，[④]所以对后人的“新说”，就“不大为人所注意”。[⑤]但是，“五四”以来，情况就大为不同了，因为“读书的方法更加科学化了，对于一种书或一篇作品，假使有可疑的地方，我们晓得用种种方法去考察，在书外求证，在书内求证，总要把它弄一个水落石出。有时考证的结果确是很精确的。”[⑥]这里他对“五四”以来疑古及科学的考证方法的高度评价，虽然不是对“古史辨”的特指，但无疑也包括了对“古史辨”史学的疑古和科学治学方法的一种高度肯定和赞美。

正是基于以上认识，他对当时某些新史学家在史料处理上，盲从古人而无视“古史辨”派的考证成果，提出了尖锐的批评。他说，当时某

①《郭沫若全集》历史编第2卷，人民出版社1982年版，第3—4页。
②《郭沫若全集》历史编第2卷，人民出版社1982年版，第3—4页。
③《郭沫若全集》历史编第2卷，人民出版社1982年版，第4页。
④《郭沫若全集》历史编第1卷，人民出版社1982年版，第573页。
⑤《郭沫若全集》历史编第1卷，人民出版社1982年版，第573页。
⑥《郭沫若全集》历史编第1卷，人民出版社1982年版，第573页。

些“新史学家们对于史料的征引，首先便没有经过严密的批判：《易经》仍被视为殷末周初的古书，《书经》甚至引用到梅赜的伪古文，《诗经》则一本《毛传》。对于旧文献的批判根本没有做够，不仅《古史辨》派的阶段没有达到，甚至有时比康有为、阎百诗都要落后。这样怎么能扬弃旧史学呢？有好些朋友又爱驰骋幻想，对于神话传说之被信史化了的也往往无批判地视为信史，对于甲骨文的引用和解释也太随便”，“关于金文，《殷文存》仍全被视为殷文。周代的彝器制笼统活脱地被使用着，不肯从分别时代上着眼，这些作风，不能不说是在基本上就颇成问题的”。[1]这里虽然是批评某些“新史学家们”的，但也从另一侧面高度评价了“古史辨”史学的思想解放意义和整体性的学术成就，把它视为扬弃旧史学创建新史学的基础性阶段，视为中国学术史上发展了乾嘉学派的新阶段。

以上可见，郭沫若是把古史辨史学作为扬弃旧史学，创建新史学的基础性阶段，作为中国学术史上继乾嘉学派以后的一个新阶段，来评价这个学派的思想解放、学术解放意义，充分肯定其整体性的学术价值的。表现了这位马克思主义史学的创立者，对资产阶级史学的一种真正的科学批判精神，也有力地说明了马克思主义史学和资产阶级史学的批判继承关系。

二

郭沫若对顾颉刚和《古史辨》史学的科学批判，还表现在对他们在古代文献资料真伪和古书时代性考证上，所作出的许多具体的成果的批判认同上。正是这种认同，构成了他整体上对这个学派学术成就的高度评价，也使自己对古代社会和思想研究建立在科学的基础上。

例如，关于《周易》的制作时代：据他自述，他在研究古代社会的过程中，开始时，是把该书视为殷末周初的史料，后来在读到顾颉刚《论易系辞传中观象制器的故事》等文之后，才写成《〈周易〉之制作时

①《郭沫若全集》历史编第2卷，人民出版社1982年版，第37—38页。

代》，把它确定为“战国初年的东西”，用来说明战国初年的历史和思想。他说以往之所以相信该书为“殷末周初”的东西，是因为“伏羲画卦之说见于《系辞下传》”，而“自来相信《系辞传》是孔子所作。故尔这伏羲画卦之说也就被视为天经地义，自汉以来从没有人怀疑过。但是，《系辞传》的那篇论观象制器的文章是汉人所假托的。”[①]对此，“顾颉刚有《论易系辞传中观象制器的故事》一篇文章，把这件事论得很透彻，八卦并非作于伏羲是毫无疑问的。本来伏羲这个人的存在已经是出于周末学者的虚构，举凡有巢、燧人、伏羲、神农等等，都是当时学者对于人类社会的起源及其进展的程序上所推拟出的假想人物，汉人把那些推拟来正史化了，又从而把八卦的著作权送给伏羲，那不用说完全是虚构上的一重虚构。”[②]他还根据古文字学，尤其甲骨文、金文知识，推断“八卦的卦形大部分是由既成的文字诱导出来的”，并引举古史辨学者的论断作补充论证，如说“钱玄同疑坤字出于所谓‘中古文’《易》，是刘歆所伪造，我看是很正确的。”[③]他断定“由既成文字诱导出来的八卦，它们的构成时代也不能出于春秋以前。”[④]他还接受“古史辨”派的思想考证法，提出：“从八卦所依附着的思想来说，以乾坤相对立的这种观念，在春秋以前是没有的”[⑤]，所以，“《周易》非文王所作”[⑥]，“孔子与《易》并无关系”[⑦]。正是在此基础上，他认定“汲冢所出的《周易》及《易繇阴阳卦》，都是孔子以后，即战国初年的东西”[⑧]，“《易》之作者当是馯臂子弓”[⑨]，这样一种新的一家之言。

他对其它古籍的认识也有类似《周易》这样一种认识考定的过程。例如《尚书》，他说，虽然“早已知道有今古文之别，古文是晋人的伪作，但在今文的二十八篇里面也有真伪”[⑩]，开始时并没有注意到。所

①《郭沫若全集》历史编第1卷，人民出版社1982年版，第378页。
②《郭沫若全集》历史编第1卷，人民出版社1982年版，第378页。
③《郭沫若全集》历史编第1卷，人民出版社1982年版，第379页。
④《郭沫若全集》历史编第1卷，人民出版社1982年版，第380页。
⑤《郭沫若全集》历史编第1卷，人民出版社1982年版，第380—381页。
⑥《郭沫若全集》历史编第1卷，人民出版社1982年版，第380—381页。
⑦《郭沫若全集》历史编第1卷，人民出版社1982年版，第385页。
⑧《郭沫若全集》历史编第1卷，人民出版社1982年版，第389页。
⑨《郭沫若全集》历史编第1卷，人民出版社1982年版，第391页。
⑩《郭沫若全集》历史编第2卷，人民出版社1982年版，第4页。

以，曾一度“把《洪范》认为确是箕子所作，曾据以探究过周初的思想”[①]，犯了错误。是在批判地研究了古史辨派的成果之后，才确切地认识到像该书的《尧典》（包括古文的《舜典》）、《皋陶谟》（包括古文的《益稷》）、《禹贡》、《洪范》等篇章，“其实都是战国时代的东西——我认为当作于子思之徒”[②]。又如，《诗经》是一部时代性很为“混沌”的著作，他也与一般人的认识一样，曾相沿《毛诗》的旧说，如把《七月流火》一诗，看作是“周公陈王业”[③]。也是在批判地研究了“古史辨”等学者的研究成果之后，经过自己的新考证，“知道它实在是春秋后半叶的作品了。就这样，一悬隔也就是上下五百年。”[④]

又如，关于某些古籍的作者问题上，他也是在批判地研究了古史辨派学者的考证成果之后，才作出自己的自成一家的新判断的。例如，关于老子其人其书的问题，他的《老聃、关尹、环渊》一文，就是这样的。他说：“《道德经》成书甚晚的一个问题，近年来由梁任公提出，经过多数学者的讨论，虽然没有得到最终的结论，但成书约略在战国中叶是为多数人一致看的”。[⑤]这里的“多数人”，就是指“古史辨”派学者。他正是批判地接受了这些学者的研究成果，提出了自己“近是”唐兰的说法，认为老子即孔子之师老聃，《老子》是老聃语录，成书与《墨子》同时，“集成《老子》这部语录的是楚人环渊”[⑥]的新一家之言。他的文章被收入《古史辨》第六册。又如，在《〈韩非子·初见秦篇〉发微》中，他更是直言不讳地承认了古史辨派在这篇文章考证上的影响。他引述了容肇祖《韩非的著作考》《“韩非子初见秦篇”考》、刘汝霖的《“韩非子初见秦篇”作者考》等文[⑦]的见解和贡献。认为，他们的新考证打破了汉以来的张仪说、韩非说和范雎说，对这个问题作了“更深一层的研讨”。[⑧]他说，他自己就是“凭着容、刘二氏的开拓”，进行“过细地”研

①《郭沫若全集》历史编第2卷，人民出版社1982年版，第4页。
②《郭沫若全集》历史编第2卷，人民出版社1982年版，第4页。
③《郭沫若全集》历史编第2卷，人民出版社1982年版，第5页。
④《郭沫若全集》历史编第2卷，人民出版社1982年版，第5页。
⑤《郭沫若全集》历史编第1卷，人民出版社1982年版，第534页。
⑥《郭沫若全集》历史编第1卷，人民出版社1982年版，第539页。
⑦《古史辨》第四册。
⑧《郭沫若全集》历史编第1卷，人民出版社1982年版，第574页。

究之后，又否定了容氏否定式的提出的“蔡泽说”，最后形成了自己的“吕不韦”说的。

以上郭沫若对顾颉刚及《古史辨》史学，在古籍真伪、古籍时代性考证以及古籍作者等问题上系列成果所作出的批判性认同，也是他前面对这个史学流派的整体性高度评价的基础，并成为他创建马克思主义的史料工作的重要前提之一。

三

郭沫若对顾颉刚为代表的“古史辨”史学的科学批判，也表现在对这个流派某些史学观点的批判地认同，对前辈学者王国维等的治学精神和方法的共识上。

例如，对顾颉刚提出的古代历史人物的神话的人化理论的批判性认同，在古史论辩之初，顾颉刚提出“推翻非信史方面”要打破几个旧观念：打破民族出于一元的观念；打破地域向来一统的观念；打破古史人化的观念；打破古代为黄金世界的观念等。在关于古史人化的问题上，他说：“古人对于神和人原没有界限，所谓历史差不多完全是神话”，“春秋末期以后，诸子奋兴，人性发达，于是把神话中的古神古人都‘人化’。人化固是好事，但在历史上又多了一层作伪”，“所以我们对于古史，应当依了那时人的想象和祭祀的史为史，考出一部那时的宗教史，而不要希望考出那时以前的政治史，是真的，政治是后出的附会，是假的，”又说：“古代的神话中人物‘人化’之极，于是古代成了黄金世界。这是一种基于进化论的对古史神话‘人化’的批判”[①]。郭沫若在批判地研究之后，也有着强烈的共鸣。他说：“关于神话传说可惜被保存的完整资料有限，而这有限的残存又为先秦及两汉史家所凌乱。天上的景致转化到人间，幻想的鬼神变成为圣哲。例如所谓黄帝（即是上帝、皇帝）、尧、舜其实都是天神，却被新旧史家点化成为了现实的人物”。他认为，自己在神话人化的史料情理方面，“虽然没有作出什么特殊的贡献，但幸

① 《顾颉刚答刘、胡两先生》，《古史辨》第一册中编，第100—101页。

而早脱掉了旧日的妄执，没能陷入迷宫”[①]。表示了对顾颉刚说法的认同。

又如，关于中国古代历史的开端问题：胡适的《中国哲学史大纲（上）》把中国历史的上限断在东周，从“诗人时代”即“经从周宣王以后讲起”。[②]稍后，又说“现在先把古史缩短二三千年，从《诗三百篇》做起。将来等到金石学、考古学发达上了科学轨道以后，然后用地底下掘出的史料，慢慢地拉长东周以前的古史。”[③]顾颉刚接受了胡适的影响，提出了“层累地造成的古史”观，致力于推翻古史传说的神话内容，推翻古史的黄金世界的观念，把古史分出“信史和非信史”两个部分。同样，郭沫若的《中国古代社会研究》一书，也明确提出把殷代作为“中国历史之开幕期”。这就表明，他在中国古史的认识上，与胡适、顾颉刚等古史观有着一脉相承的联系。当然这种认识，在今天看来，与地下出土的大量文物和古史研究的新成就相比，显然已很难成立了。但是，在当时却表现了古史研究中一种不容置疑的科学精神，反映了中国古史研究信史化进程中否定之否定的链条中的一个先行的不可绕过的环节。

再如，在具体的历史观点方面，郭沫若也批判地接受过这个流派的许多影响。在《中国古代社会研究·附录》中，他就明确表示过。例如他说：“钱玄同说：我以为原始的《易》卦，是生殖器崇拜时代的东西。‘乾’、‘坤’二卦即是两性底生殖器记号。……许多卦辞爻辞，这正和现在底‘签诗’一般。’（原书第七七页）丁文江说：‘《禹贡》系晚出的书，是没有疑问的。据我的朋友章演群考证（《石雅》末篇），铁是周末（最早是周中叶）才发现的（他的证据很多），而《禹贡》已经讲梁州贡铁。钢的发明比铁还迟，而《禹贡》梁川贡璆铁银镂；许慎训镂为钢。若许说不错，则《禹贡》为战国之书无疑。’（原书第二〇八页）这些见解与鄙见不期而同，但却是先我而发的。”又说：“便是胡适对于古史也有一些比较新颖的见解，如他以商民族为石器时代，当向甲骨文字里去寻史料；以周、秦楚为铜器时代，当求之于金文与诗”。又说：“胡适的

①《郭沫若全集》历史编第2卷，人民出版社1982年版，第5—6页。

②《顾颉刚答刘、胡两先生》，《古史辨》第一册中编，第36页。

③《古史辨》第一册上编，第22页。

见解，比起一般旧人来，是有些皮毛上的科学观念。我前说他在《中国哲学史大纲》中‘对于中国的实际情形，几曾摸着了一些儿边际’，就《古史辨》看来，他于古代的边际都算是摸着了一点。”给予了实事求是的承认。

此外，郭沫若还对顾颉刚等推崇前辈学者王国维等的治学精神和方法、学术成就等，有着强烈的共鸣与认同。顾颉刚在《古史辨·第一册·自序》和《我是怎样编写〈古史辨〉的?》中，明确表示“我的《古史辨》的指导思想，从远的来说就是起源于郑、姚、崔三人的思想，从近的来说则是受了胡适、钱玄同二人的启发和帮助。”[①]而在学术上“最得益处的是罗叔蕴先生（振玉）和王静安先生（国维）的著述。”[②]正是在这些著述中，“我始见到商代的甲骨文字和他的考释，我始见到这二十年中新发现的北邙明器、敦煌佚籍、新疆木简的图像，我始知道他们对古史已在实物上作过种种的研究。”[③]“我读了他们的书，固然不满意于他们的不能大胆辨伪，以致其中杂有伪史”，但是，“他们的求真的精神，客观的态度，丰富的材料，博洽的论辨，这是以前的史学家所梦想不到的，他们正为我们开出一条研究的大路，我们只应对于他们表示尊敬和感谢。”[④]又说，“在当代的学者中，我最敬佩的是王国维先生”，“真正引为学术上的导师的是王国维”，“总以为他是最博的又最富于创造性的。”[⑤]

与顾颉刚一样，郭沫若对王国维也给予了高度的推崇。早在《卜辞中的古代社会》中，他就说过，王国维的《殷卜辞中所见先公先王考》《续考》和《殷周制度论》，对“卜辞作综合比较研究”，使“卜辞的时代性得以确定，殷代之史实性亦得以确定，大约中国的历史时期便是由殷代开幕了。”[⑥]认为，“谓中国之旧学自甲骨之出而另辟一新纪元，自罗、

①《顾颉刚答刘、胡两先生》,《古史辨》第一册中编,第12页。
②《顾颉刚答刘、胡两先生》,《古史辨》第一册中编,第50页。
③《顾颉刚答刘、胡两先生》,《古史辨》第一册中编,第14页。
④《顾颉刚答刘、胡两先生》,《古史辨》第一册中编,第51页。
⑤《顾颉刚答刘、胡两先生》,《古史辨》第一册中编,第14—15页。
⑥《郭沫若全集》历史编第1卷,人民出版社1982年版,第193—194页。

王二氏考释甲骨之业而另辟一新纪元，决非过论。”[①]到了20世纪40年代，他更加明确地表示，“在近代学人中，我最钦佩的是鲁迅与王国维。”[②]他说，他在日本研究古史时，接触了王的《观堂集林》，“他在史学上的划时代的成就使我震惊了。”[③]又说，王的《宋元戏曲史》和鲁迅的《中国小说史略》，称得上“中国文艺史研究上的双璧”，尤其王的“甲骨文字研究，殷周金文的研究，汉晋竹简和封泥等的研究，是划时代的工作。西北地理和蒙古史料的研究也有些惊人的成绩”。[④]他认为，在古史的信史化进程中，“殷墟的发现是新史学的开端，王国维的业绩是新史学的开山”。[⑤]总之，“王国维研究学问的方法是近代式的，思想感情是封建式的”，“然而他遗留给我们的是他的知识的产品，那好像一座崔巍的楼阁，在几千年来旧学的城垒上灿然放出了一段异样的光辉。”[⑥]所以，我们要“清算中国的古代社会”，就“不能不以罗王二家的业绩为其出发点了”。[⑦]

以上，郭沫若与顾颉刚在古史观点上的某些共识，尤其在王国维的评论上，所表现出来的如此一致的高度评价，不但表明王国维学术成就及研究方法的巨大成就，也表明他们两人虽然在政治、历史观点和研究方法上，有着许多原则的差异，然而在学术的求真求是的基本要求上，在求真求是的方法上，在学术成就的评论上，是有着共通的内容，因而也会有着许多共识。同时，也说明在他们创立的两种学术体系中，也都共同地接受过包括王国维在内的前辈学人的深刻影响。这是郭沫若实现对顾颉刚和“古史辨”史学的科学批判的学术基础。

综上可见，郭沫若对顾颉刚和《古史辨》史学的批判，是全面的、系统的，又是实事求是的。尤其在对这个学派的勇于怀疑古史、古书的肯定，对该派的科学地考证古史和古书所取得的成就的整体性评估，对

①《郭沫若全集》历史编第1卷，人民出版社1982年版，第194页。
②《郭沫若文集》第12卷，第531页。
③《郭沫若文集》第12卷，第534页。
④《郭沫若文集》第12卷，第536页。
⑤《郭沫若全集》历史编第2卷，人民出版社1982年版，第6页。
⑥《郭沫若全集》历史编第1卷，人民出版社1982年版，第8页。
⑦《郭沫若全集》历史编第1卷，人民出版社1982年版，第8页。

该派在一些具体的重要的文献资料的考证结论和认同，对中国古代信史的开端和一些历史的具体见解的认同，以及对前辈学者王国维治学方法和学术成就的推崇等方面，所表现出来的批判性评论，堪称一种真正的科学的批判。它向我们生动地表明，郭沫若在创立中国马克思主义史学的过程中，是充分地汲取了包括这个学派在内的前辈和同辈学人的科学研究成果的，把它们作为马克思主义史学在基础性工作上的参照验证的依据，把它融入自己的新史学体系之中。这种科学的态度和精神，无疑应该为我们继承和发扬。

（原载《郭沫若学刊》2002年第1期）

郭沫若对老学的批判

——郭沫若与中国传统文化现代化之一

在现代史上，在中国传统文化走向现代化的进程中，郭沫若是用马克思主义唯物史观对其进行系统批判的先驱和开拓者。其中，他对老子和老学的批判，构成了他对先秦诸子批判的重要组成部分。认真研究他对老子和老学的批判，不仅可以了解他对老子和老学现代化的特殊贡献，也可以从中了解中国传统文化现代化所走过的具体道路。

郭沫若对老子和老学的批判，大体上以《中国古代社会研究》一书为界限，分为两个时期。前期主要是从民主主义立场进行的批判，但随着他逐步转向信仰马克思主义，因而这种批判也是变动的，不固定的；后期由于他已确立起唯物史观的世界观，他的批判就比较恒定，具有较强的科学性。本文对他长达三十年的对老学的批判，按这样的序列来进行介绍和评论。

一

郭沫若对老子的批判，开始于“五四”新文化运动的后期。在《我国思想史上之澎湃城》《中国文化之传统精神》《论中德文化书》和《惠施的性格与思想》等文章中，他是把其作为中国古代思想的整体评判之一部分，来进行批判性评论的。这时的批老，与其尊崇孔子一样，表现为一种颂扬的态度，目的是试图从中找到与西方的民主主义和法律论接轨的资料。正如他后来所说：“我在二十年前曾经讴歌过泛神论，事实上是从这儿滥觞出来的。”[①]

①《郭沫若全集》历史编第2卷。

一、以进化论为依据，把中国古代思想划为三个时期，把老子和老学视为一个重要时期的先驱，进行颂扬和评论。他说，在中国古代，尧舜以前，夏殷西周和春秋战国显现为三个发展阶段。在早期，伏羲“实为我国合理的思想与一切文物制度之创始者”[①]。这个时期的政治思想，是“以人民为本位，而以博爱博利为标准，有不待乎唐虞之禅让，已确其为一种民主主义Democracy矣”[②]。但是，到了夏殷西周，中国历史就进入“第一次黑暗时代”，从此，“古代思想由形而上学的，动的宇宙观，一变而为神学的，固定的宗教论；而政治组织由公立制度一变而为私产制度，由民主主义一变而为神权政治”[③]。直到春秋战国时代，才又出现一个百家争鸣的“再生时代”[④]。他认为，老聃就是以这个时代的“先驱者”的形象，出现在中国古代思想舞台上的。他说，作为这个时代的先驱，老聃是以一位“革命思想家”的面目出现的，是孔子“受教”的老师。老聃继承了第一个时期“神农黄帝之思想”，是一位“极端反对迷信之纯正哲学家”。[⑤]可见，他是以鲜明的民主主义立场和进化论的观点，在概述中国古代思想史的基础上，对老聃的学术地位定位的。

二、以民主主义立场，个性解放思想和无神论的哲学审美标准，对老子和老学进行具体的肯定和颂扬。首先，他认为老子和老学所处的“周秦之际”，是“我国古代精神表现得最真切、最纯粹”的时代。[⑥]这个时代“初期的学者关于实践理性的探讨诚开一个新面，如道家的有神论而提出本体观，儒家的博大的人生哲学之体系化，在我国思想史上诚达到空前的高潮。”[⑦]又说，这个时代的思想，“如像道家，如像儒家，一则向形而上的方面驰骋其玄想，一则向人生哲学的方面焕发其讨究”[⑧]。所以，他认为这个时期，是中国学术史上的“黄金时代”。[⑨]据此，他说，

①《我国思想史上之澎湃城》,《郭沫若佚文集》上,四川大学出版社1988年版。
②《我国思想史上之澎湃城》,《郭沫若佚文集》上,四川大学出版社1988年版。
③《我国思想史上之澎湃城》,《郭沫若佚文集》上,四川大学出版社1988年版。
④《我国思想史上之澎湃城》,《郭沫若佚文集》上,四川大学出版社1988年版。
⑤《郭沫若全集》历史编第2卷。
⑥《郭沫若文集》卷10。
⑦《郭沫若文集》卷10。
⑧《郭沫若全集》历史编第2卷。
⑨《我国思想史上之澎湃城》,《郭沫若佚文集》上,四川大学出版社1988年版。

中国古代思想，“到了周之中叶，便于政治上与思想上都起了剧烈的动摇。一时以真的民众之力打倒王政，而热烈的诗人更疑到神的存在起来了。雄浑的鸡鸣之后，革命思想家老子便如太阳一般升出”①。

他认为，周秦之际学者，在中国古代思想史上的划时代贡献，在于“大都是反对宗教的无神论者”②，其中，尤以“老子最激烈，他要把神鬼龟卜的一些阴魂一齐消灭”③，“他把三代的迷信思想全盘破坏，极端诅咒他律的论理说，把人格神的观念连根都拔出来，而代之以道之观念”④。进而，他针对当时有些学者把老学的“无为”，与佛家的“寂灭”混为一谈的误解，指出，“道家的思想也并不是不进取”，“‘无为’二字并不是寂灭无所事事，是‘生而不有，为而不恃’的积极精神。”⑤他阐释说：“我们试把‘为’字读成去声，便容易得其旨趣。人类的精神为占有欲望所扰，人类的一切烦乱争夺尽都从此诞生。欲消除人类的苦厄则在效法自然，于自然的沉默之中听出雷鸣般的说教。自然界中，天旋地转，云行雨施，漫无目的之可言，而活用永远不绝。自然界中，草木榛榛，禽兽狉狉，亦漫无目的之可言，而生机永远不息。然而自然界中之秩序永远保持着数学的谨严，那又是何等清宁的状态！人能泯却一切的占有欲望而纯任自然，则人类精神自能澄然清明，而人类的创造本能便能自由发挥而含和光大”⑥。他认为，老子的“无为”说，“应该是这样的意思，老子的恬静说是由这种思想所产生出来的活静。活静与死静不同。活静是群力合作的平衡状态，而死静则是佛家的枯槁寂灭”⑦。总之，“道家思想与佛学根本不同，我辈似不宜因形式上之相类而生淆惑”⑧。

他还从个性解放的角度，把老子与尼采视为同调。针对德国青年战后从崇拜尼采热转为崇拜老子热的现象，他说：“我于老子与尼采的思想

①《郭沫若全集》历史编第3卷。
②《郭沫若全集》历史编第2卷。
③《郭沫若全集》历史编第2卷。
④《郭沫若全集》历史编第3卷。
⑤《郭沫若文集》卷10。
⑥《郭沫若文集》卷10。
⑦《郭沫若文集》卷10。
⑧《郭沫若文集》卷10。

之中，并发见不出有什么根本的差别。”[①]他认为，“老子与尼采相同之处，是他们两人同是反抗有神论的，同是反抗藩篱个性的既成道德，同是以个人为本位而力求积极发展的”[②]。不但如此，“他们两人的缺点也相同，是为己多而为人少。如果站在为己的立场来欣赏老子，并欣赏他的静观，那么过分为己的尼采误了德国，过分为己的老氏也挽救不了德国”[③]。如所共知，郭沫若当时崇拜尼采，尤其是他的个性解放思想。

以上郭沫若对老子和老学的时代，历史地位和老学的具体评论表明：他是以民主主义的立场出发，以进化论、泛神论和个性解放为思想武器，来肯定老学的历史地位，评估和颂扬老学的思想内容。这是一种“六经注我”式的批判，主要特征是颂扬。

但是，随着时间的推移，特别是随着思想上从民主主义向马克思主义转变，他也就改变了态度，从肯定和颂扬转变为全盘的否定，从一个极端转向另一个极端。表现在：

在1923年8月发表的小说《函谷关》中，他就借老聃之口，说《道德经》，“虽然恍恍惚惚地说了许多道道德德的话，但是我终竟是一个利己的小人。”[④]说“我要想夺人家的大利，我故意把点小利去诱惑他。我要想吃点鲜鱼，我故意把它养活在鱼池里”，所以，“我完全是一个利己的小人，我这部书完全是一部伪善的经典。”[⑤]又说：“我的根本谬误是在一方面高谈自然，一方面又万事都从利己设想。只要于己有利，便无论是什么卑贱的态度都是至高的道德。”[⑥]他还借关尹之口，骂老聃为“有史以来的大梢头。”[⑦]稍后，在《王阳明礼赞》中，他又从理论上对老子的利己主义展开了批判。他在概述自己转向老学的经过后说，以老子为先驱的“道家的宇宙观本是活泼的动流，体相随时转变，而道家的人生哲学都引导到利己主义去了”[⑧]。他引述了在《函谷关》中的批判后，

---

①《郭沫若文集》卷10。
②《郭沫若文集》卷10。
③《郭沫若文集》卷10。
④《郭沫若全集》文学编第10卷。
⑤《郭沫若全集》文学编第10卷。
⑥《郭沫若全集》文学编第10卷。
⑦《郭沫若全集》文学编第10卷。
⑧《郭沫若文集》卷10。

说："老子的学说在他根本上是有这样的矛盾的。他说的道与德是不能两立的。他说的道是全无打算的活动的本体，而他说的德都全是打算的死灭的。他的末流会流为申韩的刻薄，这是势所必至。"[①]总之，老学的自然观与人生观是自相矛盾的。他认为"佛氏出而不入，老氏入而不仁"，而儒道相比，虽然"同是肯定现实的，而道家的实践伦理是自私自利，假使实行于世时，其极致与西方的资本主义制可以达到同一的结果"。[②]这样他就把老学与资本主义联系起来，进行了否定性批判，这与他当时依然肯定孔子，赞扬大同思想，形成鲜明的对照。

以上表明，在《中国古代社会研究》出版以前，他对老子和老学的批判，是不恒定的。开始时，他作为一位资产阶级民主主义的诗人，对老子和老学，是以西方的泛神论宇宙观，民主主义的政治观和个性解放思想为观照，把它与孔子和儒学一道，加以推崇和肯定的。他不仅对中国古代思想发展，从整体上作出与民主政治需要相应的分析和评论，尤其择取老学中的自然主义和反对宗教神学的泛神论与无神论的本体观，反对藩篱个性的既成道德的观念，把它与西方引入的斯宾诺莎的泛神论，尼采的个性解放思想联接，用以冲决当时的封建思想的网罗。但是，他政治上转向十月革命，思想上倾向马克思主义，也就改变了对老子和老学的推崇态度，转向否定老子和老学，他采用文学和理论的不同手段，搁置老学的自然主义哲学观，抓住老子的"人生哲学"，视为"利己主义"，联系资本主义痛加批判。尽管这前后两种截然不同的"老学"批判，其基本点都是相同的：都是"六经注我"，即不同时期的不同的政治哲学观点所决定的。所以，这种前后不同的态度，深刻地反映着他本人政治上、思想上具体的发展历程和时代的风貌。正是因为这样，他在这个时期对老子和老学的批判，无论是前褒后贬，都既缺乏全面性系统性，又缺乏严格的科学性。这种情况正如他后来所自我批判的那样，"三十多、四十年前的我，是在半觉醒的状态。马克思、列宁的存在是知道了，对于共产主义是有憧憬的，但只感觉着一些气息。思想相当混乱，各种各样的见解都沾染了一些，但缺乏有机的统一。因而，有些话说得好像

①《郭沫若文集》卷10。

②《郭沫若文集》卷10。

不错，而有些话却又十分糊涂。”[①]所以，他宣布这时著成的《文艺论集》中的文章为“我的坟墓”。笔者认为，他的自我批判，理应包括他这时的老子和老学观，即“有些话说得好像不错，而有些话却又十分糊涂”。

二

严格说，郭沫若对老子和老学的马克思主义的比较科学的批判，是在《中国古代社会研究》一书问世以后，其首篇代表作是《老聃、关尹、环渊》这篇考证老子其人和其书的年代、作者的论文。

在《古代研究的自我批判》中，他曾这样总结自己研究历史的经验：“无论作任何研究，材料的鉴别是最必要的基础阶段。材料不够固然大成问题，而材料的真伪或时代性如未规定清楚，那比缺乏材料还要更加危险。因为材料缺乏，顶多得不出结论而已，而材料不正确便会得出错误的结论。这样的结论比没有更要有害。”[②]新中国成立后，他又说：“研究历史，和研究任何学问一样，是不允许轻率从事的。把握正确的科学历史观点非常必要，这是先决问题。但是有了正确的历史观点，假使没有丰富的正确的材料，材料的时代性不明确，那也得不出正确的结论。”[③]20世纪30年代，郭沫若正是本着这样的观点和治学态度，在老子和老学的批判中，首先抓住老子和《老子》年代、作者这个当时学术界的争论热点入手，在基础工作上打下了比较扎实的硬功夫。

在先秦诸子中，除了孔子的生卒年代为后人确知外，其他诸子的年代和著作问题，都有待考证。老子和《老子》的年代及作者问题，就是一个自司马迁以来，长期未能解决的问题。正如郭沫若所说：在《史记·老庄申韩列传》中，司马迁就提出“三种解说来，一个是老聃，一个是老莱子，一个是太史儋。而关于老子的年代，则前两说以为是和孔子同时，后一说直在孔子死后百二十九年。看他引了几个‘或曰’，便可以知道这些问题在汉时是怎样的异说纷纭莫衷一是的。司马迁很想把三

①《郭沫若全集》文学编第15卷。
②《郭沫若全集》历史编第2卷。
③《郭沫若全集》历史编第1卷。

种主张都调和起来，故加上了一句‘益老子百有六十余岁’的盖然推测，又调‘或言二百余岁’，可见在司马迁之外还有主张调和说的人。在三种异说之外更加上这种调和说，关于老子的存在和年代可算有四五种并说。”[①]所以，这个问题，“在汉朝初叶便是有的。”[②]

正是因为这样，历史上一些有识之士，如崔浩、韩愈、陈师道、叶适以及清代毕沅、汪中、崔述等人，都曾从不同的角度提出过质疑。但是，大多数学者都习惯于《史记》《礼记》《吕氏春秋》和《韩非子》的相关记载，不加分辨地视上述三人为一人，视老孔同时，老子为孔子师，《老子》为老聃所作。直到章太炎和胡适都仍持此说。1919年2月，以疑古著名的胡适，出版了他的《中国哲学史大纲》（上卷），就是持上述观点。所以，这使受疑古思潮影响的梁启超，对此大惑不解，在《评胡适之〈中国哲学史大纲〉》[③]中，首先对胡适的论断提出了质疑。他列举了《史记》等史书的自相矛盾和相互矛盾以及荒唐不经的记载，以及同时或稍后的文献的记载，特别是《老子》中许多后于其时代的内容，概括成六条理由，否认胡适所坚持的传统旧说，明确断定《老子》一书作于“战国之末”，《老子》非老聃所著。他的批评，引起了学术界的广泛注意和共鸣，顾颉刚、钱穆、罗根泽、冯友兰等人，先后发表论著，认同并发展了梁启超的论断，一时大有否定旧说的压倒架势。但是，胡适则始终坚持自己的论断，另外一些学者，如马叙伦、唐兰等则从古文献资料上，坚持与胡适大体相同的观点。从而20世纪20年代至30年代中期，中国学术界掀起了一场关于老子和《老子》的年代、作者问题的大争论。截至《古史辨》第六册出版前的1936年底，双方争论的文章收集在《古史辨》第四、六册的，就有三十五六万字之多，论战双方阵容之壮，成果之多，堪称现代学术史上一件盛事，郭沫若的《老聃、关尹、环渊》一文，就是作为论战中的一个成果，被收入《古史辨》第六册的。他的文章，不仅作为当时论战的一家之言，为老子和《老子》的年代、作者的考证上，作出了自己的特殊贡献，也为老学的再批判打下了坚实的

---

①《郭沫若全集》历史编第1卷。
②《郭沫若全集》历史编第1卷。
③ 收入《古史辨》第四册。

基础。

在该文中，郭沫若概述了历史上和当时各派对老子和《老子》的年代、作者的争论，提出："汉初距春秋、战国时并不甚远，何以关于老子这个人竟生出了这样多的疑问？这岂不是在汉时的学者看见《老子》书中所用笔调以及所含的内容的确是满呈着战国时代的风味，故才生出怀疑而提出新的解说的吗？"[①]对于这个问题，他分析说："细考老子即是老聃，略先于孔子，曾经教导过孔子，秦、汉以前的人本来是没有问题的。《庄子》《韩非子》《吕氏春秋》是绝对的证据"[②]。接着他引述《庄子·天下》所引老聃的话，说"'知其雌，守其雄'云云，在今存《老子》第二十八章，其他所撮述的大意散见于《老子》书中，这儿表明着老聃便是老子。而老子和孔子有过师徒的关系，则散见于《德充符》《天道》《天远》诸篇。除掉《德充符》外，虽然不尽是庄子手笔，但都是秦、汉以前人的"[③]。他又说，在《吕氏春秋》的《贵公》等篇中，"言老聃者凡五见"，其中"后三则"所说："'若植木而立'、'贵柔'、'听于无声，视于无形'，都是《道德经》中所表现的老子"[④]，而据其"前二则"，"则老子分明与孔子同时，且曾为孔子之师"[⑤]。又举《韩非子·解老·喻老》有关老子言论，认为"所解所喻均和多本《老子》无甚出入"，《六反》中老聃的"知足不辱，知止不殆"的话，则见于"多本《老子》第四十四章"，《内储说下·六微》所说"权势不可以借人"，则"俱见多本《老子》第三十六章"[⑥]，"可见在韩非子眼中，老聃和老子并不是两人"[⑦]。据上"三种秦、汉以前的典籍"，他的结论是"老子即是老聃，曾为孔子之师，在秦、汉以前人并不曾发生过问题"[⑧]。这样，他就从先秦诸子的文献中，考证并回答了自汉以来，包括梁启超等提出的问题，对传统说法作出了新的论证。

---

①《郭沫若全集》历史编第1卷。
②《郭沫若全集》历史编第1卷。
③《郭沫若全集》历史编第1卷。
④《郭沫若全集》历史编第1卷。
⑤《郭沫若全集》历史编第1卷。
⑥《郭沫若全集》历史编第1卷。
⑦《郭沫若全集》历史编第1卷。
⑧《郭沫若全集》历史编第1卷。

那么，为什么先秦不成问题，而“到汉人手里便生出了问题”来呢？郭沫若认为，“答案在这儿是很明显的，便是《老子》一书，其文笔和内容——如并言‘仁义’，如言‘万乘之主’等——的确不是春秋末年人所能有，因知其书必系晚出。汉人盖早见及此，故或则疑老子非老聃，而以老莱子或太史儋为解，或则言老子长寿，至战国中叶犹存，这便结果成了司马迁的那篇支离灭裂的列传，”[①]并引起了当今“汉初的问题的重演”[②]。

在这样的分析考证的基础上，他对当时的三种代表性意见，明确表示：“我的见解是以唐说为近是（指唐兰之说——引者）。老子确是孔子之师老聃，《老子》书也确是老聃的语录，就和《论语》是孔子的语录，《墨子》是墨翟的语录一样，特集成《老子》这部语录的是楚人环渊”[③]。但是，“环渊集成这部语录时，没有孔门弟子那样质实，他用自己的文笔润色了先师的遗说，故尔饱和着他自己的时代色彩”[④]。尽管如此，他认为《老子》“主要思想，仍然是老聃的创见，秦、汉以前人都是我们的证人，汉人所提出来的老莱子和太史儋实在是不能冒牌的”[⑤]。

他还针对韩愈以来的后儒，从“狭隘的门户之见，要把老子的存在来抹杀”[⑥]，进一步论证说：“孔子曾以老子为师，除上述《庄子》及《吕氏春秋》之外，在儒家典籍中已是自行承认的”[⑦]。他举例说：“《礼记》的《曾子问》里面有四处引到老聃的话，都是孔子自己说，‘吾闻诸老聃’。《论语》的《述而篇》言：‘述而不作，信而好古，窃比于我老彭’。老彭当是老子与彭祖，而马叙伦更以为一人，谓即老聃。”[⑧]从上，“足见孔子及其弟子们并不以孔子师事老聃为耻辱的”[⑨]。

这样，他就通过分析秦、汉以前人和儒家自身的记载，确立起自己

---

①《郭沫若全集》历史编第1卷。
②《郭沫若全集》历史编第1卷。
③《郭沫若全集》历史编第1卷。
④《郭沫若全集》历史编第1卷。
⑤《郭沫若全集》历史编第1卷。
⑥《郭沫若全集》历史编第1卷。
⑦《郭沫若全集》历史编第1卷。
⑧《郭沫若全集》历史编第1卷。
⑨《郭沫若全集》历史编第1卷。

的老子和《老子》年代、作者观。尽管他所应用的文献资料与前人和并时学者大同小异，但由于他较许多人更为细致入微的分析，就使得他的考证新颖和更有说服力。

他承认，《老子》不是老聃亲手所著，因为，那时代"本来还没有著书的风气"[①]。但是，不能因此武断"他的微言大义不能像《论语》和《墨子》一样，由他的再传弟子或三传弟子笔录传世"[②]。《老子》的作者是楚人环渊。依据是《史记·孟荀列传》的齐稷下先生事迹中，有"慎到赵人，田骈，接子齐人，环渊楚人，皆学黄老道德之术，因发明序其旨意。故慎到著'《十二论》'环渊著'《上下篇》'"[③]。这里，环渊所著的《上下篇》"就是《道德经》的上下篇"[④]。只是司马迁"不曾明白这'《上下篇》'就是'《道德经》'，故尔他在《老子传》里又另外写出了一笔关于'《上下篇》'的传说"[⑤]。他认为，《老子传》中的"关令尹"，就是《天下篇》《吕氏春秋·不二》的关尹，而"关尹即环渊，关环尹渊均一声之转"[⑥]。他推断说"只因环渊或写为关尹，汉人望文生训说为'关令尹'。又因'《上下篇》'本为环渊即关尹所著录，故又诡造出老子过关为关令尹著书的传说"[⑦]。故他认定"环渊著'《上下篇》'是史实，而老子为关尹著'《上下篇》'之说是讹传，但讹传亦多少有其根据，所根据者即是环渊著'《上下篇》'的这个史实"[⑧]。总之，"现存老子《道德经》是环渊所著录，由史实与讹传两方都算得到了它的证明。"[⑨]

他考证环渊的名字"是有很多异称的"[⑩]。他列举了《汉书·艺文志》《淮南子·原道训》《文选·七发》关于关尹、玄渊、环渊、它嚣等多种记载，说："环渊的异名由音变及讹传多到了十种以上"，而且"环

①《郭沫若全集》历史编第1卷。
②《郭沫若全集》历史编第1卷。
③《郭沫若全集》历史编第1卷。
④《郭沫若全集》历史编第1卷。
⑤《郭沫若全集》历史编第1卷。
⑥《郭沫若全集》历史编第1卷。
⑦《郭沫若全集》历史编第1卷。
⑧《郭沫若全集》历史编第1卷。
⑨《郭沫若全集》历史编第1卷。
⑩《郭沫若全集》历史编第1卷。

渊的年代也是异说纷纭的”。[①]他认为，最可靠的还是《史记·孟荀列传》的记载，即环渊是稷下先生之一，“大约与孟子是同一时代的人物”[②]。

他的结论是：“《老子上下篇》乃环渊所录老聃遗训，唯文经润色”，“环渊即关尹、它嚣，因音变与字误而成为数人”，“环渊生于楚而游于齐，大率与孟子同时，盖老聃之再传或三传弟子”。[③]这样，他在老子和《老子》的作者问题上，提出了与众不同的一家之言。

对上述老子和《老子》年代、作者的新考证，后来在《十批判书》等著作中，又反复作过申述，还从思想与时代的关系上，作过补充的考证。例如他曾说，“道家诸派均以‘道’为宇宙万物的本体，这个新观点必然有它的领导者”，这就“不能不承认有老聃这位人物的存在”。[④]又针对韩愈“老聃是道家的人们所假造出来，想借以压倒孔子”的臆测，今人视“‘道’的观念为孔、墨所无，在思想发生的过程上不能先于孔墨”的“想象之谈”[⑤]说：“在春秋末年人格神的观念已经彻底动摇了的时候，连子产那样的政治家都晓得说‘天道远，人道迩’的话，何以那样素朴的本体观念不能产生？”[⑥]他还举出孔子时代有许多“避世之士”的事实，提出老聃作为周室守藏史这样与“避世之士”相似的“闲官”，“为什么不能有避世之论来做这种生活的背景”？倡导出“超现实的本体观和隐退生活的理论呢？”[⑦]这样，他又在对古文献的分析考证的基础上，又益之以思想线索上的论证，使他的立论具有较强的说服力。

以上郭沫若的一家之言，虽未取得普遍的认同，却得到较多学者的一定程度的肯定，例如张岱年在《中国哲学史史料学》《老子》篇中，就把它作为六种不同意见之一介绍，并说“解放后，我比较同意郭沫若同志的见解。我认为，郭氏所举理由比较有力，他说：‘老子就是老聃，本是秦以前人的定论，《庄子》《吕氏春秋》《韩非子》都是绝好的证明。……看

①《郭沫若全集》历史编第1卷。
②《郭沫若全集》历史编第1卷。
③《郭沫若全集》历史编第1卷。
④《郭沫若全集》历史编第2卷。
⑤《郭沫若全集》历史编第2卷。
⑥《郭沫若全集》历史编第2卷。
⑦《郭沫若全集》历史编第2卷。

来，老子与孔子同时，老子就是老聃，这在战国时代并无疑问’。郭氏指出这点，实甚重要。但郭氏认为环渊即关尹，则没有足够的证据，未免陷于臆断”。任继愈在《中国哲学发展史》中，也把郭说列为这个问题的三派不同意见之一，并表示“基本上同意第一派考证所举理由”[①]。尤其值得一提的是，包括胡适、郭沫若在内的这派见解，正在得到越来越多的学者的基本认同。例如在近年出版的《道家文化研究》[②]上，陈鼓应等许多中青年学者认为，无论从什么意义上说，中国“哲学的突破”当始于老子而非孔子。[③]所以，他们不同意梁启超等“有意无意地模糊了老子其人，而且把老聃自著的《老子》挪后，以降低‘中国哲学之父’老子在中国哲学史上的开创性地位”[④]。他们认为，《老子》一书，“中心思想明确一贯，多层推衍，前后照应，风格统一，基本成于一人之手，是哲学专著而非学派论集。根据《史记》,《老子》一书应为春秋末年李耳所著，李耳又称老聃，孔子曾问礼于老子，比老子年龄稍轻。”[⑤]又说：“只要正确理解司马迁的《老子列传》，尊重史实并把握《老子》一书的时代色彩，便能够断定春秋末年说和人书名一说是不移之论，疑老诸说都缺乏科学论据。”[⑥]以上表明，除了《老子》为环渊所著录之说外，郭沫若对老子和《老子》年代、作者的考证，是被学术界较多的认同的。

三

在考证老子和《老子》年代、作者的基础上，郭沫若又按老子为孔子之师的顺序，开展对老子思想的新一轮的批判。这个时期批判的特色是：（一）与前期以“彻底的同情去求身心的受用”[⑦]，因而先褒后贬充满感情色彩不同，又与“宣教师的态度企图传播任何教条”[⑧]不同，是以

① 任继愈《中国哲学发展史》,人民出版社1983年版,第242页。
② 上海古籍出版社1992年6月第一辑。
③ 同上《创办缘起》。
④ 同上《创办缘起》。
⑤ 上海古籍出版社1992年6月第一辑。
⑥ 上海古籍出版社1992年6月第一辑。
⑦《郭沫若文集》卷10。
⑧《郭沫若全集》历史编第1卷。

“一个历史学家的立场来阐明各家学说的真相”[①]。因而在主观上是力求以理性的态度，在追求科学性上下功夫。（二）与前期从民主主义立场，后又采取马克思主义的教条式理解来批判老子思想不同，是以“人民本位”的标准来批判，方法是“把古代社会的发展清算了，探得各家学术的立场和根源，以及各家之间的相互关系，然后再定他们的价值”[②]，因而有了一个稳定的标准和方法。（三）也与当时对其他诸子的全面、系统的斗争批判不同，他是在《先秦天道观之进展》中，把老子思想作为道家先驱和道家各派之一来批判的。因而这时的批判，较前具有更为鲜明的理性色彩和深刻的科学内容，但也同样表现为不够全面和系统。

首先，他清算了中国古代社会的结构，对老子思想产生的社会背景和社会属性进行了与前期不同，也与并时资产阶级学者不同的分析。他指出，老子思想是在春秋末年，中国由奴隶制向封建制转变的历史大转折时期产生的。“老聃学派产生的社会史的根源”，是“一部分的有产者或士，已经有了他饱食暖衣的机会，但不愿案牍劳形，或于寿命有限，不能满足，而想长生久视，故尔采取一种避世的办法，以‘全生葆真’；而他们的宇宙万物一体和所谓‘卫生之经’等便是替这种生活态度找理论根据的”[③]。他认为，这种理论，只有当时的“小有产者的小众能够满足于这种生活态度的”[④]。这种小有产者的理论，使道家学派，虽是“儒墨两家的先辈，但因脱离现实，在陈义过高，在老聃、杨朱以至杨朱弟子的时代都还不曾蔚成为一个学术界的潮流”[⑤]。只是到了稷下时代，经“齐国稷下制度的培植”，才“蕃昌起来”。[⑥]这时因为政治上争夺很甚，“所谓‘窃钩者诛，窃国者为诸侯’”，齐国统治者“不愿意在自己的肘翼之下又孵化出新的‘窃国者’来，所以要预为之防”，借以化除人民的异志，“在这个目标上，杨老学说是最为适用的武器”。[⑦]我们认为，他的

①《郭沫若全集》历史编第1卷。
②《郭沫若全集》历史编第2卷。
③《郭沫若全集》历史编第2卷。
④《郭沫若全集》历史编第2卷。
⑤《郭沫若全集》历史编第2卷。
⑥《郭沫若全集》历史编第2卷。
⑦《郭沫若全集》历史编第2卷。

上述分析是新颖的，别出心裁的。

其次，他继承了前期的老学观，对老子在中国古代思想史上的划时代贡献和地位，作了进一步的分析。他说，“老子的最大的发明便是取消了殷国以来的人格神的天之至上权威，而建立了一个超绝时空的形而上学的本体。这个本体他勉强给了它一个名字叫做‘道’，又叫作‘大一’。”①他引述了《道德经》第二十五章关于“道”的概念的文字后，推断说，“道”，“是老聃的根本思想，不是到战国时候才生出来的东西，在《庄子》和《韩非子》上是有旁证的”②。所以“在资料上以及由文字上说来，‘道’这个观念为老子所发明，是毫无疑义的”③。

他说：“道家本来是道路的道，在老子以前的人又多用为法则。如《尚书·康王之诰》的‘皇天用训厥道，付畀四方’，《左传》中子产所说的‘天道’、‘人道’，以及其所屡见的道字，都是法则或方法的意思。但到了老子才有了表示本体的‘道’”④。他认为，“老子发明了本体的观念，是中国思想史上从来没有的观念，他找不出既成的文字来命名它，只在方便上勉强名之曰‘大一’，终嫌它太笼统，不得已又勉强给它一个字，叫做‘道’”。他还推论说：老子“选用了这个道字的动机，大约就因为有‘天道’的成语在前，而且在这个字中是包含有四通八达的意义吧。这些话正表示着老子的苦心孤诣的发明”。⑤他认为，在老子“‘道’是宇宙万物的本体，是为感官所不能接触的实在，一切由人的感官所生出的范畴不仅不能范围它，且都是由于它所引伸而出；一切物质的与观念的存在，连人所有的至高的观念‘上帝’都是由它所幻演出来的”⑥。甚至“连上帝‘都是由道’所生出来的，老子对于殷国的传统思想的确是起了一个天大的革命”⑦。他认为，在老子那里，“帝和鬼神没有道的存在是不能存在的；有了道，在智者看来，鬼神也就失其威严”，所以，

①《郭沫若全集》历史编第1卷。
②《郭沫若全集》历史编第1卷。
③《郭沫若全集》历史编第1卷。
④《郭沫若全集》历史编第1卷。
⑤《郭沫若全集》历史编第1卷。
⑥《郭沫若全集》历史编第1卷。
⑦《郭沫若全集》历史编第1卷。

"相传为通鬼神之意的卜筮自然失其神秘"了。[1]总之，在老子那里，"'道'这个东西，被认为是唯一的，它自身恒久不变，然都演化而为天地万物，天地万物是有存亡生死盛衰消长的。但即使天地万物消散了，而'道'还是存在，也就如戏演完了，而演员还是存在的那样"[2]。所以，他重申前期的论断，老子与孔子一样，"在根本上都是泛神论者，而在肯定人格的狭隘宗教家看来，便都是无神论者"[3]。

但是，他认为，老子关于"道"的观念"其实是很幼稚的"；"它只是把从前的人格神还原为浑沌而已"[4]；他虽然"建立了一个新的宇宙的根元，而依然保守着向来的因袭。就是他的发明也还没有十分圆熟"[5]；还因为，他政治上主张"愚民"，所以"在作为愚民的手段上，他对于天或鬼仍然肯定着"[6]。所以，他认为，当时有学者，"说春秋末年不能有这样的思想，那是把这种思想看得太超越了"[7]。

就这样，他就抓住了老子哲学自然主义的特色，抓住"道"这个核心内容，作了通俗、形象的评述和批判，从而比较科学地和准确地论证老子在中国哲学史上的开拓者地位。

再次，他还从政治上对老子思想中的一些内容，进行了政治和道德的批判，分析了老子哲学思想实质。他依据《韩非子·喻老》和《道德经》三十六章，"势重者，人君之渊也"，"赏罚者邦之利器也，在君则制臣，在臣则胜君"之说，认为"完全讲的是诈术"[8]说，这种"诈术"，在道家本身原是应有的理论。因为它根本是站在个人主义的立场的。不管是怎样的个人主义者，一个人不能完全脱离国家社会而生存，故论到国家社会的原则时，便很容易流露其个人主义的本色。为要保全自己或使自己所得之利更大些，当然要把自己立于不败之地，而以权术待人。[9]

①《郭沫若全集》历史编第1卷。
②《郭沫若全集》历史编第2卷。
③《郭沫若全集》历史编第1卷。
④《郭沫若全集》历史编第2卷。
⑤《郭沫若全集》历史编第1卷。
⑥《郭沫若全集》历史编第1卷。
⑦《郭沫若全集》历史编第2卷。
⑧《郭沫若全集》历史编第2卷。
⑨《郭沫若全集》历史编第2卷。

所以，“老聃的理论，一转而为申、韩，那真是逻辑的必然，是丝毫也不足怪的”[①]。为此，他表示不能同意章太炎“老聃所以言术，将以撢前王之隐匿，取之玉版，补之短书，使人人户知其术则术败”[②]，“意思是说，把阴谋暴露出来，使大家都懂得阴谋，那便没有人敢用阴谋了”[③]的说法，说章的辩护“巧妙是巧妙，但可惜是诡辩”[④]。他说，“且不问老聃是否果真有这样的存心，单以事实论事实，老聃之术传于世者二千余年，经过关尹、申不害、韩非等人的推阐，在中国形成为一种特殊的权变法门，养出了大大小小不计其数的权谋诡诈的好汉，一直到章太炎先生才明白了他的用意是相反的，岂不是滑稽吗?”[⑤]他认为，“老聃之言，根本是向统治者在说话，老百姓那里懂得他半句?”[⑥]以上他对老子“诈术”的批判，显然也是针对蒋介石集团的阴谋权术的一种影射，表现了一种时代烙印。

接着，他又对《道德经》中的“愚民政策”的内容，进行了揭露和批判，认为“这种为政的态度，简直在把人民当成玩具”，说“不以人民为本位的个人主义，必然要发展成为这样的。”[⑦]他认为，以个人主义为本位的为政态度，在统治集团内部使用“诈术”，对人民实行“愚民政策”，“更进一步，便否认一切文化的效用而大开倒车”。[⑧]所以，他又列举《老子》三、十二、十九、二十等章：“不尚贤使民不争”“五色令人目盲”“绝圣弃智”“绝学无忧”等语，深恶痛绝地说：“象这样大开倒车，使墨子的‘非乐’、‘节用’论，大减颜色了。”[⑨]我们知道，自“五四”以来，他一直是持贬墨的立场，从中也可获知他对老子“诈术”“愚民”的极端厌恶之情了。

复次，他还从批判老子“诈术”“愚民”政策的角度，分析探讨过老

---

①《郭沫若全集》历史编第2卷。
② 章太炎《国故论衡·原道上》。
③《郭沫若全集》历史编第2卷。
④《郭沫若全集》历史编第2卷。
⑤《郭沫若全集》历史编第2卷。
⑥《郭沫若全集》历史编第2卷。
⑦《郭沫若全集》历史编第2卷。
⑧《郭沫若全集》历史编第2卷。
⑨《郭沫若全集》历史编第2卷。

学在当时和历史上所产生过的不良影响。他说，包括老学在内的稷下道家学派，“对于当时的学术界影响非常宏大。在稷下之外，由正面响应的有庄周和惠施、季真和魏牟，更发展而为桓团、公孙龙的名家，韩非等后期法家。因而使儒家墨家都起了质变”[①]。“于是乎道家思想真可以说垄断了二千年来的中国学术界；墨家店被吞并了，孔家店仅存了一个招牌。礼教固然吃人，运用或纵使礼教以吃人的所谓道术，事实上才是更加神通广大的嗜血大魔王呀！”[②]这表明他对老学及其在历史上所产生的政治上的影响，是持否定的评价。

综上所述，郭沫若这时对老学的批判，与前期相比，具有更多的理性色彩，他不仅客观地考证了老子的年代，《老子》的作者，而且对老学的时代和社会历史根源，老学的思想属性作了分析；在对老学的具体批判上，既有对其自然主义的“道”论所作的阐释和高评，也是对其政治思想的厌恶和揭露，既注意到老学的二重性，又显示了与现实联系的时代感。这就超越了前期具有浓厚感情偏颇的肤浅。同时也与并时的许多学者的就事论事式的评论不同，具有较为深刻的内容和战斗的特色。

但是，郭沫若这时对老学的批判，同前期相似，仍有“六经注我”的痕迹，而且也没有对老学作出全面的批判，尤其是忽视了老学中丰富的辩证法思想的科学评判；对于老学在历史，尤其在思想上的正面影响也完全忽视。因而他对老学的评估未能给人以整体性的印象，而流于各取所需的偏颇，所以，也未能真正实现他自己所说的“阐述各家学说的真相”的任务。

还值得指出的是，即使在郭沫若对老学所作出的正确的批判中，也只能说与他对老子和《老子》年代、作者的考证一样，是一家之言。所以，我们研究郭沫若对老学批判的意义，主要在于从中了解他在中国传统文化现代化过程中的具体贡献和艰苦历程，并总结其经验教训，寻找前进道路上的新启示。

（原载《郭沫若学刊》1995年第3期）

①《郭沫若全集》历史编第1卷。
②《郭沫若全集》历史编第1卷。

郭沫若墨学观成因考察

墨学，是战国时代与儒学并称的“显学”。但是，在汉武帝时，它已成为“绝学”。“五四”时期，胡适等在“打倒孔家店之余，欲建立墨家店”[①]，掀起一股为墨学翻案的思潮。后来，一些马克思主义史学家，也认同并发展了这种思潮。但是，郭沫若这位马克思主义史学的创立者，却异军突起，作出了既与胡适等不同，又与其他马克思主义史学家异趣的尊儒抑墨、“打墨家店”的独特评判。认真研究考察郭沫若墨学观形成的过程、内容和原因，分析其立论的依据，不仅是研究郭沫若的学术成就和文化个性的需要，也是研究中国传统文化现代化，尤其是墨学现代化的需要。

一

郭沫若与众不同的墨学观，是在与“五四”以来的“扬墨”观的争论中，逐渐形成的。两千多年来，墨学作为儒家的对立学派，一直受到学术冷遇而湮没。清中叶以后，在新的历史条件下，才开始有人问津。“五四”新文化运动期间，胡适等本着“在思想文艺上替中国政治建筑一个革命基础”[②]的指导思想，在“民主”和“科学”的旗帜下，在批判“孔孟之道”的同时，又企图从“非儒学派”中，“找到移植西方哲学和科学最佳成果的合适土壤”，[③]致力于对墨学的重新评估。在胡适的《墨家哲学》《中国哲学史大纲（上）》等系列论著中，他在对墨子和《墨

①《郭沫若全集·历史编》卷2，第469页。
②《我的歧路》，《胡适文存》2集卷3，第96页。
③《先秦名学史》（学林出版社1983年版），第8—9页。

子》的时代、作者进行新考证的基础上，又以西学为参照，把墨学与儒学平等看待，抓住墨家的“名学”即逻辑方法，通过与儒家的对比，给予高度评价，称墨子为“中国出现过的最伟大人物”[①]，后期墨学为“科学的墨学”[②]。揭开了“抑儒扬墨”的新篇章。与胡适相呼应，梁启超也出版了《墨子学案》等系列著述，视墨子和墨学为救国良策。他也以西方民主思想为参照，说《尚同》提出的天子“选择”说，“和欧洲初期的‘民约论’”很相类，泛“节用”是“以劳力为本位”的“实利主义”等，[③]给予了具体的高度评价。他们的“扬墨”论，在学术界引起了震动。

作为“五四”新文化运动感召下涌现出来的一员闯将，郭沫若曾以独具一格的新诗、文论等，对孔家店所贩卖的以三纲五常为内容的旧思想、旧道德，进行了猛烈的批判和冲击。但是，他却不能认同胡适等把被后来统治者所“歪邪”了的“孔孟之道”，与早期的孔子和儒学混为一谈。所以，他当时就发表了《论中德文化书》《中国文化之传统精神》等文，明确表示自己“崇拜孔子”。对于墨子，这位“在小时也曾崇拜过”[④]的思想家，这时却改变了看法，“认为他纯粹是一位宗教家，而且是站在王公大人立场的人”[⑤]。所以，他针锋相对地写出了《读梁任公〈墨子新社会之组织法〉》一文，集中抓住梁文《尚同》为“民约论”的说法，进行了批驳，揭出了“扬儒抑墨”的旗帜。他引证《尚同（中）》等篇，有关上帝鬼神与政权建立的关系的言论，说墨子主张，“明明是那‘天生民而立之君’的一派的神权起源说”，而不是什么“民约论”。[⑥]又列举墨子“天志”“明鬼”等主张，说墨子“不过是一位顽梗的守旧派，反抗时代精神的复辟派”，[⑦]又从墨子“私淑夏禹”的事实，断言墨子是“一个神权起源论者”。[⑧]他也不赞成把“兼爱”说成“人道主义”，说

①《先秦名学史》，第53页。
②《郭沫若全集·历史编》卷2，第72页。
③《民国丛书·第四篇·五·墨子学案》，第23—33页。
④《郭沫若全集·历史编》卷2，第470页。
⑤《郭沫若全集·历史编》卷2，第470页。
⑥《郭沫若文集》卷10，第15页。
⑦《郭沫若文集》卷10，第15—16页。
⑧《郭沫若文集》卷10，第17页。

“兼爱”与“实利”，都是“以天为出发点，以天为归宿点”，墨子“自始至终是一个在神的观念里翻筋斗的宗教家”。[①]总之，《墨子》从《法仪》到《非儒》，“都是替王公大人说的治天下的道理”[②]。后来，他在《中国古代社会研究》初版中，进一步称墨子一派，“在当时完全是反革命派”[③]。这样，他在20世纪20年代，就在胡适等的“扬墨”论刚刚露头之时，就揭出了与之相对立的墨学观。尽管由于他“不是专家”，人微言轻，他的墨学论“一直没有引起读者的注意”，[④]他的墨学论也确实不够全面、广泛，论证也不够充分，但却为后来全面提出他的反墨论伏下一笔。

“五四”以后，由胡适、梁启超所煽起的“扬墨”思潮，又以一发不可遏制的趋势向前发展。一些治学术史的知名学者，如王相龄、伍非百、钱穆、冯友兰、顾颉刚、谭介甫、方授楚等人纷纷起来投入墨学的研究，走着由胡、梁开头的“扬墨”路子，出版或再版了如《儒墨之异同》《墨子大义述》《墨辩探源》《墨子及前期墨家》《墨经易解》及《墨学源流》等众多墨学论著，其中尤以方授楚的《墨学源流》一书，被学术界视为“最平允”的著述。[⑤]就在这样一部自称针对当时墨子研究，“尊墨太过”和“恐墨夺儒家正宗之席而丑诋之”两种偏向，拟作持平之论的著作中，却视孔子为“破落贵族之学”，墨学则为“贱人之学”，是“革命家”等。所以，它的倾向，则“仍在梁（启超）、胡（适）余波推荡中，在打倒孔家店之余，欲建立墨家店”。[⑥]同时，一些马克思主义史学家，如吕振羽、翦伯赞、范文澜、杜国庠等，虽然研究评判墨学的立场、观点和方法与前者不同，但对墨子和墨学的价值评判上却大体相同，如吕振羽的《中国政治思想史》，就认定墨子思想，“反映了当时农民的一些思想情况和要求”[⑦]；《墨经》“属唯物主义认识论”[⑧]；《尚贤》《尚同》“近似于卢梭

①《郭沫若文集》卷10，第18—19页。
②《郭沫若文集》卷10，第18—19页。
③ 转引自《民国丛书·第四篇·五·墨子源流》，第205页。
④《郭沫若全集·历史编》卷1，第468页。
⑤《郭沫若全集·历史编》卷2，第469页。
⑥《郭沫若全集·历史编》卷2，第469页。
⑦《中国政治思想史》，1955年6月第4版，1958年第7次印刷（生活·读书·新知三联书店），第106页。
⑧《中国政治思想史》，1955年6月第4版，1958年第7次印刷（生活·读书·新知三联书店），第107页。

的‘民约论’”；[①]《天志》等宗教信条，是“号召群众，发动革命运动的纲领”[②]等。翦伯赞《中国史纲》也认定，墨子是当时“农民的代言人、向封建主义提出了抗议”[③]；非攻、非乐、兼爱、互利、薄葬等主张，体现了“封建秩序中之等级身份制和宗法伦理之制度否定之意识”[④]。天志是农民“幻想有一个最高的权力，来制裁这些无法无天的诸侯”，“墨子的天道观是很平等的”，[⑤]等等。范文澜、杜国庠等当时也大体持相同的评价。这样，在20世纪二十至四十年代，中国众多的墨子研究著述中，尽管作者的文化背景、文化个性不同，但是对墨学的肯定和弘扬，则大体相同，“五四”以来的“扬墨”论，成为一种浓郁的时代思潮。

正是这样的学术形势，深深地“刺激”了郭沫若，使他认识到在清算中国古代社会结构以后，有可能也更有必要，应用唯物史观把兴趣“转移到意识形态的清算上来”[⑥]，尤其是转移到儒墨的批判上来。1943年秋，他先后写出了《墨子的思想》《孔墨的批判》和《儒家八派的批判》等论文，新中国成立以后，他又发表了《墨家节葬不非殉》的考证文章。在这些论文中，他继续与胡、梁以来的“扬墨”论进行论争，更把论争的主要锋芒指向翦伯赞等马克思主义阵营中的“扬墨”论者，全面系统地批驳了“扬墨”论者的论断和论据，进一步阐述了自己更为圆熟的“扬儒抑墨”的墨学观，明确肯定“儒宜分别言之，墨则无可扬之理”。[⑦]

二

郭沫若全盘否定墨学的墨学观，首先是植基于他对墨学所产生的时

①《中国政治思想史》，1955年6月第4版，(生活·读书·新知三联书店)，第120页。
②《中国政治思想史》，1955年6月第4版，(生活·读书·新知三联书店)，第125页。
③《中国史纲》(生活书店1946年10月发行)第1卷，第396页。
④《中国史纲》(生活书店1946年10月发行)第1卷，第396页。
⑤《中国史纲》(生活书店1946年10月发行)第1卷，第390页。
⑥《郭沫若全集·历史编》卷2，第465—466页。
⑦《郭沫若全集·历史编》卷1，第614页。

代，和墨学的社会属性的独特判断上的。他认为，墨子是在那个“由奴隶制转移为封建制的过渡时期”[1]，站在“王公大人”，即奴隶主阶级立场上，“承认着旧有的一切阶层秩序，而在替统治者画治安策”[2]的政治家和思想家。由此出发，他对墨学进行了全面的批判。

他认为，从宇宙观上看，墨子把“天志”作为“法仪”，天志是他的“一根脊椎”[3]，表明他“信仰上帝，更信仰鬼神”[4]。他说，在“王权式微的时代又来提倡‘天志’”，就是为“大奴隶主成为地上的统制者”作辩护。[5]所以，他不能认同蒯伯赞“天志”代表农民“来制裁这些无法无天的诸侯”的论断，也不能认同蒯氏墨子天道观“很平等”，“明鬼”也有“平等的意思”的说法。他说，蒯氏依据的《法仪》之言，只是“普天之下，莫非王土，率土之滨，莫非王臣”的扩大，而臣有十等，“正表示其大不平等”。[6]所举《明鬼》的“鬼话”，也只是“一些贵族鬼，即所谓神”，[7]与众人无关。所以，说墨子信鬼神，是“神道设教”，是手段的说法，不能成立，墨子是“一位虔诚的信仰者”。[8]他更不能认同胡适根据《墨经》的“初步科学现象”，而高评墨学。认为，那只是一些“粗浅的常识”，一些“家喻户晓的事”，[9]且属于墨家后学，“在墨子本人却不能适用”。[10]

他认为，政治上《尚同》所宣扬的“一同天下之文”，不但“不民主”，而且是“一派极端专制的奴隶道德”。[11]在墨子那里，社会“一切对立都是被承认着，而在这些对立下边施行他的说教”。[12]他引《尚贤（中）》“自贵且智者为政乎愚且贱者为治，自愚且贱者为政乎贵且智者

---

①《郭沫若全集·历史编》卷2，第117页。
②《郭沫若全集·历史编》卷1，第466页。
③《郭沫若全集·历史编》卷1，第464页。
④《郭沫若全集·历史编》卷1，第464页。
⑤《郭沫若全集·历史编》卷2，第108页。
⑥《郭沫若全集·历史编》卷2，第109页。
⑦《郭沫若全集·历史编》卷2，第111页。
⑧《郭沫若全集·历史编》卷2，第111页。
⑨《郭沫若全集·历史编》卷1，第465页。
⑩《郭沫若全集·历史编》卷2，第111页。
⑪《郭沫若全集·历史编》卷1，第466页。
⑫《郭沫若全集·历史编》卷1，第466页。

则乱”的论点，说墨子的政治理想是“以贵者智者统一天下”。[①]又以墨子“尊天”“明鬼”，进一步强调，墨子“既承认神鬼世界的神鬼的权威，当然早就承认着人世界的‘王公大人’的权威。既在尊天明鬼，当然也早就尚同尚贤。尚同与尊天相应，尚贤与明鬼相应”，[②]“尊天既是绝对的神权统治，尚同便是绝对的王权统治”。[③]所以，他对梁启超、吕振羽等《尚同》为“民约论”，进行了批驳。说那是“天生蒸民作之君作之师”的“老一套看法”。又引《尚同（中）》等“古者上帝鬼神之建设国都，立政长”的四条语录，说墨子是“极端的神权论者”，在建国都、立政长的大事上，是不会“没有上帝出来管事的”。[④]所以，墨子“不仅没有民约论，而且也没有儒家的禅让说”，[⑤]“尚贤”“尚同”，只能“流而为极权政治”。[⑥]

他认为，墨子“节用”“非乐”等经济文化观，是“反进化”的。因为，“人类社会的一切现象由质而文”，对于繁文缛礼、厚葬久丧固需反对，但若“一味地以不费为原则，以实用为标准，而因陋就简，那只是阻挠进化”。[⑦]何况墨子“除节用之外没有任何增加生产的办法”，“证明他的经济思想的贫困”，连民间音乐也反对，是“不知精神文化为何物”。[⑧]故“节用”，“不是替老百姓说活，而是替王公大人说话”，[⑨]与老百姓无关。这表明，墨子站在“同情公室的立场”，“看不到人民生产力的伟大”，“因而他反对周家的文，而要返回夏家或其以前的质”，[⑩]而“只能在节省和蕃殖人口和防止人口减少上着想”，不能在“开发民智”“改良生产工具”“使人民娱乐以增加其生产效率”上“用心”。[⑪]总之，

---

①《郭沫若全集·历史编》卷1，第466页。
②《郭沫若全集·历史编》卷2，第112页。
③《郭沫若全集·历史编》卷2，第112页。
④《郭沫若全集·历史编》卷1，第468页。
⑤《郭沫若全集·历史编》卷1，第469页。
⑥《郭沫若全集·历史编》卷1，第469页。
⑦《郭沫若全集·历史编》卷1，第469页。
⑧《郭沫若全集·历史编》卷1，第469页。
⑨《郭沫若全集·历史编》卷1，第470页。
⑩《郭沫若全集·历史编》卷2，第119页。
⑪《郭沫若全集·历史编》卷2，第119页。

"他是在开倒车"。[1]

他认为，墨子还有许多"不近人情"的主张，如"去情欲"，要"女子年十五毋敢不事人"，[2]其"根本乖谬"，是"把人民当成王公大人的所有物"，"两重'生产工具'"，"生产衣食"和"生产儿女"。[3]他主张"非攻"，是怕"损失人口"；主张短丧，是因久丧"败男女之交"。[4]所以，墨子是"把人民看成工具的反人性的宗教思想家"。[5]

他承认，墨子的"兼爱"，"颇是动人，也颇具特色"。[6]但又主张"去爱"，是自相矛盾，而"最大矛盾是承认着一切既成秩序的差别对立而要叫人去'兼'"，"去兼爱"。[7]这就是"叫多数的不安乐者去爱少数的安乐者"，是"骗人""偏爱"。[8]墨子的"非攻"，是"承认着私有财产，承认着国家的对立而出"的见解。[9]是"把攻当成盗窃看待"，在国的范围内"非攻"，在家的范围是"杀盗"。[10]"诛"与"攻"的区别，对主张"非攻"者是不起作用的，"非攻"论，"只是在替侵略者制造和平攻势的烟幕"。[11]"无斗"，更"等于剥夺了被侵略者的武器"。[12]"兼爱"和"非攻"，"只是一个提示的正反两面"；积极和消极两方面。[13]墨子讲"爱"，重心"不在人而在财产"，人民"依然是旧时代的奴隶"。[14]"兼爱"说，"不重在爱人，而是重在利己"，所以，"不是由人道主义的演绎，而是向法治刑政的归纳"。[15]故不能认同"墨子是奴隶解放者，是工农革命的先驱，是古代的布尔什维克"的说法。[16]

---

①《郭沫若全集·历史编》卷2，第120页。
②《郭沫若全集·历史编》卷1，第470页。
③《郭沫若全集·历史编》卷1，第470页。
④《郭沫若全集·历史编》卷1，第471页。
⑤《郭沫若全集·历史编》卷1，第471页。
⑥《郭沫若全集·历史编》卷1，第470页。
⑦《郭沫若全集·历史编》卷1，第471—472页。
⑧《郭沫若全集·历史编》卷1，第471—472页。
⑨《郭沫若全集·历史编》卷1，第472页。
⑩《郭沫若全集·历史编》卷1，第472页。
⑪《郭沫若全集·历史编》卷1，第473页。
⑫《郭沫若全集·历史编》卷1，第473页。
⑬《郭沫若全集·历史编》卷2，第112页。
⑭《郭沫若全集·历史编》卷2，第112页。
⑮《郭沫若全集·历史编》卷2，第116页。
⑯《郭沫若全集·历史编》卷2，第117页。

他也承认，“非命”是对抗儒家“有命说”而发的。但是，儒家的“本意和墨子所非难的却正相反对”。[1]儒家说“有命”，是“教人藐视权威而浮云富贵”，儒家的“天”，是自然界中的“理法”，“命”有时是指必然性，有时是指偶然性。[2]只是其本意一失，才会“流而为宿命论，使人懈怠而不自勉”。[3]墨子是抓住其流弊而“加以反对”。[4]实际上，墨子的“非命”，是“宗教式的皈依”，“他尊天明鬼他才非命”，要人“对无形的权威的皈依，对于有形的权威的彻底的服从”。[5]

正是鉴于以上的分析，他结论说：墨子的思想，“充分地带有反动性——不科学，不民主，反进化，反人性，名虽兼爱而实偏爱，名虽非攻而实美攻，名虽非命而实皈命”。[6]作出了全盘性的否定。

此外，他还对胡适以来“扬墨”派的一些重要论断，作了争辩。一是，关于《非命》的“三表法”，他不赞成“科学方法”的高评，说其步骤，“是由上而下的演绎，而不是由下而上的归纳”。[7]其“一本”所列“天鬼之志”，“圣人之事”，就是“把一些渺茫不足凭的故实认为是真理或真实”，是“最不科学的”。[8]而“百姓耳目之实”，“国家百姓人民之利”，也都是靠不住的。[9]总之，“浅薄的经验是绝对不能成为‘真理的标准’的”。[10]二是，关于《墨经》和后期墨家，他不赞成给予高评，也不同意把惠施、公孙龙归入“别墨”。说从《经》上、下两篇可以看出，“墨家辩者有两派的不同”：上篇“盈坚白，别同异”；下篇“离坚白，合同异”，“两者判然不同”。[11]尽管经下派受了施、龙的影响，但把两人认成墨者，“在研究方法上根本有了错误”。[12]三是，关于《公孟》，儒墨在“非乐”上的对话，胡适说墨子追问为什么，

①《郭沫若全集·历史编》卷2，第473页。
②《郭沫若全集·历史编》卷1，第474页。
③《郭沫若全集·历史编》卷1，第475页。
④《郭沫若全集·历史编》卷1，第475页。
⑤《郭沫若全集·历史编》卷1，第475页。
⑥《郭沫若全集·历史编》卷1，第466页。
⑦《郭沫若全集·历史编》卷2，第123页。
⑧《郭沫若全集·历史编》卷2，第122页。
⑨《郭沫若全集·历史编》卷2，第123页。
⑩《郭沫若全集·历史编》卷2，第123页。
⑪《郭沫若全集·历史编》卷2，第464页。
⑫《郭沫若全集·历史编》卷2，第484页。

是“很科学”的。他认为，儒家“乐以为乐”正回答了音乐“为什么”，而“墨子故意把音乐与快乐混为一谈”，是“诡辩”。[①]他说，中国古代只有音乐的乐律和历法“有点科学性质”，而墨子“历法不曾提到”，“音乐极端反对”，故“单以这项为标准，要说墨子是‘一位科学家’”“我个人是不能不踌躇的”。[②]四是，关于墨家消亡的原因，他也表示不能赞成庄子、王充以来的种种说法，尤其不能认同胡适提出的“儒家的反对”“遭政客的猜忌”之类的分析，说，各家“都没有说到实际”，胡适更“差得天远”。[③]因为，“儒家固曾反对过墨家，墨家又何尝没有反对儒家”，所以“这冤家不能算在儒家的账上”；[④]而“遭政客的反对，更是莫须有的事”。[⑤]他认为，墨家消亡“是由于自己瓦解”：第一，“由于墨家后学多数逃入了儒家、道家而失掉了墨子的精神”；第二，“由于墨家后学过分接近了王公大人而失掉了人民大众的基础”。[⑥]他强调说：“在原始神教的迷信已经动摇了的时候，而他尊崇鬼神上帝。在民贵君轻的思想已经酝酿着的时候，而他要顶礼王公大人。在百家争鸣思潮焕发的时候，他要‘一同天下之义’。不承认进化，不合乎人情，偏执到了极端，保守到了极端”，[⑦]消亡是自然的。

这样，他就在清算中国古代社会结构的基础上，分析墨家是没落奴隶主阶级的意识的判断下，站在“袒护儒家”的立场，对墨学进行了全盘的否定及批判。这样的批判，显然从总体上看有失客观和公正，因而至今未能获得学术界的认同。但是，就其在具体内容的评判看，不但持之有故，言之也颇为成理，有些批评确实切中墨学的要害，因而，其学术价值也是不容低估的。

①《郭沫若全集·历史编》卷2，第121页。
②《郭沫若全集·历史编》卷2，第121页。
③《郭沫若全集·历史编》卷1，第477页。
④《郭沫若全集·历史编》卷1，第477页。
⑤《郭沫若全集·历史编》卷1，第477页。
⑥《郭沫若全集·历史编》卷1，第477页。
⑦《郭沫若全集·历史编》卷1，第484页。

三

郭沫若在墨学评判上之所以与扬墨各派形成如此巨大的反差，一个重要原因，是与胡适等扬墨派在价值观念、治学方法上有着很大的不同，而与马克思主义阵营的史学家则在中国古代社会和墨学的阶级属性的认识和判断上不同所致。

早在20世纪20年代初期，他本人就分析过。他说：与梁启超等因为珍爱墨学的“一草一石与西洋相同，便把他全都的建筑打成粉碎，再来说他的建筑是西洋式的”方法不同，[①]他自己不但要看墨子书的个别字面的相似，“更要看墨家思想那个的系统是怎样”。[②]也就是，梁氏是以西方的民主、科学内容为观照，不顾墨学自身的体系，抓住墨学中的个别来代替一般地加以拔高。而自己则是要着眼其思想的整体内容来进行评价的。

如果说，那时的分歧主要是由具体的研究，即视角上的偏全差异所致，而参照系则一样的话，那么，后来他转向马克思主义以后，与梁启超、胡适等的分歧，就具有更为根本的性质了，也就是在宇宙观、价值观和研究方法上都具有很大的不同。在《中国古代社会研究·自序》中，他说，他的“批判”与胡适等的“整理”，在究极目标上，胡适“是在实事求是”，他则“要在‘实事之中求其所以是’”；在方法上，整理“所能做到的‘知其然’”，而批判“是要‘知其所以然’”。后来他又说：与包括梁、胡在内的以前“治周、秦诸子的常态”“游离社会背景而专谈逻辑”不同，[③]“我的方法是把古代社会的发展清算了，探得了各家学术的立场和根源，以及各家之间的相互关系，然后再定他们的评价”。[④]也就是把各家的思想，“向社会还原，寻求得造此诡辩者的基本立场或用意”，[⑤]再进行评判。在标准上，与梁、胡等以西方民主科学观念为观照

①《郭沫若文集》卷10，第19页。
②《郭沫若文集》卷10，第23页。
③《郭沫若全集·历史编》卷2，第484页。
④《郭沫若全集·历史编》卷2，第484页。
⑤《郭沫若全集·历史编》卷2，第484页。

比附不同，他是“以人民为本位的这种思想为标准的”，“合乎这种道理的便是善，反之便是恶”。[①]事实确如所言，胡适、梁启超等的“扬墨”论，是以西方的资产阶级的价值观念为取向，以实证主义方法为手段，以“求是”为目标，直觉地对儒墨学术与西方学术相比附，然后进行评判。他们的评判与以往封建学者以儒家的纲常伦理为标准作出的“扬儒抑墨”的传统观念相比，无疑反映了一种新的价值观，一种历史的进步。但是，他们都未能深入研究儒墨对立的社会根源，分析其对立的思想实质，因而必然失之于表面、肤浅和笼统。反之，郭沫若表面上沿袭了历史上的“扬儒抑墨”的传统观念，但却是在深入研究古代社会，清算古代社会尤其是春秋战国的社会结构，应用阶级分析的方法，以“人民本位”为标准，确定墨子是站在“王公大人”即没落奴隶主阶级的立场上，墨学是没落奴隶主阶级的意识形态的整体判断下，对墨学进行了全面的否定的批判，确立起一种与历史上的“扬儒抑墨”有不同风貌的墨学观。尽管我们不能简单地以对儒墨的态度衡量学术上的是与非，也不应把对儒墨的不同评价，归结为价值观念和研究方法所致。但是，郭沫若与胡、梁等扬墨派对墨学评判上的巨大反差，与价值观和研究方法的不同，是有着不容否定的内在的联系的。

但是，郭沫若与马克思主义史学阵营中的扬墨派的分歧，则具有不同的性质。他们是在价值观念、研究方法一致的情况下，由于对中国古代社会性质和儒墨社会属性的不同判断所引起的分歧。对此，他本人就反复说过：“我比较大胆，对于新史学阵营里的多数朋友们每每提出了相反的意见。我坚持着殷周是奴隶社会”。“我对于儒家和墨家的看法，和大家的见解也差不多形成了对立”。[②]他又说，关于古代社会，“大多数认为周代是封建社会，我是不赞成的，主张封建说的朋友们对于我的奴隶社会说，自然也不赞成”[③]。正是由于对社会性质的不同判断，导致了他们在墨子思想看法上的对立，“我的《墨子的思想》一文发表了之后，差

①《郭沫若全集·历史编》卷2，第482页。
②《郭沫若全集·历史编》卷2，第467页。
③《郭沫若全集·历史编》卷2，第475页。

不多普遍地受着非难，颇类于我是犯了众怒”[1]。事实确是这样，由于对中国古代社会性质的判断各异，对社会的主要矛盾的判断也就不同，对儒墨的阶级属性的判断也就不同，由此导致他们对墨学的完全不同的评判。例如吕振羽、翦伯赞、范文澜等，都是主张西周封建社会论的。在他们看来，“当时社会生产关系的主要构成，是领主与农奴之隶属关系”[2]，春秋战国时代，“还是各级土地所有者的领主与土地之直接耕种者的庶人之间的从属关系”。[3]他们正是从这样的社会性质和阶级对立的判断中，看到墨学中某些反映农民或庶民利益和愿望的内容，因而把墨子的政治倾向和立场，看成在一定程度上，代表这个社会底层的阶级和阶层的利益，从而给予了正面的高评，认同了“五四”以来的“扬墨抑儒”的新评判。反之，郭沫若则始终坚持前述的周代是奴隶社会的主张，春秋战国为奴隶制转变为封建制社会的过渡期，社会的主要分野为“王公大人”即奴隶主阶级和“乱党”即新兴地主阶级的矛盾，进而把儒墨的对立看成这两大政治势力的理论表现，作出了“孔孟之徒是以人民为本位的，墨子之徒是以帝王为本位的”结论，把墨学看成是没落奴隶主阶级的意识形态，从而对墨学作出全盘性的否定的评判。所以，于西周封建论必然导致“扬墨抑儒”，西周奴隶社会说，在逻辑上必然“抑墨”。

可见，郭沫若与“五四”以来的“扬墨”各派的分歧，具有两种不同的性质：一是两种不同学术阵营的两种不同的世界观、价值观和治学方法的争论；二是在同一阵营内，世界观、价值观和治学方法相同的条件下，由于对中国古代社会性质的认识导致的学术分歧。所以，这两种争论，有政治上的因素，但主要是学术上的分歧所致。

四

郭沫若与“扬墨”各派在墨学上的分歧，还与墨学这个复杂的矛盾体系有着密切的关系。诚如许多学者所指出，墨学这个与儒家对立的学

①《郭沫若全集·历史编》卷2，第475—476页。
②《中国史纲》，第302页。
③《中国史纲》，第376页。

术体系，是一个复杂的矛盾综合体，它既有许多可褒的内容，又有不少可贬之处。在现存《墨子》五十三篇中，各篇时间有先后，作者非一人，是一部包括前后期墨家的墨学丛书和总集。虽然主要是墨家的思想，也杂有儒家的对立思想，又有前后期的不同。在前期墨家思想中，也有进步和保守的成分交错，科学与迷信的因素并存。政治上，既有为劳动者的利益呼吁，又大讲全社会同利；既提倡“兼爱”，鼓吹“兼相爱，交相利”的平等互助观念，又承认上下、君臣、富贵贫贱的等级制度；既讲究实际，注重实行，又富于幻想、迷信说教。宇宙观上，既主张有神论，“尊天事鬼”，对于天鬼的存在及其作用予以承认；又在其具体实践上采取现实主义态度，不讲鬼神，强调群众见闻的重要，重视认识的客观效果；既相信意志、命运之天，又主张“非命”，激烈批判命运之天，主张短丧和薄葬。认识论上，既重视群众的生产和实际生活的经验，又以少数圣王的是非为是非。在检验真理上，既夸大感觉的功能，忽视理性的作用，而在论述人的认识能力时，又重视理性，注意逻辑推理的运用，等等。因此，如果研究者的立场不同，评判标准不同，方法不同，对时代的认识不同，研究的角度、内容的取向不同，对矛盾着的不同侧面的侧重不同，就会见仁见智，作出完全不同的评判。

例如，胡适就从扬墨的立场出发，把《墨子》的前期墨学分解为哲学方法和具体主张，把所谓的“实验主义”方法和作为论证方法的“三表法”，视为“墨子学说的根本观念”，其他内容为根本观念的“应用”和“枝叶”，然后通过儒墨两家哲学方法的对比，推崇“三表法”，“标志着中国经验主义的开端”；[①]又称后期《墨经》逻辑为“科学的方法”[②]，来达到其“扬墨”的目的。梁启超则重视墨子的政治伦理观，认为“兼爱”是墨学的“根本之观念”。[③]非攻、节用、节葬、非乐都是由“兼爱”衍出，天志、明鬼是借宗教迷信“推行兼爱主义”[④]，非命是怕人信命“不肯做事不肯爱人”才提出，[⑤]尚贤、尚同是“墨子理想中之兼爱社会”

①《先秦名学史》，第72页。
②《胡适学术文集·中国哲学史大纲(上)》，第155页。
③《民国丛书·第四编·五·墨子学案》，第15页。
④《民国丛书·第四编·五·墨子学案》，第13—16页。
⑤《民国丛书·第四编·五·墨子学案》，第13—16页。

的“组织法”。[①]据此，他称墨学为托尔斯泰的“利他主义”，与霍布士民约论“不谋而合”。[②]以上胡、梁在墨学内容取向上虽然不同，但都是从“扬墨”立场出发，抓住其可扬的内容和方面用西学观念予以高评，对其消极、落后的内容和方面，或舍弃或从积极方面予以理解，从而确立起他们的“扬墨”论。

与胡、梁略有不同，马克思主义新史学家们，是应用唯物史观和阶级分析的方法来扬墨的。但是在对墨学的取向和具体评判上，则基本上与前者大体相同。如吕振羽的《中国政治思想史》就是从西周封建论和墨子是“农民阶级的思想家”出发，抓住“兼爱”学说，认为是用“爱无差等”的平等观去代替那种绝对“伦理”的等级制度之“别”的。在此基础上，展开了对非乐、节葬、节用的经济观，反战的“非攻”论的高评，认同梁启超的“尚同”为民约论的推崇，视天志、非命为推行“兼爱”的手段，从积极方面予以理解和评价。翦伯赞的《中国史纲》，也在与吕振羽的社会、阶级的相同的认定下，提出“天志”是制裁诸侯的手段，“衡量善恶之尺度”，明鬼、节用有“平等”观念，兼爱主义是反对封建秩序的哲学等评价。以上表明，马克思主义史家，虽然在中国古代社会性质，墨学的社会属性言了前人所未言，但在墨学的取向，墨学矛盾着的不同侧面的侧重上，则基本上沿袭胡、梁，尤其是梁启超的取向。

但是，与上述各派不同，郭沫若则是从“扬儒抑墨”的立场出发，对墨学和墨学矛盾着的不同侧面的取向上，有着很多不同的做法。

首先，对墨学的“根本观念”的看法，既不同意胡适把墨家的哲学视为墨学的“根本观念”，不同意高评《墨经》的逻辑思想，也不同意梁启超把“兼爱”视为墨学的根本观念，其他学说由此衍生和派生的说法，当然也不同意与此类同的其他说法。所以，他是从“墨子始终是一位宗教家”和“王公大人”代言人的认定出发，把“天志”或者说宗教观念看作是墨子“一切学术思想的一根脊椎”的。[③]在具体评判中，则主要是

①《民国丛书·第四编·五·墨子学案》，第61页。
②《民国丛书·第四编·五·墨子学案》，第64页。
③《郭沫若全集·历史编》卷1，第464页。

侧重其消极、落后的因素或方面予以揭发，对其正面的积极内容，则着重揭露其难以实行的一面，予以批判的否定。例如，《非儒》篇，扬墨论者重视对其儒墨对立的内容的了解，他则主要从窥探儒墨政治立场的差异，作出墨子站在“王公大人”立场的判断。在墨家政治主张上，与梁等视《尚同》为民约论不同，他则侧重“贵者智者对愚者贱者之治”，“上同而不下比”的专制主义的揭露。在经济思想上，扬墨者大都从墨子“以平民生活为标准”，来看待“节用”“非乐”的积极意义，他则侧重“节用”无“积极增加生产的方法”，“非乐”连“民间音乐”也在反对之列，为“反进化”。在伦理观上，与扬墨者重视“兼爱”学说，视为一种平等观不同，他则侧重其承认“既成秩序的差别立而要叫人去‘兼’”的“欺骗”性一面，并揭露其与“去爱”自相矛盾，予以否定。他还抓住《节用》有女子早婚之说，是“反人性”，“非攻”是怕战争会“损失人口”，“短丧”是怕“久丧”会“败男女之交”，不能增加人口；“非命”与天志、明鬼是自相矛盾，“非命”是反对儒家“有命”说的“必然论”，是“宗教式的皈依”，等等。

这样，郭沫若就从“扬儒抑墨”的立场出发，在墨子是没落奴隶主阶级代言人的认定基础上，以其独特的视角和论辩方法，在墨学这个复杂的矛盾综合体中，抓住了其消极落后的内容，对其积极的正面的内容和方面，也从消极的方面去理解和评判，从而作出了与扬墨论者完全相反的整体否定评价。尽管他的评判有片面性、武断性的地方，作为整体性评判未能为学术界所认同和接受，但是，他对墨学的具体评判，也与扬墨论者一样，大都是持之有故，言之成理的，是抓住了墨学中可贬的内容和方面而贬之的，许多地方击中了扬墨者的缺失所在。因而有着许多不可忽视的学术价值。

五

还应看到，郭沫若的与众不同的墨学观，是历史上“扬墨抑儒”传统的继续和发展，也是对当代“扬墨”者的评墨批墨成果的吸收，因而具有批判墨学的集大成的特点。

中国思想史表明，墨学作为儒学的对立学派面世以来，与墨家“非儒”一样，儒家也采取了“非墨”的态度。早在《孟子·滕文公下》等文中，孟子就对当时“杨朱、墨翟之言盈天下”，表示严重不安。攻击说：“杨朱为我，是无君也；墨氏兼爱，是无父也，无父无君，是禽兽也”。从纲常伦理角度，作了全盘否定。并认为，“杨墨之道不息，孔子之道不著，是邪说诬民，充塞仁义也。仁义充塞，则率兽食人，人将相食。吾此惧，闲先圣之道，距杨墨。放淫辞，邪说者不得作”。他表示，要像禹“抑洪水”，周公“兼夷狄，驱猛兽”，孔子“成《春秋》”那样，来“距杨墨”，以“正人心，息邪说，距诐行，放淫辞”，后来，荀子也在《天论》《非十二子》《富国》《礼论》《乐论》中，对墨学展开了更为全面的批判。认为，墨学“有见于齐，无见于畸”，是“一偏”之学。又说：“墨子蔽于用而不知文”，是“假今之世，饰邪说，文奸言，以枭乱天下者”。经济上，墨子“昭昭然为天下忧不足。夫不足，非天下之公患也，特墨子之私忧过计也”。认为“墨子之‘非乐’也，则使天下乱；墨子之‘节用’也，则使天下贫”，故“墨术诚行，则天下尚俭而弥贫，非斗而日争，劳苦顿悴而愈无功，渐然忧戚‘非乐’而日不和”。以上表明，孟、荀都把墨学看成与“孔子之道”对立的“邪说”“淫辞”，来进行全盘否定的批判。

以后的历史表明，凡是尊孔亲儒的学者，一般都沿着孟、荀的路子，全盘否定墨学。偶尔有人看到墨学中某些合理的因素，也必须采取援墨入儒，来加以调和，否则就被视为异端受到斥责。例如，司马迁在《太史公自序》中，也说墨学“俭而难遵，是以其事不可偏循”，王充在《薄葬》《案书》《命禄》等篇中，[1]也指责“墨家之议右鬼”，“虽得愚民之欲，不含智者之心”，“薄葬而右鬼”，“术用乖错，首尾相连”，“墨家之议，自违其术”。[2]韩愈在《读墨子》中，试图以“儒墨同是尧舜，同非桀纣”来进行调和，但被程颐目为“不可”。[3]清代汪中作《墨子序》，说

①《论衡》。

②《韩昌黎集》。

③《民国丛书·第四编·五·儒墨之异同》，第232页。

孔子与墨子“其操术不同，而立言务以求胜”，“故墨子之诬孔子，犹孟子之诬墨子也，归于不相为谋而已”，同时又批评墨子“以三年之丧败于男女之交，有悖于道”。这就被翁方纲视为大逆不道，说汪“为《墨子》撰序”，“敢言孟子‘兼爱无父’为诬墨子，此则名教之罪人也”。[①]以上说明，尊儒必抑墨，这是两千多年来的不可违逆的思维定式。

郭沫若既然在“五四”时，就明确表示尊孔的立场，视孔子有如康德、歌德式的伟大的“球形天才”[②]，到抗日战争时期，更进一步把孔子看作“由奴隶社会变为封建社会的那个上行阶段的前驱者”[③]。这就从逻辑上注定了他对早期孔子儒学的反对派——墨学，不能不作全盘否定的评价了。事实正是如此，我们从他对墨学的评判中，不但可以看到他尊儒反墨的立场，而且他对墨学的坚定地全盘否定，也是孟、荀的“邪说”“淫辞”和“奸言”之说的继续。而且在具体的批判中，也直接继承了“兼爱”为“无父”，“蔽于用而不知文”，非乐使“天下乱”，节用使“天下贫”，“尚俭而弥贫”，“非斗而日争”等思想，并以时代的新观念和语言，作了改铸和发挥。所以，他的墨学观，不但精神上，而且在具体评判上，都可以从孟、荀以来的“扬儒抑墨”的传统中找到影子。

还值得注意的是，他对墨学所作的否定性评判，也可以在前辈和同辈人的“扬墨”学者的论著中，找到许多联系。在两千多年来，特别在“五四”以来的“扬墨”学者的评墨论著中，虽然大多对墨学作基本上是肯定的评价，但同时，也对墨学中的自相矛盾的内容、愚昧落后的成分，作过不同程度的批评。而这些批评，许多也就成了郭沫若全盘否定墨学的养料之一。例如，顾颉刚说墨子出身于贵族之后，墨学为贵族学说，“墨子为孤竹君之后，由墨台缩短为墨始”[④]，就为郭沫若视墨子站在“王公大人”即奴隶主阶级立场，提供了一种佐证。章太炎说墨子“论道必归于天志”是宗教之说，和众多学者对“天志”“明鬼”的批评，就成为他“天志”是墨学“脊椎”之说的来源之一，并综合而成“墨子始终

①《书墨子》。
②《郭沫若全集·文学编》卷15，第19页。
③《郭沫若全集·历史编》卷2，第478页。
④《郭沫若全集·历史编》卷2，第478页。

是一位宗教家”的评判。又如，王充等对墨学反对久丧，是因“败于男女之交”的批判，关于墨子主张女子早婚的批评，又为他的墨子为“王公大人”“增加人口”的断言，提供验证。又如在墨学内容的取向上，他认同了梁启超、方授楚等以《尚贤》至《非儒》十一篇作为评墨的主要篇章的看法，舍弃了胡适重视哲学方法的观点。他还认同梁启超等墨学最大缺失“莫如‘非乐’之说”，和老子、孔子“阐明自然法”之说，成为他对“非乐”的批判和对儒家“有命说”的辩护的重要资料。又如，他接受了章士钊《名墨訾应论》，和冯友兰、方授楚、杜国庠等《墨经》非施、龙所作，施、龙也不得为“别墨”之说，引申出他的《墨经》分“经上”“经下”两派，否认胡适的施、龙为“别墨”之说。他还直接引用方授楚墨家有“拥秦嫌疑”之说，作为他“墨家后学过分接近王公大人而失掉人民大众基础”的论据之一。也认同胡适对“君、臣萌通约”之解，作为否定梁启超所作“民约论”的重要理据。正是这样，他一方面继承了孟子以来的“扬儒抑墨”的传统，又汲取了“扬墨”者对墨学的批评资料，在新的历史条件下，应用唯物史观和阶级分析方法，整合起“打墨家店”的贬墨体系。所以，尽管他的整体性评判，人们认同很少，但他的具体的评墨内容，确实在不少地方击中了墨学自身的弊病，指出扬墨派的许多缺失，集中了批墨的成果，是一种难能可贵的颇具学术价值的一家之言。

综上可见，郭沫若的墨学观是在与“五四”以来的“扬墨抑儒”的学术思潮的争论中，逐渐形成的，与“扬墨抑儒”论相对立的一家之言。他与“扬墨论”的分歧，首先是由于世界观、价值观和研究方法的不同，缘于对中国古代的社会性质和由此引起的对墨学阶级属性的不同判断；还由于墨学是个复杂的矛盾综合体，既有可扬的内容，也有可抑可贬的因素和方面，因而采取不同的立场和视角，就可以作出完全不同的评判；还由于儒墨两者，作为对立的学派，是儒必非墨，他就是孟子以来“扬儒抑墨”论的继续和发展，同时也汲取了“扬墨”者批评墨学缺失的某些成果，整合起前所未有的“打墨家店”的一家之言。人们对于他的墨学观，可以作出这样那样的评判，但是，他对墨学的具体批判，无可否认的有着许多精致、深刻的言论，包含着丰富的内容，因而与扬墨论一样，是中国传统文化，尤其是墨学现代化进程中的一份宝贵的精神遗产，有着不可低估的学术价值。

（原载《郭沫若学刊》1996年第3期）

郭沫若尊孔崇儒析论

郭沫若一生尊孔崇儒，这已是学术界所公认的事实。郭沫若的尊孔崇儒言论，是始终一贯的。但其具体内容，在他转向马克思主义信仰的前后时期，却又各不相同：不仅言论有着精粗、深浅，情感和理性的不同，而且尊孔崇儒的内涵也有很大的不同，追求的目的，研究的方法均不相同。因此，我们对他尊孔崇儒言论的评析，也必须沿着其言论的发展过程，在考察事实的基础上，联系时代环境和各种相关因素，作出较为客观的评论。

一

郭沫若的尊孔崇儒言论的公开发表，是在五四运动以后，在“打倒孔家店”的思潮兴起和风行之时。郭沫若对这场运动所提出的民主和科学为内容的新文化，表现出异乎寻常的热烈追求。他拿起文艺这个武器投身到反封建的思想潮流中，发表了《女神》和《三个叛逆的女性》等众多的文艺作品，愤怒地批判黑暗的旧社会，主张彻底破坏，鼓吹自由，张扬个性，歌颂叛逆，热烈地追求资产阶级的民主、自由等。凡此，都强烈地反映“五四”时代的反封建文化的叛逆精神，成为世人瞩目的新文化运动的闯将。在此同时，他还在许多文章中，直接地表达了反对以“三纲五常”为基本内容的封建礼教，拥护民主和科学的主张，并参加过反对东方文化派的“科学破产论”的论争。郭沫若作为在“五四”时代精神感召下崛起的一位新诗人、文学家，他的文学艺术和思想取向，是与“五四”的反封建的时代精神一致的，是“五四”时代精神的体现。

但是，在对中国传统文化的看法上，在当时发表的《论诗二》《论诗三札》《王阳明礼赞》《中国文化之传统精神》《论中德文化书》以及《王阳明礼赞・附论一、二》等涉及中国传统文化的论文中他对于孔子与儒学的评论上，却发表了与“打倒孔家店”相反的尊孔崇儒的言论。

早在1920年1月，当胡适尚未把当时反孔思潮概括为“打孔家店”的口号之前，他就对当时的某些批孔文章，说孔子是“宗教家”“大教祖”“中国的罪魁”“盗丘”表示不满。他认为孔子和他当时所崇拜的德国文学家歌德一样，是属于世上少见的“球形”天才。他满怀深情地说：“孔子要说他是政治家，他有他的‘大同’主义；要说他是哲学家，他也有泛神论的思想；要说他是教育家，他有他的‘有教无类’、‘因材施教’的动态的（Kinetisch）教育原则；要说他是科学家，他本是个博物学者，数理的通人；要说他是艺术家，他是精通音乐的；要说他是文学家，他也有简切精透的文学。便单就他文学上的功绩而言，孔子的存在，是很难推倒的：他删诗书，笔削春秋，使我国古代的文化有个有系统的存在”。“决不是以收人余唾为能事的臭痰盂”！[①]稍后又针对“现在的人大抵以孔子为忠孝的宣传者”，“更极端的侮骂孔子为盗名欺世之徒，把中华民族的堕落全归咎于孔子”的言论，他再次公开表示：“我在这里告白：我们崇拜孔子。说我们犯时代错误的人们，那也由他们吧，我们还是崇拜孔子”。他同时表示，他崇拜孔子，“决不与盲目地赏玩骨董的那种心理状态同论”，“我们所见的孔子，是兼有康德与歌德那样的伟大的天才，圆满的人格，永远有生命的巨人”。[②]

他认为儒家文化在历史上有一个发展演变的过程，因此，必须把孔子和儒家文化，与后期的变了质的儒家文化区别开来。他认为，“我国的儒家思想是以个性为中心，而发展自我之全圆于国于世界，所谓‘修身、齐家、治国、平天下’，这不待言是动的，是进取的”“孔子的人生哲学正是以个人为本位，它的究竟是望人人成为俯仰无愧的圣贤，能够‘博施于民而能济众’”。中国民族以后几千年来的“贫懒好闲的沉痼，以及目前利欲薰蒸混沌”，是佛教思想传入以后，使以儒家为代表的“固有文

①《论诗二》。
②《中国文化之传统精神》。

化久受蒙蔽”所致的。与佛老的“出而不入”“入而不仁”不同，孔子学说是“出而能入，入而能仁”。“孔氏认出天地万物之一体，而本此一体之观念，努力于自我扩充，由近而远，由下而上。横则齐家、治国平天下，纵则赞化育、参天地、配天。四通八达、圆之又圆。这是儒家伦理之极致，要这样才能内外不悖而出入自由，要这样才真能安心立命，人才能创造出人生之意义，人才不虚此行而与大道同寿”。但是，“自汉武以后，名虽尊儒，然以帝王之利便为本位解释儒书，以官家解释为楷模而禁人自由思索。后人研读的儒家经典不是经典本身，只是经典的疏注。后人眼中的儒家，眼目中的孔子，也只是不识太阳的盲人意识中的铜盘了。儒家的精神，孔子的精神，透过后代注疏的凸凹镜后是已经歪变了的”。所以，后来的人，无论是“崇信儒家、崇信孔子的人只是崇信的一个歪斜了的影象。反对儒家、反对孔子的人也只是反对的这个歪斜了的影象”。[①]由此可见，他的尊孔、崇儒，就是尊崇历史上的真孔子和以他为代表的儒家学说。对于后期儒家，他只礼赞王阳明，因为他认为王阳明“所解释的儒家精神，乃至所体验的儒家精神，实即是孔门哲学的真义”。[②]

关于孔子和他所代表的儒家思想的基本精神，除了上面提到的一些内容外，他认为，还有可以与当时世界上流行的社会主义思潮接轨的内容，这就是“出入无碍，内外如一，对于精神方面力求全面发展，对于物质方面也力求富庶。精神是离不开物质的，精神的教养在富庶之后”，正是在这个方面“与近世欧西的社会主义寻出了一致点”。“在这儿西方文化与东方文化才可以握手，在这儿西方文化才能生出眼睛，东方文化也才能魂归正宅”。也是在这样的意义上，他再次表示“我自己是肯定孔子，肯定王阳明，而同时更是信仰社会主义的。我觉得便是马克思与列宁的人格之高洁不输于孔子与王阳明，俄罗斯革命后的施政是孔子所说的‘王道’”。正是基于这样的认识，他提出：“在个人的修养上可以体验儒家精神努力于自我扩充以求全面发展，而在社会的兴革上则当依社会主义的指导努力吸收科学文明的恩惠，使物质的生产力增加，使物质

①《论中德文化书》。
②《王阳明礼赞》。

的分配平等，使各个人的精神得以遂其全面发展”。[1]与此同时，他还以文艺的笔法，把马克思和孔子形象地进行沟通，把孔子的“大同”理想与马克思的共产主义进行沟通，使两人互称“同志”表示两人“见解完全是一致的”。并引申说：“王道的国家主义也就是大同主义，也就是共产主义”，“孔子是王道的国家主义者，也就是共产主义者，大同主义者”。[2]

郭沫若的上述尊孔崇儒言论，表面上看，显然与当时“打倒孔家店”的时代声音相违悖，而与尊孔的保守派、新儒家的言论颇为一致，也与他自己在文艺作品中的思想，反礼教的言论不一致。但是，如果我们深入地、细致地分析一下，情况就会是另一个样子。

首先，他的尊孔崇儒言论，是针对“打倒孔家店”的人们，把一个“歪斜”了的孔子和儒家“影象”与历史上的真孔子、真儒家混淆起来，笼而统之地“把中华民族的堕落归咎于孔子”，而予以批判、“打倒”，这样一种现象的。也就是针对他感到的当时反孔思潮的形式主义的缺陷而提出的。他当时所求的目标是，先是试图以西欧资产阶级思想家、文学家的面目，即康德、歌德的形象，来重塑孔子的形象，通过发掘孔子的泛神论思想，以“个人为本位”的修身之道，来与西方资产阶级的民主、自由文化接轨。稍后，又着重地发掘孔子的“大同”理想，或“王道”的国家主义，教育主张等，与马克思、列宁的共产主义接轨。尽管这些都表明，他当时思想的“混乱”的一面。但其追求新文化的方向，与“五四”的时代精神，与他自己在文艺作品中的追求，反礼教的言论是一致的。再从他所反复表彰的孔子学说的内容来看，也只是肯定孔子的泛神论的哲学思想，“大同”主义的政治理想，“有教无类”“因材施教”之类的教育原则，“修身、齐家、治国、平天下”的人格修养原则，以及整理古代文化的功绩等，而对于当时启蒙思想家所集中批判的“三纲五常”为内容的儒家伦理思想，则从未表示片言只语的回护。所以，联系他的文艺创作和他公开的反礼教的言论，我们有理由认为，对当时批判维护封建专制，束缚人们自由的儒家伦理思想所表现的沉默态度，实际上是

①《王阳明礼赞》。
②《讨论〈马克思进文庙〉》。

一种内心的认同。正是在这样的意义上，我们认为，他的尊孔崇儒言论，与“五四”打倒孔家店的时代呼声在骨子里是一致的。

也是在这样的意义上，我们认为，郭沫若的尊孔崇儒言论，与当时陈独秀等启蒙思想家所反复批判过的康有为等尊孔复古派，提倡以“孔教”为“国教”，视孔子和儒学为偶像，鼓吹封建主义的纲常名教，利用人们对辛亥革命后的失望情绪，诋毁民主共和，攻击自由等，企图使人相信，只有尊孔崇儒，重建孔教，中国才能得救的反动意图，无论在追求目标，尊孔崇儒的具体内容上，都有着本质上的区别。他是在“打倒孔家店”声浪中，要求对历史上的真孔子和儒家学说，以西方文化为观照，进行客观的评价，给以一定的历史地位，以便更好地与西方的民主自由思想，乃至与马克思主义文化接轨。这反映了在新历史条件下，重新评价孔子和中国传统文化，使中国文化走上现代的一种新的要求和趋向。

同时，我们从他强调孔子的修身原则，已不是儒家固有的“三纲五常”，而是赋予新时代精神中可以看出，其表面上虽与梁漱溟、学衡派新儒家鼓吹的“内圣开出新外王”的思想有相似之处，但实际上在儒家思想的价值的判断上，或是在中国道路的选择上，也有着很大的分歧。前者着重“内圣”，轻视社会改革，主张走资本主义道路，用儒家思想来救西方资本主义文明的不足和弊端。而他则视“外王”比内圣更重要，看到资本主义的不可救药，把视野逐步从资本主义转向社会主义，并选择了以社会主义来救中国的道路。因此，在儒学的价值上也有着明显的不同。

其次，我们也必须承认，郭沫若的尊孔崇儒言论，也确有许多值得批判之处。

毋庸讳言，在儒学虽然受过一些冲击，但尊孔复古派仍一再利用孔子的招牌，维护儒学的“三纲五常”以进行复辟活动，也就是儒学仍处于支配地位的状况下，“打倒孔家店”是时代需要的，历史的要求。正像吴虞所说：“孔子自是当时之伟人，然欲坚执其学以笼罩天下后世，阻碍文化之发展，以扬专制之余焰，则不得不攻之者，势也”[①]。陈独秀也说过：“儒术孔道，非无优点，而缺点正多，尤与近世文明社会之绝不相容者，其一，伦理政治之纲常阶级说也”[②]。正是在这样的历史条件下，郭沫若的尊孔崇儒的言论，显然与当时的历史要求，时代的声音，有着明显的相悖之处，在客观上起到了与尊孔派的言论相互呼应的作用，所以其负面的影响，也是不容否认的。

郭沫若的整个尊孔崇儒言论，也明显地与“普通的哲学史家是以客观的分析去求智欲的满足”有别。他对孔子和儒学缺乏理性的具体的深入的分析，具有明显的感性的情感偏好的倾向。在他的言论中，时而把孔子和康德、歌德等西方的资产阶级思想家、文学家进行比附，时而又与马克思、列宁等科学社会主义导师进行比附；在思想的评论上，时而认定孔子为泛神论、个性主义的哲学家，时而又张扬孔子的大同思想，视孔子为中国古代的社会主义者。所以，“有些话说得好像还不错，而有些话却又十分糊涂”[③]。而从整体上看，他对孔子和早期儒学的肯定，对儒学的思想价值的评判，既不系统又不深入，只是一些抽象的空洞的具有感情色彩的口号和议论，不但是肤浅的，粗糙的，不系统的，而且是停留于感性的阶段。所以，他的言论与新儒学相比，虽然在价值取向上有某些区别，但却缺乏新儒学的那种比较深入的、周密的自成体系性的思考。

郭沫若之所以在“五四”之后不久，就发表上述可以说与他本意相悖，又与时代呼声相逆的尊孔崇儒言论，与郭沫若对儒家思想基本价值的不同于新文化运动启蒙者的判断有关，与他较多地保留中国古代“士”的传统意识有关，尤其与他对儒家的理想人格始终怀有深厚的感情，而对儒家思想的消极作用估计不足有关。加上他的经历，使他对中国社会的观察，远不如李大钊、陈独秀、鲁迅等启蒙思想家深刻。郭沫若远离国内的实际斗争，对封建势力阻碍中国社会进步的严重性认识不足，所以对彻底批判旧思想、旧文化、旧道德的必要性，亦没有李、陈、鲁等

①《吴虞文录》。
②《吴虞文录》。
③《文艺论集·前记》,《郭沫若文集》第10卷。

的自觉。这一事实说明，郭沫若在对中国传统文化，对儒学，对中国社会的认识上，处于比较幼稚的不成熟的阶段。

二

如果说，郭沫若早期的尊孔崇儒言论，是以“彻底的同情去求身心的受用”而发，反映了他对中国的儒家文化的认识是处于感性的主情主义的阶段，因而显得肤浅、粗糙且有错误，并与“五四”时代声浪相悖的话，那么，在20世纪三四十年代，在他转向马克思主义之后，发表的《先秦天道观之进展》《驳〈说儒〉》以及收集在《十批判书》和《青铜时代》中的系列评论儒家的论文中，对孔子和儒家的评论，则显现为哲学史家那样“以客观的分析去求智欲的满足”的特点。具有全面的、客观的科学评论的理性色形（虽然也仍有情感因素的流露），也不乏时代的精神，为孔子和儒学以及对先秦诸子的现代化，作出了重要贡献。

对于这个时期的评论孔子和儒学，他曾从理论和方法论高度作过明确的阐述。他说：“我是以一个史学家的立场来阐明各家学说的真相。我并不是以一个宣教师的态度企图传播任何教条。”“是什么还他个什么，这是史学家的态度，也是科学家的态度。”[①]概言之，就是要按照历史的本来面目，实事求是地客观地来研究古人。本着这样的态度，他说：“我的方法是把古代社会的发展清算了，探讨了各家学术的立场和根源，以及各家之间的相互关系，然后再定他们的评价”。又说：“社会结构得到明确的清算，从这里建立起来的意识形态然后才能清算得更明确”。而评判的标准，“便是人民本位的这种思想。合乎这种道理的便是善，反之便是恶。我之所以比较推崇孔子和孟轲，是因为他们的思想在各家中是比较富于人民本位的色彩”。[②]他正是本着这样的客观态度、科学的方法和具有时代色彩的评判标准——人民本位，确立起不同于新儒家、新墨家、新名家、新道家的，褒儒、贬墨、赞前期法家、斥后期法家、同情道家的先秦诸子的评论。

①《青铜时代·后记》。

②《十批判书·后记》。

也是在上述态度、方法和标准的指导下，他在孔子和儒家的评判上，比前期更加明确和精细的强调：将孔子、儒家、儒家各派，秦汉以前和以后的儒家严加区别，把尊孔崇儒的范围限制在孔孟身上，对后期儒家则只给王安石以高评。反对把孔孟与后期儒家混淆起来，笼而统之进行褒贬。他说："关于儒家最难理论。事实上汉人分家的办法已经过于笼统，而后人言儒家尤集笼统之大成。粗略言之，所谓儒家之在秦前秦后已大有不同。秦以后的儒家是百家的总汇，在思想成分上不仅有儒有墨，有道有法，有阴阳，有形名，而且还有外来的释。总而称之曰儒，因统而归之于孔。实则论功论罪，孔家店均不能专其成"。"就是先秦儒家，也有系统上的进展和个人思想上的分歧。孔子和孟、荀不尽同，孟、荀也各有特点或偏见，孔子门下所谓七十子之徒，他们的言论，更不能让仲尼来负责。但先秦邹鲁之士，既被总而称之为儒，彼辈功过亦统而归之于孔。孔子因而成了超人，也因而成盗魁，这是断断乎不合乎逻辑的。"[①]

在上述的理论、方法和评判标准的指导下，通过对先秦诸子的具体研究，他认为当时学术界存在的扬墨抑儒、扬荀抑孟，是属于一种"价值倒逆的现象"。认为必须重新进行研究和评判，以还其本来的真相，也就是"应该从分析入手，各人的责任还之各人"。他说："我确实地感觉着，民主的待遇对于古人也应该给予。我们要还它个本来面目。一切凸面镜、凹面镜、乱反射镜的投影都是歪曲。我们并不要因为有一种歪曲流行，而要以另一种歪曲还它。如矫枉过正，依然还是歪曲。答复歪曲的反映，只有平正一途。""我自己也不敢夸说，我已经走上了这一步，但我是努力向着这个目标走的。我尽可能搜集了材料，先求时代与社会的一般阐发，于此寻出某种学说所发生的社会基础，学说与学说彼此间的关系和影响，学说对于社会进展的相应之或顺或逆。"[②]

本着这样的原则和路子，他在《中国古代社会研究》初步完成了对中国古代社会，也就是先秦诸子赖以产生的社会背景、社会结构的清算之后，以"人民本位"为标准，通过对先秦诸子思想的比较深入的研究，

①《青铜时代·后记》。

②《青铜时代·后记》。

尤其对孔墨进行比较研究，探讨了他们的思想政治立场，深入地评论了他们的理论主张，从而在新的基础上，或者说在更高的水准上，确立起新的尊孔崇儒的一家之言。

首先，他认为，孔子所处的时代，是中国的奴隶社会转变为封建社会的历史大变革的时代。孔子就是这个“由奴隶社会变为封建社会的那个上行阶段中的前驱者，我是在这样的意义上‘袒护’他。我的看法和两千多年来的看法多少不同”[①]。为了说明孔子的思想性质，他采取了“从反对派所传的故事与批评中去看出他们相互间的关系”[②]的方法，去判断和确立孔子所持的基本思想立场。即从《墨子·非儒篇》去寻找孔子的立场。他认为，在当时社会条件下，“墨子是反对乱党，而孔子是有点帮助乱党的嫌疑的”，或者说，“孔子是袒护乱党的人”。而“乱党”，“在当时都要算是比较能够代表民意的新兴势力”。正是基于这样的判断，他说“孔子的立场是顺乎时代的潮流，同情人民解放的，而墨子则和他相反”，“孔子的基本立场既是顺应着当时的社会变革的潮流的……大体上他是站在代表人民利益的方面，很想积极地利用文化的力量来增进人民的幸福。对于过去的文化于部分地整理接受之外，也部分地批判改造，企图建立一个新的体系以为新来的封建社会的韧带。廖季平、康有为所倡导的‘托古改制’的说法，确实是道破了当时的事实”。[③]他又说：“先秦儒家的几位代表人物，在先秦诸子中究竟是比较民主些的。孔子的主张是奴隶解放的要求在意识上首先的反映。”“大体上说来，孔孟之徒是以人民为本位的，墨子之徒是以帝王为本位的，老、庄之徒是以个人为本位的。”[④]

其次，在确定孔子的基本立场的基础上，他开展了对孔子学说的比较系统和深入的、自成一格的评述：

他认为，“仁”是孔子“思想体系的核心”。他分析了《论语》论“仁”的九项资料，说，“仁的含义是克己而为人的一种利他的行为”，

①《青铜时代·后记》。
②《孔墨的批判》。
③《孔墨的批判》。
④《青铜时代·后记》。

"仁者爱人"的"人"，是"人民大众"。而"爱人'为仁'，也就是'亲亲而仁民'的'仁民'的意思"。[1]"更具体一点说，他的'仁道'实在是为大众的行为"。他认为孔子的"礼"，是指"一个时代里所由以维持社会生活的各种规范"，是"仁道"所要求的一种规范人们行为的规定。他认为，"仁既是牺牲自己以为大众服务的精神，这应该是所谓至善"。有了这种精神，就会"不惜'杀身成仁'"，做到"仁者不忧"，"仁者必有勇"，"当仁不让于师"等。他认为，"仁是有等次的"，只有把人们对父母儿女的爱，推广成"老吾老以及人之老，幼吾幼以及人之幼"，推广到"博施于民而能济众"，那就达到仁的"极致"，也就是"圣"了。他认为，孔子的"吾道一以贯之"，曾子解释为"忠恕"，和"恭宽信敏惠"，"没有什么抵触"。"恭与信就是忠，是克己复礼的事。宽与惠就是恕，是推己及人的事。敏是有勇不让，行之无倦的事"。"这种由内及外，由己及人的人道主义的主义过程，应该就是孔所操持的一贯之道"。所以，孔子的这种"仁道"，是"顺应着奴隶解放的潮流的"，"也就是人的发现。每一个人要把自己当成人，也要把别人当成人，事实是先把别人当成人，然后自己才能成为人"。[2]

他认为，"立人立己，达人达己，不是专凭愿望便可以成功的事情"。所以孔子又"强调学"。孔子所说的"学"，是学"礼、乐、射、御、书、数"等"六艺"，尤注重于历史。即"注重接受古代的遗产"，这就是"述而不作，信而好古"的意思。除"好古"以外，孔子还"好问"，其范围"赋有道的属性和政治的属性"，在此范围外，就在摈斥之列，如斥责"樊迟请学稼"；再如，"商""军事"等。他说孔子"为学倒很能实事求是，主张'知之为知之，不知为不知'，主张'多闻缺疑……多见缺殆'可疑的，靠不着的，不肯乱说"。他认为孔子的时代局限是："肯定人类中有'生而知之'的天才"，说过"上智与下愚不移"的话。但是孔子自己"还不曾自认是生而知的人"，"一生都在困学敏求当中过活"。[3]

他认为，孔子"注重历史"，也"注重证据"，"不谈""怪力、乱

①《孔墨的批判》。
②《孔墨的批判》。
③《孔墨的批判》。

神”。在儒家典籍中，“《诗经》大约是由他开始搜集的”；“孔子也特别注重音乐”，孔子在礼制方面的贡献是“一层在礼的形式中吹进了一番新精神，二层是把‘不下庶人’的东西下到庶人来了，至少在精神方面”，孔子的局限是“复古”，“开倒车”。所以，孔子“对于礼，一方面是在复古，一方面也在维新”。孔子在教育方面，“主观方面强调学，在客观方面强调教”。孔子有“有名的庶、富、教的三步骤论”，有“因材施教”的教育方法，不分对象的“有教无类”等。他认为，有人把孔子的“民可使由之，不可使知之”说成愚民政策，“是和他‘教民的基本原则不符’”的。从字面上讲，孔子的“可”和“不可”是“能够不能够”的意思，“也就是‘百姓日用而不知’的意思”，所以，不能视为“愚民”政策。①

他说，“孔子在大体上是一位注重实际的主张人文主义的人”，他的“正名”主张就是例证。孔子针对当时“争乱时有”的情况，“便‘足食足兵’”。“其从政的步骤有‘尊五美，屏四恶’的信条”，“还有种理论的主张，便是‘祖述尧舜’”。他认为，孔子不但“否认地上的王权”，也否认“天上的神权”。这是当时王权式微，奴隶制瓦解的社会状况在意识上的反映。对于孔子既“否认鬼神”，又“承认命”的现象，他认为，不能把孔子所说的“命”，“解释为神定的运命”，而“应该是自然界中的一种必然性”。“是一种必然论，和宿命论是有区别的”。②

总之，孔子的思想，“在主观的努力上是抱定一个仁，而在客观的世运中是认定一个命。在主观的努力与客观的世运相调适的时候，他是主张顺应的。在主观的努力与客观的世运不相调适的时候，他是主张固守自己的”。③

这样，他就对孔子以“仁”为核心内容的思想体系，对孔子知识论，教育思想、政治主张以及运命观均作了具体的分析和评论。他的评论不仅是他自己前所未有的，而且在当时的学术界，在经学史上都是别开生面的。尤其对孔子的“仁”和“仁道”的解释，从“仁者爱人”的观点

①《孔墨的批判》。

②《孔墨的批判》。

③《孔墨的批判》。

出发，把孔子当作反对王权思想的发动者，主张开发民智的人文主义者，以及对孔子的天命论、知识论等所作的许多新评论，最后把孔子的“仁学”思想体系，视为“顺应奴隶解放的潮流”的论断，都是焕发着时代精神的新评论。这些评论，不囿于成说，联系当时社会背景，从历史发展的高度，应用时代的眼光，对孔子思想的评论，真可谓新见迭出，都是历代尊孔者所未曾道及，也是当时反孔者所很难动摇的。

但是，他对孔子和儒学的评论也有一些明显的缺失。尤其是他从“托古改制”动机出发，对孔子学说的评论是过分溢美了，对孔子从封建统治者的立场出发，严格区别贵贱等差的礼教、人伦、正名、祭祀等主张的维护封建制度，为封建统治辩护的实质，缺乏揭露。而是把孔子处在封建制度上升时期，朦胧地觉察到人民的力量而提出的“仁”，即把人提到相当地位、反对过重剥削、进而主张富而后教、贤能政治等主张，加以鼓吹和夸张，把客观上有利于人民的一面，夸大为代表人民利益，无视其主旨在于缓和阶级矛盾的实质。也就是把一个充其量只是在教导封建统治者做一个“好皇帝”“好官吏”的孔子学说，说成是富于“人民本位”思想代表人民利益的学说。显然与孔子学说的本来面目和实质是不够符合的。

综上可见，20世纪三四十年代，郭沫若在唯物史观的指导下通过清算孔子时代的社会结构，分析孔子的基本立场，以“人民本位”的标准，在与先秦诸子的比较研究中，对孔子思想作了整体评估，并进行深入细微的具体评论，从而充分肯定了孔子和早期儒家的进步性和崇高历史地位。在“五四”“打倒孔家店”以后，首次以马克思主义重塑起孔子的形象：即在奴隶制向封建制转变时期，能够顺应当时社会变革的潮流，站在人民利益的方面，积极地利用文化的力量来增进人民的幸福，接受并改造旧文化，创建一个为封建社会服务的新文化体系的伟大思想家的形象。这与他自己在前一个时期，那种缺乏理论的分析和学术的论证，偏于感性的“主情主义”的武断空喊相比，确实是一个巨大的飞跃。在当时的整个学术界，成为既不同于新儒家、新墨家、新道家等，又不同于马克思主义史学队伍中其他各家，具有开创性的、自成体系的既有理论又有丰富学术内容的一家之言。它无疑对“五四”时期“打倒孔家店”的形式主义的偏激，是一个强有力的“矫正”。

当然，他的尊孔崇儒言论，虽然在指导思想上是正确的，但他所使用的具体的评论标准——人民本位，从反对派那里去寻找被反对者真影的研究具体方法，却有着过于简单化的缺点，加上他对孔子和儒学的“偏好”的感情因素，因此，他对孔子基本立场的确定，对孔子学说所作的具体评论，与他本人所追求的“实事求是”的要求，和“法官断狱”那样的公正相较，显然就存在相当距离。尤其在思想评论上，基本上是作正面的肯定，而忽视对负面因素的批判。正是因为这样，他的论断虽然颇为新颖精致，自成系统，但却并未能得到学术界的多数认同，即使在马克思主义的学术阵营内，也仍“普遍地受着非难”。不过他后期的这个自成体系的尊孔崇儒的新评论，作为一家之言，却毫无疑问在中国传统文化的批判继承上，在马克思主义的中国现代化的建设上，已经并将发挥更大的作用。

（原载《郭沫若学刊》1993年第4期）

“人民本位”的史学观

——论建国前郭沫若治史的指导思想和基本经验

杜蒸民　程乃胜

郭沫若是我国马克思主义史学的伟大开拓者。他著述宏富，成就卓著，为我们留下了七百余万字的史学论著。认真总结他的治史成就和经验，是我国马克思主义史学建设和发展的十分重要的任务，也是实现历史学的时代使命的迫切需要。

1947年，郭沫若的《历史人物》一书出版，在这本书的《序》中，他总结自己多年来研究历史人物的经验，明确指出：自己对历史人物的研究，“主要是凭自己的好恶，更简单地说，主要是凭自己的好。因为出于恶，而加以研究的人物，在我的工作里面究竟比较少。我的好恶的标准是什么呢？一句话归宗：人民本位！”又说：“我就在这人民本位的标准下边从事研究，从事创作”。这里讲的是他对历史人物研究对象的选择和品评的标准，实际上却远远超出了这个范围，是他从事整个历史研究以至支配他的全部活动的指导思想，是他的世界观和人生观的集中和简明的概括。这是他的史学具有强烈的现实针对性和浓郁的时代性，并与历史上剥削阶级以“帝王将相”为本位的历史学区别开来的根本所在。

综观郭沫若建国前的史学论著，所谓“人民本位”，在不同的历史阶段具有不同的具体含义，但整个说来，就是以中国人民的最大利益为本位。说得更明确一些，就是密切联系人民革命的现实需要，来研究历史，评判历史，总结经验，寻找借鉴，团结教育人民，推动人民革命事业的前进，从而使自己的史学研究成果，既具有较高的学术性，又具有鲜明的革命性。

本文拟就他建国前的史学论著，探讨其上述治史指导思想和基本经验，为我们今后的史学工作取得借鉴。

一

“人民本位”的史学指导思想，首先表现在他所从事的各种历史研究的课题，都是密切联系现实，从各个时期革命斗争的需要出发，为革命而研究历史的，具有强烈的现实针对性。

早在20世纪20年代，当他还是个民主主义者的时候，他就对胡适的“整理国故”运动提出批评，指出其“不问社会需要如何”的错误倾向。大革命失败后，在亡命日本期间他开始了历史研究，而他从事历史研究的第一个重大课题，就是关于中国古代社会的历史。正如许多论者已经指出的那样，他之所以在这样的时刻研究中国古代社会，正是当时时代的迫切需要，中国革命的现实斗争的需要。因为在大革命失败以后，“中国往何处去?”的问题又重新提了出来，要求中国共产党人从实践和理论两个方面都作出回答。这时，胡适、梁启超等人在“五四”以后提出的反对马克思主义的谬论，又被国民党的御用文人和形形色色的反动文人改头换面地重新鼓噪起来，新生命派的陶希圣之流和一些托派分子，打着历史研究的幌子，从鼓吹中国古代社会的特殊论入手，提出中国古代未经奴隶社会就由原始公社进入封建社会，并说秦汉以后中国封建社会就已经结束。妄图以这种“中国国情特殊”论，来否定马克思主义的普遍指导意义，否定中国共产党领导的新民主主义革命，对中国人民进行反革命的文化围剿。因此，马克思主义学说是否适用于中国？人类历史的发展是否有共同规律？就成为革命的历史工作者必须回答的问题。回答了这样的问题，也就在理论方面从根本上回答了“中国往何处去”的问题。郭沫若正是根据这样的需要，在日本宪警的严密监视下，开始了对中国古代社会史的研究，并于1930年出版了《中国古代社会研究》一书。他在该书的《自序》中说：“对于未来社会的待望逼迫着我们不能不生出清算过往社会的要求，古人说‘前事不忘，后事之师’，认清楚过往的来程，也正好决定我们未来的去向”。又说：“目前虽然是‘风雨如晦’之时，然而也正是我们‘鸡鸣不已’的时候”。表达了自己为革命而写作此书的动机，针对反动派的共产主义不符合中国国情的叫嚣，他针锋相对地说："只要是一个人体，他的发展无论是红黄黑白，大抵相同。由人所组成的社会也是这样"。又说："中国人不是神，也不是猴子。中国人所组成的社会不应该有什么不同"。《中国古代社会研究》一书证明：中国古代也和希腊罗马一样，经历了原始公社、奴隶社会和封建社会各个发展阶段，进而证明了为马克思、恩格斯所阐明的社会历史发展的一般规律是具有普遍意义的，从而有力地回击了国民党御用文人、托陈取消派和其他反动文人对马克思主义的挑战，也澄清了革命队伍内部一些人头脑中的混乱认识。

在《论闻一多做学问的态度》一文中，郭沫若在评述了闻一多运用考据学研究古代文献的成就后说："他把考据这种功夫仅是认为手段，而不是认为究极的目的的"。"他虽然在古代文献里游泳，但他不是作为鱼而游泳，而是作为鱼雷而游泳的。他是为了批判历史而研究历史，为了扬弃古代而钻进古代里去刳它的肠肚的，他有目的地钻了进去，没有忘失目的地又钻了出来"。我们认为，这既是他对闻一多治学态度的客观评价，也可以看作是他研究古代史，治甲骨文、金文的态度的自白。

抗日战争时期，他按照党的指示，一面团结文化界人士，揭露蒋介石的反动的内外政策；一面又再次回到书斋，从事历史研究和文学创作，以配合政治上的斗争，推动抗日战争和国内政治民主化斗争的进程。在几年之内写了数十篇学术论文、六个历史剧和大量的诗歌杂文。后来，他把这个时期写成的关于先秦思想史方面的学术论文，编成《青铜时代》（其中四篇写于抗日战争前）和《十批判书》两书，把历史人物研究方面的论文，于1947年汇编成《历史人物》一书出版。《青铜时代》《十批判书》的写作，可以看作是《中国古代社会研究》的继续。问题是，在抗日战争的这个重要时刻来继续研究先秦思想史，当然还有其现实的针对性。用他的话来说，当时在思想学术界，不仅胡适、梁启超等的学术观点支配的状况未变，而且许多人还在紧步梁胡等人的后尘，"在打倒孔家店之余，欲建立墨家店"，[①]还有的人在利用先秦思想史的研究曲学"阿

①《我怎样写〈青铜时代〉和〈十批判书〉》。

世”；[①]在马克思主义史学阵营中对先秦诸子也存在着种种不同的看法。这一切表明，用马克思主义来“批判”地整理先秦思想史，不仅是马克思主义与反马克思主义继续斗争的需要，也是清理古代文化遗产，创造民族新文化的需要，归根结蒂仍是争取抗日战争的胜利的需要。对此，他曾表示：“我不否认我也是受了刺激，我的近两三年来关于周秦诸子的研究、假使没有这样的刺激或鼓励，恐怕也是写不出来的”[②]。我们认为，话虽说得比较含蓄，但它的含意是深刻的，正是基于这种时代的需要，他在前一阶段主要研究清楚了先秦社会的生产方式，即社会结构、社会性质的基础上，研究了它的上层建筑之一的社会意识形态，并通过对社会意识形态的“批判”性的系统整理，反过来进一步认识它的社会性质及其演变。从而进一步证明马克思主义学说的正确性，为对人民进行爱国主义教育，提高民族自信心，揭露和批判蒋介石集团的封建法西斯统治，起了积极的作用。

郭沫若关于历史人物研究和历史剧写作的现实针对性更为鲜明。例如关于屈原的研究和屈原事迹的宣扬，是他在历史人物研究中花气力最大，研究的时间最长，出成果最多的课题。早在20世纪20年代，他就开始了屈原研究，亡命日本期间，有感于民族危机的日益严重，写成《屈原》一书。到了抗战期间，又写了《屈原研究》和历史剧《屈原》以及许多有关屈原的文章。1950年他在谈《屈原》创作时说：“我写这个剧本是在1942年1月，国民党反动派的统治最黑暗的时候，而且是在反动统治的中心——最黑暗的重庆。不仅中国社会又临到阶段不同的蜕变时期，而且在我的眼前看见了不少的大大小小的时代悲剧。无数的爱国青年、革命同志失踪了，关进了集中营。代表人民力量的中国共产党在陕北遭受着封锁，而在江南抵抗日本帝国主义的侵略最有功劳的中共所领导的八路军之外的另一支兄弟部队——新四军，遭到了反动派的围剿而受到很大的损失。全中国进步人们都感受着愤怒，因而我便把这个时代的愤怒复活在屈原时代里去了。换句话说，我是借了屈原的时代来象征我们

①《吕不韦与秦始皇》。
②《我怎样写〈青铜时代〉和〈十批判书〉》。

当前的时代”。[①]这里，虽然说的是历史剧《屈原》的创作动机和时代背景，也可以看作他在抗战时期研究和宣扬屈原的动机和背景。他的目的是要借此揭露国民党大搞分裂，破坏团结，企图妥协投降的阴谋。还要借屈原的形象来团结教育人民，争取抗战的胜利。因为在他看来，屈原所处时代的楚国，是一个外患严重，内难不止的国家，屈原不仅是一位伟大的诗人，而且是一位有着强烈爱国情操和伟大政治抱负的伟大政治家。“他的对于国族的忠烈和创作的绚烂，真真是光芒万丈。中华民族的尊重正义，抗拒强暴的优秀精神，一直都被他扶植着”。[②]他正是用屈原那种反贪佞、反强暴、反投降的爱国主义和为理想而献身的精神，来鼓舞士气，砥砺人民的抗战意志，鞭挞对内反共对外妥协投降的反共顽固派。

在这个时期，他也写了许多关于研究鲁迅、纪念鲁迅的文章，其基本精神也是紧密结合抗战现实，集中于表彰和发扬鲁迅为人民服务和坚忍不拔地与一切恶势力顽强作战的精神，以激励人们更好地向鲁迅学习。他还研究和写作过北宋时代的王安石的文章，写过关于南明史的历史剧等，其动机都是因为他们所处的时代与当时有类似之处，这些人物都是“比较地以人民为本位的人”，都是有利于抗战的重要题材。总之，他研究屈原，评价屈原，研究鲁迅，评价鲁迅，以及抗战时期所发表的其他诸多关于历史人物的史论和历史剧，都与研究中国古代社会的历史一样，是从“人民本位”的思想出发，密切结合时代的需要来进行的。

特别值得一提的是他于1944年写成的《甲申三百年祭》。他说他之所以要写作此文，倒不是因为这是明亡之年，因为这个政权“事实上它久已失掉民心，不等到甲申年，早就是仅存形式的了”[③]，值得纪念的是，“规模宏大而经历长久的农民革命，在这一年使明朝最专制的王权统治崩溃了，而由于种种的错误却不幸换来了清朝的入主，人民的血泪更潸流了二百六十余年。”[④]联系抗日战争当时的现实，联系当时我党领导的人

---

①《序俄文译本史剧〈屈原〉》。
②《蒲剑集·关于屈原》。
③《甲申三百年祭》。
④《甲申三百年祭》。

民革命力量的壮大，他为革命的事业而寻找历史资鉴，为民族生存而鞭挞汉奸卖国贼，揭露国民党的反动腐朽统治的用心不就十分明了了吗？正是因为这样，这篇文章的发表，“曾经引起轩然大波”[1]，招致了国民党反动派的漫骂和围攻，被认为是“影射当局”，但却受到了我们党的高度评价，被誉为“充满了爱国爱民族之热情”[2]的杰作。党中央和毛泽东还把它作为整风文件在延安印发，毛泽东在《学习和时局》中明确指出：“我党历史上曾经有过几次表现了大的骄傲，都是吃了亏的”。又说：“近日我们印了郭沫若论李自成的文章，也是叫同志们引为鉴戒，不要重犯胜利时骄傲的错误”。毛泽东还在1944年11月21日从延安写信给他，说：“你的《甲申三百年祭》，我们把它当作整风文件看待。小胜即骄傲，大胜更骄傲，一次又一次吃亏，如何避免此种毛病，实在值得注意”。又说：“你的史论、史剧有大益于中国人民，只嫌其少，不嫌其多，精神决不会白费的，希望继续努力”。[3]

以上毛泽东同志对郭沫若的《甲申三百年祭》和抗日战争时期的史论、史剧的评价，不但充分表达了党和人民对他在抗日战争时期的史学成果的高度评价，也可以视为对他在建国前，在“人民本位”思想指导下而著成的全部史学成果的巨大历史作用的总肯定。它生动而深刻地启示我们，历史研究只有从人民的需要出发，为人民的利益而研究，才能受到党和人民的欢迎，才能具有强大的生命力。

二

“人民本位”思想不仅是郭沫若选择历史研究课题的依据，也是他开展对各个课题的具体研究，衡人论事，评判人的优劣，总结历史经验，“以古鉴今”“古为今用”的准绳。从而使他的史学论著，既具有较高的学术价值，又具有强烈的战斗性和时代气息。

在史学界，人们都知道，郭沫若不仅是第一个运用马克思主义的唯

①《历史人物·序》。

② 延安《解放日报》转载此文时的编者按（1944年4月18、19日）。

③《毛泽东同志给文艺界人士的十五封信》。

物史观分析中国古代社会历史的开拓者，而且在历史人物和事件的研究上提出了许多与众不同的见解：例如在先秦诸子的评价上，一反当时扬墨抑儒的潮流，揭出扬孔抑墨的旗帜，他还肯定法家贬抑韩非，肯定吕不韦批判秦始皇；在古今历史人物的评价上，他赞颂屈原、王安石、李岩、鲁迅等人，鞭挞他们的反对派。他的这些“标新立异”的见解和评判，尽管后来他自己也作过某些修正，今天我们看来也不无偏颇之处，但其中许多观点至今还闪烁着真知灼见的光芒，不仅在当时有力地配合了现实斗争，今天也仍值得认真地继承发扬。

之所以如此，在于他对于中国历史上的许多人物和事件的褒贬，决不是简单凭个人主观的好恶和当时现实的需要随意进行，而是严格遵循“人民本位”的标准来进行评判的。他曾经说过：“批评古人，我想一定要同法官断狱一样，须得十分周详，然后才不致有所冤屈。法官是依据法律来判决是非曲直的，我呢是依据道理。道理是什么呢？便是以人民为本位的这种思想。合乎这种道理的便是善，反之便是恶”[①]。又说：“我确实地感觉着，民主的待遇对于古人也应该给与。我们要还他个本来面目。一切凸面镜、凹面镜、乱反射镜的投影都是歪曲。我们并不要因为有一种歪曲流行，而要以另一种歪曲还它。如矫枉而过正，依然还是歪曲。答复歪曲的反映，只有平正一途”。“我自己也不敢夸说，我已经走上了这一步，但我是努力向着这个目标走的，我尽可能搜集了材料，先求时代与社会的一般阐发，于此寻出某种学说所发生的社会基础。学说与学说彼此间的关系和影响，学说对于社会进展的相应之或顺或逆”。[②]还说：“在社会变革的时期，价值倒逆的现象要发生是必然的趋势，前人之所贵者贱之，之所贱者贵之，也每每是合乎正鹄的，但感情容易跑到理智的前头，不经过严密的批判而轻易倒逆，便会陷于公式主义的窠臼。在前是抑墨而扬儒，而今是抑儒而扬墨，而实则儒宜分别言之，墨则无可扬之理。在前是抑荀而扬孟，而今是抑孟而扬荀，而实则孟并未可厚非，荀亦不必尽是”。[③]以上是就先秦诸子评判上，他关于如

---

①《十批判书·后记》。
②《青铜时代·后记》。
③《青铜时代·后记》。

何坚持“人民本位”的标准的论述。这里清楚地告诉我们，坚持以“人民本位”来评判历史人物，实质上就是要按照唯物史观的要求，本着实事求是的原则，尊重事实，还历史的本来面目，在搞清社会历史的发展趋势的基础上，来看历史人物及其言行在历史上所起作用的顺、逆，对人民事业的利或害，公正地予以评判，反对一切形式的歪曲，反对以今律古等等。总之，所谓坚持以“人民本位”的标准来评判历史，就是要坚持实事求是的、历史主义的原则，以对历史所起的作用为准绳来衡人论事。凡是在历史上起了促进社会进步作用，为人民做了好事的人物，就予以肯定和颂扬，反之则予以批判和鞭挞。借以此激励进步，诅咒反动，团结教育人民，孤立反动势力，以服务于当时的现实的革命斗争。这里既会有对现实的“影射”之处，但又不是随心所欲地改铸历史，把历史现代化，而是在科学性的求真前提下，发挥史学的借鉴教育作用，这与“四人帮”之流的实用主义的影射史学是有着严格的区别的。郭沫若在《十批判书·后记》中说：在先秦诸子中，“我之所以比较推崇孔子和孟轲，是因为他们的思想在各家中是比较富于人民本位的色彩。荀子已经渐从这种中心思想脱离，但还没有达到后代儒者那样下流无耻的地步”。这是因为当时他认定，孔墨所处的春秋时期，是由奴隶社会向封建社会转变的时期，是从孔墨思想的具体对比中得出上述结论的，他认为就当时孔墨的政治立场看，“孔子是袒护乱党，而墨子是反对乱党的人”，而所谓乱党，“在当时都要算是比较能够代表民意的新兴势力”。据此，他认定“孔子的基本立场既是顺应着当时的社会变革的潮流的，因而他的思想和言论也就可以获得清算的标准。大体上他是站在代表人民利益的方面的，他很想积极地利用文化的力量来增进人民的幸福。对于过去的文化部分地整理接受之外，也部分地批判改造，企图建立一个新的体系以为新来的封建社会的韧带。廖季平、康有为所倡导的‘托古改制’的说法确实是道破了当时的事实”。[1]总之，“我所见到的孔子是由奴隶社会变为封建社会的那个上行阶段中的前驱者”。[2]正是在此基础上，他具体评述了孔子的思想体系。认为孔子以“仁”“礼”“天命”为中心的思

①《孔墨的批判》。

②《十批判书·后记》。

想便具有了进步的积极的内核。相反，他认为墨子是作为孔子学说的“反对命题而出现的”，是“同情公室而反对私门的人”，“事实上他是在开倒车”。他还反复强调，对于先秦儒家和汉以后儒家“宜分别”对待，对先秦儒家各派和孟、荀也要具体分析。他指出“不加分析而笼统地反对或赞扬，那就是所谓主观主义或公式主义”。[①]他认为，总的看，“先秦儒家的几位代表人物，在先秦诸子中究竟比较民主些”。[②]在先秦诸子的评判中，他对法家思想的批判也是具有特色的，他认为前期法家的产生，是因为“社会有了变革，然后才有新的法制的产生，有了新的法制产生，然后才有运用这种法制的法家思想出现。故尔法家倾向之滥觞于春秋末年，这件事的本身也就足以证明春秋中叶以后，在中国社会史上实有一个划时代的变革”。[③]他认为“新起的法家精神是以保卫私有财产权为本位的”，[④]其共同倾向是“强公室而抑私门，这里是含有社会变革的意义的”。因为这时的公室是私门上升的或是旧的演变中的公家。当时“纯粹法家以富国强兵为目标，他们所采取的是国家本位，而不必一定是王家本位。他们抑私门是想把分散的力量集中为一体以谋全国的富强”，“因而人民的利益也并未全被抹杀，人民的大部分确实是从旧时代的奴隶地位解放了”。[⑤]正是在这样的意义上，他肯定前期法家是“富有进步性的”[⑥]。但是，对于韩非这位后期的“法术家”，他就持否定的态度。他不赞成梁启超说韩非是法治派而非势治派的断语，认定韩非“才是一位极端的势治派，他正是极力主张‘专制行为’而为‘法治之反面’的”人物。他认为韩非“是主张君主本位的人，在由奴隶统治转化为封建统治的过程中，他所强调的是要既存的奴隶主蝉联而为封建主，与那种人民本位的选贤举能的办法不两立”。[⑦]他还认为韩非的《五蠹》《显学》等文，“完全是一种法西斯式的理论。”[⑧]据此，他认为韩非子的思想是法西

①《十批判书·后记》。
②《青铜时代·后记》。
③《前期法家的批判》。
④《前期法家的批判》。
⑤《前期法家的批判》。
⑥《前期法家的批判》。
⑦《韩非子的批判》。
⑧《十批判书·后记》。

斯主义，而予以批判。与此相关，在《吕不韦和秦王政的批判》中，他列举了反映在《吕氏春秋》中的吕不韦的进步思想，肯定其为“进步的政治家”，而对秦始皇则予以否定。他认为：“秦始皇时代，看来是奴隶制的大逆转”的时代，在这时，“吕不韦是封建思想的代表，秦始皇则依然站在奴隶主的立场。秦始皇把六国兼并了之后，是把六国的奴隶主和已经解放的人民，又整个化为奴隶”。他认为秦始皇政治上是“一位极端的秘密主义者，极权主义实行万世一系的人”，思想上是“一位有神论者”，“纵欲主义者”；说秦始皇，“从严刑峻法一点来说是法家，从迷信鬼神一点来说是神仙家，从强力疾作一点来说是墨家”，对秦始皇开展了全面的批判。为了揭露和鞭挞秦始皇，1942年他还写了《高渐离》的剧本，对其专制、独裁、暴虐，更是淋漓尽致地加以痛斥。

以上郭沫若对先秦诸子的评价，虽然有许多偏颇，在今天看来值得重新研究，尤其是他对韩非和秦始皇的斥责和痛骂，其用意包含批判蒋介石的法西斯独裁统治的感情成分，所以评判上更是失去冷静、客观的态度，有把古人现代化的毛病，并不可取。但其用心无可厚非。诚如后来他在《高渐离·校后记之二》所说：“我写这剧本时是有暗射的用意的，存心用秦始皇来暗射蒋介石，因而对秦始皇的处理很不公正”。

除先秦诸子以外，他对其他诸多历史人物也无不坚持以“人民本位”为标准来进行评判。

例如对于屈原的评价，他之所以推崇屈原，决不是出于个人的偏爱，而是在他看来，屈原不仅是“中国有史以来的第一个伟大的诗人”，是中国古代楚文化的伟大代表，更主要的屈原是处于由“奴隶制向封建制的转移”时代的人，“是中国统一快要完成的时代，也是中国文化最为灿烂的时代”的一位伟大爱国者，杰出的政治家。他认为“屈原的世界观是前进的，革命的。屈原的思想很明显地带有儒家的风貌”，“屈原是注重民生的”。“他之所以要念念不忘君国，就是想使得民生怎样可以减少艰苦，怎样可以免掉离散”。他说：“一向的人只看到屈原高唱忠君爱国的调子，差不多都忽略了他是位民本思想者，所以对于屈原的态度每每不能了解”，“他的根本心事是期其君为尧舜，而自许以皋陶，他是想靠楚国来统一天下的”。又说：“屈原怀抱德政思想，想以德政来让楚国统一中国，而反对秦国的力征经营。故他眷爱楚国并不是纯全因为是父母之邦，更不是因为自己也是楚国的公族在那儿迷恋‘旧时代的魂’”。总之，他认为“屈原是深深地把握着了他的时代精神的人，他注重民生，尊崇贤能，企图以德政作中国之大一统”，“屈原的思想是前进的，他是一位南方的儒者。儒家思想，在当时，由奴隶制蜕变为封建制的当时，是前进的，我们不好由现代的观点来指斥为反动，更不好因而说屈原也是思想反动。”①

在屈原以后的历史人物中，他特别推崇王安石。他认为王安石是“秦汉以后的第一个大政治家”②。他说：“我对于王安石是怀抱着一种崇敬的念头的，实际上他是一位大政治家，在中国历史上很难得找到可以和他比配的人。他有政见，有魄力，而最难得的是他是比较以人民为本位的人”③。他认为，王安石的“政见，主要是由人民的立场出发，和秦、汉以来主要站在统治阶级立场的大臣们两样”④。他仔细分析和评述了王安石变法的种种进步政策和措施，肯定了它们的进步性质。他尤其欣赏王安石的“某自诸子百家之书。至于《难经》《素问》《本草》诸小说无所不读，农夫女工无所不问”的自白，以及“均天下之财，使百姓无贫”，和“榷制兼并，均济贫乏”⑤的政治抱负，认为据此就“足以认识他的真面目”。

在《甲申三百年祭》《关于李岩》等论文中，他还研究了农民起义的领袖，“同情了农民革命的领导者李自成，特别是以仕宦子弟的举人而参加并组织了革命的李岩”。其主要根据，也就是农民起义是“人民思想”的集中表现。他尤其推崇李岩，因为他认为李岩“是一位怀抱着人民思想的人”，“他是主张‘均田’的”，是知识分子而参加了农民革命。他把李岩与同时代的顾炎武、王船山作了对比，说顾“有民族思想而无人民

①《屈原研究》。
②《王安石》。
③《历史人物·序》。
④《王安石》。
⑤《历史人物·序》。

思想”，王“富于民族气节而贫于人民思想”。[1]只有李岩是“更令人向往的”[2]。关于当代的历史人物，他写过《鲁迅与王国维》《论郁达夫》《论闻一多做学问的态度》等文，十分推崇他们的学术成就和科学的治学方法，特别赞扬鲁迅的“随着时代的进展而进展，并且领导了时代的前进”的伟大精神和实践。

由上可见，“人民本位”的思想，不仅最大限度地体现在历史研究的方向上，而且也像一种度量衡器，始终是他建国前评判历史人物和事件的标准，正是这样，使他的史学不仅具有强烈的现实针对性，而且较好地做到革命性和科学性的统一，密切地与现实联系起来，洋溢着时代的战斗的气息。

三

“人民本位”的治史思想，还使他在史学研究的过程中，具有为人民利益，不断提高自己史学成果的科学性的强烈愿望，谦虚谨慎，勇于修正错误，敢于坚持真理，不断开拓，不断创新。从而使他的史学研究成果的学术水平不断提高，研究领域不断扩大，攀登了学术上的一个又一个高峰，史学成果的社会价值也不断扩大，为我们树立了良好的治史榜样。

早在20世纪20年代初，我国的马克思主义先驱李大钊，就明确提出马克思主义者研究历史的任务就是：“一、整理事实，寻找出它的真确的证据；二、理解事实，寻找出它的进步的真理”。认为只有这样，历史学才能真正为无产阶级革命事业服务。郭沫若深深懂得这个道理，所以他在历史研究过程中，曾反复强调治史的根本要求是“求真”。研究历史要抱“实事求是”的态度，要使史学成果具有“科学性”。[3]他认为只有拿出较高学术价值的研究成果，其社会价值才高，才能更有效地为人民服务，才能充分体现史学的“人民本位”思想。他说：“我是以一个史学家

①《历史人物·序》。
②《历史人物·序》。
③《历史·史剧·现实》。

的立场来阐明各家学说的真相。我并不是以一个宣教师的态度企图传播任何教条”[①]。所以“是什么还他个什么，这是史学家的态度，也是科学家的态度”[②]。他知道要做到这点又是十分不易的，失误是难免的。一位真正的马克思主义的史学家，决不是不犯错误的人，而是能够为人民的利益勇于修正错误，敢于坚持真理，精益求精，不断开拓，不断创新。他说：“错误是人所难免的，要紧的是不要掩饰错误，并勇敢地改正”。又说：“研究历史，和研究任何学问一样，是不允许轻易从事的，掌握真确的科学的历史观是非常必要，这是先决问题。但有了正确的历史观点，假如没有丰富的正确材料，材料的时代不明确，那也是得不出正确的结论”。又说，对于古代社会，“二十多年来我的看法已经改变了好几次，差不多常常今日之我和昨日之我作斗争”。[③]这是他对自己二十多年治史态度的简明自白，生动地向我们展示，作为一位人民的史学家，他是谦虚、坦诚、严谨的，这与他作为浪漫主义诗人的纵横驰骋富于想象相比，判若两人。他的二十多年的史学实践，雄辩地证明，郭沫若无愧于科学的史学家的称号。

例如，对于中国古代社会的研究，他自1924年翻译河上肇的《社会组织与社会革命》，“转向马克思主义”[④]以后，就一直相信“社会进展的阶段，依原始公社、奴隶社会、封建社会、资本主义社会、社会主义社会而叠进，是不能例外”的。但是，他对中国社会发展的看法，不是采用演绎法，而是通过对中国古代的地上和地下的文献的深入钻研，结合民俗学的材料，归纳出来的。因此他的《中国古代社会研究》一书具有较大的说服力。然而正像他自己所说的，“在我自己是一部划时期的作品，在中国史学界似乎发生过相当大的影响，我的方法是正确的，但在材料的鉴别上每每沿用旧说”，属于“用科学的历史观点研究和解释历史的草创时期的东西”。[⑤]所以，它“虽然博得了很多读者，实在是太草率，太性急了，其中有好些未成熟的或甚至错误的判断，一直到现在还留下

①《青铜时代·后记》
②《青铜时代·后记》
③《中国古代社会研究》1954年新版《引言》。
④《郭沫若答青年问》,《文史知识》1959年5月。
⑤《中国古代社会研究》1960年新版《引言》。

相当深刻的影响”[①]。正是因为这样，经过十五年努力，再对“秦、汉以前的材料，差不多被我彻底剿翻了。考古学上的，文字学、音韵学、因明学，就我所能涉猎的范围内，我都做了尽我可能的准备和耕耘”[②]。之后，写出了《古代研究的自我批判》一文，对《中国古代社会研究》一书，在古文献处理、卜辞和殷周青铜器的处理，以及相关的对殷周社会生产力状况的判断等方面的错误，进行了严肃认真的自我批评。文章在文献材料方面，考定《周易》是战国初年的东西，今文《尚书》中的《尧典》《禹贡》《洪范》诸篇也是战国时代的东西，以前自己把它们单做殷末周初的资料来处理，“完全是错误”的；在青铜器铭文方面，指出自己过去过于相信前人的研究成果，未确定好时代，就含混使用，犯了错误；还考定《考工记》为“春秋期间齐国的官书”。在史实的判断上，肯定殷人不是以畜牧为主，而已经是农业生产为主，并且已经“在用大规模的奴隶”来耕种，从而证明商代已经是奴隶制社会，改变了原先的原始公社制的论断；还认定井田制确实有过，改变了原先“不相信豆腐干式的划土分田法”，并认定鲁宣公十五年的“初税亩”便是奴隶制社会向封建社会过渡的标志；还分析评介了周代工商业演变状况及士民阶层的分化等等。这样，他就修改和大大发展了原先对中国古代社会的看法，把中国奴隶社会的产生、发展和瓦解的过程勾画了一个清晰的轮廓，奴隶制的上限，推到了商代，下限延到了春秋战国之交，从而对中国古代社会的研究定型下来。与此相联系，他的关于中国封建制的说法，也经历了三次变化，在《中国古代社会研究》中，认为“周东迁的前后，我们的中国社会是由奴隶制变为真正的封建制度的时期”，而1943年写《吕不韦与秦王政的批判》中，则认为“周、秦之际在中国历史上是一个大转换的时期，这不论历史观的新旧是一致的，在旧时以为是封建制向郡县制的推移，而在我看来则是奴隶制向封建制的推移”。到建国后的《奴隶制时代》中，则以《古代研究的自我批判》的立论为基础，确立了以战国为封建社会的起始年代。

对于先秦思想史和历史人物的研究，他也是在不断修正自己以往的

①《古代研究的自我批判》。

②《十批判书·后记》。

失误中，深化和发展自己的研究成果的。例如1935年的《周易之制作时代》就是通过考证《周易》的成书时代，来修正《周易时代的社会生活》一文，由于因袭旧说，把《周易》说成是“三圣的秘籍”，“更加上孔子的‘十翼’便成为四圣”的时代性错误，考定出《周易》非文王所作，也与孔子无关；《易经》的构成时代，在战国初年，作者当是楚人馯臂子弓；《易传》成书更晚，作者多出于荀子门人。又如《由周代农事诗论到周代社会》一文，则是对十六年前的《诗书时代的社会变革与其思想上之反映》一文的修订和补充。他考订出《噫嘻》《臣工》《丰年》《载芟》《良耜》等5篇《周颂》中的农事诗为周初作品，从它们反映的内容判断“要有井田制才能有这样大规模的耕种”；又考定“风”的《七月》最迟，是春秋中叶以后的作品，从中“可以看得出一个极大的转变，便是土田的渐见分割，而农夫的渐归私有”。又如在《吕不韦与秦王政的批判》以及一些历史剧中，曾因激于对蒋介石集团的法西斯独裁统治的愤怒，对秦王政采取了全盘否定，借以“影射”蒋的反动统治，违背了自己一贯主张的研究历史的“求真”的原则和对历史人物评价要平等公允的科学态度。后来也都多次地作了自我批评。

作为一位坦诚的马克思主义史学家，郭沫若不仅勇于修正错误，而且也敢于坚持自己认为正确的学术观点。郭沫若是中国的马克思主义史学的开拓者，他对于中国历史的许多见解，不仅与旧史学根本不同，在新史学界中开始时也往往是少数派。例如关于“西周奴隶社会论”，从他在20世纪30年代初提出来，可以说与新旧史界的观点都大相径庭。对此，他曾多次表示过思想上的不安。但是，他不但始终坚持着，而且不断用大量的研究成果来丰富和充实自己的立论。他曾这样说过：“我比较胆大，对于新史学阵营里的多数朋友们每每提出了相反的意见。我坚持着殷、周是奴隶社会，重新提出了更多的证据和说明”[①]。又说：“西周是奴隶社会，经过种种方面的研讨，愈加感觉着是正确的”[②]。由于他的坚持，现在西周奴隶说虽然未被整个史学界所承认，但确已为大多数史学工作者所接受了。类似的又一个突出的例子，是他在先秦诸子研究中

①《十批判书·后记》。
②《青铜时代·后记》。

提出的“扬孔抑墨”论，或叫新“扬儒抑墨”论。不仅提出之时就与“五四”以来的反孔思潮相对立，也与当时学术界的流行观点截然相反，提出以后更是备受责难。但是，他不为所动，在《我怎样写〈青铜时代〉和〈十批判书〉》中，他曾反复表明自己的态度。他说：“墨子，我在前面说过，我在小时也曾经崇拜过他，认为他为任侠的祖宗，觉得他是很平民的，很科学。那时的见解和时贤并没有两样。但约略在二十年前我的看法便改变了。我认为他纯全是一位宗教家，而且是站在王公大人的立场的人。前后看法的完全相反，在我是有我的客观根据的，我并没有什么‘偏恶’或‘偏爱’的念头”。在谈到他的“扬孔抑墨”论提出后的遭遇时，他说，先是发表了《墨子的思想》，“差不多普遍地受着非难，颇类于我是犯了众怒”。于是便下决心“彻底整理古代社会及其意识形态”，并研究了一向不为人注意的《墨子》书中的《非儒篇》，抓到了孔、墨对立的现成资料，进而写出了《孔墨的批判》，申述和发挥了扬孔抑墨论。他认为儒家在二千多年来有一个发展过程，不能一概而论。所以他反对人们笼统说他“袒护儒家”，而承认“有点袒护孔子”，因为在孔墨对比中，他认为“在公家腐败，私门前进的时代，孔子是扶助私门而墨子是袒护公家的”，“孔子是由奴隶社会转变为封建的那个上行阶段中的前驱者”。所以，他宣布，自己的看法与“二千多年来的看法不同”，“拘守着旧式的观念来排击我的新观念，问题是得不到解决的”。至于很多朋友担心，“以为我这样做是替旧势力张目”，他认为这是不必要的。因为“答复歪曲只有平正一途”，“矫枉不宜过正，矫枉而过正，那便有悖于实事求是的精神，敌对者不仅不能被你克服，而且你将为敌对者所乘，把问题弄得纷拏的。”正是因为这样，他坚定地表示：“我在前写了《墨子的思想》，已经瞠惑了好些友人，今年我又开始写着《孔墨的批判》，不仅依然反对墨子而在反面赞扬了孔子，这也恐怕要使好些友人更加瞠惑，然而我不想畏缩。今天已经不是宋儒、明儒的时代，但也不是梁任公、胡适之的时代了”。郭沫若有关孔墨的具体评述，当然不能作为定论，作为学术问题，完全可以讨论和批评。今天，我们不厌其烦地抄引他的这些表白，无非想说明，在当时要提出并坚持“扬孔抑墨”或“扬儒抑墨”

论，是需要有一点勇气的。这种勇气正来源于为人民而研究历史的指导思想。

我们认为，郭沫若实事求是的治史态度还突出地表现在他能正确地对待前人和同时代人的史学成果上，从而为我们树立了批判地继承前人遗产和注意吸收当代学术营养的良好榜样。

在《古代研究的自我批判》中，他曾批评某些“新史学家们对于史料的征引，首先便没有经过严密的批判：“《易经》仍被视为殷末周初的古书，《书经》甚至引用到梅赜的伪古文，《诗经》则一本《毛传》。对于旧文献的批判根本没有做够，不仅《古史辨》派的阶段没有充分达到，甚至有时比康有为、阎百诗都要落后。这样怎么能扬弃旧史学呢？有好些朋友又爱驰骋幻想，对于神话传说之被信史化了的也往往无批判地视为信史，对于甲骨文的引用和解释也太随便”。“关于金文，《殷文存》仍全被视为殷文。周代的彝器则笼统活脱地被使用着，不肯从分别时代上着眼。这些作风，不能不说是在基本上就颇成问题的”。这一批评，表明他认为新史学家要完成“扬弃旧史学”，建立新史学的光荣而艰巨的任务，必须认真地批判继承前人的研究成果，特别是在文献辨伪和考古学、文字学方面的成果。这既是对别人的批评，也是对自己的鞭策和严格要求。

在这方面，突出地表现在他十分推崇清代以来的考据学和《古史辨》派的文献考证成就。从他自述治史的经历表明[①]，他从小就“受旧式教育”，“从小就培植下古代研究的基础”。[②]但是，他在自己的著作中还是反复表明自己对乾嘉学派的批判继承关系。在许多历史人物的论文中就是如此。他肯定鲁迅、王国维、闻一多等的治学成就，就是因为这些人“在研究国故上，除运用科学方法之外，都同样承继了清代乾嘉学派的遗烈”。[③]他还说：“关于文献上的辨伪工作，自前清乾嘉学派以至最近的古史辨派，做得虽然相当透彻。但也不能说已经做到了毫无问题的止

①《十批判书·后记》。
②《十批判书·后记》。
③《鲁迅与王国维》。

境”。[①]虽指出不足，但予以充分肯定。至于以顾颉刚为代表的《古史辨》派，他曾这样说过：“从前因为嗜好不同，并多少夹有感情作用，凡在《努力报》上所发表的文章，差不多都不曾读过。他所提出的夏禹的问题，在前曾轰传一时，我当时耳食之余，还曾加以讥笑”。后来，“顾颉刚所编著《古史辨》第一册，最近始由朋友寄来，我因为事忙，尚没有过细地翻阅；但就我东鳞西爪的检点，我发现了好些自以为新颖的见解却早已在此书中由别人道破了”。[②]如钱玄同关于《易》卦是生殖器崇拜时代的东西的说法，丁文江关于《禹贡》是战国时代的书等。进而肯定“层累地造成的古史，的确是个卓识”[③]。他认为：“在现在新的史料尚未充足之前，他的论辨自然并未能成为定论，不过在旧史料中凡作伪之点大体是被他道破了”[④]，而予以充分肯定。大家知道，建国前郭沫若史学的主要论敌是胡适，他的关于先秦诸子和古代社会研究主要也是针对胡适的《中国哲学史大纲》等书论的。即使对于这样一个人物，他也能客观地有分析地对待。原先，他曾全盘否定胡适的著述，认为胡适的哲学史著作，对于中国古代社会的实际情形，未曾摸着一点儿边际。但是，当他看到了《古史辨》第一册后，他还是坦率地承认，“就《古史辨》看来，他于古代的边际却算是摸着了一点”，并肯定“胡适对于古史也有些比较新颖的见解，如他以商民族为石器时代，当向甲骨文字里去寻史料，以周、秦、楚为铜器时代，当求之于金文与《诗》”[⑤]等等。

在从乾嘉学派到《古史辨》的学者中，在学术上他最为推崇的莫过于王国维了。正像许多研究者所指出的，他是自视为王的私淑弟子的。他不仅写了《鲁迅和王国维》的史论，而且在许多史学论著中反复提到王国维的成就，以及自己的研究与王的研究成果的关系。他说：“在近代学人中我最钦佩的是鲁迅与王国维”。当1928年，在日本开始研究中国古代历史的时候，读到了《观堂集林》，“他在史学上划时代的成就使我震

①《中国古代社会研究·附录》。
②《中国古代社会研究·附录》。
③《中国古代社会研究·附录》。
④《中国古代社会研究·附录》。
⑤《中国古代社会研究·附录》。

惊了”。[①]他认为王国维的《宋元戏曲史》和鲁迅的《中国小说史略》，“是中国文艺史上的双璧”，王国维的“甲骨文字的研究，殷周金文的研究，汉晋竹简和封泥等的研究，是划时代的工作。西北地理和蒙古史料的研究也有些惊人的成绩”。[②]又说：“谓中国之旧学自甲骨之出而另辟一新纪元，自有罗、王二氏考释甲骨之业而另辟一新纪元，决非过论”[③]。“我们要说殷墟的发现是新史学的开端，王国维业绩是新史学的开山，那是丝毫不算过分的”[④]。事实也是如此。他的中国古代社会的研究成果，在一定意义上可以说是在马克思主义观点指导下利用王氏的研究成果建立起来，如最初的“殷代是原始公社末期，周代是奴隶社会的开始”的古史观，是利用了王氏的《殷周制度论》等成果的。至于他所从事的甲骨文和金文的识读和研究，更是以王国维的研究为起点而又大大地超越和发展了王国维的成就，这更是人所共知的事实了。

郭沫若建国前发表的史学论著，有的距今已半个多世纪，迟的也已四十年了。虽然用今天的眼光来看，它们毕竟是马克思主义史学建立过程中，“草创时期的东西”，无论从历史资料的考证上，还是对历史人物、事件、古代历史分期的具体评判上，都难免会有某些粗疏、牵强之感，也有某些错误失当之处。但是，他以“人民本位”作为治史的根本指导思想，用以选择历史研究课题、衡人论事的标准，并为人民利益而正确对己对人，谦虚谨慎，不断开拓，不断创新的实事求是态度和严谨的学风，一句话，他坚持运用马克思主义的立场观点和方法，为革命而研究历史的治史方向和道路，却毫无疑问是正确的，值得我们永远效法。今天，在完成两个文明建设所赋予史学界的艰巨而光荣的任务中，学习和发扬郭沫若当年的优秀史学传统，自觉地坚持马克思主义的治史道路，更是十分必要的。

（原载《郭沫若史学研究》，成都出版社1990年版）

①《历史人物》。
②《历史人物》。
③《中国古代社会研究·卜辞中的古代社会》。
④《古代研究的自我批判》。

试评郭沫若的中国古史分期和“百家争鸣”的学说

应用马克思主义对中国古代历史进行科学的分期，是郭沫若毕生从事，特别是在新中国成立后集中力量进行重点研究的历史课题；“百家争鸣”是中国共产党提出的繁荣社会主义的文化学术事业的基本方针，也是发展马克思主义历史学的基本方针，郭沫若对此也作过多方面论述。本文想就这两个问题上郭沫若的贡献作一些尝试性的探索和评论。

一

中国古代历史的分期问题，是我国马克思主义史学创立以来，用马克思主义理论来观察和研究中国古代社会的热点，是一个带有全局意义的重大历史课题，郭沫若是这个问题的发起者和推动者。它涉及了整个古代社会的一系列重大的理论问题，涉及了对中国历史的重新认识。它要求从理论和史料的结合上说明，中国历史是否经历过马克思主义经典作家提出的，人类社会的历史一般地经历了原始公社制、奴隶制、封建制和资本主义制等几种社会经济形态。如果是这样，那么究竟在什么时代，经历了什么样的历史阶段，其具体特点又是怎样。其中首要的、核心的问题是，在中国进入有阶级的社会以后，第一个社会形态是否是奴隶制的社会，如果是，那么其存在的时代和特点又是怎样。

对于这个问题，郭沫若早在他的第一部用马克思主义观点解释中国历史的著作《中国古代社会研究》中，就集中地肯定地作了回答。他依据古代的历史文献和地下发掘资料，特别是甲骨文和金文资料，论证了中国的殷代是原始公社时代，西周则是典型的奴隶社会，春秋以后则已进入了封建社会。后来，随着研究的深入，他把奴隶制的上限推到了殷代，把下限改定在秦汉之际的公元前206年。这样，在新中国成立前，他就把帝国主义入侵以前的中国历史，表述为原始公社制、奴隶制、封建制等几种社会经济形态有规律地演进和更替的历史，最早肯定和探讨了中国历史上的奴隶制社会形态。

全国解放以后，他又更深入地开展了对中国奴隶制时代的研究。1950年3月，他根据郭宝钧所提供的有关殷墟人殉资料，重新提出中国古代的奴隶制问题，在以西周封建论占主流的当时我国史学界产生了热烈的反响，引起了广泛的讨论。经过与以范文澜为代表的西周封建说，以及西汉奴隶社会论等的争论，他于1952年发表了《奴隶制时代》一文，进一步系统地论述了殷周都是奴隶社会，并将奴隶制的下限最后确定在春秋战国之交的公元前475年，开创了在历史学界有重大影响的战国封建论学派。中国古代历史分期的讨论，在他的推动下，进入一个“百家争鸣”的新阶段。

郭沫若关于中国古史分期的学说，尤其是关于中国奴隶制及其下限的研究确定，是他对中国历史学的特殊贡献，具有重大的理论意义和历史作用。现在我们试分别予以评价。

首先，他的这一学说，特别是关于中国的历史经历过奴隶制时代的论断，有效地验证了马克思主义关于人类发展是有规律的理论，证明了中国也和世界其他国家和地区一样，也经历过从低级到高级依次更替的几个历史发展阶段，而从原始公社以后的第一个有阶级的社会，就是具有中国特点的奴隶制社会，从而有力地批判了否认中国存在过奴隶制历史阶段的国情特殊论，说明马克思主义理论的伟大的科学价值和普遍指导意义。反过来，他又以中国的历史事实丰富了马克思主义关于人类历史经历过从原始公社、奴隶制、封建制等历史阶段的经验，对马克思主义理论的发展作出了自己的贡献。

列宁曾经指出，马克思主义的唯物史观的卓越贡献，就是揭示了人类历史的发展规律，“推翻了那种把社会看做可按长官的意志（或者说按社会意志或政府意志，都是一样）随便改变的，偶然产生和变化的、机械的个人结合体的观点，第一次把社会学置于科学的基础上，确定了社会经济形态是一定生产关系的总和，确定了这种形态的发展是自然历史过程”。[1]马克思当时把这个过程归结为：“大体说来，亚细亚的、古代的、封建的和现代资产阶级的生产方式可以看做是社会经济形态演进的几个时代。”[2]在《资本论》这部光辉的著作中，马克思提供了对资本主义社会形态的科学的详细的剖析。恩格斯则用马克思和他本人制订的“唯物主义的历史研究所得出的结论来阐述摩尔根的研究成果”[3]，写出了《家庭、私有制和国家的起源》一书，深刻地揭示了私有制、阶级和国家的起源，以及古代希腊罗马奴隶社会的形成过程，作出了“奴隶制是古代世界所固有的第一个剥削形式”的科学结论。但是，无论是马克思还是恩格斯，他们的研究都未能包括有中国在内的世界各国的历史。

郭沫若在研究中国古代社会之初，就自觉地以马克思主义的理论为指导，认定“只要是一个人体，他的发展，无论红黄黑白，大抵相同。由人所组成的社会也正是一样”。“中国人不是神，也不是猴子，中国人所组成的社会不应该有什么不同”。[4]在这样的信念下，他开始了对恩格斯的著作中，“未曾提及一字的中国的古代”[5]社会的研究。从那以后，他在几十年的研究中，虽然对中国奴隶制的上限作过一次变更，对下限作了三次变更，但是，中国有阶级以来的第一个社会形态是奴隶制的观点他始终坚持着。并且通过不断深入和细致的研究，最终写出了《奴隶制时代》这样全面论述自殷到春秋战国之交的中国奴隶制时代社会状况的著作。通过对中国古代这个“没有受到什么强烈的外来影响的，因此要作古代社会的研究，中国古代应该是最好的标本”的具体研究，证明了中国的古代发展的事实，没有与马克思学说“不尽相符”，马克思主义对古代社会的论断没有什么“欠妥当的地方”。[6]他说：“我不否认中国社会发展的某种程度的特殊性，但我却坚决相信马克思、恩格斯所揭发的

①《列宁全集》第1卷。
② 马克思：《政治经济学批判·序言》。
③ 恩格斯：《家庭、私有制和国家的起源·序言》。
④《中国古代社会研究·自序》，《郭沫若全集·历史编》第1卷。
⑤《中国古代社会研究·自序》，《郭沫若全集·历史编》第1卷。
⑥《奴隶制时代·关于周代社会的商讨》，《郭沫若全集·历史编》第3卷。

社会发展的一般规律是绝对正确的。我们中国社会的发展是经过了原始公社制、奴隶制、封建制而来的，证明了马克思学说确实是放诸四海而皆准。”[①]又说：“中国历代的生产方式，经过了原始公社制、奴隶制、封建制等，一直发展到现阶段，在今天是无可争辩的事实了。”[②]1972年，他再一次强调说：“中国社会的发展，曾经经历了原始公社制、奴隶制和封建制，和马克思主义所划分的社会发展阶段完全符合。”[③]

这样，郭沫若就以对中国古代社会这个特殊矛盾的长时期的潜心研究，证明了马克思、恩格斯用唯物史观所揭示的人类社会由低级到高级发展的一般规律的正确性，并以对中国奴隶制社会历史阶段的肯定，以及对它所作出的专门的实际研究和详细分析，丰富了马克思主义关于社会经济形态，特别是奴隶制社会经济形态的学说。从而有力地驳斥了各种各样的“中国国情特殊论”，配合了中国共产党人在马克思主义指导下所进行的民主革命，和社会主义的革命和建设事业，捍卫了马克思主义的科学地位。

其次，他的这一学说，是他创造性地应用马克思主义的辩证唯物主义和历史唯物主义的方法论来研究中国古代社会的结果。在研究的全过程中，他又以生动具体的研究成果，有意识地向学术界介绍和提供了马克思主义的历史观和方法论这一人类认识史上的宝贵的科学成果。

在自传体文集《海涛集》中，郭沫若曾这样说过：“辩证唯物论是人类的思维对于自然观察上所获得的最高成就，那是毫无疑问的。但只是作为纯粹的方法来介绍，而且生硬地玩弄着一些不容易消化的译名和语法，反而会在这个方法的接受和运用上增加阻碍。”尤其由于中国社会的落后和科学知识的不普及，“不要说辩证唯物论，就是机械唯物论都是排斥着的。要使这种新思想真正地得到广泛的接受，必须熟练地善于使用这种方法，而使它中国化，使得一般的尤其有成见的中国人，要感觉着这并不是外来的异物，而是泛应曲当的真理”。又说：“我主要是想运用辩证唯物论来研究中国思想的发展，中国社会的发展，自然也就是中国

①《奴隶制时代·关于周代社会的商讨》,《郭沫若全集·历史编》第3卷。
②《奴隶制时代》,《奴隶制时代》。
③《中国古代史的分期问题》,《奴隶制时代》。

历史的发展。反过来说，我也正是想就中国的思想，中国的社会，中国的历史，来考验辩证唯物论的适应度”。他对于中国奴隶制时代社会状况的研究，就是出于这样的动机，并且很好地达到了这样的预期的结果：

（1）应用唯物史观的基本原理分析中国古代社会。马克思关于唯物史观所作的简要表述是：“人们在自己生活的社会生产中发生一定的、必然的、不以他们的意志为转移的关系，即同他们的物质生产力的一定发展阶段相适合的生产关系。这些生产关系的总和构成社会的经济结构，即有法律和政治的上层建筑竖立其上并有一定的社会意识形式与之相适应的现实基础。物质生活的生产方式制约着整个社会生活、政治生活和精神生活的过程。”[①]郭沫若正是根据这一精神，提出“由奴隶制转变为封建制的主要关键当在生产力的发展上去追求”[②]。他把生产力的一定程度的发展视为中国原始社会向奴隶社会转变以及奴隶社会向封建社会转变的决定因素，对中国的奴隶制时代的生产力进行了认真的研究。他认为，中国殷代已经进入青铜时代，农业生产已经是殷代生产的主流，殷用奴隶制和青铜时代相适应；铁的出现和使用在春秋时代，这是由奴隶制转变为封建制的一个关键性因素，也是“古史分期问题的一个关键”[③]。在此基础上，他全面地探讨和分析了中国奴隶制时代生产关系、政权性质和意识形态的状况及其演变过程，作出了中国奴隶制的上限和下限的划分。

（2）应用矛盾分析法，抓住社会的主要矛盾来判断社会的性质和确定奴隶制的下限，解决困难复杂的古史分期问题。在中国奴隶制的研究过程中，他深深地感到社会的发展是异常复杂的。“总是在前一阶段中便孕育着后一阶段的胚胎，在后一阶段中也始终保留着前一阶段的残余”[④]，而且前后两个阶段，“绝不是刀切斧断，特别在过渡时期，它总不免有一些矛盾的错综”[⑤]。加上“年代久远和记载的简单”，“奴隶制下

①《政治经济学批判·序言》。

②《希望有更多的古代铁器出现》，《奴隶制时代》。

③《希望有更多的古代铁器出现》，《奴隶制时代》。

④《关于周代社会的商讨》，《奴隶制时代》。

⑤《关于奴隶与农奴的纠葛》，《奴隶制时代》。

的耕奴和封建制下的农奴，往往看不出有多么大的区别”。[①]这就使奴隶制和封建制的性质更难判定。因此，他的研究走了不少的弯路。新中国成立后，他遵照毛泽东《矛盾论》的指示，采取了抓主要矛盾的方法，使这个问题得到了解决。他说：在写作《奴隶制时代》时，他是“有意识依照着毛主席的指示走路的。那就是抓住封建社会中农民阶级与地主阶级这个主要矛盾，而且特别是地主阶级这个矛盾方面。如果在某一个历史时期中，严密意义的地主阶级还不存在，那么那个时期的社会便根本不能是封建社会的”[②]。他正是用这样的方法，全力找出并分析了中国古代社会的主要矛盾，特别是奴隶制与封建制交替时期的主要矛盾，结论是：殷周社会中占主导地位的生产关系是奴隶制的生产关系，主要矛盾是奴隶主阶级和奴隶之间的矛盾；战国秦汉社会中占主导地位的是封建生产关系，主要矛盾是封建地主阶级和农民阶级之间的矛盾。由此断定，殷周是奴隶制社会，战国秦汉是封建制社会，两种社会形态的交替，在春秋战国之际。

（3）应用全面的发展的观点，量变和质变的规律，区别胚胎因素和残余因素、个别现象和普遍现象，抓住历史的主流因素、支配性的普遍性的因素，从发展上来对奴隶制和封建制中的奴隶和农奴，生产的方式，社会的变革，进行多方面的全面的研究，从而对社会性质作出综合的整体性的判断。如前所述，社会现象是非常错综复杂的，如果没有正确的方法，就容易抓住个别的现象对社会作出错误的判断。他在研究奴隶制的下限的过程中，之所以三次改变时间，就是把复杂的社会历史的演变看得简单化。例如第一次，他把奴隶制下限确定在东西周之交，就是只看到个别国家的所有制关系的变革，忽视了“东周列国发展是不平衡的”[③]。第二次，“把界限划在秦、汉之交”，则主要是根据“秦代依然在使用大量的奴隶”，和陈涉、吴广大暴动的“奴隶革命的性质”而确立的。[④]后来，他总结了以上两次失误，提出“要从全面来看问题，从发展

①《中国古代史的分期问题》,《奴隶制时代》。

②《中国古代史的分期问题》,《奴隶制时代》。

③《奴隶制时代》,《奴隶制时代》。

④《奴隶制时代》,《奴隶制时代》。

来看问题”的原则，[①]特别是“要把握着那确切的生产主流的方式”的要求，通过对整个古代社会的奴隶身份的定性研究，特别是中国主流的生产方式中，各个时期的奴隶的身份、地位和作用的研究，看到了秦、汉时代的奴隶和战国以前奴隶的区别；分析了自鲁国的“初税亩”到商鞅的“废井田，开阡陌”的各国生产关系变革的全过程，以及从鲁国开始到齐、晋和秦、楚各国的政治变革，并从工商业的发展，城市的繁荣壮大和意识形态的变革等，经过慎重的考虑，最后把奴隶制的下限确定在春秋战国之交，并具体地分析了中国奴隶制的三个阶段：殷代是奴隶制的初期，西周是奴隶制发展时期，春秋是奴隶制的解体时期，并论证了秦汉已不是奴隶社会。

此外，在对中国奴隶的定性研究中，他还把古代斯巴达的耕奴“黑劳士”和我国当时凉山彝族奴隶社会的资料，进行了比较研究。

就这样，他不仅令人信服地为我们展示了一幅奴隶社会的图案，而且示范性地为我国学术界介绍了应用唯物辩证法和唯物史观的基本原理分析社会的一整套行之有效的科学方法。它的意义和作用，远远超出了认定中国奴隶制时代这一成果本身的意义。

再次，他对中国奴隶制的研究和肯定，在中国的史学发展上，是破天荒第一次应用马克思主义的历史观和方法论研究中国历史所取得重大的突破性成果，为中国马克思主义史学的创立和发展起了巨大的开拓和推动作用。这是他对中国的马克思主义史学所作出的特殊贡献。

中国的史学史表明，对于我国的奴隶制度，在郭沫若之前，在地主、资产阶级用唯心史观所建构的各种古史体系中，是根本看不到有关奴隶制的描述的，即使在一些号称以唯物史观来研究中国历史的人们中，如新生命派、托陈取消派等，也都矢口否认中国有过奴隶制的历史阶段。是郭沫若首次在《中国古代社会研究》中，提出并初步论证了中国的西周是奴隶制社会，引起了史学界的巨大震动，使“中外的新史家，差不多都以他的研究为出发点”[②]。才开创一个中国历史研究的新领域。并诱导出吕振羽、范文澜、翦伯赞等的西周封建论的新学派的出现。新中国

①《奴隶制时代》,《奴隶制时代》。

② 何干之《中国社会史问题论战》,生活书店1937年版。

成立后，郭沫若在《奴隶制时代》等论著中，全面深入地对自殷周至春秋时代的中国奴隶制社会的论述，更是在学术界取得了多数学者的认同，同时也使西周封建论的学说更加完善和充实，并诱发出了诸如春秋封建论、秦统一封建论、西汉封建论、东汉封建论、魏晋封建论以及党的十一届三中全会以后出现的东周封建论、中唐封建论等众多的古史分期学说，使中国的历史学园地上呈现出了“百家争鸣”和“百花齐放”的景象。

新中国成立后的历史学领域中，在古史分期问题上呈现的多家学说并存的现象表明，尽管郭沫若在中国古史分期的具体论断上，未能得到中国史学界的普遍公认，但是，他所提出的中国历史上存在过奴隶制阶段的论断，已为绝大多数的学者所承认。更重要的是，由他所开创的以马克思主义的历史观和方法论作为历史研究的指导思想和根本方法的观点，已成为中国史学界的共识。这一切表明，他关于中国存在过奴隶制，他应用的研究方法所取得的卓越成就，不仅对中国的马克思主义史学的创建，而且对马克思主义史学的繁荣和发展都起了无可争辩的巨大作用。

新中国成立后，在中国古史分期问题上诸家学说并存的局面也表明，古史分期的问题是一个异常复杂的问题。由于人们对奴隶制本身的理解尚不易统一，加上年代久远和历史记载的简单，人们对于奴隶制和封建制这两个处于低级阶段的社会形态较难识别。同时也说明，郭沫若对中国奴隶制下限的具体论断上，尚有研究不够，或某些偏颇，因而难以得到学术界的普遍公认。但是，这一切丝毫也不能降低他的古史分期学说，对中国马克思主义史学的建立和发展，对中国革命和建设事业起了重大的历史作用和理论价值。

近些年来，某些史学研究者对郭沫若新中国成立后的古史分期学说中的某些学术观点、论证和结论，提出了一些中肯的批评意见，有些人甚至对马克思主义的五种形态学说也发表了异议，这是在党的十一届三中全会的思想路线指引下，学术界思想解放的表现。不过也有人对郭沫若的古史分期学说采取了简单的、粗暴的态度，将它们通通视为谬误，加以抹杀和否定。我们认为，这是不可取的，是违背实事求是的原则的。

在我们看来，不管今后有关奴隶制的理论和史实的研究会出现何种结局，郭沫若的古史分期系统的理论意义和历史作用是无法抹杀的。

二

“百家争鸣”是中国共产党于1956年2月提出的促进科学进步、繁荣社会主义文化事业的方针[①]。它“是在承认社会主义社会中仍然存在着各种矛盾的基础上提出来的，是在国家需要迅速发展经济和文化的迫切要求上提出来的”[②]。所谓“百家争鸣”，实际上就是学术自由的形象说法，就是承认人类对自然和人类社会本身的认识，是在而且只能在是与非、真理与谬误的自由争辩中，不断向前发展的。所以，它是一条符合人类认识规律，符合科学发展规律的正确方针，也是符合马克思主义历史学发展的一条正确方针。

作为中国学术工作的领导人和杰出的马克思主义史学家，郭沫若当然深深懂得“百家争鸣”对于繁荣科学文化事业的重大意义。早在1954年，在全国开展反对胡适派的资产阶级思想的斗争时，他就提醒大家不要因此忽视“学术上的自由讨论”，要求学术界在纠正和批评“自行缴械的投降主义”的同时，“还要充分的展开自由讨论”，把学术上的自由讨论和“对资产阶级错误思想的批判是应有所区别”，并且提出了学术上自由讨论应注意的事项。[③]在党的“百家争鸣”方针正式提出后，他更以欢欣鼓舞的态度，热烈地宣传这个方针，为这个方针的实行献计献策。是他首先邀请陆定一向科学和文艺界作“双百”方针的报告，把党的方针及时传达到广大科学工作者中去。而后他又在报刊上陆续发表了《“百家争鸣”万岁!》《关于发展学术与文艺问题》等一系列文章，谈心得体会，提供实行的措施。在毛泽东《关于正确处理人民内部矛盾的问题》一文发表后，他又根据毛泽东的权威论述，发表过《文化繁荣的高潮必

① 陆定一《“百花齐放、百家争鸣”的历史回顾——纪念“双百”方针三十周年》，载1986年5月7日《光明日报》。

② 毛泽东《关于正确处理人民内部矛盾的问题》。

③《三点建议——1954年12月8日在中国文学艺术界联合会主席团，中国作家协会主席团扩大会议上发言》，《郭沫若文集》第17卷。下同。

然到来》《乌云消散，太阳更加光芒万丈》《进一步展开“百花齐放、百家争鸣”》等文章，谈了自己的体会和认识。“四人帮”被粉碎后，他又一次著文鼓励科学工作者，贯彻“百家争鸣”的方针，“勇于探索，不怕在探索中犯错误”[①]。在众多的谈论“百家争鸣”和学术自由的言论中，他发表了许多符合马克思主义基本精神，反映学术发展规律的正确见解，但是，他也曾追随权威论述，讲过一些不甚科学的言论，一定程度上起到了压制“百家争鸣”，堵塞学术自由之路的不良后果。归纳起来，他关于“百家争鸣”的言论如下：

（一）正确地论述了“百家争鸣”和学术自由的必然性和迫切性。在批判胡适思想时，他就指出：“学术上的自由讨论，可以说还是在揭发错误阶段上的不同意见的论争，经过论争的结果，由不同之中而得出同，辨别谁是谁非，以得出一个正确的结论。如果正确的结论一时得不出，尽可以使不同的意见在一定的时期内同时存在。不同意见的同时存在并不一定会引起思想上的混乱，因为矛盾在真理的照明之下总是要得到解决的。我们的任务就是根据真理来促进矛盾的解决。旧的矛盾解决了，新的矛盾又可能产生，又需要在新的情况之下给予解决。这样蝉联下去，就使我们的学术水平和文化水平不断提高”[②]。他还总结了历史经验，指出：“凡是自由讨论的风气旺盛的时代，学术的发展是蓬蓬勃勃的；反之便看不到学术的进步，连社会的发展也因而停顿了”[③]。在“双百”方针提出后，他更从理论和历史上作了论证，说：“在新旧交替的时代，一切意识形态必然展开出全面的斗争，既要批判旧的，又要建设新的，新与旧之间有斗争，新与新之间也有斗争”，“在新文化的建设中，有尝试，有竞赛，在各个方面都有各种各样的尝试，因而在各个方面之间有竞赛，在每一个方面之内也有各种各样的竞赛。这就必然形成‘百家争鸣’的局面”。[④]又说：“每逢社会发展达到了一个划时期的阶段，在文化活动中总要或早或迟地呈现出一个‘百家争鸣’的局面，这是社会经济激烈变

①《理论工作上要有勇气》，载1978年3月11日《人民日报》。
②《三点建议》。
③《三点建议》。
④《演奏出雄壮的交响曲》，载1956年7月1日《人民日报》。

动在意识形态上的反映，它不仅表现了新生的和垂死的意识形态的斗争，也表现了人们对于新社会，对于促进新社会的产生的各种不同的希望和看法。”①总之，在他看来，学术上的自由讨论或“百家争鸣”，是学术上的是与非，新与旧的矛盾获得解决的根本途径，是被历史反复证明了的一种文化和科学繁荣的必由之路。他的这种论述，无疑是从根本上论证了这一方针的正确性和合理性，有利于更好地贯彻这个方针。

（二）关于社会主义时代“百家争鸣”的特点和性质问题。他认为：“历史发展的阶段不同，因而每个阶段‘百家争鸣’的实质也各不相同”②。他说：“我们这个时代‘百家争鸣’的特点，比五四运动也更进了一步，就是在各科学术研究中的社会主义竞赛，或者是在每一种学术研究中的社会主义竞赛。一切的学术研究工作都是为了更好地建设社会主义。”③又说：“我们今天要‘百家争鸣’，目的是要保证在十二年内基本上建成社会主义社会”。“今天的‘百家争鸣’是以建设社会主义，更进而建设共产主义作为我们的母题（Motive），我们是围绕着这个母题来组织我们的管弦乐队，演奏出史无前例的雄壮的交响曲”。④正是基于这样的认识，我们这个时代的学术上的自由讨论和“百家争鸣”，必须“在马克思主义的旗帜下”进行，是为了“以马克思主义这个真理来战胜和克服资产阶级的错误思想”。⑤他说：“既然一切学术工作都是为了更好地建设社会主义，那么我们就有必要更好地学习马克思列宁主义，更好地结合中国的实际来运用马克思列宁主义”，⑥“不是无限制的鼓舞个人主义的自由”⑦和“毫无限制的放纵”⑧。“说得更清楚一点，便是我们的百花要为社会主义建设而齐放，我们的百家要为社会主义建设而争鸣。一切为了社会主义。在这个总方向之下，尽量发挥各人的个性和天才，发挥个人的潜在力量。”⑨

①《关于发展学术与文艺问题》，《郭沫若文集》第17卷。
②《“百家争鸣”万岁！》，载1956年8月26日《大公报》。
③《“百家争鸣”万岁！》。
④《演奏出雄壮的交响曲》。
⑤《三点建议》。
⑥《“百家争鸣”万岁！》。
⑦《文化繁荣的高潮必然到来》，《郭沫若文集》第17卷。
⑧《文化繁荣的高潮必然到来》，《郭沫若文集》第17卷。
⑨《关于发展学术与文艺问题》，《郭沫若文集》第17卷。

正是因为这样，他认为，我们的“百家争鸣”，首先是在马克思主义旗帜之下的各种不同意见之间的争鸣。“例如拿历史研究来说，关于古代史分期问题，关于近代史的分期问题，关于汉民族的形成问题，等等，国内国外同在马克思主义旗帜之下便有不少的不同意见。”[①]因为以马克思主义为指导和作标准，“并不代替学术上的结论，学术上的结论是每个学者运用马列主义在学术上探讨的结果，并且正是通过‘百家争鸣’来探讨的。因此，学习马列主义并不妨碍‘百家争鸣’”。[②]他认为，除了在马列主义范围内的争鸣之外，其他学术观点，例如反对马列主义的唯心主义者，“也一样可以争鸣，他们完全有发表自己的意见的自由，我们敢于接受一切唯心主义学派的挑战，正如有本领的医生敢于接触各种病人一样。我们是要求采取自由讨论的方式，以思想来克服思想，以理论来克服理论。在自由争论中来抵制资产阶级唯心主义，这将是我们‘百家争鸣’的特点之一”。[③]

以上郭沫若关于我们时代“百家争鸣”的目的是为了建设社会主义，必须在马克思主义的指导之下来进行，不是自由主义的放纵的论断，在原则上是正确的。但是，他由此把“百家争鸣”的不同意见的争论的范围限制在马列主义观点的范围内，把其他不同的学术观点归结为资产阶级的错误思想，归结为唯心主义，视为病人，是批判和克服的关系，这就不仅把“百家争鸣”的范围大大地缩小了，而且也与学术争论的实际情况不符。人类认识史表明，人们对自然界和人类社会的认识，是一个非常复杂的过程，学术观点的正确与谬误呈现出非常丰富的情况。不要说自然科学，即使是社会科学范围内也不能简单地用马克思主义和非马克思主义，无产阶级与资产阶级，唯物与唯心的非此即彼加以绝对区分，更不要说把一方视为绝对正确，一方为完全错误。学术上的是非问题，只能通过平等的“争鸣”来求得认同或克服。新中国成立以来的学术工作的实践已经反复表明，郭沫若的这种论断，不仅不能正确指导“百家争鸣”的开展，反而堵塞了“百家争鸣”之路，因而是不妥当的。

---

①《三点建议》。

②《“百家争鸣”万岁！》。

③《“百家争鸣”万岁！》。

（三）从学术领导的角度，提出了许多宝贵的意见。早在批判胡适思想时，他就为学术上的自由讨论，提出过开展“建设性的批评”的建议：明辨是非，分清敌友，与人为善，言之有物的十六字方针。其中前八个字，主要是对学术工作的领导者而言的。后来他又在其他文章中，进一步展开了这方面的意见：

（1）明辨是非。他说：“学术批评的目的首先就是要明辨是非。要明辨是非，我们就必须依据马克思列宁主义这个标准。”①为此，首先他指出，在马列主义的真理面前，“不论‘大人物’或者‘小人物’，不论党员或者非党员，在真理面前是一律平等，谁都有权利，根据真理来作是非的判断”②。进而指出：“要打破崇拜权威的思想，‘大人物’与‘小人物’要一律平等看待，在真理面前，对任何权威都不应该客气”③。其次，他主张在学术的讨论中，“应当有批评，也要有反批评；对于即使是少数人的意见也不应当轻视。在学术讨论上是不能允许‘无原则地少数服从多数的’。要倾听少数人的意见，同时也应当允许少数人坚持自己的主张”④。又说：在“百家争鸣”中，“在学术上展开自由争论，要使不同的意见充分发挥，决不能轻易地下结论。在讨论中，少数人的意见应当受到尊重，因为多数人的意见不一定就是最正确的意见”⑤。从而把学术自由与政治上的民主表决区别开来。再次，他还提出在“百家争鸣”中，必须反对教条主义、关门主义，实行学术上的开放政策，主张不但要结合实际向苏联学习，也要和“世界各国学术界有更多的接触”，学习资本主义国家的自然科学，学习这些国家的古典的和近代的学术著作，“即使是唯心主义的学说，我们也都不拒绝”，认为“在吸收世界各国文化的基础上，进行自由讨论，这将是我们的‘百家争鸣’的另一特点”。⑥最后，他还提出反对在学术讨论中的命令主义，说科学研究，“必

①《三点建议》。

②《三点建议》。

③《关于文化学术界应开展反对资产阶级错误思想的斗争——对〈光明日报〉记者的谈话》，载1957年6月27日《光明日报》。

④《关于文化学术界应开展反对资产阶级错误思想的斗争——对〈光明日报〉记者的谈话》，载1957年6月27日《光明日报》。

⑤《“百家争鸣”万岁！》。

⑥《“百家争鸣”万岁！》。

须经过自觉的独立思考。命令主义会妨害独立思考和创造性，其结果会使精神生产活动遭受损害，有时更生出反作用和逆效果。”[①]

以上郭沫若关于贯彻“百家争鸣”方针，实行学术上自由讨论所提出的四项原则性意见，除了以马克思列宁主义作为明辨是非的标准的提法，违背实践是检验真理的标准的精神，会导致学术争论中的教条主义以外，我们认为都是十分正确而精辟的，也是“百家争鸣”方针提出以来的独特的真知灼见，是他留给我们的宝贵的遗产。

（2）分清敌友。他认为，要达到明辨是非的目的，“必须分清敌友”。早在批判胡适思想时，他就说：“我们的敌人是资产阶级唯心论的反动思想，我们一定要毫不容情地集中火力来打倒它。对于愿意学习马克思列宁主义的朋友，我们应当欢迎；如果他们在思想上有错误，我们应当采取说服和帮助的态度”。[②]“双百”方针提出后，又说：对于“反革命的创作和言论，应该没有它的自由”。[③]

以上郭沫若关于“百家争鸣”中，必须依据国家的法律，在政治上区分敌我，不给反革命分子以反革命的言论自由，把“百家争鸣”限制在人民内部的学术争论的范围，无疑是必要的。

（四）对学术工作者的要求。“双百”方针提出前，他就指出，学术工作者为了更好地参加学术上的自由讨论，应该学习马列主义，讨论中采取“与人为善”的态度，严以责己，宽以待人；在学术批评上要“言之有物”，“有周到研究，有确凿的证据，有坚实的内容，有正当的道理”，并提出“没有研究没有发言权”[④]。在“双百”方针提出后，他进一步提出“学习马克思列宁主义，熟读毛主席的著作，吸收苏联的先进经验”的要求，认为不这样，“就会‘鸣’得不落谱，‘争’不出一个名堂”，同时提出学习“任何国家、任何民族的长处的问题”。[⑤]为了真正学好马克思列宁主义，他还提出了“反对教条主义”，反对“机械搬运”苏联经验，反对“盲目崇拜权威”。他尤其提倡“发扬实事求是的精神”的

①《关于发展学术与文艺问题》。
②《三点建议》。
③《乌云消散，太阳更加光芒万丈》，《文史论集》，人民出版社1961年版。
④《关于发展学术与文艺问题》。
⑤《演奏出雄壮的交响曲》。

问题，说：“‘百家争鸣’是为了在切磋琢磨自由讨论中来开展真理。所以参加这个争鸣的学者，从个人的主观的要求来说，应该具备实事求是的精神”。[1]又说：“‘百家争鸣’在社会主义制度下的‘百家争鸣’，应该从实事求是的精神出发，经过争鸣，而求得进一步的实事求是，也就是要把革命热情和科学分析结合起来，使学术得到健全的发展”。又说：所谓“实事求是”，“说得平易一点，就是提事实，讲道理”，“要有调查研究，才有发言权”。“我们要用集体的办法来热情地从事求是的工作，那就是争鸣。我们要共同研究或个别研究，提出事实和道理来争辩，相互影响，共同提高”。总之，“要从实事求是的精神出发，经过争鸣，求得进一步的实事求是。这样不断地展开，不断地争鸣下去，就可以使学术界也‘百花齐放’了”。[2]直到逝世之前，他还总结十年浩劫的痛苦经验，又向学术界提出“在理论工作上要有勇气”的建议，要大家“勇于探索，不怕在探索中犯错误。有勇气坚持真理，也有勇气改正错误”。[3]以上言论，归结起来就是向学术工作者，提倡一种真正的科学态度，通过真正的科学研究，以创造性的成果来参加“百家争鸣”。这可以说是他自己长期从事学术研究和学术论争的经验之谈。

以上郭沫若关于“百家争鸣”和学术自由讨论的论述，我们认为基本上概括了历史经验和反映了学术发展的客观规律，也是基本上符合马克思主义的基本精神的。尤其是关于学术平等和区别学术上的自由与政治上的民主表决的言论，更是具有独到的见解。但是，由于缺乏在社会主义制度下贯彻“百家争鸣”的经验，对于区分政治上的阶级斗争和学术上的自由讨论的问题，还失之笼统和简单。我们的任务，就是要在郭沫若的论述的基础上，认真总结以往的经验教训，发扬他的正确的见解，避免他的失误，促进学术上的“百家争鸣”的方针的切实执行。

（原载《郭沫若研究》第10辑，文化艺术出版社1992年版）

①《进一步展开“百花齐放、百家争鸣”》，《文史论集》。

②《进一步展开“百花齐放、百家争鸣”》，《文史论集》。

③《理论工作上要有勇气》，载1978年3月11日《人民日报》。

扬弃旧史学　创建新史学

——郭沫若对胡适、古史辨史学的扬弃

郭沫若创建的马克思主义的新史学，是他在唯物史观的指导下，科学地扬弃中国的传统学术的结果。其中包括师承了罗振玉、王国维在甲骨文、钟鼎铭文和殷周史的成果，也包括对胡适和古史辨派在古籍考证、古史和先秦诸子学研究成果的批判摄取。

关于郭沫若在学术上师承罗、王，而又极大地发展了罗、王的事实，不少学者已做过全面的系统的评述。但是，对于他与胡适、古史辨史学的关系，则很少人涉及，更未见进行过全面地评述。这成了郭沫若史学的一个空白点。因此，填补这个空白，不但是全面探讨郭沫若史学源流的需要，也是借鉴郭沫若的治史经验，进一步推进马克思主义史学的需要。

一

只有科学地扬弃旧史学，才能创建马克思主义的新史学。这是郭沫若在创建马克思主义史学的初始阶段就认识到的。为此，他在提出了以科学的方法，来“清算过往社会的要求”[①]的同时，又提出了：一、“以罗王二家之业绩为出发点”；二、对胡适的“整理”工作，“全部都有从新‘批判’[②]的必要”的任务。[③]

关于“批判”胡适的问题，他当时说：

①《中国古代社会研究·自序》。
②《中国古代社会研究·自序》。
③《中国古代社会研究·自序》。

胡适的《中国哲学史大纲》，在中国的新学界上也支配了几年，但那对于中国古代的实际情形，几曾摸着了一些儿边际？社会的来源既未认清，思想的发生自无从说起。所以我们对于他所“整理”的过程，全部都有从新“批判”的必要。

我们的“批判”有异于他们的“整理”。

“整理”的究极目标是“实事求是”，我们的“批判”精神是要在“实事之中求其所是”。

“整理”的方法所能做到的是“知其然”，我们的“批判”精神是要“知其所以然”。

“整理”自是“批判”过程所必经的一步，然而它不能成为我们所应该局限的一步。①

新中国成立后，他在回顾自己转向中国古史研究的心态时，又说：他当时是怀着“向搞旧学问的人挑战，特别是想向标榜‘整理国故’的胡适之流挑战”②的心情，才从事古史研究的。

以上表明，郭沫若在马克思主义史学创建过程中，一开始就是把胡适认为自己的主要对手，试图通过对胡适的《中国哲学史大纲》为代表的“整理”成果的“全面批判”，克服其歪曲和谬误，取得超越性的新成果，作为自己治史的职志和目标的。这不仅表明了他一开始就有蔑视资产阶级学者的抱负和气概，也表明了他洞察当时学术界的锐利目光，准确地选中了他的“批判”对手和超越的目标。

的确，当时胡适是一位有着很大影响的资产阶级学者。这不仅由于他在1919年2月出版的《中国哲学史大纲》在学术界得到了承认，更由于他提倡的“整理国故”的运动，增加了他的声势，使他在学术界取得权威的地位。《中国哲学史大纲》一书，可以说是中国资产阶级史学兴起以来，真正用资产阶级的近代科学方法，撰写的一部中国先秦的思想史著作。这部书不仅在哲学史的研究对象、任务、范围和研究方法上，提出一整套与以往的封建和半封建的学术史不同的新见解，而且运用“科

①《中国古代社会研究·自序》。

②《金文丛考·重印弁言》，1952年10月27日。

学的方法”对先秦诸子典籍和先秦文献进行重新审定。在此基础上，对先秦的古史和诸子学说，提出了一系列全新的看法。被蔡元培誉为是具有“证明的方法”“扼要的手段”“平等的眼光”“系统的研究”等优点的学术新著。他的这部著作，和“整理国故”的口号，“存疑主义”和“重新估定一切价值”的学术主张，在学术界产生了广泛的影响。一个以“疑古”为标榜，以顾颉刚为代表的古史辨学派，就在他的影响下，于20世纪20年代初兴起。这个学派不仅对中国古史提出了与中国传统的封建史学不同的见解，而且在乾嘉史学的基础上，对古史、古地、古人和古书进行了更全面系统的考订，取得了新的卓越的成就，为我国的古史研究提供了经过较为严密考证的文献资料，对当时史学有着很大的影响。但是，由于胡适和古史辨派学者所奉行的历史哲学和治学方法的局限，加上资产阶级的偏见，他们的古史研究，包括文献考证上的成就，都不能估计过高。用郭沫若的话来说，就是，他们的古史认识，“几曾摸着了一些儿边际?”他们的“整理”，充其量只是在追求“实事求是”，知道历史的“所以然”。一句话，他们的“整理”工作，不过是“批判”过程中，“所必经的一步”而已。至于古史辨的史料工作，全然成绩不少，但“也不能说已做到了毫无问题的止境”。[①]这就是郭沫若进入史学领域时，面临的史学界的基本状况。

正是基于上述状况，郭沫若深深地意识到，马克思主义者要建立起超越以胡适、古史辨派为代表的旧史学，就必须担当起全面“批判”他们的史学的任务。

但是，“批判”不是全盘抹煞，而是“批判地扬弃”和“批判地摄取”，[②]是科学的扬弃，就是对前人和同时期人的学术成果，采取具体分析的态度，通过自己的认真研究，对正确的，合乎事物本来面目的内容，予以肯定和承认；错误的，歪曲地反映事物的内容，则在指出其错误和歪曲所在，然后加以抛弃。为此，他曾指出，“笼统地排斥国学，排斥国学研究者，这与笼统地宣传国学，劝人做国学研究者所犯的弊病是同一

①《十批判书·古代研究的自我批判》。
②《沸羹集·新陈代谢》,《郭沫若文集》第1卷。

的，同是超越了自己的本分而扰乱了别人的业务”。[①]又说，为了进行科学的扬弃，他不论对前人的学术观点是属于那一派，做到“不偏向那一派，那个可靠，就取那一个”。[②]总之，为了对前人的学术成果进行科学的批判、扬弃，他是明确主张反对笼统和简单化，反对门户偏见的。正是本着这种态度，他在提出全面批判胡适以及古史辨派的史学任务的同时，他多次表示过对他们学术成就的肯定的评价。例如，他说过，“胡适的见解，比起一般旧人来，是有一些皮毛上的科学观念的”[③]。他认为包括胡适在内的古史辨史学，在古代文献辨伪方面，“全然不能说已做到毫无问题”，但确已做得“相当透彻”了。[④]甚至说：顾颉刚提出的“层累地造成的古史的观点，的确是个卓识。”[⑤]他还批评过当时的马克思主义的新史学家，“对于文献的批判根本没有做够，不仅《古史辨》派阶段没有充分达到，甚至有时比康有为、阎百诗都要落后，这样怎么扬弃旧史学呢?”[⑥]

为了真正做到科学地扬弃包括胡适和古史辨派在内的旧史学的成果，他努力进行了对旧学的研究，“对秦汉以前的材料”，“差不多被我彻底剿翻了。考古学上的、文献学上的、文字学、音韵学、因明学，就我所能涉猎的范围内，我都作了尽可能的准备和耕耘”。[⑦]这样，他又具备了批判的扬弃的主观条件。

由于他对胡适和古史辨派的史学，采取了科学的扬弃态度，加上又具有这种扬弃的主观条件，就使他的系列研究成果：《中国古代社会研究》《青铜时代》《十批判书》《奴隶制时代》等，不但在古代历史，特别是古代思想史方面，而且在古文献资料的考证方面都有许多重大的进步，实现了真正的学术上的超越，创建了马克思主义的新史学。

①《整理国故的评价》。
②《论古代社会》,1942年。
③《中国古代社会研究·附录·追论及补遗》。
④《十批判书·古代研究的自我批判》。
⑤《中国古代社会研究·附录·追论及补遗》。
⑥《十批判书·古代研究的自我批判》。
⑦《十批判书·后记》。

二

郭沫若对胡适和古史辨史学的科学的扬弃，首先表现在通过对他们的古籍辨伪、时代、作者等方面的考证结果的辩难、认同和立异，取得许多新的进展，为中国马克思主义新史学的创建，确立起一个比较扎实的史料学基础。

作为一名唯物史观的真诚拥护者，郭沫若深深懂得，广泛地搜集材料，对已有文献资料的真伪、时代和作者进行科学的考证，是使历史学成为真正的科学认识的极端重要的工作。他说："研究历史，和研究任何学问一样，是不允许轻率从事的。掌握正确的科学的历史观点，是非常必要，这是先决问题。但有了正确的历史观点，假使没有丰富的正确的材料，材料的时代性不明确，那也得不出正确的结论。"[①]又说："无论任何研究，材料的鉴别是最必要的基础阶段。材料不够固然大成问题，而材料的真伪时代性未规定清楚，那比缺乏材料还更加危险。因为材料缺乏顶多得不出结论而已，而材料不正确便会得出错误的结论，这样的结论比没有更为有害。"[②]正是因为这样，他对胡适和古史辨史学的批判，首先就集中在对他们的文献资料方面的考证成果方面来进行，通过自己的认真研究，他看到包括胡适在内的古史辨学派，在古籍的真伪、作者和时代的考证方面，都已取得了相当可观的成就。他曾因为自己开始时，一度由于感情作用，对他们加以蔑视和讥笑表示自我批评，说，"现在自己研究了一番过来，觉得他的识见是有先见之明"的，古史辨的贡献是"在旧史料中凡作伪之点大体是被他道破了"。[③]但是，他认为顾颉刚等的工作也未做到"毫无问题"，尤其在古籍的时代性考证上还刚刚开始。至于胡适，他认为"他所用的方法，并不科学"，所以他的许多考证论断，或"理由殊欠充分"，或"根本错误"。[④]正是这样，他对胡适和古史辨派

①《中国古代社会研究·一九五四年新版引言》。
②《古代研究的自我批判》。
③《中国古代社会研究·附录·追论及补遗》。
④《屈原考》。

的史料考证成果的批判，不但有批评、否定和抛弃，也有许多地方予以肯定和认同。在一定意义上，可以说认同多于抛弃和立异，但是，无论是认同和立异，都是经过自己认真研究后的一种科学的扬弃，一种真正的超越。现在列举主要事实如下：

（1）关于《周易》的制作时间问题。

《周易》的制作时代，司马迁提出“文王拘而演《周易》”[①]，班固则提出伏羲氏“始作八卦”，文王“重演六爻”，孔子做“《十翼》”，“人更三世，世立三古”。[②]从此，《周易》被认为是最古老、最神圣的古籍。

胡适在《中国哲学史大纲》中，一反前人的历史成论，说“《易经》除去《十翼》，止剩得六十四卦，六十四条卦辞，三百八十四条爻辞，乃是一部卜筮之书，全无哲学史料可说”。但又把它用来说明孔子的哲学思想，说“孔子学说的一切根本，依我看来，都在一部《易经》”。胡适的观点剥去了《易经》的神秘外衣，但其时代的认定却十分粗疏。顾颉刚进而从《易经》卦爻辞中的故事，对《易经》作年代的考证，推定可能是西周初年的作品，不能晚于周成王时代。[③]《易传》则大部分是战国时期的作品。[④]而《系辞传》则是西汉京房一流人的作品。[⑤]这就较胡适的考证大大前进了一步。

郭沫若刚开始时，曾接受了传统的观点，把《周易》“认为殷末周初的作品”，把它用作“研究殷末周初的资料”，犯了错误。[⑥]后来经过认真的研究，他认同了顾颉刚的论断，说顾的《论〈易系辞传〉中观象制器的故事》一文，“把这件事论证的很透彻”了，认定八卦“大部分是既成文字诱导出来的”，其构成时代不“出于春秋以前”，与文王、孔子均无关系等。[⑦]他的考证在《周易》产生的时代略有不同。他还更充分地推翻

①《报任少卿书》。

②《汉书·艺文志》。

③《周易卦爻辞中的故事》。

④《论〈易系辞传〉中观象制器的故事》。

⑤《论〈易系辞传〉中观象制器的故事》。

⑥参见《周易时代的引言丛注》和《古代研究的自我批判》。

⑦《〈周易〉之制作时代》。

了孔子的《十翼》的历史成说，并具体认定“《易》之作者当是馯臂子弓”[①]。郭沫若上述关于《易经》和《易传》的时代和作者的考证，作为一种学术观点，当然不能视为定论。但它与胡适、顾颉刚的论断参照起来看，无疑是沿着二人的足迹前进的。当然这种前进，不是简单的认同，是经过研究的再思考、再论证，在新的基础上认同、立异与更新。是一种学术上的前进。

（2）关于《今文尚书》《诗经》的时代和真伪的考证。

《尚书》历来被视为中国最古的史书，但自清初阎若璩考定《古文尚书》为伪书后，《今文尚书》被认为真书；《诗经》真伪问题较少争议，而其时代性则需要进一步的认定。

在《中国哲学史大纲》中，胡适进一步提出：“二十篇的‘真古文’，依我看来，也没有信史的价值”，认为他是儒家造出的“托古改制”的书，是“歌功颂德的官书”。他认为古书中，只有《诗经》“可算得中国最古的史料”，如它记载日食的史料，有“科学上的铁证”。稍后，他进而断言《诗经》不是经典，“是一部古代的歌谣总集”，可以用作社会史、政治史和文化史的材料；孔子没有删《诗》，也不是一个时代辑成的，也不成于一人之手。[②]顾颉刚进一步对胡适的论断进行考证。早在“层累的造成的中国古史”说提出时，他就认定，从时代上看，《诗经》早于《论语》，《论语》又早于《今文尚书》的虞夏书：即《尧典》《皋陶谟》《禹贡》等。而《诗经》则作于西周中叶和春秋时代。[③]进而他一反以往某些古书的时代的排列，建立起新的古史的资料观点。[④]

应当说，郭沫若对《诗》《书》的看法，开始时，并不是直接来自胡适和顾颉刚等人，而是受清代今古文之争的影响，并参照当时考古学成就，经过自己思考提出的。对于《今文尚书》的虞夏书，他认为也是“完全不可靠”的，完全是“儒家的创作”，因而“在研究儒家的哲理上是必要的资料，但要作为古代的信史，那是断断乎不可”[⑤]的。他认为，

---

①《〈周易〉之制作时代》。
②《谈谈诗经》。
③《与钱玄同先生论古史书》。
④《古史辨》第一册《自序》。
⑤《〈诗〉〈书〉时代的社会变革与其思想上之反映》。

《诗经》“从时代来讲，《周颂》里面有几首诗是最早，确是周初的东西。《小雅》里面的几篇较迟，有的当迟到东迁以后。《七月》最迟，确实是春秋中叶以后的作品”[①]。这些论断，与胡适和顾颉刚的考证、判断有类似之处，正像他后来所说：读了顾颉刚的《古史辨》第一册，“我发现了好些自以为新颖的见解，却早已在此书中由别人道破了”。许多问题上，与“鄙见不期相同，但却都是先我而发”。表示了他对古史辨派在史料考证上的认同。这一事实说明，真正的科学的考证，是能够而且一定会达到共识的。

（3）关于老子其人和其书的争论。

这是一个聚讼很久的问题。司马迁在《史记·老子列传》中，提出了老子其人的三种说法。胡适沿用《庄子》和《史记》的旧说，以老先孔后，《老子》先于《论语》，安排《中国哲学史大纲》的排列顺序。梁启超首先提出相反意见，判定《老子》“成书年代约略在战国中叶是为多数人所一致”[②]的意见。20世纪30年代初，顾颉刚撰文表示赞成梁说，认定“老聃是杨朱宋钘后的人，已当战国的中叶”，《老子》所包含的时代为“上至春秋时的‘以德报怨’，下至战国末的‘绝圣弃智’，大约有三百年的历史”，《老子》后于《庄子》。[③]从而引起一场关于老子其人和其书的时代问题的大争论。

郭沫若关于老子其人和其书的看法，就在这场论争中，形成起来而成为颇有影响的一家之言。他提出：“老子即是老聃，略先于孔子，曾经教导过孔子”，根据就是《庄子》《韩非子》和《吕氏春秋》的有关记载。在当时参加争论的诸家中，他以为唐兰的观点“近是”，认为“老子确是孔子之师老聃，《老子》书也确是老聃的语录，就和《论语》是孔子的语录，《墨子》是墨翟的语录一样，特集成《老子》这部语录的是楚人环渊”。又说：“《老子》虽然不是老聃手草，但其中的主要思想，仍然是老聃的创见”。根据是：《史记·孟荀列传》记载有“环渊著《上下篇》；

①《由周代农事诗论到周代社会》。
②《评胡适之〈中国哲学史大纲〉》。
③《从〈吕氏春秋〉推测〈老子〉之成书年代》。

《史记·老子列传》所指的关尹，即环渊，关尹环渊均一声之转”。[1]总之，“老子的《道德经》是纂成于战国时人的环渊”[2]的。郭沫若的上述见解，虽然至今未能定论，但被认为是“所举例理由比较有力”，但也有“臆断”之处的一种观点。[3]他的见解，与胡适稍相接近，与顾颉刚则大相径庭，显然是自成一说的。不过，受到胡适、梁启超和顾颉刚等人所引起的这场争论的影响和启示，是毋庸讳言的。

（4）关于屈原的有无其人和楚辞作者问题与胡适的全面对立。

屈原，自司马迁在《史记》中为其立传以来，被许多史学家和文学家视为楚国的重要历史人物，中国文学史上重要的文学大家。但是，“五四”以来，四川的廖平和胡适却提出了屈原无其人的问题，进而也波及楚辞的作者问题。在1922年的《读〈楚辞〉》中，胡适开宗明义就提出“屈原这个人究竟有没有”的问题。他的理由是，《史记·屈原贾生列传》不可靠；屈原被视为“忠臣”，而“忠臣在汉以前是不会发生的”，所以，“屈原是一种复合物，是一种‘箭垛式’的人物，与黄帝周公同类”。认为《楚辞》前二十五篇绝非成于一人之手，《天问》显系“后人杂凑起来的”，《九歌》也“与屈原传说绝无关系”。他强调说：“屈原的传说不推翻，则《楚辞》只是一部忠臣教科书，但不是文学”。

郭沫若自幼喜欢屈原这个光辉形象，为了正确回答胡适提出的疑问，从20世纪30年代起，他毕生都在从事屈原和《楚辞》的研究，撰写过数以十计的论著和剧作，分析屈原的时代，考证屈原的存在、身世和作品，评论屈原的思想和艺术，翻译屈原的辞赋，并把屈原的形象搬上舞台和银幕。他的集大成的论著为《屈原研究》一书。经过研究，他认为胡适否定屈原其人的理由，“骤看都觉得很犀利，但仔细检查起来，却一项也不能成立”[4]。他指出，早在司马迁以前，贾谊和刘安就谈到过屈原其人，所以《屈原传》“纵使有疏失和为后人所窜改的地方，而在大体上是不能推倒的”。他还根据《离骚》把屈原的生卒年月日都考了出来。进而

---

① 均见《老聃、关尹、环渊》。

②《先秦天道观之进展》。

③ 张岱年：《中国哲学史史料》。

④《屈原研究》。

他指出，《九歌》与《离骚》一样，“应该还是屈原的作品”，前者作于“早年得志的时分”，后者则作于“被放逐之后”。他还认为，《天问》“要算空前绝后的第一等奇文字”，“在研究中国古代史上可以说是极重要的一项资料，它替我们保存下了无数古代的神话传说”，“单就它替我们保存下来的真实史料而言，也足抵得过五百篇《尚书》”。这样，他就提出了与胡适等的完全相异的立论。他的这些论断，有着很大的说服力。

尽管如此，他也不否认胡适提出这一问题的学术价值，他认为问题提出的本身，就是当时新文化运动中怀疑思潮的产物，“胡适提倡实验主义，主张用科学方法批判文化遗产是好的”。因此，“象廖、胡的怀疑，我们不好说他们多此一举。因为对学术采取多怀疑、多研究的态度，才会有进步。同时经得起批判的才是真实的”。他的这些论断是冷静、理智和平允的，称得起是科学地对待资产阶级学术的范式。[①]

（5）围绕《说儒》对几个文献资料的考证、立异。

《说儒》是胡适作于1934年的得意之作，被顾颉刚视为是他转向“信古”之后的作品。在这篇论文中，他把“儒”放在殷亡后的五六百年间，殷周文化逐渐融合的广阔文化历史背景下来加以考察，提出，儒本是殷氏族的奴性宗教，到孔子才“改变到刚毅的儒”。在文献资料方面，除一般的秦汉时期文献外，主要是以《周易》关于“儒”的文字，和《诗经》《正考文鼎铭》作为论据。这样，在《中国哲学史大纲》中曾被他否定的史料或时代提后的某些资料，又自行提前，哲学史产生时代也提前到殷末。

对于《说儒》一文，郭沫若写了《驳〈说儒〉》，花力气进行了批驳。他认为中国文化导源于殷人，但其开花期则在春秋时代奴隶制动摇起来的时期，“而儒开其先”。说：“儒应当本来就是‘邹鲁之士缙绅先生’们的专号。那在孔子以前已经是有的，当是春秋时代的历史的产物，是西周奴隶制逐渐崩溃中所产生出来的成果”。在资料上，他认定胡适所据以立论的《周易》，不是殷亡时殷人的作品，而是“后起的，事实上连孔子本人也没有见过”。至于胡适屡屡征引的《正考文鼎铭》则“更加不

① 本题郭氏论断引文均见《屈原研究》。

可靠”，因为其“前半是剽窃《庄子》，后半是摹仿《檀弓》”的。至于《诗经》的《玄鸟》，他认为“并非预言诗”。《周礼》有“儒”字，“但那并不是孔子以前的书，而且是经过刘歆窜改过的”。[①]由于《驳〈说儒〉》是在坚实文献资料考辨的基础上的，所以被顾颉刚誉为当时批评胡适《说儒》的论文中，逼得他“不敢回答”的最有份量的文章。

以上事实表明，“五四”以来，胡适、顾颉刚等人，在西方近代资产阶级思想和方法指导下，在古文献资料的考证方面，作出了新的努力，形成了《中国哲学史大纲》《说儒》《古史辨》等一些有一定学术价值的成果。而郭沫若在创建新史学的过程中，以马克思主义的新眼光和新方法，对这些成果重新审视，全部“批判”，既有立异，也有认同，更有新的基础上的发展，形成了像《青铜时代》《古代研究的自我批判》等文献考证方面的重要成果，为开创中国的马克思主义新史学奠定了史料学的基础。

三

如果说在古文献资料的考证方面，郭沫若对胡适、古史辨派的批判，虽有否定和立异，而主要是科学的认同的话，那么，我们认为在中国古代社会史、先秦思想文化史或诸子学方面，他对胡适和古史辨派的“批判”，特别是对胡适《中国哲学史大纲》《说儒》的“批判”，则主要是批判性的否定、超越，尤其是着眼于抛弃其虚伪的阶级的粉饰，形成了全面的、根本观点上的对立。其主要表现如下：

（1）关于中国古史的开端。

基于怀疑主义的观点，胡适否认《周易》《尚书》的史料价值，只承认《诗经》是“中国最古的史料”，加上未能利用考古学成果，因此，他的《中国哲学史大纲》，把中国古代哲学史的上限断在东周，或称“诗人时代”，“丢开唐、虞、夏、商，经从周宣王以后讲起”。提出，“以现在中国考古学的程度看来，我对于东周以前的中国古史，只可存一个怀疑

---

① 均见《驳〈说儒〉》。

的态度。至于‘邃古’的哲学，更难凭信了”。[①]稍后，他又说：“我以为我们现在的哲学史只可从老子、孔子说起。用《诗经》作当时时势的参考材料”。并把他的古史观概括为“现在先把古史缩短二三千年。从《诗三百篇》做起。将来等到金石学、考古学发达上了科学轨道以后，然后用地底下掘出的史料，慢慢地拉长东周以前的古史”。[②]到了20世纪30年代，随着考古学的新进展，和对《周易》等书的“信古”看法，在《说儒》中，才把中国古代史的开端“拉长”到殷末，把儒放在殷亡以后五六百年间来考察。正像顾颉刚所说，胡适的大胆论断，“把我们一班人充满三皇五帝的脑筋骤然作一个重大的打击，骇得一堂中舌挢而不能下”。因此，在一个相当长的时期，顾颉刚等是赞同胡适的历史开端说。应当说，胡适等人的上述观点，在当时是有进步意义的。但是，由于对历史文献的考证和史料价值判断有误，加上未能与地下发掘资料结合，其判断又是不符合中国古代历史实际的，因而又是不科学的。

郭沫若与胡适、古史辨派不同，他对中国古代社会史和思想文化史的研究，不仅凭借古代的文献资料，而且是在刻苦钻研甲骨文和金文，使二者与文献资料结合起来，互相参照研究的基础上进行的，具有坚实的史料基础。在《中国古代社会研究》和《先秦天道观》中，他一开始就把殷代作为中国古代史，也是古代思想文化的开端的。他提出：“殷代——中国历史之开蒂时期”，因为“中国古物属于有史时期的出到商代”，“商代已有文字”；认为商代已是“以牧畜为主要的生产”，“商代才是中国历史的真正起头！”后来，他在殷代社会性质问题上，虽然有过变更，但中国历史开端于殷代他是始终坚持着的。20世纪50年代初，随着考古资料的新发现，他在《奴隶制时代》中，才又把中国古史的上限推到夏代。

显然，在中国历史开端问题上，郭沫若是受到胡适的影响，但“青出于蓝胜于蓝”，他的论断具有更大的科学性和说服力。所以反过来又影响了胡适，胡适的《说儒》等文，实际上又是认同郭沫若的古史开端的论断的。

---

①《中国哲学史大纲·导言》。

②《自述古史观书》。

（2）关于中国古代社会性的认识。

在《中国哲学史大纲》中，胡适提出：“欲知一家学说传授沿革的次序，不可不先考定这一家学说产生和发达的时代”。因此，他对中国先秦各派哲学思想产生的时代背景都刻意地进行了分析，成了他的论著较前人不同的一大特色，也是一种进步。例如，他把老、孔以前的二三百年的时代称之为“中国哲学的结胎时代”，或称“诗人时代”，认为这是个战祸连年，社会阶级渐渐消灭，贫富不均、政治黑暗、百姓愁怨的时代。由于长期战争，灭国无数，“古代的封建制度的种种社会阶级都渐渐的消灭了”，但又“新添了一种生升上的阶级”。到了孔子的时代，他认为，可以“叫做邪说暴行的时代”，或者说是“邪说横行、处士横议的时代”等等。到了20世纪30年代初，他更进而重申：中国的“封建制度早已在二千年前崩坏了”。[①]由上可见，他虽然主张对中国历史作时代的社会的分析，但是，又不赞成实质性的阶级的分析。他所作的中国历史的分析，所使用的概念是不科学的，他的具体论断几乎可以适用于剥削阶级社会的一切时代。

郭沫若在研究古代社会史和思想文化史时，也是十分重视先作历史的时代性的分析。他说，他的研究方法是：“尽可能搜集了材料，以求时代与社会的一般的阐发，于此寻出某种学说所发生的社会基础，学说与学说彼此间的关系和影响，学说对于社会进展的相应之或顺或逆”[②]。正是本着这样的治史态度，先撰成《中国古代社会研究》，对古代社会的历史的时代和社会的性质作一般的阐发，然后再撰成《十批判书》等有关先秦诸子的评论和分析。在唯物史观的指导下，他首次提出以商代开幕的历史，经历了原始公社到奴隶社会和封建社会的发展演变过程。开始时，他认定“商代和商代以前是原始公社社会”，[③]或者说，“殷代是原始公社的末期，周代是奴隶社会的开始”。[④]后来，随着研究的深入，他修正了上述论断，认为殷代已是奴隶社会，但“西周是奴隶社会的见解，

①《我们走哪条路?》。
②《青铜时代·后记》。
③《中国古代社会研究》。
④《古代研究的自我批判》。

我始终是维持着的”。[1]到孔子的时代，是“由奴隶社会变为封建社会”的“上行阶段”。[2]到《奴隶制时代》，又把奴隶社会的上限定在夏代，下限定于春秋战国之交。

尽管郭沫若关于中国古代社会性质的具体论断，至今仍未被学术界所一致公认。但是，他对中国古代社会性质所作的实质性的分析批评，的确给人们以深刻的历史认识，不仅是中国历史学的首创，也是中国历史学的真正的突破。无疑是胡适所无法比拟的。

（3）关于先秦诸子学说的分析评判。

在《中国哲学史大纲》中，胡适一反历史上尊经抑子的封建传统，在对先秦文献资料的新的考证基础上，对先秦诸子学说进行了独具一格的分析和评论，在学术界一度引起震动。在思想内容上，他把先秦诸子学说区分为：忧时派、厌世派、乐天安命派、纵欲自恣派和愤世派等，并把老子、邓析列为极端怀疑派，孔子则代表积极救世派，某些隐士为极端厌世派。在学说发生的次序上，他主张依原先成说，老先孔后，按老、孔、墨的序列进行评述，说明其相互影响。在思想估价上，则坚持平等原则，一反尊孔子贬诸子的传统观点，将孔子与诸子平等看待，但总的说是扬墨抑儒，扬荀抑孟。后来，在《说儒》中，对儒的产生演变和特性，作了新的评判，实则回到尊儒的立场。

郭沫若对先秦诸子学说的研究，是先出版《中国古代社会研究》，“清算过往的社会”之后，撰成了《十批判书》和《青铜时代》的。尽管前者看重思想批判，后者偏重资料考证，但都只有相对意义。他的评判与胡适的“整理”只在于“求真是”不同，是要进一步求其“所以是”，力求对于先秦各派学说作出科学的说明。我们认为，他异于胡适的最大或具特色之点，是对先秦社会作了实质性分析，对诸子学说进行了阶级的分析。他认为春秋战国诸子百家争鸣，乃是当时我国社会由奴隶制向封建制大转变在意识形态上的反映，各家各派都有他们的思想立场。例如，孔子就是“由奴隶社会变为封建社会的那个上行阶段的前驱者”，认为他的基本立场是“顺应着当时社会变革潮流的”，认为“先秦儒家在历

①《中国古代社会研究·后记》。

②《十批判书·后记》。

史发展中曾经起过进步作用”。[①]相反，他认为墨子是作为孔子学说的“反对命题而出现的”，墨子是“同情公室而反对私门的人”，全部言论都是“开倒车”，因此，“他的思想充分地具有反动性”。[②]对于前期法家，认为其精神是“以保卫私有财产为本位的”，其共同倾向是“强公室而抑私门”，“多有社会变革的意义”的，因为这时的公室是私门上升的或旧的演变中的公家，因而是“有进步性的”。[③]但是，他对韩非这位后期的“法术家”，显持否定的态度。认为韩非“是一位极端的势治派”，是“极力主张‘专制行为’而为‘法治之方面’的”人物，[④]其《五蠹》《显学》等文，则“完全是一种法西斯式的理论”。[⑤]与此相应，他对秦王政也予以否定的批判。他对先秦各派学说的上述分析，在中国思想文化史的研究上，不仅是首创的，也是相当深刻的，是胡适等人难以望其项背的。其次，与胡适的“在打倒孔家店之余，欲建立墨家店[⑥]”不同，也与“五四”以来的形式主义的“抑儒扬墨”思潮不同，他在对先秦各派学说进行阶级分析的基础上，作出了“抑儒扬墨”的独特批判。他说：“在前是抑墨扬儒，而今是抑儒扬墨，而实则儒宜分别言之，墨则无可扬之理。在前是抑荀扬孟，而今是抑孟扬荀，而实则孟并未可厚非，荀亦不必尽是”。[⑦]他认为，他这样做，为的是反对学术研究中的“主观主义或公式主义”，提倡一种具体分析的科学方法。[⑧]这无疑也是胡适以来在研究方法上的一种倡新的进步。

正是因为这样，郭沫若在对先秦诸子的“批判”上，确立了一个与胡适明显不同的观念，就是他“喜欢儒家思想”，特别尊重孔子和屈原这两位大师在历史上的地位和他们所体现的精神，同时，他又极度的厌恶墨家和后期法家。如果我们不是从形式上而是从实质上，那么，我们应当说，《十批判书》是真正继承和发扬了“五四”精神，是在思想文化领

①《孔墨的批判》。
②《孔墨的批判》。
③《前期法家的批判》。
④《韩非子的批判》。
⑤《十批判书·后记》。
⑥《十批判书·后记》。
⑦《青铜时代·后记》。
⑧《十批判书·后记》。

域里对封建意识形态所进行的更深刻的批判的杰作。“五四”时期，包括胡适在内对封建文化思想的批判，是偏重于伦理方面的。当然，从伦理革命的角度来批孔，无疑是必要的，正确的。但从批判封建专制主义的政治思想的角度看，则显得薄弱，可以说是没有抓住根本。《十批判书》的重要历史功绩之一，就是它着重地抓住对中国封建专制主义的理论基础——法家思想进行了较为系统的批判，这是继“五四”以后，反对封建主义斗争的深入发展。可惜的是学术界未能以此为契机，将这一批判更为广泛地开展起来。

应当指出，尽管郭沫若对先秦各派的研究，取得了比胡适有着实质性的突破，形成了马克思主义的思想史新体系，但毕竟这是在胡适以后，通过“批判”胡适来进行的。因此，其主要的方面与胡适立异了，但无疑也有着与胡适认同的地方。如在先秦思想发生的序列上，由于资料时代性判断上某些类似，也是按老先孔后来排列评述的。又如对儒的发生和演变上，他对胡适据以立论的史实：即对殷伐东南夷在中国文化交流上的意义等，也表示了认同，或者说表示了自己的先见，[①]等等。

郭沫若与胡适在先秦历史和诸子学说的成就相比，超越之处很多，认同也不少，限于篇幅，不一一列举，但是，仅从上述几个方面，已可说明，他所创建的马克思主义的新史学体系，是在科学地扬弃旧史学的过程中，逐步创立起来的。

（原载《郭沫若学刊》1990年第2期）

①《驳〈说儒〉》。

在批判中实现超越

——郭沫若与胡适关系述论

郭沫若是继鲁迅之后我国文化战线上又一面光辉旗帜，马克思主义的卓越文化代表。胡适则是我国“五四”新文化运动的倡导者之一，欧美派资产阶级自由主义知识分子的政治和文化代表。

根据郭沫若在《创造十年》中的回忆和《胡适日记》的记载，他们本来“没有师生或朋友关系”，是在1921年8月，即郭沫若的《女神》出版后，经出版界朋友介绍，结识而成为朋友的。但是，由于所受的中西文化的影响有异，文化个性有别，又分属于不同的文学流派，所以，他们在结交之后不久，就在一系列问题上产生了分歧，并多次诱发论争。平心而论，当时，郭沫若与胡适的对立和论战，就其内容来说，只是限于文化学术范围内的一些具体是非的争论，还不是整体性和全局性的对立，就其性质来说，也与他们跟文学研究会、与语丝派等的争论一样，“始终是一些旧式的‘文人相轻’的遗习在那儿作怪”[①]，是“行帮意识的表现而已”。当第一次大革命失败以后，也就是在郭沫若抛弃资产阶级共和国的幻想，转向信仰马克思主义以后，他与胡适的对立和公开论争，不仅内容上涉及政治、思想、学术等广泛领域，具有整体性和全局性的规模，而且有着深刻的路线斗争的性质，具有根本的原则的意义。郭沫若正是在这样的论争中，实现了对胡适的超越。

一

政治上，郭沫若对胡适所坚持的自由主义和改良主义路线进行了持

①《“眼中钉”》,《郭沫若文集》第10卷,第388页。

续30多年的批判。

作为中国现代史上欧美派知识分子的代表，胡适早在五四运动后不久，就提出了一条以自由主义为目标，以点滴改良为手段的自由主义路线。他曾经揭露过北洋军阀的黑暗统治，也挑起过“问题与主义”之争，反对过中共二大的反帝反封建纲领。对于胡适的这条路线，当时的郭沫若没有也不可能进行有效的争辩。但是到了第一次大革命失败以后，情形就大为不同了，批判胡适的这条路线就成了他的持续的斗争任务之一。

（1）20世纪30年代初，郭沫若对于胡适《我们走那条路?》的批判。

第一次大革命失败后，胡适等在批判国民党专制独裁的统治，向国民党争人权的同时又发表了《我们走那条路?》的文章，更加系统地提出了自由主义的建国纲领。他提出，当时中国人民的敌人“资本主义不在内”，“封建势力也不在内”，“帝国主义也不在内”，而是贫、病、愚、贪、扰乱等五大仇敌，即所谓“五鬼”在闹中华。进而表示，“宁可不避‘反革命’之名”，反对“用暴力推翻暴力的革命”，主张采取“用自觉的改革来替代盲动的所谓‘革命’”。他还发表了《介绍我自己的思想》一文，表示在思想上既反对“被孔丘、朱熹牵着鼻子走”，又反对“被马克思、列宁、斯大林牵着鼻子走”。他的主张，在当时有揭露帝国主义、封建主义及其代理人的反动统治，揭露中国严重的贫穷落后的一面，它的主旨也在于企求祖国的富强。然而，在当时的政治条件下，他的主张显然是与中国的实际国情不符的，是根本不可能实现的空想，而且有意无意地起着模糊中国人民对真正革命对象的认识。这就理所当然地要受到包括郭沫若在内的革命人士的严正批评，甚至像梁漱溟这样的乡村建设派也表示难以接受①。

郭沫若在大革命失败以后首次对胡适的政治路线的批判，就是从对《我们走那条路?》的批判开始的。在《创造十年》中，郭沫若指出：胡适所宣扬的“五鬼闹中华”论，“所招来的五个鬼，其实通是些病的征候，并不是病的根源”。在郭沫若看来，胡适正“是中国的封建势力和外国资本主义的私生子”。历史已证明，郭沫若所维护的这条路线是正确

① 梁漱溟《敬以请教胡适之先生》。

的，而胡适的国情分析和据此作出的救国建国方案是错误的。

(2)“九一八”事变以后，郭沫若对胡适对日妥协低调的批评。

1931年的“九一八”事变以后，胡适从他的一贯的民族自卑感和对敌强我弱的形势的夸大估计出发，在《独立评论》上发表了一系列文章，以国民党的“诤臣”“诤友”的姿态，唱着对日妥协、退让的低调，并指望通过谈判，依靠国联来解决日本武装侵华问题。对于胡适的对日低调，当时中国共产党人、鲁迅等许多文化界爱国人士，均作过尖锐的批评，以致胡适本人也深感自己的言论的不合时宜，说自己当时的处境是“开口都成罪，抬头没有天”[①]。

这个时期，郭沫若在日本，未能作出比较全面的反应，但是，就其所知，还是对胡适进行了批评。例如，1936年9月的一次演讲，在赞扬西班牙人民的抗敌斗争精神时，提出“在华北事变吃紧的时候，有一名大博士提出了把北平作为无军备的文化都城的建议。这好象是在爱护文化，爱护北平，而其实是投降主义，秦桧主义！试问执行了秦桧主义的南宋，结果是怎样?”[②]

前一时期郭沫若批评胡适的自由主义、改良主义，但没有公开反对胡适的争人权斗争。这时虽有批评胡适的对日低调，但对胡适与地方军阀的“尊孔读经”的斗争，还毋宁说是表示着认同的态度。20世纪30年代郭沫若对胡适所作的政治批判，虽然是很激烈的，但也是有分寸的。

(3)解放战争时期，郭沫若对胡适拥蒋反共态度的揭露和批判。

这个时期，由于胡适政治上更加倒向蒋介石一边，理论上宣扬“善未易明，理未易察”的糊涂哲学[③]，模糊国共两党斗争的性质，在《独立评论》上，发表一系列宣扬自由主义、攻击社会主义和无产阶级专政，为英美扶植德日的政策辩护的文章；在行动上，参加国民党的“制宪”国大和“行宪”国大，为国民党政府“做面子”，为蒋介石的假民主竭尽犬马之劳。在这种情况下，郭沫若对胡适的揭露和批判，也就进一步

---

① 胡适《和周岂明贺年诗》(1935年12月25日)，转引自胡颂平《胡适之先生年谱长编初稿》第4册，台湾艺文图书公司版，第1445页。

②《斗牛国的牛》，《郭沫若文集》第11卷，第85页。

③ 胡适《北大开学典礼致词》(1946年11月)，转引自《胡适之先生年谱长编初稿》第5册，第1930页。

升级。

胡适在北大开学典礼致词后不久，郭沫若即发表了《春天的信号——“新思潮”解题》一文，其中第五条就是针对胡适鼓吹的糊涂哲学，提出：凡是“合乎人民本位的便是善，便是进步，事虽小亦为之。反乎人民本位的便是反动，力虽大亦必拒之”，“在我们看来理甚易明，善甚易察”，针对胡适为英美扶植德日的辩护文章，又撰写了《驳胡适〈国际形势里的两个问题〉》的杂文。《“自由主义”亲美拥蒋，“和平攻势”配合美援》《斥帝国主义臣仆兼及胡适——复泗水文化服务社张德修先生函》等，对胡适鼓吹的“自由主义”的拥护美蒋、反共的实质，进行了尖锐的揭露和斥责，这在郭胡交往史上是前所未见的。这与当时的两条道路、两种命运大决战的形势联系起来，也是可以理解的。

（4）1949年以后，在大陆批判和清算胡适思想中，郭沫若对胡适的全面批判。

这个时期，由于胡适的自由主义和实验主义在大陆知识分子中的影响，也由于胡适坚持“用道义支持蒋总统”，彻底倒向蒋介石，为蒋介石的失败辩护，并连续发表许多反共鼓吹自由主义的言论，就成了我国大陆政治思想战线上一个主要的批判靶子。从批判电影《武训传》开始，到批判《红楼梦》研究中的唯心主义，进而开展全国性的全面批判胡适思想的运动，历时近10年，涉及了胡适的政治思想，哲学思想，历史观点，文学思想，哲学史观点，文学史观点，考据学观点以及《红楼梦》研究的观点等广泛领域。

1954年初，在《历史研究》“发刊词”中，郭沫若就把批判胡适为代表的“买办阶级的唯心史观”，作为该刊的重要任务提了出来。12月8日，在中国文联主席团、中国作协主席团扩大联席会议上，又作了《三点建议》的发言，进一步就胡适在中国现代史上所扮演的角色，胡适的政治表现、学术观点，进行了全面的提纲挈领式的批判。这种批判的基本特点，不但政治上全面否定，而且把胡适的学术思想也上纲到政治上、哲学上加以全盘否定。笔者赞成《中国共产党七十年》的论断：一、批判“是完全必要的”，是“我国知识分子结合实际事例来学习和掌握，运用马克思主义，进行自我教育和改造的一种方法，起过好的作用，有积极的意义”。二、“思想问题和学术问题是属于精神世界的很复杂的问题，采取批判运动的方法来解决，就容易流于简单和片面，学术上的不同意见难以展开争论。更何况把学术文化问题当作政治斗争并加以尖锐化的倾向，更有其消极的方面”。

二

在学术上，郭沫若对胡适在“五四”以来的学术成果的批判和超越。

胡适在中国现代史上之所以能够成为资产阶级的文化代表，在中国知识界产生广泛的影响，不仅是由于他提倡白话文，是“五四”新文化运动的倡导者之一，也不仅是由于他在政治上主张自由主义和改良主义，而是在很大程度上由于他提倡“整理国故”，在学术上作出了许多独特的建树，是我国学术近代化的重要开拓者之一。而郭沫若之所以能成为继鲁迅之后的无产阶级的文化代表，主要也不是由于他在政治上批判胡适等的资产阶级路线方面作出了多大的贡献，而主要在于他文学艺术方面的成就，尤其是在第一次大革命失败后，在学术方面应用马克思主义，通过批判以胡适为代表的资产阶级学术，作出了超越性的多方面的贡献，创造性地建立起马克思主义的学术体系，从而有力地配合了支持了他在政治上对胡适的批判。

郭沫若对胡适学术上的批判和超越，是非常具体的，非常丰富的，这里只能作简要的列举。

（1）郭沫若《中国古代社会研究》，对胡适《中国哲学史大纲（上）》的批判和超越。

胡适《中国哲学史大纲（上）》出版于1919年2月，是以实验主义为指导，运用乾嘉考据方法，汲取康有为、梁启超，特别是章太炎的学术史研究成果，采用白话文和新式标点编著的一部中国哲学史新著。它突破了千百年来中国传统的历史和思想史的原有观念、标准、规范和通则，把中国哲学史从《诗经》时代说起。把儒家与先秦诸子平等看待，为中国哲学史的研究，提供了新的研究方法，贯注了新的观点，开辟了新的途径，受到了当时学术界的广泛好评，“在中国的新学界上也支配了几年”。

第一次大革命失败后，郭沫若有鉴于上述原因，他的学术研究一开始就以胡适的这部著作为批判的目标。他研究中国古代社会，就是要对胡适“所‘整理’过的一些过程，”进行全部的“从新‘批判’。”[①]《中国古代社会研究》一书出版，标志着马克思主义新史学体系的创立。它不仅在指导思想与研究方法上，实现了对《中国哲学史大纲》的超越，而且在历史资料上，也引用了大量胡适多次肯定过其价值、却始终没有涉足过的甲骨、金文等地下的文献资料，从而以过硬的资料，论证了胡适不敢涉及的中国古代社会的发展规律，为中国古代历史的研究，指明了正确的方向和科学研究的基础。正是因为这样，郭沫若敢于指出胡适的《中国哲学史大纲》“对于中国古代的实际情形，几曾摸着了一些儿边际”[②]。这是胡适的专著出版以来，第一次受到全盘否定。

（2）郭沫若《驳〈说儒〉》对胡适《说儒》一文的批评。

《说儒》是胡适在章太炎《原儒》基础上吸收傅斯年《周东封与殷遗民》成果，于1934年12月以《“中央研究院”历史语言研究所集刊》单行本发行的论文。它探讨了儒家和儒学的产生、演变的过程，是胡适的一篇“得意”之作，自称“提出中国古代学术文化史一个新鲜的看法”[③]，“提出了一个新的理论。根据这个新理论可将公元前一千年的文化史从头改写”[④]。这篇文章发表后，在学术界引起较大的反响，受到过广泛的批评。郭沫若于1937年5月，写了一篇题为《借问胡适——由当前的文化运动说到儒家》，后来改为《驳〈说儒〉》的文章，对胡适《说儒》进行了全面的批驳。

郭沫若运用古文献，甲骨文、金文的新资料和现代医学知识，对胡适《说儒》一文的基本论据论点：“三年丧制”、《周易》的制作时代，《正考父鼎铭》的真伪，《商颂·玄鸟》是否为预言诗以及儒的发生和孔

①《中国古代社会研究·自序》，《郭沫若全集》历史编第1卷，第7页。
②《中国古代社会研究·自序》，《郭沫若全集》历史编第1卷，第7页。
③《胡适论学近著·自序》，商务印书馆1935年版，第2页。
④《胡适的自传》，转引自陈金淦《胡适研究资料》，北京十月文艺出版社1989年版，第316页。

子的地位等，提出了一系列质难和批驳。郭沫若的这篇文章，后来被顾颉刚认为是当时批评胡适《说儒》的众多论著中，逼得胡适“不敢回答”的最有份量的文章。[①]

（3）郭沫若的《墨子的思想》《孔墨的批判》等文，对胡适“扬墨抑儒”论的批评和立异。

“扬墨抑儒”，是“五四”时期与“打倒孔家店”相联系着的一种学术思潮。胡适不但是“打倒孔家店”口号的归纳者，也是“扬墨”的带头人。他继承了清代汪中、孙诒让，尤其是章太炎的“墨学”研究成果，一反两千年来“扬儒抑墨”的思潮，举起“扬墨抑儒”的旗帜。他不但把墨子、墨学与孔子、儒学放在平等地位来评判，而且抓住墨学的方法，尤其是后期墨家——“别墨”的逻辑思想，展开深入的阐述和评论，并进行高度评价，称后期墨家为“伟大的逻辑学家和哲学家”，在世界逻辑史上“应该占一个重要位置”。[②]胡适对墨学的新评论，引起了梁启超等学术界人士广泛响应和研究兴趣，也得到后来许多马克思主义的学术工作者的基本认同。因而在“五四”以后，“扬墨抑儒”成了一个时代的思潮。

对于胡适的“扬墨抑儒”的观点，郭沫若在20世纪20年代就有不同观点，进行过批评。但系统地与胡适等立异，提出“打倒墨家店”的口号，则在抗战时期发表的《墨子的思想》《孔墨的批判》等论文中。他清算了孔墨所处的时代社会状况，着重抓住墨子的政治伦理观点这一主要内容，进行孔墨对比。他认为，与孔子的顺乎时代潮流，同情人民解放不同，墨子是站在“王公大人的立场”上，“承认着旧有的一切阶层秩序，而在替统治者画治安策的”。所以，墨子“不过是一位顽梗的守旧派，反抗时代精神的复辟派”，[③]他还对胡适“扬墨”的重要论据：关于墨子的“应用主义”的“三表法”，墨家的逻辑思想等一一进行了批驳，认为胡适和某些新史学家，是“游离了社会背景而专谈逻辑”[④]。总之，

① 顾颉刚：《我是怎样编写〈古史辨〉的？》，《古史辨》第1册，第13页。

② 胡适：《中国哲学史大纲》上册，商务印书馆1919年版，第226页。

③《墨子的思想》，《郭沫若全集》历史编第1卷，第466、475页。

④《十批判书·后记——我怎样写〈青铜时代〉和〈十批判书〉》，《郭沫若全集》历史编第2卷，第469页。

他认为“儒宜分别言之，墨则无可扬之理”。[①]

这样，郭沫若就在研究中国古代社会结构的基础上，应用阶级分析的方法，抓住墨学的政治伦理学说，提出了与胡适等完全不同的新评论，在中国现代学术界，确立起新的“打倒墨家店”的一家之言。尽管他的论断，很少有人认同，但他从反对派言论中“找寻反对者的真影”的研究方法[②]，以及许多具体的学术评论，还是给人以有益的启迪，所以其学术价值是不能抹杀的。

（4）关于屈原其人的有无和《楚辞》作者问题上，郭沫若对胡适的批评与立异。

这是“五四”前后，由四川今文经学大师廖平和胡适先后提出的问题。1922年，胡适在《读〈楚辞〉》中认为：“屈原是一种复合物”，“屈原也许是二十五篇《楚辞》之中的一部分的作者，后来渐渐被人认作这二十五篇全部的作者”。他提出：“屈原的传说不推翻，则《楚辞》只是一部‘忠臣教科书，但不是文学’”。胡适等的说法，在当时的学术界产生了很大的影响。

对于胡适等的说法，郭沫若却自始就不赞成。从20世纪30年代起，他毕生从事屈原和《楚辞》的研究，回答了胡适提出的问题，并撰写了数以十计的论著、演说和剧本，弘扬屈原的思想。他详细考证和论述了屈原其人的存在，分析了屈原与《楚辞》25篇的关系，再现了屈原的光辉形象。他指出：胡适否定屈原其人的理由，虽然“骤看都觉得很犀利，但仔细检查起来，却一项也不能成立”[③]。

（5）郭沫若的《李白与杜甫》对胡适《白话文学史》的“扬杜抑李”评价的批判与立异。

在中国文学史上，自唐朝诗人元稹开“扬杜抑李”的评论后，一千多年来，出现了“千家注杜，一家注李”的局面。“五四”以来，胡适提出“重新评估一切价值”，但在对李白与杜甫的评论上他本人却一直遵循旧说。1928年他的《白话文学史》一书，仍是“全面颂扬”杜甫，贬低

①《青铜时代·后记》，《郭沫若全集》历史编第1卷，第614页。
②《孔墨的批判》，《郭沫若全集》历史编第2卷，第74页。
③《屈原研究》，《郭沫若全集》历史编第4卷，第12页。

李白。他认为，李白充其量“是个隐逸诗人”，“是个世外的道士”，李白的诗“好像在天空中遨游自得，与我们不发生交涉”。“杜甫是我们的诗人，而李白则终是‘天上谪仙人’而已”。他不仅以全书最大的篇幅来介绍杜甫，而且称杜甫为8世纪下半叶至9世纪上半叶“中国文学史上一个最光辉灿烂时期”的“创始人与最伟大的代表”，称颂“杜甫代表中国民族积极入世的精神”；杜甫所表现的“不是那想象的人生，是那实在的人生。”胡适的新“扬杜抑李”论，为后来文学界的人士所继承和发展。

对于由胡适开启的新的“扬杜抑李”论，郭沫若早有不同意见，但系统地提出争辩则在1971年出版的《李白与杜甫》一书中。这本书力图重评李杜，推翻包括元稹至胡适以来的“扬杜抑李”论。他从考证李白的身世入手，指出李白虽有追求“权势”的一面，“又能保持着一定的平民性，能和中层的民众接近，有时仿佛还能浮云富贵而粪土王侯”。从这样的基点出发，他认为“李白对于朝廷的失政还敢于批评，有时流于怨诽；杜甫对于朝廷的失政讳莫如深，顶多出以讽喻”。所以，“李白是屈原式的，杜甫则是宋玉式”的。相反，他认为，“杜甫是完全站在统治阶级、地主阶级一边的。这个阶级意识和立场是杜甫思想的脊梁，贯穿着他遗留下来的大部分的诗和文”。从此出发，他以更多的篇幅，从不同的角度揭露了杜甫诗歌的阶级实质。他认为，杜甫笔下的“良民”，是“合乎地主阶级、统治阶级的需要”的。否则“那就归于‘盗贼’的范畴”，反对“过分夸大《三吏》《三别》的‘人民性’”。郭沫若提出的与胡适及新中国成立后学术界某些人相对立的新“扬李抑杜”论，显然打着“文革”时期的“左”倾思潮的烙印，还有臆断和误断，但他的敢于翻历史成案的勇气，自成体系的一家之言，其学术价值仍不应否定。

郭沫若在学术上对胡适的批判和争论，除了上述几个事例外，还在中国古史观，中国古代井田制的有无，在《易》《诗》《书》等儒家经书的时代、作者，老子其人其书，以及其他先秦诸子、文献资料的真伪等一系列学术问题上，文学的观念和理论，治学方法等问题上，对胡适的学术研究成果，进行过再研究，开展过再批判。这一切，构成了郭沫若对胡适学术的比较全面的批判。虽然有这样那样的缺点，但一般均能遵循学术争辩的原则，对胡适的学术观点，学术成果，不是简单地、全盘抹杀和否定，而是采取了“批判的扬弃”和“批判的摄取”的态度，通过认真的研究和具体的分析，区分其正确和错误，采取否定抛弃或者肯定和认同。为了强调说明这一态度，我们还可举出以下典型例子。

关于中国古代历史的看法，郭沫若对于胡适在《论帝天及九鼎书》中的不少论断公开承认：“便是胡适对于古史也有些比较新颖的见解，如他以商民族为石器时代，当向甲骨文字里去寻史料；以周、秦、楚为铜器时代，当求之于金文和《诗》等”。又说：“胡适的见解，比起一般旧人来，是有一些皮毛上的科学观念。我前说他在《中国哲学史大纲》中，‘对于中国古代的实际情形，几曾摸着了一些儿边际’，就《古史辨》看来，他于古代的边际却算是摸着了一点”。同时又指出，胡适“在术语的使用上有很大的错误”，如把殷代这个金石并用的新石器时代，“漫然地引为石器时代”，把周、秦这个青铜器时代确定为“铜器时代”等。并说这些“表面看来虽仅是一二字之差，正是前人所谓差之毫厘而谬以千里！”[①]郭沫若的这种态度，体现了马克思主义对待资产阶级学术的一种真正科学的求实的精神。

郭沫若正是遵循这种科学的批判态度，以崭新的指导思想和研究方法，深厚的传统文化修养，加上刻苦的研究，才在对胡适学术的批判中，取得了许多超越胡适的令人瞩目的成就，开创了一个马克思主义学术的新时代，成为一名当之无愧的继鲁迅之后的无产阶级的文化代表。

也正是因为这样，胡适对于郭沫若的学术批判，始终是保持沉默，未作出过直接的回应。

三

以上简要列举表明，郭沫若与胡适这两位中国现代史上不同阶级的文化代表，在“五四”以后结识以来，虽然曾一度形成朋友关系，但不久就因政治上的分野而处于终身对立之中。在长达30多年的时间里，郭

① 上引均见《夏禹的问题》，《郭沫若全集》历史编第1卷，第303、304页。

沫若始终作为胡适的对立面、批判者而存在。在政治上，郭沫若作为马克思主义的信仰者，忠诚的共产主义战士，在第一次大革命失败后，对胡适所坚持的自由主义、改良主义路线，拥蒋反共言论，进行了批判和斗争。1949年以后，又参加了全面清算胡适思想的斗争。在长期的持续的政治批判中，郭沫若有这样或那样的缺点和错误，但总的方向是正确的，这是历史的定论。而胡适的主张，虽然主观上也企求祖国的富强，但却是脱离中国实际的，不可能实现的，在当时所起的作用是消极甚至是恶劣的，因而是错误的，这也是历史的结论。但是，作为胡适的对立面、批判者，郭沫若的主要贡献不是在政治上，而是在对胡适的众多学术成果所进行的多方面的、艰苦深入的批判上。通过批判的扬弃，取得了众多的发展和超越胡适的学术新成果，受到学术界的普遍公认。

对于郭沫若在第一次大革命失败以来的政治批判，胡适是采取一种"我行我素"的"绅士"态度[①]。整个20世纪30年代，他对郭沫若的政治上的批判并没有作出回应，反而对郭沫若仍称为"旧友"[②]。但是，解放战争时期，他再也无法摆什么"绅士"风度了，深感招架不住。在1947年2月22日的《给王雪艇的信》中，他说："听说郭沫若要办七个副刊来打胡适。我并不怕'打'，但不愿政府供给他们子弹，也不愿我自己供给他们子弹"[③]。并以此作为谢绝国民党邀请他参加政府做官的主要理由，借以保持在野身份，便于替国民党政府说话和辩护。

胡适对郭沫若等的批判作出直接的回应，是在新中国成立以后，尤其是在大陆全面清算胡适的思想运动以后。他不能再无动于衷了，也采取以牙还牙、以骂对骂的态度。几乎对大陆批判胡适的每一项举动，他都作出回应。在执拗地坚持自由主义，攻击大陆的共产主义的同时，对有郭沫若参加的清算胡适思想的运动表示了极大的反感。但是，在学术上，对郭沫若所进行的批判，则始终采取沉默的态度，未予直接的回应，这里虽有坚持自己观点的一面，又有像顾颉刚所说"不敢回答"的一面，即郭沫若的批判确实击中了他的要害，或者如唐德刚所说，他对马克思

①《胡适致苏雪林》,《胡适来往书信选》,中华书局1979年版,第339页。
② 胡适:《四十自述·自序》,上海书店1987年版,第6页。
③ 转引自《胡适之先生年谱长编初稿》第5册,第1960页。

主义的无知[1]。这就是郭沫若与胡适相识以后近半个世纪的相互关系的概况。

近半个世纪以来，郭沫若与胡适这种对立、论争的关系，有着深刻的社会原因和文化原因。由于中国现代社会的特殊性，当着资产阶级文化新体系尚未完成其反对封建主义旧文化，创建新文化任务时，一种比它更高更新类型的文化形态，作为它的否定因素出现了，这就使它在反对封建主义的旧文化的同时，又要与否定它的因素作斗争。而无产阶级文化作为资产阶级文化的否定因素，又同时担负着与资产阶级一道批判比资产阶级文化更旧的文化的两重任务。这样，这两个既相联结又相排斥的文化体系，就同时并存于当时的半殖民地半封建社会的统一体之中。就是胡适所说的既要反对被孔丘、朱熹牵着鼻子走，又要反对被马克思、列宁、斯大林牵着鼻子走的真实含义所在，这就决定了郭沫若与胡适对立、论争的必然性和极端复杂性。而且，文化作为一种观念形态，它有自身的特殊的发展规律，这就是任何阶级都不可能凭空创造一种与以往文化没有联系的独特文化，只有善于继承和发展以往旧文化的精华，方能创建起更高阶段的新文化，这就是文化的延续性。郭沫若之所以能够在对胡适的批判中，取得许多超越性的成就，就在于他基本上正确的体现了这种科学的批判继承的精神，而他在这方面的失误也由于在某些问题上违背了这个方针，或者以政治上的否定代替了过细的学术上的具体分析，或者以感情代替冷静的科学研究所致。

还值得一提的，郭沫若与胡适的关系，虽然主要是批判、超越的关系，但不限于这样的关系。而且在批判中，又有许多认同，其中包括他对胡适的研究方法、考证方法的认同等。至于在文学艺术上的相互影响，郭沫若的新诗走胡适的白话新诗的路，均与胡适的影响不无关系。这也是人所共知的事实。因限于篇幅，不一一列举。

（原载《郭沫若百年诞辰纪念文集》，社科文献出版社1994年版）

① 唐德刚《胡适杂忆》。

史海拾贝

——杜蒸民学术论文集

下

杜蒸民◎著

安徽师范大学出版社
ANHUI NORMAL UNIVERSITY PRESS
·芜湖·

第三部分　胡适研究

胡适的学人传记述评

胡适一生提倡传记文学，并撰写过40余篇传记、年谱和传记性文章，其中包括老子、墨子、神会、蒲松龄、吴敬梓、程廷祚、曹雪芹、戴震、章学诚、崔述、丁文江等，这些学人传记作品，既贯彻了他的“研究问题，输入学理，整理国故，再造文明”的新文化建设方针，也为中国传记文学的发展做出了有益贡献，值得认真研究和总结。

一

胡适学人传记的对象，大都是思想家、文学家，也有自然科学家、艺术家。这些人大都对中国学术和传统文化建设做出过重要贡献，但思想上又大多具有反儒和非儒倾向。

按照《史记》以来的惯例，这些学人本应收入《儒林传》《文苑传》或各种各样的列传、学案之中。然而，由于与儒家正统派在学术思想上的对立和分歧，以及其他复杂的政治、思想或人事原因，他们未能收入正史，也无人为他们作详细的、能符合其本来面目的传记。所以，他们的事功、思想学术成就，大多被当时和后来的学者所忽视、所贬损，以致被湮没。但深入研究这些学人，排除传统偏见，恢复他们的本来面目，有助于科学地继承中国传统文化中的优秀遗产，建立中国现代新文化。

“五四”前后，胡适正是看到了这个作用，提出要“从儒学的道德伦理和理性的枷锁中得到解放”，必须恢复“非儒学派”的学术，以便从中“找到移植西方哲学和科学最佳成果的合适土壤”的治学原则[①]。在此指

① 《胡适学术文集·中国哲学史（下）》，中华书局1991年版，第773页。

导下，他开展了从先秦到“五四”时期“非儒学派”的哲学和文学的研究，同时，进行了对众多具有非儒倾向的学人传记的写作。这些学人传记作品，体现了他对中国传统文化的全新视角与全新的价值观念。

二

在提倡和撰写人物传记的过程中，胡适曾提出：“传记的最重要条件是纪实传真”[①]，要写出传主的“实在身份，实在神情，实在口吻，要使读者如见其人，要使读者感觉真可以尚友其人”[②]。为此，他首先在传主的生平与学术资料的收集和考证上，花去了大量的时间，做出了相当大的努力，因而他众多的学人传记，一般都比前人具有更为扎实的资料工作基础，在纪实传真上比以往的同类作品有较大的进展。

例如，墨子和墨学，《史记》只有24个字记述其不确定的事迹，《墨子》一书也有“很多后人杂凑伪造的文字”[③]。胡适的《墨家哲学》《墨子略传》《论墨学》以及《先秦名学史》的相关部分，对墨子的生平事迹、《墨子》作者等进行了详细的考证。在生平事迹上，他收集、比较了从司马迁到毕沅、汪中、孙诒让和章太炎的考证成果，参照了《吕氏春秋》《韩非子》《礼记·檀弓》的相关资料，才认同汪中之说：“墨子大概生在周敬王二十年与三十年之间（公元前500—前490年），死在周威烈王元年与十年间（公元前425—前416年）”[④]。并认同孙诒让“似当以鲁人为是”的国籍考证结论。对《墨子》的作者和时代，则在认同孙诒让《墨子间诂》的基础上，用史事、文字、文体、思想等内考证的方法，深入分析今本《墨子》的不同思想倾向，联系时代，进行了归类排队，认为：自《亲士》到《三辩》七篇，皆后人假造；《尚贤》《尚同》《兼爱》《非攻》《天志》《非命》各三篇，《节用》二篇，《节葬》《明鬼》《非乐》《非儒》各一篇，大抵皆墨家演墨子的学说所作；《经》上下、《经

① 《胡适文存》三集卷八，第1088页。
② 《胡适文存》三集卷八，第1089页。
③ 《胡适学术文集·中国哲学史（上）》，第16页。
④ 《胡适学术文集·中国哲学史（上）》，第103页。

说》上下、《大取》、《小取》六篇，是《庄子·天下篇》所说的“别墨”所做，其内容和惠施、公孙龙的话最为接近，当为惠施、公孙龙时代“别墨”的作品；《耕柱》《贵义》《公孟》《鲁问》《公输》五篇，乃是墨家后人把墨子一生的言行辑聚来的，其中许多材料比第二类更为重要；《备城门》以下到《杂守》凡十一篇，都是墨家守城备战的方法，不具哲学史的价值[①]。正是在这样的考证辨析基础上，他写出了墨子的略传，开展了对前期墨学和后期“别墨”学说的新评论，从而比前人更明白地揭示了墨学从战国初年到秦亡前200多年间创作、演变的过程，探讨了儒墨之间师承、对立的关系，批评了自刘歆到章太炎的“诸子出于王官”，墨家出于“清庙之守”的传统旧说，把墨子和墨学的研究推进到一个新的发展阶段。

关于神会和尚的传记，更是他努力搜集资料后撰成的典型。他在1924年试作《中国禅宗史》时，发现了“神会和北宗奋斗的记载”，和唐贞元十二年“敕立神会为第七祖的记载”[②]。但是，现在的禅宗史料，大都经过五代以后和尚的“伪造”和“妄改”，而有关神会的著述只“六百五十九个字”[③]。因此，他决心到流失在英法等国的敦煌文献中搜寻。1926年，他乘到伦敦参加中英庚款咨询委员会会议之机，在伦敦和巴黎两地的图书馆，通过查阅所藏唐代敦煌书卷，“在巴黎发现了三种神会的语录”，又在“伦敦发现了神会的《显宗记》”，以及其他一些“极重要的禅宗史料”[④]。回国途中，又从日本禅学研究者矢吹庆辉处获得他从伦敦影印的敦煌本《坛经》。这样，他就从海外找到2万字左右有关神会的新资料。从而整理编辑了《神会和尚遗集》，撰写了2万余字的《荷泽大师神会传》：概述了神会与慧能的关系，禅宗南北两派的斗争，神会等编造的菩提达摩以前的“传法”世系，禅宗的“顿悟”教义，以及神会“北伐”并取得胜利的经过等，最后得出，神会是“南宗的急先锋，北宗的毁灭者，新禅学的建立者，《坛经》的作者”的新结论[⑤]。神会资料的

①《胡适学术文集·中国哲学史(上)》,第106—107页。

②《胡适论学近著》,商务印书馆1935年版,第291页。

③《胡适口述自传》,第243页。

④《胡适论学近著》,第291页。

⑤《胡适论学近著》,第290页。

新发现，不仅使他完成了一部资料详实的神会传，证实了神会是“禅宗的真正开山之祖，是《坛经》的真正作者”，也“牵涉到要把禅宗史全部从头改写的问题[①]。

吴敬梓传记的写作过程，也是一个不断搜集资料的过程。他的第一篇《吴敬梓传》初版于1921年12月亚东《胡适文存》一集卷四，是为推荐印行《儒林外史》写的。由于未能找到《文木山房诗文集》的刻本，所以“只能用《儒林外史》来作他的传的材料”[②]，并以程晋芳的《吴敬梓传》作“附录”。这样，该传虽对《儒林外史》作了前无古人的高评，事迹却十分简略，篇幅也很短小。1922年11月，由于买到了《文木山房诗文集》四卷，这部“全世界唯一的孤本”后[③]，再加上查阅了《耆献类征》的《吴国对墓志》《明进士题名录》《全椒志》《安徽通志》以及其他相关资料，他得以写出一篇一万七八千字，比《吴敬梓传》多出近10倍篇幅的《吴敬梓年谱》：它详细地叙述了谱主家世及谱主在各个年代的大事记要，讲清了谱主的具体生活经历及思想演变历程；探讨考证了谱主的家世、生平与《儒林外史》的关系。如所谓“一门三鼎甲，四代六尚书”，“其实只有两个：一个榜眼，一个探花”[④]；又如谱主在35岁时应博学鸿儒之荐，及因病未能应试的过程；以及《儒林外史》成书，大约在“乾隆五年至十五年（1740—1750）之间”[⑤]，纠正了《儒林外史》刻本“乾隆元年春二月闲斋老人序”的不可靠等。这样，年谱就以更加充实的资料展示了谱主的丰满形象和《儒林外史》的创作历程，合理地说明了创作因缘。梁启超说，《儒林外史》“前人根本不承认这本书有什么价值，书的作者更不用说了。近人胡适之才替他作一篇传出来，我们才认识这个人的文学地位”[⑥]。

再如，《章实斋先生年谱》《崔述年谱》的写作和增补，也经过了长期努力搜集资料的过程。前者是他在1920年读到日本内藤宪次郎的《章

①《胡适口述自传》，第245页。
②《胡适文存》一集卷四，第1095—1096页。
③《胡适口述自传》，第259页。
④《胡适文存》二集卷四，第6页。
⑤《胡适文存》二集卷四，第33页。
⑥《中国历史研究法》，上海古籍出版社1987年版，第188页。

实斋先生年谱》，发现其“遗漏”“错误”和“太简略”的缺点后，才采取新的体例编撰出来的。尽管他的新谱与内藤谱相比，具有新的内容和面貌。但是，由于未能看到后来刘承干刻印的《章氏遗书》中的许多作品，就使他的章谱，同样有许多“遗漏”和“错误”。当本谱将被收入商务印书馆《万有文库》时，他很虚心地邀请对章氏生平和学说作过深入研究的清华研究院毕业生姚名达，帮助进行订误和增补。这样，经过10年的搜寻材料和研究，才在别人的协助下，使新版《章实斋先生年谱》“内容更加美备”[①]。后者开始撰写于1923年春间，只写到嘉庆初年，即崔述58岁，就因材料不足、兴趣转移和南下治病，未能终稿。一搁就是8年。这8年中，顾颉刚寻得了崔述夫人成静兰的《二馀集》，洪业寻得了崔述的《知非集》，增添了不少传记材料，才使他又燃起了完成此稿的欲望。于是，邀请专门研究崔述的学者赵贞信来续完此稿。续稿不但把他的旧稿，“从嘉庆三年续到崔述死后”，“还把许多新的材料分别补在我已写定的各条下”，并纠正了旧稿在年代考等方面的错误[②]。这样，《崔述年谱》也历时9年，才得以问世。

除上面例子外，他在《记李觏的学说》《费经虞与费密》《戴东原的哲学》《颜李学派的程廷祚》《丁文江的传记》等众多学人传记的写作中，都十分注意资料的搜集和考证，力求贯彻“纪实传真”的原则。所以，他的学人传记作品，虽不能说在资料的搜集考证上已做到完美无缺，甚至出版后，也有过许多批评指责。但平心而论，他的学人传记，大都具有较为扎实的资料工作基础，与原先的同类作品比，具有更为详实的内容，更加接近传主的本来面目。

三

胡适学人传记最为显著的特色是，抓住学人的本质特征，把记述学人的思想、学术主张作为重点，用新眼光、新观念进行择要的记述和评

① 《章实斋先生年谱·何炳松序》，台湾远流出版公司1986年版，第3页。

② 《崔述年谱·后记》，转引自《胡适之先生年谱长编初稿》，台北联经出版公司1984年第2次印行，第980—981页。

论，高度地评价他们在中国传统文化建设方面的成就和贡献，具有鲜明的思想性和时代性。

早在1922年1月，在《章实斋年谱》自序中，他就提出，章谱不但要记载谱主的生平，“还要写出他的学问思想的历史”，并说：“若年谱单记事实，而不能叙思想的渊源沿革，那就没有什么大价值了”。所以，该谱除“沿用向来年谱的体裁”外，还提出三项“新体例”：一、“凡可以表示他的思想主张的变迁沿革的，都择要札录，分年编入”；二、“实斋批评同时的几个大师，如戴震、汪中、袁枚等”，“都札要抄出，记在这几个人死的一年。这种批评，不但可以考见实斋个人的见地，又可以当作当时思想史的材料”；三、“向来的传记，往往只说本人的好处，不说他的坏处；我这部《年谱》，不但说他的长处，还常常指出他的短处。”他的这些见解，不但“打破了前人单记行事的体裁”①，也打破了以往人物传记“据事直书，不必多下批评”的“正则”②，既有创新意义，又便于操作。当时就受到学术界广泛的认同，当然也受到一些人的批评。

本着上述原则，在年谱中，他按时间的顺序，择要摘录了谱主重要学术论著中自述学术渊源、倾向、史学主张、“六经皆史”的史料学理论、“道不离器”的历史哲学、史德论、记注与撰述区分的历史体裁论、文史区分论以及在方志学、校雠学、“通史”方面的见解等许多异于或超越前人的史学理论，和史学论著的具体成就，从而突显了章学诚在学术史上与刘知几相当的地位。他还抓住章氏批评同时三位大师的言论，加以札录并进行评论，说章氏对三位名人，“皆不佩服，皆深有贬辞”，分别言，“对戴震，尚有很诚恳的赞语；对汪中，也深赞其文学；独对袁枚，则始终存一种深恶痛绝的态度”③。他认为，章氏与三位大师的分歧，是章氏有“卫道”的成见，有“绍兴师爷之伦理见解”，和“好胜忌名的态度”。④这样，本谱就较好地揭示了谱主的学术个性，显现了谱主的学术地位，又指出其保守的缺点，从一个侧面展示了乾隆时代的学术

---

①《章实斋先生年谱·姚名达序》,第27页。

②《中国历史研究法》,第225页。

③《章实斋先生年谱》,第151页。

④《章实斋先生年谱》,第76、141页。

风貌。正是由于本谱充分札录谱主的重要思想学术主张，才引起学术界对他的关注和重视，以致本谱出版当年，刘承干的《章氏遗书》五十一卷刻本就刊行于世，章学诚研究开始成为“显学”。无怪乎梁启超称本谱为“近代学术界一盛饰”[①]。

与章谱近似，《吴敬梓年谱》也基本上贯彻了前述原则。不同的是，吴谱主要以《儒林外史》为主轴，年经事纬地叙述谱主的家世、家庭变迁和思想演变过程，并特别注重谱主30岁后的经历。它通过札录《文木山房诗文集》，对照《儒林外史》，回答了谱主一生的重要经历和创作《儒林外史》的许多重要问题。经过这样的札录、叙述和评析，吴敬梓这位本来是“八股大家的曾孙，自已也在这里面用过一番功夫来，经过许多考试，一旦大觉悟之后，方才把八股社会的真相——丑态——穷形尽致地描写出来”，成为“八股国里的一个叛徒”[②]的面目，就具体地合理地展现在读者面前。

再如《崔述年谱》，也采用同样的编撰原则，“在年谱里作批评的工作”，“在崔述的每一部书写定或刻成之年，就指出这部书的贡献和他的缺点”[③]。续成者赵贞信也“采用这个方法”。这使崔谱同样具有时代的风貌。

与年谱年经事纬地通过札录、评论学人的思想、学术见解，来表现学人的思想学术风貌，评定其学术史上的地位稍有不同，胡适的学人评传，则摆脱了具体年代的限制，较为自由地，但却更加集中地、突出地开展对他们的思想、学术贡献的评述。

例如，关于墨子和墨学，他除了认真地考证墨子、《墨子》作者的生存年代、事迹外，主要精力用在分阶段地评析墨学的方法和具体主张上。对于墨子和前期墨学，他认为，主要是“应用主义”，或称为“实利主义”为特征的“三表法”。说它表明墨子注重“实际应用”，表达了“检验任何已知思想的真实性的要求”[④]，“标志着中国经验主义的开端”[⑤]。

① 《梁启超论清学史二种》，复旦大学出版社1985年版，第479页。
② 《胡适文存》二集卷四，第33页。
③ 《胡适之先生年谱长编初稿》，第981页。
④ 《先秦名学史》，学林出版社1983年版，第69页。
⑤ 《先秦名学史》，学林出版社1983年版，第72页。

对于后期墨学，即别墨所著《墨经》六篇，他称为“科学的墨学”，予以特别的重视和高评。认为别墨是中国历史上区别“知”字多种用法的第一个学派[①]。又对其“名”的丰富内涵，在获取知识中的作用，知识的来源等作了详细的阐释和评述。进而对《墨经》逻辑的一系列基本观念，如“辩”的七法等作了细致的诠释和分析。在此基础上，他称《墨经》六篇为“中国古代第一奇书”，称“别墨”为“伟大的逻辑学家和哲学家”，是“发展归纳法和演绎法的科学逻辑的唯一的中国思想学派”，[②]应在世界逻辑史上“占一个重要位置”[③]。他还对前后期墨学的政治伦理主张，及所包含的心理学、人生哲学、经济学、自然科学内容作了评述。他的墨子和墨学的新评述，对于改变中国历史上长期存在过的“扬儒抑墨”的旧的思维定式，使中国墨学走向现代，无疑起着有益的作用。

又如，《荷泽大师神会传》，除了叙述神会所进行的“北伐”历程外，重点阐述和评论神会的顿悟教旨，神会与六祖《坛经》的关系，《坛经》的内容等。他认为“顿悟”是“神会教义的主要点”，是神会反对北宗的“革命武器”，也是“中国思想对于印度思想的革命的第一大炮”。对象是那“繁琐的‘渐修’工夫”[④]。神会正是据此提出“定慧”和“无念”之说。他认为，当日南北二宗之争，“根本之点是北宗重行，而南宗重知，北宗重在内定发慧，而南宗则重在以慧摄定”。他说：“禅学本已扫除了一切文字障和仪式障，然而还有个禅定在。直到南宗出来，连禅定也一扫而空，那才是彻底解放”[⑤]。总之，神会教义，就是“用顿悟来打倒渐修，用无念来打倒一切住心入定求佛作圣等妄念，用智慧来解除种种无明的束缚”[⑥]。他还证明“《六祖坛经》便是神会的杰作”[⑦]，对它展开了具体的评述。

再如，《戴东原的哲学》也是一本专门评述戴震哲学思想的评传。他

---

① 《先秦名学史》，学林出版社1983年版，第79页。
② 《先秦名学史》，学林出版社1983年版，第57—58页。
③ 《胡适学术文集·中国哲学史(上)》，第154页。
④ 《胡适论学近著》，第264—265页。
⑤ 《胡适论学近著》，第271—273页。
⑥ 《胡适论学近著》，第282页。
⑦ 《胡适学术文集·中国哲学史(下)》，第1106页。

指出，戴震作为清代朴学皖派首领，当时和后来的传记作品，都只关注他在经学尤其是在考据学方面的成就，无视他在哲学史上的杰出贡献。胡适曾写过《戴东原在中国哲学史上的位置》一文，表彰戴震反理学的贡献，肯定其为“朱子以后的第一个大思想家，大哲学家”[①]。在本书中，他系统地评述了戴震的哲学思想，认为他在清儒中最特异之处，“就在他认清了考据名物训诂不是最后目的，只是一种‘明道’的方法。他不甘心仅仅做个考据家，他要做个哲学家”[②]。他赞赏戴震“空所依傍，而唯求其是”[③]的治学态度。认为《孟子字义疏证》等书，“于天人理气，实有发前人所未发”[④]，是贯彻“明道”主张的结果。他认为，戴震的“天道论”，是“一种自然主义”[⑤]，“颇带一点科学色彩”[⑥]；戴震在哲学史上的最大贡献是：“理”论，“理存于欲”的理欲一元论。认为戴震正是据此批判理学的“以理杀人”，成为“反抗这种排斥人欲的礼教的第一个人”。他也对戴震的人生观、知识论，作了较为深入的分析评述。这样，他就对戴震哲学，以西方哲学为参照，用民主和科学的时代眼光，从反对封建理学的高度，进行了比章太炎、梁启超更为系统和深入的分析和评论，肯定了戴震在中国哲学史上的地位，并使他的哲学家、思想家的面目显现出来，为中国哲学史的建设做出了重要贡献。

再如《丁文江的传记》，我们仅从所列标题：“第一次中国内地的旅行”“地质科科长——地质研究所——北大地质系”“民国初年的旅行——太行山与山西铁矿——云南与四川”“丁在君与徐霞客”“地质调查所所长”“回到地质学来”等，就可以看出传主的地质学家风貌了。

胡适一生所作的学人传记，当然不止上列几种，但是，仅从上列作品我们就可以看到：一、他所选择并为之作传的，都是在某个学术领域作出过超越前人的重大贡献，但又因复杂的原因而被忽视或埋没的学人。这些人被他重新提到中国学术史的高度，给予与其他学人相当的地位，

①《胡适学术文集·中国哲学史(下)》,第1009页。
②《胡适学术文集·中国哲学史(下)》,第1010页。
③《章实斋先生年谱》,第77页。
④《胡适学术文集·中国哲学史(下)》,第1010页。
⑤《胡适学术文集·中国哲学史(下)》,第1013页。
⑥《胡适学术文集·中国哲学史(下)》,第1032页。

这不但充分显示胡适本人深邃的学术和时代眼光，也反映了中国新文化建设的客观需要。二、在创作学人传记的过程中，他曾致力于资料的搜集和考证，有的甚至花了近10年时间来充实、修订，因而他的学人传记，较之前人更为翔实、丰富，较好地体现了“纪实传真”的要求；三、开创性地抓住学人“立言”的基本特征，采取札录思想、学术主张，并用时代的新眼光开展评判的新体例、新作法，不仅突破了传记写作的旧体例、旧传统，也使他的学人传记更能显著地表现时代性。正是由于以上特点，他的学人传记不但在内容上，而且在写作体裁上，均取得了突破性的进展。

我们指出胡适学人传记的特色和成就，决不是说他的作品已完美无缺了。正如他的众多学人传记出版之初，就引起过很多的批评、质疑那样，他的学人传记，无论在资料的完备上，史实的考证上，新的体裁能否成立上，尤其对某些学人思想主张的评论上，都存在这样那样的缺点，值得认真地研究讨论。如果用今天的价值观念来加以批判性审视，更有“代沟”性的差距。但是，与他的前人相比，笔者认为，它的成就是主要的。作为一种学术遗产，它也有许多值得我们借鉴、参考的地方。

（原载《安徽史学》1998年第3期）

胡适的中西文化观简评

杜蒸民　房列曙

胡适是中国现代史上资产阶级西化论的主要代表，“全盘西化”论的始作俑者。早在“五四”前，他就积极参加以“民主”和“科学”为旗帜的新文化运动，提出过学习西方资产阶级文化的主张。但比较全面和系统地提出西化理论，则在“问题与主义”的论争以后和第一次大革命时期，因此，我们的评论也从这个时期开始。

一

胡适的比较系统的西化理论，是在中国的知识分子对于资本主义的认识发生分野的情况下提出来的。第一次世界大战带来的严重恶果和十月革命的爆发，使新文化运动中的一些激进的民主主义者，看到了资本主义制度的弊端和帝国主义的本质，看到了人类社会发展的“新曙光”，从而抛弃了走西方资本主义的道路，主张向俄国学习，用科学社会主义拯救中国。而另外一些半封建的知识分子，看到世界大战的本质原因，加上他们对中国传统文化的依恋，认为世界大战的爆发，是“科学的破产”、西方文明的破产，幻想用东方文化来拯救西方文化，形成了保守的东方文化派。胡适正是在与社会主义的文化主张，特别是在与东方文化派的论战中，提出了自己的西化理论。

东方文化派的代表人物是梁启超、梁漱溟、张君劢等人，这些新时期的复古派、守旧派，是半封建文化的代表。他们在《欧洲心影录》《东西文化及其哲学》《欧洲文化之危机及中国新文化之趋向》中，大肆鼓吹西方“物质文明的破产”，把东西方文化的差异，说成一个是“精神的”，一个是“惟唯物的”或“机械的”。并以“意欲”向前、向后和持中作为先验的根据，将西方、印度、中国三大文化系统归结为三条不同的路向，认为只有以孔子为代表的儒家思想才是人类文化的理想归宿，断言人类文化必然要发生“由西洋态度变为中国态度”的“根本改革”，“世界未来文化就是中国文化的复兴”。这种全盘否定西方文化，全盘肯定中国传统封建文化的思潮，无疑是在资本主义文明危机四伏的形势下，宣判新文化运动选错了路，所以，他们指控新文化运动的代表“陈独秀、胡适、李大钊都在歧路上”。这是对新文化运动的全面反动。

面对东方文化派的挑战，胡适先后发表了《科学与人生观序》《读梁漱溟先生的〈东西文化及其哲学〉》《我们对于西洋近代文明的态度》《东西文化的界线》《东方人的“精神生活”》等文章，批驳了东方文化派的优劣，阐明了自己的中西文化观。

他首先对文明、文化的内涵提出了自己的看法，认为：“文明是一个民族应付他的环境的总成绩”，而“文化是一种文明形成的方式”，[①]或者说“文化是民族生活的样法”，一个民族“适应环境的总和”。[②]进而他认为“一种文明的造成，必有两个因子：一是物质的，包括种种自然界的势力与质料；一是精神的，包括一个民族的聪明才智、感情和理想。凡文明都是人的心思智力运用自然界的质与力的作品，没有一个文明是精神的，也没有一种文明单是物质的”。[③]上述关于文明、文化以及文化或一种文明应包含物质和精神两个因子的统一界定，较之东方文化派把文明分成物质和精神两截，进而来区分东西文化的高低的观点，是高明得多了。在理论上确立了文化的概念的基础上，他开展了对东西文化的比较研究。针对东方文化派“西洋文明为唯物的”，“东方文明为精神的”说法，他认为西洋近代文明是建筑在“求幸福”和视“贫穷”“颓废”为“罪恶”的基本观念上的，所以是“一种‘利用厚生’的文明”，“这种文明能够满足人类心灵上的要求的程度，远非东洋旧文明所能梦见”。这种文明从理智方面说，“第一特色是科学”，是“不断的寻求真理”；从道德

① 胡适：《我们对于西洋近代文明的态度》。
② 胡适：《我们对于西洋近代文明的态度》。
③ 胡适：《我们对于西洋近代文明的态度》。

和宗教方面来说，是“理智化”“人化”和“社会化的道德”的“新宗教”，具体说，“十八世纪的新宗教信条是自由、平等、博爱。十九世纪中叶以后的新宗教信条是社会主义。这是西洋近代的精神文明，是东方民族不曾有过的精神文明”。合而言之，西洋近代文明是“建筑在‘求人生幸福’的基础之上，确然替人类增进了不少的物质上的享受；然而他也很是能满足人类的精神上的要求”的文明。相反，东方文明则是一种“自暴自弃的不思不虑”和“畏难”“懒惰”的文明，从道德和宗教的角度看是一种“安分、安命、安贫、乐天、不争、认吃亏”的宿命论。他归结说：“东方文明的最大特色是知足，而西洋近代文明的最大特色是不知足”。说“知足的东方人自安于简陋的生活，故不求物质享受的提高；自安于愚昧，自安于‘不识不知’，故不注意真理的发现与技艺器械的发明；自安于现成的环境与命运，故不想征服自然；只求乐天安命，不想改革制度，只图安分守己；不想革命，只想当顺民”，所以是“懒惰不长进的民族的文明，是真正唯物的文明”。反之，“西方人则大不然。他们说‘不知足是神圣的’，物质上的不知足，产生了今日钢铁世界、汽车世界、电力世界。理智上的不知足，产生了今日的民权世界、自由政体、男女平权的社会，劳工神圣的喊声，社会主义的运动。神圣的不知足是一切革新、一切进化的动力”。“这样的文明是精神的文明，是真正理想主义的文明，决不是唯物的文明”。[1]

他还提出了“人是一种制造器具的动物，所以器具就构成了文化”，“文化之进步就基于器具之进步”的观点，进而就器具或者说生产工具的不同，对比了东西文化的优劣，认为“东西文化之区别，就在于所用的器具不同”。说“近二千年西方之进步远胜于东方，其原因就是西方能发明新的工具，增加工作能力，以战胜自然。至于东方虽然在古代发明了一些东西，然而没有继续努力，以故仍在落后的手工业时代，而西方老早就利用机械与电气了”。总之，“东方文明是建筑在人力上面的；而西方文明是建筑在机械上面的”。[2]

通过以上分析，他指出西方近代文明在精神方面是科学，在道德和

① 胡适:《我们对于西洋近代文明的态度》。
② 胡适:《东西文化之比较》。

宗教方面是理智化、人化、社会化，在物质上是机械与电气，欧洲十八世纪的自由、平等、博爱和十九世纪中叶以后的社会主义，都是高出于东方文明的。这是较为符合当时东西文化不同发展阶段的实际的，显然比东方文化派的虚骄心理要高明得多。他关于东方文明是一种“愚昧”“落后”的文明的说法，也部分地反映了半殖民地半封建社会的某些事实。他用“知足”和“不知足”来概括东方文明和西方文明的“最大特色”，在一定程度上揭露了中国传统儒学以及某些学派的“存理灭欲”、安贫乐道、等级服从的封建文化的糟粕，是对东方文化派的国粹主义和封建文化的有力一击。凡此，说明他的东西文化的对比研究具有相当的合理因素。至于他用器具发展水平来说明东西文化的重大差距，找到了人类文化同一性的根据，更具有相当的真知灼见，这与封建卫道士们把文化的概念局限在“精神”上，而否认人类文化本质的同一性的论点相比，不可同日而语。

但是，他对东西文化的比较，又有严重的夸大失实之处，即一味歌颂西方文明，完全不提它的种种弊端，这是对资本主义文明的一种片面的美化。反之，他用封建文化的糟粕和近代社会的暂时落后的事实，以点代面，以偏概全把东方文明的特色归结为“知足”的、“懒惰的不长进的民族的文明”，完全抹杀中华民族是勤劳勇敢、热爱和平、具有伟大创造精神的民族，抹杀中华民族优秀文化传统和当时中国人民在我党领导下为改变贫穷落后而进行的艰苦卓绝斗争。这又是一种极其错误的民族虚无主义观点。

在这个时期，他还集中批判过东方文化派关于世界文化三大系统的“三种路向”说。他说：我们的出发点是，文化是民族生活的样法。而民族生活的样法是根本大同小异的，为什么呢？因为生活只是生物对环境的适应，而人类的生理构造根本上大致相同，把文化的差异说成是“根本路向”不同是错误的。他说：“我们拿历史的眼光去观察文化，只看见各种民族都在那‘生活本来的路’上走，不过环境有难易，问题有缓急，所以走的路有迟速的不同，到的时候有先后的不同。”[①]根据这样的观点，

① 胡适：《读梁漱溟先生的〈东西文化及其哲学〉》。

后来在对中西文化进行具体比较时，就更加明确地肯定，东西文化的不同，“原来不过是进步之程度不同，后来时日久远，就变为两种根本不同的文化”。[①]他还进而预言：“现在全世界大通了，当初鞭策欧洲人的环境和问题现在又来鞭策我们了。将来中国和印度的科学化与民主化，是无疑的。”[②]这样，他就进一步强调了向西方学习科学和民主的必要性。这里胡适把文化的民族差异说成是同一路向的发展程度不同，发展的阶段不同，走的都是同一条路，否认有本质性差别的“路向不同”，在一定程度上符合人类文化从低级向高级发展的历史实际，因而具有一定的说服力。

胡适在与东方文化派的论争中，坚持着“五四”时期的“民主”和“科学”的立场，他的西化理论中有着许多缺点和错误，有着民族虚无主义和丑化民族文化的错误倾向，但其主要矛头仍是指向半封建文化的，其进步作用仍是主要的。

二

第一次大革命失败后，蒋介石集团在南京建立了大地主大资产阶级的反动政权，推行了一条封建法西斯主义的文化路线，对我党为代表的新民主主义文化进行了十年的文化围剿。正是在这种形势下，胡适发表了一系列中西文化问题的文章，既反对我党为代表的新民主主义文化路线，又不赞同国民党的封建法西斯文化路线，坚持走以英美为模式的西方资本主义的道路。

这个时期，胡适首次明确提出“全盘西化”的口号。一九二九年上海出版的《基督教年鉴》刊载他所写的《今日中国的文化冲突》英文稿里，他就同时使用了两个词来表达他的西化主张。一个词是 wholesale westernization，另一个词是 wholwhearted modernization。该年鉴出版后，潘光旦在英文《中国评论周报》发表书评指出，胡适所使用的两个词意义不一样，前一个词可译为“全盘西化”，后一个词可译为“全力现代

① 胡适：《东西文化之比较》。

② 胡适：《读梁漱溟先生的〈东西文化及其哲学〉》。

化”或“充分现代化”，并表示他赞成“全力现代化”，不赞成“全盘西化”。但是，潘光旦的批评没有引起胡适的注意。后来“全盘西化”的口号就在国内流行开来。一九三五年三月，当主张“全盘西化”的陈序经等人都认为胡适够不上“全盘西化派，而乃折衷派之一支流”[①]时，他又再次重申：“我是主张全盘西化的。”[②]

什么是“全盘西化”呢？他说中国人对于西方文化的态度，“曾有三派的主张：一是抵制西洋文化，二是选择折衷，三是充分西化”。[③]他认为抗拒西化已成过去，“选择折衷”是一种变相的保守法，“充分西化”或“全盘西化”，“就是一心一意的走上全世界化的路”。[④]又说，“‘全盘’含有百分之一百的意义，而百分之九十九还算不得‘全盘’”[⑤]。正是从这种“全盘西化”的要求出发，他发表了《请大家来照照镜子》《新文化运动与国民党》《我们走哪条路》《介绍我自己的思想》等文章，主张搞一个学习西方文化的“心理建设”，要中国人以美国为“镜子”，承认中国文化不适宜于现代环境，而提倡充分接受世界的新文明。承认“我们自己百事不如人”。[⑥]认为只有这样“大彻大悟”，才能“死心塌地地去学人家”。[⑦]

为了说明中国“百事不如人”，他列举了贫穷、疾病、愚昧、贪污、扰乱为中国的五大仇敌，[⑧]炮制了一个“五鬼闹中华”论。又列举了“骈文、律诗、八股，小脚、太监、姨太太，五世同居的大家庭、贞节牌坊、地狱式的监牢、廷杖、板子夹棍的法庭”等十一项“宝贝”，说其中除姨太太外的十项“国粹”，都“是洋鬼子家里搜不出来的”。[⑨]以证中国文化的低下。并说可以称得上中国固有文化“优长”之处的只有三点：“我们语言的‘文法’是全世界最合理的”，社会组织“比较是平等的，很平民化的”，宗教“比较是最简单的，最近人情的”，而且“这三项都夹杂了

---

① 《独立评论》第14期《编辑后记》。
② 《独立评论》第14期《编辑后记》。
③ 胡适：《充分世界化与全盘西化》。
④ 胡适：《充分世界化与全盘西化》。
⑤ 胡适：《充分世界化与全盘西化》。
⑥ 胡适：《请大家来照镜子》。
⑦ 胡适：《请大家来照镜子》。
⑧ 胡适：《我们走哪条路》。
⑨ 胡适：《我们走哪条路》。

不少有害的成分，都不是纯粹的长处”，其他则“想了二十年，实在想不出什么别的优长之点了”。[①]

正是基于这种极端的民族自卑心理，他提出了“全盘西化”的取舍原则和目标。他说，为了“救这颓废的民族，救这半死的文化，在这件大工作的历程里，无论什么文化，凡是可以起死回生的，返老还童的，都可以充分采用，都应当充分吸收。我们的救国建国正如大匠建屋，只求材料可用，不管他来自何方”[②]，而目标则是建立一个“治安的普遍繁荣的、文明的现代统一的国家”[③]。方法是学习美国，“用教育来打倒愚昧，用实业来打倒贫穷，用机械来征服自然……用防弊制度来经营商业，整理国家的政治，”或者说“用铁路与汽车来做到统一，用教育与机械来提高生产，用防弊制度来打倒贪污”。[④]以及所谓“集合全国的人才智力，充分采用世界的科学知识与方法一步一步的自觉的改革”[⑤]。这样，他在“全盘西化”的极端口号下，全盘否定了中国的传统文化，提出了全盘学习西方资本主义文明的蓝图。

如所周知，这个时期，我党在马克思主义指导下，对中国历史和现状作出了科学的分析，肯定中国社会的半殖民地半封建性质，提出了一条反帝反封建的民主革命路线和农村包围城市，武装夺取政权的革命道路。胡适提出的“五鬼闹中华”论，显然是借此与我党对中国社会性质的科学分析相对抗，宣称中国的仇敌“资本主义不在内”。“封建势力也不在内”，“帝国主义也不在内”。[⑥]直接与我党的反帝反封建的革命路线相对抗。他还公开声称，实现“治安的、普遍繁荣的、文明的现代统一的国家”的方法，“不是那用暴力专制而制造的革命的革命，也不是那用暴力推翻暴力的革命，也不是那悬空捏造革命对象因而来鼓吹革命的革命”，[⑦]这更是直接否定我党领导的武装革命斗争。由此可见，用全盘资

① 胡适：《三论信心与反省》。
② 胡适：《介绍我自己的思想》。
③ 胡适：《我们走哪条路》。
④ 胡适：《请大家来照镜子》。
⑤ 胡适：《请大家来照镜子》。
⑥ 胡适：《请大家来照镜子》。
⑦ 胡适：《我们走哪条路》。

本主义化来和我党新民主主义革命路线相对抗。这就是胡适的“全盘西化”论的实质。

应当指出，胡适的“全盘西化”论，与国民党的新式的“中学为体、西学为用”的路线也是有矛盾的。早在“九一八”以前，他就著文对国民党鼓吹恢复旧文化的言论进行过批评，说“根本上国民党的运动是一种极端民族主义运动，自始便含有保守的性质，便含有传统文化的成分”。国民党的思想是“反动的思想”。[①]他还发起一个旨在批评国民党专制统治的“人权运动”。如一九三四年八月，国民党政府在全国恢复孔诞典礼，他著文进行揭露和批评，并说：“开倒车是不会成功的。”[②]随后，又针对戴季陶、陈济棠、何键等的提倡读经，和何炳松等十教授的《中国本位文化建设宣言》著文指出，国民党的所谓“本位文化建设”，“正是‘中学为体西学为用’的最新式的化装”，是“他们的保守心理在那里作怪”，不过是“二十年前袁世凯的未竟之志，未遂之功”，是“反动空气的时髦表现”。[③]

他认为国民党反动文化的“根本错误在于不认识文化变动的性质”，即不懂文化交流变动的规律。为了劝说国民党接受他的“全盘西化”的方针，他对文化交流变动的规律进行了探讨和说明，认为文化变动有四个方面的性质和规律：“第一，文化本身是保守的”；“第二，凡两种不同文化接触时，比较观摩的力量可以摧毁某种文化的某方面的保守性与抵抗力的一部分”；“第三，在这个优胜劣败的文化变动的历程中，没有一种完全可靠的标准可以用来指导整个文化的各方面的选择去取”；“第四，文化各方面的激烈变动，终一个大限度，就是终不能根本扫灭那固有文化的根本保守性”，因此变动的结果，“日本人还只是日本人，中国人还只是中国人”。[④]有鉴于中国旧文化的“惰性”“实在大得可怕”，他说他提出“全盘西化”的口号旨在借此打掉这种文化的“惰性”。他说：“我是主张全盘西化的。但我同时指出，文化自有一种‘惰性’，全盘西化的

① 胡适：《新文化运动与国民党》。
② 胡适：《写在孔子诞辰纪念之后》。
③ 胡适：《试评所谓〈中国本位文化建设〉》。
④ 胡适：《试评所谓〈中国本位文化建设〉》。

结果，自然会有一种折衷的倾向”。又说：“此时没有别的路可走，只有努力全盘接受这个新世界的新文明，全盘接受了，文化的‘惰性’自然会使他成为一个折衷调和的中国本位新文化”，他说，“他就是拼命走极端”。[①]从这样的意义上，他提出“全盘西化”口号是一种“矫枉必须过正”式的宣传手法，和对守旧势力的一种说教。

他的上述言论，显然是为了劝说国民党政府来接受他的“全盘西化”的方针，但同时也是对封建复古文化的一种妥协。但是，他关于文化性质、文化交流、旧文化的保守性和惰性，以及文化交流的结果是“折衷”的看法，应该说一定程度上是反映了文化变动的客观性质，部分地符合文化交流的事实，因而不应简单地予以否定，须要指出的是，第一，文化的保守性和惰性，在中国历史上主要是集中表现在没落的统治阶级身上，人民群众特别是其先进部分，是能够正确对待中外文化的，所以笼统地谈论文化的保守性和惰性，是不恰当的。第二，文化交流和对外来文化的抉择去取，是有着深刻的阶级内容和民族传统的，不同阶级有不同的文化价值观和取舍标准，正像我党接受马克思主义，胡适派接受实验主义、封建地主阶级要排斥西方文明的不同。

正是由于胡适的“全盘西化”论否定我党的新民主主义革命路线，同时也与国民党的封建法西斯主义文化方针有矛盾，因而不仅受到一切进步力量的尖锐批评，也受到国民党方面的指责。加上这个口号本身在理论上和逻辑上的不通，所以到一九三五年六月，即在再次肯定自己主张“全盘西化”三个月之后，他在《充分世界化与全盘西化》一文中，就修正了“全盘西化”的提法，改成为“充分世界化”。表示“我们不能不承认，数量上的严格‘全盘西化’是不容易成立的”。承认“西洋文化确有不少的历史因袭的成分，我们不但理智上不愿采取，事实上也决不会全盘采取”。他认为把这个口号改为“充分世界化”，“可以免除一切琐碎的争论”，“可以容易得着同情的赞助”，可以避免“全盘西化”所遇到的严格的数量上的困难。尽管，他的上述说法，并没有改变他的“全盘西化”论的走欧美资本主义道路的实质，但表明即使是这个口号的始作

① 《独立评论》第14期《编辑后记》。

俑者自身，也很快的意识到它在理论上的荒谬，和在实践上的破产。

毛泽东同志曾深刻指出："资产阶级顽固派，在文化问题上，和他们在政权问题上一样，是完全错误的。他们不知道中国新时期的历史特点，他们不承认人民大众的新民主主义文化。他们的出发点是资产阶级的文化专制主义"。"他们曾经实际赞助过国民党政府的文化'剿共'，现在似乎又在赞助什么'限共'、'溶共'政策，他们不愿工农在政治上抬头，也不愿工农在文化上抬头。资产阶级顽固派的这条文化专制主义的路是走不通的。它同政权问题一样，没有国内国际条件"。[①]毛泽东同志对资产阶级顽固派的文化方针的批判，实质上就是对胡适的"全盘西化"论的批判。

三

二十世纪三十年代的后半期和整个四十年代，是中国现代史上最伟大的时代。中国人民先后取得了抗日战争、解放战争的伟大胜利，建立了中华人民共和国。"中国人从此站立起来了"[②]。中国革命的实践，宣告了以蒋介石为首的国民党的封建法西斯文化的彻底破产，胡适的以美国为模式的"全盘西化"路线，也是行不通的。只有中国共产党的马克思主义与中国革命实践相结合的路线，才是拯救中国的唯一正确路线。五十年代的实践再次证明：只有社会主义才能救中国。

但是，关于中西文化问题的争论，并没有因此中止。在不同的历史阶段，胡适仍然发表了许多关于中西文化方面的论文和讲演。抗日战争期间，他在美国发表过《民主与极权冲突》《中国抗战也要保卫一种文化方式》等；解放战争期间发表过《眼前世界文化的趋向》《我们必须选择我们的方向》《当前中国文化问题》《中国文化里的自由传统》等；五十和六十年代初，发表过《三百年来世界文化的趋势与中国应采取的方向》《从〈到奴役之路〉说起》《中国哲学里的科学精神与方法》《中国的传统与将来》《科学发展所需要的社会改革》等为数众多的文章。

在抗日战争时期的文章中，他把第二次世界大战的性质错误地归结为

① 毛泽东:《新民主主义论》。
② 毛泽东:《中国人从此站立起来了》。

民主与极权的冲突，甚至把苏联的无产阶级专政与德、意的法西斯主义混为一谈。[①]解放战争时期，面对中国两种命运的大决战，他又美化自由主义，鼓吹“世界文化的共同理想目标”是“用科学的成绩解除人类的痛苦”，“用社会化的经济制度来提高人类生活”，“用民主的政治制度来解放人类的思想，发展人类的才能”，认为世界文化发展的趋势是“渐渐朝混合统一的方向”发展，即“民主自由的趋向”发展，攻击共产主义运动是“反自由，反民主的集体专制的潮流”，是“一个小小的逆流”等[②]。

这时，与二三十年代不同的是，在中西文化对比中，他一反过去贬低中国文化的价值，尽力寻找和挖掘传统文化中堪与西方相媲美的东西加以宣扬。解放战争时期，他曾竭力赞美“中国文化里的自由传统”，说“中国从古代以来都有信仰、思想、宗教等自由”，说老子和孔子都“可以说是自由主义者”，老子的无为政治，孔子的“中庸之道”，“都可以说是一种自由主义者的思想”，中国二千多年的思想史，“都可以说明中国自由思想的传统”。[③]五十年代，又著文颂扬中国传统文化，说中国思想史上有个最大的贡献，就是老子的“无政府主义”，其次是孔子、孟子的“自由主义的教育哲学”，[④]后来又在其它文章中，对中国传统文化也都有过前所未有的赞扬。说中国“在商朝已经发展来一个高度进步的文明”，并把春秋战国时代，说成是中国文化的“经典时代”，其“伟大遗产有老子的自然的宇宙观”；“有孔子的人本主义”，“还有大宗教领袖墨子的思想”等等，最后，他归结中国文化传统为“人本主义与理智主义”，并预言：社会主义、共产主义与这个“人本主义与理智主义的中国”，是格格不入的，可见，他这个时期挖掘、颂扬中国传统文化的本意，还是服务于他这个时期的反共立场，但也仍有劝诫国民党放弃专制独裁统治的用意所在。正是他的这种做法，使人们感到他与二三十年代已判若两人，以至人们得出结论说：“晚年的胡适只是一种宗教哲学合二为一的最古老的中国传统思想”，“整个的说来，胡适之对西洋文明的吸收和对自己文

① 胡适：《民主与极权的冲突》等。
② 胡适：《眼前世界文化的趋向》。
③ 均见胡适《中国文化里的自由传统》。
④ 均见胡适《中国古代政治思想史的一个看法》。

化传统的继承，只可说是三七开”，或者说“三分洋货，七分传统”。[①]

须要指出的是，胡适这时在中西文化问题上的基本立场和观点仍然向往美国式的民主和科学，而在文化交往的具体论点上还较前有新的发挥。例如在《眼前世界的文化趋向》中，就再次以“科学”“民主”作为未来文化发展的“共同的理想目标”，这些言论，也仍然是为了坚持他的民主自由的资产阶级共和国的梦幻。值得一提的是，他还在上文中采用商品交流的规律来说明文化交流，这对他的中西文化观又是一个新的补充。他说“文化的交流，文化的交通”的原则，“都是自由选择”的，“就是‘以其所有，易其所无，交易而退，各得其所’”，“小的小到一朵花一个豆，大的大到经济政治学术思想都逃不了这个文化自由选择，自由流通的大趋向”。尽管文化交流的规律不能等同于商品交换的规律，但这种提法也确有研究的价值。不但如此，他在其他一些文章中还多次表示坚持他在二三十年代关于东西文明的观点，认为“科学和技术绝不是唯物的，乃是高度理想主义的，乃是高度精神的”。反对“我们东方人还可以凭我们优越的精神文明自傲”。[②]正是由于他坚持这些观点，在他逝世前，台湾的一些力图恢复固有文化的人，还对他进行“围攻”，甚至指责他为“少正卯”，把他的思想视为“毒蛇猛兽”，要打倒他。[③]

我们在揭露和批判这个时期胡适文化观的反共实质外，也必须承认他作为有一定素养的东西文化的研究者，也提出过一些有学术价值的思想。例如，他曾提出：“不要把中国传统当作一个一成不变的东西看，要把这个传统当作一长串重大的历史变动进化的最高结果看。”他尤其重视先秦哲学即“经典时代”哲学的深远意义，认为“中国文化传统的基本特色，多少都是这个经典时代的几大派哲学塑造磨琢出来的”。[④]他还认定人文科学先驱的进步思想对于科学的发展，有很大的推动作用，从此出发，他曾努力发掘过可以帮助和启发科学进步的人文思想：如孔子对知识的态度、宋代理学家关于“格物致知”的命题，清代朴学家的考据

① 唐德刚:《胡适杂忆》。
② 胡适:《科学发展所需要的社会改革》。
③《胡适之先生年谱长编初稿》,第3825页。
④ 均见胡适《中国的传统与将来》。

方法等，并对诺斯洛浦关于“东方人用的学说是根据由直觉得来的概念造成的，西方人用的学说是根据由假设得来的概念造成的”，而“一个文化如果只容纳由直觉得来的概念，就天然被阻止发展高过那个最初步的、归纳法的、自然史阶段的西方式的科学”的论点，进行过批评，说这种“东西二分的理论”“没有历史根据”。东西方哲学“不论有多么明显的差别存在，都不过是种种历史因素特别凑合所造成的重点的、程度的差别”，西方近代科学的优越，“绝不是优等民族的一个独立的并且是独占的创造，而只是许多历史因素一次非常幸运的凑合的自然结果”。[1]应当承认，以上胡适关于中国古代传统文化的估计和对优秀传统的发掘和说明，无疑有许多合理因素，有一定的学术价值。

因此，我们对他在四十年代以后的中西文化观，除了对许多反共的文化观点予以严肃的揭露和批评外，对于某些有学术价值的研究成果，也应实事求是地予以肯定。

以上简要回顾和评论说明，形成于“五四”以后的胡适的西化理论，虽然曾经在初期有过反封建的进步作用，但是，作为一条西化路线，在半殖民地半封建的中国，历史已宣告它的破产，证明它在中国是行不通的。

（原载《安徽师大学报》（哲学社会科学版）1987年第4期）

① 胡适:《中国哲学里的科学精神和方法》。

胡适对戴震哲学和治学方法评论

——胡适与中国传统文化研究专题之一

从“五四”时期开始，胡适对中国的传统文化，进行了长时期的多方面的研究。其中，对戴震的哲学和治学方法的研究和评估，突出地反映了他对中国传统文化的优秀内容的认同，反映了他对中国传统文化走向近代化进程中的一种具体的贡献。具体研究胡适对戴震的评论，不仅有助于我们对戴震学术思想和学术地位的认识，也有助于我们对胡适本人的传统文化观和中西文化观做出客观的合乎事实的评估。

一

戴震（1724—1777）字东原，安徽休宁人，是清代乾嘉汉学的皖派首领，我国18世纪的反理学的杰出的唯物主义哲学家。但是，在他逝世以后，他的许多门生如段玉裁、王念孙、王引之等继承发展了他在经学方面的成就，却很少能理解他在思想方面的杰出贡献。所以在他们所著关于戴震的《行状》《年谱》《墓志铭》《事略》等传记性作品中，除个别人对其哲学著作《孟子字义疏证》有所肯定外，大多只谈其经学成就，而无视其哲学贡献。而一些程朱理学信徒，则以他“欲移程朱而代其位”，表示恶感，恣意诋毁。[①]因此，戴震作为哲学家尤其是作为中国哲学的优秀的唯物主义传统代表的一面，就被湮没无闻了。

这种情况，直到20世纪初，在章太炎的《訄书·清儒》和《悲先戴》等文中，肯定戴震经学上的成就，又强调指出《孟子字义疏证》“薄程朱”，批判理学“以理杀人”的贡献，把他与颜元并提为清代“大儒”以

① 方东树:《汉学商兑》。

后，才开始改变。接着，梁启超著《清代学术概论》，肯定戴震在小学、经学和自然科学方面的成就后，也称颂《疏证》一书，“字字精粹”，是“欲以‘情感哲学’代‘理性哲学’”，是与文艺复兴时代的思潮之本质“绝相类”，“可算二千年一大翻案。其论尊卑顺逆一段，实以平等精神，作伦理学上一大革命”。称《疏证》一书，是“三百年间最有价值之奇书”。这样，戴震作为哲学家的一面，《疏证》反理学的思想价值，才得到学术界的承认和肯定。

但是，对戴震哲学思想，真正以现代哲学眼光，做出全面、系统而细致的研究和评论，确定其在中国哲学史的重要地位，则主要应当归功于胡适的努力。

还在《清代学术概论》发表后不久，胡适就撰写了《戴东原在中国哲学史上的位置》一文，概述了宋代理学兴起后的中国思想史，继章太炎、梁启超之后，分析了理学“推崇理性，排斥情欲”的错误，推崇戴震“理存于欲”的政治哲学和“理即事物的条理”“剖析至微”的求理方法，从而肯定戴震是“朱子以后第一个大思想家、大哲学家”的崇高的历史地位。1924年1月以后，他又在与梁启超共同发起的在北京召开的“戴震诞辰二百周年纪念大会”上，发表了《戴东原的哲学》[①]的八万字长文，从反理学的角度，以西方哲学为参照，对戴震哲学作了深入的系统的透彻评论，把戴震哲学的研究和评估推向高潮。

首先，他指出，“戴震在清儒中最特异的地方，就在他认清了考据名物训诂不是最后目的，只是一种‘明道’的方法。他不甘心仅仅做个考据家，他要做个哲学家”。这是因为，“戴震认清考据之学‘不仅在故训’”。其次，戴震主张做学问要“空所依傍，而唯求其是”。这是其他清代学者所无的。他认为戴震的《孟子字义疏证》《原善》等，之所以“于天人理气，实有发前人所未发”[②]，就是贯彻了“明道”这一主张的结果。

进而他指出，在《疏证》《原善》等哲学著作中，戴震提出的宇宙观，或者说“天道论”，“是一种自然主义”。他说，戴震的这种宇宙观，

① 梁启超的文章为《戴东原哲学》。
② 章学诚:《章氏遗书·朱陆篇书后》。

"只认阴阳五行的流行不已，生生不息，便是道"。认为，戴震"老实承认那形而上和形而下的都是气"。在戴震那里，"宇宙观有三个要点：（一）天道即是气化流行；（二）气化生生不已；（三）气化的流行与生生是有条理的，不是乱七八糟的"。他认为，戴震的这种宇宙观，"是一种唯物论"，"一元的唯物论"。这种唯物论，"与宋儒的理气二元论不相同"，它的提出，"在中国思想史上，要算很大胆了"。不但如此，他认为，"最奇特的是戴氏的宇宙观完全是动的，流行的，不已的。这一点和宋儒虽兼说动静，而实偏重静的宇宙观大不相同"。这样，他就比较符合实际地指出戴震宇宙观或天道观的唯物主义倾向和流动不居的辩证法因素。在这样的指认之后，他论证说，戴震的宇宙观，是有科学根据的，因为戴震"是当日的科学家，精于算数历象之学，深知天体的运行皆有常度，皆有条理，可以测算，所以他的宇宙观也颇带一点科学色彩"。胡适对戴震宇宙观给予了高度的现代评价。

他认为，正是从上述自然主义宇宙观，戴震导引出他的人性论。他说：戴震认为"道的实体是阴阳五行，性的实体是血气心知，而血气心知又只是阴阳五行分出来的"。他认为，"这又是一种唯物论的一元论，又和宋儒的理气二元的性论相冲突了"。他说："宋儒说性有两种：一是气质之性，一是理性。气质之性其实不是性，只有理性才是性；理无不善，故性是善的"。他认为戴震说的"血气心知是性，这正是宋儒所谓气质之性"。他说，戴震也是主张性是善的，但是，戴震的性善论，不是"用理气二元论作根据"的。因为，"戴氏认清宋儒的根本错误在于分性为理气二元"，"仇视气质形体"，又误认理性为"天与我完全自足"的东西，所以，"重理性而排斥气质"。与此相反，戴震则"认血气心知为性，才质有于内须取资于外，故要由'博学、审问、慎思、明辨、笃行以扩而充之'。这是戴学与理学大不相同的一点"。他还认为，戴震论性是"以才质为根据"的，"说才是性的表现；有什么性，便呈现什么才质"，所以，这"又是一种一元论，又和宋儒二元论冲突了"。对于以上两种不同的性论，他评论说：宋儒"分性与才为二本，是错的；戴氏说有是性便有是才，是不错的"。但是，他也认为，戴震说"性善则才亦美"，"也只有相对的真实，而不可能作‘凡性皆善，故才皆美’”的结论。又说：“宋儒说善由于性，恶由于气质，自然是不对的。但戴氏认血气心知为性，而又说凡性皆善，那亦是不能成立的”。之所以如此，因为现实表明，“人物固有生而病的，才质也有生而不能辨声辨色的，也有生而不能知识思想的”。所以，他的结论是：“戴氏的气质一元论确是一种重要贡献，但他终不肯抛弃那因袭的性善论，所以不免有漏洞了”。这样，胡适就具体细致地分析了戴震性善论的宇宙观根据，并把它与宋儒的理气二元的性善论作了具体的比较，肯定了戴氏气质一元性善论的优点和不足。这个分析是符合戴震性善论的本义的。

他还指出，戴震的性善论，“是对于禽兽而言；只是说‘人之知觉大远乎物’。这是极平常的科学知识”。他认为，戴震“把情、欲、知三者一律平等看待，都看作‘血气心知之自然’。这是对那些排斥情欲，主静、主无欲的道学先生们的抗议”。而在三者之中，戴震又特别提出“知”，“赞美他‘小之能尽美丑之极致，大之能尽是非之极致’”。因为，在戴震看来，“有知，欲才能得遂，情才能得达”，“有知，人才能推己及人，才有道德可说”。他认为，戴震的“理想的道德是‘使人之欲无不遂，人之情无不达’”。他认为，以上就是戴震的“性论”“心理学”和“人生哲学”。应该说，胡适对戴震人性论的分析是抓住了其基本精神的。

他认为，戴震“在哲学史上最大贡献：他的‘理’论”。因为，戴震的气质之性的理论，与颜元、李塨的基本上相同，而关于“理”的定义，虽然颜李也说过，但“都不曾充分了解这个新定义的涵义”。只有戴震才对“理”进行细致的定义，并使“理”，“一面成为破坏理学的武器，一面又成为一种新哲学系统的基础”。他分析说，在理学中，是“以天理为根本观念”，“理”是“得于天而具于心”的。理学在历史上，“好的方面，学者提倡理性，以为人人可以体会天理，理附着于人性之中；虽贫富贵贱不同，而同为有理性的人，即是平等”，从而“使个人的价值提高，使个人觉得只要有理可说，富贵利禄都不足慕，威武刑戮都不足畏惧”；“坏的方面，理学家把他们冥想出来的臆说认为天理而强人服从。他们一面说存天理，一面说去人欲”，“定下许多不近人情的礼教，用理来杀人，吃人”。所以，他认为，“理与势作战时，理还可以得人的同情；而理与势携手时，势力借理之名，行私利之实，理就成了护身符，那些负屈含冤的幼者、弱者就无处申述了”。这样，“八百年来，一个理字遂成了父母压儿子，公婆压媳妇，男子压女子，君主压百姓的唯一武器；渐渐造成一个不人道，不近人情，没有生气的中国”。他认为，戴震生于清朝全盛时期，亲见清朝统治者“以理杀人”的种种事实，“所以他的反动最激烈，他的抗议最悲愤”。他指出，在戴震看来，“理在事物，只是事物的条件关系，至于心的方面，他只承认一个可以知识思想的官能”。又说，据戴震看，“心不是理，不过是一种思想判断的官能。这个官能是‘凡血气之属’都有的，只有巨细的区别，并不专属于人类。心不是理，也不是理具于心。理在于事物，而心可以得理”。他认为，戴震论理有二种：“人事的理”“事物的理”。“前者是从儒家经典里来的；后者很少依据，可算是戴氏自己的贡献”。关于人事的理，戴震“只主张‘以情絜情’。这是儒书里钩出来的求理说。所谓‘恕’，所谓‘一贯’，所谓‘絜矩之道’，都是这个”。他认为，戴震说理，“无论人情物理，都只是要人用心之明，去审察辨别，寻求事物的条理”。这是一种“最可以代表那个时代的科学精神”，是“一种实证的求知的方法”。戴震这种“就事物剖析至微”“求其必然不可易”的“推诸万世而皆准”的方法，就是“科学家所谓‘证实’（Verification）”。

进而他指出，戴震这种“理存于欲”的一元论观点，是与宋儒的“理欲二元论”的“极端地排斥人欲”相冲突的，因为后者在中国“逐渐造成了一个不近人情，冷酷残忍的礼教”，戴震提出理欲一元的理论，使他成为“反抗这种排斥人欲的礼教的第一个人”。他还认为，戴震的主张“颇近于边沁（Betham）、弥尔（J·S·Mill）一派的乐利主义（Ulilitaviankm）”。因为“乐利主义是要谋最大多数的最大幸福”，戴震“抬高欲望的重要”，就是符合这精神的，所以，他称赞戴震这种理欲一元论，“在中国思想史上是很难得的”，给以高度评价。他还对比了同时代的一些反理学的学者的思想，说在当时，虽有如吴敬梓、袁枚、汪中、俞正燮、李汝珍等，曾对那不近人情的礼教有所批评，但都是“对于某一种制度下具体的批评”。“只有戴震能指出这种不近人情的制度所以能杀人吃人，全因为他们撑着‘理’字的大旗来压迫人，全因为礼教的护法诸神——理学先生们——抬出‘理’字来排斥一切以生以养之道”。这样，他就通过具体的分析比较，有力地说明了戴震哲学的反理学的巨大贡献，指出了其超越前人和同时代人的所在，确立了戴震在哲学史上的崇高地位。

最后，他还对戴震的人生观和知识论作了分析。说戴震的人生观，“只是要人用科学家求知求理的态度与方法来应付人生问题。他的宇宙观是气化流行，生生不已；他的人生观也是动的，变迁的”。认为戴震“不肯空谈知行合一”，而是主张“重行须先重知”。他分析了戴震之所以能够在反理学斗争中取得胜利的原因。程朱理学的基本内容是“涵养须用敬，进学则在致知”两句话。他认为“主敬方面是容易推翻的”，而“穷理致知”方面的内容，明清以来的大师们都未能动摇过它，而戴震则正是“从穷理致知的路上超过程朱，用穷理致知的结果来反攻穷理致知的程朱”的。他说，在戴震看来，程朱“穷理”的“根本错误”，是“说理得于天而具于心”，是“说理一而分殊”。反之，戴震则“主张理在于事情，不在于心中；人的心知只是一种能知的工具，可以训练成‘能审查事情而准’的智慧。他又主张理是多元的，只是事物的条理，并没有什么‘浑然一体而散为万事’的天理”，不但穷理，而且“戴氏的论性，论道，论情，论欲也都是用格物穷理的方法，根据古训作护符，根据经验作底子，所以能摧破五六百年推崇的旧说，而建立他的新理学”。

就这样，胡适的《戴东原的哲学》一书，就以西方哲学为参照，通过前后左右的比较研究，从反理学的角度，对戴震的《孟子字义疏证》《原善》等书中的宇宙观、人性论、理欲论以及穷理致知的方法等方面，作了比章太炎、梁启超更为细致、深入、透彻的分析，并以更为准确的现代哲学概念，更为通俗的语言给以叙述和评论，从而肯定了戴震哲学在中国历史上的崇高地位及其反对“吃人”礼教的巨大贡献，称赞其为“宋明理学的根本革命，也可以说是新理学的建设——哲学的中兴”。正是在这样的意义上，胡适不但是继章太炎、梁启超之后，发掘和确立戴震哲学的内容和地位的重要功臣，也是认同中国哲学中的朴素唯物主义优秀传统的思想价值，并给以现代评价的有功之臣。

这里还要再提一笔的是，到1928年，胡适又发表了《几个反理学的思想家》的论文，再次从反理学和建设新哲学的高度，肯定戴震哲学的巨大贡献："用当时学者考证的方法，历史的眼光，重新估定五百年的理学的价值，打倒旧理学，而建立新的理学。是为近世哲学的中兴"。又说："理学最不近人情之处，在于因袭中古宗教排斥情欲的态度。戴学的最大贡献在于充分指出这一个紧要的关键"。他还盛赞戴震"不贵无欲"的"人生哲学"，"体民之情，遂民之欲，而王道备"的"政治哲学"。

综上可见，在对戴震这位长期被埋没的哲学家、中国哲学中的朴素唯物主义的优秀传统的代表的哲学思想的发掘，并给以现代的评析和弘扬，给以在反理学的斗争史上高度评价上，胡适是作出了很重要的贡献的。他对戴震哲学的评析和肯定，不但是反映了"五四"以来反封建文化的时代精神，体现了对中国传统文化既批判又继承的科学态度，也代表了中国哲学现代化的历史走向。

二

胡适对戴震为代表的中国传统文化中的优秀内容肯定、认同和弘扬，还突出地表现在以西方实证论为参照，对戴震为代表的皖派朴学治学方法的具体评论和高度评价上。

学术界公认，以戴震为代表的清代乾嘉朴学大师们，不仅继承了明末清初自顾炎武、阎若璩以来的一套治学方法，而且在实践中积累和进一步发展了这一套具有科学精神的治学思想和方法。对于这套方法，戴震自己也曾总结归纳过，如主张在治学的基本目标是"求是"和"去蔽"；治学的道路为：义理求之于古经、故训和由字通词、由词通道、由小学而经学等。也谈过许多治校勘、辨伪、训诂、声音等具体方法。所以认真地研究和总结清代学者的治学思想和方法，无疑是进一步推进中国学术，促使中国学术现代化的重要途径之一。

在《訄书·清儒》中，章太炎就评论过清学吴派的"好博而尊闻"，以及戴震为代表的皖派，“综形名，任裁断”的治学思想和方法，他给戴震经学方法以高度评估。在《清代学术概论》中，梁启超则作过更为具体的评论，认为以戴震为“盟主”的朴学，与启蒙派的“通经致用”不同，学术思想是“为考证而考证，为经学而治经学”，其经学思想的主旨“在‘实事求是’，‘无征不信’”。他表示特别赞赏戴震经学的二句名言：“不以人蔽己，不以己自蔽”，说：“学问之难也，粗涉其途，未有不为人蔽者；及其稍深入，力求自脱于人蔽，而己旋自蔽矣”。又认为，戴震“十分之见与未至十分之见”的论断，就是“科学家定理与假说之分”。他认为做学问有三难：淹博、识断、精审，汉学家中，戴学优于吴派惠学，就在于“惠仅淹博，而戴则识断且精审”。说：戴震实事求是的治学精神，“绝似实证哲学派之口吻”，戴震“所主张‘去蔽’‘求是’两大主义与近世科学精神一致”。梁启超的上述评价准确地抓住戴学治学方法的基本要点和精神。

胡适的新贡献是，在包括章太炎、梁启超在内的前辈学人的研究评论的基础上，以实验主义哲学和实证论的方法为参照，对戴震的治学思想和方法，进行长时期的深入细致的研究，使之更为鲜明、具体和条理化，并作为一种科学的治学方法进行推广和宣传。

还在梁启超《清代学术概论》之前，他就在《中国哲学史大纲·导言》中，概述过包括戴震在内的清代学者的一套治学方法，并议论道“清代的训诂学，所以超过前代，正因为戴震以下的汉学家，注释古书都有法度，都用客观地佐证，不用主观的猜测”。此后，他又陆续发表了《清代学者的治学方法》（1921年）、《国学季刊发刊宣言》（1923年）、《戴东原的哲学》（1924年）、《治学方法与材料》（1928年）等文章，对以戴震为代表的乾嘉学派的治学思想和方法，进行了反复的深入细致的分析和评论。直到晚年，他还发表过《治学方法讲演》（1952年）、《中国哲学里的科学精神和方法》（1959年）等文章，仍对戴震等的治学思想和方法，进行过高度评估和推广。

首先，他从学术史的角度，探讨分析了以戴震为代表的乾嘉学派治学思想和方法的形成过程、划时代的成就和意义。在《清代学者的治学方法》中，他概括地评述了自印度哲学传入后，特别是在宋代理学产生以来，中国治学方法演进的历史，明确地认定："中国旧有的学术，只有清代的'朴学'确有'科学'的精神"。他说，"朴学"的内容主要包括：文字学、训诂学、校勘学和考订学"四部分"。他认为"朴学"，又叫"汉学"。"汉学"这个名词，"很可表示这一派学者的公同趋向"，"就是不满意于宋代以来学者用主观的见解来做考古学问的方法"。进而他列举了汉学家在文字音韵学、训诂学、校勘学等方面采用举例为证的依靠证据断案的归纳法，来否定和纠正程朱理学的"空疏"所造成的种种错误的事例，纠正文献史料的众多错误的事例，来证明："音韵学自从顾炎武、江永、戴震……研究古音的分部，声音的通转，不但分析更细密了，并且系统条理也更清楚明白了"，"训诂学用文字假借，声类通转，文法条例，三项作中心，也自成系统"，"校勘学却真成有条理系统，做成一种科学"，从而在学术史的角度首次把清代学者的治学方法，给予"科学"的认定和历史的说明，后来，他又多次更加明确地叙述过这种科学治学方法的由来和历史，并给予了高度的评价。例如在《戴东原的哲学》中，他曾说："戴氏是顾炎武、阎若璩以来考证之学的嫡派传人；他做学问的方法（他的名学）一面重在'必就事物剖析至微'，一面重在证实。就事物剖析至微而后得来的'理'，比较归纳出来的'则'，只是一种假设的理（a hypothesis），不能说是证实的真理。必须经过客观地实证，必须能应用到同样境地里面而'靡不条贯'，方才可算是真正的理"。在《中国哲学里的科学精神和方法》中，又进一步指出，自从17世纪顾炎武首先使用"本证""旁证"等名词以来，直到戴震等的时代，"就造成了一个学术复兴的新时代，叫做考据时代"。由顾炎武等开启，由戴震为代表的这种重证据的治学"精神和方法使一个主观的、理想主义的、有教训意味的哲学时代（从十一到十六世纪）不能不让位给一个新时代"，即"一个全靠严格而冷静的研究做基础的学术的复兴的新时代（1600—1900）"。这样，他就通过反思一千多年的中国学术史，通过对清学在某些具体学科的学术成就、治学方法的研究，从总体上肯定了从顾炎武到戴震为代表的清代朴学的科学精神和划时代意义。

其次，他还把以戴震为代表的清学的治学思想和方法，提到近代科学方法的高度，并加以总结、归纳和高度评价，从而弘扬了它的价值和意义。在《清代学者的治学方法》中，他在列举了清代学者各门学科的治学的事例后，首次明确提出：清代学者的治学方法，“总括起来，只是两点。(1) 大胆的假设，(2) 小心的求证。假设不大胆，不能有新发明，证据不充足，不能使人信仰”。为了进一步论证这个结论，他又以“清学的宗师戴震论《尚书・尧典》‘光被四表’的光字的历史作为最后一条例，作为我这篇方法论的总结束。”因为戴震对这一个字的考证，引用众多的证据，证明光一桄一横字的同一，“很可以表示清代学者做学问的真精神”。他还特别引证了戴震“论这个字的考据”的话：“述古之难，有如此类者，遽数之不能终其物。六书废弃。经学荒谬，千年以至今。……仆情僻识狭，以谓信古而愚，愈于不知而作。但宜推求，勿为株守”。说：“‘但宜推求，勿为株守’八个字是清学的真精神”。在《治学方法与材料》中又说：“科学的方法，说来其实很简单，只不过‘尊重事实，尊重证据’。在应用上，科学的方法不过是‘大胆的假设，小心的求证’”。认为“西洋这三百年自然科学都是这种方法的成绩；中国这三百年的朴学也都是这种方法的结果”。所以，“戴震、钱大昕的方法，同达尔文（Darwin）柏斯德（Pasteur）的方法，也是一样的：他们都能大胆的假设，小心的求证”。他还论证说：“凡是科学上能有所发明的人，一定是富于假设能力的人”，“汉学家的长处就在他们有假设通则的能力。因为有假设的能力，又能处处求证据来证实假设的是非，所以汉学家的训诂学有科学的价值”。[①]这样，他就把戴震等治学方法，提高到近代自然科学方法的高度来进行评估。

正是本着以上认识，他把戴震等清代学者所处的时代称之为“是一个考据学昌明的时代”。并指出，戴震本人就是“一个科学家，他长于算学，精于考据，他的治学方法，最精密，故能用这个时代的科学精神到哲学上去，教人处处用心知之明去剖析事物，寻求事情的分理条则”。[②]

---

① 《清代学者的治学方法》，《胡适哲学思想资料选》(上)，华东师范大学出版社1981年版。

② 《几个反理学的思想家》，《胡适学术文集・中国哲学史》(下)，姜义华主编，中华书局1991年版。

也是由于治学方法的精密，所以，戴震等在“治经”“治古词典”等方面，“都有相当的成绩”。[①]又说：“这三百年的成绩有声韵学、训诂学、考证学、金石学、史学，其中最精彩的部分都可以称为科学的；其间几个最有成绩的人，如钱大昕、戴震、崔述、王念孙、王引之、严可均，都可以称为科学的学者”。[②]尤其值得重视的是，戴震等清代学者“懂得要有证据才可以怀疑，更要有证据才可以解决怀疑”的重证据的治学思想和方法，显示了这些在书本文字和文献上下功夫的学者，给后人“传下来一个科学的传统，冷静而严格的探索的传统，严格的靠证据的传统，大胆的怀疑与小心的求证的传统——一个伟大的科学精神与方法的传统”。他认为，正是有了这个传统，才使我们有可能与近代欧美的自然科学文明接轨，“使我们当代中国的儿女，在这个近代科学的新世界里不觉得困扰迷惑，反能够心安理得”。[③]从而说明了戴震等的科学的治学方法的时代环境、个人素质、取得的主要成就，尤其是高度评价了其重要的意义和价值。

再次，他还对戴震代表的清代学者的具体的治学方法，做过多次的归纳和具体介绍。例如在《中国哲学史大纲·导言》中，他就系统地介绍过主要是来自戴震等“汉学家考据，校勘、训练的工夫”，细谈过“审定史料之法”，“整理史料之法”。在整理史料之法中，又介绍过依据“旧刊精校的古本”，“他书或类书所援引”，“本书通用的义例”来进行“校勘”的方法。介绍过“根据古文或用古代的字典”等，“根据文字假借、声类通转的道理”和“根据文法的研究”等三种“训诂学的根本方法”。又如在《戴东原的哲学》中，他把以戴震等为代表的清代经学，归纳为“四个特点：（一）历史的眼光，（二）工具的发明，（三）归纳的研究，（四）证据的注重”等。所谓“历史的眼光”，就是“寻源溯流，认清时代的关系”，如“论字必本于《说文》，治经必本于古训，论音必知古今音的不同”；“治经的工具就是文字学（包括声音，形体，训诂等项）和校勘学”；“同类的事实，推求出他们共同的涵义来”，就是“归纳”；所

① 《国学季刊发刊宣言》，《胡适文存》二集卷一，亚东图书馆1924年版。
② 《治学的方法与材料》，《胡适文存》三集卷二，亚东图书馆1930年版。
③ 《科学精神与科学方法》，台北《“中央日报”》1959年11月30日。

谓注重证据，是因为“证据是推理立说”的根据。再如在《清代学者的治学方法》中，他不仅列举和介绍了包括戴震在内的清代学者，治音韵学、训诂学和校勘学的大量具体例证，而且使其中的某些治学方法更为条理化。如分校勘学的方法为“根据”和“评判”二层，认识根据有五种：(1) 根据最古的本子；(2) 根据古书里引用本书的文句；(3) 根据本书通行的体例；(4) 根据古注和古校本；(5) 根据古韵。又说“校勘学不能全靠根据”，其“重要工夫在于‘评判’”。就这样他又进一步发展了戴震等的治学方法。

还必须指出的是，在充分肯定戴震等清代学者的治学思想和方法的同时，他又分析了它的局限。他认为，由于清代学者“方法虽是科学的，材料却始终是文字的”，这就“限死了科学方法”，[①]所以，顾炎武、戴震等所代表的科学“精神和方法并没有造成一个自然科学的时代”，“没有引出来中国的一个伽利略、维萨略、牛顿的时代”。[②]又说：“纸上的学问也不是单靠纸上的材料去研究的。单有精密的方法是不够用的。材料可以限死方法，材料也可以帮助方法”。所以，他劝导青年人“多学一点自然科学的知识与技术：那条路是活路，这条故纸的路是死路”。其次，他认为清代学者的治学“还有许多缺点”：“(一) 研究的范围太狭窄了”，他们的“眼光与心力注射的焦点，究竟只在儒家的几本经书”；“(二) 太注重功力而忽略了理解”；“(三) 缺乏参考比较的材料”等。他说的缺点，有的如（二），虽然不包括戴震，但大部分也包括戴震在内所存在的历史局限。正是因为有这些局限与缺点，使戴震等清代学者的科学的治学精神和方法，不但未能在中国造成一个自然科学的时代，“三百年的学术也只不过文字的学术，三百年的光明也只不过故纸堆的火焰而已！”[③]

就这样，胡适就从方法论的角度，对以戴震为代表的清代学者的治学精神和方法，作了比章太炎、梁启超等更加明确、更富新意、更加具

① 《治学的方法与材料》，《胡适文存》三集卷二，亚东图书馆1930年版。

② 《中国哲学里的科学精神和方法》，《胡适学术文集·中国哲学史》，姜义华主编，中华书局1991年版。

③ 《治学的方法与材料》，《胡适文存》三集卷二，亚东图书馆1930年版。

体和更高的评述。他以实验主义和实证论为指导和参照，把戴震等的治学思想和方法归纳为："尊重事实，尊重证据"的精神，"大胆的假设，小心的求证"的十字真言，"但宜推求，勿为株守"的怀疑创新意识，这不但准确地抓住了清代学者治学思想和方法的基本特征，而且注入了近代的科学精神，赋予了时代的色彩，从而大大地提高了这套治学方法的价值和意义。这不仅对确立戴震在历史上的学术地位，作出了新的贡献。也是对中国传统文化中的优秀部分的批判继承，对推进中国学术现代化的进程，作出了重要的贡献，而他关于清代学者治学思想和方法的局限和缺点的分析，对于它未能推进自然科学发展所作的分析和解释，也对我们有启迪的意义。

总之，胡适在"五四"时期开始，对中国传统文化所进行的长期的多方面的研究和重估中，对戴震这位中国朴素唯物主义哲学家，中国古文经学大师的哲学思想和治学方法的发掘和整理评估，是一个重要的作出有益贡献的部分。他对戴震的反理学的唯物主义一元论的哲学思想和具有科学精神的治学思想、方法的肯定性评估，充分说明，他对中国传统文化的优秀内容，是持一种客观冷静的科学态度和实事求是的精神的。

（原载《胡适研究》第一辑，东方出版社1996年版）

胡适对吴敬梓和《儒林外史》考评的贡献

梁启超在《中国历史研究法补编》分论一，第二章关于“人的专史的对相”中，曾说，对历史上有些人物，“虽没有什么特别伟大，但事迹隐没太甚，不曾有人注意，也该专为他作传表彰”，例如“作《儒林外史》的吴敬梓，前人根本不承认这本书有价值，书的作者更不用说了。近人胡适之才替他作一篇传出来，我们才认识这个人的文学地位”。[①]梁启超的论断概括地反映了“五四”以前，吴敬梓和《儒林外史》问世以来的历史遭遇，肯定了胡适在《儒林外史》及其作者吴敬梓的考证和评论上所作出的贡献。

一

吴敬梓的《儒林外史》，是中国文学发展史上的一个瑰宝。它以深刻的思想内容和卓越的表现技巧，反映和描绘了中国封建社会中“儒林”这个阶层在科举制度和功名富贵面前的众生相，并且开创了一种讽刺小说的新体裁，具有重大的思想意义和艺术价值。然而，长期以来，它在中国文学史上的应有的地位却始终得不到承认。

据胡适的考证，《儒林外史》大概作于乾隆五年至十五年（1740—1750）之间，刻版印行于金兆燕任扬州府教授时（1768—1779）。现存的最早刻本为嘉庆八年（1803）的卧闲草堂本，流行的则是嘉庆丙子（1816）的五十六回本，即二十世纪二十年代亚东图书馆汪原放标点用的底本。此后，光绪十四年（1888）又有六十回的补本出现。胡适说：

① 《中国历史研究法》，上海古籍出版社1987年版，第187—188页。

"《儒林外史》初刻于乾隆时，后来虽有翻刻本，但太平天国乱后，这部书的传本渐渐少了。乱平以后，苏州有活字本；《申报》的初年有铅字排本，附有金和的跋语及天目山樵的评语。自此以后，《儒林外史》的通行遂多了"。①

《儒林外史》在刻印流行过程中，受到了社会上一些有识之士的赏识，曾以序、跋、题识和评点等方式，对它进行过评论。早在1803年的卧闲草堂本中，即有闲斋老人序（简称闲序），其后，又有同治八年（1869）苏州群玉斋本金和跋，同治十三年（1874）齐省堂本惺园退士序和例言，光绪七年（1881）上海《申报》馆的第二次排印本采天目山樵（张文虎）的评语（简称"天评"）。光绪十一年（1885）上海宝文阁刊的《儒林外史评》则有黄安谨序和天目山樵的识语。光绪年间还有上海石史（徐允临）从好斋辑校本中徐的题跋、华约渔题记、王承基信件，以及上海鸿宝斋增补齐省堂本东武惜红生序等。

在以上的序跋、评点中，当以卧闲草堂的评本"卧评"影响最大，而吸收了黄小田（黄安谨之父）评点的《儒林外史评》（简称"天二评"）也发表了许多有价值的见解。他们认为：《儒林外史》一书，"功名富贵"四字，是其"大主脑""第一着眼处"或其"作书本旨"。他们还高度评价了该书在描写"世间真事"方面，有如"铸鼎像物"的深刻；赞扬它描写人物的"绘风绘水"的"白描"技术，刻画人物内在情状的"穷神尽相，画功化工合二为一"的本领。②本着这样的认识，他们对该书所受的社会冷遇鸣过不平，为该书在稗官野史的范围内争过地位。例如，卧闲草堂本的闲序开宗明义就发出这样的疑问："古今稗官野史，不下数百千种，而《三国志》《西游记》《水浒传》及《金瓶梅演义》，世称四大奇书，人人乐得而观之，余窃有疑焉。"他认为，从小说的社会功能，即从"善者感发人之善心，恶者惩创人之逸志"的角度考察，《儒林外史》"有《水浒》《金瓶梅》之笔之才，而非若《水浒》《金瓶梅》之致为风俗人心之害也，则与其读《水浒》《金瓶梅》，无宁读《儒林外

① 《五十年来之中国文学》，《胡适学术文集·新文化运动》，中华书局1993年版，第138页。

② 参见李汉秋：《儒林外史研究资料》第二编版本和序跋评点的"卧评"和"天评"部分，上海古籍出版社1984年版，第99、100、101、131页。

史》”。他的论断，通过贬低《水浒》《金瓶梅》的思想意义，来抬高《儒林外史》的地位，显然是一种偏见。但是，把《儒林外史》提到与以上社会公认的“四大奇书”相等的文学地位来看待，显然是一种难能可贵的高见。我们认为，《儒林外史》问世以来，之所以能在社会上流行，以上这些有识之士的序跋、评点的肯定评论，是有一定的作用的。

尽管如此，《儒林外史》所达到的思想高度和艺术价值，仍然未被社会所承认和重视。作为小说，它与其他小说一样，未能“进于史”的地位，即使在稗官野史的范围内，也长期未能与以上“四大奇书”列于相等的地位。不仅如此，该书出版之后，还受到了许多封建官僚和卫道士们的贬损和攻击：“有以为形容刻薄，非忠厚之道”①；“或视为谩骂之书而置而勿顾”②；等等。加上“书里的人物又都是‘儒林’中人，谈什么‘举业’‘选政’都不是普通一般人能了解的，因此，第一流小说之中，《儒林外史》流行最不广”。③

与《儒林外史》的遭遇一致，作者吴敬梓这位大文豪也长期被冷落，而湮没无闻。除了他生前好友程晋芳为他写过一篇约一千字的《文木先生传》，和据此传而成的篇幅更短的《重修安徽通志》《安徽通志稿》《全椒志》各数百字的《吴敬梓传》外，再也找不到他的材料了。就是在辛亥革命以后开始编撰《清史稿》的《儒林》《文苑》传和《艺文志》里，也都不载《儒林外史》和作者吴敬梓的名字。

这种情况，直到“五四”以后，才发生根本性的变化。在《吴敬梓传》（1920年4月）、《吴敬梓年谱》（1922年11月）和《重印〈文木山房集〉序》等，有关吴敬梓和《儒林外史》的考证和评论文章中，胡适对吴敬梓的生平事迹进行了较为深入的考证和研究，对《儒林外史》的思想艺术价值进行新的评论，使《儒林外史》及其作者，得以跻身于中国第一流小说和“大文豪”的崇高地位。

① 黄安谨:《儒林外史评·序》,见《儒林外史研究资料》,第136页。
② 徐允临:《从好斋辑校本·跋》,见《儒林外史研究资料》,第141页。
③《五十年来之中国文学》,《胡适学术文集·新文化运动》,中华书局1993年版,第138页。

二

在考证和研究包括《儒林外史》在内的中国古典小说的过程中，胡适看到中国的传统小说有两种体裁，一种是由历史逐渐演变出来的小说，如《三国演义》《水浒传》等；另一种是创造的小说，如《红楼梦》《儒林外史》等。他认为，对前者要采取历史演进的方法去搜集资料进行考证；对后者则必须尽量搜集原作者的身世和传记材料、作品本身版本的演变及其他方面的有关资料，[①]进行考证和评论。所以，他在研究《儒林外史》的过程中，首先致力于吴敬梓的身世材料的搜集，和吴敬梓传记的写作。

在《重印〈文木山房集〉序》中，胡适指出："古来不少作小说的大文豪，都没有文集流传下来，甚至于连籍贯年代都不可考。其中只有两位姓吴的作者遗留下一些作品。一位是作《西游记》的吴承恩先生，他的诗散见于《山阳耆旧集》及《明诗综》等书；他的文集的一部分现刻在《楚州丛书》里。还有一位就是敏轩先生了。这部《文木山房集》里保存了不少的传记材料。例如《减字木兰花》词八首，可以考见他三十岁以前的历史；如《移家赋》，可以考见他的家世和他对于乡里的感情；如关于博学鸿词考试的几首诗，可以考见他对于科举的意见；我们拿这些材料来和《儒林外史》里的杜少卿比较印证，很可以想象敏轩先生是个什么样子的人了。"

但是，在作《吴敬梓传》的时候，胡适还没有访着《文木山房集》。所以，他只能以程晋芳的《文木先生传》和《儒林外史》"来作他的传的材料"。因此，这篇新传，在传主的生平事迹方面未能有多大的进展。但是，在传主的思想风貌和《儒林外史》的思想艺术价值的评价方面，则比程传大大地前进了。在该传中，他开宗明义地提出："我们安徽的第一个大文豪，不是方苞，不是刘大槐，也不是姚鼐，是全椒县的吴敬梓。"这在中国文化学术史上，是个从未有过的新论断，不仅表达了一种全新

---

①《胡适口述自传》，华文出版社1992年版，第264页。

的学术史观，而且也是对封建学术史观的一种挑战。在这样的观念下，他重述了程传关于吴敬梓的生平事迹，强调指出，吴敬梓流传世间的《儒林外史》，“为近世中国文学的一部杰作”。认为“这部书所以能不朽，全在他的见识高超，技术高明”。进而他认为，该书第一回，“借王冕的口气，批评明朝科举用八股文的制度”，是“全书的主旨”。他还引书中马二先生谈“举业”的话，说，表面上“句句是恭维举业，其实句句是痛骂举业”。他认为，《儒林外史》这样做的目的，就是提出一种新社会心理，“叫人知道举业的丑态，知道官丑态，叫人觉得‘人’比‘官’格外可贵，学问比八股文格外可贵，人格比富贵格外可贵。社会上养成了这种心理，就不怕皇帝不给你官做的毒手段了”。总之，“一部《儒林外史》的用意只是要想养成这种社会心理”。这样，他就突破以往的“功名富贵”是该书“主旨”的旧说，首次从反对封建科举制度的角度，高度评价了《儒林外史》的思想价值和社会意义。他还引证该书写周进看范进文章，范进在汤知县处吃“大虾元”的情节，称赞了作者高超的讽刺艺术，说：“这种绝妙的文学技术，绝高的道德见解，岂是姚鼐、方苞一流人能梦见吗?”最后，他引用该书末回裁缝荆元的话：“我而今每日寻得六七分银子，吃饱了饭，要弹琴，要写字，诸事都由得我。我又不贪图人的富贵，又不伺候人的颜色；天不收，地不管，倒不快活!”结论说：“这是真自由，真平等，——这是我们安徽的一个大文豪吴敬梓想要造成的社会心理。”这样，胡适就以崭新的社会价值观和美学观，通过初评《儒林外史》的思想艺术成就，并与桐城派文人进行比较，高度评价了《儒林外史》的社会意义和艺术价值，肯定了吴敬梓对中国文学所作出的巨大贡献，从而使长期埋没的《儒林外史》及其作者一下子身价百倍。以致附此传于卷首的亚东版《儒林外史》，在不到二年的时间内，就印行了四版。

然而，胡适并未就此止步。1922年11月，当亚东图书馆印行《儒林外史》第四版时，他的《吴敬梓年谱》又在卷首与广大读者见面了。在《年谱》开头语中，他说他之所以能够作成这部《年谱》，是因为“古来的中国小说大家，如《水浒传》《金瓶梅》《红楼梦》的作者，都不能有传记；这是中国文学史上一件最不幸的事。现在吴敬梓的文集居然被我找着，居然使我能给他做一篇一万七八千字的详传，我觉得这是我生平很高兴的一件事了。”

确如所言，《吴敬梓年谱》主要是根据《文木山房集》的《减字木兰花》词八首和《移家赋》的资料，加上《耆献类征》《全椒志》，吴敬梓先人留下的文集，其他亲友的记载，联系《儒林外史》的相关情节撰成的一部资料更加丰富、更加详实的吴敬梓传记。关于吴敬梓的家世，根据胡适的考证，《儒林外史》第三十回郭铁笔所说的“一门三鼎甲，四代六尚书”，“三鼎甲其实只有两个：一个榜眼，一个探花”。他还指出，吴敬梓是在雍正十一年，癸丑（1733），三十三岁的二月，才“移家至南京”的。乾隆元年，三十六岁，“三月，安徽巡抚赵国麟考取先生，行文到全椒，取具结状，将正式荐举他入京应博学鸿词的考试。先生病了，不能上路，才作罢。（《文集》唐时琳序）先生从此不应乡举考试”。他针对《儒林外史》第三十三回杜少卿装病辞荐辟，《全椒志》的“辞不就”和程晋芳《传》的“竟不赴廷试”的说法，认为“都不很确实”，而采取当时做江宁教授，又是推荐吴敬梓的当事人唐时琳的说法，认为“他的病是真病，不是装病。当时他还很叹惜他因病不得荐。事后追思，落得弄真成假”。他说：“我这样说法，并不是要降低吴敬梓的人格。做秀才希望被推荐做博学鸿词，这也算不得什么卑鄙的事”。他认为，吴敬梓是在三十七岁那年，在这方面才觉悟的。因为这一年，被赵国麟举荐的三人，“李淼病死在京”，“词科落第的一些名士，纷纷回南，演出种种丑态；先生冷眼旁观，格外觉悟了”。所以，在这时写下了《美女篇》，表明在“丁巳以前，先生还有穷秀才气；丁巳以后，先生觉悟了，便是《儒林外史》的作者吴敬梓了”；“他宁可作自由解珮的汉皋神女，不愿作那红氍毹上的吴宫舞腰：这便是大觉悟的表示了”。关于吴敬梓写作《儒林外史》和该书成书的年代问题，他在《年谱》四十九岁，即乾隆十四年己巳条，集中地进行了考证。依据程晋芳《春帆集·怀人诗》中“外史记儒林，刻画何工妍！吾为斯人悲，竟以稗说传”句，推断说：“我们因此可以知道当这个时候，——戊辰至庚午（1748—1750）——《儒林外史》已成书了。”进而他认为，《外史》刻本中有“乾隆元年春二月闲斋老人”的序，是“不可靠的”。他分析说，这年三月，吴敬梓“在安庆应博学鸿词的省试，前一月似无作小说序之余暇。况且书中写杜少卿庄绍光应试事，都是元年的事；决无元年二月已成书之理。况且那时的吴敬梓只有三十六岁，见解还不曾成熟，还不脱热心科名的念头，元年《除夕述怀》诗可以为证”。所以，“那时的吴敬梓决做不出一部空前的《儒林外史》来!”又说：“我们看他对于科第功名的大觉悟，起于乾隆二年以后。（说见上文）。我们可以推测他这部《儒林外史》大概作于乾隆五年至十五年（1740—1750）之间。”

这样，《年谱》就以更加丰富的资料，以十倍于《吴敬梓传》的篇幅，较详细具体地叙述了吴敬梓的家世和经历，分析了吴敬梓的思想演变的历程，从而比较可信地把这位本来是“八股大家的曾孙，自己也在这里面用过一番功夫来，经过许多考试，一旦大觉悟之后，方才把八股社会的真相——丑态——穷形尽致地描写出来”，揭示了“他是八股国里的一个叛徒”的面目。[①]尽管在今天看来，胡适的《年谱》有些论断：如应博学鸿词之试是真病，觉悟科举之非的时间等问题上，仍有证据不足和穿凿附会等毛病；又如关于吴敬梓的生父与嗣父，吴氏中秀才的年龄等问题尚未接触到等等缺失。但是，诚实的学者，都会承认，胡适在吴敬梓的家世、生平的研究上的成就是超越前人的。

三

胡适对吴敬梓和《儒林外史》的研究更为重要的方面是他在继承前人成果的基础上，用具有时代特色的新眼光，重新评价了《儒林外史》的思想艺术价值，极大地提高了它在中国文学史上的地位。

前面我们已经提到，在《儒林外史》问世以后，曾有一些比较开明的文人，对它进行过肯定的评点，在它的思想倾向、艺术成就上，发表过一些颇有见地的见解，并在稗官野史的范围内通过与当时流行的“四

① 见《吴敬梓年谱》，《胡适文存》二集卷四，亚东图书馆1924年版，第33页。

大奇书”的对比，为它争过地位。但是，他们的评论也透露出许多陈腐的封建观念和卫道的气息。在《文学改良刍议》《再寄陈独秀答钱玄同》《建设的文学革命论》《五十年来之中国文学》以及《吴敬梓传》《吴敬梓年谱》中，胡适站在文学革命的立场上，从富有时代气息的新高度，对《儒林外史》作出重新地评论。

首先，他认为《儒林外史》是一部用白话写作的“活文学”。他指出：“自从《三百篇》到于今，中国的文学凡是有一些价值有一些儿生命的，都是白话的，或是近于白话的。”他认为这种用白话做的文学，“可以称为‘活文学’”。而《水浒传》《西游记》《儒林外史》就是这样的文学。他把明朝古文大家宋濂的《王冕传》与《儒林外史》第一回的《王冕传》作了对比。认为只要读过这两篇用不同文体写出的传记，“便可知道死文学和活文学的分别了”。《儒林外史》中的王冕，“是一个有感情，有血气，能生动，能谈笑的活人”。这“都因为做书的人，能用活言语活文字来描写他的生活神情”。他指出今日有些人“能写得出好几百个字的白话的字”，都得归功于《水浒传》《西游记》《红楼梦》《儒林外史》等几部白话文学作品的示范作用。“我们今日所用的‘标准白话’都是这几部白话的文学定下来的”。这样，从文学革命和白话文学的角度，充分肯定了《儒林外史》在中国文学史上的地位。这充分地反映出“五四”新文化运动在文学评论上的时代风貌。

其次，在作品的思想内容方面，前面已经提到，他突破了以往的“功名富贵”是该书主题的说法，明确提出“批评明朝科举用八股的制度”，“是全书的主旨”，①也就是把反对封建王朝的科举制度，作为该书的主题。这就与“五四”时期的反对封建主义的文化思潮直接联系了起来。其意义不容低估。正是在这样的意义上，他把《儒林外史》看作是一部伟大的写实主义的作品。他说：“这部书是一种讽刺小说，颇带一点写实主义的技巧，既没有神怪的话，又很少儿女英雄的话。”②他把它与当时流行甚广的《儿女英雄传》对科举制度的态度作了比较，说：“《儒林外史》极力描摹科举时代的社会习惯与心理，那是有意的讽刺。《儿女英雄传》的作者却

① 《吴敬梓传》，《胡适散文》第四集，中国广播电视出版社1992年版。
② 《五十年来之中国文学》，《胡适学术文集·新文化运动》，中华书局1993年版，第138页。

没有吴敬梓的思想见解；他的思想见地正和《儒林外史》里的范进高老先生差不多，所以他崇拜科举功名也正和范进高老先生一班人差不多。《儿女英雄传》的作者正是《儒林外史》里的人物，所以《儿女英雄传》里的心理也正是《儒林外史》攻击讥讽的心理。”[①]从这样的认识出发，胡适把《儒林外史》视为了解那个时代的社会生活的资料，说：“我们若要知道某个时代的社会生活的详细记载，只好向《红楼梦》和《儒林外史》一类的书里寻去。”[②]又说，《儒林外史》“可以作批评社会的一种绝好工具”。[③]胡适的这些评论，是相当深刻的。胡适也十分重视《儒林外史》的艺术表现手法。他认同“卧评”等前人的观点，认为“《儒林外史》所以能有文学价值者，全靠一副写人物的画工本领。……如严贡生，如马二先生，如权勿用……个个都是活的人物。”[④]有如《水浒传》写鲁智深、李逵、武松等人物。他还指出，《儒林外史》开创了一种新的文学体裁，一种新的结构。他说：“论文学者固当注重内容，然亦不当忽略其文学的结构。结构不能离内容而存在。然内容得美好的结构乃益可贵。”[⑤]他认为，《儒林外史》之所以能在“文人社会里”具有“魔力”，就因为，“一来呢，这是一种创体，可以作批评社会的绝好工具。二来呢，《儒林外史》用的语言是长江流域的官话，最普通，最适用。三来呢，《儒林外史》没有布局，全是一段一段的短篇小品连缀起来的；拆开来，每段自成一篇，斗拢来，可长至无穷。这个体裁最容易学，又最方便。因此，这种一段一段没有总结构的小说就成了近代讽刺小说的普通法式。”[⑥]所以，他认为，当时流行的如《官场现形记》等近代“南方的讽刺小说都是学《儒林外史》的”[⑦]。“皆为《儒林外史》之产儿”[⑧]。

基于以上的种种分析与评论，胡适把《儒林外史》与《水浒传》《西游记》《红楼梦》并列为“吾国第一流小说”，称吴敬梓为“我们安徽的

① 《儿女英雄传·序》,《胡适文存》三集卷六,亚东图书馆1930年版,第753页。
② 《国语文法概论》,《胡适学术文集·语言文字研究》,中华书局1993年版。
③ 《五十年来之中国文学》,《胡适学术文集·新文化运动》,中华书局1993年版,第138页。
④ 《建设的文学革命论》,《胡适学术文集·新文化运动》,第49页。
⑤ 《再寄陈独秀答钱玄同》,《胡适学术文集·新文化运动》,第36页。
⑥ 《五十年来之中国文学》,《胡适学术文集·新文化运动》,中华书局1993年版,第138页。
⑦ 《五十年来之中国文学》,《胡适学术文集·新文化运动》,中华书局1993年版,第138页。
⑧ 《再寄陈独秀答钱玄同》,《胡适学术文集·新文化运动》,第37页。

第一个大文豪"。

在今天的研究者看来，胡适当年对《儒林外史》的评论，似乎没有什么新奇，也许还有某些错失，有人至今仍不能赞同他的某些论断。但是，平心而论，与前人相比，无论从评论的高度、角度，还是从观念的创新等方面去看，都具有全面的超越和创新的意义，称得上是一种具有划时代意义的别开生面的新评论，使《儒林外史》的研究，跨了一个新的阶段。

胡适对吴敬梓身世经历的考证，和对《儒林外史》的思想意义与艺术技巧的新证，不仅得到了陈独秀、钱玄同等人的认同，也引起了梁启超等人的注意和重视。鲁迅在1925年出版的《中国小说史略·二十三·清之讽刺小说》中，论到《儒林外史》及其作者，其评论与胡适的论述大同小异，颇有不谋而合之处。

胡适为吴敬梓立传，为《儒林外史》作出新评价，不仅为一位被湮没的作家及其被低估的文学巨著争得了其应有的历史地位，开创了一个评《儒林外史》的新阶段，也为中国古典文学的研究，作出了有益的贡献。

（原载《胡适研究丛刊》第一辑，北京大学出版社1995年版）

胡适文化个性试析

梁启超曾说："历史之一大秘密，乃在一个人之个性，何以能扩充为一时代一集团之共性；与夫一时代一集团之共性，何以能表现于一个人之个性。"[①]认为"史家最要之职务，在觑出此社会心理之实体，观其若何而蕴积，若何而发动，若何而变化，而更精察夫个人心理之所作成之表出之者，其道何由。能致力于此，则史的因果之秘密藏，其可以略睹矣。"[②]所以，深入研究历史人物的个性或文化个性，不仅是研究历史人物本身的需要，也是揭示历史因果律、历史奥秘的需要。

所谓历史人物的个性，是指某个历史人物与他人不同的持久的特征，是其个人的行为、认知及情绪的独特类型，是其反复表现出来的不同于他人的行为模式，一种惯常的行为。这种行为模式，是以遗传素质为基础，在与环境的相互作用过程中，由各种心理倾向与特质有机结合而形成的稳定的心理动力组织，决定着个人独特的行为方式。文化个性则是以遗传素质为基础的内在心理素质，与所受文化因素结合而形成的与别人不同的独特的文化行为方式。胡适作为中国现代史上的文化巨星，有着与众不同的鲜明的文化个性。深入地研究和剖析他的独特文化个性，无疑将有助于我们更加深刻地理解和评价他的文化活动性质，也将有助于我们更好地了解中国现代思想文化史。

胡适独特的文化个性，是由他特殊的家庭环境、教养及所受中西文化的影响逐渐形成，而在"五四"新文化运动以来的历史进程中充分展开的。具体说来，有以下三个显著特征。

① 《饮冰室合集·专集》，第73页。
② 《饮冰室合集·专集》，第114—115页。

一、服膺民主与科学，终身反对封建主义

胡适作为中国现代史上的文化巨星，他的文化个性，首先表现在与近代反封建的民主主义的历史进程相联系，有着相当积极的反对封建主义文化的叛逆性。而这种叛逆性，随着中国民主革命进程的深入，他本人对现代西方民主科学文化了解的加深，明辨是非能力的加强，而逐步走向自觉并表现出来。

胡适自幼接受家庭的严格教育，要他成为一个“穷理致知，反躬实践，黾勉于学，守道勿失”的“完全”的人①。在这种环境影响下，他自幼就确立起一种追求真理，为真理献身的意欲。对此，他1915年在一则关于“立异”的阐释中就有明确的自觉。他说：“所谓立异者何欤？不苟同流俗，不随波逐流，不人云亦云。非吾心所谓是，虽斧斤在颈，不谓之是。行吾心之所安，虽举世非之而不顾——此立异者也。”②

他的这种精神，早在孩童时代就在有神无神问题上有所表现。原来，他父亲死后，他家族中的妇女全都信佛，他生长在一个崇拜偶像的环境中。在他11岁，读过朱熹《小学》所引司马光的无神议论，和《资治通鉴》所引范缜《神灭论》的言论之后，他就认识到有神论的荒谬，从此“摆脱了恶梦似的因果绝对论”，“取了偶然论而叛离了运命。”③在一次去大姊家拜年返回途中，他勇敢地提出要砸烂路边亭子中的菩萨塑像，大大地惊吓了同行者。从此以后，他终身信奉无神论哲学④。

但是，他真正有反对封建主义的意识，则是在留学美国以后。留美的七年中，他直接地全面地接受了西方民主和科学文化的薰陶，使他终身服膺西方的民主和科学文化，并通过反思中国传统文化的腐朽、落后，逐步萌生了批判和改革中国封建主义传统文化的念头。

首先，他根据自身的体会，急切地感觉到改革中国旧文学的必要。

---

① 白吉庵:《胡适传》,第14页。

② 《藏晖室札记》卷九,1915年4月27日条。

③ 《我的信仰》,《胡适选集》,第20页。

④ 《我的信仰》,《胡适选集》,第21页。

在《文学改良刍议》和《建设的文学革命论》等文中，他认为，中国的旧文学存在诸多弊端，主张以白话文学这种“活文学”，来代替以文言文为主要特征的“死文学”，进行“文学革命”。他明确断言，“以今世历史进化的眼光观之，视白话文学为中国文学之正宗，又为将来文学必用之利器”是毫无疑问的。他还提出新文学应该“实写今日社会之情状”等。这里，他虽然偏重形式上反对旧文学，但已朦胧地意识到旧文学那种“文以载道”为封建主义服务的根本缺陷了。

如果说，他在提倡“文学革命”时，反封建的叛逆精神还不明显和自觉的话，那么，在留美返国之后，在参加《新青年》编辑部发起的以反孔为主要内容的思想解放运动时，则是自觉地高举民主和科学的大旗，积极地投身到国内反封建主义的斗争中来，并要从思想文艺上为中国政治打下一个革新的基础。因而较自觉、较充分地表现了这种精神。在新文化运动中，他发表并翻译了许多介绍西方民主主义和自由主义的论著，鼓吹过易卜生“健全的个人主义”，要人们摆脱封建束缚，“把自己铸造成了自由独立的人格”，能够“不知足，不满意于现状，敢说老实话，敢攻击社会上的腐败情形，做一个‘贫贱不能移，富贵不能淫，威武不能屈’的斯铎曼医生”特立独行的，“敢向恶势力作战的人”[①]。他也深感“孔子之道不合现代生活”，自觉地支持当时的反尊孔斗争。他在为《吴虞文录》所作序中，把这场批儒斗争归结为“打倒孔家店”。明确指出：“因为二千年吃人的礼教法制都挂着孔丘的招牌，故这块孔丘的招牌——无论是老店，是冒牌——不能不拿下来：搥碎、烧去！”[②]凡此，表示了他对中国传统中封建主义思想文化的一种自觉的勇敢的叛逆。此后，他对封建顽固派及国民党屡屡刮起的尊孔读经、否定新文化的歪风，也都进行了不同程度的抗争。

他的这种反封建的叛逆精神，在政治上也有所表现。例如，在辛亥革命后，他就批判过英美等国一些反对辛亥革命的言论。在袁世凯复辟帝制时期，他又批驳过美国人古德诺与中国之顽固反动势力，诬蔑“中国无共和之程度”的谬论。俄国二月革命后，他还作过《沁园春·新俄

① 《介绍我自己的思想》,《胡适选集》,第276页。
② 《介绍我自己的思想》,《胡适选集》,第138页。

万岁》词："拍手高歌，新俄万岁！"表明他笃志拥护民主主义的态度。"五四"以后，他更对北洋军阀的黑暗统治，表示深深的不满。为此，他与人联名发表《争自由宣言》，主张废除一些妨碍自由的法律，要求开放言论、出版、集会、结社、书信秘密等方面的自由。他还试图发起"好政府主义"运动。

第一次大革命后，国民党代替北洋军阀统治了中国，在政治上推行一党专政，实行清党反共，摧残人权，实施党化教育，抑制言论自由，破坏新文化运动，使"人权被剥夺几乎没有丝毫剩余"①。对此，他深感切肤之痛，于是从1929年4月起，发表了《人权与约法》等一系列文章，列举了国民党摧残人权的种种罪行，举起了向国民党"争人权"的旗帜。他明确提出："我们所要建立的是批评国民党的自由和批评孙中山的自由。上帝我们尚且可以批评，何况国民党与孙中山？"②他的这些言论，当时就被国民党指责为："公然侮辱本党总理，并诋毁本党主义，背叛政府，煽惑民众，应请中央转令国府严予惩办。"③并受到围剿。

九一八事变后，他在政治上从反蒋转向拥蒋。但是，他对国民党的批评并没有停止。例如，他曾在《独立评论》上，对国民党的专制独裁、腐败行为，进行过许多批评，并发起过"民主与专政"的讨论，要求实行"民主宪政""恢复国会""政治统一""无为政治"等。在政治上仍持"独立"的态度和精神。

1949年，国民党政权在大陆垮台，他随之逃离大陆，并表示在道义上站在蒋介石一边。但他对国民党残存政权的专制独裁和封建法西斯统治的批判，仍没有停止。在1949年创办的《自由中国》的宗旨中，就有"督促政府（各级的政府）切实改革政治、经济，努力建立一个自由民主的社会"字样。为此，该杂志曾发表过批评政府、争自由的文章。他本人也对国民党军事机关干涉该刊发表《政府不可诱民入罪》的社论一事，提出过抗议。并发表专文，建议蒋介石做"三无"总统：无智、无能、无为，试图限制蒋介石个人独裁。他还主张在台湾组织反对党或在野党，

① 《人权与约法》,《胡适选集》,第231页。
② 《人权论集·序》,《胡适选集》,第260页。
③ 白吉庵:《胡适传》,第287页。

作为对国民党的统治起制衡作用的一种力量。在雷震案发生后，又几次公开地为雷震鸣冤叫屈。正是因为这样，他被国民党视为异己，在晚年还受到围攻。另一些人则在《胡适与国运》一书中，咒骂他是葬送国民党在大陆统治的罪魁祸首。

胡适对中国封建主义传统文化的叛逆性，也表现在他对中西文化的整体估计和态度上。早在“五四”以后不久，他就在《新思潮的意义》中，表示认同陈独秀把新文化概括为拥护德莫克拉西和赛因斯的论断，并进一步提出：新思潮只是一种新态度——“评判的态度”。而这种“评判的态度”，又可叫做“重新估定一切价值”的态度，就是要在民主和科学的标准下，对孔教问题、贞操问题，以及文学、旧戏、礼教、女子问题，政府与无政府、财产私有与公有等问题，重新评估其价值，“反对盲从”，“反对调和”。为此，他热烈地提倡“独立思想”，反对“奴性逻辑”，确立一种“不怕权威，不怕监禁杀身，只认得真理，不认得个人的利害”[①]的大无畏精神。从而把反对中国封建主义的文化提到自觉的高度。稍后，他又以西方科学民主文化为观照，提出“整理国故”，说这项事业就是“打鬼”和“捉妖”。因为中国的“烂纸堆”里，“有无数无数的老鬼，能吃人，能迷人，害人的厉害胜过柏斯德（Pasteur）发现的种种病菌。”[②]他还进一步对中西文化作了整体的对比评估，明确认定：中国“不但物质上不如人，不但机械上不如人，并且政治社会道德都不如人”[③]，为此，他曾提出“全盘西化”，后又改为“充分世界化”“全力现代化”的主张。并与国民党的尊孔读经进行了不停地斗争，也批判过本位文化派的“本位文化建设论”的保守的文化方针。应该认为，胡适的这种观点，虽有某些过分贬低中国文化的缺点，而且有不合时宜之处，但是其基本指导思想，则是着眼于更自觉地反对封建主义、更有效地学习西方的民主与科学文化。因而他反封建主义的叛逆精神，具有理性主义的色彩。

以上是“五四”以来，胡适对中国封建主义传统文化的批判，对北

① 《非个人主义新生活》，《胡适文存》一集四卷，第1044页。

② 《整理国故与打鬼》，《胡适文存》三集二卷，第211页。

③ 《请大家来照照镜子》，《胡适文存》三集一卷，第47页。

洋军阀和国民党政府专制独裁统治的批判，以及对中西文化所进行的整体评估。这些事实表明他在接受西方的民主和科学文化以后，有着相当程度的反封建主义的叛逆性和积极性。

二、主张"牺牲小些"，不敢彻底反帝反封建的软弱性

胡适反封建反保守的叛逆性言行有一定限度、不彻底。综观他的一生，每当他的言行，或者别人的言行会损及所反对的社会势力的根本利益，引来对方的全力反扑，从而构成对他本人及同类人的生存威胁时，他就会遇难而退，主张采取"牺牲小些"的折衷调和或妥协退让的办法，表现了一种软弱的态度。这不仅表现在处理个人的生活私事及文化批判上，而且表现在反压迫、反侵略的政治斗争上，成为他文化个性的又一鲜明特征。

由于他是后母所生的幼子，又体弱多病，在母亲的严格管教下，自幼养成爱静不爱动的柔弱性格。在少年时，就与中国古代老子的"不争"、墨子的"非攻"等思想有着性格上的共鸣。赴美留学期间，又与"教友会"教徒有较多的来往，因而与耶稣的"不争"和"不抵抗"主张不谋而合，他软弱性的一面就逐渐形成。例如他与村姑江冬秀的婚姻，完全是一桩由母亲作主的包办婚姻，双方条件极不相称。但是，因怕伤害母亲的感情，他始终未敢背弃。正像唐德刚所说："胡老师是位很软弱纯良的人。先革后碰，我相信他做不到。"[①]

他遇难而退的性格，在酝酿"文学革命"的过程中典型地表现出来：他原来认为根据中国旧文学的状况，必须采取革命手段才能奏效，所以在酝酿时期，曾屡屡提到"文学革命"的字样。但是，当他公开发表改革主张时，却将"文学革命"改成"文学改良"。他后来说，因为"送到国内发表的时候，为考虑到那无可怀疑的老一辈保守分子的反对，我觉得我要把这一文题写得温和而谦虚。所以我用这个题目，说明是改良而非革命。同时那只是个'刍议'，而非教条式的结论"[②]。在整个"五四"

---

①《胡适杂忆》,第189页。

②《胡适口述自传》,第167页。

时期，他这种怯惧旧势力反对的软弱性格，还时有表现，以致钱玄同当时就向他指出："老兄的思想，我原是很佩服的。然而我却有一点不以为然之处：即对于千年积腐的旧社会，未免太同他周旋了"[①]。

胡适软弱的文化个性，在国内政治问题上，集中表现在两个方面：

首先，自"五四"以来，他始终坚持改良主义，反对用革命的办法来解决国内的一切问题。他在留美返国之初，曾表示二十年不谈政治和不干政治，只是"想在思想文艺上替中国政治建筑一个革新的基础。"[②]这并不是他不关心政治，而是考虑到思想革新的急切需要，更主要的是，他意识到政治最容易犯忌，最容易遭到保守势力的强力反抗。所以，这种主张本身就是一种软弱性的、策略性的表现。正因如此，在"五四"以后不久，随着马克思主义的广泛传播，阶级斗争学说和革命论的流行，他就再也按捺不住了，立即放弃二十年不谈政治的誓言，挑起了"问题与主义"之争。

1930年，他又发表《我们走那条路?》，进一步提出改造中国的方法"不是那用暴力专制而制造革命的革命，也不是用暴力推翻暴力的革命，也不是那悬空捏造革命对象因而用来鼓吹革命的革命"，而是"集合全国的人才智力，充分采用世界的科学知识与方法，一步一步的作自觉的改革，在自觉的指导之下，一点一滴的收不断的改革之全功"。这些表明胡适改良主义的本质就是害怕人民用革命的手段来解决中国问题。

胡适为什么始终反对用革命手段解决国内问题呢？他在《欧游道中寄书（五）》中作过坦白的交待。他认为近世有过两种社会改革方法："一是苏俄今日的方法，由无产阶级专政，不容有资产阶级存在。一是避免'阶级斗争'的方法，采用三百年来'社会化'的倾向，逐步扩充享受自由，享受幸福的社会。"他认为，苏联的方法牺牲太大，他自己是拥护后一种方法的，因为"我是主张'那比较平和比较牺牲小些'的方法的"[③]。总之，在对人民的政治态度上，他的软弱性表现为对革命天然的恐惧。

① 《胡适来往书信选》上册，中华书局版，第25页。
② 《我的歧路》，《胡适文存》二集三卷，第96页。
③ 《胡适选集》，第267页。

胡适政治上的软弱性，还表现在不敢与反动统治势力进行坚决和彻底的斗争上。例如，在北洋军阀统治时期，他一方面指责其政府为“坏政府”，政治上进行过批判，另一方面又应邀参加段祺瑞召开的善后会议。在国民党统治时期，他一方面发起“争人权”的斗争，对国民党进行颇为严厉的揭露和批判，又把“争人权”的斗争比喻为“小鸟救火”，“不过尽我们的一点微弱的力量，减少良心上的谴责而已”[①]，希望取得谅解。直到晚年仍有许多表现。例如，他不满国民党的一党专政，曾参加发起创办《自由中国》杂志，鼓吹并支持言论自由，赞成并支持成立反对党等。但是，当国民党压制言论自由、镇压在野党活动、逮捕《自由中国》负责人雷震等人时，他却不敢据理力争。对此，人们曾作过形象的批评。陈独秀说：“胡适这个人，实在难测，在《新青年》上有大胆狂言的勇气，也写过一些号角式的文章。新文化运动，也是有贡献的。但他前进一步，就要停步观察一下，后来他走了一步，就倒退两步，这就难以挽救了。当初我曾希望于他，同他谈马克思主义，有时兴奋起来，也说马克思是个大思想家，有独到的见解。但考虑良久，又退回到杜威那里了，如是者几次，都不能把他拉到革命人民这方面来”[②]。唐德刚也说：胡适“是位发乎情，止乎礼的君子。搞政治，他不敢‘造反’；谈恋爱，他也搞不出什么大胆‘作风’”[③]。可谓的论。

胡适政治上的软弱性，在外敌入侵时也有充分的表现。早在第一次世界大战时期，就表现为一个“冷静到毫无火气”的“爱国者”。例如，当日本灭亡中国的二十一条暴露之后，中国留美学生群情激愤，纷纷主张对日作战。他却公开发表《致留学界公函》，要人们做“理智的爱国主义”，反对作感情的“爱国者”，并批评主张对日作战是“发疯”。这是因为在他看来，“我们至多只有十二万部队可以称为‘训练有素’，但装备甚为窳劣。我们压根儿没有海军。……我们拿什么来作战呢?”[④]

以上事例表明，胡适由于家庭和中西文化的特殊影响，自幼就形成

①《人权论集·序》,《胡适选集》,第260页。
②《闲话胡适》,第134—135页。
③《胡适杂忆》,第200页。
④《胡适口述自传》,第79、68页。

一种在强大的惰性力量的压制下屈服、退让的文化个性。这使他在私生活上不能挣脱封建婚姻制度的束缚，在公生活上不敢彻底地进行反封建的文化革命，尤其在政治上，既反对、害怕中国共产党的革命路线，又不敢彻底的参加反帝反封建的斗争。

三、"科学主义"和偏于理智的治学、处世态度

胡适是以"文学革命"起家的文化人，他不但提倡白话文，带头尝试以白话作诗，从事小说、剧本创作，还以学者身份从事学术研究，在中国哲学史研究、历史学研究、古典小说、古文献的考证等方面，取得了众多的成果。但是，与他政治上偏于理智的气息相一致，他在文学活动中很少体现情感的因素。在学术研究及交友中，他始终注意排除情感因素，致力于提倡一种"科学主义"和理智的治学、处世态度。这构成了他文化性格的又一重鲜明特征。

首先，表现在文学活动中。早在"文学革命"之始，他就提出两个新文学的观念和标准：一个是提倡白话文学；另一个是用"真文学"来取代"假文学"，即提倡"写实主义"文学。而所谓"写实主义"，就是要"实写今日之社会情状。"[①]既要反对旧文学中粉饰现实的"说谎文学"，又要反对旧戏中的"团圆迷信"[②]。它与浪漫主义的最大区别，就在于它更少注意文学作品中的情感因素和想象因素，而着力于对社会生活的理智观察。正是因为这样，他的文学作品，无论是小说、戏剧作品，还是新诗创作，都缺乏丰富的情感流露，写不出有血有肉有着浓郁情感的作品。他一生写过不少新诗，由于偏于理智，未能成为诗人，也称不得诗人。他的《尝试集》以"诗体解放"为主要追求目标，眼光过多地拘囿在文学的形式方面，虽然也可以看到他从旧镣铐里解放出来的努力，也有一些自由活泼、流利清新、时有韵致的白话新诗，但诗的境界大多不高，格局比较狭小，缺乏真挚热烈的感情，缺少深度和力度。

其次表现在学术活动中。他一生始终不渝地提倡"科学主义"的治

① 《文学改良刍议》,《胡适选集》,第41页。
② 《文学进化观与戏剧改良》,《胡适文存》一集一卷,第213—214页。

学态度和方法，写过几十篇这类文章。早在“五四”以后不久，他就提出研究学术史的人，应当放弃功利主义的治学态度，“当用‘为真理而求真理’的标准去批评各家学术”[①]。他热烈地提倡“一点科学精神，一点科学态度，一点科学方法”。并说：“科学精神在于寻求事实，寻求真理。科学态度在于撇开成见，搁起感情，只认得事实，只跟着证据走。科学的方法只是‘大胆的假设，小心的求证’十个字。没有证据，只可悬而不断；证据不够，只可假设，不可武断；必须等到证实之后，方才举为定论。”[②]他提出过“存疑主义”的口号，但他不赞成无根据的怀疑，提倡的是有证据的怀疑。他的著名口号是“拿证据来”！“有几分证据，说几分话。”[③]他虽曾与顾颉刚说过：“做历史有两方面，一方面是科学——严格的评判史料；一方面是艺术——大胆的想象力。史料总是不会齐全的。往往有一段，无一段，又有一段。那没有史料的一段，就不得不靠史家的想象力来填补了。有时史料虽可靠，而史料所含的意义往往不显露，这时候也须靠史家的想象来解释。整理史料固重要，解释（interprete）史料也极为重要。”[④]但是，这只是偶尔之论，他一贯强调的还是搜集和考证史料这一基础性的工作。

胡适这种偏重理智的治学态度，特别表现在他曾反复提倡李若谷提出的“勤、谨、和、缓”的四字纲领上。“勤”就是“眼勤手勤”；“谨”就是“不苟且，一点一笔不放过，一丝一毫不潦草。举一例，立一证，下一结论，都不苟且”；“和”就是“心平气和，即是‘武断’的反面，亦即是‘盛气凌人’的反面”，就是“抛弃成见，服从证据，舍己从人”；“缓”就是“从容研究，莫匆遽下结论”[⑤]。为此，他强调，在治学中必须防止和克服“正义的火气”。所谓“正义的火气”，就是“自己认定我自己的主张是绝对的是，而一切与我不同的见解都是错的。”他认为，“一切专断、武断、不容忍、摧毁异己，往往都是从‘正义的火气’出发

① 《论国故学》，《胡适文存》一集二卷。
② 《介绍我自己的思想》，《胡适选集》，第285页。
③ 《致罗尔纲》，《师门五年记·胡适琐记》，第44页。
④ 《胡适的日记》，1921年8月13日条。
⑤ 致王重民信，转引自胡颂平《胡适之先生年谱长编初稿》，第1801页。

的”[①]。他说：从段玉裁到王国维、孟森等国学大师，之所以在《水经注》案中聚讼纷纭，冤枉前辈学者，就是未能在治学中贯彻上述四字诀，爆发“正义的火气”所致。据他考证，戴震、全祖望、赵一清等人的《水经注》著作，是“殊途同归，绝无相互剽窃之处。”[②]总之，他认为，“研究历史之基本精神，即在‘拿证据来’。凡事必须有一分证据，说一分话；有九分证据，仍然只能说九分话，不能多说一分”[③]。胡适一生在学术研究中之所以取得众多的具有科学价值的学术成果，成为当之无愧的学术大师，主要得益于这种“科学主义”的治学态度。

胡适还把这种“拿证据来”的态度，看做“不单是研究史学的精神，更是伦理、道德乃至于宗教家精神。以此律己、待人的最高真理。”[④]所以，它也在交友处世中充分表现出来。对“五四”以来的学生运动，他一贯不主张不赞成采取罢课的方法。但是，他也不赞成国民党的武力镇压政策，主张疏导。对于学生运动的合理性和积极作用，无论是“五四”运动，还是一二九运动，甚至解放战争时期的学生运动，都基本上持肯定的评价，不随意否定。

他的这种偏于理性的处世态度，在交友和处理人际关系上，表现得非常突出。例如，在1924年，他的好友高一涵曾因出版问题，骂商务印书馆一些人为“文丐”，他写信劝导说：“一个人要表示清高，就不惜把一切卖文的人都骂为‘文丐’，这是什么道德？”认为“君子立论，宜存心忠厚”。众所周知，胡适与鲁迅在“五四”时期是一条战线上的朋友。在北京大学编辑《新青年》时，有过许多来往，也有许多相同的观点。但是，“五四”以后，由于在政治和文学观点上发生了分歧，双方也有过许多争论，鲁迅曾多次公开指责胡适，特别是在1927年以后，鲁迅更视胡适为政敌。尽管如此，胡适对鲁迅仍始终采取比较冷静和客观的态度。例如，1926年5月，他在一封致鲁迅、周作人、陈源的信中诚恳地说：“你们三位都是我很敬爱的朋友；所以我觉得你们三位这八九个月的深仇

① 致苏雪林信，转引自索伯言、季维龙《胡适年谱》，第947、954页。
②《四百年来〈水经注〉整理小史》，1949年1月12日《申报》。
③ 胡适在“中国”史学会成立大会上的讲话，1954年3月8日台北《“中央日报”》。
④ 胡适在“中国”史学会成立大会上的讲话，1954年3月8日台北《“中央日报”》。

也似的笔战是朋友中最可惋惜的事。……亲爱的朋友们，让我们从今以后，都向上走，都朝前走，不要回头睬那伤不了人的小石子，更不要回头来自相残踏。我们的公敌在我们的前面；我们进步的方向是朝上走。”[1]1936年，鲁迅逝世后，他虽然对鲁迅的攻击耿耿于怀，但是，他对苏雪林来信中恣意攻击鲁迅的言论，仍不能赞同，在回信中，他说：“凡论一人，总须持平。爱而知恶，恶而知其美，方是持平。鲁迅自有他的长处，如他的早年文学作品，如他的小说史研究，皆是上等作品。”还说，对于20世纪20年代陈源说鲁迅的作品是抄日本学者盐旻温的一案，“真是万分的冤枉”，“应该为鲁迅洗刷明白”[2]等，此信不仅是对鲁迅，也可以看作是他交友处世的普遍准则。正像唐德刚所说：胡适“治学交友虽深具门户之见；但是他为人处世断无害人之心。”[3]

正因为这样，胡适一生虽然有许多公敌、政敌，但是，也确有很多朋友，而很少私敌。

总之，“五四”以来胡适的言行，有三个鲜明的与众不同的特征：服膺民主和科学，终身反对中国传统文化中的封建主义，反对反动的封建专制统治，有着相当的反封建的叛逆性；在反封建反侵略斗争中，又主张“牺牲小些”，不敢彻底的反帝反封建，有着明显的软弱性，因而在政治上始终未能越出改良主义的界限；在治学和处世中，主张“科学主义”和偏于理智的态度。这三个方面在他身上奇妙地统一起来，使他成为新文化运动领袖、政治上的改良主义者和有着相当成就的国学大师。

（原载《安徽史学》2000年第1期）

① 《胡适来往书信选》上册，第378—379页。
② 《胡适来往书信选》中册，第339页。
③ 《胡适杂忆》，第156页。

胡适与古史辨派

以顾颉刚为代表的“古史辨派”，是我国现代史上一个影响颇大的资产阶级史学流派。在顾颉刚等人的论著中，曾多次谈到过胡适对“古史辨”史学的启迪和指导作用，胡适本人也曾多次谈到过他与古史辨派的密切联系。新中国成立前的许多史学评论家，一般都把胡适与古史辨派视为同一流派。但是，新中国成立后的许多论著，虽然也提到胡适对古史辨史学的影响，但主要是强调两者的“区别”。最近中华书局出版的《顾颉刚先生学述》一书[①]，曾较具体地谈到胡适对顾颉刚的影响，但却以更多的篇幅谈论两人在政治、学术观点和治学方法上的“区别”。

笔者认为，新中国成立后的这些评述是不够客观和公允的。事实上，在胡适与古史辨的关系上，首先应当肯定的是两者的联系，“区别”是古史辨史学发展的后期出现的，非主要的方面。

一、胡适是古史辨派的学术引路人

如所周知，“古史辨”作为一个史学流派，是以怀疑古史和以近代科学方法考订古书而著称于世的。正是因为这样，人们又称他们为“疑古派”或“记载考证派”。也正是在这样的意义上，胡适给其以重大的影响，起了引路人的作用。

首先，胡适是“五四”新文化运动时期疑古思潮的提倡者，正是他提出的“存疑主义”口号，把我国历史上出现的怀疑古史古书的思想推向一个新阶段，成为时代的思潮，从而有效地帮助《古史辨》作者们，

① 刘起釪，1986年5月。

解除了儒家经书的束缚，破除了对古史的迷信，把古史和古书从崇拜的偶像，变成了“重新评判”的研究对象。

“五四”以前，中国历史上的上古史系统主要反映在儒家的经书中，而以这些经书为代表的古代文献资料则都是形成于春秋战国之世，秦焚书后，经过汉人的整理流传下来的。在这些文献资料所记载的古史中，就杂有人们有意或无意地作伪的赝品，使中国古代历史的记载真伪杂存，难解难分。但自西汉定儒学于“一尊”以来，人们对于这些经书所记载的古史，只能与对待经书本身一样，只许顶礼膜拜，不许怀疑议论，更不准批评。

既然古史古书中有伪造的赝品存在，那么疑古的思想总是会产生的。唐代刘知几，宋代的郑樵、朱熹，明代的胡应麟，清代的顾炎武、姚际恒、阎若璩、崔述，以及历史上许多有识的史学家，都曾对古史古书之伪，提出过怀疑。维新运动时期，康有为著《新学伪经考》《孔子改制考》等，公然揭出“上古事茫昧无稽”[①]，揭出战国诸子和汉人作伪的原因，有力地冲击了经书中的伪古史体系。

“五四”时期，胡适的突出贡献是，在“民主”和“科学”的旗帜下，把我国历史上出现过的疑古思想的旗帜更高地举起。他发表了《实验主义》《演化论与存疑主义》《清代学者的治学方法》《新思潮的意义》等一系列文章，打出“存疑主义”旗号，鼓吹“天下没有永远不变的真理”[②]，主张“宁可疑而错，不可信而错”[③]，要人们“不信任一切没有充分证据的东西”[④]，并“重新估定一切价值”[⑤]等等。他还本着这种主张，在北大的“中国哲学史”课堂上、和当时出版的《中国哲学史大纲》中，把中国哲学史的开端下移了几千年，“用《诗经》作时代的说明，丢开了唐、虞、夏、商，径从周宣王以后讲起”[⑥]。这样，他不仅从理论上为维新运动以来的疑古思潮起了推波助澜作用，而且在具体的学术研究

①《古史辨》第1册,第26页。
②《研究国故的方法》。
③《新思潮的意义》。
④《介绍我自己的思想》。
⑤《介绍我自己的思想》。
⑥《古史辨》第1册《自序》。

上，进行了推翻伪古史的示范性尝试，为“古史辨”学派的产生创造了良好的思想环境，进行了开路工作。

顾颉刚曾这样形容胡适上述言行对他们的启迪作用，他说：胡适把“中国哲学史”从《诗经》讲起的改革，“把我们一班人充满着三皇五帝的脑筋骤然作一个重大打击，骇得一堂中舌挢而不能下”①。又说：“他的议论处处合于我的理性，都是我想说而不知怎样说才好的”，“从此以后，我们对于适之先生非常信服；我的上古史靠不住的观念在读了《改制考》之后，又经过这样一温”②。他说，不但他自己，而且把傅斯年也“引进了胡适的路子上去”③。

就这样，在胡适提倡的“存疑主义”的诱发下，在“五四”疑古思潮的激荡下，顾颉刚等人“对于一切旧事物都持怀疑态度，要求批判接受”，并“经常讨论如何审理古史和古书中的真伪问题”④，酝酿着古史辨学派的诞生。

其次，胡适从西方引进了一种近代式的科学方法，为古史辨派学者提供了疑古辨伪的锐利武器，导致了古史辨史学的产生。

在《介绍我自己的思想》等文中，胡适曾比较系统地介绍过自己引进的这套方法。他说他研究古史和古书的基本方法有两个：“一个是用历史演变的眼光来追求传说的演变，一个是用严格的考据方法来评判史料”。他说，在古史辨史学产生前，他的《水浒传考证》《井田辨》，就是这个方法的运用。所谓历史演变的方法，就是用“历史的眼光来追求每一个传说演变的历程”，所谓严格的考据方法，就是在承认“一切史料都是证据”的前提下，进一步追问“（1）这种证据是在什么地方寻出的？（2）什么时候寻出的？（3）什么人寻出的？（4）依地方和时间上看起来，这个人有做证人的资格吗？（5）这个人虽有证人资格，而他说这句话时有作伪（无心的，或有意的）的可能吗？”他说，他的所谓科学方法归纳起来就是“大胆的假设，小心的求证”十个字。他认为“没有证据，只

① 《古史辨》第1册《自序》。
② 《古史辨》第1册《自序》。
③ 《古史辨》第1册，第3页。
④ 《古史辨》第1册《自序》。

可悬而不断；证据不够，只可假设，不可武断；必须等到证实之后，方可奉为定论”。

顾颉刚曾经反复地谈到过胡适的这套方法给他的启迪作用。在致胡适的信中，他说“我自小就欢喜研究，但没有方法，也没有目标。自从遇见了先生，获得了方法，又确定了目标。为学之心更强烈”①。在其他文章中更是多次提到这一点。他说：在古史辨史学产生前，胡适发表的许多论文，“时常给我以研究历史的方法”，亚东图书馆新式标点本《水浒》的胡适的长序，使他看到小说故事的来历和演变的多层次性，版本问题的复杂性，并使他联想到胡适的《井田辨》和《水浒传考证》等文，认为研究古史也“尽可以应用研究故事的方法”。正是由于“适之先生带了西洋史学方法回来，把传说中的古代制度和小说中的故事举了几个演变的例，使人读了不但要去辨伪，要去研究伪史的背景，而且要去寻出它的渐渐演变的线索”。他肯定地说，胡适的这套方法，“比了长素先生的方法又深了一层了”。他还十分坦白地说，他自己本来对科学方法所知甚少，不过是在中小学时学到一点自然科学常识和大学里学到一些归纳法和假设求证的方法而已，是胡适提倡和示范的方法，使他“知道研究历史的方法在于寻求一件事情的前后左右的关系，不把他看作突然出现的”②。正是这样，他自豪地宣称，“我固然说不上有什么学问，但我敢说有了新方法了”③。

从上述顾颉刚的言论中，我们看到正是胡适从西方带来的这套崭新的“科学方法”，和他应用这套方法所作的示范性研究，才鼓起了《古史辨》学者们辨伪求真的勇气，找到了辨伪求真的具体途径，诱发了顾颉刚的“层累地造成的古史”的观念的产生，并取得了大量古史资料的考订成果。

再次，胡适提倡并领导的“整理国故”运动，向“古史辨”学者提出辨伪书任务，并为之提供了阵地，推动了古史辨派的产生和发展。

“五四”以后，胡适一方面继章太炎之后，重提“整理国故”的口号，一面又办起了《努力》周刊的增刊《读书杂志》和《国学季刊》两

① 《胡适来往书信选》，顾颉刚致胡适，1929年8月20日，第475页。

② 《古史辨》第1册《自序》。

③ 《古史辨》第1册《自序》。

个发表辨伪成果的阵地。在《〈国学季刊〉发刊宣言》中，他明确提出“整理国故”的基本要求是，“以汉还汉，以魏晋还魏晋，以唐还唐，以宋还宋，以明还明，以清还清；以古文还古文家，以今文还今文家；以程朱还程朱，以陆王还陆王”，“各还他一个本来面目，然后评判各代各家各人的义理是非”。古史辨史学，正是在这个运动中，作为其组成部分而出现的。

“整理国故”对于古史辨史学的推动作用，顾颉刚也曾多次谈到。他说当时“整理国故”的呼声，由于“我生当其顷，亲炙他们的言论”，“所以能自觉承受”，并说，他正是在“此种空气之下，踊跃用命，也想一口气把中国史弄得明白，便开始从几部古书里直接证明尧舜禹等的真相”[①]。对此，胡适也明白地说过，在民国九年十一月，他曾请顾颉刚点读《古今伪书考》，“因为这个原故，他天天和宋、元、明三代的辨伪学者接触，于是我们有《辨伪丛刊》的计划，先是辨‘伪书’，后转到辨‘伪事’。顾颉刚从此走上了辨‘伪史’的路”。

不仅如此，而且作为古史辨派代表作的《与钱玄同先生论古史书》，以及由此引起的古史问题论战的一系列论文，也都是在《读书杂志》上首次发表的。正是这样，我们不仅可以说胡适是古史辨学派的引路人，而且也是它的组织者了。

基于以上事实，新中国成立前的史学家干脆把胡适与顾颉刚、钱玄同等人一道都归之为“疑古派”“记载考证派”[②]，我们认为是可以成立的。胡适作为古史辨派的引路人，是当之无愧的。

二、胡适是古史辨派的参加者和支持者

首先我们从《古史辨》一书所收胡适的文章中，可以得出这一结论。在7册《古史辨》中，除第7册外，各册均收有胡适的文章和函件，合计26篇。该书第1册，是标志这个学派诞生，反映这个学派基本学术观点和治学方法的代表性论著，是顾颉刚与胡适、钱玄同、刘掞藜等讨论古

① 均见《古史辨》第3册顾颉刚《自序》。
② 参见周予同《五十年来中国之新史学》。

史的函件和文章。这册共收胡适的函论12篇。其中上编收他的10封信札，都是在《与钱玄同先生论古史书》发表以前，他与顾颉刚讨论辨伪书和辨伪计划的信札。其中《询姚际恒著述书》等5篇，是他向顾颉刚提出辨伪书，进行辨伪工作的酝酿的信件。而《自述古史观书》等5篇，则是对顾阐述自己怀疑古史的基本观点，对古史的态度，以及进一步商讨辨伪书的具体计划的信件，提出“宁可疑而过，不可信而过”的治史原则，对《庄子》书的看法等。通过这些信件，我们可以清楚地看到顾颉刚怀疑古史的论文的“由来和我对于怀疑古史一件事所以有明了的意识的缘故”[①]，胡适在古史辨学派产生时期的地位和作用也就一目了然。中编《古史讨论的读后感》，则是顾颉刚的文章发表后的古史论战中，表示自己站在顾、钱一边的论文。下编的《论帝天及九鼎书》一文，是提出《今文尚书》也有真伪的问题，开启了古史辨派对《今文尚书》的辨伪事业。在该书的第3册“打破汉人的经说”的论文集中，上编收有胡适《论观象制器的学说书》一文，下编收有他的研究《诗经》的论文三篇，提出“用小心的精密的方法，来做一种新的训诂工夫”，“大胆地推翻二千年来积下来的附会的见解，完全用社会学的、历史学的、文学的眼光重新给每一首诗下个解释”[②]。第4册是考辨诸子年代先后的论文集。他的《诸子不出于王官论》被列了上编的首篇，《老子传略》列为下编首篇。这些文章不仅对诸子学说产生的根源和评述上别开生面，而且从方法论上开启了对先秦诸子讨论的新局面，引起了诸子研究的新热潮，尤其是引起了关于老子及《老子》年代问题的长期的大争论。第5册是讨论今古文问题和阴阳五行说起源的论文集，也收了胡适的两篇文章。第6册是继续考证诸子和老子的论文集，收了胡适的《评论近人考据老子年代的方法》一文，坚持“老在孔先”的传统观，反对大多数古史辨学者的“孔先老后”的观点。

由上述不难看出：胡适不仅直接参加了古史辨史学的酝酿，赞成古史辨史学的基本观点，并以自己的具体研究成果参与了古史古书的考辨工作，发表了许多关于辨伪史、辨伪书方面的意见。有时则作为古史辨

① 顾颉刚《我是怎样编写〈古史辨〉的?》。
② 《谈谈〈诗经〉》，《古史辨》第3册。

学派代表们的支持者，有时则作为其内部不同意见者参加了古史和古书的讨论和争论。这一切充分说明胡适是古史辨学派的参加者和十分重要的成员，也反映了他后来转向信古，与古史辨分手的足迹。

其次，从胡适对古史问题的大论战和古史辨派学者受到政治上打击时的表现中，可看出他还是古史辨学派的有力的支持者。

1923年5月，《读书杂志》第9期刊出顾颉刚《与钱玄同先生论古史书》，提出了“层累地造成的中国古史”的论点后，刘掞藜、胡堇人、柳诒征、张荫麟等人发表文章，指责顾颉刚的“层累说”，是“想入非非，任情臆造”，“穿凿附会，牵就己意”，是“望文生义”，“勇于疑古，疏于读书”，“鲜不为通人所笑”，认为“这个翻案很是影响人心”，并依据传统的旧史观对顾颉刚的论点进行了反驳。这样，在顾颉刚和钱玄同进行答辩后，一场古史问题的论战揭开了。

在这场论战中，胡适先后发表了《古史讨论的读后感》[①]和《介绍几部新出的史学书》[②]等文，明确表示站在顾颉刚、钱玄同一边，并对刘掞藜等人的论点进行了有力的反驳。首先，他肯定了这场争论，认为其意义不亚于“科学与人生观”的讨论，表示自己赞成顾颉刚“中国的古史全是一篇糊涂账”的看法。接着他针对刘掞藜等提出所谓“影响人心”等问题进行了批驳。他说：“如果我们的翻案是有充分理由的，我们的翻案只算打破了一件几千年的大骗案，于人心只有好影响而无恶影响”。他认为“层累地造成的古史”的观点是“今日史学界的一大贡献”。顾颉刚的“层累”说的三条基本论点，“都是治古史的重要工具”，至于“禹”的问题，“只是一个例”，“其实古史上的故事没有一件不曾经过这样的演进，也没有一件不可用这个历史演进的方法去研究”。反之，他认为刘掞藜的所谓“‘察传’的态度”，是一种“成见”，“主观的意见”，所谓断之以“证”的“证”，只是一些“伪书”。总之，他是“偏袒顾先生史学方法的书”，继之他指出《古史辨》第1册，“是中国史学的一部革命的书，又是一部讨论史学方法的书”，他认为此书可以解放人的思想，指示做学问的途径，还可以提倡那“深切猛烈的真实”的精神。而“层累地

① 收《古史辨》第1册。
② 收《古史辨》第2册。

造成的中国古史”观，“替中国史学界开了一个新纪元”。顾颉刚的结论和所举的例证，也许有错，“但他的基本方法是不能推翻的；他做学问的基本精神是永远不能埋没的”。

1929年，国民党对顾颉刚用疑古史观为商务印书馆编的一种《中学用本国史教科书》，以“非圣无法”的理由向政府弹劾，使顾颉刚和商务印书馆在政治上受了很大的打击。为此，胡适在当年发表的《新文化运动与国民党》一文，对国民党进行了揭露和批评。他明确指出顾颉刚的书，是“一部很好的历史教科书”。说这本书“曹锟、吴佩孚所不曾禁止的终于不准发行了”！说明国民党的专制独裁比北洋军阀有过之而无不及。这无疑也是对古史辨学者的一种声援、支持和鼓励，也是对学术自由的一种捍卫。

正是由于上述表现，当时人们总是把他和古史辨学派联系起来。例如郭沫若就是把他的古史论文与顾颉刚、钱玄同等的论著列在一起作为古史辨史学来加以评述的。

三、胡适从疑古转向信古，与古史辨派分道扬镳

第一次国内革命战争后，胡适政治上不断向右发展。政治上的向右发展，导致他在学术观点上的变化，导致他与古史辨派的其他学者在政治和学术观点上的分歧。

胡适这种政治和学术观点的变化，发生在1929年。顾颉刚说，那年暑假，他脱离中山大学来到上海，去看胡适，“他对我说：‘现在我的思想变了，我不疑古了，我信古了！’我听了这话，出了一身冷汗，想不出他的思想为什么会突然改变的原因”[①]。从此以后，他在政治、学术的一系列问题上与古史辨派产生了分歧和争论。

首先在政治上与古史辨派学者发生分歧。顾颉刚谈到两件事：一件是“九一八事变”后，他为了反抗日本帝国主义侵略，编刊通俗读物，宣传抗日主张，唤起全民族抗日，而胡适却不赞成，认为“民众”是惹

① 顾颉刚《我是怎样编写〈古史辨〉的?》。

不得的，劝他“不要引火烧身”。第二件事是，顾颉刚在《古史辨》第4册的序文中，表示“自己决不反对唯物史观”，认为在“研究古代思想及制度时，则我们不该不取唯物史观为基本观念”。由于胡适是反对唯物史观的，“所以他看到后更不高兴，以后的交往就越来越少，关系也越来越疏远了”[①]。顾颉刚回忆的两件事，反映了这时胡适与古史辨学者存在分歧的原则性和尖锐性，反映了资产阶级两个不同阶层在当时历史条件下在政治和学术上的区别所在。

其次，随着学术观点的从疑古转向信古，胡适与古史辨派在具体学术问题上的分歧也就尖锐地表现出来。这种分歧集中在关于《周易》中的观象制器问题和老子及《老子》书的年代问题上表现出来。

关于《周易》的观象制器的争论。原来顾颉刚写了《论〈易·系辞〉中观象制器的故事》和《〈周易卦爻辞〉中的故事》等文。文章指出《易传》关于观象而制器的说法，是“万万不可能的事”，指出“制器时看的象乃是自然界的象而不是卦爻象”[②]。而胡适的《论观象制器的学说书》，则用诡辩的手法，以牛顿、瓦特等观象制器的事例来说明《易传》观象制器之说可以成立，指责顾、钱等的论点，“太不依据历史上器物发明的程序”，“不是公平的判断”。这里，胡适显然是坚持几千年来的观象制器的老观念，也就是以信古的观念来驳斥顾颉刚等人疑古得出的新解释的。

关于老子及《老子》成书年代问题的争论，早在《中国哲学史大纲》中，胡适就沿袭《庄子》和《史记》的旧说，提出老在孔先，《老子》在《论语》之先的观点。后来梁启超提出反驳，指《老子》一书是战国时代的著作，顾颉刚赞同梁启超的观点，在1932年4月写了《从〈吕氏春秋〉推测〈老子〉之成书年代》一文，明白地反对胡适的说法。胡适看了之后，大为生气，作了一篇《评论近人研究〈老子〉的方法》，从“研究方法”上对梁、冯、钱，尤其是顾颉刚进行“痛驳”，说这些人的论据，都是逻辑上的“丐辞”，用“思想系统”“思想线索”来考据《老子》，是受“成见”约束，用文字、术语、文体来考据古书，亦“不免夹有主观的成见，容易错误”。他还专门针对顾颉刚的文章。指责说“替古人著作做

① 顾颉刚《我是怎样编写〈古史辨〉的?》。

②《古史辨》第3册“顾颉刚案”。

‘凡例’，那是很危险的”，说顾颉刚文章的方法“完全是先构成一个‘时代意识’，然后用这‘时代意识’来证明《老子》晚出”。为了加强自己的立论，他还写了《说儒》一文，把儒说成是“殷民族的教士”，进而断定“老子也是儒”，“老子的教义正代表儒的本义”，说孔子见老子的传说的次序是：（1）《礼记·曾子问》，（2）《史记·孔子世家》，（3）《史记·老子申韩列传》，（4）《庄子》。认为孔子问礼于老子，“丝毫没有可疑之处”。这就是，“他为了‘信古’，而造出来的一篇大谎话”[①]。

如果这场争论当时还看不清它的实质的话，那么，1958年，胡适《中国哲学史》“台北版自记”就可以清楚看出。在《自记》中他说，这场争论过去二三十年之后，“有一天，我忽然大觉大悟了！我忽然明白，这个老子年代的问题原来不是一个考证方法的问题，原来只是一个宗教信仰的问题，像冯友兰先生一类学者，他们诚心相信，中国哲学史当然要认得孔子是开山老祖，当然要认孔子是‘万世师表’……”等等。这里胡适把这场争论显然是归结为尊孔和反孔的斗争，进而给论敌戴上“尊孔”的帽子，这就越出了学术论争的范围了。但也从反面透露了胡适坚持“信古”立场的顽固性。

以上所述说明，胡适这时已与以疑古为特征的古史辨派史学发生了根本性的分歧，在具体学术问题上也与该派分道扬镳了。

综上所述，我们有充分的理由说，在20世纪20年代初兴起的，在中国史学界起过巨大影响的资产阶级史学流派古史辨派的形成过程中，胡适是当之无愧的学术引路人，并曾经是该派学术建设的积极参加者和支持者，一名举足轻重的重要成员。但后来，随着政治观点的不断右倾，学术上也从疑古转向信古，终于与古史辨派分手。这就是我们对本问题的基本结论。

（原载《安徽史学》1989年第1期）

① 顾颉刚《我是怎样编写〈古史辨〉的?》。

胡适与老学

老子和老学，是中国道家文化的先驱，中国传统文化的源头之一。它也是胡适毕生从事的使中国传统文化现代化，或中国新文化建设的课题之一。早在上海求学时代，他就喜爱上了“墨翟的兼爱说与老子、庄子有自然色彩的哲学”[①]，“深受老子和墨子的影响”[②]。留美期间，又继续研读《老子》，撰写过《读〈老子〉》《老子是否主权诈》的札记，关注过国内学术界对老子哲学的研究动向。但是，真正把老子及其学说作为中国传统文化之一，与其他先秦诸子一道，进行具有时代色彩的研究和评论，则是在撰写《中国古代哲学方法之进化史》的博士论文时开始的。而后在《中国哲学史大纲》（卷上）、《评论近人考据〈老子〉年代的方法》和《说儒》等论著中，充分地展开了他的老子和老学观，取得了引人瞩目的成果。为中国道家文化走向现代化方面，做出了不可磨灭的贡献。

一

在中国哲学史的研究中，胡适明确地把哲学史的研究目的和任务规定为：“明变”“求因”和“评判”三项。而把产生哲学思想的“前因”，也就是“那时代政治社会的状态”，“那时代的思想潮流”[③]，视为评判和明变的前提，“欲知一家学说传授沿革的次序，不可不先考定这一家学说

①《胡适自传》，黄山书社1986年版，第89页。
②《胡适研究资料》，北京十月文艺出版社1989年版，第191页。
③《胡适学术文集》，《中国哲学史》上册，中华书局1991年版，第10页。

产生和发达的时代”[①]。而要考定一家学说产生和发达的时代，就必须首先考定哲学家自身的生存年代，以及与哲学著作的关系。正是本着这样的认识和思路，胡适对老子和老学的研究，首先是从考证老子和《老子》的时代入手的。

诚如胡适所指出的，“中国古代哲学大家，独有孔子一人的生年死年，是我们所晓得的”[②]，而其他诸子的生卒年代，均无确切的记载。如老子和《老子》，就“说者纷纷，无两家相同者”[③]。但直到清末民初，在学术界依然是遵循老先孔后，沿袭先秦各家皆出于道家的旧说。

针对上述状况，胡适在《中国哲学史大纲》中，首先对老子及《老子》的时代，依据他自己的学术眼光，进行新的考证和认定。他认为，《史记》的《老子列传》，关于老子长寿的几个说法，是一种“神话”，是“不足论”的；“今本《史记》作姓李氏，名耳，字伯阳，谥号聃”的说法，也是“后人据《列仙传》妄改的”，是“伪造的”。但是，他认为，《史记·孔子世家》《老子列传》关于“孔子曾见过老子”，“这话很象可信”[④]，所以，他就依据《史记》“孔子与南宫敬叔适周”和《左传》“孟僖子将死，命孟懿子与南宫敬叔从孔子学礼（昭七年）”的记载，推断大概孔子见老子在三十四岁（西历前518年，日食）与四十一岁（定五年，西历前511年，日食）之间。“老子比孔子至多不过大二十岁，老子当生于周灵王初年，当西历前570年左右”。关于老子的死时，他同样排斥了“入关仙去”，“莫知所终”和老子长寿的“神话”，依据《庄子·养生主》篇所记，认为“老子即享高寿，至多不过活了九十多岁罢了。”[⑤]这样，他在老子的生存时代问题上，经过自己的分析认证，认同了二千多年来的老先孔后，老子为孔子师的“旧说”。

关于老聃“何以又称老子”的问题，他同样否认《神仙传》《高士传》等的推论，认为“不出两种解说”：“（一）老或是字”；“（二）老或是姓”。“老子姓老，故人称老聃，也称老子”。他认为：“这两种解说

①《胡适学术文集》,《中国哲学史》上册，中华书局1991年版，第101页。
②《胡适学术文集》,《中国哲学史》上册，中华书局1991年版，第30页。
③《胡适学术文集》,《中国哲学史》上册，中华书局1991年版，第14页。
④《胡适学术文集》,《中国哲学史》上册，中华书局1991年版，第38页。
⑤《胡适学术文集》,《中国哲学史》上册，中华书局1991年版，第38页。

都可通，但我们现今没有凭据，不能必定那一说为是”。关于《老子》的问题，他说：“今所传老子的书，分上下两篇共八十一章。这书原本是一种杂记体的书，没有结构组织，今本所分篇章，决非原本所有”，“此书中有许多重复的话和许多无理插入的话，大概不免有后人妄改的所在。”他认为，为章太炎所推崇的《韩非子》中《解老》《喻老》两篇，“虽偶有好的，大半多浅陋之言”，“但这两篇所据《老子》像是古本，可供我们校勘参考。”[①]可见，他对《老子》为老子所著则未存异议。

以上胡适对老子和《老子》时代、作者以及孔老关系的新认证，从结论上看与历史上的《史记·老子列传》《孔子世家》《礼记·曾子问》以及《吕氏春秋》《韩非子》等的成说无异，也与章太炎的说法相同，但是，这种认同，是经过他自己用新的时代眼光重新审视，在剔除了某些“神话”“伪造”以后的认同，所以，虽然未能展开分析论证，但不能视为对旧说的盲从。他正是在这样认证的基础上，在《中国哲学史大纲》，而后在《说儒》等论著中，来开展对中国古代哲学及其演变和沿革的评述的。

但是，他的上述论断，却引起了历时十多年，延续至今的关于老子和《老子》的时代、作者问题的大争论。首先起来发难的是学术大师梁启超。1922年，他在《评胡适之〈中国哲学史大纲〉》中，继承了历史上疑老思潮，明确提出与胡适相反的结论和论证。他断定《老子》著作时代在“战国之末”。认为“胡适先生所说三百年结的胎，头一胎养成这位老子，便有点来历不明了”[②]。梁启超的批评，引起了学术界的广泛共鸣，顾颉刚、钱穆、罗根泽、冯友兰等人，先后发表论著，认同并发展了梁启超的论断。但也有许多人，如马叙伦、唐兰、郭沫若、吕振羽等仍坚持基本上与胡适相同的观点。但是，无论是认同还是反对的论文，都不是一般地重复对立双方的意见，而是从不同的角度，搜集更多的资料，作了更为深入的考辨和论证。截止《古史辨》第六册出版前的1936年底，争论的文章，收集在《古史辨》第四册和第六册中的就有三十五六万字之多。论战双方的阵容之壮，成果之多，堪称现代学术史上的一

①《胡适学术文集》,《中国哲学史》上册,中华书局1991年版,第39—40页。
②《古史辨》第4册,上海古籍出版社1982年版,第307页。

件盛事。

这样，关于老子和《老子》时代和作者问题的争论，就达到了中国学术史上的最高峰。由于批评者引用新的考证方法，言之成理，持之有故，一时大有以梁、钱、冯、顾等批评意见为是的趋势。

但是，胡适始终未被上述论断所打动，因为他认为批评者未能提出足够的站得住脚的证据。所以，他又先后发表了《与冯友兰先生论〈老子〉问题书》《与钱穆先生论〈老子〉问题书》和《评论近人考据〈老子〉年代的方法》等答辩文章，从材料上，尤其从方法论的角度，对对方的研究考证方法进行了全面的反驳。首先，他认为冯所提的三条证据，都是丐辞，而丐辞不是论据。其次，他将梁、顾、钱等的证据分为两组：第一组是“思想系统”或称“思想线索”，说：那是“一把两面锋利的剑，可以两边割的”[①]；第二组是文字、术语、文体，认为这个方法“是很有用的”，“也是很危险的”，因为“（1）我们不容易确定某种文体或术语起于何时；（2）一种文体往往经过很长期的历史，而我们也许只知道这历史的某一部分；（3）文体的评判往往不免夹有主观的成见，容易错误。”[②]他还针对顾颉刚的文章，说：“著书的人随笔引用记忆的句子，不列举出处，这一点本不足引起什么疑问，至少不够引起我们到那时还没有今本《老子》的结论。”[③]在抬出对方方法论上的局限后，他表示：“我至今还不曾寻得老子这个人或《老子》这部书有必须移到战国或战国后期的充分证据。在寻得这种证据之前，我们只能延长侦查的时期，展缓判决的日子。”[④]

稍后，他又作《说儒》，从思想渊源上再立老子早出之说。首先，他从“儒是殷民族的教士”，从儒服、儒礼和儒的“人生观是亡国遗民的柔逊的人生观”[⑤]的分析入手，指出：在先秦只有儒墨两家，道家之名始见于《史记》，“乃是一个‘因阴阳之大顺，采儒墨之善，撮名法之要’的混合学派”。进而他断定“老子也是儒，儒的本义为柔，而《老子》书中

①《胡适学术文集》,《中国哲学史》上册，中华书局1991年版，第748页。
②《胡适学术文集》,《中国哲学史》上册，中华书局1991年版，第751页。
③《胡适学术文集》,《中国哲学史》上册，中华书局1991年版，第764页。
④《胡适学术文集》,《中国哲学史》上册，中华书局1991年版，第613页。
⑤《胡适学术文集》,《中国哲学史》上册，中华书局1991年版，第613页。

的教义正是一种‘宽柔以教，不报无道’的柔道”，“老子的教义正代表儒的古义。”①他还通过分析孔子见老子的传说的次序：（1）《礼记·曾子问》，（2）《史记·孔子世家》，（3）《史记·老庄申韩列传》，（4）《庄子》，指出：“依我们的新看法，老子出在那个前六世纪，毫不奇怪。他不过是代表那六百年以来以柔道取容于世的一个正统老儒；他的职业正是殷儒相礼助葬的职业，他的教义也正是《论语》里的‘犯而不校’，‘以德报怨’的柔道人生观。古传说里孔子曾问礼于老子，这个传说在我们看来，丝毫没有可怪可疑之点。儒家的书记载孔子‘从老聃助葬于巷党’，这正是最重要的历史证据。”②这样，他就通过分析老孔的思想联系，尤其是孔子问礼于老子的历史传说，回答了自北魏崔浩，尤其是清汪中以来，在老子记载中的各种相互矛盾的说法，更加雄辩地论证了老先孔后的结论。

正是因为这样，胡适直到晚年始终没有接受梁启超等的批评，多次表示坚持自己的早年论断③。

新中国成立以后，尽管有不少学者接受了梁、钱、冯、顾等的观点，但也仍有一些学者认同胡适的论断。例如，任继愈早在20世纪50年代的中国哲学史著作中，而后又在《中国哲学发展史》中，都表示认同胡适等人的考证。张岱年在20世纪30年代曾撰文，视《老子》一书“应在孔墨之后，孟庄之前”，但到20世纪50年代“重新稽考老子年代问题，发现《史记》的记载，仍有其不可忽视的旁证，于是重新肯定孔老同时而年长于孔的传统记载”，到20世纪70年代末《老子哲学辨微》中，就“改订了三十年代的意见。”④尤其值得注意的是，以陈鼓应为代表的许多学者，也持与胡适认同的态度。他们认为，无论从什么意义上说，“中国‘哲学的突破’应当始于老子而非孔子”⑤。以上说明，胡适的新考证不仅未被疑老之说所否定，而且随着时间的推移，新的资料的出土，得到越来越多的学者的认同，并得到新的发展。

①《胡适学术文集》,《中国哲学史》上册，中华书局1991年版，第667—668页。
②《胡适学术文集》,《中国哲学史》上册，中华书局1991年版，第673页。
③ 参见《胡适口述自传》等。
④《道家文化研究》第一辑，上海古籍出版社1992年版，第75页。
⑤《〈道家文化研究〉创办缘起》,《道家文化研究》第一辑。

从上面简要的叙述中，我们可以比较清楚地看到，胡适对老子和《老子》时代问题的新考证，以及由此而引发的历时半个多世纪的争论，其对中国老学现代化，或对中国新文化建设，有着不可低估的巨大贡献。

首先，它使自司马迁《史记》以来，两千多年中，关于老子及《老子》的时代和作者问题有了深入论证。在这场论争中，人们不但以时代的眼光，更加鲜明而尖锐地提出了这个问题，而且各自应用现代的科学方法，尽一切努力寻找证实自己论断的文献资料，并充分注意应用地下出土的新资料，写出了30多万字的言之成理、持之有故的学术论文，从而充分地展开了各自的立论。因而论争的双方，无论是坚持旧说一方，还是怀疑和否定旧说的一方，都极大地发展了历史上的不同见解，改变了以往盲目跟在古人后面踏步的局面。尽管这个问题至今仍未能取得完全一致的认同，但无疑为科学地解决这个问题跨出了一大步，双方的学术成果是十分辉煌的。这就在老学现代化或科学化的道路上，在最基础的前提工作上，作出了不可磨灭的贡献。

其次，这场争论，还有比学术成果更为重大意义的收获：这就是它使学术界的人士，更新了学术观念，经受了近代科学方法的训练。争论表明，人们之所以参加这场争论，首先是由胡适等在“五四”时期倡导的“存疑主义”和“重估一切价值”的精神所激励起来的。正是这种思潮，使人们敢于冲破历史成说，破除迷信，勇立新说。在方法上，人们不仅继承和发挥乾嘉考据学派的考证方法，而且善于应用胡适倡导的从史事、文字、文体、思想等来考证古代学术的，具有实证色彩的方法，有的学者还用唯物史观和阶级分析的方法，来进行综合的贯通性的考证和判断，要对纷繁复杂的文献资料的分析、归纳和综合，形成了有时代特色，闪烁着科学光彩的立论。在论争中，人们还就研究方法本身的“有用性”和“危险性”，进行了分析和讨论，要求排除主观的成见和偏见的干扰，力求客观和公允。所以，我们认为这场论争，已经远远超出了学术见解本身的意义，它已经成为对中国学术现代化和新文化建设具有深远意义的事件：这就是在我国学术界的观念和方法更新上，也就是对培养一支具有现代素质的学术队伍，作出了不朽的贡献。

胡适作为这场关于老子和《老子》的时代问题争论的肇启者和积极参加者，其贡献之大，是不言而喻的。

二

胡适在《中国哲学史大纲》《先秦名学史》和《说儒》等论著中，对老学的新评论，就是在重新考证老子和《老子》的时代的基础上，吸取前人注老，尤其是章太炎评老成果，以其深厚的“汉学”素养，和“依傍西洋人的哲学史”[①]，对《老子》作出前无古人的新评论，从而使老学的评论，真正步入与时代相称的新阶段。胡适的老学新评论，最重要的有以下几点：首先，他批判了自刘歆《七略》、班固《汉书·艺文志》以来，直至章太炎《诸子学略说》的老子和道家出于“史官”之说，开创性地探讨了老子和老学的时代背景和思想来源。他说，自汉代刘歆到章太炎的诸子出于王官，道家出于史官之说，“皆属汉儒附会揣测之辞，其言全无凭据”，且“大悖于学术思想兴衰之迹”。他认为，“学术之兴，由简而繁，由易而赜，其简其易，皆属草创不定之际，非谓其要义已尽具于是也。吾意以为诸子自老聃、孔丘至于韩非，皆忧世之乱而思有以拯济之，故其学皆应时而生，与王官无涉”。又说：“诸子之学皆春秋战国之时势世变所产生。”[②]

他正是本着这样的认识，分析了老孔哲学产生的春秋时代的社会状况。他根据《诗经》《左传》《国语》等认为可靠的文献，指出：那是一个战争连绵不断的“争霸”时代，是一个“一、战祸连年，百姓痛苦；二、社会阶级渐渐销减；三、生计现象贫富不均；四、政治黑暗，百姓愁怨”的时代。他认为，这样的一个社会时代情状，才出现“忧时派”“厌世派”“乐天安命派”“纵欲自恣派”等社会思潮。老子也就是因为“亲见那种时势，又受了那些思潮的影响，故他的思想，完全是那个时代的产儿，完全是那个时代的反动”。《老子》中许多“很激烈的议论”渊源于此。又说，老子“反对有为的政治，主张无为无事的政治，也是当

①《胡适学术文集》,《中国哲学史》上册,中华书局1991年版,第1页。

②《胡适学术文集》,《中国哲学史》上册,中华书局1991年版,第591—594页。

时政治的反动。凡是主张无为的政治哲学，都是干涉政策的反动”。所以，老子“创为一种革命的政治哲学”，即“极端的破坏主义”“主张极端的放任”[①]。

这样，胡适就以前所未有的眼光和方法，批判了自刘歆到章太炎，沿袭二千多年的诸子出于王官，老学出于史官的旧说，并从老学与其时代的社会政治的情状的联系上，首次作了探讨和评述。尽管诸子出于王官之说，老学出于史官之说，不无某些合理因素，不能完全否定；也尽管他对老学产生的时代背景的描述，过于一般和笼统。但是，他注意从学术与社会的联系上来探讨学术产生的根源，否定和摈弃封建时代的旧有说明模式，在中国古代思想的研究上，在老学的现代化上，无疑是一种前无古人的突破性进展。

其次，他还打破了历史上尊孔崇儒的经学模式，即冲破了“崇拜孔子，排斥诸子”的评论模式，但也不是以道家或道士的立场，贬儒抬老，而是以比较客观的立场，“平等的眼光”，把老学和儒学放在平等地位加以比较和评论。他说：在中国学术界，“最大的辩者是约生于公元前590年的老子。他是中国的普逻塔哥拉”[②]，是“中国哲学的始祖”[③]。他认为：中国哲学到了老子和孔子的时候，才可当得“哲学”两个字[④]。他还认为，“老子代表儒的正统，而孔子早已超过了那正统的儒”[⑤]。在这样的基本认定下，他对老学进行了价值评判。他的这种眼光和态度，就是把老学和道家文化，客观地看作与儒学一样，是中国文化的历史源头，这不仅反映了“五四”的时代精神和民主眼光，也是一种符合中国古代思想史的事实的科学态度。

尤为重要的是，他继承了章太炎的评老成果，以西方哲学为观照，抓住老学的自身特色，在“自然哲学”“自然主义”“自然的进化论”等标题下，对老子哲学的政治内容、宇宙观、知识论和人生观开展了全面的新评论。

---

①《胡适学术文集》,《中国哲学史》上册，中华书局1991年版，第40—42页。
②《胡适学术文集》,《中国哲学史》上册，中华书局1991年版，第783—784页。
③《胡适学术文集》,《中国哲学史》上册，中华书局1991年版，第43页。
④《胡适学术文集》,《中国哲学史》上册，中华书局1991年版，第520页。
⑤《胡适学术文集》,《中国哲学史》上册，中华书局1991年版，第673页。

诚如前面提到的，他对老学的评论，是从政治哲学的评论开始的。他认为老子的贡献在于，他“观察政治社会的状态，从根本上着想，要求一个根本的解决，遂为中国哲学始祖，他的政治上的主张，也只是他的根本观念的应用。”所以，他的着眼点是探讨老子哲学的根本观念。他说：“老子哲学的根本观念是他的天道观念”，与以前“把天看作一个有意志，有知识，能喜能怒，能作威作福的主宰”的“天道观念”不同，“老子生在那纷争大乱的时代，眼见杀人，破家灭国等惨祸，以为若有一个有意志知觉的天帝，决不致有这种惨祸，万物相争相杀，人类相争相杀，便是天道无知的证据。”他认为《老子》“天地不仁，以万物为刍狗”的论断就是这样得出的。正是这个观念，“打破古代天人同类的谬说，立下后来自然哲学的基础”[①]。

他认为，“老子最大的功劳，在于超出天地万物之外，别假设一个‘道’。这个道的性质，是无声、无形；有单独不变的存在，又周行天地万物之中；生于天地万物之先，又却是天地万物的本源”[②]。他认为“正是关于道的问题，构成了老子哲学的中心问题”[③]。老子的“道”是中国古代“一种全新的哲学概念”，“代替着那种人格化的一个神或许多个神”，构成了老子“自然主义宇宙观的中心观念”，成为一种“无为放任的政治哲学的基石”，并“发展成了一种谦让的道德哲学”[④]。他认为，老子这种天道观，也就是“西洋哲学的自然法（Law of Nature）”[⑤]。这样，他就准确地抓住和评论了老子哲学的根本观念和划时代贡献，这无疑比章太炎的评论大大前进了，显得更为新颖和具体。

在此基础上，他分析了老子哲学中的知识论，或名学（逻辑）方法。他在引述了《老子》关于名的起源、功用的论述后，说：老子“深知名的用处，但他又极力崇拜‘无名’”[⑥]。简言之，“老子的方法，是无名的方法”，“他知道名的重要，亦知道‘名’的坏处，所以主张‘无

①《胡适学术文集》，《中国哲学史》上册，中华书局1991年版，第43—44页。
②《胡适学术文集》，《中国哲学史》上册，中华书局1991年版，第44页。
③《胡适学术文集》，《中国哲学史》上册，中华书局1991年版，第786页。
④《胡适学术文集》，《中国哲学史》上册，中华书局1991年版，第553—554页。
⑤《胡适学术文集》，《中国哲学史》上册，中华书局1991年版，第50页。
⑥《胡适学术文集》，《中国哲学史》上册，中华书局1991年版，第46页。

名’”。他认为“‘名’是知识上的问题，没有‘名’便没有共相。而老子反对知识，便反对‘名’，反对语言文字，都要一个个毁灭他。毁灭之后，一切人都无知识，没有思想。没有思想，则没有欲望。没有欲望，则不‘为非作恶’，返于太古时代浑朴状态了”。这是一种“注重个性而毁弃普遍”的思想方法[①]。尽管如此，他还是肯定：老子对“名”的讨论，证明当时的“思想已经越过了散漫的阶段，而进入使它本身受到审查和考虑的阶段。诡辩时代正演变为逻辑时代。启蒙时代人类思想的解放为更加建设性的思考的时代铺平了道路”[②]。以上胡适对老子知识论的评论，应该说立意很高，见解新颖和深刻。

他还认为，老子的“人生哲学”，“和他的政治哲学相同，也只是要人无知无欲”，要人“做一个无思无虑的人；不愿人做有学问有知识的文明人”。其次“还有一个重要观念，叫做‘不争主义’”[③]。后来，他又把这种哲学称之为“柔道”，说这种“贵柔以教，不报无道”的柔道，这种“犯而不报”的人生观，足以证明“老子也是儒”。

此外，他还把老学概括为中国古代的“进化论”。认为，从老子关于天地万物起源、变迁的学说，与古代神话、基督教《创世纪》不同，是“用天然的物理的理论来说明万物原始变迁这一问题”的。例如，《老子》“天下万物生于有，有生于无”，便是“进化论的‘开宗明义’章第一”。再如《老子》“道生一，一生二，二生三，三生万物”也是。他认为，在老子那里，“万物既成之后，一切变迁进退，都由万物自取自致，一切全归自然，其中并无一点天意”[④]。在先秦，“只有老子的自然进化论，打破了‘天地好生’，上帝‘作之君作之师’的种种迷信，从此以后，神话时代去，而哲学的时代来”[⑤]。肯定“老子进化论”的划时代意义。

正是基于上述对老子思想体系的比较深入细致的分析，他视老子为先于孔子的一位“正宗老儒”，“一位根据自然主义的天道观而形成一种哲学新体系的哲学家、实行家和传教士。但是他的哲学基本上是一种消

①《胡适学术文集》,《中国哲学史》上册，中华书局1991年版，第520—521页。
②《胡适学术文集》,《中国哲学史》上册，中华书局1991年版，第788页。
③《胡适学术文集》,《中国哲学史》上册，中华书局1991年版，第51页。
④《胡适学术文集》,《中国哲学史》上册，中华书局1991年版，第573—574页。
⑤《胡适学术文集》,《中国哲学史》上册，中华书局1991年版，第590页。

极的、虚无的、不争的和主张（一国政府应该）无为而治的”[①]，这样一个整体性的评价。他的评论充分反映了他那个时代的特色和风貌，无论从观念上和方法上，都比章太炎的评论大大地前进了。

胡适正是在这样的基础上，高度赞扬了包括老子在内的先秦思想家“敢于创造，勇于立异”的精神，和“建立了许多独立学派”的业绩。他尤其赞赏“老子提出那无为而无不为的天道观念，用那自然主义的宇宙观来破坏古来的宗教信仰，用那无为而治的政治思想来攻击当时的政治制度，用那无名和虚无的思想来抹煞当时的文化”，认为，“这都是富于革命性的主张”[②]。他还说，在公元前六世纪“发展出来一种自然主义的宇宙观，是一件真正有革命性的大事”，“是经典时代的一份最重要的哲学遗产”。他还特别强调：老子的“自然主义和孔子的人本主义，这两极的历史地位是完全同等重要的。中国每一次陷入非理性、迷信、出世思想”，“总是靠老子和哲学上的道家的自然主义，或者靠孔子的人本主义，或者靠两样合起来，努力把这个民族从昏睡中救醒”[③]。并以雄辩的历史事实来加以证明。

在全面评述老子的自然主义的哲学体系，肯定其在中国哲学史上的巨大贡献后，他也指出了它的朴素性和原始性：如“道即是无，无即是道”，是“说理不能周密”[④]。又如把“道”“无”说成是“无为”，“主张废除一切由文明创设的、人为的约束和制度，返回到自然的状态中去”，“破坏的和虚无主义的”，是“倒退”[⑤]。再如，老子否定知识，主张无名，迷信天道，不信人事，深信无为，不赞成有为，“把‘退化’当作‘进化’”等，都是老子哲学的“流弊”和“缺点”。

以上表明，胡适不仅注意从社会时代的政治状况与老学的联系上，探讨和阐述了老学产生的社会历史根源，否定了老学出于“史官”之说，并通过老子和《老子》的时代考证，更坚定地确定了老先孔后序列，以平等的态度开展对老学的评论。尤为重要的是，他抓住老子哲学的自然

①《胡适口述自传》，第286页。

②《胡适学术文集》，《中国哲学史》上册，中华书局1991年版，第270—271页。

③《胡适学术文集》，《中国哲学史》上册，中华书局1991年版，第553—554页。

④《胡适学术文集》，《中国哲学史》上册，中华书局1991年版，第45页。

⑤《胡适学术文集》，《中国哲学史》上册，中华书局1991年版，第786页。

主义特色，应用西方哲学的概念，对老学的“道”和“天道”的自然主义宇宙观，“名”与“无名”的知识论，“无为而治”的政治哲学和“不争主义”的人生哲学，进行了前无古人的别开生面的评述。既继承了前人的评老、注老的优秀成果，又以新的时代眼光和知识结构，大大地发展了前人的成果，成为老学现代化进程中，不可逾越的一个重要阶段。

当然，以今天的眼光看，胡适的评老，也有许多缺失和局限，如他注意探讨老学的社会历史根源，但他对当时的社会状态的分析，显然失之笼统和肤浅，尤其忽视当时的生产关系和经济基础；又如，他对老学的哲学倾向和路线，老学政治观的社会属性，均缺乏分析，却空谈“左派”“革命性”等；尤其忽视老学中丰富的朴素辩证法的内容等。凡此都反映了胡适本人的认知结构、哲学视野的深层的局限。胡适的评老成果，长期以来受到冷落，除了政治原因之外，与他自身的缺失，也不能说无关。

但是，胡适的评老，作为中国老学现代化进程中的一个阶段，在“四人帮”被粉碎，苏联哲学史僵化模式被摈弃以后，又逐渐引起学术界的注意和重视。例如在陈鼓应主编的《道家文化研究》中，许多学者的论文，对胡适的考老、评老成果，都程度不同地作了认同，肯定老学的“自然主义”特色，高度评价老学在中国古代哲学上的崇高地位等。这就从又一个重要的侧面，反映了胡适的考老、评老，在中国学术现代化进程中的不容忽视的阶段性意义。

（原载《安徽史学》1997年第2期）

胡适与墨学

一

墨学，在战国时代，是与儒学并称的“显学”。但是，到汉武帝时，墨学已成为“绝学”。以至《史记》仅以“盖墨翟宋之大夫。善守御，为节用。或曰，并孔子时；或曰‘在其后’”24字记其生平事迹。

二千年来，对于墨子和墨学，除西晋鲁胜作过《墨辩注》，唐代韩愈从思想上调和儒墨关系外，基本上被尊儒学者视为异端加以排斥。直到清中叶，一些经学家为了考证儒家经书的需要，才把目光转向了墨学，如毕沅的《墨子注》、汪中的《墨子序》，二千年来墨学“中绝”的局面，才被打破，墨学才开始复苏。

鸦片战争后，由于外敌入侵，民族危机日益严重，许多学者本着“安内攘外”的心理，投身于墨学的研究。孙诒让《墨子间诂》一书，集诸家之大成，代表了当时汉学家的最高水平。但是，由于孙氏不懂近代的逻辑学和自然科学，对《墨经》的注释，阙疑和错注之处也不少；在思想评论上，也因此“不能贯通全书，述墨学之大旨”①。章太炎的《原名》《名见》，首次运用西方逻辑学和印度因明学的观点，对《墨经》六篇的逻辑思想进行过探索，但由于他对西方哲学知之不多，加上门户之见，他对《墨经》也只是“略有解诂”而已。

以上表明，清中叶开始复苏的墨学，到清末民初，在本子的整理、文字的考订、训诂，甚至思想评论上，虽已取得了一定的进展，为墨学

① 见孙诒让《墨子间诂·俞樾序》。

的进一步研究，奠定了基础。但由于研究者的封建思想和经学家的立场，以及对近代科学知识的缺乏，因而在《墨子》的思想内容的阐发上，大都仍停留在儒墨是非的评论上，未能揭示其丰富的逻辑思想和自然科学内容。

胡适的墨学研究，是在社会更加激荡和中西文化进一步交流的历史条件下，在孙诒让、章太炎等人的基础上进行的。当时，他明确地意识到："中国哲学的未来"，"有赖于从儒学的道德伦理和理性的枷锁中得到解放"，[1]"有赖于那些伟大哲学学派的恢复"[2]。因为，从这些学派中，尤其是墨学中，能够"找到移植西方哲学和科学最佳成果的合适土壤"[3]，找到中西文化交融的契合点。胡适正是以新的历史使命感来开展墨学研究的。

胡适不仅精通汉学，而且熟悉西方哲学史和自然科学知识，因此，他能够把《墨子》与先秦诸子和佛学进行比较研究。取得了超越前人的开创性成就。

胡适的墨学论著主要有：《先秦诸子之进化论》《诸子不出于王官论》《惠施·公孙龙之哲学》《墨家哲学》《〈墨子·小取篇〉新诂》《梁任公〈墨经校释〉序》《论墨学》及《中国哲学史大纲》第六、八篇等。

二

胡适对墨学的贡献，首先是他对《墨子》的作者、《墨子》各篇的分类，以及墨学兴衰的原因等问题，作了新的考定和分析，提出了自己的新看法。

胡适认为，"欲知一家学说传授沿革的次序，不可不先考定这一家学说产生和发达的时代"。[4]因此，他对墨学的研究和评论，是先从考证墨子的生卒年代和国籍开始的。关于这个问题，司马迁提出"并孔子时"

① 见胡适《先秦名学史·导论》。
② 见胡适《先秦名学史·导论》。
③ 见胡适《先秦名学史·导论》。
④ 见胡适《中国哲学史大纲》第六篇第一章。

"在其后"和"宋大夫"之说；高诱有"为鲁人"之说；毕沅认为是"六国时人，至周末犹存"；汪中说："墨子实与楚惠王同时，其仕宋，当景公、昭公之世，其年与孔子差后，或犹及见孔子"。后来，孙诒让认为毕说"失之太后"，汪说"失之太前"。他以《墨子》亲士、鲁问、非乐等篇有关墨子行事，提出"墨子名翟，姓墨氏"，"似当以鲁人为是"，"生于周定王初年，而卒于安王之季"。又说："墨子之生，盖稍后于七十子，不得见孔子"，"晚及见田齐太公和，又逮闻齐康公兴乐，及楚吴起之乱"。胡适认定"孙诒让所考不如汪中考的精确"。理由是，孙氏所据三书，"都是靠不住的书"，而汪中依据的《耕柱》《贵义》《非攻》各篇，以及《礼记·檀弓》篇，较为可靠；其次，再从《吕氏春秋》所载，吴起死时，恰当墨者孟胜替阳城君守城之时，"墨学久已成了一种宗教"，所以"墨子决不曾见吴起之死"。因此，他认同汪中之说，"墨子大概生在周敬王二十年与三十年之间（纪元前500—前490年），死在周威烈王元年与十年间（纪元前425—前416年），墨子生时约当孔子五十岁六十岁之间，到吴起死时，墨子已死了差不多四十年了。"[①]关于墨子的国籍，他认为孙诒让考证充分，故"定他为鲁国人"。[②]

随后，他在孙诒让《墨子间诂》的基础上，进一步就各篇的作者、时代和思想倾向的不同，把今本《墨子》五十三篇，进行归类排队，分作五组，进行了考证和论定：

> 第一组，自《亲士》到《三辩》凡七篇，皆后人假造的。前三篇全无墨家口气。后四篇乃根据墨家的余论所作的。
>
> 第二组，《尚贤》三篇、《尚同》三篇、《兼爱》三篇、《非攻》三篇、《节用》两篇、《节葬》一篇、《天志》三篇、《明鬼》一篇、《非乐》一篇、《非命》三篇、《非儒》一篇，凡二十四篇。大抵皆墨家演墨子的学说所作的。其中也有许多后人加入的材料。《非乐》《非儒》两篇更可疑。
>
> 第三组，《经》上下、《经说》上下、《大取》《小取》六篇。

① 见胡适《中国哲学史大纲》第六篇第一章。
② 见胡适《中国哲学史大纲》第六篇第一章。

> 不是墨子的书，也不是墨者记墨子学说的书。我以为这六篇就是《庄子·天下篇》所说的“别墨”做的。这六篇中的学问，决不是墨子时代所能发生的。况且其中所说和惠施公孙龙的话最为接近。惠施公孙龙的学说，差不多全在这六篇里面。所以我以为这六篇是惠施公孙龙时代的“别墨”做的。……
>
> 第四组，《耕柱》《贵义》《公孟》《鲁问》《公输》这五篇，乃是墨家后人把墨子一生的言行辑聚来做的，就同儒家的《论语》一般。其中有许多材料比第二组还更为重要。
>
> 第五组，自《备城门》以下到《杂守》凡十一篇。所记都是墨家守城备敌的方法。与哲学史没有什么关系。[①]

这样，他就把今本《墨子》视为战国初年到秦亡前二百多年间，由前期墨家和后期墨家集体所创作的丛书。从而更加清楚明白地揭示了墨学的创作和发展过程，为分阶段地研究和评述墨学开创了一个良好基础。所以，他的论断，大体上得到了学术界的认可；他的分组，也为今天一般学者所沿用。

在考证墨子生卒年代、国籍、《墨子》各篇的作者和时代的基础上，胡适进而探讨和说明了儒墨两大学派的师承、对立的原因，分析和阐述了前期墨学到后期墨学沿革变迁的时代背景，并批评了章太炎坚持的“诸子出于王官”之说，他认为，墨子“生当鲁国，又当孔门正盛之时，所以他的学说，处处和儒家有关系。”又说：“墨子究竟曾否‘学儒者之业，受孔子之术’，我们虽不能决定，但是墨子所受的儒家的影响，一定不少。”[②]另一方面，由于墨子所处的时代，比老、孔的时代更加黑暗，“各国征战的惨祸”更加厉害。墨子这位“极热心救世的人”，自然不能容忍当时孔门弟子不传“孔子学说的大端，都去讲究那丧葬的小节”，[③]起来攻击儒家的学说，提出了与儒家相对立的主张：明鬼、节葬、非乐、非攻、兼爱等。从而说明了儒墨的师承、对立的关系，以及墨子起来反

① 见胡适《中国哲学史大纲》第六篇第一章。
② 见胡适《中国哲学史大纲》第六篇第一章。
③ 见胡适《中国哲学史大纲》第六篇第一章。

对儒家学说的时代背景。

他指出，后期墨家之所以从“宗教的墨学”发展为“科学的墨学”，是因为战国后期自然科学和名辩思潮兴起了，所以它是“一个科学时代的产物”。[①]墨学的消亡，可能是因为在秦汉时期，墨家的兼爱、非攻等学说，“与时代的需要不适应”。因为“这个战争年代对于科学研究和哲学思考也是不利的”。加上“受到儒家和法家的一起攻击”，[②]以及墨学自身的“诡辩”[③]等原因。总之，他认为墨学的产生、发展和消亡，都是“时势世变”使然。[④]

因此，他认为章太炎的“诸子出于王官”，墨家出于“清庙之守”，“墨翟亦受学于史角”的说法“最谬”。他说：“墨者之学，仪态万方，岂清庙小官所能产生？”从史实上看，“史佚之书今无所考”，史佚，史角也“非清庙之官”。[⑤]姑且不论胡适以上的观点正确与否，但是，他着意从墨学作者的生存年代和《墨子》各篇思想倾向的考证入手，进而从时代的需要去探寻和说明墨学兴衰的思想和方法，无疑是可取的。

三

胡适在墨学研究上的突出贡献，在于他把对墨子、前期墨家与后期墨家分开研究，把墨子与老、孔放在平等地位来评论，冲破了封建学者“扬儒抑墨”的传统观念。尤其是他首次以西方逻辑学的观点，对墨家的“名学”即逻辑方法，进行了集中系统的评论。

胡适对墨子和前期墨学的研究和评述，主要依据是前列《墨子》的第二组和第四组的29篇文字。他把这个时期的墨学，称之为“宗教的墨学”[⑥]。他从“哲学是受它的方法制约的”，“哲学的发展决定于逻辑方法

① 见《先秦名学史》，第57页。
② 见《先秦名学史》，第58页。
③ 见《中国哲学史大纲》第八篇第六章。
④ 见《诸子不出王官论》。
⑤ 见《诸子不出王官论》。
⑥ 见《中国哲学史大纲》第八篇第六章。

的发展”[1]的基本观点出发，首先把29篇分成哲学方法和具体主张两大部分。他认为，定墨子的“应用主义”或“实验主义”方法和作为论证方法的“三表法”是“墨子学说的根本观念”[2]，而把墨子的政治伦理主张，放在次要地位。

他认为，儒墨两派学说的根本不同之处，就在他们的“哲学的方法不同”，“逻辑不同”。他从《耕柱》《公孟》所述儒墨两家在“为政”“为乐”的不同答案中得出结论说：“所说孔子的是一种理想的目的。墨子所要的是一个‘所以为之若之何’的进行方法”。儒者说的“是一个‘什么’。墨子说的是一个‘为什么’”。[3]他认为这种区别，“是强调终极理想和第一原理与强调中间步骤和结果之间的区别”。[4]说得通俗一些，儒家是试图“建立一个理想的世界，即一个具有普遍性和理想关系的世界，以便现实世界模仿和接近”；墨翟是“要寻求一个借以检验信念、理论、制度和政策的真伪和对错的标准”，而“这个标准就存在于信念、理论等所要产生的实际效果之中”[5]。总之，儒家“偏向动机一方面”[6]，墨子则“坚持以实际效果作为评价原则和制度的唯一标准”[7]。

他认为，墨翟的“应用主义”，又可叫做“实利主义”。他说：“儒家说：‘义也者，宜也。’宜即是‘应该’，凡是应该如此做的，便是‘义’。墨家说：‘义，利也’。便进一层说：凡事如此做去便可有利的即是‘义’的。因为如此做才有利，所以‘应该’如此做。义所以为‘宜’，正因其为‘利’”。他认为，墨子所讲的“利”，“并不是‘财利’的利，这‘用’也不是‘财用’的用。墨子的‘用’和‘利’都只指人生行为而言。”[8]对墨子来说，“每一个制度的意义，就在于它有利于什么；每一个概念或信念或政策的意义，就在于它适合于产生什么样的行为或品

① 见《先秦名学史·导论》。
② 见《中国哲学史大纲》第六篇第四章。
③ 见《中国哲学史大纲》第六篇第二章。
④ 见《先秦名学史》，第60页。
⑤ 见《先秦名学史》，第61页。
⑥ 见《中国哲学史大纲》第六篇第二章。
⑦ 见《先秦名学史》，第62页。
⑧ 见《中国哲学史大纲》第六篇第二章。

格。”[1]或者说：“无论什么理论，什么学说，须要能改良人生行为，始可推尚。若不能增进人生行为，便不值得推尚了。”[2]正是在这样的意义上，他认为墨翟的“应用主义”与王阳明的“知行合一”说“多相似之点”。只是王“偏向‘良知’一方面”，墨子的是非准则“乃是心外的实用”；墨子“是主张‘义外’说的，阳明是主张‘义内’说的”，这是两者的“绝不同之处”。[3]

胡适把墨子的哲学方法归结为“应用主义”和“实验主义”，虽然是把古代哲学现代化，但他注意并努力发掘墨子思想中的重应用、重效果的内容，强调其“应用”的目的是为了改善人生的行为，并以此检验知识的真伪，进而说明儒墨两家在哲学方法论上的对立与区别，称得上是对墨学的一种卓见。

与哲学上的“应用主义”相联系，墨子和前期墨家的“三表法”，则是逻辑的应用，或论证方法。《墨子·非命》上说：“言必有三表”；“上本之于古者圣王之事”；“下原察百姓耳目之实”；“废以为刑政，观其中国家百姓人民之利”，胡适认为，“三表”中最重要的是第三表，《墨子》中的许多篇章就是从此表推导出来的。第二表强调“耳目所见所闻，是有限的”，但比“中国古来哲学不讲耳目的经验，单讲心中的理想”，[4]却是进步。第一表和第三表都是讲“实际应用”，“第三表说的是现在和将来的实际应用，第一表说的是过去的实际应用”。[5]概言之，“三表法”是“检验任何已知思想的真实性的要求：（1）跟已经确立的思想中最好的一种相一致；（2）跟众人的经验事实相一致；以及（3）付诸实际应用时导致良好的目的。”正是在这样的意义上，他说墨子的“三表法”，“标志着中国经验主义的开端”。[6]

他认为墨子的“三表法”，也有许多局限。例如，第三表“把‘用’字‘利’字解得太狭了”，以至用来论证非乐等主张时，就只看到眼前

① 见《先秦名学史》，第62页。
② 见《中国哲学史大纲》第六篇第二章。
③ 见《中国哲学史大纲》第六篇第三章。
④ 见《中国哲学史大纲》第六篇第三章。
⑤ 见《中国哲学史大纲》第六篇第三章。
⑥ 见《先秦名学史》，第72页。

“费钱财”，“不能救百姓的贫苦”，“不能保护国家”，“使人变成奢侈的习惯”，而忽视音乐的功用。[1]再如第二表，是一种用感官来考察思想是非的方法，“忽视了谬误、幻觉和其他感官观察限制的可能性”，以至导致“对神鬼的信仰，以及对耳目经验的不加批判的信任。”[2]此外，他还将墨家的兼爱、非攻、尚贤、尚同、非乐、非命、节用、节葬等政治伦理主张，作为“墨学的枝叶”，“墨教的信条”，进行了简要的“陈说”。他认为墨教“以‘天志’为起点。以‘尚同’为终局。天志就是尚同，尚同就是天志”，而天志是“要人兼爱”；[3]墨子的“兼爱”，是一种“利人主义”的教义，“是对孔子厚亲而薄疏的爱的原则的否定”；“墨家的最显著特色是禁欲主义”，[4]等等。

四

胡适对墨学所作的最具开创性的贡献是，他用西方哲学、逻辑学和近代自然科学知识对《墨经》六篇即“科学的墨学”所包含的丰富的逻辑思想，进行了前无古人的发掘和系统的评述。他的以墨家逻辑为主要内容的《先秦名学史》堪称中国的第一部断代的逻辑史专著。《中国哲学史大纲》也以《墨经》逻辑的阐发，备受称颂。

首先，他认为，中国的知识论起源于“老子孔子，到‘别墨’始有精密的知识论”[5]。“别墨”是中国历史上区别“知”字的多种用法的“第一个学派”[6]。他根据《经上》“知”的论述，说《墨辩》的“知”分三个层次：“知，材也”，是指“人‘所以知’的才能”；“知，接也”，是指“‘所以知’的官能”；“恕明也”，是指“‘心知’，是‘识’”。[7]这三个层次也就是人们获得知识的三个要素或分子。要获得知识，就必须

① 见《中国哲学史大纲》第六篇第三章。
② 见《先秦名学史》，第76页。
③ 见《中国哲学史大纲》第六篇第四章。
④ 见《先秦名学史》，第55页。
⑤ 见《中国哲学史大纲》第八篇。
⑥ 见《先秦名学史》，第79页。
⑦ 见《中国哲学史大纲》第八篇第二章。

“这三物同力合作”[①]。而三物合作又靠“两种作用：一个是‘久’，一个是‘宇’”，即时间与空间的作用。因为只有久与宇的作用，人们“才有‘记忆’”。“久的作用，于‘记忆’更为重要，所以《经下》说，‘知而不以五路，说在久’”。[②]这样，他就把《墨辩》的知识论，从取得知识的主客观条件、要素及其相互关系、知识与时空的关系等概念，作了通俗的训释和贯通分析。

接着，他对《墨辩》关于“名”的含义及其在获取知识中的作用，知识的来源等问题作了释义和评述。他说，在《墨辩》中，“名”分为“达、类、私”三种：达名，“是最普及的名字”；类名，“是一类物事的名称”；私名，“是本名”。[③]《经上》“知、闻、说、亲”，是指“知识的种类”，含义是：“别人传授给我的，故叫做‘闻’”；“由推论得来的，故叫做‘说’”；“自己亲身经历来的，故叫做‘亲’”。[④]他认为，“别墨”知道光靠耳目五官的“亲知”是有限的，所以《墨辩》特别重视“说”即“推论”的作用，“这是《墨辩》的一大发明”。[⑤]《墨辩》的知识论继承了墨子的“应用主义”和经验主义传统，所以提出“知其所以不知，说在以名取”的论断，主张知识的真假，“要由它们将产生的实际成果来检验”。[⑥]尤其值得注意的是，“别墨”“还知道人生的行为，不是全受‘知识’的节制的。‘知识’之外，还有欲望不可忽视，所以《经上》说：‘为穷知而縣于欲也’”。[⑦]他认为，只有懂得这一点，才能懂得“别墨”的新“乐利主义”。“欲正，权利；恶正，权害”。这就是善恶来源于人情的欲恶的道理。[⑧]

其次，他对《墨辩》中的一系列重要概念作了训释和评述。

他从界定“辩”字开始，“辩”，“即今人所谓推论”，[⑨]“是分别是非

① 见《中国哲学史大纲》第八篇第二章。
② 见《中国哲学史大纲》第八篇第二章。
③ 见《中国哲学史大纲》第八篇第二章。
④ 见《中国哲学史大纲》第八篇第二章。
⑤ 见《中国哲学史大纲》第八篇第二章。
⑥ 见《先秦名学史》，第82页。
⑦ 见《中国哲学史大纲》第八篇第二章。
⑧ 见《中国哲学史大纲》第八篇第二章。
⑨ 见《〈墨子·小取篇〉新诂》。

真伪的方法”。[①]他援引《说文》等字书把《经上》“辩，争彼也”的“彼”，说是“‘佊’字之误”，而“‘佊’与‘诐’通”，“现在的‘辩驳’，就是古文的‘争佊’。”[②]他把《小取》“夫辩者——将以明是非之分，审治乱之纪，明同异之处，察名实之理，处利害，决嫌疑，——焉摹略万物之然，论求群言之比；以名举实，以辞抒意，以说出故；以类取，以类予……”，视为“辩的用处及辩的根本方法”，[③]也是《墨辩》逻辑的根本纲领。他说，开首六句讲的是“辩”的用处和目的，而“摹略万物之然，论求群言之比”，是“总论‘辩’的方法”。[④]他说“摹略”有探讨搜求的意思，“论辩的人须要搜求观察万物的现象，比较各种现象的交互关系。然后把这些现象和种种关系，都用语言文字表示出来”，即“以名举实，以辞抒意，以说出故”。[⑤]又说：“种种事物，都叫做‘实’，实的称谓，便是名”，“合名与实，乃称为‘辞’”，辞又可叫做“判断”，“有了‘辞’，才可达意”。[⑥]在辩论中，单有辞还不够用，还“必须说明我所以发这议论的理由，这个理由，便叫做‘故’，明‘故’的辞，便叫做‘说’”，[⑦]他认为，“取”是“举例”，“予”是“断定”。而一切推论的举例和断语“都把一个‘类’字作根本。‘类’便是‘相似’”。[⑧]他强调指出，在《墨辩》中。“故”是“一个极重要的观念”，其本义是‘物之所以然’，是“成事之因”，引申之，“凡立论的根据，也叫做‘故’”。而“故”有“大小的分别”，小故是“一部分的因”，大故乃“各种小故的总数”。[⑨]他的结论是，《墨辩》的逻辑，“只是要人研究‘物之所以然’，然后用来做立说的根据”[⑩]，所以应该从因果关系的概念着手来研究《墨辩》的逻辑。他还指出，在《墨辩》中，“法”的观念与因果关系

① 见《中国哲学史大纲》第八篇第三章。
② 见《中国哲学史大纲》第八篇第三章。
③ 见《中国哲学史大纲》第八篇第三章。
④ 见《中国哲学史大纲》第八篇第三章。
⑤ 见《中国哲学史大纲》第八篇第三章。
⑥ 见《中国哲学史大纲》第八篇第三章。
⑦ 见《中国哲学史大纲》第八篇第三章。
⑧ 见《中国哲学史大纲》第八篇第三章。
⑨ 见《中国哲学史大纲》第八篇第三章。
⑩ 见《中国哲学史大纲》第八篇第三章。

的学说一样重要。“法”的本义，即是模范，即是法象”，[1]如同“铸钱的模子”“制作事物的工具”“一类物中的典型事物”。[2]进而又说：“一类的法即是一类所以然的故”，“凡正确的故，都可作为法；依他做去，都可以发生同类的效果，即不是正确之故”。[3]所以，他认为法和故“是一致的，是一回事，只是观察角度不同罢了”。[4]据此，他认为，“找出‘物之所以然’是归纳法的任务。根据法或已知的，被明确论述的故进行推论，是演绎法的任务。”[5]只有懂得这一点，“才可讲《墨辩》的名学”。[6]

随后，他又将《小取》所举“辩”的七法：或、假、效、辟、侔、援、推，分别纳入演绎法和归纳法的栏目下，进行评述。

他说：“或字即古域字，有限于一部分之意”；“假是假设”。这是“两种立辞的方法”，“未必即引起辩论”。[7]故不是“辩之一法”。[8]他认为“效是效法”，“是演绎法的论证（又译外籀）。这种论证，每立一辞，须设这辞的‘法’，作为立辞的‘故’。凡依了做去，自然生出与辞同样的效果的，便是这辞的‘法’，这法便是辞所仿效”。[9]所以，“求立辞的法即是求辞的类”。据此，他认为《墨辩》中“实在没有规定‘三支’的式子。”[10]章太炎的《原名》，说《墨辩》也有三支式的论断是错误的，是误把《墨辩》的“大故”与“小故”解释成为大小前提，是把“体也，若有端”，误解成“小前提在先”造成的。[11]他强调说：“墨辩的‘效’，只要能举出‘中效的故’，——因明所谓因，西洋逻辑所谓小前提，——已够了。正不必有三支式。”[12]又说，“墨家之名学本非法式的论理”，但又具备三段式的“基本学理”。[13]很显然，胡适在应用西方逻辑学和佛学因

① 见《中国哲学史大纲》第八篇第三章。
② 见《先秦名学史》，第85页。
③ 见《中国哲学史大纲》第八篇第三章。
④ 见《先秦名学史》，第85页。
⑤ 见《先秦名学史》，第85页。
⑥ 见《中国哲学史大纲》第八篇第三章。
⑦ 见《中国哲学史大纲》第八篇第三章。
⑧ 见《〈墨子·小取篇〉新诂》。
⑨ 见《中国哲学史大纲》第八篇第三章。
⑩ 见《中国哲学史大纲》第八篇第三章。
⑪ 见《中国哲学史大纲》第八篇第三章。
⑫ 见《中国哲学史大纲》第八篇第三章。
⑬ 见《〈墨子·小取篇〉新诂》。

明理论来分析中国古代逻辑时，并不是简单地比附，而是注意到中国逻辑的个性，这确是一种非常可贵的卓见。对于辟、侔、援、推，他是把它们引入归纳法来评析的，他认为，“辟”与“侔”“都是‘以其所知谕其所不知而使人知之’的方法”。“辟是用那物说明这物”，侔是“用那一种辞比较这一种辞。”[①]这两个方法，是教人的方法，谈说的方法，但“不能作为科学上发明新知识的方法”[②]。“援”，就是“援例”，“乃是由这一件推知那一件，由这一个推知那一个”[③]的方法。在“辩”的七法中，以“推”“最为重要”。因为，“或”“假”是“有待之辞”；“效”是演绎法，“由通则推到个体，由类推到私”；“辟”“侔”都用“个体说明个体”；“援”是“由个体推知别的个体”。只有“推”是“由个体推知通则”。[④]

在比较系统地评述《墨辩》的丰富的逻辑思想的基础上，他推崇《墨辩》是“中国古代第一奇书”[⑤]。“别墨”为“伟大的逻辑学家和哲学家”，是“发展归纳和演绎法的科学逻辑的唯一的中国思想学派”。[⑥]《墨辩》逻辑虽不如欧洲和因明，但它有“学理的基本，却没有法式的累赘”，“能把演绎归纳一样看重”，所以是一种真正的“科学的方法”，在世界逻辑史上，“应该占一个重要的位置”。[⑦]此外，他还高度地评价了《墨辩》在自然科学方面的伟大贡献，称“别墨”为“伟大的科学家”。他还认同鲁胜、孙诒让等的看法，把名辩学派的惠施、公孙龙的思想，作为后期墨家“别墨”的一部分，把《墨辩》中关于事物的自相与共相、时间与空间、同与异等许多论述，与惠施的“历物十事”，辩者的“二十一事”，联在一起加以评述。表明他看到了后期墨家在思想上与名辩学派的联系。

---

① 见《中国哲学史大纲》第八篇第三章。
② 见《中国哲学史大纲》第八篇第三章。
③ 见《中国哲学史大纲》第八篇第三章。
④ 见《中国哲学史大纲》第八篇第三章。
⑤ 见《中国哲学史大纲》第八篇第三章。
⑥ 见《先秦名学史》，第57页。
⑦ 见《中国哲学史大纲》第八篇第三章。

五

胡适对墨子的研究，开辟了墨学研究的新途径和“扬墨抑儒”的新局面，为墨学研究的近代化，为弘扬祖国的古代文化做出了有益的贡献。他的墨学成果，一直受到学术界的重视和好评。当时，梁启超就说他的《中国哲学史大纲》，“讲墨子荀子最好”，讲墨子、别墨“都是好极了”；“书中讲的名学，无处不好”，“凡关于知识论方面，到处发现石破天惊的伟论”；该书“对于诸子年代考核精详，是他的名著的特色之一。”[①]他还把胡适的《小取篇新诂》列入《国学入门书要目及其读法》。任继愈近年出版的《中国哲学发展史》中，也明确肯定，在“五四”前后出版的众多墨学论著中，胡适和梁启超的墨学论著“最有成就”。因为“他们懂得一些近代科学和哲学，故能够摆脱考据学家的烦琐和经学家的偏见，使用现代逻辑分析的方法，叙事条理连贯，给人以清新明白之感”。[②]

但是，胡适的墨学研究，无论是墨子及墨家学派的年代、《墨子》的作者、文字考订和训诂，还是墨学内容的评述，总的看还嫌粗略，且有许多失误，对墨学思想实质、兴衰原因的分析，以及将《墨经》与西方逻辑、科学所作机械比附等问题上，也有不少缺点和错误。这在一定程度上反映了他的治学思想和方法上的局限。尽管如此，他在墨学的开拓创新方面，成绩是主要的，缺点是次要的。他称得上是我国墨学研究近代化的第一人。

（原载《江淮论坛》1992年第3期）

① 见梁启超《评〈中国哲学史大纲〉》。
② 见任继愈主编《中国哲学发展史》(先秦)，第523页。

胡适与儒学

胡适与儒学的关系问题，实质上也就是胡适对传统文化的态度问题。胡适是“五四”时期“打孔家店”口号的归纳提出者。但是，在晚年，他又宣称“并不要打倒孔家店”①。究竟胡适是反孔还是尊孔？在什么样的范围内和意义上理解他的“打孔家店”言论和行动？又在什么意义上和范围内看待他“并不要打倒孔家店”的言论和行动？怎样理解他的两个自相矛盾的提法和实践？这是胡适与儒学关系问题上必须进一步探讨和弄清的重要问题。本文试图从胡适一生论著中的有关资料，对这一问题做出探讨和回答。

一

综观胡适一生关于孔子和儒学的言论和著述，就其性质而言，大体可以分为两类：一类是直接与“五四”时期反对封建主义旧文化、旧思想相联系的、批判性的文章和讲话，一类是与当时政治思想斗争保持一定距离的、对旧文化、旧学术进行学术上的研究、探讨和评论、属于“整理国故”范围的学术论著。我们的研究和探讨就从这两种不同类型的资料入手。

从第一种文章和讲话中，我们看到：胡适不但积极参加了“五四”时期的反孔批儒运动，是“打孔家店”口号的归纳提出者，而且在以后的岁月中，始终坚持反孔批孔的立场，与尊孔复古派进行过长期的反复的斗争。直到晚年，虽然也说过一些尊孔的言论，但反孔、“打孔家店”

---

①《胡适的自传》。

的立场，并未根本改变。

胡适早年熟读儒家经书，但也深受戊戌以来维新思潮的影响。所以早在中学时代，他就对儒学的某些内容产生了一种叛逆的思想。例如，1906年他就著文驳斥过“孟子性善的主张”。1908年著文论述过“继承之不近人情”，反对儒家的孝道[1]。辛亥革命后，又对“倡以孔教为国教”一事表示“萦心”，打算“革新孔教”。尤其对袁世凯的大总统郊天祀孔进行过斥责：“此种政策，可谓舍本逐末，天下本无事，庸人自扰之。”[2]并说袁的“尊孔令”有“大误七事”，是“满口大言，毫无新史观念”。

在“五四”新文化运动中，胡适发表了《贞操问题》《李超传》等文章、剧本、传记。矛头直指“三纲五常”“节烈”“孝道”等封建伦理。他指出，北洋政府的《褒扬条例》所鼓吹的“贞操论”，是“不合人情，不合天理的罪恶”，“劝人做烈女，罪等于故意杀人”。他说，之所以为一名女学生作传，是因她的不幸遭遇，至少可以促使人们思考下列问题：（1）“家长家族的专制”；（2）“女子教育问题”；（3）“女子承袭财产的权利”；（4）“有女不为有后的问题”。一句话，是儒家所维护的封建宗法制的罪恶问题，是男女平等和妇女解放的问题。他还表示，要把“古丧礼遗下的虚伪仪式删除干净”，“把后世加入的种种野蛮迷信的仪式删除干净”，对儒家的丧礼进行“改革”。他还指出，孔教会提倡尊孔祭孔和“中国儒家的宗教提出一个父母的观念，和一个祖先的观念，来做人生一切行为的裁制力”，“都是‘神道设教’见神见鬼的手段”。

尤其值得重视的是，他还对这场反孔运动作过理论的分析和概括。在《新思潮的意义》一文中，他认同陈独秀《〈新青年〉罪案之答辩书》一文提出的“反对孔教”的态度。认为“孔教的讨论只是要重新估定孔教的价值”。1921年6月，他以“五四”新文化运动的领袖姿态，为《吴虞文录》写了一篇彪炳史册的《序》，把“五四”时期的批孔斗争，概括为“打孔家店”四个字。在《序》中，他称赞吴虞为“中国思想界的一个清道夫”，是“近年来攻击孔教最有力”的“健将”。所以他要向中国青少年“介绍这位四川省只手‘打孔家店’的老英雄——吴又陵先生！”

①《四十自述》。

②《留学日记》。

从此，“打孔家店”的口号，不胫而走，传遍全国，成为“五四”时期青年一代的行动纲领，和思想战线的一面公认旗帜。

从上述我们可以清楚地看到，当时包括胡适在内的反孔战士所要打倒孔家店，就是挂孔子招牌的二千年来的吃人的礼教、法制，就是衍生于孔子教义而发展起来的儒家学说，其中包括对孔子的偶像崇拜，认为这些“孔子之道不适合于现代生活”，应该冲破孔教束缚，解放人们思想，以接受西方的民主和科学为内容的新文明。这里，尽管他与其他人物一样，对孔子和儒学本身缺乏具体的分析和评论，具有明显的全盘否定孔子和儒学的感情色彩，但从当时的时代要求来说，他们的反孔斗争无疑是具有时代的合理性，其缺点是次要的，在一定意义上讲，也是难以避免的。

此后，直到抗日战争时期，胡适坚持“打孔家店”的立场，主要表现为与尊孔复古势力，尤其是与国民党内尊孔派的尊孔读经言行的斗争。

例如，1923年1月，在《国学季刊发刊宣言》中，胡适就针对某些人“光复孔教”的梦幻进行过批评，说“有些人还以为孔教可以完全代表中国的古文化，所以他们至今还梦想孔教的复兴，甚至有人竟梦想抄袭基督教的制度来光复孔教”。“如果这些举动可以代表国学，国学还是沦亡了更好”。1926年又在《我们对于西洋近代文明的态度》中，对后起儒学——宋明理学进行了指名的批判。1928年又写了《几个反理学的思想家》，批判理学“不能挽救政治的腐败，盗贼的横行，外族的侵略”，表示戴震“认清了理学的病根在于不肯抛弃那反人情性的中古宗教态度，在于尊理而咎形气，存理而去欲”，“生出许多不近人情的，甚至吃人的礼教”等等，从而进一步从理论和历史的结合上，对后期儒学的变种宋明理学进行了揭露和批判，把“五四”“打孔家店”的思想作了进一步发展。

这个时期，他还与新上台的国民党统治集团尊孔读经、否定新文化运动的言行进行了尖锐的斗争。例如，1929年11月他的《新文化运动与国民党》，就是批判国民党宣传部部长叶楚伧等人借口“抵制文化侵略”，提倡“国术”“王道”等封建操守。表现了他维护“打孔家店”立场的勇气。“九一八”事变后，他又针对国民党及保守派文人再度刮起的尊孔读经逆浪，接连发表了《信心与反省》《再论信心与反省》《写在孔子诞辰纪念之后》《论六经不够作领袖人才的来源》《试评所谓〈中国本位的文化建设〉》等文。针对有人吹捧理学，他再次强调说："讲了七八百年的理学，没有一个理学圣贤起来指出裹小脚是不人道的野蛮行为，只见大家崇信'饿死事极小，失节事极大'的吃人礼教"。他还明确表示反对恢复孔诞纪念会等开倒车的行径，说："如果过去的文化是值得恢复的，我们今天不至遭到这步田地了。"[①]又说："我们打孔家店，及今回想，真同打死老虎，既不能尽功，亦不足言罪。"[②]

不过，在抗日战争后，尤其在流亡海外的晚年，他的"打孔家店"立场，似乎有所松动，并说过："并不要打倒孔家店"。他说："有许多人认为我是反孔非儒的，在许多方面，我对那经过长期发展的儒教的批判是很严厉的。但是，就全体来说，我在我的一切著述上，对孔子和早期的'仲尼之徒'如孟子，都是相当崇重的。我对十二世纪的新儒学（'理学'）的开山宗师的朱熹，也是十分崇敬的"。又说："我不能说我自己在本质上是反儒的。"[③]这里我们暂且撇开他的学术著述，单就他对作为历史人物的孔子和早期的"仲尼之徒"的言论来看，我们认为与前期"打孔家店"的言论相比是有着一定程度的变化的：即从笼统地全盘地否定孔子偶像和孔教，到倾向于把孔子和儒教、孔子和孔子的偶像等分别立论。

尽管这样，有许多事实表明，他的"打孔家店"的基本立场，仍然没有变。例如，在1959年7月的一次答记者问中，他说《吴虞文录·序》称吴为"只手打孔家店"的英雄，是因为"中国过去许多反动的东西，都是喜欢挂上孔子的招牌；为了打倒这些反动的东西，自然应该打倒这些招牌。这与打倒孔子该是两回的事。实际上，我们的立场没有变的。相反的都是骂我们的人立场却不断的变"[④]。又如，当台湾有人邀请他担任孔孟学会发起人时，他就断然拒绝，说"我在四十多年前，就提倡思

①《再论信心与反省》。
②《论六经不够作领袖人才的来源》。
③《胡适的自传》。
④《胡适之先生年谱长编初稿》，1957年7、4条。

想自由，思想平等，就希望打破任何一个学派独尊的传统。我现在老了，不能改变四十多年的思想习惯。所以不能担任‘孔孟学会’发起人之一。”[①]正是因为这样，他在晚年仍然不断地受到台湾的尊孔复古势力的攻击。台湾地区“立法委员”廖维藩在“立法院”对胡适提出“质询”，指控他为“少正卯”，把他的思想“骂成毒蛇猛兽”[②]等等。这表明，胡适直至晚年仍是尊孔派心目中危险的反孔人士。

以上事实表明，胡适不但积极参加了“五四”时期批孔反儒的思想解放运动，而且是首次把这场运动概括为“打孔家店”的人。后来，又长期坚持“打孔家店”的思想立场，对尊孔复古派和国民党统治者的尊孔读经主张，进行过多次斗争。晚年，虽然表示“并不要打倒孔家店”，对历史人物的孔孟和禁锢思想的礼教作了某种区分，但是，他对“五四”时期“打孔家店”运动仍然给予肯定，对于恢复尊孔读经，成立孔孟学会等活动仍然不予合作。虽然，他晚年对孔子和儒学中的某些内容曾经作过肯定，进行过区分，但是从整体上看，从他的批判礼教的全部的言论来看，他所要打倒的孔家店，是指包括孔子的至圣和儒学的一尊地位，是指挂着孔子招牌的经过二千多年发展的儒教，也就是儒家的纲常学说。

二

然而，我们若从胡适的学术论著中有关孔子和儒学的评述来看，那么情况又是一个样子，他说的“我在我的一切著述上，对孔子和早期的‘仲尼之徒’如孟子，都是相当尊崇的”，“我不能说我自己在本质上是反儒的”，是“并不要打倒孔家店”的话，是可以接受的。我们从他的博士论文《中国古代哲学方法之进化史》和据此扩充而成的《中国哲学史大纲（上）》等早期著作，从20世纪30年代长篇论文《说儒》和晚年在台湾发表的《中国哲学里的科学精神与方法》《中国的传统与将来》等论著中，可以清楚地看到，他是本着学术评论的原则，应用资产阶级的新的学术眼光，以西方文化为参照，采取比较冷静平和的求实的态度，对孔

①《胡适之先生年谱长编初稿》，1960年1、29条。
②《胡适之先生年谱长编初稿》，1961年12、4条。

子和儒学进行了既与“打孔家店”的全盘否定，又与封建经学家尊孔派的全盘肯定、盲目崇拜不同的学术新评判。正是这评判，把儒学的研究推进到一个新的水平，作出了有价值的贡献。

（一）《中国哲学史大纲（上）》。在分析孔子学说产生的时代背景后，该书认为，孔子学说的“一切根本”，“都在一部《易经》”。《易经》“只有三个基本观念”：易、象、辞。“易”是“变易的易。天地万物都不是一成不变的，都是时时刻刻在那里变化的”。“‘易也者象也’，这五个字是一部《易》的关键”，“孔子以为人类历史上种种文物制度的起源都由于象，都起于仿效种种现象”；“‘辞’的作用在于指出卦象、或爻象的吉凶”，“积极的一方面，可以‘鼓天下之动’；消极的一方面，可以‘禁民为非’”。所以，易、象、辞“便是《易经》的精华”。

他认为，“正名主文，乃是孔子学说的中心问题”。面对“邪说暴行”，孔子“要建设一种公认的是非真伪的标准。建设的下手方法便是‘正名’”。故正名是“孔门政治哲学的根本理想”，“《春秋》便是孔子实行正名的方法”。《春秋》正名包含：“正名字”，“定名分”，“寓褒贬”。所以它是“极大的德育利器”。

他认为，“一以贯之”是“孔子的哲学方法”。“孔子认定宇宙间天地万物，虽然头绪纷繁，都有系统条理可寻”，“真知识，在于能寻出事物的条理系统，即在于能‘一以贯之’”。

就这样，他对孔子的生平，自然哲学、政治哲学和哲学方法，都用新的眼光，作了考证和评析。尽管他把孔子与诸子平等看待，并把孔子视为“守旧派”，与“尊儒抑子”的传统观念唱了反调，配合了“打孔家店”的斗争，但与思想批判文章那种全盘反传统态度相较，还是有着明显区别的：既无吹捧孔子的谀词，又不是笼统的全盘否定，而是一种平心静气的具体的学术评论。尽管他的考证和评析都有许多可论之处，但较之以往的经学家的注经，却有明显的创新，给人以有意义的启迪。

（二）《先秦名学史》。这是从逻辑学的角度评论包括孔子逻辑在内的先秦逻辑史著作。

关于孔子，他认为“基本上是一位政治家与改革家”，“改革受到挫折之后，才决心委身于当时青年的教育。”孔子生处“政治崩溃，思想混乱的年代，尤其是道德紊乱的年代”，“中心问题，自然应当是社会改革。哲学的任务被理解为社会的和政治的革新。他所寻求的是整治天下之道！”所以，孔子“把‘正名’看作是社会的和政治的改革的核心”，“把哲学问题主要看作是思想改革的核心”，“使真正的关系、义务和制度尽可能符合它们的理想中的涵义”。他认为，《易经》是“包含着孔子逻辑的基本学说的书”，故把它与《十翼》的相关篇章，同《论语》《中庸》《春秋》作为研究孔子逻辑的文献根据。

他认为，孔子是“一个实证主义者”。根据《易经》“变”的观念，“他认为人类历史更是从粗野的生活方式到文明的复杂形式”。“故要了解目前的复杂混乱的制度和活动，就必须研究过去较早、较简单的形式”。所以，孔子强调“彰往以察来”，“温故而知新”，把“易”的概念化为简易的形式，构成其“全部哲学的基础”。他认为《易经》“最重要的逻辑学说是象的学说”。而“象就是人们对事物所构成的映象或者‘意象’”。文明的历史，“就是把‘意象’或完美的上天理想变为人类器物、习俗和制度的一系列连续不断的尝试”。他认为在这种“神秘的外衣后面”，可以看到孔子哲学“具有生气的实用的和人文主义的理想”。儒家的以象或意象为中心的学说，为“名的学说”提供了基础：“正名意味着指它们应该意指的东西。当名的意义和它们原来的意象一致时，名才是‘正’的，名正，则‘言顺’；否则，‘事不成’”。

除“意象”学说外，另一个重要的逻辑理论，就是“辞的理论”。在易经中，辞有象式“卦辞”、爻辞或“爻判断”。他从《系辞》找到辞的“定义”，是“指出事物趋向何处：它‘分辨吉凶’”。“辞的真谛基本上是注重实用的。它们告知事物的趋向，指明吉凶，从而‘鼓天下之动’”。

进而，他说“我们对孔子逻辑的研究是从正名的学说这一儒家的中心问题开始的”。正名的“宗旨”，“是要在天下重建理想的社会关系：做到君君、臣臣、父父、子子”。而孔子是谋求以《春秋》来体现这一宗旨的。所以“《春秋》远非一个只是日期和事件的年表，它有着深远的逻辑意义”，“体现作者关于曾经集在周天子最高权力之下的完美的封建等级制度的政治理想”，并以“特有的方法——（1）严格地使用语言；（2）寓以伦理上的判断；（3）区分社会地位”等，“被孔子有意用以体现他的‘正名、正辞’和‘拨乱也，反之正’的学说”。

这样，他又从逻辑学的角度，联系孔子的时代，对其逻辑思想进行了细致的学理探讨和评析，而且表现了一种尊墨抑儒的倾向。但也同样与“打孔家店”的全盘否定不同，对孔子的逻辑思想不仅作出前无古人的新评论，而且给予了一定的肯定的评价，这在中国逻辑史研究上，是有贡献的，学术价值是不容低估的。

（三）《说儒》。这是1934年12月发表于《历史语言研究所集刊》的一篇关于儒的发生演变史的长篇学术论文，反映了在他一生的中期对孔子和儒学的新看法，也是他晚年宣称“并不要打倒孔家店”的主要例证。对于此文，他自称提出了“中国古代学术文化史的一个新鲜看法”，“一个新的理论。根据这个新理论可将公元一千年中的中国的文化史从头改写”。他认为，“孔子是儒的中兴领袖，而不是儒的创始者。儒教的伸展是殷亡以后五六百年的一个伟大的历史趋势，孔子只是这个历史趋势的最伟大的代表者，他的成绩也只是这个五六百年的历史运动的一个庄严灿烂的成功”。犹如犹太民族的“弥赛亚”预言那样，“孔子的故事也很像这样。”从《正考父鼎铭》《左传》和《商颂·玄鸟》等资料中，他认定殷商民族亡国之后，也“渐渐形成了一个‘五百年必有王者兴’的悬记”。“果然，亡国后的第六世纪里，起来了一个伟大的‘学而不厌，诲人不倦’的圣人”，即孔子。他认为，孔子的贡献在于“打破了殷周文化的藩篱，打通了殷周民族的畛域，把那含有部落性的‘儒’抬高了，放大了，重新建立在六百年殷周民族共同生活的新基础之上：他做了那中兴的‘儒’的不祧的宗主；他也成了‘外邦人的光’”。

他认为，孔子之所以能中兴那受人轻视的儒，是“因为他认清了那六百年殷周民族杂居，文化逐渐混合的趋势，他知道那个富有部落性的殷遗民的‘儒’是无法能拒绝那六百年来统治中国的周文化了，所以他大胆的冲破那民族的界限，大胆的宣言：‘吾从周’”！在这口号下，“孔子扩大了旧‘儒’的范围，把那个做殷民族的祝人的‘儒’变做全国人的师儒了。‘儒’的中兴，其实是‘儒’的放大”。于是，这个“亡国民族的教士阶级，变到调和三代文化的师儒；用‘吾从周’的博大精神，担起了‘仁以为己任’的绝大使命——这是孔子的新儒教。”

总之，“‘儒’本来是亡国遗民的宗教，所以富有亡国遗民柔顺以取容的人生观，所以‘儒’的古训的柔懦”是孔子才“把那有部落性的殷儒扩大到那‘仁以为己任’的新儒”，“把那亡国遗民的柔顺取容的殷儒抬高到那弘毅进取的新儒。这真是‘振衰而起懦’的大事业”。

这样，他就通过儒的发生演变历史的新叙述，把前期认定的“守旧派”的孔子，视为儒学演变史上的“革新家”，“中兴领袖”和“新儒运动的开山祖”。从而对历史上被尊孔派圣化的和自己早期著述中贬低过的孔子进行了“历史的再评价”[①]。在这里，他确实是“我不能说我自己在本质上是反儒的”。尽管本文发表后，受到了学术界许多人的批评[②]，但是，他的述评，在儒学研究史上无疑是一种自成体系的新说，在学术上的意义是不应忽视的。

（四）晚年的《中国哲学里的科学精神与方法》《中国的传统与将来》论文、讲演，对孔子和儒学精华部分的评论。

在这些评论之前，他就已提出：“在二千年至二千五百年前，世界文化有四大中心：一为中国，一为印度，一为犹太或希伯来文化，一为地中海的希腊罗马文化。但在当时，以中国文化为最进步，当时的孔孟、老子以及韩非、荀子等学说，均极具价值，值得我人追忆与研究。”所以，“今日谈发扬国有文化应是发扬二千年前的优良文化，而且更应该迎头赶上今日的西洋文化。”[③]这是他一生中，前所未有的没有民族虚无主义，比较接近中国文化实际的关于中西文化整体比较的新论。

随后，他针对美国薛尔顿（W·H·Sheldon）、诺斯洛浦（Northrop）等的“西方产生了自然科学，东方没有产生”和“（东方）很少有超过最浅近最初步的自然史式的知识的科学”的错误论断，作了《中国哲学里

①《胡适的自传》。
② 郭沫若、冯友兰等均著文进行过批评。
③《中国文化问题讲演》，1958年12月。

的科学精神与方法》讲演。他指出，中国古代，也“有一个‘苏格拉底传统’。自由问答，自由讨论，独立思想，怀疑，热心而冷静的求知，都是儒家的传统”。他以孔子“学而不厌，诲人不倦”，“好古敏以求之”，“发愤忘食，乐以忘忧，不知老之将至”等格言为据，说“过去两千五百年中国知识生活的正统就是这一个人创造磨琢而成的”。又说“像苏格拉底一样，孔子也常自认为不是一个‘智者’，只是一个爱知识的人”。孔子的“知之者不如好之者；好之者不如乐之者”就是例子。孟子的“尽信书不如无书”就是儒家“有意奖励独立思想，鼓励怀疑”的例证。孔子的“学而不思则罔，思而不学则殆”也是“中国的‘苏格拉底传统’”。而“知识上的诚实是这个传统的一个紧要部分”，孔子的“知之为知之，不知为不知，是知也”，充分体现了这一点。据此，他称赞“孔子是一个有历史头脑的学者，一个伟大的老师，伟大的教育家”。他还评述了老子的“自然主义”和孔子的“人本主义”。说“中国要一次陷入非理性、迷信、出世思想”，“总是靠老子和哲学道家的自然主义，或者孔子的人本主义，或者靠两样结合起来，努力把这个民族从昏睡中救醒”。这样，他就对孔子和儒学中的知识论和人本主义，通过与西方希腊罗马文化对比，进行了前所未有的开掘和角度评价，弘扬了传统文化中的精华。

从以上胡适在这个时期的学术论著对孔子与儒学的态度看，整个地说是与思想运动中要“打倒孔家店”的评论是不同的，是确实“并不要打倒孔家店”的，而是试图给孔子和儒学以“再评价”，还其本来的真面目的。但是分开来看，各个时期又有差异。早期论著，探讨了孔子生平、哲学观点和逻辑思想，给以一定的评价，并把孔子与诸子“平等看待”，所以并没有摆脱“打孔家店”的影响，有明显的抬子贬儒的感情色彩；20世纪30年代中期，他思想上坚持“打孔家店”立场，但已没有前期激进，所以《说儒》对孔子在儒学演变史上的地位给予了高评；晚年，“打孔家店”的态度较前缓和，学术上则着眼于儒学的主观因素的开掘，从而对孔子和儒学进一步予以高度评价。尽管这样，他对孔子与儒学的评论，与历史上的经学家的评论和研究方法，与盲从迷信全盘肯定是有着显著区别的。

三

怎样看待胡适在思想批判的文章中，提出并坚持“打孔家店”，而在学术论著中又“并不要打倒孔家店”？我们认为，这是由许多复杂的矛盾因素决定的。这些因素是：历史上合理地产生的孔子和儒学，与挂着孔子招牌经过长期发展充当封建制度的精神支柱的孔家店之间的联系和差异；作为在“五四”时期仍处于垄断支配地位的孔家店，与经过打孔家店的斗争逐渐衰落下去的孔家店之间的差异；历史上的儒学本身内在地包含着的精华与糟粕并存，优秀传统与过时的消极因素之间的矛盾。还有胡适作为中国资产阶级新文明建设者自身条件，和对待西方文明的态度密切相关联的。

长期以来，作为封建社会“一尊”的孔家店，早已成为禁锢中国人的思想的精神枷锁，阻碍中国近代社会前进的主要绊脚石，对此胡适以前的思想家们都已程度不同地感受到。胡适等人经过辛亥革命失败的教训，更加深刻地意识到“如果不打倒一尊的孔家店，没有法子使得思想解放，思想自由”。所以“打倒一尊的门户，解放中国的思想，提倡怀疑的态度和批评的精神”，指出“旧文化不适宜现代的环境，而提倡充分接受世界的新文明”，这不仅是时代的需要，也是一场深刻的革命，对于这样的遗产革命，没有一种蔑视一切权威的气概和激越的革命情感，和“矫枉必须过正”的做法，是绝对不可能取得成效的。“打倒孔家店”的气概和做法，正是适应了这样的历史需要。但是，随着孔家店的衰落，对孔家店作出一些分析，表现一种较为宽容的态度，也是自然的趋势。但这绝不是“五四”时期“打孔家店”的忏悔，更不能视为前后矛盾。

其次，孔子和儒学作为历史上产生和存在过的人物和意识形态，不仅有其历史的合理性，其内容既有精华又有糟粕，既有历史上起过进步作用，又在现实中仍有合理因素的东西，也有在历史上起过好作用，随着历史的发展过时或成为历史的惰性因素的东西，而这些因素都作为文化的传统影响着今天的社会。为了在中西文化交流碰撞中重建现代的新文明，就必须进行细致的学术研究。所以在学术上，从文化重建的意义上，就不能采取笼统的打倒和全盘的否定的作法。而是要通过科学的研究，冷静地进行抉择，分析其精华和糟粕，从中“找到移植西方哲学和科学最佳成果的合适土壤”，“找到可以有机地联系现代欧美思想体系的合适的基础，使我们能在新旧文化内在调和的新的基础上建立我们自己的科学和哲学”①。

我们认为，胡适在提倡思想解放方面要“打孔家店”，而在学术论著中“并不要打倒孔家店”，就是基于上述的考虑，所以方法虽异，而目标却是一致的：即为了贯彻“研究问题，输入学理，整理国故，再造文明”的方针的。这就是，在思想解放上，研究问题是“对古代遗传下来的制度风俗，圣贤教训，公认的行为与信仰”，“重新分别一个好与不好”，就是“重新估定孔教的价值”，而在学术上“整理国故”，对“旧有的学术思想”，“寻出一个条理脉络来”，“前因后果来”，“真意义来”，“真价值”，“各家都还他一个本来真面目”，“还他一个真价值。”②然后将它与西方资产阶级文明结合，“再造文明”——重建中国资产阶级的现代文明。从这样的意义上考察，胡适的上述两个提法，在他自身看来是一致的，不矛盾的。

（原载《安徽史学》1994年第4期）

①《先秦名学史·导论》。
②《新思潮的意义》。

胡适与皖学

皖学，一般特指清代考据学派中以戴震为代表的学派，它对胡适的成长及其一生的学术活动有着深刻影响。

但是，从胡适的成长过程和学术活动的整体看，除了戴震为代表的皖派学术外，凡是创立于皖境或由皖人创立的、在历史上产生过全国乃至世界影响的学术流派，如宋以来的朱熹理学（也称闽学）、桐城古文学派，以及古典白话小说中的吴学（吴敬梓）等，都曾对胡适产生过重要影响。

在一定意义上可以说，胡适是在浓厚的皖学氛围中长大的。例如，在戴震为代表的皖学影响下，形成了他善怀疑、勤思考、重求是、尚证据、讲方法的治学精神和反理学的思想倾向；在朱熹为代表的新安理学氛围下，他确立起重孝道、尚友情、爱祖国、反迷信的思想道德风貌和善怀疑、善考据的学术倾向；在桐城古文派及《儒林外史》的影响下，他学会善于表达思想情感的文字表达工夫，深切领会了白话文的工具意义。胡适是皖学培育浇灌起来的一棵学术大树。皖学是构成胡适知识结构的重要组成部分，又是他接受西方民主、科学文化的内在基础。

“五四”新文化运动的历史表明，对皖学的批判继承，是胡适一生学术活动的主要内容。他积极参加“批评孔孟，弹劾程朱”的“打孔家店”斗争，其主要锋芒是针对理学中的“三纲五常”，或称礼教；他高度评价戴震对“理学”的批判成就，反对桐城派的崇尚理学和“文以载道”的主张，推崇《儒林外史》的反理学、反科举的思想倾向；他撰写了近百计的谈治学方法的文章和数百万字的考证文章，旨在总结推广由朱熹开其端、由戴震集大成的皖派学术的“科学”的治学精神和方法；他贬桐城派为“桐城谬种”，提高《儒林外史》，旨在为推广白话文、反对文言文的文学革命服务。

总之，皖学是胡适一生思想、学识的主要来源之一，是其接受西方文化的内在基础，也是他一生思想学术活动的重要组成部分。

一、戴震皖派汉学的嫡派传人

在皖学各派中，对胡适影响最深、为胡适研究最多并最受推崇的，当为戴震其人和他所代表的乾嘉考据学中的皖派学术。胡适可以当之无愧地称为戴震皖学的嫡派传人。早在《中国哲学史大纲》（卷上）的“序”中，蔡元培就指出：“适之先生生于世传‘汉学’的绩溪胡氏，禀有‘汉学’的遗传性。”稍后，蔡元培又在《答林琴南书》中说：“胡君家世从学，其旧作古文，虽不多见，然即其所作《中国哲学史大纲》言之，其了解古书之眼光，不让清代乾嘉学者。”梁启超也在《清代学术概论》中说，“绩溪诸胡之后有胡适者，亦用清儒方法治学，有正统派遗风”，并把胡适与章太炎并列为清末考证学的“殿军”[①]。以上除了把胡适说成绩溪经学世家诸胡之后不确外，把胡适看成“汉学”传人，学术上“不让乾嘉学者”“用清儒方法治学，有正统派遗风”等，都应当说确当无误的。不过更正确些说，应该说是以戴震为代表的皖派学术传人。

“汉学”或“乾嘉学派”，是指清代乾隆、嘉庆年间的讲究训诂考据的经学派系。它导源于明末清初之际顾炎武的反对理学的空谈性命义理，提出“舍经学无理学”，主张根据经书和历史立论，以达到“明道救世”目的的学说。到乾嘉时，学者继承古文经学的训诂方法而加以条理发明，用于古籍整理和语言文字研究，形成所谓“朴学”。他们从校订经书扩大到史籍和诸子，从解释经义扩大到考究历史、地理、天文历法、音律、典章制度，对古籍和史料进行整理，并为此做出了较大贡献。因为他们主要以儒家经注为宗，推崇东汉许慎、郑玄之学，所以也称之为汉学或清代古文经学。在清代汉学家中，有以江苏吴县惠栋（1697—1758）为

①《梁启超论清学史二种》，复旦大学出版社1985年版，第6页。

宗师的吴派，其学风是信古，以为对经书的解释，唐必胜宋，汉必胜唐，唯许慎、郑玄等人的解经说字为圭臬，不敢稍加怀疑。以戴震（1724—1777，字东原，安徽休宁人）为首领的皖派，则反对拘守旧说，主张“空所依傍”，唯求其是，唯求其真。对此，吴派经学家王鸣盛曾说：“今之学者断推两先生，惠君之治经求其古，戴君求其是。”[①]梁启超也说：“惠、戴齐名，而惠尊闻好博，戴深刻断制。惠仅述者，而戴‘作者’也。”[②]蔡元培、梁启超所说的胡适所禀的汉学遗传性，主要是指以戴震为首领的皖派汉学的影响。

被胡适所一再称颂为“最佩服”的同乡前辈、皖派汉学首领戴震，其治学本着“实事求是”“无征不信”的原则，在天文、地理、语言、数学、机械、古代名物制度等方面撰写了数十种著作，其弟子王念孙、段玉裁、孔广森等人，也按其师的方法治学，更是成绩斐然。尤其值得指出的是，戴震不只是一位考据学家，还是一位杰出的哲学家和思想家。他的《孟子字义疏证》一书，在批判程朱理学“以理杀人”方面，取得了巨大的成就，被后人称颂为“字字精萃”，“以平等精神，作伦理学上一大革命”，是“三百年间最有价值的奇书”[③]。

胡适自幼就在徽州这个皖派汉学的发祥地成长起来的。据顾廷龙《吴客斋先生年谱》引王胜之《梱缘题跋》说，胡适父亲“（铁花）先生治朴学，工吟咏，性乐易，无城府”。他就读的上海龙门书院的老师刘熙载，就是一位经学大师，为学兼宗汉、宋，精于考证。他所深谙的地理之学，就是当时考据之学所造成的风气。胡适自己也说：“我父亲是一位经学家。”[④]除了家庭影响外，胡适自幼受皖派汉学影响的例子还有：他幼年所读的《小学》课本，就是皖派大师、戴震的老师江永所作的集注。胡适在《四十自述》中，还专门谈到1910年到北京应留美出国考试时，他二哥的好友杨景苏曾专门指点他，读旧书要“从《十三经注疏》用功起。我读汉儒的经学，是从这个时候起的”。所以，在出国留学前，他实

① 转引自洪榜：《东原先生行状》。
②《梁启超论清学史二种》，第4页。
③《梁启超论清学史二种》，第35页。
④ 胡适：《我的信仰》。

际上已经具备了较深厚的考据学基础，以致在出国考试时，能把《不以规矩不能成方圆说》的作文试题，得心应手地做成一篇考证文章，因而得到喜好考据学的老师赏识，得到了100分的好成绩，得以顺利出国。到了晚年，他在谈治学方法时，还这样说过："我的治学方法似乎是经过长期琢磨逐渐发展出来的。它的根源似乎可以一直追溯到我十来岁的初期。"又说，他远在1910年时，就"接触到汉朝的古典的治学方法"①。

正是因为自幼以来就深受皖派汉学的深刻影响，使他逐步形成了对汉学的浓厚兴趣，形成了他的"考据癖"和"历史癖"，从而研究皖派汉学的治学方法和以这种方法来"整理国故"，成为他终身迷恋的学术事业。还在美国留学期间，他在接受西方民主与科学文化的同时，就关注"泰西考据之学"②，把注意力集中到对汉学著作的钻研，撰成《〈诗〉三百篇言字解》《尔汝篇》《吾我篇》等训诂考据文章，表示对汉代经学著作"毛传""郑笺"的不满，显示了他汉学中的皖派倾向。此后，他在博士论文《中国古代哲学方法之进化史》，以及《中国哲学史大纲》（卷上）中，又应用皖派汉学的治学方法，对先秦哲学和逻辑学进行了评述。"五四"以后，他又在《新思潮的意义》《〈国学季刊〉发刊宣言》等文中，大力提倡用皖派的"科学方法"，来"整理国故"，提出"发明一个字的古义，与发现一颗恒星，都是一大功绩"③。可见，考据之学在他心目中地位之高。此后，除了抗日战争时期，因担任驻美大使的五年时间之外，在长达四十多年的学术生涯中，他的绝大部分精力，就是应用考据方法，专心致志地投入于国故的整理之中：考证过《儒林外史》《水浒传》《红楼梦》等十几部小说的作者以及创作、演变的历程；考证过自孟子以来的关于古代井田制度史的演变过程；也考证过佛教传入及禅宗形成、发展的历程；又对《水经注》案作过长达近二十年的持续不懈的重审、考证等。他的众多的学术著作，包括研究哲学、文学、戏剧、历史、宗教、地理的著述，甚至庐山上的一个塔的著作，差不多都是用考据学的方法写成的，或者说都是在考证的基础上写成的。所以，考据学称得

①《胡适口述自传》，华文出版社1992年版，第133—134页。

② 胡颂平：《胡适之先生年谱长编初稿》，第146页。

③《论国故学》，《胡适文存》一集卷二，第620页。

上是胡适学术上的最大爱好和最擅长的学问。他一生的学术成就在此，他的局限也表现于此。

但是，胡适对于皖学众多的考据学成果，并没有表现多大的热情，而对皖派汉学家留下的治学精神和方法，却情有独钟。早在《中国哲学史大纲·导言》中，他就概括地总结和高度评价过以戴震为代表的清代学者的治学方法，认为“清代的训诂学，所以超过前代，正因为戴震以下的汉学家，注释古书都有法度，都用客观的佐证，不用主观的猜测”。此后，他又陆续发表了《清代学者的治学方法》（1921年）、《〈国学季刊〉发刊宣言》（1923年）、《戴东原的哲学》（1924年）、《治学方法与材料》（1928年）、《考证学方法之来历》（1934年）等文章，对戴震为代表的皖派汉学的治学思想和方法，进行了反复的深入细致的分析和评论。直到晚年，他还发表过《治学方法讲演》（1952年）、《中国哲学里的科学精神和方法》（1959年）等文章，继续对皖派汉学家的治学思想和方法，进行高度评价和推广。

首先，他从学术史的角度指出，以戴震为代表的汉学，是明末清初以来“反玄学”运动的产物，是这个运动的优秀传统结合和融合的结果。他说，在反对宋代以来的“谈心说性”和“先天象数”的玄学的过程中，在破坏方面，使人们渐渐地瞧不起宋明理学。在建设方面，则出现了两种趋势：一面是注重实用，一面是注重经学；用实用来补充空疏，用经学来代替理学。前者以颜元、李塨的学派为代表，后者以顾炎武为代表。而“戴东原的哲学便是这两方面的结婚的产儿”①。他认为，由戴震代表的继承了前两种优秀传统的学术，可以称为“朴学”，又可称为“汉学”或“郑学”。他说，“‘汉学’是对‘宋学’而言的”，它“表示这派学者的公同的趋向”，“就是不满意于宋代以来的学者用主观的见解来做考古学问的方法”②。他认为，在中国旧有学术中，“只有清代的‘朴学’确有‘科学’的精神”③。他列举大量事例，概述了清代“朴学”或皖派汉学在文字学、训诂学、校勘学和考订学等方面的主要成就，指出：自顾

①《戴东原的哲学》，《胡适学术文集·中国哲学史》（下），中华书局1991年版，第997页。
②《清代学者的治学方法》，《胡适文存》一集卷二，第550—551页。
③《清代学者的治学方法》，《胡适文存》一集卷二，第550页。

炎武、江永、戴震等的音韵学，使“古音的分部，声音的通转，不但分析更细密了，并且系统条理也更清楚明白了”①；训诂学在“文字假借，声类通转，文法条理三项作中心，也自成系统”②；校勘学也“真成有条理系统，做成一种科学”③。这一切，显示汉学家的方法是一种“科学方法”。他认为，这是因为汉学家的方法有四个根本观念：（1）研究古书，并不是不许人有独立见解，但是每立一种新见解，必须有物观的证据；（2）汉学家的“证据”完全是“例证”；（3）举例作证是归纳的方法；（4）汉学家的归纳手续不是完全被动的，是很能用“假设”的，是归纳和演绎同时并用的。凡此都具有科学的因素。直到晚年，他还把这种由顾炎武开启，由戴震所代表的重证据的治学精神和方法，称之为中国的“苏格拉底传统”发扬光大，称顾炎武、戴震以来的时代（1600—1900年），为“一个全靠严格而冷静的研究做基础的学术复兴的新时代”④。

其次，他还对以戴震为代表的皖派学术的治学精神和方法，提到近代科学方法的高度，加以总结和推广。他认为，以戴震为代表的皖派汉学家的治学方法，归结起来，“只是两点：（1）大胆的假设；（2）小心的求证。假设不大胆，不能有新发明，证据不充足，不能使人信仰”⑤。他以戴震对《尚书·尧典》“光被四表”的“光”字历史及考证结果为例，作为应用这种方法取得令人信服的结论来作证。因为，戴震在这个字的考证中，曾应用假设、求证的方法，反复多次，最后证明光一桄一横字在古时的同一，认为它显示了“清代学者做学问的真精神”⑥。稍后，他又联系西方科学发展史，指出：“科学的方法，说来其实很简单，只不过‘尊重事实，尊重证据’。在应用上，科学的方法不过是‘大胆的假设，小心的求证’。”⑦他认为，西方近三百年来在自然科学上的成就，中国近三百年来在朴学方面的成绩，都是应用这种方法的结果。所以，“戴震、

①《清代学者的治学方法》,《胡适文存》一集卷二,第574—575页。
②《清代学者的治学方法》,《胡适文存》一集卷二,第574—575页。
③《清代学者的治学方法》,《胡适文存》一集卷二,第574—575页。
④《胡适学术文集·中国哲学史》(上),第569页。
⑤《胡适文存》一集卷二,第575页。
⑥《胡适文存》一集卷二,第578页。
⑦《胡适文存》三集卷二,第188页。

钱大昕的方法，同达尔文（Darwin）、柏斯德（Pasteur）的方法，也是一样的：他们都能大胆的假设，小心的求证。”[①]戴震为代表的皖派汉学家的长处，“就在他们有假设通则的能力”，“又能处处求证据来证实假设的是非，所以汉学家的训诂有科学的价值”[②]。他尤其赞赏戴震提出的“以谓信古而愚，愈于不知而作。但宜推求，勿为株守”的论断，认为后八个字“是清学的真精神”[③]。这样，他就把皖派汉学的方法，提到近代自然科学的方法的高度来加以推崇。正是据此，他称戴震等汉学家在声韵学、训诂学、考证学、金石学、史学中的“最精彩的部分都可以称为‘科学’的”，戴震等汉学家为“科学的学者”[④]。为此，他对“这班大师表示极大的敬意”[⑤]。他尤其赞赏戴震等“懂得要有证据才可以怀疑，更要有证据才可以解决怀疑”[⑥]的精神，认为，它给后人“传下来一个科学的传统，冷静而严格的探索的传统，严格的靠证据的传统，大胆的怀疑与小心的求证的传统——一个伟大的精神与方法的传统”[⑦]。正是有了这个传统，才“使我们当代中国的儿女，在这个近代科学的新世界里不觉得困惑，反能够心安理得”[⑧]。

胡适还对戴震为代表的皖派汉学的治学思想和方法，作过具体的归纳和介绍。如前面提到，早在“五四”以前，他就系统地介绍过以戴震为代表的“汉学家考据、校勘、训诂的工夫”，细谈过“审定史料”和“整理史料”的方法[⑨]。稍后，又对汉学家的校勘学方法，进行过归纳，把其方法区分为“根据”和“评判”两层，认为其“根据”有五：（1）根据最古的本子；（2）根据古书里引用本书的文句；（3）根据本书通行的体例；（4）根据古注和古校本；（5）根据古韵[⑩]。又说，“校勘学不能

①《胡适文存》三集卷二，第188页。
②《胡适文存》一集卷二，第565页。
③《胡适文存》一集卷二，第579页。
④《胡适文存》三集卷二，第190页。
⑤《胡适文存》三集卷二，第190页。
⑥《科学精神与科学方法》，1959年11月30日台北《“中央”日报》。
⑦《科学精神与科学方法》，1959年11月30日台北《“中央”日报》。
⑧《科学精神与科学方法》，1959年11月30日台北《“中央”日报》。
⑨《中国哲学史大纲·导言》。
⑩《清代学者的治学方法》。

全靠根据”，“重要工夫在于评判”[①]等。他还针对“浅学的人觉得汉学家斤斤的争辩一字两字的校勘，以为‘支离破碎’”，辩解说：“其实汉学家的工夫，无论如何琐碎，却有一点不琐碎的元素，就是那一点科学的精神。”[②]他还把以戴震为代表的经学归纳为四个特点，即“（1）历史的眼光；（2）工具的发明；（3）归纳的研究；（4）证据的注重”。他说，所谓“历史的眼光”，就是“寻源溯流，认清时代的关系”，如“论字必本于《说文》，治经必本于古训，论音必知古今音的不同”；所谓治经的工具，是指“文字学（包括声音、形体、训诂等项）和校勘学”；而“同类的事实，推求出他们共同的涵义来”，就是“归纳”；强调注重证据，是因为“证据是推理立说”的“根据”。[③]

这样，胡适就以西方的自然科学方法为参照，对以戴震为代表的皖派汉学的治学精神和方法，进行了比较系统细致的分析总结，并给它戴上“科学方法”的桂冠，使它与西方的近代科学方法融合为一，在中国进行推广应用。应该指出，这里他对皖派汉学治学方法的总结介绍，不是简单地复述，而是总结提高，赋予了近代科学的精神。从这样的意义上说，他不仅继承而且发展了皖派汉学的治学精神和方法，他是当之无愧为皖派汉学的嫡派传人和光大者。

与此同时，胡适对皖派汉学的历史局限，也有较为清醒的认识。首先，他认为，皖派汉学的方法，“虽是科学的，材料始终是文字的”，这就“限死了科学方法”[④]。所以，这种方法“并没有造成一个自然科学的时代”，“没有引出来一个中国的伽利略、维萨略、牛顿的时代”[⑤]。其次，清代学者还有：“（1）研究的范围太狭窄”，“眼光与心力注射的焦点，究竟只在儒家的几部经书”；“（2）太注重功力而忽略了理解”；“（3）缺乏参考比较的材料”等缺点[⑥]。这里除第二点很难包括戴震，其余也是皖派汉学共有的缺点。正是因此，他说，中国“三百年的学术

①《清代学者的治学方法》。

②《清代学者的治学方法》。

③《戴东原的哲学》，《胡适学术文集·中国哲学史》（下），第1001—1003页。

④《治学方法与材料》，《胡适文存》三集卷二，第190页。

⑤《中国哲学里的科学精神和方法》，《胡适学术文集·中国哲学史》（上），第569—570页。

⑥《〈国学季刊〉发刊宣言》，《胡适文存》二集卷一，第6—9页。

也只不过是文字的学术，三百年的光明也只不过是古文纸堆的火炮而已[①]。他的分析是切中要害的，从中也说明他对中国学术突破这种局限、创建科学的新汉学的热切企盼和追求。

除了高度评价和推崇皖派汉学的治学精神和方法外，胡适也十分欣赏和推崇戴震反理学的思想成就。他曾先后发表过《戴东原在中国哲学史上的位置》《戴东原的哲学》《几个反理学的思想家》等文章，对戴震的反理学的哲学思想进行过深入细致的评析。

在《〈国学季刊〉发刊宣言》中，他曾很感慨地说过："这三百年之中，几乎只有经师，而无思想家；只有校史者，而无史家；只有校注，而无著作。"认为，这是清学的一大局限。但是，他认为，戴震却是例外。在《戴东原在中国哲学史上的位置》中，他通过分析戴震"理存于欲"的政治哲学、"理即事物的条理"和"剖析至微"的求理方法，就肯定戴震是"朱子以后的第一个大思想家、大哲学家"，肯定了戴震在中国哲学史上的崇高地位。稍后，在《几个反理学的思想家》中，又进一步指出："戴氏是一个科学家，他长于算学，精于考据，他的治学方法最精密，故能用这个时代的科学精神到哲学上去，教人处处用心知之明去剖析事物，寻求事情的分理条则。他的哲学是科学精神的哲学"。在《戴东原的哲学》中，更从反理学的角度，以西方实验哲学为参照，对戴震的《孟子字义疏证》等哲学著作中的反理学思想进行了全面深入的评述。

他指出："戴震在清儒中最特异的地方，就在他认清了考据名物训诂不是最后的目的，只是一种'明道'的方法。他不甘心仅仅做一个考据家，他要做个哲学家"；其次，戴震主张做学问要"空所依傍，而唯求其是"[②]。所以，戴震反理学的哲学著作，就是贯彻"明道"主张的成果。

他认为，戴震的宇宙观或"天道论"，是一种"自然主义"，其要点是："（1）天道即是气化流行；（2）气化是生生不已；（3）气化的流行与生生是有条理的，不是乱七八糟的。"[③]这种宇宙观是有科学根据的。因为，戴震"是当日的科学家，精于算数历象之学，深知天体的运行皆

①《治学方法与材料》,《胡适文存》三集卷二,第190页。
②《胡适学术文集·中国哲学史》(下),第1009—1010页。
③《胡适学术文集·中国哲学史》(下),第1012页。

有常度，皆有条理，可以测算，所以他的宇宙观也颇有一点科学色彩”[①]。这与他在《科学与玄学论战》的“序”中所表达的“自然主义人生观”，几乎同出一辙。

他认为，戴震的性论，就是“从他的天道论来的”，即“道的实体是阴阳五行，性的实体是血气心知，而血气心知是阴阳五行分出来的”[②]。他说，这种性论是与“宋儒的理气二元的性论相冲突”的[③]，因为，宋儒把性分气质之性与理性，视“气质之性其实不是性，只有理性才是性；理无不善，故性是善的”[④]。他说：戴震也主张性善论，但不用“理气二元论作根据”[⑤]，而认“血气心知为性”，所以是“一元论”的性论[⑥]。他认为，“宋儒说善由于性，恶由于气质，自然是不对的。但戴氏认血气心知为性，而又说凡性皆善，那亦是不能成立的”。因为，“人固有生而病的，才质也有不可能辨声辨色的，也有生而不能知识思想的”。所以，戴震的“气质一元的性论确是一种重要的贡献，但他终不肯抛弃那因袭的性善论，所以不免有漏洞了”[⑦]。他还指出，戴震的性善论，是相对于“禽兽而言”的，“只是说‘人之知觉远大乎物’”[⑧]。戴震把“情、欲、知三者一律平等看待，都看作‘血气心知之自然’，这是对那些排斥情欲，主静、主无欲的道学先生们的抗议”[⑨]。他认为，戴震正是从这里导引出他的“使人之欲无不遂，人之情无不达”的理想道德或“人生哲学”的[⑩]。

他认为，戴震“在哲学史上的最大贡献：他的‘理’论”[⑪]。他说，在程朱理学中，是“以天理为根本观念”的，“理”是“得于天而具于心”的：“好的方面，学者提倡理性，以为人人可以体会天理，理附着于

①《胡适学术文集·中国哲学史》(下)，第1013页。
②《胡适学术文集·中国哲学史》(下)，第1013页。
③《胡适学术文集·中国哲学史》(下)，第1013—1018页。
④《胡适学术文集·中国哲学史》(下)，第1013—1018页。
⑤《胡适学术文集·中国哲学史》(下)，第1013—1018页。
⑥《胡适学术文集·中国哲学史》(下)，第1019页。
⑦《胡适学术文集·中国哲学史》(下)，第1019页。
⑧《胡适学术文集·中国哲学史》(下)，第1020页。
⑨《胡适学术文集·中国哲学史》(下)，第1020页。
⑩《胡适学术文集·中国哲学史》(下)，第1021页。
⑪《胡适学术文集·中国哲学史》(下)，第1022页。

人性之中；虽贫富贵贱不同，而同为有理性的人，即是平等"；"坏的方面，理学家把他们冥想出来的臆说认为天理强人服从。他们一面说存天理，一面说去人欲"，"定了许多不近人情的礼教，用理来杀人，吃人"[①]。所以，当"理与势作战时，理还可以得人的同情；而理与势携手时，势力借理之名，行私利之实，理就成了护身符，那些负屈含冤的幼者弱者就无处申诉了"[②]。结果，"理"就成了"父母压儿子，公婆压媳妇，男子压女子，君主压百姓的唯一武器；渐渐造成了一个不人道、不近人情，没有生气的中国"[③]。他列举了戴震亲见的清朝统治者"以理杀人"的种种残酷事实，对戴震发出"酷吏以法杀人，后儒以理杀人，浸浸乎舍法而论理，死矣，更无可救矣"的"呼喊"深表同感，说"这是何等悲愤的呼喊！"[④]他赞扬戴震对宋儒"理"论，认为"他的反动最激烈，他的抗议最悲愤"[⑤]。

他认为，戴震论理有二种，即"人事的理"与"事物的理"，"前者是从儒家经典里来的；后者很少依据，可算是戴氏自己的贡献"[⑥]。关于人事的理，戴震"只主张'以情絜情'。这是儒书里钩出来的求理说。所谓'恕'，所谓'一贯'，所谓'挈矩之道'，都是这个"[⑦]。又说："戴氏说理，无论是人情物理，都只是要人用心之明，去审察辨别，寻求事物的条理。"[⑧]所以，戴氏的"理"论，"最可以代表那个时代的科学精神"，是"一种实证的求知的方法"[⑨]。

他还指出，戴震的"理存于欲"的一元论，与宋儒的"理欲二元论"的"极端排斥人欲"的观点是对立的，后者在中国"造成了一个不近人情、冷酷残忍的礼教"[⑩]。戴震是"反抗这种排斥人欲的礼教的第一人"，

---

①《胡适学术文集·中国哲学史》(下)，第1023—1024页。
②《胡适学术文集·中国哲学史》(下)，第1024页。
③《胡适学术文集·中国哲学史》(下)，第1024页。
④《胡适学术文集·中国哲学史》(下)，第1026页。
⑤《胡适学术文集·中国哲学史》(下)，第1025页。
⑥《胡适学术文集·中国哲学史》(下)，第1027—1029页。
⑦《胡适学术文集·中国哲学史》(下)，第1027—1029页。
⑧《胡适学术文集·中国哲学史》(下)，第1027—1029页。
⑨《胡适学术文集·中国哲学史》(下)，第1027—1029页。
⑩《胡适学术文集·中国哲学史》(下)，第1032页。

其主张“颇近于边沁（Betham）、弥尔（J. S. Mill）一派的乐利主义”①。他认为，这“在中国思想史上是很难得的”②。他还对比了与戴震同时代一些反理学的学者的思想，如吴敬梓、袁枚、汪中、俞正燮、李汝珍等，说这些人虽对那不近人情的礼教作过批评，但都只是“对于某一种制度下具体的批评”，“只有戴震能指出这种不近人情的制度所以能杀人吃人，全因为他们撑着‘理’字的大旗来压迫人，全因为礼教的护法诸神——理学先生们——抬出‘理’字来排斥一切以生以养之道”③，从整体上反对理学思想体系。这样，他就有力地指明了戴震在反理学上的特殊的巨大贡献，确立起戴震在中国哲学史上的崇高地位。

他还对戴震的人生观和知识论作过评析。他认为，戴震的人生观“只是要人用科学家求知求理的态度和方法来应付人生问题”④；戴震的知识论，是主张“重行须先重知”⑤；戴震之所以能够在反理学中取得胜利，是他“从穷理致知的路上超过程朱，用穷理致知的结果来反攻穷理致知的程朱”⑥。在戴震看来，程朱“穷理”的“根本错误”，是“说理得于天而具于心”，“说理一分殊”⑦。反之，戴震则“主张理在于事情，不在于心中；人的心知只能是一种能知的工具，可以训练成‘能审察事情而准’的智慧。他又主张理是多元的，只是事物的条理，并没有什么‘浑然一体而散为万事’的天理”⑧。总之，戴震无论是论性、道、情、欲，“都是用格物穷理的方法，根据古训作护符，根据经验作底子，所以能摧破五六百年推崇的旧说，而建立他的新理学”⑨。从历史上看，戴震哲学“可说是宋明理学的根本革命，也可以说是新理学的建设——哲学的中兴”⑩，也可以说，“用当时学者考证的方法，历史的眼光，重新估定五百年的理学的价值，打倒旧理学，而建立新的理学。是为近世哲学

①《胡适学术文集·中国哲学史》(下)，第1032页。
②《胡适学术文集·中国哲学史》(下)，第1033页。
③《胡适学术文集·中国哲学史》(下)，第1035页。
④《胡适学术文集·中国哲学史》(下)，第1036页。
⑤《胡适学术文集·中国哲学史》(下)，第1037页。
⑥《胡适学术文集·中国哲学史》(下)，第1038页。
⑦《胡适学术文集·中国哲学史》(下)，第1038页。
⑧《胡适学术文集·中国哲学史》(下)，第1038页。
⑨《胡适学术文集·中国哲学史》(下)，第1039页。
⑩《胡适学术文集·中国哲学史》(下)，第1039页。

的中兴”[①]。

以上胡适对戴震反理学的哲学思想评述，渗透着“五四”时期的民主与科学的意识，充分反映了“五四”的时代精神，与当时“打孔家店”的思想解放运动保持了高度的一致。也与当时的“科学与玄学”的论战中，他把论战看成是“拥护理学与排斥理学的历史的一小段”[②]，把吴稚晖这位科学派的哲学观归纳者看成当代的“反理学思想家”的评判，密切地联系着。凡此表明，胡适不仅是皖派汉学的嫡派传人，也可以说是戴震反理学思想的传人。

还值得特别一提的是，从1943年11月开始，到他逝世的近二十年时间中，他对《水经注》案进行重审的一件事上。这是因为历史上和当时的一些著名学术大师，如张穆、魏源、杨守敬、王国维、孟森等人，“都说我所最佩服的18世纪享有盛名的考古学者，我的老乡戴震（东原）先生是个贼”[③]，说戴震的《水经注》偷了赵一清、全祖望的成果。胡适认为，这里除了他们治学不够严谨之外，还“因为戴东原是当时思想的一个叛徒，批评宋朝理学，批评程子、朱子”[④]。为了替自己的乡前辈和终身崇拜的皖派汉学大师戴震“打抱不平”，维护皖学声誉，捍卫反理学的信仰，他不顾社会舆论的批评，毅然投身到此案的重审中去。同时，也想“借《水经注》一百多年的糊涂官司，指出考证方法”[⑤]。在此案重审过程中，他收集到《水经注》的各种版本约六十种，其中包括戴震自定《水经注》一卷、全祖望五校《水经注》及其他重要本子。在重审过程中，他为各种版本所写的序、跋及有关《水经注》的信函、札记和论文二百六十多篇。他的结论是：通过比勘戴、赵各自的版本，有足够的材料证明，戴震未见过赵一清的书；不仅戴震没有窃用赵书，相反，赵一清死后，他的儿子将赵书刊行时竟袭用了戴书的成果。对于两书的许多雷同问题，他认为：“两人各校同一部大书，当然有盈千累百的相同。若

①《胡适学术文集·中国哲学史》（下），第1154页。

②《胡适学术文集·中国哲学史》（下），第1165页。

③《治学方法》第二讲，《胡适选集》，天津人民出版社1991年版，第397页。

④《水经注考》，转引自胡颂平：《胡适之先生年谱长编初稿》，第2279页。

⑤《治学方法》第二讲，《胡适选集》，第398页。

不相同，校勘学便不可信赖了。”[①]因此，绝不能依据两书有相同之处，便认定戴震偷了赵一清的成果。这样，他就以“千百个证据来把这个诬告的大案昭雪了，使全祖望、赵东潜、戴东原都得到一个公平的评价”[②]。

以上事实表明，胡适自幼深受皖派汉学的影响，终身提倡皖派汉学的治学方法，服膺皖派汉学代表戴震的反理学思想，以皖派汉学家提倡的考据事业作为终生的事业，他当之无愧地称得上皖派汉学和戴震思想的嫡派传人。

二、反对理学，肯定朱子治学思想

在皖学中，给胡适以较大影响的还有朱熹的朱学。胡适对朱学的态度是，反对理学，肯定和继承其治学思想和方法。

朱熹（1130—1200），徽州婺源（现属江西）人，是程朱理学的主要代表。他博览群书，广注经籍，对哲学、经学、史学、文学、乐律以至自然科学均有不同程度的贡献。在哲学上，朱熹发展了二程（程颢、程颐）理气关系之学，建立了一个客观唯心主义的理学体系，强调“天理”和“人欲”的对立，要人们放弃“私欲”，服从“天理”。他的思想主张和学说被视为儒学的新阶段和宋明以来的孔家新店。由于朱熹侨寓福建，长期活动于福建，故朱学又称“闽学”。但是，在胡适看来，朱熹是属于徽州的。事实上，朱熹的思想对徽州影响甚大。所以，胡适称自己为徽州“朱朝奉的同乡后辈”[③]。与对戴震为代表的皖派汉学所取的全面认同、大力弘扬的态度不同，他对朱熹的理学持基本上否定，对其治学思想和方法采取肯定和继承的态度，用他晚年的说法是：“许多人认为我是反孔非儒的。在许多方面，我对那经过长期发展的儒教的批判是很严厉的。但是，就全体来说，我在我的一切著述上，对孔子和早期‘仲尼之徒’如孟子，都是相当尊崇的。我对于12世纪‘新儒学’（理学）的开山

① 1947年1月9日天津《大公报·文史周刊》。
② 胡颂平：《胡适之先生年谱长编初稿》，第1839页。
③《胡适致吴敬恒》，《胡适往来书信选》上册，第466页。

宗师的朱熹，也是十分崇敬的。”[①]

胡适对朱学，严格讲只有一个不自觉地受其熏陶，而后才有自觉地批判其思想和肯定其治学思想的过程。根据他自述，他在幼年和少年时代，曾经受过朱熹思想的深刻影响，可以说他是在朱学的浓厚氛围中长大的。他说，他的父亲就是“一个严守朱熹的新儒教理学的人”[②]，“他很受了程颐、朱熹一系的理学的影响”[③]。他留给胡适的就是“一点程朱理学的遗风”，如“格物穷理”“即物而穷其理”的做人为学的态度，家中大门上还贴着“僧道无缘”的条子等[④]。又如，他父亲在上海龙门书院受学时留下的卷首印有朱熹、张载“为学要在不疑处有疑，才是进步”等语录的笔记本，都对胡适的成长有较大的影响。尤其是他幼年的学习课程，他发蒙的第一部书，他父亲自编的《学为人诗》，就是充斥理学观念的。在九年私塾中，他熟读过的《孝经》《小学》“四书”“五经”等，大都是朱熹的注本，其中《小学》便是朱熹所作、江永集注的“一部论新儒教道德学说的书”[⑤]。在上海六年中，他又专门阅读过“新儒家哲学家的著作”，如“学原于思”的话，就是他“在澄衷学堂读朱子《近思录》时注意到的。我后来的思想走上了赫胥黎和杜威的路上去，也正是因为我从十几岁时就那样十分看重思想的方法了”[⑥]。也是在私塾时期，他接受了朱学的影响，形成了他终身不忘的思想观念。例如，他从有神到无神的“激变”，就是在十一岁那年，温习朱熹《小学》时，读到朱熹引用司马光攻击天堂地狱的一段话：“形既朽灭，神亦飘散，虽有剉烧舂磨，亦无所施”，认为很有道理，“我对于死后审判的观念，就开始怀疑起来”[⑦]，而转向了无神论。又如，他在一次谈及好的自传文学作品对于培养人的思想情操的作用时，曾举例说：“我做小孩子时代读的朱子《小学》里面记载的几个可爱的人物，如汲黯、陶渊明之流。朱子记陶渊明，

①《胡适口述自传》，第283页。
②《胡适选集》，第18页。
③《胡适自传》，黄山书社1986年版，第33页。
④《胡适自传》，第33—34页。
⑤《胡适选集》，第18页。
⑥《胡适自传》，第61页。
⑦《胡适选集》，第19页。

只记他做县令时送一个长工给他儿子，附去一封家信，说‘此亦人子也，可善遇之’”，“这寥寥九个字的家书，印在脑子里”，“使我三十年来不敢轻用一句暴戾的辞气对待帮我做事的人”[①]。他还说过，他在1911年写的第一篇批判郑玄、毛公诗学的论文——《诗三百篇言字解》，就是根据朱熹的诗论写出的。所以，直到1910年10月，他还曾“作书报觐庄，论宋儒之功”[②]。他在美国留学期间，他自称“吾于家庭事从东方人，于社会国家政治之见解，则从西方人”，这里“东方人”的见解，显然指理学的伦理原则。从上可见，朱学在胡适成长中的影响是多么广泛和深刻。这就是为什么直到晚年，他还表示自己“平生最推崇朱夫子”[③]了。朱学不仅是胡适世界观、人生观的重要源泉，也是他接受西方科学文化，特别是治学方法的内在基础之一。

但是，在美国留学归国以后，由于接受了西方民主和科学文化，又受国内新文化运动的影响，胡适对朱学的态度就由推崇转向批判，尤其对它的“存天理，去人欲”的理学糟粕、“三纲五常”的封建礼教，就采取了坚定的批判态度。为此，他在致力于提倡白话文、反对文言文的文学革命的同时，又积极参加“批评孔孟，弹劾程朱”的反礼教斗争，发表过数以十计的批判旧伦理、旧宗教、旧礼法、旧文学的文章、诗歌、话剧、小说，把斗争的锋芒指向理学所推行的纲常伦理、家族制度、男尊女卑的女子贞操论，以及“良妻贤母”“饿死事小，失节事大”等压迫妇女和束缚个性自由的思想观念。他还为《吴虞文录》作“序”，热烈赞扬陈独秀、吴虞等反孔英雄为中国思想界的“清道夫”，明确提出，对于“二千年来吃人的礼教法制”，对孔家店，“无论是老店，是冒牌——不能不拿下来，槌碎！烧去！”[④]。他发起召开纪念反理学思想家戴震诞辰二百周年纪念会，在《戴东原的哲学》等论著中，高度评述了戴震的反理学斗争成就，还著文评述顾炎武、颜元、戴震以及吴敬梓等反理学思想家的成就。后来，又在反复出现的尊孔和反尊孔的斗争中，坚持“五四”

① 《胡适论学近著》，商务印书馆1935年版，第514页。
② 胡颂平：《胡适之先生年谱长编初稿》，第122页。
③ 胡颂平：《胡适之先生年谱长编初稿》，第2650页。
④ 《胡适选集》，第138页。

时期的反尊孔立场。1926年，在《我们对于西洋近代文明的态度》中，又对理学作了整体性的批判，说："八百年的理学工夫居然看不见二万万妇女缠足的惨无人道！明心见性何补于人道的痛苦！坐禅主敬不过造成许多四体不勤、五谷不分的废物！"1929年，他在《新文化运动与国民党》中，又针对国民党否定新文化运动的言论，再次指出，"我们当日批评孔孟，弹劾程朱，反对孔教，否认上帝，为的是要打倒一尊的门户，解放中国的思想，提倡怀疑的态度和批评的精神而已"，因为过去"提倡'饿死事极小，失节事极大'的吃人礼教和无数用血泪筑成的贞节牌坊"，这种"中国旧文化不适宜于现代的环境"。"九一八"以后，他又针对尊孔读经和吹捧理学的言论，发表了《信心与反省》等文，指出，"讲了七八百年的理学，没有一个理学的圣贤起来指出裹小脚是不人道的野蛮行为，只见大家崇信'饿死事极小，失节事极大'的吃人礼教"[①]。他认为，某些人所吹捧的"光辉万丈的宋明理学"，其实不过是"无济于事的银样蜡枪头"[②]，中国"虽有千万册的理学书，终无救于道德的低浅"[③]。直到晚年，他仍坚持认为理学不过是"极不自由时代"的专制主义"思想"[④]。以上表明，在新文化运动以来，对于程朱理学这个孔家新店，他始终是持否定的批判态度，是他反对礼教的主要对象。其基本观点，在于指出：（1）作为孔孟之道的后期阶段的理学，是"不适宜于现代环境"的；（2）打破儒学的"一尊"传统，清除对儒学的偶像崇拜。他对理学所作的长期批判，对于中国人摆脱理学思想的束缚，有着积极的意义。

应该指出，胡适在"批评孔孟，弹劾程朱"时，对朱熹这个历史人物的有利于历史进步的具体成就，尤其是由他开创的"新儒运动"的治学思想和方法，对他在中国学术史上的作用和地位，则给予肯定的评价。

早在"五四"时期，胡适就从提倡白话文的角度，对朱熹的白话文作品作过肯定。他说，朱熹常"以白话著书写信"[⑤]，其"语录"与"禅门语录"，"宋元以来的小说"，都是"白话文学"，"是文言久已不能达意

---

①《胡适选集》，第335页。
②《胡适选集》，第485页。
③《胡适选集》，第489页。
④胡颂平：《胡适之先生年谱长编初稿》，第2766页。
⑤《胡适文存》一集卷一，第49页。

表情的铁证”[1]。后来，在游庐山时，又肯定过朱熹在教育方面的贡献，说朱熹“想从白鹿洞开一个儒门创例来抵制道教”，其《白鹿洞规》，“简要明白，遂成为后世七百年的教育宗旨”，“代表近世七百年的宋学的大趋势”[2]。他还陆续在《先秦名学史》《中国哲学史大纲·导言》《戴东原的哲学》《清代学者的治学方法》以及晚年的《中国哲学里的科学精神与方法》等文章中，从中国学术史的角度，全面独到地评述过朱熹在学术思想和治学方法上的特殊贡献，阐述了朱学与清代汉学，尤其是与戴震为代表的皖派汉学的关系，从而也实事求是地说明了自己在学术上与朱学的传承关系。

首先，他认为，从治学思想和方法上看，朱学是戴派皖学的先导。早在《戴东原在中国哲学史上的位置》中，他就指出，朱熹、王阳明和戴震，是中国近八百年来的“三个极重要的人物”。朱熹所阐述的，由二程提出的“涵养须用敬，进学则在致知”的原则，要“即凡天下之物，莫不因其已知之理而益穷之，以求致乎其极”的求知方法，是“科学家的穷理精神”，是“程朱一派的特别贡献”[3]。他认为，戴震“生于朱子的本乡，跟着朱学大儒江永（1681—1762）做过很深的朱学研究”[4]，其学说“颇近于朱子格物穷理的精神，而又有根本上和朱子大不同的地方”[5]，肯定了朱、戴学术上的传承关系。在《戴东原的哲学》中，更进一步指出：“中国近世哲学的遗风，起于北宋，盛于南宋”，到明末清初，“接近朱熹一派的学者，如顾炎武、阎若璩，都成了考证学的开山祖师”[6]，而戴震的老师江永，就是“一位朱学大家”，“戴氏对于程朱的书，对清初一班大师的书，都曾做过很勤密的研究”，“在治学的方法一方面，他便是顾炎武、阎若璩的嫡派传人”[7]。所以，戴震的哲学，可以说是“宋明理学的根本革命，也可说是新理学的建设”[8]。胡适在晚年所

①《胡适文存》一集卷三，第640页。
②《胡适学术文集·中国哲学史》（下），第1102页。
③《胡适学术文集·中国哲学史》（下），第1102页。
④《胡适学术文集·中国哲学史》（下），第1103页。
⑤《胡适学术文集·中国哲学史》（下），第1103页。
⑥《胡适学术文集·中国哲学史》（下），第995页。
⑦《胡适学术文集·中国哲学史》（下），第1006页。
⑧《胡适学术文集·中国哲学史》（下），第1039页。

作的《中国哲学里的科学精神与方法》中，再次指出，由朱熹“即物而穷其理”“以求致乎其极”的求知方法所开启的“新儒家运动”，改进了一种历史的考证方法，因此开了一个经学复兴的新时代①。他说，这个运动，从《大学》里找到了一套方法，找到了“致知在格物”一句话。这句话被朱熹当作这个运动的“主旨”，从而“立下了一套关于研究探索的精神、方法、步骤的原则”②，这套原则，后来成为“顾炎武、戴震、钱大昕、王念孙所代表的精确而不受成见影响的探索精神”③。在这样的意义上，他认同章学诚“戴学本出于朱学”的论断。表明在胡适心目中，朱学就是皖派汉学所代表的科学治学思想和方法的来源。

其次，胡适还对朱熹以“格物致知”为特征的探索精神和治学方法，作过具体的评述。他说，“宋学以程氏兄弟及朱熹为主要代表，主张物必有理，格物在于寻求特殊事物中的理”，这是一种“以积蓄学问开始引导至豁然贯通的最后阶段的方法”④。又说：“当印度的哲学盛行之后，中国的哲学复兴之初，第一个重要的问题，就是方法论，就是一种逻辑。”⑤朱熹等的贡献，就是突破禅宗“顿悟”的方法，从《礼记》中把《大学》提出来，“寻得了中国近世哲学的方法论”，即“‘致知在格物’五个字”。他认为，朱熹“格物”说的要点是：“（1）他们把‘格’字作‘至’字解，朱子用的‘即’字，也是‘到’的意思，‘即物而穷其理’是自己到事物上寻出物的道理来。这便是归纳的精神。（2）‘即凡天下之物，莫不因其已知之理而益穷之，以求至乎其极’，这是很伟大的希望。科学的目的，也不过如此。”⑥又说，朱熹“认定格物致知的基本方法。大胆的疑古，小心的求证，十分明显的表示一种严刻的理智态度，走科学的路”⑦，说明“朱熹学派曾特别注重对于知识采取唯理主义的态

①《胡适学术文集·中国哲学史》(上)，第557页。
②《胡适学术文集·中国哲学史》(上)，第558—559页。
③《胡适学术文集·中国哲学史》(上)，第570页。
④《胡适学术文集·中国哲学史》(下)，第769页。
⑤《胡适文存》一集卷二，第541页。
⑥《胡适文存》一集卷二，第542页。
⑦《胡适文存》二集二卷，第81页。

度”[①]，从而“在中国思想史里，就产生新的唯理主义”[②]。他还列举朱熹应用“格物”说，在观察自然现象方面所取得的一些成就，如对“群山皆为波浪状”“高山有螺蚌壳”等作过类似近代科学的说明，认为“朱子颇能格物”[③]。直到晚年，他还从“朱子真正是受了孔子的‘苏格拉底’的传统的影响”的角度，指出“朱子有校勘、训诂工作的丰富经验，所以能从‘疑’的观念推出一种更实用更有建设性的方法论”[④]，“第一步是提出一个假设的解决办法，然后寻求更多的实例或证据来作比较，来检验这个假设”的一种“怀疑和解决怀疑的方法”，就是“假设和求证”[⑤]。他认为，朱子的突出贡献在于，“第一，他常常对人讲论怀疑在思想和研究上的重要”；“第二，他有勇气把这个怀疑和解除怀疑的方法，应用到儒家的重要经典上，因此，开了一个经学的新时代”[⑥]。在这样的意义上，他说：“宋学只是一种新汉学，而清代汉学，其实只是一种新宋学。”[⑦]又说：“戴学与程朱，同属于致知穷理的学派。戴震是从朱学里出来的。戴学实在是程朱的嫡派，又是程朱的诤友。”[⑧]他的这个论断深刻地揭示了朱学与戴学的内在联系，是很有见地的。

再次，他还列举过朱熹在儒家经书研究上的某些开启后学的具体成就。这就是：（1）对《尚书》研究的“划时代贡献”。他说朱子“有大勇气怀疑《尚书》里所谓‘古文’二十五篇的真伪”，对《古文尚书》提出许多疑点，开启了自他到清代阎若璩的《古文尚书疏证》一书的出现。“这件可算得重大的知识上的革命不能不说是我们哲人朱子的功绩。”（2）朱子“最大胆的论旨是说《易经》虽然向来被看作一部深奥的哲理圣典，其实原来只是卜筮用的本子，而且只把《易》当作一部卜筮的书，一部‘只是为卜筮’的书，才能懂得这部书”。“朱子的《诗集传》也是可以自傲的。”因为，“他大胆抛弃了所谓‘诗序’所代表的传统解释，而认定

①《胡适学术文集·中国哲学史》（上），第518页。
②《胡适学术文集·中国哲学史》（上），第518页。
③《胡适文存》一集卷二，第545页。
④《胡适学术文集·中国哲学史》（上），第560页。
⑤《胡适学术文集·中国哲学史》（上），第560页。
⑥《胡适学术文集·中国哲学史》（上），第560页。
⑦《胡适学术文集·中国哲学史》（下），第1128页。
⑧《胡适学术文集·中国哲学史》（下），第1098页。

《雅》《颂》和《国风》都得用虚心和独立的判断去读”。朱熹还“发现了韵脚的‘古音’”等[①]。

基于以上的认识，在《口述自传》中，胡适归纳说：“从某些方面来说，朱子本人便是一位科学家。他对古代典籍深具批判能力。朱熹也是研究古音韵的急先锋。他开始怀疑《书经》中大部分是作伪；平时对古籍的处理也完全不拘泥于传统；每每使用新方法，另创新论。所以从这一方面来说，我国自17世纪初期后凡三百年的学术研究，实在并不是反对朱熹和宋学；相反的，近三百年来的学者实是继承了朱子治学的精神。”[②]唐德刚在注释此段文字时也说：“胡适之先生一辈子最佩服的‘现代’学者，便是‘我们徽州’的朱子了。他认为朱熹是近六百年来影响我国学术思想最大的思想家和学问家。他老人家就未尝对我说过一句有关朱夫子与朱学的坏话。”[③]以上可以证明，胡适对于朱熹与朱学的评价，与对戴震和戴学的评价是基本一致的。在这样的意义上，他不仅是戴学的嫡派传人，也是朱熹和朱学的嫡派传人，又与戴震一样充当朱学的诤臣。

但是，胡适认为，与皖派汉学的局限一样，朱学也未能在自然科学方面做出大成绩。客观上，“（1）科学的工具机械不够用。（2）没有科学应用的需要”[④]。但主要是主观上，“他们既不讲实用，又不能纯粹的爱真理的态度”[⑤]。他们口说“致知”，但“所希望的并不是这个物的理，和那个物的理，乃是一种最后的绝对真理”，“‘一旦豁然贯通’的绝对智慧”，“这是科学的反面”[⑥]。与此相关，朱熹等又把“物”的范围缩小到“穷经”“应事”“尚论古人”等三项，把“一生的精力大半都用在‘书穷理’，‘读书求义’上”，结果只在儒家的经书上，“做成了几部简明贯串的集注”[⑦]，终不能在自然科学上有所作为。总之，尽管朱熹的“格

① 本段引文均引自《胡适学术文集·中国哲学史》(上)，第560—565页。
②《胡适口述自传》，第300页。
③《胡适口述自传》，第308页。
④《胡适文存》一集卷二，第545页。
⑤《胡适文存》一集卷二，第543页。
⑥《胡适文存》一集卷二，第543页。
⑦《胡适文存》一集卷二，第546页。

物致知是不错的，但当时没有工具，没有方法”，“所以他们至多只能研究几本古书的传注，在烂纸堆里钻来钻去，跑不出来”①。

正因为朱熹和朱学在中国思想史上和学术史上的特殊地位，所以，胡适在晚年也曾与关注《水经注》案一样，花过不少时间和精力，投入过对朱熹和朱学资料的搜集和整理。他撰写了《朱子语类的历史》《朱子论禅家的方法》《考朱子答廖子晦最后一书的年份》等近十篇有关朱子生平、思想的资料性文章、札记、笔记等，又在《中国哲学里的科学精神与方法》等论文中，对朱熹的哲学、治学方法、经学成就等进行过评述。

总之，胡适在新文化运动以来，虽然对理学这个孔家新店所代表的礼教，取否定的评价，但对朱学的治学思想与方法，与对戴震为代表的皖派汉学，取完全一致的态度。于此可见，朱学与皖派汉学，都可称为胡适知识结构的重要组成内容，是其接受西方文化，特别是赫胥黎、杜威学术的内在基础。他称得上既是皖派汉学又是朱学的嫡派传人。而且又与戴震一样，在反对理学纲常礼教上，他又是程朱理学的诤臣。正如余英时在《中国现代思想史上的胡适》所说：“胡适在正式归宗杜威实验主义之前，早已形成了自己的学术观点和思想倾向。这些观点和倾向大体上来自王充《论衡》的批评态度，张载、朱熹注重‘学则须疑’的精神，特别是清代考证学所强调的‘证据’观念。”

三、贬抑桐城派，抬高吴敬梓

在皖学中，曾给胡适的成长及一生学术活动以重要影响的，还有两个文学流派：一个是桐城古文学派，一个是全椒吴敬梓的《儒林外史》的白话小说创体。

对于这两个文学流派，胡适在1920年作的《吴敬梓传》中，就作过这样的评判：“我们安徽的第一个大文豪，不是方苞，不是刘大櫆，也不是姚鼐，是全椒县的吴敬梓。”他的这个贬抑桐城派、抬高吴敬梓的评论，主要是就文学表达的形式立论的，但也同时考虑到二派不同的文学

①《胡适文存》三集卷一，第114—115页。

主张和思想倾向。下边我们分别来谈谈他与这两个文学流派的关系。

桐城派，是清代的一个影响极大的散文流派，由康熙时桐城人方苞所开创。其后，桐城人刘大櫆、姚鼐等又进一步加以发展。他们主张学习《左传》《史记》等先秦两汉散文和唐宋古文家韩愈、欧阳修等人的作品，讲究文章“义法”，要求语言“雅洁”，并主张“文以载道”；思想上恪守程朱理学，倡导以理学“经世”。对于他们的影响，胡适曾说：“姚鼐、曾国藩的古文差不多统一了19世纪晚期的中国散文。”[①]近代许多思想家和著名学者，如康有为、梁启超、谭嗣同、严复、章太炎、林纾，包括胡适在内，无不深受过这个文学流派的影响。但是，这个流派所坚持的文学形式和思想观念，到20世纪以来，已日益与民主和科学的时代潮流相悖，成为阻碍社会进步的严重的惰性因素。

与对戴学的持全面肯定、对朱学既否定又有肯定的态度不同，他对桐城派的文学形式和文学主张，均持基本否定的态度。在“五四”新文化运动中，他首倡白话文，反对文言文，高举起提倡新文学、反对旧文学的文学革命的大旗，其主要锋芒就是指向桐城派所代表的古文学的。他在《文学改良刍议》所提出的“八事”或“八不”主张，其矛头就是针对桐城派的古文主张的。如反对“言之无物”的“物”，就是“非古人所谓‘文以载道’之说也”；所谓“不摹仿古人”，就是反对“文学下规姚曾，上师韩欧，更上则取法秦汉魏晋”。此外，所谓“须讲文法”“不作无病之呻吟”“务去烂调套语”“不用典”“不讲对仗”“不避俗语俗字”等，都主要针对桐城派古文所存在的弊端而发的。他之所以要反对桐城派的文言文，是因为他们“枉废有用的精力于微细纤巧之末”[②]，用来“作不能行远不能普及之秦汉六朝文字”[③]；又因为这种文字艰涩难懂，“不能与一般的人生出交涉”，“仍旧是少数人的贵族文学，仍旧免不了‘死文学’或‘半死文学’的评判”[④]。对于这场“文学革命”的反桐城派性质，后来在《胡适口述自传》中，说得更加明白。他说，那时，陈

①《胡适学术文集·新文学运动》，中华书局1993年版，第22页。
②《胡适学术文集·新文学运动》，第27—28页。
③《胡适学术文集·新文学运动》，第27—28页。
④《胡适学术文集·新文学运动》，第134页。

独秀曾“把那些阻挠自宋元以后白话小说所发轫的文学革命的‘古文大家’，总括为‘十八妖魔’”[①]。这“十八妖魔”指的是“领导明代文风的前七子”和“后七子”[②]，“另外四人则是明代的古文大家归有光和清代的方苞、刘大櫆、姚鼐。这四位中的后三人（方、刘、姚），皆是陈独秀和我的安徽同乡”[③]。又说：“钱玄同也提出了流传一时的名句‘选学妖孽’和‘桐城谬种’。”[④]他解释说：“桐城是我们安徽（安庆府里）的一县，而一县之中竟在‘十八妖魔’里出了方苞、刘大櫆、姚鼐三大‘妖魔’；号称‘桐城派’。所以钱玄同叫这一派古文家为桐城谬种。”他说，这几句口号，在当时流传很远，“也为文学革命找到了革命的对象”。显然，胡适是赞成这些归纳性的口号的。

还值得一提的是，他对桐城派拥护理学、反对皖派汉学的主张和倾向，也是极度反感的。为此，在《戴东原的哲学》中，他就对姚鼐、方东树等人攻击戴震为代表的皖派汉学的言论，进行过剖析和驳斥。他说，姚鼐是“崇信宋儒”的，与清代反对宋学的人不同，不承认“明朝亡于理学”，“替理学辩护，却说宋学之效能‘使明久而后亡’”。他认为，这是一种“主观的论断”[⑤]。胡适又说，姚鼐“提倡宋儒的理学”，攻击戴震“欲言义理以夺洛闽之席”，是“愚妄不自量之甚”[⑥]。针对姚鼐攻击戴震反理学是“欲与程朱争名”，所以“为天之所恶”，“身灭嗣绝”[⑦]，胡适认为，姚鼐“不去考量戴氏所讲的义理究竟是怎样的，却先武断戴氏不配讲义理，这岂不是‘愚妄’吗？”[⑧]他轻蔑地讽刺说：“姚鼐说诋毁程朱的要‘为天之所恶，身灭嗣绝’。可怕啊！程朱的权威真可怕呀！”[⑨]在《戴东原的哲学》一书中，他还以近万字的篇幅，列举评判了方东树的《汉学商兑》对戴震和汉学的攻击。他说，方氏的书，“可算是理学末

①《胡适口述自传》，第170页。
②《胡适口述自传》，第170页。
③《胡适口述自传》，第170页。
④《胡适口述自传》，第171页。
⑤《胡适学术文集·中国哲学史》（下），第1048—1049页。
⑥《胡适学术文集·中国哲学史》（下），第1048—1049页。
⑦《胡适学术文集·中国哲学史》（下），第1048—1049页。
⑧《胡适学术文集·中国哲学史》（下），第1049页。
⑨《胡适学术文集·中国哲学史》（下），第1049页。

流对‘汉学’的一种最激烈的反动”[①]。针对该书对戴震“著书以辟宋儒，攻朱子为本”，是“名为治经，实足乱经；名为卫道，实则畔道”，是“有害于世教学术，百倍于禅与心学”等“深恶汉学”的言论，胡适认为，这表明“方东树著书的动机全是一种盲目的成见”[②]。又说：方东树攻击戴震反理学是“厉禁言理”，是与事实不符的。因为“戴氏明目张胆地攻击理学，尤其攻击朱子。但戴氏并不是像方氏所说的‘厉禁言理’；戴氏攻击那‘得于天而具于心’的理，而主张‘在事物之中的条理’”，所以，不是“厉禁言理”。他认为，方东树“论汉学有六弊”，最注重治经方法和对于理学的态度两事。关于治经方法，方说“汉学家昧于小学大学之分，混小学于大学，以为不当歧而二之”，批评“汉学家泥专于训诂”[③]，虽有合理的因素，但并不能打倒戴派的汉学。因为，“戴学本不拘宋儒汉儒；他的大弟子王念孙、段玉裁都能打破汉儒的束缚”[④]。他认为，方东树攻击汉学家迷信《说文》的说法，“也不足以攻诋戴学”，因为“迷信《说文》固是可笑；但轻视古训诂而空谈义理，更是可笑”。他说：“方东树最爱谈义理，但他自己实在不曾明白所谓‘义理’是什么东西”，其“根本毛病即在于误认宋儒的义理为‘直与孔曾思孟无二’”。他认为，“这种完全缺乏历史眼光的成见是不配批评清儒的方法的”。他说，方氏最痛恨戴震“对于理学的态度”，攻击考证家“用心尚粗，故不喜言心”[⑤]。他认为，这是“冤枉”[⑥]，因为“考证家最肯用心而不高兴言心；普通的理学家都是天天言心而不肯用心”。他说，方氏攻击汉学家“以致知穷理为堕禅”，也是“冤枉”。因为，“汉学家不但不反对致知穷理，并且正是实行致知穷理。不过他们要致的不是那不学而知的良知，要穷的也不是那得于天而具于心的理”[⑦]。他说，从方氏批评戴震论理的文字看，“方氏完全不懂得戴学的宗旨”。他认为，戴学的

①《胡适学术文集·中国哲学史》(下)，第1089页。
②《胡适学术文集·中国哲学史》(下)，第1090页。
③《胡适学术文集·中国哲学史》(下)，第1093页。
④《胡适学术文集·中国哲学史》(下)，第1093页。
⑤《胡适学术文集·中国哲学史》(下)，第1094—1095页。
⑥《胡适学术文集·中国哲学史》(下)，第1095页。
⑦《胡适学术文集·中国哲学史》(下)，第1095页。

要义在于："教人知道'理'是难知的，不是任何人可以随便乱说的"；"指出'己之意见不出于私'未必即是天理；必须要用那训练了的心知去体察'情至于纤悉无遗憾'，那才是得理"[①]。所以，他认为，方氏攻击戴震反理学的言论，表明"方氏不细心研究戴氏说理的主旨，只能摭拾几句不重要的话，谩骂一场而已"[②]。总之，"方东树坚持成见，不能了解戴学；他的驳论只可算是当时人不懂戴学的一个例证而已"。[③]正是因为姚、方等抱着一种崇拜程朱理学的卫道成见，去反对戴震的"离经畔道，过于杨墨佛老"（方氏《辨道论》），所以，胡适称他们为"一班顽固的反动派"[④]。

必须指出，胡适作为一名诚实的学者，他也从不讳言桐城派对他的影响，他对桐城派也不是一味地批评，而在某些论著中也对这个学派的历史作用和地位，作过客观的评论。

在《五十年来中国之文学》中，胡适就说过："平心而论，在古文学中，自然要算'古文'（自韩愈至曾国藩以下的古文）是最正当有用的文体。"他认为，唐宋八家和桐城古文的长处是，"他们甘心做通顺清淡的文章，不妄想做假古董。学桐城古文的人，大多数还可以做到一个通字；再进一步，还可以做到应用的文字"。他认为，乾嘉以后，桐城派的中兴，"虽然没有什么大贡献，却也没有什么大害处。他们有时自命为'卫道'的圣贤，如方东树的攻击汉学，如林纾的攻击新思潮，那就是中了'文以载道'的话的毒，未免不知分量。但桐城派的影响，使古文做通顺了，为后来二三十年勉强应用的预备，这点功劳是不可埋没的"[⑤]。在《中国新文学大系》第一集"导言"中，胡适又说，在历史上，"桐城派古文的抬头，就是骈俪文体的衰落"，"散文体做到了明白通顺的一条路，它的应用能力当然比那骈俪文和那模仿殷盘周诰的假古文大多了"[⑥]。他总结19世纪后半期四五十年桐城派古文的用处有：第一是时务策论的文

①《胡适学术文集·中国哲学史》(下)，第1096—1097页。
②《胡适学术文集·中国哲学史》(下)，第1097页。
③《胡适学术文集·中国哲学史》(下)，第1097页。
④《胡适学术文集·中国哲学史》(下)，第1099页。
⑤《胡适学术文集·新文学运动》，第100页。
⑥《胡适学术文集·新文学运动》，第227页。

章；第二是翻译外国的学术著作；第三是翻译外国小说等。他的结论是，“古文经桐城派的廓清，变成通顺明白的文体，所以在那几十年中，古文家还能勉强挣扎”[①]。

但是，“时代变得太快了，新的事物太多了，新的知识太复杂了，新的思想太广博了，那种简单的古文体无论怎样变化，终不能应付这新时代的要求，终于失败了”[②]。其失败原因，就“在于难懂难学”[③]。这也是胡适反对旧文学的一个依据。他说：“吾辈之攻击古文家，正以其不明文学之趋势而强欲作一千年二千年以上之古文。此说不破，则白话之文学无有列为文学正宗之一日。”[④]所以，他攻击桐城派古文，就是为了推行白话文学，以适应时代的需要的。

与康有为、梁启超、谭嗣同、严复等桐城的“变种”或“嫡派”类似，胡适自幼以来，也曾深受桐城派古文的影响，称得上是从古文中滚出来的。所以，不仅在早期的诗文中，而且在后来的白话诗文的创作中，仍留下了桐城派古文影响的痕迹。在《整理国故与“打鬼”》中，他就承认：“平心说来，我们这一辈人都是从古文里滚出来的，一二十年的死工夫或二三十年的死工夫究竟还留下一点子鬼影，不容易完全脱胎换骨。即如我自己，必须全副精神贯注在修辞造句上，方才可以做纯粹的白话文。”[⑤]后来又说，“像我们这样作古文作旧诗起家的人，不能完全运用白话文，正和小脚的女人不能恢复天足一样”[⑥]，是写不好白话文作品的。这里“作古文作旧诗起家”八个字形象而确切地描述了他深受桐城派的影响。他还叙述与肯定过桐城派人物给予的直接的正面影响。如他在上海读书时的一次养病期间，一个偶然的机会，翻读了桐城派文人吴汝纶编的《古诗选》，觉得很有兴趣，感到比律诗好，自由、不受拘束，于是就开始动手作诗了[⑦]。他还称赞过吴汝纶在古文方面的成就，肯定过其对

①《胡适学术文集·新文学运动》，第228页。
②《胡适学术文集·新文学运动》，第228页。
③《胡适学术文集·新文学运动》，第230页。
④《胡适学术文集·新文学运动》，第247页。
⑤《胡适文存》三集卷二，第208页。
⑥《胡适口述自传》，第171页。
⑦ 白吉庵：《胡适传》，人民出版社1993年版，第36页。

严复、林纾等学生的培育之功等。

与对皖学中的桐城派文学流派取基本否定评价不同，对于全椒县吴敬梓（1701—1754）创作的白话小说《儒林外史》，他就完全取肯定的态度，不仅把它视为白话文学的楷模，而且对其反对封建科举制度和封建礼教的思想倾向，给予高度的评价。

据胡适自述，他九岁开始阅读古典小说，先是看《第五才子书》（《水浒传》），而后是《三国演义》，及从其三哥书架上找到的《红楼梦》《儒林外史》《聊斋志异》等三十多部小说。尽管直到十四岁离开家乡时，“还不能了解《红楼梦》和《儒林外史》的好处。但这一大类都是白话小说，我在不知不觉之中得了不少的白话散文的训练，在十几年后于我很有用处”[①]。而且，“还有一桩绝大的好处，就是帮助我把文字弄通顺了”[②]。可见，《儒林外史》一书，在胡适的幼小年代就开始给他以影响了。

诚如所言，《儒林外史》等白话小说的好处，随着他的年龄和学识的增长，到了新文化运动时期，在他提倡白话文反对文言文的文学革命时，在他投身反礼教的思想解放运动时，就发挥了难以估量的作用了。

例如，在《再寄陈独秀答钱玄同》的信中，他就应付裕如地对《儒林外史》等古典白话小说，作出了声情并茂的整体性高度评价。在基本上认同钱玄同关于《水浒》《红楼梦》《儒林外史》《官场现形记》《孽海花》《二十年目睹之怪现状》等“为小说之有价值者”的评判之后，还进一步强调指出《儒林外史》的特殊意义。他认为，《官场现形记》《文明小史》《老残游记》《孽海花》《二十年目睹之怪现状》等“皆为《儒林外史》的产儿”[③]。因为，与《儒林外史》一样，“其体裁皆为不连属的种种事实勉强牵合而成。合之可至无穷之长，分之可成无数短篇写生小说”[④]。他还对比分析了当时流行的众多思想艺术均有特色的小说作品的价值，认为“吾国第一流小说，古人惟《水浒》《西游》《儒林外史》《红

---

①《四十自述》，载《胡适自传》，黄山书社1991年版，第27页。

②《四十自述》，载《胡适自传》，黄山书社1991年版，第27页。

③《胡适学术文集·新文学运动》，第37页。

④《胡适学术文集·新文学运动》，第37页。

楼梦》四部，今人惟李伯元、吴趼人两家”[①]，从而把《儒林外史》评为中国“第一流小说”的崇高地位，予以推崇。在《建设的文学革命论》中，他又从提倡“国语的文学”的要求出发，把《儒林外史》等用白话写成的四部第一流小说，称之为“活文学”的标本，认为“我们今日所用的‘标准白话’，都是这几部白话的文学定下来的”。所以，他号召提倡新文学的人，“尽量采用《水浒》《西游记》《儒林外史》《红楼梦》的白话”[②]，把以上四部小说，列为“模范的白话文学”[③]。

为了推广白话文学和提倡新文学、反对旧文学的需要，“五四”以后，他建议亚东图书馆出版前述四部中国第一流小说，他自己则对这些小说的著述、演变沿革史以及作者身世等进行考证，写作作者传记等，以增强推广这些小说的声势。1920年4月，他在程晋芳《文木先生传》和《儒林外史》小说的基础上，为“我们安徽同乡吴敬梓先生”写作了《吴敬梓传》。在这本传记中，他开宗明义地把吴敬梓称为“我们安徽的第一个大文豪”，而把桐城派文人贬在了吴敬梓之下，并称吴敬梓的《儒林外史》为“近世中国文学的一部杰作”[④]。他说：“这部书所以能不朽，全在他的见识高超，技术高明。”[⑤]他认为“全书的主旨”，是“批评明朝的科举用八股的制度”，是“痛骂举业”，目的在于“提倡一种新社会心理，叫人知道举业的丑态，知道官的丑态；叫人觉得‘人’比‘官’格外可贵，学问比八股文格外可贵，人格比富贵格外可贵”[⑥]。他还列举了该书所描写的一些令人可怜、可敬、可鄙、可爱的人物事例，认为都是姚鼐、方苞一流人不能够“梦见”的。这样，他就以崭新的价值标准和美学标准，通过与桐城派的比较，首次肯定了吴敬梓在中国文学史上的崇高地位。1922年11月，他又根据新发现的《文木山房集》的《减字木兰花》词八首，和《移家赋》等资料，加上《耆献类征》《全椒志》中吴敬梓先人留下的资料，联系《儒林外史》的相关情节，做了一篇长达一

①《胡适学术文集·新文学运动》，第37页。
②《胡适学术文集·新文学运动》，第44页。
③《胡适学术文集·新文学运动》，第47页。
④《胡适文存》一集卷四，第1096页。
⑤《胡适文存》一集卷四，第1096页。
⑥《胡适文存》一集卷四，第1096—1097页。

万七八千字的《吴敬梓年谱》，进一步对吴敬梓的家世、个人经历及思想演变的历程，特别是对吴敬梓写作《儒林外史》的思想背景作了考察分析，从而比较可信地把吴敬梓这位“八股大家的曾孙，自己也在这里面用过一番功夫来，经过许多考试，一旦大觉悟之后，方才把八股社会的真相——丑态——穷形尽势地描写出来”[①]，把一位八股科举制度的“叛徒”面目揭示出来[②]。后来，他又在《五十年来中国之文学》《中国新文学大系》第一集导言等文中，对吴敬梓的《儒林外史》作了更进一步的高度评论。

首先，他认为，《儒林外史》是一部用白话写作的“活文学”。他说，在中国历史上凡是有价值有生命的文学，“都是白话的，或是近于白话的”，这种白话的文学作品，可以称之为“活文学”[③]。他把明朝古文大家宋濂的《王冕传》与《儒林外史》第一回的《王冕传》作了比较，认为从中“便可以知道死文学和活文学的分别了”。[④]《儒林外史》中的王冕“是一个有感情、有血气、能生动、能谈笑的活人”，这都是因为做书的人，“能用活语言活文字来描写他的生活神情”[⑤]。他认为今日包括他自己在内的一些人，之所以“能写出好几百个字的白话的字”的文章，都得归功于《儒林外史》等几部白话小说的示范作用。“我们今日所用的‘标准白话’，都是这几部白话的文学定下来的。”[⑥]他又说，《儒林外史》等白话小说，“早已给了我们许多白话教本，我们可以从这些小说里学到写白话文的技能”，所以，它们是“我们的白话老师，是我们的国语模范文，是我们的国语‘无师自通’速成学校”[⑦]。

其次，他突破了以往“功名富贵”是该书“主旨”的说法，在肯定“批评明朝的科举用八股的制度”是“全书的主旨”的基础上，称该书为一部伟大的“写实主义”作品。他说：“这部书是一种讽刺小说，颇具一

①《胡适文存》二集卷四，第336页。
②《胡适文存》二集卷四，第336页。
③《胡适学术文集·新文学运动》，第42页。
④《胡适学术文集·新文学运动》，第42页。
⑤《胡适学术文集·新文学运动》，第43页。
⑥《胡适学术文集·新文学运动》，第44页。
⑦《胡适学术文集·新文学运动》，第250—251页。

点写实主义的技巧，既没有神怪的话，又很少儿女英雄的话。”他把该书与《儿女英雄传》在科举态度上作了比较，说：“《儒林外史》极力描摹科举时代的社会习惯与心理，那是有意的讽刺”，反之，后者则是“崇拜科举功名”[①]。在这样的意义上，他说：“我们若要知道某个时代的社会生活的详细记载，只好向《红楼梦》和《儒林外史》一类的书里寻去。”[②]

再次，他还高度评价了《儒林外史》的独特的写作技巧和它的体裁结构。他说：“《儒林外史》所以能有文学价值者，全靠一副写人物的画工本领。”他认为，该书所描述的严贡生、马二先生、权勿用等“个个都是活的人物”[③]，有如《水浒传》写鲁智深、李逵、武松等人物。他还指出，该书开创了一种新的文学体裁、一种新的文学结构。他说：“论文学者固当注重内容，然亦不当忽略其文学结构。结构不能离内容而存在。然内容得美好的结构乃益可贵。”[④]他认为，该书之所以能在“文人社会里”具有“魔力”，就因为它“是一种创体，可以作批评社会的绝好工具”，又因为它“用的语言是长江流域的官话，最普通，最适用”，还因为它“没有布局，全是一段一段的短篇小品连缀起来的；拆开来，每段自成一篇，斗拢来，可长至无穷。这个体裁最容易学，又最方便。因此，这种一段一段没有总结构的小说就成了近代讽刺小说的普通法式”[⑤]。

正是在深评《儒林外史》的思想倾向和艺术技巧的基础上，他表示认同鲁迅对该书的“推崇”：“迨吴敬梓《儒林外史》出，乃秉持公心，指摘时弊……其感而能谐，婉而多讽，于是说部中乃始有足称讽刺之书。”[⑥]表示对“这种主张我很赞同”。并说：“吴敬梓是个有学问、有高尚人格的人，他又不曾梦想靠做小说吃饭，故他的小说是一种全神贯注的著作。他是文学家，又受了颜习斋、李刚主、程绵庄一派的思想影响，故他的讽刺能为有见解的社会批评。他的人格高，故能用公心讽世；他

①《胡适文存》三集卷六，第753页。
②《胡适学术文集·语言文字研究》，中华书局1993年版，第11—12页。
③《胡适学术文集·语言文字研究》，第49页。
④《胡适学术文集·语言文字研究》，第36页。
⑤《胡适学术文集·新文学运动》，第138页。
⑥《中国小说史略》，第245页。

的见解高，故能‘哀而不愠，微而婉’”[①]。正是据此，他说，清朝在乾隆时代的“文学正宗”，已不是桐城派，也不是“公安三袁”这些做古文古诗的人，而是“他们同时代的吴敬梓、曹雪芹了”[②]。直到晚年，他还高度评价《儒林外史》“是部骂当时教育制度的书，批评政治制度中的科举制度”[③]的书。他还把吴敬梓与曹雪芹作比较，认为“曹雪芹的思想很平凡，而吴敬梓的思想则是超过当时的时代，有着强烈的反抗意识”[④]。又说：“《儒林外史》实在是一部很好的教育史资料，书中不但谈到学制，学生、老师们的生活，同时还谈到由于学制，老师、学生们的生活与关系，所养成的学生的人格与德性。”[⑤]他的评论是否恰当，自当别论，但从中可以看出他对吴敬梓和《儒林外史》偏爱之深。

以上表明，与皖学的其他部分一样，胡适也是自幼就开始受到吴敬梓与《儒林外史》的影响。成年以后，由于接受西方的民主与科学文化，形成了自己的民主主义的价值观，就更加推崇其人其书，对该书的白话文字表达形式和反理学反礼教的思想倾向，以及高超的写作技巧推崇备至，视为推进文学革命和反礼教的先导、模范、武器，而终身服膺，把自己视为吴的学生、继承人，说自己是“最敬重吴先生的”[⑥]。这种评论，在他评论皖学中，只有戴震与戴学可以相提并论。

小　结

在《戴东原的哲学》的结尾中，胡适提出：“我们关心中国思想的前途的人，今日已到了歧路之上，不能不有一个抉择了。我们走哪条路呢？我们还是‘好高而就易’，甘心用‘内心生活’‘精神文明’一类揣度影响之谈来自欺欺人呢？还是决心不怕艰难，选择那纯粹理智的态度的崎岖山路，继续九百年来致知穷理的遗风，用科学的方法来修正考证学派

①《胡适文存》三集卷六，第783—784页。
②《胡适学术文集·新文学运动》，第246页。
③ 胡颂平：《胡适之先生年谱长编初稿》，第3131页。
④ 胡颂平：《胡适之先生年谱长编初稿》，第3131页。
⑤ 胡颂平：《胡适之先生年谱长编初稿》，第3133页。
⑥《胡适文存》三集卷六，第855页。

的方法，用科学的知识来修正颜元、戴震的结论，而努力改造一种科学的致知穷理的中国哲学呢？我们究竟决心走哪一条路呢？”[①]本文表明，胡适终身致力于皖学的学习和研究，特别是皖派汉学和朱学的研究，是他决心以西方民主和科学为参照，用科学的方法来修正由朱熹开创、由戴震为代表的皖派汉学的方法，使中国学术走上现代化的道路。所以，胡适的学术也可以称为“新汉学”“新理学”或“新皖学”。不过与旧汉学、旧理学和旧皖学不同的是，他是在西方民主、科学文化指导下，通过总结戴震、吴敬梓的反理学成果，批判朱熹的理学糟粕和桐城派的理学成见，不但已经抛弃了朱学中的礼教观念，也已抛弃了汉学家中的纲常、伦理观念，使他提倡的治学思想和方法、新的自然主义的人生观等，更具有现代科学的因素，更清醒地看到皖派汉学方法的局限性，思想上则更有着清醒的民主主义自觉，在表达形式上也是自觉的《儒林外史》化了。

（原载《胡适研究》第三辑，安徽教育出版社2001年版）

①《胡适学术文集·中国哲学史》(下)，第1101页。

近代学术史上的胡适与章太炎

胡适与章太炎是我国近代资产阶级学术两个不同发展阶段的代表。章太炎是最早主张用资产阶级价值观整理“国故”，并率先有系统地尝试研究中国学术的学者。他以西方传入的进化论和社会政治学说为武器，以佛教唯识宗为参照，运用传统的考证方法，对中国几千年来的传统学术进行认真的研究和评述，堪称近代中国资产阶级学术的先驱。胡适则是在章太炎之后，在新的历史条件下，“整理国故”运动的倡导人，是把中国传统学术研究和整理推向一个新阶段的后继者。以杜威实验主义哲学为指导，以民主和科学为标尺，继承和发扬今文学派的怀疑精神和古文学派的考证方法，在扬弃章太炎等人的学术成果的基础上，推进了中国学术近代化的进程。

对于胡适与章太炎在学术上的先后承续关系，中外学术界的许多学者作过评论。例如，梁启超在20世纪20年代初就指出：胡适的《中国哲学史大纲》，在评孔学、论名学的许多地方，就是“章太炎先生引起端绪，都是胡先生才告成功”的[①]。稍后，周予同也曾指出：从传统学术的角度看，“胡适是继承了宋学的怀疑精神，采用了汉学古文派的考证的方法”，其中《中国哲学史大纲》，“将老、孔、墨诸子等视齐观，或者已受章炳麟《诸子学》”的影响[②]。日本学者岛田虔次也指出：“作为属于所谓哲学史的领域中的业绩，太炎开辟了诸子学”，“胡适的名学研究，主要就是继承了太炎所开辟的学问并使其前进了”[③]。但是，学术界至今还

① 梁启超：《讲胡适之〈中国哲学史大纲〉》。

② 周予同：《五十年来中国之新史学》。

③《章太炎的事业及其与鲁迅的关系》，收入《章太炎生平与思想研究文选》，浙江人民出版社1986年版。

无人专门研究过他们两人在学术上的具体的承续关系，因而也就难以看清近代资产阶级学术发展的具体脉络。

一

胡适对章太炎学术上的承继关系，集中地反映在他对中国自先秦至清代的传统学术的再评估上，反映在他的中国学术史研究的系列论著中。具体说：

（一）沿着章太炎《论诸子学》的足迹，在《中国哲学史大纲》中，对先秦哲学作了进一步探讨。

在中国学术史上，自汉武帝定儒学于“一尊”，特别是宋明理学产生以来，中国的诸子学一直处于经学的附庸地位。直到清中叶，汪中开其端，到晚清才经孙诒让，特别是章太炎的全力研究，才使它从经学的附庸，发展成独立的学问。从《訄书》初刻本的有关诸子论文，到《齐物论释》，尤其是《论诸子学》，章太炎形成了他的系统的创造性的诸子学新著。在这些论著中，他从民主革命的需要出发，从哲学、伦理学、逻辑学、政治学等各个方面，对先秦诸子学说进行过剖析。他首次将孔子当作诸子之一加以批判性的研究，提出把孔子区分为“商订历史之孔子”和“从事教育之孔子”。认为前者“流为经师”。后者“流为儒家”。批评“儒家之病，在以富贵利禄为心”，“用儒家之道德，故艰苦卓厉者绝无，冒没奔竞者皆是”；“用儒家之思想，故宗旨多在可否之间，议论止于函胡之地”，“儒术之害，则在淆乱人之思想”。他认为，孔子在历史上的地位，是“古良史”，儒家经书，是“纪事之书”，“其学惟为客观之学”。这样，他就开创了中国近代史上指名道姓批判孔子和儒学的先河。与贬抑儒家相反，他对于长期湮没的诸子之学却是极为推崇：视诸子之学为“主观之学，要在寻求义理，不在考迹异同”[①]。在具体评论中，他早先推重荀卿与韩非，并为商鞅辩诬，后来，又用唯识论解庄子，推崇庄子，企图用佛法同老庄哲学“救时应务”，为庄子研究“开一新国土”[②]。他

① 上引均见《论诸子学》。

② 梁启超：《清代学术概论》。

尤重先秦诸子的名学，用唯识论解荀子正名与墨经，又将因明和墨经与西洋逻辑学相比较，开辟了先秦名学研究的新领域。在先秦诸子的学派源流方面，他坚持老先孔后的传统观点，认为老子“为儒家先导”，“孔学本出于老”[1]。这样，章太炎在先秦诸子研究方面，形成了前无古人的创造性的学术新体系。

对于章太炎的诸子学，胡适给予了高度的评价。认为在中国学术史上，只有到了章太炎“方才于校勘训诂之外，别出一种有条理有系统的诸子学”[2]。认为章太炎的诸子学论著，如《原名》《明见》《齐物论释》等均是“空前的著作”[3]。说章太炎在诸子学方面所以取得的巨大成绩，是因为“太炎精于佛学，先有佛学的因明学、心理学，纯粹哲学作为比较印证的材料”[4]。他表示他著《中国哲学史大纲》一书，“最大奢望”就是要像章太炎一样，于校勘训诂之外，吸取西方比较参考的哲学资料，“把各家哲学融会贯通，要使他们各成有头绪有条理的学说”[5]。说出了他对章太炎诸子学的师承和进一步发展的关系。

更为重要的是，他在对先秦诸子哲学的评估上，基本认同章的论断，并沿着章的论断前进。

首先，他在章太炎的基础上，进一步突破以往“崇拜孔子，排斥诸子”的旧观念，以“扼要的手段”“截断众流”的勇气，“平等的眼光”来评判先秦哲学。他把中国古代哲学的上限从公元前的“诗人时代”讲起，哲学家则从老、孔、墨讲起，把孔孟和儒家与诸子平等看待，统统列入“诸子哲学”之中，开展评述。在篇章结构上，他把老子、孔子、孔门弟子、墨子、杨朱、别墨、庄子、荀子以前的儒家、荀子、古代哲学的终局，均作为先秦“诸子哲学”的一篇，来加以评述，而孟子则降为篇中的一章来评述。这不仅夷孔子与老墨相等的地位，且抬高了荀子、别墨与孔子同等的地位，从而使孔孟从“至圣”，下降为诸子，甚至低于诸子。

① 上引均见《论诸子学》。
② 见《中国哲学史大纲·导言》。
③ 见《中国哲学史大纲·导言》。
④ 见《中国哲学史大纲·导言》。
⑤ 见《中国哲学史大纲·导言》。

在具体评论上，他认同章太炎批孔的调子，认为孔子只是“一个实行的政治家”，政治上是“中国古代的守旧派”。在学术上，孔子是“述而不作”的。儒家经书中，诗、书、礼、乐是孔子“删定的”，只有《易传》是“根据原有的《周易》作的，就是《春秋》也是根据鲁国的史记作的”。而孔子作《春秋》，“不在记实事，只在为个人心中对于实事的评判”，结果以其“私见”来歪曲历史事实，“使中国只有主观的历史，没有物观的历史”。他还批评孔子“把‘学’字看作读书的学问”，使中国几千年的教育只重读书，“造成一国‘书生’废物”。在对先秦各派学术的评论上，他也追随章太炎，凡章推重的他都推重。例如，章推重“别墨”的名学，他就称“别墨”为“科学的墨学”，说《墨经》六篇是“中国古代第一奇书”，墨家名学在“世界名学史上，应该占一重要位置”；又如，章“尊荀”，他也推崇荀子，说“荀子在儒家最为突出”，其贡献是“用老子一般人的‘无意志的天’，来改正儒家、墨家的‘赏善罚恶’有意志的天；同时却又能免去老子、庄子天道观念的安命守旧种种恶果”等。

以上表明，尽管胡适在诸子的具体评论上与章太炎也有某些差异，但在整体性的和各派学说的基本评估上，则是一脉相承，大体一致的。

（二）《说儒》对章太炎《原儒》所开启的儒家和儒学演进的历史进行的再探讨。

儒家和儒家文化是中国文化的主体内容，科学地研究和说明儒家文化演变的历史，是建设科学的中国学术史的重要课题。在《訄书》《论诸子学》等对儒学进行批判性评论后，章太炎在《国故论衡》的《原儒》中，用进化论观点，对儒家和儒学的历史，作了简明扼要的考察。他提出，“儒有三科，关‘达’、‘类’、‘私’之名（《墨子经上》篇说有三种达、类、私。如‘物’是达名，‘马’是类名，‘舜’是私名）；达名为儒，儒者术士也”；“类名为儒。儒者知礼、乐、射、御、书、数”，“则躬备德行为师，效其材艺为儒”；“私名为儒”，“盖出于司徒之官，助人君顺阴阳教化者也”。而“今独以传经为儒，以私名则异，以达名、类名则偏。要之题号由古今异，儒犹道矣”。他认为，“儒之名于古通为术士，于今专为师氏之守”。这样，他运用古文献和《说文》等字书，对儒和儒家学派首次从历史演变的角度作了初步的考察，纠正了流行的“独以传经为儒”的狭隘观念和偏颇，为中国儒学发展史作了开创性的贡献，惜乎他未能展开评述。

与章太炎一样，胡适也没有停留在对孔子和儒学的静态研究和批判性评论上，而是继承和发展了章太炎的研究成果。他赞赏章在《原儒》中的观点，认为该文“在当时真有开山之功，因为第一个提出了‘题号由古今异’的一个历史见解”，其“大贡献在于我们知道‘儒’的意义经过了一个历史的变化，从一个广义的，包括一切方术之士的‘儒’，后来竟缩小到祖述尧舜，宪章文武，宗师仲尼的狭隘的儒”。认为章的这个“创说”，“大体上是完全可以成立的”。但是，他又认为章的论述，也有不完备处：一是，章所说的“类名”的儒，即所指“‘六艺之人’的儒”，根据“只有《周礼》的两章郑玄注”，而周礼是伪书；二是，“儒之名于古通为术士”，根据的也“都是秦汉的材料”，而且没有“说明这个广义的儒究竟起于什么时代？他们的来历是什么？他们的生活怎样的？他们同那狭义的儒有何历史的关系？他们同春秋战国之间的许多思想潮流又有何历史的关系？”三是，章在《原道》注语上说：“儒家法家皆出于道，道则非出于儒”，据此，“‘儒’还够不上一个‘类’名，更够不上‘达’名了”①。所以，他为发展章太炎关于儒从“术士”之儒，变为“师氏之守”的儒的观点，“补充和延伸章先生的说法”，对儒的发展进一步作“尝试的研究”，并撰成《说儒》一文。

在《说儒》中，他首次提出“儒”原是殷民族的教士的论断。认为“儒”的“衣服是殷服”，“宗教是殷礼”，“人生观是亡国遗民的柔逊的人生观”。他考察“儒”的起源，认定最早见于《论语》，《说文》训“柔也，术士之称。从人，雷声”。又说：在《广雅释诂》《考工记》《周易》中，“凡从需之字，大都有柔弱或濡滞之义”。他推断“儒”的“第一义是一种古衣冠，外貌表示文弱迂缓的人”。又据《墨子》，“儒”自称其衣冠为“古服”，当时的“古”，显指殷朝，孔子也自称殷人，又是一证。

① 本段引文均出自《说儒》。

总之，“最初的儒都是殷人，都是殷的遗民，他们穿戴殷的古衣冠，习行殷的古礼。是儒的第二个古义”。接着，他根据傅斯年《周东封与殷遗民》所说鲁为“殷遗民之国”，推断当时整个东土各国，尽管政治上“周民族成了统治阶级”，“以文化论，那新起的周民族自然比不上东方久远的殷民族”。这样，他认为，《论语·先进》“先进于礼乐，野人也；后进于礼乐，君子也。如用之，则吾从先进”的话，就释然了。

他还以希腊历史为参照，比较说明殷商的知识分子——“王朝的贞人，太祝，以反贵族的多士”等，也以他们的“殷人的崇教”作为战胜征服者的武器。并以殷墟出土遗物与文字，证明殷人的文化，确是“一种宗教的文化”，“一种祖先教”。认为“这种宗教需用一批有特别训练的人”，这些人殷亡后，“往往沦为奴隶，或散在民间”，“自成了一个特殊的阶级”，这就是“儒”。这些背负着故国文化的遗风，处于“亡国遗民”的屈辱地位，“习惯‘犯而不校’的不抵抗主义，所以得了‘儒’的浑名”。这样，他从文字释义，古文献和地下资料，加上大胆想象，对“儒”的起源和来历作了界定。

接着，他认定儒的早期活动，是以“治丧相礼”为职业的。从孔子把儒分为“君子儒”和“小人儒”，认为“小人儒”或“俗儒”的生活是：贫穷、寄生而又倨傲；从事治丧相礼职业；自己仍实行“久丧”之制。总之，“儒是殷民族的教士，靠他们的宗教知识为衣食之端”。孔子和他的弟子，本来都是殷儒商祝。“孔子只是那个职业里出来的一个有远见的领袖，而他的弟子仍是那个治丧相礼职业中人”。这样，经过六七百年的演变，儒从殷民族的教士“渐渐变成了绝大多数人民的教师”，他们的礼教也“渐渐行到统治阶级里”。“这才是那个广义的‘儒’”。

他认为，从广义的儒，“变成孔门学者的私名”，这是与殷遗民几百年的民族复兴运动的历史联系着的。犹如犹太民族的“弥赛亚”降生救世的悬记，引起耶稣领导的大运动一样，商民族亡国后也有一个“五百年必有王者兴”的预言，掀起民族自救运动，最终应在孔子身上，成了“儒的中兴领袖”。而孔子之所以“做了那中兴的‘儒’的不祧的宗主”，是他“认清了那六百年殷国民族杂居，文化逐渐混合的趋势”，所以“他大胆的冲破那民族的界限，大胆的宣言‘吾从周’”！从而，把殷商民族的部落性的儒，扩大到“仁以为己任”的儒；“把柔懦的儒改变到刚毅进取的儒”。这样，儒就“从一个亡国民族的教士阶级，变成调和三代文化的师儒；用‘吾从周’的博大精神担起‘仁以为己任’的绝大使命——这是孔子的新儒教”。

从上面简要叙述说明，《说儒》对章太炎的《原儒》的论断，作了许多重大的补充和发展，对儒学的发展史“整理出新头绪来”，使后人“摸出了大致的轮廓”[①]。胡适自己也自负地说过：《说儒》提出了中国古代学术文化一个新鲜的看法。但是，也必须指出，该文也存在论据不足，推断过于“大胆”，以及比拟失当等许多缺失。

（三）从《释戴》《悲先戴》到《论戴东原哲学》，对清代学术史的研究和开拓。

在较长的时期，戴震只是作为一位乾嘉考证学大师，受到学术界的关注。20世纪初，章太炎发表了《释戴》和《悲先戴》等文，介绍和分析了戴震及其哲学著作《孟子字义疏证》的时代背景和反理学的思想成就。他指出：“戴震生雍正末，见其诏令谪人不以法律，顾摭取洛、闽儒言以相稽，觇司隐微，罪及燕语”。戴震“发愤著《原善》《孟子字义疏证》，专务平恕，为臣民愬上天。明死于法可救，死于理即不可救”。又说：“戴君生雍正末，亲见贼渠之遇士民，不循法律，而以洛、闽之言相稽，哀矜庶戮之不幸，方告无辜于上，其言绝痛”。称颂戴震与颜元为“叔世而得大儒二人”。但他又名“悲”哀于戴震企图“以理夺势”，只能事与愿违，以致“桑荫未移，而为纪昀所假，以其惩艾宋儒者，旋转以泯华戎之界”。

继章太炎之后，胡适发表《戴东原的哲学》《几个反理学的思想家》等论著，也对清代学术史和思想史进行了研究，并特别钟情于戴震这位哲学家。他不仅多次表彰过以戴震为代表的乾嘉考证学的成就，总结介绍过考证学的方法，誉之为“科学方法”，而且学着章太炎，从反理学的角度专门研究和评介戴震及其《孟子字义疏证》的成就。

① 曹聚仁:《中国学术思想史随笔》第二部分《原儒》。

在《戴东原的哲学》中，他与章太炎一样，首先肯定有清一代，“只有颜李和戴震可算是有建设新哲学的野心”。他分析了清初以来反玄学的趋势和两派学术，即“注重实用”的颜李和“注重经学”的顾炎武学术，认为戴东原哲学，“便是这两方面的结婚的产儿”。他认同章太炎的分析，认为戴震“生于满清全盛之时，亲见雍正朝许多惨酷的大狱，当见皇帝长篇大论用‘理’来责人，受责之人虽有理，而无处可申诉，只好屈伏受死，死时还要说死得有理。正是因为戴震亲见理学之末流竟敢如此，所以他的反动最激烈，他的抗议最悲愤”，称“戴震是反抗这样排斥人欲的礼教的第一个人”。

他认为，戴震的天道论，是一种自然主义。戴震论性，“主张性是善的”，是以“血气心知为性”，“才是性的表现”。认为戴震把人的“情、欲、知，三者一律平等看待，都看作‘血气心知之自然’”，是“对于那些排斥情欲，主静、无欲的道学先生们的抗议力”。他赞扬戴震的“人之欲无不遂，人之情无不达”，是一种“最好”的“人生哲学”。他认为像戴震这样，“推崇欲望的重要，在中国思想史上很难得的”，“颇近于边沁、弥尔一派的乐利主义”。他还认为，戴震论“理”，“最可以代表那个时代的科学精神”。因为在戴震心目中，“无论是人情物理，都只是要人用心之明，去审察辨别，寻求事物的条理”。他还十分推崇其哲学方法，认为戴震“论性、论情、论欲，也都是用格物穷理的方法，根据古训作护符，根据经验作底子，所以能摧破五六百年推崇的旧说，而建立起他的新理学”。总之，戴震哲学，“可以说是宋明理学的根本革命，也可以说是新理学的建设——哲学的中兴”。

这样，胡适就在章太炎评戴的基础上，重新审视了戴震哲学的时代背景、范畴、内容和方法，并用中西比较的方法，比章作了更加理性的详尽评论。从而使这位长期湮没的思想家和他的光辉的哲学思想，经过章太炎和他的努力，得以发掘出来，重见天日。

二

应当指出，胡适与章太炎在学术上不仅有着认同和师承的关系，也有许多在认同基础上的立异，批评和相互驳难的一面。

由于两人所处的时代不同，所受的学术文化的教养不同，因而在治学的指导思想、价值观念、治学方法，以至接触的资料和学术氛围，均有许多明显的差异。章太炎虽也受过西方文化的影响，但作为中国最后一位朴学大师，他在中国传统文化的研究上，始终固守着古文学派的治学门径，学术观点上也有着严重的门户偏见。而胡适却受过西方文化的长期熏陶，笃信杜威的实验主义哲学，为中国传统文化，“既不主张‘今文’，也不主张‘古文’，是一个道地的现代派”。这就决定，胡适在认同和师承章太炎学术观点的同时，必然会在许多问题上与章太炎产生歧见，相互批评和驳难，立异在所难免。主要反映在以下几个问题上。

（一）《诸子不出于王官论》对章太炎“诸子出于王官”之说的批评。

对于先秦诸子学术思想及其源流问题，章太炎一直坚持“诸子出于王官”之说。在《论诸子学》中，他根据刘歆《七略》把西汉中叶以前的学术派别，区分为九流十家，逐一考察各派起源、发展和分化过程，各派的思想特色与孕育环境的关系。说：“古之学者多出王官”，如道家“固出于史官”，儒家出于“司徒之官”，墨家则出于“清庙之守”，等等。他的先秦诸子学，就是本着这样的观点来开展评述的。尽管他的论断在一定程度上指出了各种学问起初与统治集团内部不同的职业分工有关，但他把学术思潮的产生的复杂原因过于简单化了，理论和事实上都有严重缺陷。正是看到其缺失，胡适在认同他的诸子学的许多基本观点的同时，又著《诸子不出于王官论》，对他的说法提出了系统的批评。

胡适指出，章太炎等的“九流出于王官”之说，“皆属汉儒附会推测之辞，其言全无凭据”，也“大悖于学术思想兴衰之迹”。所谓“全无凭据”，是指在刘歆《七略》以前，凡论周末学派的论著，“皆无此说”。所以，此说不过是“汉儒陋说”，未得诸家派别之实。章太炎以《汉书·艺文志》来作《七略》之说的论据，无异“以弹说弹，不成论证”。所据《周礼》也是伪书，更“不足据”。其次，从理论上说，“九流无出于王官之理”。因为任何一种学术思潮的兴起，都是时代的产物，应时而生，随时而变的。“诸子自称老聃，孔丘至于韩非，皆忧世之乱而思有以拯济之，故其言皆应时而生，与王官无涉”。再次，他认为各派学说产生后，还有相互之间的“交相影响”。例如，“孔子攻‘报怨以德’之言，而其言无为之治则老聃之影响也”。又如“墨子非儒，而其言义者，正也。必从上之正下，无从‘下之正上’，则同于‘政者正也’之说矣。又言必称尧舜古圣王，则亦儒家之流毒也”。再如，“荀子非墨，而其论正名，实大受墨者之影响”。“诸如此类，不可悉数。其间交互影响之迹，宛然可寻，而皆与王官无涉”。总之，在胡适看来，“学术发生兴替，其道故非一端”。所以，应当从各种学术思想的时代和社会发展的广阔背景上，从各种学术的“交相影响”，即学术发展的自身特殊性上，去探讨“先秦诸子兴废沿革之迹”，“寻知诸家学说意旨所在”，然后“论其得失之理”。

这样，胡适就比章太炎更加彻底地在学术研究中贯彻了进化论的思想和原则，也显示了比章太炎更加广阔的历史视野。尽管他的论断尚未能完全驳倒章太炎关于古代文化都由统治者垄断，各种学问起初无不与统治集团内部职业分工相关，各派学说代表人物都在替统治者打主意的事实，因而未能取得学术界的普遍认同[①]。但是，胡适注意从更复杂的因素上去思考和探讨学术文化的起源和演变，显然在史识上是高出一头的。而在论证说明上显示的考证学手段，也显示了他有堪与章太炎匹敌的学术功底。胡适在青年时期即得到学术界的承认和广泛支持，确非偶然。

（二）在《中国哲学史大纲》中，对章太炎某些学术论断的立异与批评。

例如，在对孔子和儒家的“忠恕”的解释上，他认同章“论忠恕为孔子的根本方法”的论断，认为是“发前人所未发”。但对章把“忠”解作“亲身观察的知识”，“分知识为‘亲知’（即经验），与‘说知’（即推论）”，认为“不妥”。因为这“乃是后来墨家的学说”。他认为，“孔子

① 吕思勉在《先秦学术概论》中极持反对意见。

说的‘一以贯之’，和曾子说的‘忠恕’，只是要寻出事物的条理统系，用来推论，要使人闻一知十，举一反三。这是孔门的方法论，不单是推己及人的人生哲学。”等等。胡适的许多批评说明，在先秦哲学的评述上，胡适虽然直接师承了章太炎的研究成果，但都不是简单的抄袭。他不仅在基本观点上自成体系，并在认同和批评中，把先秦哲学的研究推向前进。

（三）在《论墨学》的系列争论文章中[①]，反映了胡适与章太炎不仅在文字释义上，而且在治经与治子的方法上，也有明显的歧见。

在胡适的《中国哲学史大纲》出版后，章士钊曾对胡适的“述墨”提出批评，说胡适对“名墨流别”，“辩而未明，缴绕益甚”，尤其误认“施、龙辈为别墨”，是“最大误处”。因为“名墨两家‘倍谲不同’，决非相为‘祖述’”。章太炎表示赞同章士钊的批评和立论，认为“名家大体，儒、墨皆有之，墨之经，荀之正名是也。儒、墨皆有宗旨，其立论自有所为，而非泛以辩论求胜；若名家则徒求胜而已。此其根本不同之处”。又认为，胡适“以争彼为争彼”，是“未知说诸子之法与说经有异”[②]。两章的批评，在一定意义上说是击中了胡适《中国哲学史大纲》的痛处的。

但是，胡适对两章的批评，并不完全服气，尤其对章太炎的治经与治子之法有异的说法，不能接受。为此，胡适立即进行了反驳。他不无带点感情地反唇相稽说：“我是浅学的人，实在不知说诸子之法与说经有何异点。我只晓得经与子同为书，治之之法只有一途，即是用校勘与训诂学的方法，以求本子的订正与古义的考定”。他列举了清儒治经与治子的实例后问道：“试问《读书杂志》与《经义述闻》，《群经平议》与《诸子平议》，在治学方法上，有什么不同？”

针对胡适的反驳，章太炎进一步发挥说：“按校勘训诂，以经治诸子，特最初门径然也。经多陈事实，诸子多明义理”，因此，“自校勘训诂而后，即不得不各有所主。此其术有不得同者，故贾马不能理诸子，而郭象、张谌不能治经”。表达了他对治经与治子的一贯看法。胡适则认

① 收于《胡适文存》二集卷一。

② 均收《论墨子学》中。

为章太炎所说的治经与治子的区别，“不是绝对的区别”。他认为“治古书之法，无论治经与治子，要皆当以校勘训诂之法为初步。校勘已审，然后本子可读；本子可读，然后训诂可明；训诂明，然后义理可定。但做校勘训诂的功夫，而不求义理学说之贯通，此太炎先生所以讥王、俞诸先生‘暂为初步而已’。然义理不根据校勘训诂，亦正宋、明治经之儒所以见讥于清代经师。两者之失正同。”他认为，严格地说，要求得训诂的“惬意”，必须“先有一点义理上的了解，否则一字或训数义，将何所择?”所以，凡“暂为初步者”，“其人必皆略具第二步的程度，然后可为初步而有成”。

笔者认为，这场由墨学的文字释义引发的章胡之间在治经与治子之法异同的争论，不能简单地视为意气之争，而是反映了两人在治学方法上的前后师承和扬弃。首先，表明两人皆承认治经治子都需要先经校勘、训诂的“初步”阶段，这是两人皆源出于清代朴学的铁证。这场争论，既暴露了胡适治经治子缺乏“《说文》根基”[①]的一面，也表明他师承太炎，又较太炎少一点门户之见，多一点取长补短的理性主义色彩，和略高一筹的学术眼光。

（四）其他方面，胡适对章太炎的评论和批评。

在《五十年来中国之文学》中，胡适首先肯定了章在学术史和文学史上的崇高地位和巨大贡献，认定“章炳麟是清代学术史的押阵大将”，“又是一个文学家”。认为章的《国故论衡》《检论》，“都是古文学的上等作品”。但是，他又批评章是“一个极端的复古派”，章的业绩，“仍旧不能救古文学必死之症，仍旧不能做到那‘取千年朽蠹之余，反之正则’的盛业”。从文学发展的趋势的高度，对章太炎作了批判。

他还在其他一些论著中，对章太炎的一些具体的学术论断进行批评，在《藏晖室读书笔记》的《吾我篇》中，对章太炎《检论》的“正名杂义”，解《庄子》“吾丧我”为“同训互举”，认为是“非也”。他说“古人用此两字分别甚严”。胡适在中国古代学术的研究上，确曾广泛深入地研究过章太炎的学术成果，并在认同和批评章太炎的学术成就的基础上

①《闲话胡适·章太炎谈胡适》。

前进。

综合以上两个方面的内容，笔者认为，胡适和章太炎这两位有重大影响的中国近代资产阶级学者，在学术上确有明显的前后承续的亲缘关系。这说明学术的繁荣和发展，必须在尊重前人成果和继承前人的优秀成果，克服前人的不足和失误的基础上才能取得。

（原载《安徽史学》1991年第2期）

浅谈胡适《中国哲学史大纲》在哲学史上的地位

胡适（1891—1962），安徽绩溪人，是我国现代史上影响较大的学者。他的《中国哲学史大纲》（上），写于一九一八年，出版于一九一九年二月，是与他的文学改革的论文一起的成名之作。这部著作，被认为是“根据群经，就周秦诸子，上穷古代哲学之渊源，下阐后来传衍之系别，以系统的科学之方法，欧西哲学史之形式编成之，实能于哲学界上独辟一门庭”[①]的开创性哲学史专著。蔡元培誉其有“证明的方法”“扼要的手段”“平等的眼光”“系统的研究”等前人未有的许多长处。曾受到社会的广泛重视，二年内翻印十三次。

一九五四至一九五五年，在全国范围内对以胡适为代表的资产阶级唯心主义观点的思想批判中，这部书也受到了批判。当时有许多文章揭露了该书在历史观、方法论以及其他方面的谬误。现在看来，对该书揭露和批判的很多意见是击中要害的。党的十一届三中全会以来，逐渐恢复了用实事求是的原则来对待一切事物的优良传统。对胡适的这部《中国哲学史大纲》（上）的评价上，除有人仍持全盘否定态度外[②]，许多同志则在肯定二十世纪五十年代对该书的批判的成绩的同时，也实事求是地指出“这部书的确有胜过以前封建学者的地方”[③]。指出它是胡适应用实用主义，“来指导中国哲学史研究，开以资产阶级立场、观点、方法研究中国哲学史之端绪”[④]。肯定了这部书在中国哲学史著作史上的开创地

①《中国哲学史大纲》，商务印书馆1920年版。以下凡引自本书的文字一律不加注。
② 屈志清《评胡适〈中国哲学史大纲〉》（《南宁师范学院学报》1982年第3期）。
③ 任继愈《学习中国哲学史三十年》，《中国哲学史论》。
④ 张立文《中国近代新学及其发展阶段》（《光明日报》1983年1月24日）。

位。我认为，这后一种观点是在该书研究上的新进展，其不足之处，是未展开分析和评述。

确如所言，胡适的这部中国哲学史著作，是他在资产阶级进化论和实验主义哲学指导下，运用乾嘉时代的考据方法，汲取了康有为、梁启超，特别是章太炎等人的学术史研究成果，模仿欧美哲学史体例，采用白话文体和新式标点，编著而成的一部中国哲学史新著。它的出版不仅为中国哲学史的研究开辟了新途径，而且对于当时的反封建的新文化运动，也有着一定的意义。因此，对于这样的一部著作，我们应该实事求是地指出它超越封建史学的历史地位和当时所起过的有益作用，给以符合历史唯物主义的恰当评价。

一

胡适《中国哲学史大纲》超越封建史学之处，首先在于它在哲学史研究的指导思想上，也就是哲学史的研究对象、任务、范围以及研究方法上，提出了一整套与以往封建的和半封建的学术史家完全不同的新看法。

中国哲学史著作从先秦时代萌芽起，到明清时代出现《学案》《渊源录》《师承记》《经学史》等各种名称的著作，经历了若干发展阶段，但都是封建的哲学史著作。这些著作，特别是两汉以后的著作，虽然程度不同地反映了中国哲学发展的内容，但这种内容却完全包裹在经学的外衣之中，存在着极其繁重的经学形式。尽管那时的中国哲学家或哲学史家，也提出过“究天人之际，通古今之变”[①]的哲学命题，但从来无人提出过“哲学”之名，在内容和方法上也大都借助于经学和子学的传注训诂来表现一个时代或某些派别和人物的哲学思想。不仅汉代经学、魏晋玄学和宋明道学是这样，即如十七世纪的思想家虽然提出了“六经责我开生面”[②]的革新思想口号，也脱离不了这一套束缚，甚至直到康有为的《孔子改制考》和以总结国故自居的资产阶级革命派思想家章太炎的《国

① 司马迁《报任安书》。

② 王夫之语。

故论衡》，也仍摆脱不了这种传统。梁启超在二十世纪初虽然提出了“新史学”观点，主张用进化论来研究历史，并写出了《论中国学术思想变迁之大势》一文，试图说明中国学术史的发展变迁的趋势，为资产阶级的中国哲学史研究先行了一步。但是，直到《中国哲学史大纲》出版前，梁启超既未提出过哲学和哲学史的名称，也未写出过一部近代意义上的哲学史著作。稍后，谢无量于1916年10月出版了一本《中国哲学史》，表面上移植了“哲学史”之名，并提出把哲学史写成“通观古今学术之变迁”的新作。但是，该书无论从内容和哲学史资料的使用方面，都仍没有摆脱封建学术史的老套。凡此，都说明在胡适《中国哲学史大纲》出版以前，中国的哲学史著作，还没有人系统地提出过近代哲学史的写作理论，也没有人系统地用这种理论指导写成一部具有近代意义的中国哲学史著作。

胡适首次明确提出了近代意义上的哲学和哲学史概念。在《中国哲学史大纲·导言》中，他提出“凡研究人生切要的问题，从根本上着想，要寻出一个根本的解决。这种学问，叫做哲学”，而“把种种哲学问题的种种研究法，种种解决方法，都依着年代的先后，和学派的系统，一一记叙下来，便成了哲学史”。现在看来，胡适对哲学和哲学史所下的定义，与科学的哲学和哲学史定义还有很大的距离，但也接触到了哲学和哲学史的一些边际了。尤其是与中国的传统的学术史观念，即实际上是把哲学和哲学史包括在以包罗万象的庞杂的经学和经学史体系中，以对不同经学流派的经注著作加以汇集编纂为哲学史的传统观念相较，无疑是一个重大的突破。与梁启超等人的学术史观念相较也是一个明显的进步。它的进步之处，就在于给哲学和哲学史的范围和对象以明确的规定，使它从经学和经学史中分离出来，成为一个独立的学科。

胡适《中国哲学史大纲》的创新之处，还在于它提出哲学史的三个目的和任务。他说：“哲学史第一要务，在于使学者知道古今思想沿革变迁的线索”，进而“还须要寻出这些沿革变迁的原因”，“还须要使学者知道各家学说的价值”。这就是所谓“明变”“求因”和“评判”。他认为作为“人生切要问题”的哲学，“自古以来经过了许多哲学家的研究”，“各人有各人的见解，各人有各人的解决方法”，“例如孟子和荀子同是儒家，但是孟子、荀子的学说和孔子不同，孟子和荀子不同。又如宋儒、明儒也都自称孔氏，但是宋明的儒学，并不是孔子的儒学，也不是孟子、荀子的儒学”。所以哲学史的任务就要说明这种思想的沿革变迁的线索，找出其沿革变迁的原因，并从它们所发生的效果上进行“评判”。这里不仅表达了他对哲学史的目的和任务的基本观点，也是他的研究方法的简要说明。

我们知道，在中国哲学史上，从《周易》以来，就萌生了一种变易的历史进化观念，在历史哲学上也有人提出过“通变”的指导原则，所以封建时代的许多学术史著作，如《宋元学案》《明儒学案》等也都很注意学术思想源流的继承和发展关系。以康有为为代表的维新派，更是大力地移植和宣传了达尔文的进化论思想，肯定万事万物“无时不变，无事不变”[①]。梁启超更据此引申出他的“新史学”理论，认为历史学的任务就在于“叙述人群进化之现象，而求得其公理公例”[②]。章太炎也提出历史不是单纯地“褒贬人物，胪叙事状”，而应当“发明社会政治进化衰微原理”[③]，并且提出各种学术的创立和盛衰，都受制于“地齐、政俗、材性”等三种因素。可见，研究历史的任务在于“明变”和“求因”，并不是胡适首次提出的。胡适与前人不同的地方在于他对历史的因果律作出了新的论证，特别是用来说明思想发展的历史。他说他是“从来不把一个制度或学说看做一个孤立的东西，总把它看做一个中段：一头是它所以发生的原因，一头是它发生的效果：上头有它的祖父，下面有它的子孙”[④]。又说“大凡一种学说，决不是劈空从天掉下来的，我们如果能仔细研究，定可寻出那种学说有许多前因，有许多后果”[⑤]。所以他在把“明变”作为哲学史的“第一要务”后，又紧接着明确提出“求因”的任务。尽管它所说的哲学史的“因”，无非是“时代政治社会状态”“时代的思想潮流”或“个人才性”“所处时势”“所受的思想学术”等，不是

①《康有为上清帝第六书》。
②《新史学》。
③《致梁启超书》(1902)。
④《胡适文存》卷二，第201页。
⑤《中国哲学史大纲》，第35页。

客观的社会物质条件，不属于历史唯物论的范围，但与以前封建学术史相比，还是有明显的进步之处的。更主要的是，他提出要对中国历史上各种学说的“价值”，重新用他那资产阶级的眼光进行再“评判”。这在当时尊孔复古思潮十分浓厚的情况下，不仅有着方法论的意义，而且有着反封建的思想解放意义。

胡适《中国哲学史大纲》创新之处，还在于他反复强调、阐述了审定和整理史料的重要性，介绍了一套审定和整理史料的方法。在《中国哲学史大纲·导言》中，他指出，要使哲学史达到上述三个目的，就必须做一番根本的工夫。“这个根本的工夫，叫做述学”。所谓述学，就是“用正确的手段，科学的方法，精密的心思，从所有史料里面求出各位哲学家的一生行事，思想渊源沿革和学说的真面目”。他认为要做到这一点，“第一步须搜集史料。第二步审定史料的真假。第三部须把一切不可信的史料全行除去不用。第四步须把可靠的史料仔细整理一番：先把本子校勘完好，次把字句解释明白，最后又把各家的书贯串领会，使一家一家的学说，都成有条理有系统的哲学”。他把哲学史的史料分为“原料”和“付料”两种。“原料”指“各哲学家的著作”，“付料”指“凡古人所作关于哲学家的传记轶事评论学案书目都是”。他说由于种种原因，中国古代哲学史的史料存在许多困难问题，不是丧失很多，就是真伪掺杂。这就有一个搜集和审定史料的问题，否则，“史料若不可靠，所作的历史便无信史的价值”。而要“审定史料的真伪，须要有证据，方能使人心服”。他认为审定史料的证据，可以从本书中所反映的史事、文字、文体、思想中去找，这样找出的证据叫做“内证”，还可以从别的书去寻出真伪的证据，叫做“旁证”。进而他又提出整理史料的任务和方法，即通过校勘，来校正文字的脱误讹舛；通过训诂正确地读懂古书，理解古书真义。然后“把每一部书的内容要旨融会贯串，寻出一个脉络条理，演成一家有头绪有条理的学说”，这就是所谓“贯通”。他说“我做这部哲学史的最大奢望，在于把各家哲学融会贯通，要使他们各成有条理学说，我所用的比较参证的材料，便是西洋哲学”。我们知道，鉴别和审定、训释史料的方法，清代的汉学家曾不断总结过，并且身体力行做出了许多成绩，但是像胡适这样作为一个完整的方法提出来还是第一次。这样，他就不仅从指导思想上，而且从研究哲学史的具体方法上提出了一整套既继承了前人，又超过前人的理论和方法。稍后，梁启超的《中国历史研究法》等书就是在此基础上进一步系统化的著作。

胡适这套理论和方法，从思想上看，具有反对迷信盲从，相信进化，否认权威，要求重新评判中国的古代哲学，这与封建半封建学者，迷信古代，迷信经书的陈腐僵死的旧史观相比，显然是一种历史的进步。在历史资料的鉴别整理上，他重视“内证”，注意史料的时代背景，强调对史料的融会“贯通”，不仅超过宋学的“空疏”，也比汉学的局限于传注考据和训诂的“支离碎琐”，高出一头，增添了一点“科学”的色彩。

二

胡适《中国哲学史大纲》超过封建史学的第二个特点是，在对中国古代哲学的评述上，完全打破了封建经学和经学史的藩篱，抛弃了儒学一尊的传统，并注意用进化论来说明中国哲学思想沿革变迁的线索、原因，给人以耳目一新的感觉。

在中国学术史上，古代的评论家对于先秦哲学的评述，“不是墨非儒，就是儒非墨。而且同是儒家，荀子非孟子，崇拜孟子的人，又非荀子”[①]。两汉以后，由于定儒学于一尊，又形成极其繁杂的经学形式，哲学家们视儒家“经典”为圣贤垂训的典籍，只能宣传、解释、信奉，而不能怀疑、议论，更不能批判它。所以名目繁多的哲学史著作，内容上无非是“崇拜孔子，排斥诸子”。到了近代，章太炎等曾开展过对孔丘和儒家思想的批判，“替诸子抱不平，又有意嘲弄孔子”[②]。

胡适以“截断众流”的勇气，用“平等的眼光”来研究和评判先秦哲学，他把中国古代哲学的上限从公元前的“诗人时代”讲起，古代哲学家则从老、孔、墨讲起，完全把神话传说中的尧、舜、禹、汤、文、

① 蔡元培为《中国哲学史大纲》所作序。
② 蔡元培为《中国哲学史大纲》所作序。

武、周公这些“圣人”的“邃古哲学”“唐虞哲学”[1]，排除在古代哲学之外，给视远古为黄金时代的封建旧史观以有力的冲击。尤其突出地表现在他对孔孟和儒家学说的态度和评述上，和先秦诸子平等看待，都列入“诸子哲学”之中。在篇章结构上，他把老子、孔子、孔门弟子、墨子、杨朱、别墨、庄子、荀子以前的儒家、荀子、古代哲学之终局等都列入先秦“诸子哲学”一篇来加以评述，这里孔子的地位已可概见。而儒家第二号大师孟子则被列入“荀子以前儒家”中的第二章加以评述，其地位不如老、孔、墨、荀固不待言，甚至也不如杨朱、别墨和庄子。这样，他就把孔孟从“至圣”地位下降到诸子，甚至低于诸子。这在中国思想史上，确是一大变革。

更主要的是，他打破了封建史学代圣贤立言，为经传作注解，不准议论圣贤的老规矩，对孔孟及儒家经书和先秦诸子学说，用他的资产阶级眼光重新“评判”，有褒贬地开展议论。例如对孔子，他沿着章太炎的足迹，认为孔子只是“一个实行的政治家”，是“述而不作的”，“就是《易经》的诸传，也是根据原有的《周易》作的，就是《春秋》也是根据鲁国的史记作的”。他批评《春秋》，认为“不可当作一部模范的史书看”。因为“《春秋》的宗旨，不在记实事，只在写个人心中对于实事的批判”，“后来的史家，崇拜《春秋》太过了，所以他们做史，不取讨论史料的真伪，只顾讲那‘书法’和‘正统’那种谬说。《春秋》的余毒就使中国只有主观的历史，没有物观的历史”。又指责孔子“把‘学’字看作读书的学问，后来中国几千年的教育，都受这种学说的影响，造成中国的‘书生’废物，这便是他的流弊了”。今天看来，他的议论不一定完全贴切，但他这样纵横恣肆地议论和抨击“圣人”和“经书”，其思想上的反封建意义是不应抹杀的。又如他对墨家哲学的评论上，特别推重“别墨”，把他们称为“科学的墨学”，说《墨辩》六篇乃是“中国古代的第一部奇书”。他详细评述了《墨辩》的知识论和逻辑思想，说“依我看来，墨家的名学在世界的名学史上，应该占一重要的位置”，认为与印度希腊的名学多偏重演绎不同，“墨家的名学却能把演绎归纳一样看重”，

① 谢无量《中国哲学史》也如此。

"故能成一科学的学派"。又说"中国的学派只有'别墨'这一派研究物的所以然之故"等。所以他得出结论说:"古代哲学的方法论,莫如墨家的完密。墨子的实用主义和三表法,已是极重要的方法论,后来的墨者论'辩'的各法,比墨子更为精密,更为完全"。这里,他把墨子学说附会为"实用主义"固属不伦。但他对墨学和"墨辩"的评论确有许多较为精到的见解。尤其是他对墨学的推崇与对儒学的贬低一样,对儒学一尊的陈腐观念,同样是一个有力的打击。此外,他对荀子学说也给予了高度的评价,说"荀子在儒家中最为特出,正因为他能用老子一般人的'无意志的天',来改正儒家墨家的'赏善罚恶'有意志的天;同时却又能免去老子、庄子天道观念的安命守旧种种恶果",并指出荀子学说"是儒法过渡时代的学说"等。就这样,他不仅在篇章结构上,而且从内容上,用他的资产阶级观点和方法逐一褒贬,不仅冲破了封建经学史的樊篱,也超过了近代资产阶级关于先秦哲学的研究水平,在一定程度上剥去了独尊二千多年的孔孟学说的"神圣"外衣,否定了那些宣扬封建道统的权威。

胡适《中国哲学史大纲》思想上的意义,还表现在他自始至终地宣传了进化论的历史观点。他说自己把"进化观念在哲学上应用的结果,便发生了一种历史的态度"①。他认为与其他事物一样,"学术之兴,由简而繁,由易而赜"②,有一个进化演变的过程。所以"世上无不变之事物,也无不变之是非。古代用人为牺牲,以祭神求福,今人便以为野蛮。古人用生人殉葬,今人也以为野蛮了,古人以蓄奴婢为常事,如今文明国都废除了。"据此,他把中国哲学史划分为三个时代:"自老子至韩非,为古代哲学","又名'诸子哲学'";"自汉至北宋,为中世哲学";南宋到清代汉学为"近世哲学"。"把古史分作上古、中古、近古,三个时期;每一时期,有那一时期的需要,便有那一时期的事业"。而且指责那些复古派"只是不明此理,所以生在二十世纪,却要去摹仿那四千年前的尧舜;更有些人,教育二十世纪的儿童,却要他们去学做二三千年前的圣贤"。他也不赞成像庄子的相对主义和"被动的天然的生物进化论",认

①《胡适文存》卷二,第120页。
②《中国哲学史大纲》附论,第8页。

为这种思想视“社会国家世界的制度习惯思想永远没有进步，永远没有革新改良的希望”，又说“把进化看作天道的自然，以为人力全无助进的效能，因此，他虽说天道进化，却实在是守旧党的祖师。他的学说实在是社会进步和学术进步的大阻力”。这表明，作为一个资产阶级学者，当时他还想积极有为，以适应新的环境。他还在《诸子不出于王官论》中，具体阐述了中国学术思想是适应时代需要，随着时代变化而发生和发展的趋势。他说：“诸子之学皆春秋战国之时势世变所产生。其一家之兴，无非应时而起，及时变事异，则向之应世之学，翻成无用之文，于是后起之哲人乃张新帜而起”。这样，旧者黜，新者兴，或者使“旧者更新”，“儒家之有孟荀，墨家之有‘别墨’，其造诣远过孔墨之旧者矣”。又说：“有时一家之言，蔽于一曲，坐使妙理晦塞，而其间接影响，乃更成新学之新基。如庄周之言天地万物进化之理，本为绝世妙论。惜其‘蔽于天而不知人’，遂沦为任天安命达观之说。然荀卿、韩非受其进化论，而救之以人治胜天之说，遂变出世主义而为救世主义，变乘化待尽之说而为戡天之论，变‘法先王’之儒家而为‘法后王’之儒家、法家”。以上言论当然有牵强附会之处，但是，他肯定学术思想是由简而繁，后胜于前，不断演变进化，并在全书中贯彻这一点，这较之复古倒退的历史观，在当时无疑属于进步的观念。

胡适《中国哲学史大纲》思想上的又一个意义是，他本着“明变”和“求因”的要求，力求找出中国先秦思想沿革演变的原因。诚如他在《诸子不出于王官论》中所指出的，封建时代的某些史学家，如汉朝的刘歆、班固等就提出过一种先秦“诸子学说都出于王官”的说法。这种说法一直延续到“今天治诸子学者，自章太炎先生以下，皆主九流出于王官之说”。他认为这种传统偏见，完全是一种“附会揣测之辞，其言全无凭据”，而且“诸子既都出于王官与六经，还有什么渊源传授可说”。他反复强调说：“欲知一家学说传授沿革的次序，不可不先考定这一家学说产生和发达的时代”，“哲学家的时代既不分明，如何能指导他们思想的传授沿革?”据此，他在《中国哲学史大纲》中对各家学说产生的时代背景都刻意进行了分析。他指出，老孔以前二三百年前的“中国哲学的结胎时代”或称“诗人时代”，是战祸连年，社会阶级渐渐消灭，贫富不均，政治黑暗，百姓愁怨的时代。孔子所处的则是“邪说横行，处士横议”的时代。正是这样的背景下，先是出现忧时派、厌世派、乐天安命派、纵欲自恣派和愤世派的社会思潮。而后又出现老子、邓析为代表的极端破坏派，某些隐士所表现的极端厌世派和以孔子为代表的积极救世派。稍后，墨子则因“看见当时各国的征战的惨祸，心中不忍，所以倡为‘非攻’论和‘兼爱’论”等等。今天看来，胡适对先秦各派哲学产生的时代背景的分析，对各派哲学性质的判断，当然是一些浅薄的浮辞，与唯物史观无共同之处。但是，他注意从政治背景中去探求学说产生的原因，比起封建学者甚至章太炎所坚持的“诸子出于王官论”来，还是高出一着。

他还注意到各派学术的相互斗争以及在斗争中相互吸收的情况。他说：“诸家既群起，乃交相为影响，虽明相攻击，而冥冥之中已受所攻击者之薰化”。例如“孔子攻‘报怨以德’之言，而其言无为之治则老聃之影响也”。又如“墨子非儒，而其言曰‘义者正也。必从上之正下，无从下之正上’，则同于‘政者正也’之说矣。又言必称尧舜古圣王，则亦儒家之流毒也。”再如“孟子非墨家功利之学说，而其言政无一非功利之事”。“荀子非墨，而其论正名，实大受墨者之影响”[①]。又说：“凡攻击某派最力的人，便是受那派影响最大的人”。这些议论，当然还不能科学地说明中国古代哲学发展的客观规律，但是他看到各派的相互斗争和在斗争中相互渗透的情况，在一定程度上是接触到了古代思想发展的某些边际，较之章太炎等人的观点仍略高一着。

总之，由于他坚持以资产阶级观点重新评判各家哲学，并注意探索先秦哲学的发展变化及其原因，因而在思想内容上，较之封建学术史著作，甚至某些资产阶级学者的观点，都有许多创新之处。

① 均见《中国哲学史大纲》附录。

三

胡适《中国哲学史大纲》超过封建史学的第三个特点是，既继承了今文学派的疑古史观，又继承了汉学家的考据方法和成果，给人以综合前两者之长的印象。

在我国学术史上，古文学派迷信古代，今文学派则认“上古事茫昧无稽”[①]；在对待历史资料上，今文学派凭主观任意穿凿，古文学派则重视资料的考订和训诂。胡适在《中国哲学史大纲》中标榜自己是既不主张古文，也不主张今文的现代派。《中国哲学史大纲》表明，尽管他基本上是沿着古文派的路子来审定和整理哲学史史料，是新汉学的嫡派流传，但在对古史问题的看法上，又是信从今文派的疑古史观，且往前走得更远。

首先，他根据自己考订的结果，把中国古代哲学史的上限断在东周或称“诗人时代”。说“以现在中国考古学的程度看来，我们对于东周以前的中国古史，只可存一个怀疑的态度。至于‘邃古’的哲学，更难凭信了”。因此他提出对古代哲学史资料“总须存个怀疑的念头，不要作古人的奴隶”。他反对当时某些人写哲学史不问史料可靠与否，根据一些伪书来高谈古代哲学。他说“中国人作史，最不讲究史料，神话官书，都可作史料，全不问这些材料是否可靠。”又说“今人谈古代哲学，不但根据《管子》《列子》《鬻子》《晏子春秋》《鹖冠子》等书，认为史料。甚至于高谈‘邃古哲学’、‘唐虞哲学’全不问用何史料。”他认为谢无量的《中国哲学史》就是一个典型例子，以致在他书中不仅高谈茫昧无稽的上古哲学，而且用《神仙传》之类的东西，写出老子是“生而皓首，故称老子”之类的鬼话。他说：“我讲《易经》和前人不同，我以为从前一切《河图》、《洛书》、纬术数、先天太极……种种议论，都是谬说”。他认为“中国古代哲学的史料，于今所存不过十分之一二”，“古代哲学史的重要材料，如老、孔、墨、庄、孟、荀、韩非的书，都还存在。但仔细研究

① 顾颉刚《古史辨》第一册《自序》。

起来，这些书差不多没有一部是完整可靠的”。例如“《庄子》一书，大概十分之八九是假造的。《韩非子》也只有十分之一二可靠。”很显然，他对古代哲学和哲学史料的这些估计，他把中国古代哲学的上限断在东周，是受了今文学派疑古思潮的影响，也是以现在中国考古学的最新成就与自己从西方学到的资产阶级方法综合分析作出的。

其次，他在《中国哲学史大纲》中，运用前述五种审定史料的方法，对中国古代哲学典籍，作了考订和判断。他认为梅赜的伪古文《尚书》固不用说，就是“二十八篇之‘真古文’，依我看来，也没有信史的价值”。“我以为《尚书》，或是儒家造出的‘托古改制’的书，或是古代歌功颂德的官书，无论如何没有史料的价值”。“至于《易经》更不能用作上古哲学史料”，因为“《易经》除去《十翼》，止剩得六十四个卦，六十四条卦辞，三百八十四条爻辞，乃是一部卜筮之书，全无哲学史料可说”。他认为中国“古代的书只有一部《诗经》可算得中国最古的史料”。理由是《诗经》所记载的关于古代日食的记录，与后来的古今中外学者推称的日食时间相合，“乃是科学上的铁证”，所以他说“我以为我们现在作哲学史，只可从老子、孔子说起。用《诗经》作当日时势的参考材料”。对于其他先秦史料，他认为“《管子》这书，定非管仲所作，乃是后人把战国末一些法家的议论，和一些儒家的议论，和一些道家的议论，还有一些夹七夹八的话并作一书”。又如今世所传的《商君书》，他认为也是“商君死后的人所造的假书”。他考证说“如《陈民篇》说‘自魏襄以来，三晋之所亡于秦者，不可胜数也’。魏襄王死在西历前296年，商君已死四十二年，如何能知道他的谥法呢？《徕民篇》又称‘长平之胜’，此时在前260年，商君已死七十八年了。书中又屡称秦王。秦称王在商君后十余年。此皆证《商君书》是假书”。再如《韩非子》一书，他说“《汉书·艺文志》载《韩非子》五十五篇，今本也有五十五篇。但其中很多不可靠的。如《初见秦篇》乃是张仪说秦王的话，所以劝秦王攻韩，又劝他存韩，是决无之事”，“可见《韩非子》决非原本，其中定多后人加入的东西”。对于先秦的哲学史古籍的考证工作，清代汉学家已经做了大量的工作，所以胡适的上述说法说不上是他个人的创见。但是胡适应用新的考证学方法，对先秦古籍考证成果进行综合和系统的说明，在清代考证学成果的基础上还是有了新的进步的，胡适因考据而成名也不是偶然的。

再次，他还十分重视对先秦哲学家的生卒年代进行考证。因为在先秦诸子中，除了孔子的生平年代明白无误外，其他所有哲学家的生卒年代都有待考定，例如他根据《史记》的《孔子世家》《老子列传》和阎若璩《礼记·曾子问》，推称老子生“当西历前五七〇年左右”，又据《庄子·养生主》记老子之死，推定“至多不过活了九十多岁罢了。”又如对墨子的生卒年代，他应用毕沅、孙诒让、汪中诸家关于墨子国籍和生活时代的考证成果，作出自己的判断，认为“墨子也生在鲁国”，大概生在周敬王二十年与三十年之间（西历纪元前500—前490年），死在周威烈王元年与十年之间（西历纪元前425—前416年）等。他根据考证的结果，按照老、孔、墨的顺序，开展对先秦哲学的评述。胡适在《中国哲学史大纲》中所得出的考证学结论，许多是不够科学不够准确的，武断臆测之辞不少。例如他把李聃与《老子》一书混为一谈，而且把他放在孔子哲学之前来评述，显然是值得商榷的。又如他断言孔子学说的根本“在一部《易经》”，显系沿袭汉代以来的孔子作《十翼》的说法。再如抓住《韩非子》中的部分作伪篇章，就断言大部分不可靠等，当然是应当予以批判的。但是，我们如果不是局限在他的考据学的具体结论上，而注意他的不迷信经学的传统成见，不盲从古代的典籍，特别是儒家典籍的思想，注意到当时考据学的具体水平和当时哲学史研究的状况，我们就会承认，在这一方面，胡适的《中国哲学史大纲》也还是有开拓意义的。

（原载《安徽史学》1985年第2期）

第四部分　吕振羽研究

成一家之言

——吕振羽《中国政治思想史》对先秦诸子考评的学术贡献

出版于1937年6月的吕振羽《中国政治思想史》一书，是中国哲学史著述史上，第一部用唯物史观和阶级分析方法著成的中国哲学史的开创性著作。对于它在中国哲学史著作史上的开拓性贡献。笔者作过专题评述①。本文则拟在它对先秦诸子的考证、评述方面的成就，联系学术史，探讨它在中国传统学术现代化方面所作出的学术贡献。

我们知道，先秦诸子是中国传统文化的源头。自汉武帝“独尊”儒学以来，二千多年中，除儒学以外，大多语焉不详，或湮没无闻。以至有关诸子的生平、著述以及思想的研究等方面，都有许多问题。清中叶以来，诸子研究开始复活，但真正取得突破性的进展，则是在“五四”新文化运动以后。胡适的《中国哲学史大纲》，首次以资产阶级的眼光和方法，平等地评论诸子。稍后，古史辨派继清代学者之后，对诸子的生平、时代、著述的考证上，取得了重大的进展。第一次大革命失败后，郭沫若的《中国古代社会研究》以及《驳〈说儒〉》《老聃、关尹、环渊》等论著，以唯物史观首次对中国古代的社会性质，部分诸子的生平、思想作过分析、考证和评论。吕振羽的《中国政治思想史》一书，就在这样的学术背景下，应用唯物史观，吸取前人的有益成果，在清算中国古代社会，形成对中国古代社会性质认识的一家之言后，又在对先秦诸子的生平、时代、著述和思想的考证和评论上，取得了超越前人，开启来者的一家之言。具体表现如下：

①《一部划时代的中国哲学史专著——吕振羽〈中国政治思想史〉述评》,《中国哲学》第十三辑(人民出版社1985年版)。

一、关于诸子的生存年代和著述的考证

这是吕振羽《中国政治思想史》在先秦诸子研究中的一个新贡献，也是他诸子评论的基础工作。

在先秦诸子中，除孔子与《论语》外，其他诸子的生存年代、国籍、著述等问题，均未明确考定，以至众说纷纭，颇多争议。而解决这些问题，是诸子评论的前提。所以，历来的先秦诸子的研究者，都首先着眼于这些问题的考证，然后才开展思想的评述。对此，清代学者、古史辨派曾作过大量的工作，取得了许多重要的成果，为诸子研究提供了有益的帮助。

吕振羽的《中国政治思想史》，就是在研究吸收前人考证成果的基础上，应用唯物史观进行再考证，然后再开展对诸子思想的评论的。他的再考证，既有对前人的认同，也有自己的新的判断，形成自己的一家之言。例如：

关于老子和《老子》的作者问题。这是一个自古以来就有争议的问题。《史记·老庄申韩列传》就有：孔子问礼的老聃、老莱子和太史儋等三种说法，司马迁就未肯定那一说为是。“五四”前夕，胡适在《中国哲学史大纲》中，对老子作了新考订。认为，老子早于孔子，孔子曾问礼于老子，《老子》是“老子的书”。当时，梁启超就提出六条理由，否定胡适的说法，认为“《老子》这部书的著作年代，是在战国之末”[①]。引起了学术界一场为时几十年的，关于老子其人其书的大争论。马叙伦、顾颉刚、冯友兰、钱穆、张煦、唐兰等许多知名学者参加了争论。1934年，郭沫若也发表《老聃、关尹、环渊》一文，表示赞同唐兰的论断，即老子是孔子之师老聃，《老子》是老聃的语录，成书年代当与《墨子》同时，“特集成《老子》这部语录的是楚人环渊”。

在《中国政治思想史》中，吕振羽简要评介了以上各种论断，并依据胡适的考证，和《论语》的《述而》《卫灵公》等篇有关记载，也表示

①《评胡适之〈中国哲学史大纲〉》。

认同唐兰《老聃的姓名和时代考》的判断，认为，老聃和老子是一人，老聃较在孔子前，《老子》是老聃的遗言。《老子》“除了有二部分后人搀入错乱以外，我们可以信为是老聃手著的”[①]。他说，他之所以这样认定，除了唐兰和胡适等的考证外，还因为《老子》说明的社会的情况，“恰合春秋末期之封建兼并的时代背景”，和“春秋末期之没落贵族的身份言论”。他还表示，他不拘泥于老子究系何人的考证[②]，而着眼于“说明某一时代有某种思想代表已足”。这样，他就在认同唐兰、郭沫若等考证的同时[③]，又从思想内容的时代性上，作了进一步的认证。正是基于这样的认识，他把老子和《老子》的评论，放在孔子之前，即本书的第四编《初期封建制发育成熟时代之政治思想各流派》[④]的第一章“没落封建集团的政治哲学——老聃的复古主义”来评述，而没有随顺当时学术界的大多数的战国说。

又如，关于《周易》的作者和制作时代问题。《周易》历来被视为儒家的六经之一。相传伏羲氏始画八卦，“文王拘而演《周易》”[⑤]，“孔子晚而喜《周易》”[⑥]。《汉书·艺文志》则概括为“人更三圣，世历三古”。胡适《中国哲学史大纲》一面视《周易》为“卜筮之书”，否定其哲学价值，又把《易传》的《卦彖传》《爻彖传》和《象传》视为孔子“做成”，把《周易》和《易传》作为孔子哲学来评述。说：“孔子学说的一切根本，依我看来，都在一部《周易》”。20世纪30年代，他撰《说儒》，又改变了先前的看法，把《易卦》爻辞的制作时代，视为殷亡之后，即殷末周初作品，论证儒学的起源。他的观点，实际还是因袭《史记》《汉书》的旧说。郭沫若在《中国古代社会研究》中，也基本上持与胡适同样的看法，把它视为殷周之际社会和思想史的材料。两人的前进之处，是剥去《周易》和《易传》著作史上的神话传说成分，否定伏羲、文王画八卦，演《周易》的无稽之谈，肯定为殷周之际的产物，和孔子

①《中国政治思想史》黎明书局1937年6月初版，第44—45页。
②《中国政治思想史》黎明书局1937年6月初版，第44—45页。
③《中国政治思想史》黎明书局1937年6月初版，第45页。
④ 增订版改为《初期封建制上升时期政治思想各派》。
⑤ 司马迁《报任少卿书》。
⑥《史记·孔子世家》。

与《易经》尤其与《易传》的关系。但是，到20世纪30年代中期，郭沫若在《〈周易〉之制作时代》中，则改变了先前的看法，接受了顾颉刚《话易系辞传中观象制度》等文的影响，认为"《周易》之作决不能在春秋中叶以前"，"孔子与《易》并无关系"，《易》的作者为"楚人的馯臂子弓"。一下子又把《周易》的时代，从周初提到"战国初年"，"时代拉迟了五六百年"[①]。

在《中国政治思想史》中，吕振羽并没有随顺胡适、顾颉刚、郭沫若的考证结论，而是把《周易》的经、传都作为殷末周初的作品来看待，作为"由奴隶制到封建制之变革时代之政治哲学"，放在老、孔之前来评述。他认为，"《易经》中的卦辞和爻辞，从其自身构造性质，以及其说明的时代看，和殷墟出土之卜辞殆为同一性质的殷代文物"[②]，加上八卦所说明的八件事情，"是自然界中八种元素，这恰是当时人类对自然界之素朴的认识"[③]，是"渗透了革命意识"，"应出于革命的周人"[④]。而《易传》尤"充满了辩证的动的观点，能完全适应于殷周变革期中之社会现实"，"充分表现是历史上的新兴阶级夺得政权以后的一种意识形态。"[⑤]所以，他判断"'伏羲'作卦之说自是无稽，但文王作卦传说"，"便有其可能"[⑥]，"周公作《易传》的传说，也或不是偶然的"[⑦]。他还从思想转变是一个过程的认识出发，认为"《易传》的系统的完成，或属'春秋'时代"，推断"孔丘曾和《易》发生关系"。这样，他又对《周易》的经、传的时代、作者，在认同前人的成就的基础上，作了新的论证、推断。他的论断作为一家之言，无疑是有其参考价值的。

再如，关于墨子的生卒年代、国籍和《墨子》的作者问题。在战国时代，儒墨并称"显学"，但自汉代以后，墨子和墨学已湮灭无闻。因此，墨子的生卒年代、国籍及《墨子》作者问题，成为清中叶以来墨学

①《古代研究的自我批判》。
②《古代研究的自我批判》第16页。
③《古代研究的自我批判》第16页。
④《古代研究的自我批判》第17页。
⑤《古代研究的自我批判》第17页。
⑥《古代研究的自我批判》第16页。
⑦《古代研究的自我批判》第17页。

研究者共同关注的问题。“五四”期间，胡适、梁启超等揭橥“扬墨抑儒”的旗帜，在清代学者考证的基础上，又对上述问题进行了新的考证。正如吕振羽所说，墨子国籍问题，旧有宋、鲁、楚三说，而“据梁启超考定，墨翟为鲁人”①。年代问题，则有胡适、梁启超、钱穆、张季同等四种考证结论②。而“《墨子》一书，则有谓《经上下》《经说上下》《大小取》为别墨，余为墨翟本人著作；有谓《经上下》《经说上下》《大小取》等六篇为‘墨经’，余为‘墨论’者；又有谓《亲士》以下七篇为后人伪托；《亲士》《修身》二篇，其文富弱近荀子，皆儒者完；《所染》《法仪》《七患》《辞过》《三辩》等五篇则为后此读墨者之所为——《所染》取意《尚贤》，《法仪》取意《天志》，《尚国》《七患》《辞过》三篇取意于《节用》《节葬》，《三辩》取意于《非乐》，并谓《所染》为逃墨归儒者之所为。更近有谓《天志》并非墨翟意者”③。胡适在《中国哲学史大纲》中，则把今本《墨子》53篇分成5组，把《经上下》《经说上下》《大小取》视为后期墨家“别墨”所作，并说《墨子》一书，“没有一篇是墨翟本人写的”，是战国初年到秦亡之前二百多年间，由前期墨家到后期墨家所集体创作的丛书。所以，胡适的著作，把前期墨家分开进行评述。

对于胡适、梁启超等的考证成果，吕振羽在《中国政治思想史》中，既有认同，也有立异。关于国籍，他认同梁启超的“鲁人”说，年代也视“梁说为较正确”：即“墨子生于周定王初年（元年至十年之间）（公元前468—前459年），约当孔子卒后十余年（孔子卒于公元前479年）。墨子卒于周安王中叶（十二年至二十年之间）（公元前390—前382年）约当孟子生前十余年（孟子生于公元前372年）”④。同时，他对各家之说也有所折衷和认同，认为“各说有一共同点，即均认墨翟生于孔孟年代之间，易言之，即春秋与战国相交替之间”⑤。对于《墨子》书的作者和时代，则对以上各说持批判态度。认为“均不是从严谨的哲学的范畴

①《古代研究的自我批判》第92页。
②《古代研究的自我批判》第93页。
③《古代研究的自我批判》第94页。
④ 梁启超《墨子学案》168页。
⑤《古代研究的自我批判》第93页。

上，从而其所表现的阶级意识上去判别，而只是从其文字构造的形式上去辩论”[①]。他认为，“今本《墨子》中所包含的各篇著作，大体在哲学上能表现为同一流派，并表现为同一社会阶级的意识形态”[②]。所以，尽管“各篇文字，并非出自墨翟一人之手”，有“出于墨翟门人草记”，有“后世墨派学者之所为”，因而“有文学上的作风的不同”[③]。但是，这“于我们并无特别重要，因为我们是把它当作一个阶级的意识形态去研究的”[④]。他这种既重视作者和时代的考证又不拘泥于某种学派的时代、作者的具体琐屑的考证，而把它作为一个阶级的意识形态来把握的考证方法，是吕振羽考证诸子的时代和著述问题的一个特点、优点，也可以说是他的缺点——有粗糙和大而化之之感。

基于这样的考订，他把墨子和墨学，放在春秋战国之交，“初期封建制矛盾发展时代之政治思想各流派”的首章，把《墨子》作为墨子的整体学说来把握和评述。从而形成了他对墨学评论与众不同的新的一家之言。

除了上面所举例证外，吕振羽对其他诸子的年代和著述，也在评介前人考证结果的基础上，作过再考证。如：庄周的生卒年代和籍贯，他据《史记》认为“庄周曾为小吏”，“与梁惠王、齐宣王、楚威王同时。”[⑤]所以，他认同胡适与张季同的考证，认定“庄周生于纪前355年，卒于纪前275年。是庄周寿为七十岁（应是80岁——笔者），较梁惠王最为后生”[⑥]。关于今本《庄子》33篇，他则认同“从来中外学者均谓《内篇》为庄周亲著，其余为战国及秦汉之晚出道家所作”的说法，认为“大致可信”[⑦]。又如荀况的生卒年代，他依据《史记》，并比较了游国恩、梁启超等几家的考证，认为“荀卿的时代为战国末期，除韩非外，较诸子最为晚出，可无疑问”[⑧]。关于荀况的著作，他认同梁启超的论

①《古代研究的自我批判》第94页。
②《古代研究的自我批判》第94—95页。
③《古代研究的自我批判》第95页。
④《古代研究的自我批判》第95页。
⑤《古代研究的自我批判》第151页。
⑥《古代研究的自我批判》第151页。
⑦《古代研究的自我批判》第151页。
⑧《古代研究的自我批判》第184页。

断，即《儒效》《议兵》《强国》等“似出门弟子记录”，《大略》以下六篇，“为荀卿弟子所记卿语及杂录传记”，“非全书悉出荀卿”[①]。总之，“除所谓‘尧问篇末一段’之类以外，固可视作荀卿之代表言论”[②]。此外，他对宋钘、告子、杨朱、申不害、慎到、邹衍、商鞅、孟轲、韩非等的生卒年代、国籍、著述等问题，均在评介之时和并时学者的考证结论后，表示了自己的意见。既有对他论断的认同，也有自己的补充和不同见解。这些见解虽然不能说都是深思熟虑的正确考定，但确实不是随意的盲从和因袭，其中许多问题上的新考证，称得上是一家之言。他正是在这样的再考证的基础上，确立诸子评述的顺序，分析其时代背景、阶级属性、思想内容及其相互关系的。

二、关于诸子的时代背景和社会属性的分析

在中国传统学术现代化的过程中，胡适最早提出哲学史研究的目的，是“明变”“求因”和“评判”。为了实现这一目的，他又提出：“欲知一家学说传授沿革的次序，不可不先考定这一家学说产生和发达的时代”[③]。所以，他的《中国哲学史大纲》，在《导言》之后，就读“中国哲学发生的时代”，而后在对每个思想流派评述之前，都对他所处的时代进行了刻意的分析。但是，正如吕振羽所批评那样，由于“应用其不完全的科学方法”[④]，所以，他对诸子的时代背景的分析，由此作出的各派思想的评析，“完全把各种社会思想之存在根基的阶级内容隐蔽了”，因而也就“什么也研究不了，说明不了”[⑤]。例如，他对老孔以前二三百年“中国哲学的结胎时代”又叫“诗人时代”，是视为战祸连年，社会阶级渐渐消灭，贫富不均；政治黑暗，百姓愁怨的时代。孔子所处的是“邪说横行，处士横议”的时代。与此相联系，思想上，是先出现忧时派、厌世派、乐天安命派、纵欲自恣派和愤世派，而后又出现老子、邓析为

①《古代研究的自我批判》第184页。

②《古代研究的自我批判》第184页。

③《中国哲学史大纲·导言》和该书《中国哲学发生的时代》。

④《中国政治思想史·初版序》。

⑤《中国政治思想史·初版序》。

代表的极端破坏派，某些隐士所表现的极端厌世派和孔子为代表的积极救世派。稍后，墨子“看见当时各国的征战的惨痛，心中不忍，所以倡为‘非攻’论和‘兼爱’论”等等。以上分析，虽然似有材料为据，但是，总的说只是一些表面现象的描绘，根本未能接触当时社会和各派思想的本质的一些皮相之言。

在《中国政治思想史》中，吕振羽明确提出，作为意识形态的哲学，是“被决定于社会下层基础与上层建筑之二的政治形态的，是互相适应着的，且是随着其发展变动而发展变动的。”[①]所以，它自始至终把诸子哲学与产生的时代的经济政治情状联系起来考察，在“研究过中国社会史”以后，对各家哲学产生的时代、各派思想的社会属性，给予分析和说明。从而与胡适等的资产阶级的哲学史从本质区别开来，成为开拓性的新的一家之言。

首先，在中国古代社会性质，也就是诸子产生的整体时代背景上，他提出了开创性的一家之言。与郭沫若的《中国古代社会研究》视殷代为中国的公社制时代，西周为“铁的出现时期——奴隶制”时代，“周室东迁以后，中国的社会才由奴隶制，逐渐转入了真正的封建制”时代不同，吕振羽在《中国上古及中世纪经济史讲义》和《殷周时代的中国社会》中，则认定殷商为奴隶社会，西周为封建社会，在中国马克思主义的古史分期上，树立起新的一家之言。正是本着这样的社会史观，在《中国政治思想史》中，对诸子产生的时代和社会属性，进行了既与胡适不同，也与郭沫若等有异的具体分析。

例如，他把老子和孔子学说，是放在“初期封建制发育成熟时代”，或“初期封建制上升时期”[②]来评述的。他认为，“初期封建制度的经济，到春秋时代便已发育成全了”[③]。这反映在政治上，表现为“封建领主相互间兼并过程的扩大，引起大群的中小领主的灭亡”，“因而在这一群没落领主意识的基础上，便孕育出老聃的复古主义的政治哲学”[④]。又因春

①《古代研究的自我批判》第4页。
②《古代研究的自我批判》1955年增订版。
③《古代研究的自我批判》第41页。
④《古代研究的自我批判》第41页。

秋时期二百余年间，“封邑相互间战争的频繁与持续，把封建制度内部的矛盾扩大了”，加上“宋周的没落与地方领主的强大”，“公室的衰弱和私家的僭越”[①]，以致“从来维护封建秩序的‘礼’至此破灭无余”[②]，又出现“大国”对“小国”的苛求[③]，所以“封建诸侯相互间朝、会、征伐的秩序也破坏无余了”[④]。再加上“阶级间的矛盾的扩大，从来的‘刑’也不足以适应新情势的需要了”[⑤]。“在这种社会条件下，便孕育出孔丘之‘集大成’的维护封建秩序的政治哲学”[⑥]。

基于上述的老孔时代的分析，在老子的社会属性上，他既不同胡适的“春秋时代的极端破坏派”，也不同意梁启超的“战国末平民阶级”代表的说法，认为这些说法“在阶级的概念上便属滑稽可笑”[⑦]。也不同意“西周末没落的‘奴主贵族’”或“战国末具有‘士’的身份的小农”的说法[⑧]。因为，上述说法，既与老子的生卒年代不合，也与当时的社会性质不合。他认为《老子》是“完全和新兴地主——商人相反的”，“无疑是属于统治层中之一分子，不过他由楚跑到周去作‘守藏史’，必已失去其自有的领地。”[⑨]他认为，“在春秋数百年间，由于强大领主的兼并，曾引起若干中小领主的没落，这种没落者的呼声和其愤懑情绪，在老聃的全部著作中能充分表现出来”[⑩]。关于孔子，他也不同意胡适的“积极救世派”和“孔丘是平民阶级的学者”[⑪]的说法。认为从孔子的时代和《论语》的内容，孔子思想为“封建领主集团的政治哲学”[⑫]。

再如，关于墨子、庄子、孟子、荀子和韩非子的时代和思想属性，他是在“初期封建制矛盾发展时代之政治思想的各流派”的标题下，来

①《古代研究的自我批判》第41页。
②《古代研究的自我批判》第42页。
③《古代研究的自我批判》第42页。
④《古代研究的自我批判》第42页。
⑤《古代研究的自我批判》第42页。
⑥《古代研究的自我批判》第42页。
⑦《古代研究的自我批判》第46页。
⑧《古代研究的自我批判》第46页。
⑨《古代研究的自我批判》第46页。
⑩《古代研究的自我批判》第46页。
⑪《古代研究的自我批判》第57页。
⑫《古代研究的自我批判》第56页。

展开评述的。

他认为，“在战国和春秋时代之交，初期封建制内部的矛盾便剧烈地展开了”，这表现为封建土地占有，“由封建领主到新兴地主的转换”，“封建统治层和农民之两阶级的对立的矛盾，已严重的展开”，和“封建统治层内部之中小领主没落过程的加速与扩大，而构成阶级内部矛盾之扩大”[①]。墨子的政治哲学，作为“农民阶级之当时的意特沃罗的结晶”，来与“封建领主的政治学说之‘孔子’哲学相对立”[②]。就是在这样的条件下产生了。而在“这转换期的封建领主”，则有“感于农民的反抗运动之勃起”和“新兴地主——商人经济势力渐形强大”，又“孕育出孟轲的政治哲学”，“企图调协旧领主和新兴地主——商人，在封建剥削的共同利益之下统一起来”，并“和缓农民的反抗”[③]。而后，“随着新兴地主——商人的经济之更一步前进，封建领主经济之更进一步的衰退”，又孕育出“代表新兴地主之荀卿的政治哲学”，成为儒家政治思想的“一大转换点”[④]。“更随着新兴地主经济支配地位之完全树立”，荀卿政治哲学又发展“完全代表新兴地主之政治利益的韩非的政治哲学。”[⑤]战国末期，则因“没落的封建领主阶层”，“完全退出经济的政治的支配地位”，又“孕育出庄周的厌世主义”[⑥]等。

在这样的分析的基础上，他又对诸子思想的社会属性作了进一步的分析，例如，他认为《墨子》表现出：“封建领主和封建领主的社会秩序”的“深恶痛绝”；对“新兴地主——商人，亦显示其立足点的不一致”；“与没落贵族的意识形态尤形矛盾”；“大体上都能符合于当时的农民的意识”，所以，“其学说大部分能代表农民的意识”[⑦]。因此，他在“作为农民阶级之政治哲学”的标题下，予以评述。他的这一分析，为后来许多学者所认同。再如，在韩非子思想的社会属性上，他认为，其自

①《古代研究的自我批判》第91页。
②《古代研究的自我批判》第91页。
③《古代研究的自我批判》第91页。
④《古代研究的自我批判》第91—92页。
⑤《古代研究的自我批判》第91—92页。
⑥《古代研究的自我批判》第92页。
⑦《古代研究的自我批判》第94页。

身“属旧封建领主之家世；可是其政治理论，又系代表较进步之新兴地主——商人这一社会阶层的意识形态。”[1]这是因为，在战国末期，“新兴地主的农业经营技术组织的基础上，有其较进步之生产力”，“因而封建领主多有自行转换而采取新兴地主之经营形态”[2]的。他认为，韩非子正是在这样的社会状况下，“把旧的封建集团的意识形态统一于新兴地主的意识形态之下”，“一面承袭新兴地主这一社会层的理论遗产，而作了一步前进的工作”，“完成了新兴地主政治理论的全体系”[3]。关于庄子、孟子和荀子等的思想性质，他否定了叶青等说庄子“代表‘工商业者’”，和“是无政府派的虚无主义者”的说法，从庄子的出世主义，认为是“没落封建领主的政治哲学”[4]；他也否定某些人根据《孟子》的片言只语和“平民”出身，说孟子为“民权主义者”的说法，说：“实际，孟轲并不是一位民权主义者，仍是一位初期封建制度的拥护者。”[5]对于荀况，他则把他视为“倾向新兴地主”利益的哲学，放在“封建制度改组论”的标题下，作为“由旧的封建领主政治到新兴地主政治思想的一个过渡”[6]来评析。

这样，他就在西周封建论的古史观下，通过对春秋战国时代封建制度的发展、变化的分析，联系诸子的生平、著述，具体地分析了老、孔、墨、庄、孟、荀和韩非等思想的社会阶级属性，成为进一步评述诸子思想的又一重要基础。

由于他对西周以来的社会和诸子思想性质的分析，是在胡适《中国哲学史大纲》出版十八年之后，应用了与胡适完全不同的理论武器和研究方法，所以，在中国哲学史著作史上，树起了前无古人的崭新的一家之言。也由于他的评析是在郭沫若《中国古代社会研究》出版七年之后，但他们对中国古代社会性质有着不同的认识，加上郭沫若虽然对先秦思想作过分析，对部分诸子经过研究，但总的说对诸子的时代背景和思想

①《古代研究的自我批判》第201页。
②《古代研究的自我批判》第201页。
③《古代研究的自我批判》第201页。
④《古代研究的自我批判》第150页。
⑤《古代研究的自我批判》第165页。
⑥《古代研究的自我批判》第194页。

属性尚未作具体的评析，因此，在马克思主义的中国哲学史的研究上，同样是开创性的一家之言。所以，他的上述研究成果，不仅在当时而且在今天，也仍然是对诸子研究中，称得上具有自身特色的一家之言。

三、关于诸子的哲学、政治观点的自我特色的评论

在西周封建社会和诸子的时代社会属性的自成一格的论定下，《中国政治思想史》对诸子哲学、政治思想的评论，也具有自身的特色，不仅与胡适等人，而且与马克思主义哲学史家也有许多相异的评论。

例如，关于老子思想。他是从老子是孔子师，是春秋时代没落封建领主的思想代表的认定出发，来评述其政治、哲学观点的。他分析了老子的“辩证观念论的认识论”和“政治哲学”。认为，老子在哲学上，“虽曾把握了辩证法之反正对立的观点，但不能深入到反正对立的统一的理解”[①]，所以，“仍是形而上学的”，也“不能进入到唯物论”[②]。他认为，“道”“名”“朴”是老子论证“物质和精神依存关系”上的基本概念。但是“‘道’的内容，并不是物质的东西，而是神化的东西”[③]。老子“虽还承认本体（朴）是先于概念（名）而存在”，但是“在研究本体的究极时，便又绕回去了”[④]。而且，老子“天和道还是有意识地主宰万物”的，所以“‘道’才是第一义的，‘名’和‘朴’还是第二义的东西。道是创造宇宙，统治宇宙的最高主宰”，在这里，老子“是一个不可知论者，而且完全成了一个有神论者。”[⑤]因此，老子哲学虽提出了许多辩证对立的观点，但“在究极上，还是以一个十足的观念论者”[⑥]。故此，他不同意某些人“说他是辩证唯物论者”，认为“一个没落的封建贵族，其自身尤附丽在不劳而食的队伍中”，是不能“发明辩证唯物论”[⑦]的。

①《古代研究的自我批判》第47—48页。
②《古代研究的自我批判》第47—48页。
③《古代研究的自我批判》第49页。
④《古代研究的自我批判》第48页。
⑤《古代研究的自我批判》第50页。
⑥《古代研究的自我批判》第50页，观念论指唯心论。
⑦《古代研究的自我批判》第47页。

他认为，老子政治上是追求“封建社会初期的一幅构想图”[①]。他在具体评述了这幅图的具体内容后，归结说：

（1）老聃之所以提出“小国寡民”的政治思想，正因为其自身所代表的社会阶层存在的依据，是封建初期的社会秩序。

（2）他之反对大封建主和封建战争，正因为其自身的社会地位是消失在这种封建并兼的战争之下的。

（3）他之反对新兴地主——商人，正因为其自身没落的另一方面，是这些分子之部分之代起，而且商人又是促进封建战争的一个因子[②]。后来在增订版中，他进而指出，这种倒退的政治主张是不能实现的，尤其“他的‘无为’，即取消斗争的主张，是根本违反了客观法制的。”[③]

以上吕振羽对老子哲学思想的评论，被认为是迄今存在的两派重要的不同意见中的一派；在政治思想的评论中，也是迄今存在的两派重要的不同意见中的一派[④]。

再如，关于孔子的哲学、政治思想。孔子和儒学，是中国封建社会的精神支柱。它的地位，到“五四”时，在“打倒孔家店”的潮流下，才发生根本动摇。但是，把历史上的真孔子与被历代统治者所塑造的偶像，加以区别，都是那时以来，学术界的一项长期又艰苦的科学研究任务。“五四”时期，胡适一面提出“打倒孔家店”，一面又在《中国哲学史大纲》中，对历史上的孔家店进行客观评析。20世纪30年代，在《说儒》中，又对早期儒学的产生、演变作过历史的考察，产生过相当的影响。与此同时，一些“尊孔”的新儒家也试图把儒学与西方文化加以调和，但总的说则是美化。对于学术界的这些现象，吕振羽认为，他们仍是站在资产阶级的立场上，或者“完全承袭着儒家”，所以“没有触着诸子思想的本质”。1937年，郭沫若在《驳〈说儒〉》中，在驳斥胡适《说儒》的证据上，即资料真伪和时代性上作出贡献，但对孔子思想仍未展开评述。因此用唯物史观评论孔子学说本身，就是一件儒学史上的开拓

①《古代研究的自我批判》第55页。

②《古代研究的自我批判》第56页。

③ 1955年三联书店增订版64页。

④ 任继愈：《中国哲学发展史（先秦）》，《老子哲学思想》。

创新之举。

在《中国政治思想史》中，吕振羽全面地评述了孔子的思想体系，尤其是社会伦理思想。他从孔子是封建领主集团代表的论定出发，认为，孔子思想中"没有考虑到宇宙本体问题"，因为他是一位"政治家，所以他只从其政治问题的解决上出发，只提论到'人生哲学'问题"①。其核心的最高原则是"仁"，其政治、伦理等方面的东西"都从此核心的作用上部发动的"②。而在孔子看来，"仁"，"只是以人为条件的先天的秉赋"③，所以，它是"先验的独自存在的东西"④。后来，在增订版中，进而认为，"仁"，"虽是唯心主义的，但也包含着一些积极因素"⑤，例如，"反侵略的爱国思想""忠恕""操守""自我反省""不固执成见""坚强""智""勇"等等⑥。他认为，孔子的"正名"原则，是"作为安定封建秩序的武器"。而"礼治"主义，则是"强化等级的政治的基础"⑦。所以，"礼"和"正名"是"维护封建的等级政治制度的基本原理"⑧。正是在这样分析的基础上，他认为，孔子学说"全部精神适合于封建主义的要求，而且包含着若干积极的因素或伟大的观念"，"孔丘是中国封建时代最早的一个大思想家"⑨。以上他对孔子思想的评论，虽不是完全贴切、透彻，但与胡适、新儒家的评论相比，确系一种较为客观的有分析的评论；既有批判又有肯定，有着相当深刻的学术内容，称得起与前人不同，开辟后学的一家之言。

复如，关于墨子思想的评论。与胡适把《墨子》作为前后期墨家集体创作的丛书，因而分开评述不同，吕振羽是把它作为统一的"农民阶级之政治哲学"来评述的。他认为，墨子"在其思想之出发点的认识上，便采取着和孔丘的独断论、老聃的唯心论相对立的客观主义"⑩"确认客观的实

①《古代研究的自我批判》第60页。
②《古代研究的自我批判》第63页。
③《古代研究的自我批判》第60页。
④《古代研究的自我批判》第63页。
⑤《古代研究的自我批判》增订版第72页。
⑥《古代研究的自我批判》第72页。
⑦《古代研究的自我批判》第65页。
⑧《古代研究的自我批判》第71页。
⑨《古代研究的自我批判》增订版第92页。
⑩《古代研究的自我批判》第95页，这里的客观主义指唯物主义。

在性”[①]，而予以高评。他认为，在政治观上，“明显标出‘兼爱’的社会原理，同时给予孔丘的‘伦理’的社会原理以无情的反驳”[②]。在《尚贤》《尚同》中，墨子是从农民立场出发，“根本否认表现在政治上的封建家族主义——政治权利的世袭制度”，主张“打破阶级身份的限制，而以能力为标准的一种制度来代替”[③]，所以，具有“民主主义之内容”[④]。《天志》《明鬼》则表明墨子已把自己“当作一个实践行动的宗教家”，以“适应在自然主义支配下的农民的意识”[⑤]，便于“号召广大农民群众”[⑥]。《非命论》“更是一种富有战斗性的理论”，对批判儒家“天命”说，唤起农民的斗争意识有其“积极”的意义[⑦]。所以，“墨子思想给中国民族留下了唯物主义、社会主义和民主主义思想的传统，值得批判地继承”[⑧]。这里，除了他把《墨子》不区别前后期作者，笼统地归于墨子，以及忽视《墨子》思想的逻辑内容，不可取外，他对墨学的阶级实质，哲学思想，政治和伦理思想的评论，应该说是相当深刻和富于创见的。不但是资产阶级学者难望项背，也是至今仍为墨学研究中重要的一家之言。

在《中国政治思想史》中，吕振羽还对其他诸子思想，进行了不同于前人和同时人的独特评论。例如，孟子思想是旨在协调旧封建领主和新兴地主利益，并对独立生产者和农民实行改良的思想。孟子的“性善论”，是为了“说服新兴地主——商人”，软化“‘治于人者’，而且把不同的阶级性与不一致的经济利益也给麻痹了”。“孟子不是什么‘民权思想家’或‘革命家’，而只是一个改良主义者”。再如，荀况的“性恶论”，他认为，其中的“伪”，“含有人类之克服自然的意义”，其君子，小人之论，“法后王的贤能政治”，“表现了一定人本主义”倾向，具有“客观主义”的性质。但由于，最终承认“统制感受作用的‘心’才是第一义的东西”，所以不能不归结为“其玄学的‘道’”。他尤其肯定荀况“人定胜天”原理，认为其“代

①《古代研究的自我批判》第95页。
②《古代研究的自我批判》第99页。
③《古代研究的自我批判》第106—107页。
④《古代研究的自我批判》第107页。
⑤《古代研究的自我批判》第112页。
⑥《古代研究的自我批判》第113页。
⑦《古代研究的自我批判》第113页。
⑧《古代研究的自我批判》增订版第129页。

表了儒家思想的一个大转换点”，“社会意识的一大转换点”。他特别高度评价了韩非思想的历史意义，说韩“代表较进步之新兴地主——商人这一社会阶层的意识形态”，“完成了新兴地主政治理论的全体系——把从来的阶级内部各阶层的意识统一起来”。认为“韩非的学说，在中国封建社会的学术史上，担荷了一个‘继往开来’的任务”。他对韩非的思想评论，至今仍被认为是“符合历史实际”的卓见。

吕振羽以上对先秦诸子的思想评论，在今天看来是有许多可议之处，但是，在20世纪30年代中期，确实不仅与胡适等相比有着质的进步，具有重大的开创意义，即至后来，如郭沫若在20世纪40年代形成的褒儒、贬墨、赞前期法家、斥后期法家、同情道家的诸评论体系，也有着很大的不同，称得上是难得的一家之言。

综上所述，吕振羽《中国政治思想史》一书，在中国思想文化的历史源头的诸子学说，无论在诸子的生存年代、国籍和著述的考证上，在其学说产生的时代和思想属性的分析，以及在学说的评论上，都在吸取前人优秀成果的基础上，以唯物史观为指导，经过自己的努力，形成了与资产阶级哲学史著作不同，又与当时及稍后的马克思主义哲学史有异的一家之言。他的这些一家之言，有的已获得较多的认同，有的至今仍属少数。但是，它在中国学术现代化过程中，所起过启迪同辈，开创未来的作用，是不应低估的。

当然，作为中国马克思主义史学开创时期，“匆忙中整理完成”的草创之作，缺点、失误在所多有。所以，作者在几次改版中，多作过增订。但是，人们还是可以发现，该书在资料考证，时代的认证以及思想评论上，仍存在许多粗陋和缺失，这是毋庸讳言的。尽管如此，它作为马克思主义史学开创时期的作品，作为自成体系的一家之言，其学术价值，是永远值得我们珍视的。

（原载《吕振羽和中国历史学——学术研讨纪念文集》，吉林大学出版社1996年版）

一本全面反映吕振羽史学成就的评传

——《吕振羽评传》评价

吕振羽是我国继郭沫若之后，最早应用马克思主义的唯物史观，来研究中国历史的马克思主义史学家，是我国马克思主义史学的一位开拓者。从20世纪30年代前期起，他就先后出版了《史前期中国社会研究》《殷周时代的中国社会》《中国政治思想史》《中国社会史诸问题》《简明中国通史》和《中国民族简史》等开创性的马克思主义史学著作，为我国马克思主义史学的创建，作出了卓越的贡献。1949年以后，他又在繁忙的公务活动之余，继续发表了不少论著，对推动马克思主义史学的发展，尤其对民族历史的研究作出了新的贡献。对于吕振羽为创建我国马克思主义史学所取得的成就和作出的贡献，史学界已发表过许多专题性的评论，但人们更期待着有全面介绍和评论他的学术成就的专著出现。

1990年12月，社会科学文献出版社，适应这一需要，出版了刘茂林、叶桂生同志撰著的《吕振羽评传》一书，这是吕振羽这位马克思主义史学家的第一本评传。两位作者都是长期从事近现代史学史和吕振羽史学研究的专家，他们不但熟知吕振羽的生平，而且发表过为数众多的研究吕振羽史学的学术论文。《评传》就是他们长期研究吕振羽的结晶。

在这本长达二十余万字的《评传》中，作者除了简单明了，以生动活泼的语言文字，叙述了吕振羽从一个山村"苗崽"、贫家子弟、一位热诚的爱国者，经由资产阶级民主主义、改良主义、空想社会主义到马克思主义的革命家的思想历程和坎坷一生，突出了吕振羽作为我国老一辈马克思主义史学家、终身不懈地为我国马克思主义史学的创建和发展作出的卓越贡献、这一本质特征和基本事实，集中主要笔触和篇幅，开展了对他在各个时期的各种学术著作的评述。从而体现了这本《评传》的本质特征和传主的基本特色。

《评传》对吕振羽史学论著的评述，不是就书论书，而是密切联系学术论著产生的时代背景、学术环境，分析其学术内容，及其学术成就，并以新的历史认识实事求是地指出它的不足之处。从而向我们展示了这位杰出的马克思主义史学家，是如何结合中国革命的需要，进行马克思主义史学的拓荒工作，并在斗争和探索中成长的历程。

《评传》揭示，吕振羽是在“九一八”事变以后的1932年转向马克思主义的。当时正处于中国社会性质“论战”的第二回合的尾声。“论战”所提出的一系列重大问题，如：亚细亚生产方法是什么？中国曾否出现过这种时代？中国有没有奴隶社会，中国奴隶社会与希腊、罗马社会是否完全相同？中国封建社会有什么特性，中国封建社会的发生发展及其没落是怎样？等等。这些问题论战中并未解决。郭沫若的《中国古代社会研究》一书，对这些问题曾作出自己的回答，产生了很大影响。吕振羽一方面佩服郭沫若的勇气和贡献，但又觉得他的回答有许多不能使人满意的地方。所以，他才自觉地投入中国社会史的研究。《史前期中国社会研究》《殷周时代的中国社会》就是这一研究的直接成果。

《评传》指出，1934年4月吕振羽的《史前期中国社会研究》出版，它首先肯定了中国社会的发展与世界其他各民族一样。但认为奴隶制社会不一定非有铁制工具，在适当条件下青铜器也有仅次于铁的功用。书中首次提出了“西周封建论”和中国封建社会经历了封建领主制和封建地主制的两个阶段，提出了在外国资本主义入侵前“中国资本主义因素”已在“孕育”的观点[①]。这都是吕振羽的新发现。吕振羽还具体地描绘了中国原始社会的两大阶段的情况。并以地下出土文物与我国古籍中的神话传说相对照，以出土文物为骨骼，用“丰富的历史传说”，写成了一部有血有肉的中国原始社会史[②]。肯定了中国存在过“图腾制度”，指出尧、舜、禹的传说反映了母系氏族社会生活、夏代才进入男系氏族社会。并对夏商两族的系别也做了一个考证[③]。《评传》认为这又是吕著的新贡献。

①《评传》41—44页。
②《评传》46页。
③《评传》46—50页。

说“吕振羽是从杂芜丛生的荒原里，把中国历史推到了远古。这不能不说是一种睿智，也是一种大勇。特别值得称道的是，他领会了神话传说的奥妙，看到了在那些似乎‘荒诞不经’的外衣下，隐藏着历史的真面目，发现了那些神仙鬼怪的背后掩盖着一个人间的真实世界”[①]这些评价都如实地将吕著的成就介绍给读者。《评传》也指出，本书在“亚细亚生产方式”和仰韶文化、龙山文化的分期问题上，中国人种来源上，以及文字处理等方面，也有不太准确与不完善的地方[②]。

对1935年出版的吕著《殷周时代的中国社会》一书，《评传》指出吕振羽首先根据考古资料，得出了殷代并非新石器或金石并用时代，而是“青铜器时代”。并进而揭示殷代已出现了一个不劳而食的统治阶级——僧侣贵族和世俗贵族，已完成了内部之阶级的最初大分裂的任务。农业已成为一种普遍的经营，畜牧业已退处农业之后。并肯定“殷革夏命”，是一场社会制度的变革。王位的男系世袭，“兄终弟及”与“传子”互见，证明婚姻制度已是一夫一妻制。在意识形态上，形成了人的世界和神的世界两重世界观，文字已发展到声音文字而非象形文字阶段。《评传》指出，吕振羽对殷代奴隶社会的这些研究成果，“基本上揭示了殷代奴隶制社会的全貌”，“把中国社会历史发展中这一重要环节放到了令人信服的基础上”[③]。对于西周社会，《评传》介绍说，吕振羽的观点是：周乃夏族遗裔，原是殷的属领，西周的社会是殷代的奴隶社会和周族原来的氏族社会两种社会形态合流而成的，周代的庄园制是在殷代村落公社“田”和“邑”的基础上建立的。阶级构成是，统治阶级为领主阶级，即天子、诸侯、大夫、士；被统治阶级，为“庶人”或“小人”。论证了井田制，不是一种土地制度，而是农业经营上的一种灌溉制度。领主对农奴的剥削是以赋役的形式表现出来的，等等。《评传》认为，吕振羽关于西周社会的论断，批判了传统的“西周封建的旧观念”，在新的理论基础上建立了“西周封建论”。这就把“殷代奴隶制说”和“西周封建论”的创始者及其理论作了一个简要而明确地介绍。突出了吕著的科学价值

①《评传》51页。

②《评传》51—52页。

③《评传》58页。

和社会价值。《评传》也指出，这部首创之书的“薄弱之处”是对封建制代替奴隶制，封建庄园代替村落公社是如何通过生产力和生产关系的矛盾运动而显现出来的，其间的阶级斗争又起了何种作用，未能加以充分的论证[①]。这是该书的美中不足。

1937年5月出版的吕著《中国政治思想史》一书，《评传》认为它主要是回答社会史论战中涉及的哲学史问题。是吕振羽用新的观点、方法和体例，仿照马克思《剩余价值学说史》写作的。它在理论上根据唯物史观经济基础与上层建筑相互关系的原理，运用量变和质变、唯心和唯物、阶级和阶级斗争的观点来研究思想意识；在体例上，则把各思想家和思想流派当作阶级、阶层的代表，围绕各时代各阶级的使命和政治态度，展示了历史上的唯物论和唯心论的斗争。把中国政治思想的发展理出了三条线索和两大阵营。这三条线索是：从孔子、孟轲、荀卿到韩非、李斯、贾谊、董仲舒形成了专制主义大一统思想。北朝的佛学、南朝的儒道合一，唐代的韩愈、李翱，宋代的周敦颐、张载、司马光、朱熹、陆象山，直到清末的康有为、谭嗣同，代表了统治阶级政治思想的一条线索。而老聃、庄周、葛洪、王阳明哲学，是代表统治阶级中没落阶层的思想，这是又一条线索。而杨朱、申不害、慎到、邹衍、商鞅、墨翟、许行、王充、鲍敬言、吕才、陈亮、叶适、王艮、李贽、颜元、黄宗羲、王夫之、龚自珍、魏源等，则为新兴阶级与被统治阶级的政治思想，是第三条线索。《评传》指出，该书对各家思想的挖掘无论在深度和广度上，都取得了新的进展，有不少新的创获，提出了许多独到的见解。例如，说孔子的思想是唯心主义的“独断论”“正名”“礼治”是维护封建的等级制度，“德”“形”是对农民恩威并施的一种统治主张。尤其杰出的是，在明清之际的思想中，他看到了中国社会经济领域中资本主义萌芽的新因素，并从黄宗羲、戴震、王夫之的思想中，看到了资本主义思想的“萌芽”。“总之，吕振羽对中国古代思想家思想的观察与剖析是十分大胆和独具一家的。比起封建的和资产阶级学者的思想史著作，无疑地更接近真理”。“全书的重点虽在揭示政治思想的脉络，然而它却为中

①《评传》62—63页。

国整个思想史、哲学史理出了一个井然有序的系统。它是马克思主义的中国哲学史、思想史开创时期的第一部系统的著作，奠定了第一块基石”，是吕振羽“著作生涯的又一丰碑”[①]。《评传》也指出，作为该书的指导思想和主要方法，今天看来也“存在着一些明显的缺陷。因为人们的思想意识的差异，即使在阶级社会里，也并不都是来源于阶级的分野，并不都受着阶级的制约。社会存在，它还包括人们在当时对自然界斗争已经达到的认识程度，科学技术发展的程度，思想文化积累的程度和生产范围的大小，等等”[②]。吕振羽以阶级分析作为思想分析的唯一依据，是有点简单化了。《评传》的这种实事求是的分析和评介，令人信服。

吕振羽的《中国社会史诸问题》一书的写作，是为了批判日本历史学家秋泽修二所鼓吹的侵华有理论的，也是对20世纪30年代的社会史论战的再总结。首先《评传》对吕振羽的大义凛然的爱国主义精神和高举批判大旗的正义品格作了赞扬。同时对该书的内容作了评介。认为，这是继何干之对“论战”总结之后，又一新的总结，它对中国马克思主义史学的发展有着重要影响。

关于吕著《中国民族简史》一书，《评传》揭示了该书的写作动因。是作者针对蒋介石在《中国之命运》中曲解中华民族的含义，鼓吹大汉族主义，以及帝国主义对中华民族的肆意歪曲，为了“解脱神学和假科学的羁绊，揭露法西斯主义者的大汉族主义阴谋，科学地解答这个问题，以推进并达成国内民族问题的合理解决”而撰著的[③]。指出此书的主要成就是，站在民族平等的立场上，比较客观地叙述了各民族的相互关系，肯定民族融合是客观历史发展的主流；对中国人种起源作了进一步探讨，指出中国人种主要有两个来源：蒙古人种和马来人种。并对各民族的起源进行了考证，初步明确而扼要地叙述了各民族的发展过程。基于这样的理由，《评传》称它是“马克思主义指导民族史研究的开篇”之作[④]，称道该书“可贵的特点”是其“相当一部分资料，是来自吕振羽的实地

①《评传》85页。
②《评传》78页。
③《评传》133页。
④《评传》138页。

调查。”[①]如实地评价了这本书的特点和功绩：“虽简而实，虽粗而精，乍看起来似乎内容不多，细细研读，便能体会它的价值”。该书不仅“为后来民族史研究走出了一条新路”，体现了“科学价值和社会价值的统一”[②]。

吕振羽的大部头著作《简明中国通史》上册写成于1941年2月，这是用马克思主义观点和方法写成的中国最早的一部通史。下册写成于1948年。1949年后，吕对该书作过几次修订和增补。历时近二十年，印刷六十万册，有着重大的社会影响。《评传》认为，“作为一部以马克思主义为指导的中国通史，在当时，不论是理论观点，还是编纂体例和研究方法，都超出了以往旧式通史著作，也成为开导未来的新标志之一”[③]。它的“最大价值，在于给马克思主义的中国通史研究开辟了一条蹊径，完成了有影响的一家之言”[④]。并具体揭出该书，在编纂思想和体例上，打破了王朝世系和旧史体例，根据马克思主义社会形态发展学说，将中国历史划分为原始社会、奴隶制社会、封建制社会几个相继发展的不同阶段。摆脱了以政治或思想作为历史主干的窠臼，而以生产力与生产关系的矛盾发展为基础，以阶级斗争为线索，揭示和歌颂了奴隶革命、农民革命和中国人民的反侵略斗争；指明了人民群众在生产发展和科学技术的发明创造中显示出来的智慧和创造才能。对统治阶级中的英雄和伟人，包括文化上的代表，都给予了恰当的评价。该书并集中地反映了吕振羽对中国古代历史研究的诸多创见。指出这些创见“为中国马克思主义史学的创建立下了功勋；也为中国史学的进一步发展提供了重要的研究基础”[⑤]。这些都是公允之论。《评传》也指出，它还存在不足之处。“例如，对政治、经济、文化、科技诸方面的叙述，还未能完满地做到融为一体，对文化的介绍与论述还过于简略，文字的处理，与材料的运用还有可议之处，等等”[⑥]。这都体现于《评传》作者的求实精神。

---

①《评传》139页。
②《评传》139页。
③《评传》159页。
④《评传》160页。
⑤《评传》164页。
⑥《评传》166—167页。

《评传》还对收集在吕振羽《史学研究论文集》《史论集》《吕振羽史论选集》中的1949年后发表的六十多篇论文，讲演和谈话，在“大珠小珠落玉盘”的标题下，进行了评述。指出，这些论著，内容广泛，成果卓著，有如散落的珍珠，其中，有关于史学理论和方法问题的见解，有关于民族史研究的成果，有关于古史分期和封建社会长期性问题的深入探讨，有关于思想史、哲学史和文化继承问题的研究。《评传》肯定和高度评价了这些成果的科学价值和社会价值。

《评传》还对吕振羽在中共中央党校讲课的纪录稿《中国历史讲稿》作了评述。尤其对他在1963年写下的二十多万字的《史学评论》（《读报随笔》），作了评介，赞扬说：“这仅是吕振羽笔底波澜中的一鳞半爪。然而我们都可以看到，吕振羽是怎样在艰苦和严峻的条件下，一心为历史学的发展作出贡献”[①]。

就这样，《评传》在介绍吕振羽作为革命家和马克思主义史学家的一生活动的同时，以深刻的笔触，冷静而客观的评价，密切联系各个时期的重大政治和文化背景，集中和系统地介绍了他在中国社会史、经济史、哲学史和民族史等各个方面的研究成果，为创建和发展马克思主义史学所作出的巨大贡献，并从今天时代水平的高度审视其得失，总结了历史的经验教训。所以，《评传》不仅为我们了解吕振羽这位马克思主义史学大师的生平和史学成果，提供了一份完整的资料，而且也为中国的史学发展史，尤其是马克思主义史学发展史，提供了一份极其宝贵的资料。它必将对我国的马克思主义史学的繁荣和发展起积极的作用。正是在这样的意义上，笔者认为，《吕振羽评传》值得一切史学工作者和史学爱好者一读。

（原载《史学集刊》1991年第4期）

① 《评传》207页。

紧扣爱国主义这一历史主题
——吕振羽《中国政治思想史》简评

一九三七年六月，在卢沟桥枪炮轰鸣的前夕，我国马克思主义史学家吕振羽的《中国政治思想史》一书，由上海黎明书局出版问世。

这是一部应用马克思主义立场、观点和方法，研究和说明中国思想发展史的开创之作。与以往的同类书籍相比，除了它是用唯物史观来探索和说明中国思想史发展的规律外，其另一显著的特点是，作者自始至终紧扣爱国主义这一历史主题，尽力发掘中国政治思想史上的爱国主义内容，自觉地为当时的伟大的抗日救亡斗争服务，具有强烈的时代性。

对于这部著作在中国哲学史的著作史上的开创性地位，对于它应用唯物史观，特别是阶级分析的方法，历史地、比较系统地分析了中国历史上各个时期、各个流派的哲学、政治思想的源流和阶级实质，初步地粗线条地勾画了中国哲学、政治思想史的发展轮廓方面的重要贡献，笔者在《一部划时代意义的中国哲学史专著——吕振羽〈中国政治思想史〉述评》[①]一文中，已作了较为详细的评述。本文则想探讨一下，该书是怎样应用唯物史观来发掘中国哲学政治思想史的爱国主义内容，宣扬我国历史上的爱国主义思想遗产的。目的是便于我们更好地继承和发扬马克思主义史学的优良传统。

一

爱国主义是一个历史的范畴，不同时代的不同阶级有不同的爱国主义。因此，它又是一个超越时代和阶级的范围更大的内容，是维系一个

---

①《中国哲学》第十三辑。

国家和民族生生不息向前发展的巨大力量。正是这样，它不仅是我国历史上一切进步的思想家、文学家、艺术家创作的共同主题和源泉，也是爱国史学家的史学论著的主要主题之一，是我国史学的一大优良传统。

吕振羽作为一位爱国史学家，一位马克思主义者，在外敌入侵、中华民族处在存亡绝续的紧急关头，在党中央关于抗日救国的一系列指示和号召的感召下，一种拯救祖国免于沦亡的巨大历史责任感，使他不能不自觉地行动起来，继承和发扬我国史学的爱国主义的优良传统，使自己的史学研究直接服务于抗日救国的伟大斗争。这一点，他在本书的《初版序》中，开宗明义地指出：在当时“对于中国社会文化思想作一较正确的总估计，在工人阶级领导的民族现实斗争上，在民族文化传统之批判的继承的要求上，又是一件不容缓的事情”。

但是，当时的政治战线和史学战线，却存在着与抗日救亡的历史要求不相符合，甚至背道而驰的严重事实。在政治上，虽然以我党为代表的广大人民群众迫切要求抗日救国，并为此进行了不懈的努力。但是，国民党统治集团，自“九一八”以来，却一直执行“攘外必先安内”的政策。对内围剿红军，镇压一切抗日救亡运动；对外执行“不抵抗主义”。“西安事变”以后，虽然内战停止了，在我党的倡议和推动下，抗日民族统一战线初步形成。但是，妥协投降的潜流仍然严重威胁中华民族的生存。抵抗和妥协投降、爱国与卖国的斗争并没有中止。与这种政治形势相适应，在意识形态领域，在史学战线上，斗争也十分复杂。固然，当时的史学界，在对祖国历史，其中包括文化思想史的研究方面，不乏宣扬爱国主义的历史学论著；不少爱国史学家也反复强调用历史学为救亡图存服务。这是自鸦片战争以来，我国进步的爱国救亡的政治路线在史学上的反映。但是，也存在与爱国主义史学传统相悖的错误思潮。首先表现在存在一种否定祖国文化的虚无主义和崇洋媚外的错误观点。当时买办文人胡适，就公开说东方文明是“懒惰不长进的文明”，宣称自己提倡“整理国故”，提出“重新估定一切价值”。他写《中国哲学史大纲（上）》的目的，就是“要人明白这些东西原来‘也不过如此’！本来

‘不过如此’，我所以还他一个‘不过如此’”[①]。甚至有人居然宣称基督教也“比我们的道教佛教，高明的多”[②]。正如本书作者所指出的，胡适等人这种“赞美外国资本主义文化，轻视伟大祖国文化的优良传统”，是一种“买办思想”[③]。尤其恶劣的是，新生命派陶希圣，托派分子王宜昌、叶青等人，还打着马克思主义唯物史观的招牌，混淆视听，恣意宣扬民族虚无主义。他们拜倒在外力面前，发表一些“向日本法西斯和大地主大资产阶级特务机关的陈情书”一类的“历史论文”[④]，造成了极坏的影响。很显然，这种民族虚无主义，实质上是大地主大资产阶级的民族自卑感和妥协投降路线在史学上的反映。当然，与这种错误观点相类似的，也还有知识界中某些人粗鲁地、简单地否认历史上统治阶级文化的虚无主义。这是一种“否认和截断历史的经济主义观点”[⑤]，一种“左”的幼稚病。此外，当时也还存在一种“无条件地批判地夸大本国历史的国粹主义观点”[⑥]。国民党政府正是据此大力推行所谓“尊孔读经”运动。这种观点貌似尊重祖国文化，实质要保留和恢复封建文化的支配一切的地位，是一种复古倒退的观点，是大地主阶级的顽固守旧观点在文化上的顽强表现。这种文化观与民族虚无主义从两个不同的极端，殊途同归，都在阻碍民族救亡斗争的发展，都是与当时的民族的现实斗争不相容的。

面对严峻的政治形势和学术界的现实，吕振羽同志出于高度的爱国主义自觉和抗日救国的责任感，把注意力转向《中国政治思想史》一书的写作。“在批判地继承民族文化遗产的课程下，给中国思想史的发展以初步的估计，以及从历史上来给予时代以较系统的暗示”。认为这是自己的“一种不可逃避的义务”[⑦]。这种对中国思想史发展的“初步估计”和“暗示”，其突出表现之一，就是紧紧扣住爱国主义这一历史主题，应用

① 均见《胡适文存》三集二卷，《整理国故与“打鬼”——给浩徐先生信》。
② 陈序经：《全盘西化的辩护》，见《全盘西化言论三集》。
③ 本书（指吕振羽《中国政治思想史》，下同）《增订版再版代序》。
④ 本书《增订版再版代序》。
⑤ 本书《增订版再版代序》。
⑥ 本书《增订版再版代序》。
⑦ 均见本书《初版序》。

唯物史观展开对中国历史上各阶级各流派的哲学、政治思想的评述，以消除民族虚无主义和国粹主义观点的恶劣影响，为伟大的抗日救亡斗争服务。

二

吕振羽《中国政治思想史》一书，紧扣爱国主义开展对中国政治思想史的评述。首先表现在作者按唯物史观的历史主义的要求，实事求是地分析中国历史上各阶级各个流派的哲学政治思想的内容、实质和源流。同时，还注意把中国哲学政治思想史置于世界文明发展史的范围内，与西方文化对比。特别是从其对中国历史和世界文明的进步的历史作用上，来评价中国历史上优秀思想家的思想及其意义，加强人们对祖国文化思想史的爱国主义的豪情壮志和民族自尊心。

例如对中国早期的哲学、政治思想的评述中，他指出，“殷商末期产生的八卦哲学”，是“以周人为中心的革命集团的哲学”，说这种“八卦哲学是一种素朴的辩证法唯物主义哲学，是古代人类的伟大思想；它虽比古希腊德谟克利特的唯物主义（公元前五世纪）更素朴些，但约早了七个世纪左右，是世界最早的素朴辩证唯物主义”[①]。这不仅与胡适的《中国哲学史大纲》从“诗人”时代说起，在中国哲学史上的上限上大大提前了，而更主要的是它有力地反对了那种“言必称希腊、罗马”的否定中国古代哲学的民族虚无主义观点。进而他详尽地分析了代表初期封建统治集团的孔丘学说，认为他“是适应于封建制的前进倾向和要求的”[②]。他说孔丘学说是长期支配中国封建社会的。这“一方面，由于孔丘的时代，从中国封建社会的全过程说，正处于上升的时期；一方面由于孔丘学说的全部精神包含于封建主义的要求，而且包含着若干积极因素或较伟大的观念。”[③]他还指出，孔丘的思想，“对于东方以至世界的文

① 本书19—20页。
② 本书21页。
③ 本书92页。

化思想，也都产生过巨大的影响”[①]。认为包括孟子思想在内的孔孟哲学，“其中个别的伟大观念，在今日也还是有积极意义的”[②]。对荀况的“人定胜天”思想，他认为这是“代表了儒家思想的一个大转折点，同时亦表现了社会意识的大转折点，表现了人类意识的认识自己力量的一大进步。而此也是伟大中国人民的伟大创造性的反映。”[③]从而对儒家的政治哲学思想的内容、实质和意义作了历史的有分析的实事求是的肯定。

他还把封建制初期的“老聃哲学”和“末期的周敦颐、张载哲学”，统称为“辩证唯心主义”，认为“唯心主义正表现了他们的复古或保守思想，是其本质的东西；而辩证法都是伟大的观念，是伟大思想传统和深刻的阶级矛盾的反映”。他还把这些人的思想与德国的思辨哲学家黑格尔相比，认为“他们虽然都没有像黑格尔那样完整的体系，但远远早于黑格尔。”[④]又如他认为朱熹的唯心主义哲学体系是“二元论哲学”。说这种“二元论哲学的许多重要观念和论点，很类似康德哲学；但它远早于康德”。又说：“朱熹解释自然现象的许多论点，大都有盖然的正确性。因此，他们的哲学虽都是为地主阶级服务的，到今日已都是过时的；但也反映了伟大中国人民的伟大思想。其中值得我们批判地吸收的积极因素和伟大观念是相当丰富的。”[⑤]他这样分析历史上的唯心主义，显然是学习了马克思、恩格斯分析德国古典哲学的科学精神的。这与“左倾”幼稚病患者那种见唯心主义就全盘否定的态度是截然相反的。他向我们证明不仅中国的奴隶制时期唯物主义哲学，中国封建上升时期的哲学值得我们自豪，而且中华民族历史上产生过的唯心主义哲学体系，也在一定程度上反映了中国人民的高度的抽象思维能力，同样有值得我们自豪之处。

至于他认定的中国封建时代的唯物主义哲学，如墨翟、王充、吕才、王艮、李贽等人的哲学，则由衷地予以肯定和赞扬。例如关于墨翟的政治哲学，他认为其“国家政治起源说”，就“近似于卢梭的《民约

---

①本书92页。
②本书21页。
③本书205页。
④本书21—22页。
⑤本书22页。

论》”[①]。其“民主主义”，“在今日看来是落后的，然而他在两千余年前发明这种理论，却是伟大的。同时在今日，也还有其积极的进步因素”[②]。总之，他认为墨子“给中国民族留下了唯物主义、社会主义和民主主义思想的传统”。墨翟信徒留下的“那种对信仰的坚定性、对团体的严格纪律性以及‘自苦为极’不惜牺牲自己一切为革命斗争的实践精神”，是“中国民族的优良传统”，都值得我们“批判地继承”[③]。又如他在评述了王充的“批判主义”后，说这种思想虽然“律之以今日的科学，又不免表现其落后性”，但对其“许多进步的唯物主义见解”，则“实在不能不承认其高迈”[④]。对于明清之际以来伴随资本主义萌芽出现的王夫之、黄宗羲、颜元、唐甄、戴震、龚自珍、魏源等人的唯物主义哲学，更是热情地充分地予以肯定。认为它们“正反映了伟大中国人民伟大思想的发展，启示了思想解放的倾向和要求”[⑤]的进步哲学。尤其对近代史上龚自珍和魏源的“萌芽状态中的市民政治思想”，更是推崇备至。认为“龚魏的思想和主张，不仅直接充任了百日维新的前驱，并曾给了日本的官僚资产阶级和明治维新以深刻的影响”。又说“龚魏不只对中国，而且对日本起了近代思想的启蒙作用”[⑥]。

这样，他通过对数千年来中国思想史上各个时期各派思想的历史的具体评述，特别是通过与西方思想的对比，充分地说明了中国人民伟大理论思维的世界地位和伟大贡献，向人们揭示了中国思想史的爱国主义内容。这就有力地驳斥了民族虚无主义者的谬误，也与“尊孔读经”为基本内容的国粹主义划清了界限。当然，作者在进行历史的类比中，会有一些未必贴切的地方，但其用心是无可厚非的。

① 本书129页。
② 本书123页。
③ 本书129页。
④ 本书343页。
⑤ 本书21页。
⑥ 本书602页。

三

吕振羽《中国政治思想史》紧扣爱国主义历史主题的又一突出表现是：他力求从中国政治思想史上各个时期各种流派的政治思想中，去发掘其中的爱国主义内容。揭示爱国与卖国、抵抗与妥协投降两种政治主张的斗争；痛斥卖国投降的奴才哲学，歌颂爱国的抵抗的政治主张，并以此作为衡人论事的重要标准之一。这是本书区别于其他许多关于中国思想史或哲学史著作的显著特色之一。

诚如毛泽东所指出的，中华民族不但是一个刻苦耐劳闻名于世的民族，又是“酷爱自由、富于革命传统的民族。”[1]特别是当历史上遇到外来民族入侵和民族压迫时，“中华民族的各族人民都反对外来民族的压迫，都要用反抗手段解除这种压迫。”[2]在这种时候，只有统治集团中的极少数分子采取妥协投降的路线，成了不齿于人类的汉奸卖国贼。这就构成在外族入侵上的两条政治路线的斗争。这种情况反映在思想史上，表现为在外族入侵民族压迫严重时，许多进步思想家代表广大人民的反抗要求，主张反抗外来侵略，捍卫民族独立的思想。也有人则持相反的态度和主张，表现为进步和保守的两种政治思想的斗争。但是，在以往的许多思想史或哲学史著作中，例如胡适的《中国哲学史大纲》只写到先秦，根本未触及这方面的内容，陶希圣的三厚册《中国政治思想史》，是号称谈政治思想的书，也根本不提这方面的内容。章太炎的学术思想史论著，虽然大谈《春秋》以来的“夷夏之辨”，但充满大汉族主义的狭隘民族主义的错误观点。

吕振羽《中国政治思想史》与以上思想史论著不同。它从当时抗日救亡的需要出发，立足于现实，对于历史上反对外族侵略的爱国思想家的爱国反侵略思想，特别注意进行发掘和宣扬。例如西汉时，在对待匈奴民族的入侵问题上，他就注意了对贾谊《治安策》中，从建设其“大一统王国的尊严”出发，主张武力平服匈奴入侵的评述。他认为“匈奴

---

①《中国革命与中国共产党》。
②《中国革命与中国共产党》。

当时虽还在原始公社制时期，但其对塞内汉族居民的原始性掠夺，却是侵害了汉族人民的生存权益的”。所以“贾谊主张采取武装自卫的手段，保障民族生存的空间和权益，是完全正确的”。“他对于汉帝向匈奴族军事团体奴颜婢膝，输款纳贡的讽刺，也表现了汉族人民的气节。”①又如关于南北朝时期的政治思想，曾经以宗教斗争的形式，进行了一场旷日持久，影响很大的所谓“夷夏之辨”。对于这场争论，一般哲学史、思想史著，除了对南朝的神灭论与神不灭论的争论偶有评述外，大都不予注意。本书则对双方的代表作和论点，用了相当篇幅予以评论，并基本上肯定和介绍了刘勰的《灭惑论》、顾欢《夷夏论》等论著，认为是“表现着一种反对民族压迫与落后统治的民族思想”②。再如对两宋各家政治思想的评述上，他认为南宋朱熹的政治思想是一种“折衷主义的政治论”，“改良主义”的主张。但是他分析了当时国内矛盾和宋金民族矛盾，以及朱熹企图解决这些矛盾的种种改良政策后，明确认为这些政策如能实现，就能使“存在于当时各阶级阶层间的矛盾，便能获得缓和”，“便能进而实现对金的统一战线，阻止金军南下和进而解除其对北方汉族人民的落后的野蛮的统治”③。他肯定朱熹的这种主张，是“从中小地主阶层的立场上”，“主张励精图治，抵抗女真奴隶主集团的南下，收复其反动落后统治下的汉族住区。”而“抵抗女真奴隶主集团的战争是进步的、正义的。这种主张是符合于当时的人民利益和要求的。从这一主张出发，他又主张用社会改良的政策去改善人民生活，缓和阶级矛盾，以获取反金各阶级阶层间的合作。这虽然是改良主义的，却是有着进步作用的。”④他还以相当篇幅专门评述了陈亮、叶适的“主张收复‘故疆’”、“抨击主和”和“积极主战”的言论，并予以肯定。因为，他认为“女真奴隶主贵族的肆行烧杀的军事行动和其在北方的统治”，表现“极端的残暴性和落后性”，严重地危害了各族人民的利益，阻滞了中国社会的前进。“所以从李纲到陈亮等主战派的主张和行动，是符合当时各族人民利益

① 本书273—274页。
② 本书273页。
③ 本书478页。
④ 本书475页。

的，客观上也是符合历史前进的要求的，因而是进步的、正义的。”[①]再如他推崇清初“表现临于没落期的地主阶级政治思想”代表李二曲，不仅是由于其“主张研究《文献通考》”等“适用科目”，主张“经世致用”的学风，“有进步意义”。更由于他拒绝为实现民族压迫的清朝统治者服务，至于拿绝食和自杀去抵抗。“这又表现他是一个有民族气节的哲学家。”[②]就这样，用爱国和抵抗的标准，对我国历史上各个时期的爱国思想家的爱国思想一一予以肯定的评述。

与此同时，他对历史上反动统治集团中那些为了本阶级的私利，不惜向侵略者屈膝，甚至出卖民族利益的“主和派”即投降派的反动言行，也一一予以揭露和鞭挞。例如对南北朝“夷夏之辨”争论的评述中，在基本上肯定了刘勰、顾欢等人的主张的同时，对“站在北朝拓跋族统治集团和奴才集团立场上的代言者的”谢镇之、朱昭之、朱广之、释慧通等人的相反言论，则进行了斥责和批判。说他们的言论是维护拓跋族氏族压迫和落后统治的“一种奴才理论”，“一种最无耻的奴才理论”[③]。又如对两宋哲学政治思想的评述上，他对司马光处理当时汉、契丹两族矛盾的“边计以和戎为便”的主张，也就是“对于契丹奴隶主集团所加于汉族等各族人民的烧杀掠夺与反动统治，是以所谓‘和戎’为原则”，进行了尖锐的批评。认为这是司马光等人“忌惮于宋朝内部诸阶级阶层间的矛盾，便认为只有从对辽妥协去保持其大地主阶层的利益”的“无聊幻想”，是一种“腐朽统治阶级”的反动主张[④]。再如元朝道士丘处机，虽然他认为其人的“理论”，“说不上什么理论体系”，是属于哲学史思想史作者们视野之外的人物。但由于其人“不惜认贼作父，卖身求荣”，“在元朝统治者对汉人行使的反动统治上，却尽了相当大的帮凶作用”[⑤]。所以也不惜篇幅地予以评价和斥责。他还痛斥元代理学家许衡、吴澄之流，因为这些人向元朝“反动统治者献策，教他‘行汉法’或‘悉改古制而行’”的行为，是不知民族大义，所以是“不知大义的无耻的奴才，

① 本书515—519页。
② 本书569页。
③ 本书373—374页。
④ 本书465页。
⑤ 本书522页。

中国文化思想史上有这种人物，是当时思想界的奇耻大辱”[1]。

就这样，他在《中国政治思想史》中，自始至终扣住爱国主义这个主题，对数千年来反对外来落后民族压迫问题上的爱国抵抗思想和卖国投降的思想，进行了一一的评述，勾勒了中国政治思想发展史上的又一条线索。这不仅是他的这部著作的一大特色，也是思想史研究上的一个突出的新贡献，并使本书具有强烈的现实战斗性。

还值得一提的是，本书在突出反对外来侵略，赞颂爱国进步思想的同时，又不赞成闭关自守、夜郎自大、盲目排斥外来的文化孤立主义。主张对外来文化采取分析态度，把批判和吸收结合起来。例如对汉代以来传入的佛教文化，他赞成顾欢等人从当时“反对民族压迫与落后统治”的角度来进行反对佛教的斗争，但对他们“没有把反对民族压迫和不拒绝外来文化思想两个问题区别开，也不知把汉族的过时的该葬送的死东西和优良传统的东西区别开”，视为“过左”的“空谈”，而加以批评[2]。到了唐代，当“佛学和佛教早已成为汉族地主阶级自己的东西”[3]时，韩愈等人再“从民族的观点上，从‘夷夏’的立场去排斥佛学”，就更认为是毫无进步意义可言，不能与顾欢等的反佛相比，而具有根本不同的性质了。他说顾欢等人反佛“是从当时的各部族部落集团的矛盾基础上出发，曾有着反对他族统治集团残暴烧杀与落后统治的积极意义”。而韩愈等人“只不过是建基于狭隘的阶层利益上，表现为狭隘的种族观点和文化闭关主义思想”，而予以否定[4]。同样，他认为唐代道士叶法善、傅奕等人从民族立场排佛，当然也是错误的。因为“这时国境内的所谓‘胡人’，基本上已同化于汉族，同时在前唐，唐朝地主阶级是由自卫而转为扩张，汉族不是被侵略者”。所以叶、傅等人反佛“是没有实际意义的，也同样是从大汉族观点出发的一种文化闭关思想”[5]。他认为正确的态度，应该是既反对外来的文化侵略，又反对本民族的扩张。这样，他就既与文化上的国粹主义，又与民族关系上的大汉族主义划清了界限，坚

① 本书526—527页。
② 本书373—374页。
③ 本书403页。
④ 本书401—403页。
⑤ 本书409—410页。

持了马克思主义的文化方针。

正是基于这样的态度，他指出，“从汉朝以来相继输入的印度文化，对中国哲学和艺术的发展，也起了相当的影响和作用”[①]。又说：“从元朝以后，有关佛教方面的文学、戏剧、艺术等都有很多成功的作品；文学如《西游记》《白蛇传》，戏剧如《盘丝洞》《雷峰塔》，艺术如云冈石佛”等，“都是较成功的，尤其云冈石佛是罕与伦比的中世的伟大作品。有关道家方面的东西不免相形见绌”[②]。也是从这样的认识出发，他十分赞赏柳宗元的融合各种文化的观点。他说：柳宗元“对文化思想，只看其是否合于地主阶级统治的需要，不管其是否国产。”“表现了他的一种客观主义的论点”[③]。凡此，都表现作为一位马克思主义史学家对历史文化遗产所采取的批判地继承的科学态度。

诚然，吕振羽《中国政治思想史》一书，作为我国早期马克思主义史学家的一部尝试性的著作，在今天看来，无论是对中国历史上各派思想的内容，实质和历史意义的评述上；也无论是对历史上各个时期的社会矛盾和各个思想家的历史作用，以及对历史上民族矛盾成为主要矛盾时，对两种对立政治观点的具体评述上，难免存在这样那样的问题，会有一些褒贬失当之处，作为学术问题都是可以充分展开讨论的。但是，在当时的历史条件下，作者自觉地扣住爱国主义这一历史主题，并把爱国主义和唯物史观有机地结合起来，作为标准，发掘和宣扬祖国文化思想上的爱国主义的内容和优良传统，不仅使本书与以往和同时代的地主资产阶级学者的中国哲学史著作明显地区别开来，而且使本书具有强烈的时代特点和现实针对性，自觉地服务于当时的伟大的抗日救亡斗争。这样一种治史方向，是值得我们史学工作者效法的。

（原载《史学集刊》1986年第1期）

---

① 本书409—410页。
② 本书413页。
③ 本书415页。

吕振羽墨学观评析

吕振羽是中国马克思主义史学的创立者之一。他不但是中国西周社会封建论的最早提出者，也是最早应用唯物史观和阶级分析方法，对中国思想史进行开拓性研究的学者。他对墨子和墨学的马克思主义的新评论，把我国“五四”以来的“扬墨抑儒”的学术思潮，推进到了马克思主义新阶段，作出了开创性的贡献。

一

要了解吕振羽的墨学观，必须先了解中国的墨学史，尤其是“五四”以来墨学的复兴史。

墨学，在战国时代，是与儒学并称的“显学”。但在汉武帝时，已成“绝学”，以致《史记》仅以“盖墨翟宋之大夫，善守御，为节用。或曰：‘并孔子时’；或曰：‘在其后’”。24字记其生平事迹附于《孟荀列传》之后。

两千年来，对于墨子和墨学，封建学者大都视为儒家的敌对学派，重复“无父”“禽兽”的指责，不予一顾。西晋时，鲁胜曾作《墨辩注》，对《墨子》“经”“说”进行过搭配和疏解。唐代韩愈曾撰《读墨子》，看到“儒墨同是尧舜，同非桀纣”[①]，企图调和儒墨关系，但因基本立场尊儒，故未能改变扬儒抑墨的思维定式。这种情况到清代中叶，一些经学家为考经的需要，才把目光转向先秦诸子，才有了转机，如卢文弨、孙星衍、王念孙父子、毕沅、汪中等，都整理注释过《墨子》。其中毕沅的

①《韩昌黎集》卷十一《读墨子》。

《墨子注》、汪中的《墨子序》较有影响。鸦片战争以后，苏时学、俞樾、孙诒让、王闿运、张纯一等，为了“安内攘外”的需要，试图从儒学以外寻找精神武器，投入墨学研究，对《墨子》的校订、笺注成为一个热点，撰成了许多注墨、笺墨、评墨著作。其中孙诒让《墨子闲诂》一书，堪称集大成之作。稍后，章太炎也在《论诸子学》《国故论衡》中，对墨学进行了新的阐释。墨学这个被湮没两千年的中国古代学术流派，在中国复活了起来。但是，由于前述墨学研究者，大都是封建经学家，他们的基本立场仍是尊儒，所以总体上未能突破“扬儒抑墨”的框架，更由于自身认知结构的限制，因而即使像《墨子闲诂》这样的集大成之作，也“终不能贯通全书，述墨学之大旨”[①]；章太炎对《墨子》的某些篇章，也因“辞旨渊奥”，只能“略有解诂，而不敢多道”[②]。

墨学的真正复兴，是在“五四”新文化运动时期。这时，胡适等受过西方文化熏陶的启蒙思想家，考虑到中西文化和融合，有赖于从与儒家同时盛行的那些非儒学派的思想中，“找到移植西方哲学和科学最佳成果的合适土壤”[③]，所以，在“打孔家店”的同时，又投身于墨学研究。在《墨家哲学》《中国哲学史大纲（上）》和《先秦名学史》等论著中，胡适沿着孙诒让、章太炎的思路成果，对墨子和《墨子》的时代、作者进行了新的考证，对篇章进行了分类排队，并区分了前后期墨学。对墨子和前期墨学，他冲破扬儒抑墨传统，把墨子与孔子平等看待，进行了新评估。胡适认为，现存《墨子》53篇，《尚贤》至《非儒》24篇和《耕柱》至《公输》5篇，为墨子和前期墨派作品，含哲学方法和具体主张两大部分。他认为，墨子的“应用主义”或叫“实验主义”，和用以论证的“三表法”，是“墨子学说的根本观念”，“兼爱”“非攻”“尚贤”“尚同”“非乐”“非命”“节用”“节葬”等政治伦理主张，是“根本观念”的“应用”和“枝叶”，进行具体的评述。他尤其重视和高度评价《墨经》6篇，称之为“科学的墨子”。据此，他称墨子为“在中国出现过的最伟大

---

① 胡适:《中国哲学史大纲·导言》。

②《胡适文存》二集卷一,第264页。

③《先秦名学史》,学林出版社1983年12月第一版,第9页。

人物”[①]，《墨辩》（即《墨经》）6篇为“中国古代第一奇书”，其作者“别墨”（即后期墨家）为“伟大的逻辑家和哲学家”，是“发展归纳和演绎法的科学逻辑的惟一的中国思想学派”，在世界逻辑史上“应该占一个重要位置”[②]。他还对《墨经》的自然科学、经济、政治、心理学内容，墨学消亡的原因，也作了简介和分析，揭起了“扬墨抑儒”的新旗帜。

在胡适的影响下，梁启超也于1921年11月撰著出版了《墨子学案》，把墨子和墨学视为救国良药，给予高度评价。与胡适一样，他也对墨子和《墨子》的作者、年代、篇章进行了考证和归类。在内容的评判上，他着重抓住其政治伦理主张，进行与胡适略有不同的评述。他认为，“兼爱”是墨学的“根本观念”[③]。“非攻”“是从兼爱衍出来的”，“节用”“节葬”“非乐”是“出于兼爱”，“天志”“明鬼”是“借宗教的迷信来推行兼爱主义”，“非命”是因人们“信有命便不肯做事不肯爱人”才提出的[④]。他认为，墨子“兼相爱，交相利”是一种“实利主义”，是以“节用”做“骨子”、节葬、非乐都是从节用“演绎出来的”[⑤]。这是一种“劳力本位”的学说，梦想建立“一种完全互助的社会”[⑥]。“墨子的宗教”是由“天志”“明鬼”“非命”组成的，是把“死社会救活转来的学说”[⑦]。他尤其赞赏“尚贤”“尚同”的政治学说，把它看成“兼爱”的社会“组织法”[⑧]。他引述《尚同上》古人选择天子的话后，说“这种议论，和欧洲初期‘民约论’很相类”[⑨]。其缺点是在国家成立后，要“上同乎天子而不敢不比”，会“流于专制”[⑩]。所以，“墨子的新社会，可谓之平等而不自由的社会”[⑪]。他还盛赞墨子的力行精神，称之为言行一致的“实行家”。他还对墨家的“伦理学及其他科学”进行了评述，对“墨

①《先秦名学史》，学林出版社1983年12月第一版，第53页。
②《先秦名学史》，学林出版社1983年12月第一版，第58页。
③《民国丛书》第四编·五·《墨子学案》，上海书店，第15页。
④《民国丛书》第四编·五·《墨子学案》，上海书店，第15—16页。
⑤《民国丛书》第四编·五·《墨子学案》，上海书店，第29页。
⑥《民国丛书》第四编·五·《墨子学案》，上海书店，第38页。
⑦《民国丛书》第四编·五·《墨子学案》，上海书店，第55页。
⑧《民国丛书》第四编·五·《墨子学案》，上海书店，第61页。
⑨《民国丛书》第四编·五·《墨子学案》，上海书店，第62页。
⑩《民国丛书》第四编·五·《墨子学案》，上海书店，第63页。
⑪《民国丛书》第四编·五·《墨子学案》，上海书店，第66页。

家之知识论”，作了类似胡适的评述，称赞《墨经》的伦理学或逻辑学，“和因明的三支极相类”[①]。他也研究过“墨子及墨学别派”，认为墨派有“正统派”及“别派”之分。这样，他虽然与胡适对墨学评述的侧重点不同，但在“扬墨”这一点上与胡适是相同的。

在胡适、梁启超和扬墨观的影响下，“五四”以后，对墨子和墨学的研究形成了一个新的热点。王桐龄、伍非百、钱穆、冯友兰、顾颉刚、谭介甫、方授楚等，纷纷投入墨子和墨学的研究，出版了《儒墨之异同》《墨子大义述》《墨辩探源》《墨学源流》等众多著述。继胡、梁之后，对墨学有所弘扬，或者说在“打倒孔家店之余，欲建立墨家店”[②]。另一些学者，如章太炎、章士钊等，虽发表过批评胡适的墨学著作，但对墨学本身的评价上，则基本认同。这样，“扬墨”成为一种时代思潮。

但是，这时郭沫若却揭出与胡、梁相反的“扬儒抑墨”的旗帜。早在胡、梁扬墨论著出版不久，在“打倒孔家店”的声浪中，郭沫若一面公开表示：“我们崇拜孔子”[③]，称颂孔子为康德、歌德式的“球形天才”[④]；又写出《读梁任公〈墨子新社会之组织法〉》，抓住梁的《尚同》“天子选择”说为“民约论”的论断，进行了集中的批驳。他引证《尚同·中》等篇关于上帝鬼神与政权建立关系的议论，说：墨子的主张“明明是那‘天生民立之君’的一派神权起源说”，而不是什么“民约论”[⑤]。又列举“天志”“明鬼”等，认定墨子“不过是一位顽梗的守旧派，反抗时代精神的复辟派”[⑥]。又从墨子“私淑夏禹”，进一步断言墨子为“一个神权起源论者”[⑦]。他也不赞成把“兼爱”说成“人道主义”，认为墨子的“兼爱”和“实利”，都是“以天为出发点，以天为归宿点”，所以，墨子“自始至终是一个在神的观念里面翻筋斗的宗教家”[⑧]。他还说：《墨子》，从《法仪》到《非儒》，“都是替王公大人说的治天下的道

①《民国丛书》第四编·五·《墨子学案》，上海书店，第109页。
②《郭沫若全集》历史编卷二，第469页。
③ 郭沫若：《文艺论集·中国文化之传统精神》。
④ 郭沫若：《文艺论集·中国文化之传统精神》。
⑤《郭沫若文集》第10卷，第15—22页。
⑥《郭沫若文集》第10卷，第15—22页。
⑦《郭沫若文集》第10卷，第15—22页。
⑧《郭沫若文集》第10卷，第15—22页。

理”[1]。20世纪30年代初，在《中国古代社会研究》中，更进一步称墨子一派“在当时完全是反革命派”[2]。这样，他就在扬墨抑儒的新氛围中，揭出了扬儒抑墨的旗帜。

吕振羽的马克思主义的新墨学观，就是在以上两种对立的墨学观的时代氛围中，在认真审视了双方的评论后，应用唯物史观和阶级分析的方法，在抗日战争前夕的《中国政治思想史》中全面提出，在抗日战争中期的《简明中国通史》上册中再次肯定，并在新中国成立后的一些论文中始终坚持的观点。尽管他对郭沫若创建中国马克思主义史学的贡献十分推崇，但是，他在对中国古代社会性质包括墨学在内的先秦诸子的评判上，却未予认同，表现出一种严谨的独立思考态度。他本着批判地继承的原则，基本上认同了“五四”以来的扬墨论，尤其是梁启超的评墨成果，把扬墨论推进到马克思主义的新阶段。他的新墨学观，受到马克思主义新史学阵营中大多数史学家的认同。

二

吕振羽的新墨学观，主要包括以下内容：

首先，他对墨子及《墨子》的作者、生存年代作了考订，对墨子的时代和社会属性进行了前无古人的分析。在列举胡适、梁启超、钱穆、张季同等关于墨子生存年代的考证后，他表示“当以梁说为较正确”[3]。说：墨子当“生于周定初年（元年至十年间）（西纪前468至前459年）”，“卒于周安王中叶（十二年至二十年之间）（西纪前390至前382年）”[4]。这是“初期封建制矛盾发展时代”[5]。当时一方面“由封建土地所有者的封建领主到新兴地主的转换”，另一方面“封建统治层和农民之两阶级的对立的矛盾，已严重展开”[6]，封建统治阶层内部冲突也很尖

①《郭沫若文集》第10卷，第15—22页。
② 郭沫若：《中国古代社会研究》，第72—73页。
③《中国政治思想史》，黎明书局1937年6月初版，第91—116页。
④《中国政治思想史》，黎明书局1937年6月初版，第91—116页。
⑤《中国政治思想史》，黎明书局1937年6月初版，第91—116页。
⑥《中国政治思想史》，黎明书局1937年6月初版，第91—116页。

锐。进而，他根据梁启超的墨子“绝无仕宋的痕迹”和《庄子·天下》中墨子“以自苦为极”的记载，以及墨子对封建领主及其社会秩序“深恶痛绝”的态度，与新兴地主——商人“亦显示其立足点的不一致”，“与没落贵族的意识尤形矛盾”，相反，“大体上都能符合于当时农民的意识”等[①]，判断说：“墨翟的本身恐非出身于农民层”，“其思想体系中，又掺入部分新兴地主的意识”[②]，但“其学说大部分能代表农民的意识”[③]。总之，在当时各种社会矛盾剧烈展开的条件下，形成了被剥削阶级“由怨愤和愁怒的积累”，“孕育出墨翟的政治哲学——为农民阶级之当时的意特沃罗基的结晶”[④]。这种对墨学社会属性的分析，无疑是马克思主义的开创性贡献。

关于《墨子》的作者，他认为，胡、梁等的各种说法，都不是从哲学和阶级意识上去判别，“而只是从其文字构造的形式上去辩论”[⑤]。他则从该书各篇“大体在哲学上表现为同一流派，并表现为同一社会阶级的意识形态”[⑥]立论。尽管他看到各篇在文字上、文学风格以及社会阶级意识上，“并非出自墨翟一人之手”[⑦]。但是，这“于我们并无特别重要，因为我们是把它当作一个阶级的意识形态去研究的”[⑧]。他正是据此开展对墨学的评论的。

他认为，墨子的首要贡献是，在哲学上提出了“和孔丘的独断论老聃的唯心论相对立的客观主义”[⑨]（新中国成立后称为“唯物主义认识论”）。他以《小取》“以名举实”逻辑为据，说墨子是确认“客观是实在存在的”，“概念是由实在方面获取来的”[⑩]。又据《经上》“久”“宇”之说，认为墨子的“宇宙自体，从其时间上说是变动不居的；从其空间

①《中国政治思想史》，黎明书局1937年6月初版，第91—116页。
②《中国政治思想史》，黎明书局1937年6月初版，第91—116页。
③《中国政治思想史》，黎明书局1937年6月初版，第91—116页。
④《中国政治思想史》，黎明书局1937年6月初版，第91—116页。
⑤《中国政治思想史》，黎明书局1937年6月初版，第91—116页。
⑥《中国政治思想史》，黎明书局1937年6月初版，第91—116页。
⑦《中国政治思想史》，黎明书局1937年6月初版，第91—116页。
⑧《中国政治思想史》，黎明书局1937年6月初版，第91—116页。
⑨《中国政治思想史》，黎明书局1937年6月初版，第91—116页。
⑩《中国政治思想史》，黎明书局1937年6月初版，第91—116页。

上说，是有其‘所’的”[①]。缺点是未能达到时空“不能分离的统一的联系的理解”，“停留在客观主义的见地上”[②]。总之，墨子是承认“人类知识的来源完全是从客观世界的认识上得来的”[③]。他认同梁启超对《墨经》“知”“虑”“知”“恕”的诠释，认为墨子是“把意识、思维、客观存在和理解，作为构成认识上四个不可缺的要件”[④]，又“以”客观存在作为最基本的要件去理解的[⑤]。他还认为，墨子是把“给予人类以概念，之构成的客观存在分作三个类型”：“知、闻、说、亲”，而“特别注重到亲知的经验”[⑥]，表现为一种“经验主义”的哲学[⑦]。他认为，墨子还看到“人类的感官和外界的联系的作用”[⑧]。他还认为《墨经》“辩，争彼也；辩胜，当也”的认识逻辑，是一种“三段论的逻辑公式”[⑨]。其方法与功用，多在“寻求现象的因果关系”，“说明演绎和归纳的方法”[⑩]。但是，“他并不知从事物的本质上去理解其内在的法则”，所以，只能是一种“经验论”[⑪]。他还引梁氏《墨子学案》所列的：或、假、效、辟、侔、援、推的论理方法，作过评介。以上，除他把《墨经》的逻辑思想与“三表法”统统列在墨翟的名义下进行评论，略有不妥外，整体上看，较梁、胡的评论是有所前进的。

其次，他认为，墨子以“兼爱”为基本观念的政治学说，与封建统治阶级代言人“维护封建等级制”不同，是“从农民阶级之本身的生活利益上表现其反对这种等级制的坚决主张”[⑫]。他据《兼爱中》“天下祸篡怨恨其所以起”，认为当时社会的种种矛盾斗争，“都由于这种‘别’的制度的本身上发生出来的”[⑬]，所以，“要想消灭这种‘祸篡怨恨’的

①《中国政治思想史》，黎明书局1937年6月初版，第91—116页。
②《中国政治思想史》，黎明书局1937年6月初版，第91—116页。
③《中国政治思想史》，黎明书局1937年6月初版，第91—116页。
④《中国政治思想史》，黎明书局1937年6月初版，第91—116页。
⑤《中国政治思想史》，黎明书局1937年6月初版，第91—116页。
⑥《中国政治思想史》，黎明书局1937年6月初版，第91—116页。
⑦《中国政治思想史》，黎明书局1937年6月初版，第91—116页。
⑧《中国政治思想史》，黎明书局1937年6月初版，第91—116页。
⑨《中国政治思想史》，黎明书局1937年6月初版，第91—116页。
⑩《中国政治思想史》，黎明书局1937年6月初版，第91—116页。
⑪《中国政治思想史》，黎明书局1937年6月初版，第91—116页。
⑫《中国政治思想史》，黎明书局1937年6月初版，第91—116页。
⑬《中国政治思想史》，黎明书局1937年6月初版，第91—116页。

根源，便只有消灭这种‘别’的等级制度的本身，用‘爱无差等’的平等的‘爱’，去替代那种绝对‘伦理’的等级制度的‘别’”[①]。他还认为，墨子的“爱”，与耶稣教“博爱”、佛教“慈悲”和儒家“仁爱”的唯心主义“骗局”不同，是“要从人与人的现实生活的相互利益去实现的”，所以，“不啻是一种农业社会主义的理想”[②]。因此，梁启超说“兼爱”，是“把一切含有‘私有’性质的团体都破除了，成为一个‘共有共享’的团体”，是“相当正确的”[③]。他认为，墨子“‘交相利’的社会经济”观是：“根本否认贵族的奢侈和无谓浪费；确认平等的享受和平等参加劳动；反对人剥削人的制度；主张劳动只应在生产生活必需品的生产或为全社会福利上正当去利用。”[④]所以，墨子“力斥”儒家在“礼乐的敷张上的浪费”，“‘三年之丧’的厚葬”，“主张社会生活的节俭化”[⑤]。指出“这正是中世农民阶级的本色”[⑥]。他认为，墨子的“非攻”，也是考虑到“战争不但给予有形的物质以巨大之破坏，而且直接摧残社会的劳动人口”，封建主也不会在“战争中获得真实的利益”[⑦]。总之，墨子“兼爱”的经济观，是“从农民阶级的利害上消极的攻击封建领主们奢侈纵欲的生活，非难封建战争”，从积极的方面“否认人剥削人的制度，而提出以人为本位的共劳共享的社会主义制度”[⑧]。缺点是“未能明白指出社会各阶级间利益的对立性和其统一性，以及构成人类利益之不能一致的阶级制度的根源”[⑨]，具有空想性。以上他对墨子以“兼爱”为主旨的社会经济观和战争观的评析是细微、新颖和深刻的。

他还对墨子“尚贤”“尚同”的政治思想，作了基本认同梁启超的评述。他认为，上述主张，主旨是“反对封建的家族主义政治权利的世袭制度”，“打破阶级身份的限制，而以能力为标准的一种制度来代替封建

①《中国政治思想史》，黎明书局1937年6月初版，第91—116页。
②《中国政治思想史》，黎明书局1937年6月初版，第91—116页。
③《中国政治思想史》，黎明书局1937年6月初版，第91—116页。
④《中国政治思想史》，黎明书局1937年6月初版，第91—116页。
⑤《中国政治思想史》，黎明书局1937年6月初版，第91—116页。
⑥《中国政治思想史》，黎明书局1937年6月初版，第91—116页。
⑦《中国政治思想史》，黎明书局1937年6月初版，第91—116页。
⑧《中国政治思想史》，黎明书局1937年6月初版，第91—116页。
⑨《中国政治思想史》，黎明书局1937年6月初版，第91—116页。

的家族世袭制度”，是一种“民主主义之内容”的主张[①]。他据《尚同上》“选择天下贤良圣智辩慧之人，立以为天子”的“国家政治起源”说，认为是“一种根本打破当时所给予农民的政治等级性的约束”，“由全员选举来代替世袭”的制度[②]，所以“完全同于卢梭的‘民约论’”[③]，表现“生产阶级的进步意识”[④]。他还依据《天下》和《墨子》“贵义”“节葬”“非命”等篇，认定墨子的“政长”，不但“要亲自参加社会劳动”[⑤]，还“须为全社会计划生活必需品的供给和生活的改进”[⑥]，这与“靠剥削他人劳动以为生的坐食者”不同[⑦]，所以，又与卢梭民约论“根本异趋”[⑧]。这是他较梁氏评论更细微之处。他还对“选择”说与“上同而不下比”的绝对服从说的矛盾，作了解释。他说：人民在选出“政长”之后，“应该无条件去服从‘政长’指导”[⑨]，又“以‘上有过则规劝之’的消极办法”来加以“补究”[⑩]。总之，他认为，墨子的政治论是：“‘天子’不是世袭而是‘万民’选择”；“‘天子’和‘万民’在经济的地位上都是平等的”；“政治的地位上也都是平等的”；“凡是有才智的人，也不问他是家奴或贱奴，天子有举用他的义务”[⑪]。因此，他不赞同梁启超“墨子的社会，可谓平等而不自由的社会”，章太炎“墨学若行，一定会闹到教会专制”的说法，认为，他们不了解“墨翟政治学说的全体系，而只是表层的在捉弄其论点的各别性”[⑫]。

他还对墨子从“客观主义的认识论，怎样会达到有神论”[⑬]，作了探讨。他说：《天志》《明鬼》“绝对承认神的意志的存在”[⑭]，但是，墨子

①《中国政治思想史》，黎明书局1937年6月初版，第91—116页。
②《中国政治思想史》，黎明书局1937年6月初版，第91—116页。
③《中国政治思想史》，黎明书局1937年6月初版，第91—116页。
④《中国政治思想史》，黎明书局1937年6月初版，第91—116页。
⑤《中国政治思想史》，黎明书局1937年6月初版，第91—116页。
⑥《中国政治思想史》，黎明书局1937年6月初版，第91—116页。
⑦《中国政治思想史》，黎明书局1937年6月初版，第91—116页。
⑧《中国政治思想史》，黎明书局1937年6月初版，第91—116页。
⑨《中国政治思想史》，黎明书局1937年6月初版，第91—116页。
⑩《中国政治思想史》，黎明书局1937年6月初版，第91—116页。
⑪《中国政治思想史》，黎明书局1937年6月初版，第91—116页。
⑫《中国政治思想史》，黎明书局1937年6月初版，第91—116页。
⑬《中国政治思想史》，黎明书局1937年6月初版，第91—116页。
⑭《中国政治思想史》，黎明书局1937年6月初版，第91—116页。

说"天"，"不独消极的希望'人之相爱相利'并还积极的监视着人类日常的生活行为，还能意识的对人类行使赏罚"[1]，其方向是要人"兼相爱交相利"[2]。所以，"天"只是"一种主观的肯定"，"不过以其自己的意志论述为'天'的意志来说明"[3]。这表明，墨子已"不是把他自己当作一个理论家"，而"当作一个实践行动的宗教家"了[4]。这是墨子"获得对农民阶级的意识之特征的认识"，"不能不藉宗教运动去推动其政治运动"[5]。又说，墨子"为着在客观要求上去推动农民革命"，便"把其自己扮演为一个宗教领袖"和"一个具有意志的神"，"使'万民'以他所了解的'是''非'为'是''非'，意行'善''恶'的标准为标准"[6]。所以，墨子的宗教信条，"完全在作为发动其革命运动的工具"[7]。因此，他不能赞同梁启超对墨家"宗教理论欠完满"的批评。他还赞扬"非命"论是"富有战斗性的理论"，对儒家"天命"论的欺骗，"作了一次彻底的暴露"[8]，又有"打破农民之无知的观念，唤起其积极的斗争的意识"，表现了一种"'万民'平等的精神"[9]。缺点是"未曾把阶级和阶级敌人分别出来"，"陷入教育万能论的观念论与改良主义"[10]。他的分析是深刻的有说服力的。

他还对墨子"把宗教的精神作用现实化"[11]，组织"宗教团体"，"宣传教义藉以扩大其政治影响"，训练信徒"以自苦为极"的精神"去履行教义"[12]等言行看成是"理论与实践之一致的精神"和"纯粹的农民本色"[13]。

正是基于以上评价，稍后，他称墨子为"中国初期封建制时期第一

①《中国政治思想史》，黎明书局1937年6月初版，第91—116页。
②《中国政治思想史》，黎明书局1937年6月初版，第91—116页。
③《中国政治思想史》，黎明书局1937年6月初版，第91—116页。
④《中国政治思想史》，黎明书局1937年6月初版，第91—116页。
⑤《中国政治思想史》，黎明书局1937年6月初版，第91—116页。
⑥《中国政治思想史》，黎明书局1937年6月初版，第91—116页。
⑦《中国政治思想史》，黎明书局1937年6月初版，第91—116页。
⑧《中国政治思想史》，黎明书局1937年6月初版，第91—116页。
⑨《中国政治思想史》，黎明书局1937年6月初版，第91—116页。
⑩《中国政治思想史》，黎明书局1937年6月初版，第91—116页。
⑪《中国政治思想史》，黎明书局1937年6月初版，第91—116页。
⑫《中国政治思想史》，黎明书局1937年6月初版，第91—116页。
⑬《中国政治思想史》，黎明书局1937年6月初版，第91—116页。

个伟大的哲学家”[①]，说墨子“给中国民族留下了唯物主义、社会主义和民主主义思想的传统，值得批判地继承”[②]。

此外，他也对“墨派的发展和消亡”问题，进行过探讨。关于“墨派的发展”，与梁启超不同，他认为“宋钘似系墨翟派的一个实际行动的继承者”[③]。告子“性无善恶论”，把墨子的客观主义，发展成“一个唯物论的体系”[④]；许行的“平等劳动说”“分工互给说”“统制价值说”或“物物等量交换说”，则是“墨翟政治学说的发展”[⑤]。关于墨派的“消亡”，他与胡适的“儒家反对”“政客猜忌”的外因论不同，也与郭沫若“墨家后学”逃入儒、道，“失掉了墨子的精神”和“过分接近王公大人而失掉了人民大众的基础”[⑥]的内因论有异，认为是“封建领主经济到封建地主经济的转换”[⑦]，农民的身份地位变化所致，成为值得讨论的新的一家之言。

以上表明，吕振羽在“五四”以来扬墨论的历史氛围中，在批判继承胡适，尤其是梁启超的扬墨论的基础上，通过对墨子和墨学的深入细微的分析，对墨子的世界观、认识论、政治观、经济观、逻辑思想和宗教观作出了许多超越胡、梁，又与郭沫若相异的新评论，其中许多论断至今仍有着启迪性，堪称一家之言。

但是，吕振羽的墨学评论，也存在明显的缺点。如他对墨子和《墨子》，从“当作一个阶级的意识形态”的前提出发，对其生存时代、各篇作者未能作细致的考证区分，满足于一般的考证结论。又如把《墨经》6篇的认识论和逻辑思想，硬拉到墨子名下，就有张冠李戴之嫌。在具体评论上，也有美化、拔高和以今铸古的现象，尤其对墨学中的内在矛盾揭示不够。

①《简明中国通史》上册，人民出版社1959年9月版，第192页。
②《中国政治思想史》，生活·读书·新知三联书店1955年6月第4版，第129页。
③《中国政治思想史》，生活·读书·新知三联书店1955年6月第4版，第134页。
④《中国政治思想史》，生活·读书·新知三联书店1955年6月第4版，第134页。
⑤《中国政治思想史》，生活·读书·新知三联书店1955年6月第4版，第134页。
⑥《郭沫若全集》历史编卷一，第477页。
⑦《中国政治思想史》，黎明书局1937年6月初版，第124页。

三

尽管吕振羽的新墨学观，存在一些不够科学的因素，但是由于其主要方向是顺应中国传统文化现代化的历史走向的，更主要的是，其具体评论在整体上是持之有故、言之成理的，反映了马克思主义的墨学评论的新成就，所以，他的新论提出之后，就受到了马克思主义史学阵营中许多著名学者的认同和响应。

例如，翦伯赞就在稍后出版的《中国史纲》中，在认同吕振羽的西周封建论的同时，也基本上认同了他的墨学观。他认为，墨子所处的春秋战国，是“初期封建社会的发展及其转向时期”，“墨翟一派‘兼爱主义’的哲学”，代表了“当时农民”“反对任何封建的秩序”[①]，作为战国时代“农民的代言人，向封建主义提出了抗议”[②]。墨子的“非攻”“非乐”“节用”“兼爱”“互利”“薄葬”等主张，表现了“对封建秩序中之等级身份制和宗法伦理之制度否定的意识”；“天志”是农民“幻想有一个最高的权力，来制裁这些无法无天的诸侯”[③]。“明鬼”“是主张一切善良的灵魂，都应该享受平等的祭祀”等[④]。与吕振羽似出一辙。范文澜在《中国通史简编》中，也作了类似吕振羽的评判。他认为，墨家攻击礼乐，是用“庶民的观点，发挥仁义学说”[⑤]。墨子学说代表了“士阶层下面的庶民，主要是墨子所称‘农与工肆之人’”，“墨子和他所创始的墨家，就是代表庶民用‘上说下教’的妥协方法向统治阶级提出要求的一个学派”[⑥]。“墨与儒两个学派的对立，显著地表现出士与庶民不同的社会地位。”[⑦]“墨子的三表法，目的在为庶民谋利益，比孔子以礼为正名标准的方法是较有进步意义的”[⑧]。他还说，墨家学说虽有局限，但“主

---

①《中国史纲》第一卷，生活书店1964年10月版，第390—396页。
②《中国史纲》第一卷，生活书店1964年10月版，第390—396页。
③《中国史纲》第一卷，生活书店1964年10月版，第390—396页。
④《中国史纲》第一卷，生活书店1964年10月版，第390—396页。
⑤《中国通史简编》第一编，人民出版社1949年9月版，第216—222页。
⑥《中国通史简编》第一编，人民出版社1949年9月版，第216—222页。
⑦《中国通史简编》第一编，人民出版社1949年9月版，第216—222页。
⑧《中国通史简编》第一编，人民出版社1949年9月版，第216—222页。

观上是为庶民利益着想的”[①]等。此外，如“墨者杜老”的杜国庠，也是基本上认同吕振羽的评估，“对于墨家便比较倾向于全面肯定”[②]。因限于篇幅，不一一列举。

新中国成立后，吕振羽的新墨学观受到更多学者认同。在出版的众多哲学史著述中，尽管对墨学在具体评论上有着许多不同意见，但有两点与吕振羽是基本一致的：一是肯定墨学是属于受剥削受压迫的小生产者庶民、手工业劳动者或农民；二是肯定墨学的政治、经济、伦理和逻辑思想，肯定墨派的艰苦奋斗精神。例如，由任继愈主编的《中国哲学发展史》就认为，墨子是“一位替劳动者阶级呐喊的思想家”[③]。凡此表明，“五四”以后，由胡适、梁启超所开启，由吕振羽进一步向前推进的弘扬墨学的新评论，又得到了后来众多马克思主义学者的继承和发扬。吕振羽的马克思主义新墨学观，作为中国墨学史上一个新阶段的开创性成果，其意义是不容忽视的。

（原载《吕振羽研究文集》，中国社会科学出版社1999年版）

①《中国通史简编》第一编，人民出版社1949年9月版，第216—222页。
②《杜国庠文集》，人民出版社1962年7月版，第5页。
③《中国哲学发展史》，人民出版社1983年第一版，第206页。

吕振羽在孔子和孔学研评现代化进程中的历史贡献

——为纪念吕振羽诞辰百周年而作

孔子和孔学，是中国传统文化的主体，也是“五四”以来，学术界致力于中国传统文化走向现代进程中的标志性内容。

在中国传统文化走向现代的进程中，从批判和“打孔家店”的思想批判，到客观地从学术上研究和评述孔子和孔学；从胡适、冯友兰等以西方的实验主义、实证主义为指导来研评孔子和孔学，到由李大钊开启并由吕振羽首次实现的，以唯物史观和阶级分析的方法来研评孔子和孔学，跌宕起伏，经历了许多阶段，反映了一条艰苦的探索过程。本文就试图从这样的角度，来阐述吕振羽在孔子和孔学研评现代化进程中的贡献，从中也让我们感受他对中国传统文化现代化进程中的可贵贡献。

一、“五四”以来，孔子和孔学现代化进程的回顾

孔子和孔学，作为中国封建社会的主体意识形态，曾支配和统治中国二千余年，为维护中国封建社会的稳定和发展起过巨大作用，也成为我国后期封建社会，特别是中国近代社会进步的一个严重的惰性因素。因此，自鸦片战争以来，特别是太平天国运动以来，它就成为一些进步思想家所攻击的重要对象，他们或者打着孔子的旗号来批判孔子或孔学，重新阐释其思想，否定其不利于社会进步的内容，弘扬其某些有积极因素的内容；或者“激而反孔”，公开指责，否定其与时代悖反的精神和内容①，尤其到了“五四”时代，一批受过西方文化熏陶的知识分子，还公

① 参见《章太炎政论选集》(下册)，中华书局1977年版，第764页。

开揭出“打孔家店”的旗号[1]，对孔子和儒学作为维护封建统治的主要功能和纲常伦理，展开了猛烈的攻击，甚或全盘否定，从而为民主和科学的现代文化的输入，为中国人民的思想解放起到了巨大的启蒙作用。

但是，正如胡适在晚年所说：“有许多人认为我是反孔非儒的。在许多方面，我对那经过长期发展的儒家的批判是很严厉的。但是就全体来说，我在我的一切著述上，对孔子和早期的‘仲尼之徒’如孟子，都是相当尊崇的。”[2]胡适的话，在一定意义上反映了“五四”时代那班反孔思想家的共同心态：对孔子特别是对儒学中为封建制度服务的伦理纲常，即不适合现代生活的“孔渣”“孔滓”，对孔子和儒学的偶像崇拜，是深恶痛绝，坚决反对的。但是，对孔子作为一位伟大的历史人物，对孔学作为历史上产生的学术思想体系，则是主张客观地理性地对待的。

正是因为这样，胡适本人在“打孔家店”高潮中出版的《中国哲学史大纲（上）》和20世纪30年代发表的《说儒》中，就对孔子和孔学进行过较为冷静客观的评述。在这被称之为具有四大特长：“证明的方法”“扼要的手段”“平等的眼光”和“系统的研究”[3]，“具有划时代意义”[4]的哲学史著作中，他就以“平等的眼光”，比较客观地对孔子和孔学进行过评述。他把孔子从二千多年来的“至尊”地位，拉到与诸子平等的地位来评述，并以“一部论语虽不是孔子做的，却极可靠，极有用”[5]的判断作依据，开展了对孔子和孔学的评判。

首先，他按《史记》以来的传统说法，把孔子放在老子以后，认为孔子是在一个政治黑暗，社会纷乱，贫富不均，民生痛苦；“‘邪说横行，处士横议’的时代”[6]的一位“积极的救世派”，“实行的政治家”[7]。认为，《易经》是孔子学说的“根本”，所以对其中的“易”“象”“辞”等概念，作了具体的评述。又认为，“正名主义”是孔学的“中心问题”

① 参见胡适：《〈吴虞文录〉序》，《胡适文存》一集卷四。

②《胡适口述自传》，华文出版社1992年版，第282—283页。

③ 胡适：《〈中国哲学史大纲（上）〉蔡元培序》。

④ 冯友兰：《三松堂自序》，生活·读书·新知三联书店1984年版，第213页。

⑤《胡适学术文集·中国哲学史（上）》，中华书局1991年版，第53页。

⑥《胡适学术文集·中国哲学史（上）》，中华书局1991年版，第35页。

⑦《胡适学术文集·中国哲学史（上）》，中华书局1991年版，第53页。

“孔门政治哲学的根本理想”[①]；“一以贯之”，是“孔子的方法论，不单是推己及人的人生哲学”[②]，等。后来，在《说儒》中，他又对儒学的产生，演变的历史作了考证和评述：认为，“儒是殷民族的教士”[③]，孔子的贡献是：“把殷商民族的部落性的儒扩大到‘仁以为己任’的儒”[④]；“把柔懦的儒改变到刚毅进取的儒”[⑤]。所以，“孔子是儒的中兴领袖，而不是儒教的创始者”[⑥]。又认为，孔子的“仁”，“就是做人。用那理想境界的人做人生的目标”[⑦]，所以，“仁”是“孔子最博大又最平实的教义”[⑧]，如此等等。对于胡适的上述评述，人们可以见仁见智，作不同的评论。但是，有一点可以肯定，胡适在学术上对孔子和孔学的评述，与“打孔家店”的那种全盘否定的批判不同，是采取了一种比较冷静的客观的理性主义评判态度的，称得上是从学术上给孔子和孔学以现代评判的一种尝试。

与胡适上述对孔子和孔学的研评是以“实验主义”作指导，偏于“考证”的著述不同，冯友兰在20世纪30年代初出版的《中国哲学史》，则是以“实证主义”为指导，偏重于对“文字所表示的义理的了解、体会”[⑨]。因而“在中国哲学史研究近代化的工作中”，“是后来居上”的[⑩]。该书在时序上，不像胡适“从老子讲起，而是从孔子讲起”[⑪]。并把孔子和孔学放在“子学时代”，即所谓“思想自由，言论自由，学术高涨的时代”[⑫]，来予以评述。而“子学时代”，社会制度已处于“日即崩坏之过程中”[⑬]，因此，“自然有倾向于守旧之人”，“起而为旧制度之拥护者，孔子即此等人也”[⑭]。

---

①《胡适学术文集·中国哲学史(上)》，中华书局1991年版，第71页。
②《胡适学术文集·中国哲学史(上)》，中华书局1991年版，第79页。
③《胡适学术文集·中国哲学史(下)》，中华书局1991年版，第613页。
④《胡适学术文集·中国哲学史(下)》，中华书局1991年版，第613页。
⑤《胡适学术文集·中国哲学史(下)》，中华书局1991年版，第613页。
⑥《胡适学术文集·中国哲学史(下)》，中华书局1991年版，第642页。
⑦《胡适学术文集·中国哲学史(下)》，中华书局1991年版，第659页。
⑧《胡适学术文集·中国哲学史(下)》，中华书局1991年版，第659页。
⑨冯友兰：《三松堂自序》，生活·读书·新知三联书店1984年版，第223页。
⑩冯友兰：《三松堂自序》，生活·读书·新知三联书店1984年版，第228页。
⑪冯友兰：《三松堂自序》，生活·读书·新知三联书店1984年版，第220页。
⑫冯友兰：《三松堂自序》，生活·读书·新知三联书店1984年版，第219页。
⑬冯友兰：《中国哲学史》上册，中华书局1961年版，第36页。
⑭冯友兰：《中国哲学史》上册，中华书局1961年版，第68—70页。

他认为，孔子是“以述为作”的，“未尝制作六经”，只是“以六艺教一般人之第一人”[①]，所以，是“第一个使学术民众化，以教育为职业的‘教授老儒’”[②]。孔子提倡“正名主义”，是“欲以正名救时之弊”[③]。据此，他分析评述了孔子讲《易》、讲“直、仁、忠、恕”，讲“义利及性”等概念。他并把孔子比作古希腊的苏格拉底。以上表明，他在对孔子义理的研评上比胡适确有前进，但是，从整体上看，对孔子和孔学的研评上，依然停留在是什么的就思想谈思想的阶段。

上述胡适与冯友兰对孔子和孔学的学术评判，是抛弃了“打孔家店”的“激而反孔”的情感偏颇，也与历史上和当时尊孔派的盲目崇拜不同，体现了一种客观的理性的评判新姿态，表明了孔子和孔学研评上的一种新的走向。但是，正如吕振羽所批评的那样，他们的缺陷是“从形式主义出发”，而“把各种思想之存在根基的阶级内容隐蔽了”，所以，“什么也研究不了，说明不了”[④]。

与胡适、冯友兰不同，新生命派陶希圣也在20世纪30年代前期出版了《中国政治思想史》一书。他是打着“唯物史观”的旗号，来研究中国政治思想史的。但是，实际上，他对孔子和孔学的研评上，并未越出胡、冯的阶段。例如，他把孔子所处的时代，称之为“王权时代”的“第一期”，即所谓“由氏族到国家的过渡”[⑤]时期。说孔子就是“这一个时期经世派的大师”，对“旧社会的制度与思想”，“未尝有所制作”[⑥]。孔子所“解释”的主要是道与器、性、仁与礼、德与刑、等级与财富、恒与中、天命等。孔子的道与器，是指“从具体的规范以及依于此种规范所构成的形象，体察其抽象的规范以及依于此种规范所赋予的义理”[⑦]。孔子的所谓“仁”，只是“依礼而行”[⑧]。孔子的政治学说是“德

① 冯友兰:《中国哲学史》上册,中华书局1961年版,第68—70页。
② 冯友兰:《中国哲学史》上册,中华书局1961年版,第68—70页。
③ 冯友兰:《中国哲学史》上册,中华书局1961年版,第86页。
④ 吕振羽:《中国政治思想史·自叙》,黎明书局1937年6月版,第3页。
⑤ 陶希圣:《中国政治思想史》,中华印刷公司版,第66页。
⑥ 陶希圣:《中国政治思想史》,中华印刷公司版,第67页。
⑦ 陶希圣:《中国政治思想史》,中华印刷公司版,第68页。
⑧ 陶希圣:《中国政治思想史》,中华印刷公司版,第69页。

刑并用”，经济学说是“藏富于民”和“为政者必须有节制”①，等。以上表明，他对孔子和孔学的述评，虽然也使用了一些新的词汇，但总的仍是就字面意思谈思想。正如吕振羽所批评：“陶先生自始仍只是从政治的原因上去说明其所谓‘政治思想’”，人们从该书“不但找不出半点新的科学方法的气味，而且完全是反‘唯物辩证法’的”②。

在“五四”以来的批孔评孔潮流中，只有李大钊才真正开启了以马克思主义的唯物史观来科学的批孔评孔的道路。早在“五四”以前，他就在《民彝与政治》《孔子与宪法》《自然的伦理观与孔子》等文中，对孔子和儒学进行过有分析的批判。明确提出：“在吾国，自我之解放，乃在破孔子之束制”③，认为，“孔子者，数千年前之残骸枯骨也”，“历代帝王专制之护符也”④，“保护君主政治之偶像”⑤。但是，孔子作为历史上的伟人加以尊敬，“吾人亦不让尊崇孔教之诸公，即孔子之说，今日有其真价，吾人亦绝不敢蔑视”⑥。所以，“余之掊击孔子，非掊击孔子之本身，乃掊击孔子为历代君主所雕塑之偶像的权威也；非掊击孔子，乃掊击专制政治之灵魂也”⑦，一句话，“孔子之道，施于今日之社会为不适于生存”⑧。“五四”以后，他又在《物质变动与道德变动》《由经济上解释中国近代思想变动的原因》等文中，进一步应用唯物史观深刻地分析了孔子和孔学产生的社会经济基础和政治背景，及其为封建社会服务的本质。明确指出，孔学是中国大家族制度的产物，因而也必然要随着大家族制度的社会经济基础的变动，而趋向“崩颓粉碎”的命运。所以，孔子主义“并不是永久不变的真理。孔子或其他古人，只是一代哲人，决不是‘万世师表’”⑨。但是，由于他忙于革命的实践活动，又过早地为中国革命的伟大事业而牺牲了，所以未能在学术上对孔子和孔学作出

① 陶希圣:《中国政治思想史》,中华印刷公司版,第75—76页。
② 吕振羽:《中国政治思想史·自序》,黎明书局1937年6月版,第4页。
③《李大钊文集》卷一,人民出版社1999年版,第247页。
④《李大钊文集》卷一,人民出版社1999年版,第258页。
⑤《李大钊文集》卷一,人民出版社1999年版,第264页。
⑥《李大钊文集》卷一,人民出版社1999年版,第246页。
⑦《李大钊文集》卷一,人民出版社1999年版,第264页。
⑧《李大钊文集》卷一,人民出版社1999年版,第264页。
⑨《李大钊文集》卷三,人民出版社1999年版,第146页。

系统而全面的学术评判。

第一次大革命失败以后，另一位中国马克思主义史学的开创者郭沫若，曾经利用孔子整理过的儒家经书，发表过《〈周易〉时代的社会生活》《〈诗〉、〈书〉时代的社会变革与其思想上之反映》等论文，探讨过中国古代社会，特别是殷、周社会的状况。20世纪30年代又写过《驳〈说儒〉》一文，对胡适的《说儒》进行过驳论，提出并考证了《周易》的制作时代，"三年之丧"是否殷制，以及《正考父鼎铭》能否作为"儒"原为"柔懦"之学的依据等。还参与过老子和孔子的先后问题的讨论。但是，直到20世纪40年代中期，在《孔墨批判》之前，他也尚未在学术上对孔子和孔学作过较为全面、深入的马克思主义的研评。

在马克思主义史学史上，真正继承李大钊所开创的以唯物史观研评孔子和孔学的马克思主义史学家首先是吕振羽。他的第一篇较系统的评孔论文是，1935年7月发表于《中山文化教育馆季刊》第二卷第三期上的《孔丘派哲学思想的发展——由孔丘到荀卿》一文。此后，他又于1937年6月由黎明书局出版的《中国政治思想史》中，作了进一步的申述，20世纪40年代后期又在《简明中国通史》及1949年后的《中国政治思想史》修订本中，作了发挥，从而在学术上把李大钊开创的孔子和孔学的马克思主义评判，引向全面深入和系统化，作出了开创性的新贡献，使孔子和孔学的研评的现代化进程，走向一个新的阶段。

二、吕振羽对孔子和孔学的马克思主义的新评论

总的说，吕振羽在1935年以来的对孔子和孔学的研评的贡献，可以概括为，他首次应用唯物史观和阶级分析的方法，批判地摈弃了胡适、冯友兰的"实验主义"和"实证主义"的评孔观，汲取了他们在考证学和义理思辨上的有益成果，尤其是他们在理性评孔后确立起来的新的"尊孔"评判，同时，也批判地抛弃了陶希圣的假马克思主义的研究方法和谬断，从而在孔子和孔学的研评上，做出了令人耳目一新的马克思主义的初步评判，具体表现如下：

（一）应用唯物史观和阶级分析方法，对孔子和孔学产生的时代背景及社会属性，进行了与胡适、冯友兰、陶希圣等截然不同的初步探讨和分析

在黎明版《中国政治思想史》的“导言”中，吕振羽就郑重指出：“我们对于历史上某一时代思想的研究，要能得出一个正确的结论，第一重要的，须要把某一时代的经济结构从而其政治形态放在念头。正确的明了其时代的生产方法，以及其矛盾之发展的根本形式”[①]，因为，“人类的思想便建立在这种基础之上，顺应着发展着”[②]的。基于这样的认识，他在孔子和孔学的研评中，首先就在孔子所处的时代的经济结构、政治形态作了与众不同的考察探索。与胡适的孔子处于“诗人时代”说，也与冯友兰的“子学时代”说，更与陶希圣的“由氏族到国家”说不同，他是从生产力和生产关系的发展水平及政治状况的研究中，对孔子和孔学的时代背景作出自己的判断的。人所共知，吕振羽是我国西周社会封建论的首创者。他正是在这种社会性质的认知下，依据《春秋》《左传》等文献资料，认为，在孔子和孔学所由以产生的春秋时期，我国的“初期封建制度的经济”，已经“发育成（完）全了”[③]，与此相关，封建领主相互间兼并过程“扩大”，并引起“大群的中小领主的灭亡”[④]。具体表现为，在春秋数百年间，一是，“封邑相互间战争的频繁与持续，把封建制度内部的矛盾扩大了”[⑤]；二是，“宗周的没落和地方领主的强大”，“公室的衰弱和私家的僭越”，“从来维护封建秩序的‘礼’至此破灭无余了”[⑥]；三是，“大国”对“小国”的“苛求”，“强大领主对弱小领主的经济剥削”，以致“封建诸侯相互间的朝、会、征伐也破坏无余了”[⑦]，而“由于内部之矛盾之扩大，尤其是阶级间矛盾的扩大，从来的‘刑’

① 吕振羽:《中国政治思想史》,黎明书局1937年6月版,第2页。
② 吕振羽:《中国政治思想史》,黎明书局1937年6月版,第41页。
③ 吕振羽:《中国政治思想史》,黎明书局1937年6月版,第41—43页。
④ 吕振羽:《中国政治思想史》,黎明书局1937年6月版,第41—43页。
⑤ 吕振羽:《中国政治思想史》,黎明书局1937年6月版,第41—43页。
⑥ 吕振羽:《中国政治思想史》,黎明书局1937年6月版,第41—43页。
⑦ 吕振羽:《中国政治思想史》,黎明书局1937年6月版,第41—43页。

也不足适应新情势的需要了”[①]。除了“战争加于农民的负担外，又加之领主的生活愈趋豪奢”，以及新的“地主——商人”的“兴起”[②]，等，就使“初期封建制度”发展到“从来未有的各种混乱现象”[③]。他认为，正是在这样的社会经济政治条件下，才“孕育出孔丘集大成的维护封建秩序的政治哲学”[④]，或“封建领主集团的政治哲学——孔丘的保守主义”[⑤]。简言之，孔学是产生在“封建制上升时期领主制却开始动摇”时期[⑥]的一种政治学说。换一个说法，就是：初期封建制的发育成熟，不仅使孔学的产生成为客观的需要，也使孔学这种代表其统治的“成熟的精神产品之产生的条件”[⑦]也成熟了，孔学这种“封建统治阶级的政治哲学”[⑧]也应运而生了。

关于孔子及孔学的社会属性，他也与胡适所谓“实行的政治家”，“积极的救世派”，冯友兰的“守旧之人”的超阶级的评判不同，也与陶希圣的“经世派的大师”的判断不同，他是通过较为深入细致的阶级分析作出的。依据《史记》《家语》等资料，孔子虽然“少也贱”“贫且贱”，但是，“他的先世却是宋的贵族”，所以是出身于“一个没落贵族的家世”，而且本人也“曾为鲁司寇”，已“在鲁国跻身于贵族的地位”[⑨]；更主要的是，孔子有“很深的‘身分制度’的鸿沟，而分为‘君子’和‘小人’的两个对立的壁垒”[⑩]。所以，他认定，孔子是属于“没落的贵族”的社会阶层，其思想主张是“自认为文武周公之唯一继承者”[⑪]。所以，某些人说“孔丘是平民阶级的学者”，是“不符事实”的[⑫]。

他还从孔子和孔学在政治活动中的表现，进一步分析了孔学的思想实

① 吕振羽:《中国政治思想史》,黎明书局1937年6月版,第41—43页。
② 吕振羽:《中国政治思想史》,黎明书局1937年6月版,第41—43页。
③《吕振羽史论选集》,上海人民出版社1981年版,第164页。
④ 吕振羽:《中国政治思想史》,黎明书局1937年6月版,第42页。
⑤ 吕振羽:《中国政治思想史》,黎明书局1937年6月版,第57页。
⑥《中国政治思想史》1949年8月修订版,第8页。
⑦ 吕振羽:《中国政治思想史》,黎明书局1937年6月版,第5页。
⑧ 吕振羽:《中国政治思想史》,黎明书局1937年6月版,第5页。
⑨《吕振羽史论选集》,上海人民出版社1981年版,第157—158页。
⑩《吕振羽史论选集》,上海人民出版社1981年版,第157—158页。
⑪《吕振羽史论选集》,上海人民出版社1981年版,第164页。
⑫《吕振羽史论选集》,上海人民出版社1981年版,第158页。

质和阶级属性。他指出，孔子的“正名”主张，“只符合了当时各国大封建诸侯的要求，而与事实上已取得各‘国’的政治权力——经济权力的‘大夫们’的利益，便恰恰相反”[①]。所以，其主张虽能得到“各国诸侯”的“欢迎”，却受到“大夫们”的冷落。各“国”大夫们只愿意“利用”他的“伦理”学说。其次，孔子的政治主张，“和新兴地主——商人的利益也是背道而驰的”，对“农民当然是更不利”，所以，也受到这两个阶级的“反对”[②]。这就是他的政治运动必然失败的原因。他认为，在当时，欢迎孔子主张的，“除那已趋没落的各国的大封建诸侯外，便只有那已没落或还未没落的中小领主集团——‘士’”，因为，“‘士’的存在的依据，是利于像西周那样开创期中的封建制度的维护”，所以，受到“这一阶层的热烈欢迎与拥护”[③]。故“孔丘的政治运动是以没落小领主——‘士’的集团为其基础”[④]的。

这样，他就以唯物史观和阶级分析的方法，对孔子和孔学产生的时代背景、思想实质和社会属性，作出了与胡、冯、陶等完全不同且有说服力的认知和判断。

（二）以代表孔子思想的文献《论语》为主要依据，对孔学进行了马克思主义的阶级分析

首先，吕振羽认为，在孔子思想体系中，“没有考虑到宇宙本体论的问题”，“其学说只从政治问题的解决上出发，只提论到‘人生哲学’的问题上”，“只是直观的认为人有一个‘先天’的‘秉彝’的‘仁’”[⑤]。（稍后，他补充说，这“并不是说孔丘完全没有意识到宇宙论的问题，只是说他对此不曾作过哲学的思考而发现其系体的说明；他只是主观承袭从来的封建领主们的神创宇宙观，故此构成他思想体系中的‘天’和‘命’的地位”[⑥]。）但是，他又认为，在孔子心目中，“仁”只是君子的

① 吕振羽:《中国政治思想史》,黎明书局1937年6月版,第78页。
② 吕振羽:《中国政治思想史》,黎明书局1937年6月版,第78页。
③ 吕振羽:《中国政治思想史》,黎明书局1937年6月版,第78页。
④ 吕振羽:《中国政治思想史》,黎明书局1937年6月版,第80页。
⑤《吕振羽史论选集》,上海人民出版社1981年版,第160页。
⑥ 吕振羽:《中国政治思想史》,黎明书局1937年6月版,第63页。

专有物，“小人”是“不能‘仁’”的[①]。这就构成了孔学“理论上的一个矛盾”，恰恰在这个“矛盾的交叉点上，后来便演化为孟轲的性善论和荀卿的性恶论”[②]。也正是在这个矛盾点上，表现孔丘哲学的“独断论”倾向[③]，反映着孔学的一个阶级的“拘限”[④]。他说，孔子为了“逃避这种理论上的矛盾”，所以，又主张“‘仁’虽属是‘人’的先天秉赋，但仍是要克己修养的培持”，故“他又非常注意学问，且主张博学”[⑤]。基于此，吕振羽认同胡适、冯友兰等认为“仁”是孔子思想的“核心”的判断，说“孔子思想出发点的仁，是他的理论的核心”[⑥]。从而准确地抓住了孔学的核心内容。

进而，他列举了孔子论“仁”的十多条语录，说孔子对“仁”的解释是“很模糊”的，以致多数学者把“忠恕”视为孔子对“仁”的解释。但是，他认为，在孔子那里，“忠恕”，“不过是孔子所谓‘仁’的第二义”[⑦]，是“‘治人者’的无上的法宝”[⑧]。在孔子那里，“仁”是“一个无美不备，‘施诸四海而皆准’的他理想中的‘圣人’的‘心传’”，是“先验的独自存在着的东西”[⑨]。有了这个“仁”，并按它的要求去修养和实践，“则一切社会内部的矛盾，便能从个人内心的修养上去消灭于无形——下犯上哪，臣弑君哪，子弑父哪，邻国相侵哪”，后来又加上“阶级仇视哪”[⑩]，“便都不会发生”，“乐利幸福的社会，便自然会出现”[⑪]。这样，他就明确地揭示出“仁”学在孔学中的重要地位和巨大职能。稍后，他又进一步指出，孔子的“仁”，是“先验的精神的东西，所以孔丘哲学是客观主义的唯心主义”[⑫]。但是，他也认为，尽管“仁”的实质是“唯心主义”的，“也包含着一些积

①《吕振羽史论选集》，上海人民出版社1981年版，第160页。
②《吕振羽史论选集》，上海人民出版社1981年版，第160页。
③《吕振羽史论选集》，上海人民出版社1981年版，第160页。
④《吕振羽史论选集》，上海人民出版社1981年版，第160页。
⑤《吕振羽史论选集》，上海人民出版社1981年版，第161页。
⑥《吕振羽史论选集》，上海人民出版社1981年版，第161页。
⑦《吕振羽史论选集》，上海人民出版社1981年版，第164页。
⑧《吕振羽史论选集》，上海人民出版社1981年版，第164页。
⑨《吕振羽史论选集》，上海人民出版社1981年版，第163页。
⑩ 吕振羽：《中国政治思想史》，黎明书局1937年6月版，第63页。
⑪ 吕振羽：《中国政治思想史》，黎明书局1937年6月版，第63页。
⑫ 吕振羽：《中国政治思想史》，1949年8月生活·读书·新知三联书店修订版，第72页。

极因素”，如“反侵略的爱国思想”“忠恕”“操守”“自我反省，不重复错误”“不固执成见”“坚强”“智”“勇”等[①]。以上，他对孔子“仁”学的地位、内涵及作用的评述，是深刻的，有分析的。

进而，吕振羽指出，孔子还从其时代的四大社会矛盾：等级名分的棼乱；诸侯的互相侵伐；宗法制度的破坏以及农民和封建主间矛盾的发展和封建统治者地位的动摇等，从维护封建制度的立场出发，提出了“正名主义”“礼治主义”等一系列“对策”，“作为安定封建秩序的武器”和“强化等级制的政治的手段”[②]。从而使他的“伦理”的人生哲学和“正名主义”的政治哲学，就“在‘仁’的下面被统一起来，恰如宗法制度和等级制度之在封建主义的体制内被统一起来一样”[③]。准确地分析了孔学各个部分内容之间的内在联系。

他说：在孔子看来，当时名分的“棼乱”，是政治上的“最大危机”，所以，“挽救当时的危机，首先便当恢复最高领主——天子的权威，制止诸侯、大夫，陪臣各级领主之僭越与擅夺，使之各退守自己的名分，才能恢复到‘天下有道’的政治”[④]。正是因此，孔子提出“正名”，要“把等级名分重新确定”，把它视为“一切政治设施的前提”[⑤]。而“等级名分的尺度”，“便是所谓礼”，故“礼”也就是“等级制度的具体内容”[⑥]。他接受清代以来学者考证的结论，认为，孔子与“三礼”：即《周礼》《仪礼》《礼记》的种种注释，“系后人所作”[⑦]，与孔子无直接关系。但是，从《孝经》关于孔子“三代出妻”的记载，又认为“三礼”所述内容，“至少有其部分的系依据春秋时代的社会背景”的[⑧]。

关于孔子的“‘伦理’的社会观”，他认为，“和其政治哲学同样，同是以‘仁’为核心出发的”，是“从维护旧制度的观点上去追求补救

---

① 吕振羽:《中国政治思想史》,1949年8月生活·读书·新知三联书店修订版,第72页。
②《吕振羽史论选集》,上海人民出版社1981年版,第165—169页。
③《吕振羽史论选集》,上海人民出版社1981年版,第165—169页。
④《吕振羽史论选集》,上海人民出版社1981年版,第165—169页。
⑤《吕振羽史论选集》,上海人民出版社1981年版,第165—169页。
⑥《吕振羽史论选集》,上海人民出版社1981年版,第165—169页。
⑦《吕振羽史论选集》,上海人民出版社1981年版,第165—169页。
⑧《吕振羽史论选集》,上海人民出版社1981年版,第165—169页。

策”[1]的。他说：孔子的“伦理”观，“是以‘孝’为中心的”，“要从狭义（孝父母）而达到广义的（忠）内容的”[2]。所以，孔子的伦理观，“是以‘忠’‘孝’作中心而砌成的”，“‘忠’是等级的政治制度的中心原理，‘孝’是宗法的社会制度的中心原理”[3]。他认为，在君臣、父子、兄弟、夫妻、朋友等各种伦理关系中，最主要的是君臣、父子两伦，其他都是“从属于‘君臣’‘父子’那两伦的”[4]。在孔子看来，有了这样的伦理原则，存在于当时，“人与人间的社会关系的破绽，便完全可以弥补起来了；他所拥护的封建主义的社会便也能够‘万古长存’了，‘犯上’‘作乱’的现象再不致出现，农奴逃亡……的事情也不致发生”了[5]。所以，后来的“腐儒”，“不了解‘夫子’的学说在政治方面有如此这般的积极性，只当作独自的处世修养的教条”，是“歪曲”[6]。后来，他又补充说：孔子的伦理观，“虽则是主观的，其伦理教条却起了中国封建时代的法律作用。他的‘泛爱众’与‘四海之内皆兄弟也’等论点，是有着积极意义的，在人类社会的封建制度初期而有这种思想，可说是一种较伟大的观念，也是孔丘学说的积极因素之一”[7]，而予以积极的评价。

他还对孔子维护封建统治的其他手段进行了阶级的分析。他说，在孔子看来，仅有“礼”和“正名”等手段，只能维护封建等级制的秩序，而对于被治者的“小人”，仅用这一套是不够的。因为“小人”，“从先天的品质上就是恶劣的”[8]。所以，又提出“愚民政策”，主张“对他们施以软性的教化”[9]。其内容“第一便是‘命’，其次便是所谓‘德’”[10]，即用“安命”的原理，“教大家去各守其等级地位”，用“德”去引导大家“徙善”[11]。而当这种“软性教育政策失去效力的时候”，“他便主张彻

①《吕振羽史论选集》，上海人民出版社1981年版，第169页。
②《吕振羽史论选集》，上海人民出版社1981年版，第170—171页。
③《吕振羽史论选集》，上海人民出版社1981年版，第170—171页。
④《吕振羽史论选集》，上海人民出版社1981年版，第172—173页。
⑤《吕振羽史论选集》，上海人民出版社1981年版，第172—173页。
⑥ 吕振羽：《中国政治思想史》，黎明书局1937年6月版，第77页。
⑦ 吕振羽：《中国政治思想史》，1949年8月生活·读书·新知三联书店修订版，第85—86页。
⑧ 吕振羽：《中国政治思想史》，1949年8月生活·读书·新知三联书店修订版，第80页。
⑨《吕振羽史论选集》，上海人民出版社1981年版，第173—174页。
⑩《吕振羽史论选集》，上海人民出版社1981年版，第173—174页。
⑪《吕振羽史论选集》，上海人民出版社1981年版，第173—174页。

底的用刑罚去惩治”[①]。与一般封建领主不同的是，孔子不主张“滥用刑罚”[②]。又说，孔子是不赞成“对农民无限制的剥削，认为榨取牛乳是以能保全母牛存在为前提的”[③]。他认为，正是基此引申出所谓“庶”“富”“教”的原理。不足之处是，没有贯彻下去，而只限于提出问题，“便又绕回去了”[④]。

正是基于以上的评述，吕振羽在后来《中国政治思想史》的修订版中，就对孔学的历史意义和作用，给予了高度的评价，确立起他的马克思主义的新的“尊孔”观。他说，孔子的伟大在于，在当时的历史条件下，“完成封建统治阶级之哲学的政治理论的体系，而把从来统治阶级思想上的遗产都一一继承了下来，予以体系化。这对于正在上升时期的中国封建社会，是有积极作用的”[⑤]。又说：孔子的“正名”主义、“礼治”主义以及社会“伦理”观，“不是凭空创造的”，而是“根据当时人民现实生活的表现，由于有着封建的社会经济的基础，这在当时也是有一定的积极意义的”[⑥]。他还认为，孔子关于“德”与“刑”，“庶”“富”“教”以及“均无贫”等主张，虽然是出于维护封建制的需要，但“在人类历史上的封建制时代，这确是一种较开明的政治学说，也是孔丘学说中具有积极意义的一部分”[⑦]。总之，孔子学说的“全部精神适合于封建主义的要求，而且包含着若干积极因素或较伟大的观念”，在“东方以至世界的文化思想，也都产生过巨大的影响”，孔子称得上是“中国封建时代最早出现的一个大思想家”[⑧]。在《简明中国通史》中又说：“从中国封建制的全过程来说，孔子当时，封建制还正在上升时期。孔子学说虽自始就有消极的方面，但给封建制建立起成套的思想体系，是适应于封建制上升的前进倾向和要求的”，“其个别伟大观念到今日也还有其积极意义”[⑨]。

①《吕振羽史论选集》，上海人民出版社1981年版，第173—174页。
②《吕振羽史论选集》，上海人民出版社1981年版，第173—174页。
③ 吕振羽：《中国政治思想史》，黎明书局1937年6月版，第73页。
④ 吕振羽：《中国政治思想史》，黎明书局1937年6月版，第73页。
⑤ 吕振羽：《中国政治思想史》，1949年8月生活·读书·新知三联书店修订版，第74页。
⑥ 吕振羽：《中国政治思想史》，1949年8月生活·读书·新知三联书店修订版，第74页。
⑦ 吕振羽：《中国政治思想史》，1949年8月生活·读书·新知三联书店修订版，第82页。
⑧ 吕振羽：《中国政治思想史》，1949年8月生活·读书·新知三联书店修订版，第92页。
⑨ 吕振羽：《简明中国通史》修订本，第165—166页。

以上表明，吕振羽对孔子和孔学的研评，既与胡适、冯友兰等以实验主义和实证主义为指导的孔子和孔学观不同，也与陶希圣假马克思主义的评孔观有着明显差别，但是，他又是部分地汲取了他们比“打孔家店”的感情偏颇不同的学术理性评判的态度，考证成果，尊孔又视孔子有“保守”倾向的评述等，一些可取的精神和养料，紧紧抓住孔子处于封建制的上升时期，作为一位封建贵族的思想家，从其“把自己固定于封建制度之维护者的立场上，且自认为文武周公之惟一继承者”的判断出发，开展了对孔子和孔学的唯物史观的自成体系的新评论。今天看来，他的评论，还是初步的，甚至比较粗疏的，可以商讨之处，所在多有。但是，与胡、冯、陶等相比，显然是一种别开生面的令人耳目一新的孔子和孔学观，体现了孔子和孔学走向现代化进程中的马克思主义新阶段的开端。

三、吕振羽的孔子观在马克思主义史学阵营的反响

20世纪30年代中期，吕振羽应用唯物史观作出的新孔子和孔学观面世，在处于形成期的马克思主义史学中引起广泛的兴趣和广泛的认同，不仅受到在古史分期上观点一致的学者如翦伯赞、范文澜等的认同，也受到在古史分期上有歧见的学者如郭沫若、侯外庐等的认同。不仅如此，后者还在吕振羽的基础上，把马克思主义的孔子孔学观推向进一步的发展和深化。

例如，翦伯赞在《中国史纲》中，也认为，孔子思想是代表“封建领主”的利益，是针对“春秋末际，初期封建社会的秩序，更形紊乱”的现实，提出“正名主义，企图以此维持君君臣臣之‘等级制度’；同时，又提出了‘伦理主义’，企图以此维持父父子子的‘宗法社会’。孔子深知‘礼’与‘刑’之不足以稳定封建社会的秩序，所以又于‘礼’与‘刑’之外，提出一个‘仁’字来。所谓‘仁’者，就是一种‘感化政策’，因而从‘礼’与‘刑’到‘仁’的发展，就是指明封建统治者的

政治压迫，已经失败了”[①]。他的评论，与吕振羽几乎如出一辙。

又如，范文澜在《中国通史简编》中，在认同吕振羽的西周封建论的同时，进一步认为，到东周，“家族制度的地主阶级开始出现，政治、经济、文化逐渐受这个阶级支配，由此产生地主统治的封建社会”[②]。孔子就是这个时代“封建社会集大成的圣人，是中国古代文化的伟大代表”[③]。他认为，这时的“封建领主和新起的地主都属于封建地主阶级，本质是一致的”，“孔子学说代表新起的地主，同时又主张维持领主统治”[④]。又说，在春秋时期，“士是统治阶级的最下一层，当他求仕干禄向上看时，表现出迎合上层贵族利益的保守思想，当他穷困不得志向下看时，表现出同情庶民的进步思想。士看上时多，看下时少；因此士阶层思想保守性多于进步性，妥协性多于反抗性。孔子学说就是士阶层思想的结晶”[⑤]。正是基于这种阶级属性，“中庸就成为最适合的哲学思想。孔子学说全部贯注着‘中立而不倚’的中庸思想”[⑥]。又说：“孔子创儒家学说，主要内容是礼乐与仁义”，但是，“单有礼乐，没有道德作根本，还不够适合政治上的需要”，所以，孔子又提出一个“仁”，“仁就是做人的道理，也就是爱或同情心”[⑦]。他认为，孔子“要用礼乐仁义来求得统一，对战争取反对态度”，但“不了解战争客观上正是破坏诸侯割据的旧秩序，走向大一统的必经路程”，所以，这又是“孔子保守思想在政治上的表现”[⑧]。又说：孔子“祖述尧舜，宪章文武”，是复古主义者，又“善于用权，‘无可无不可’的‘圣之时者’，孔子学说含有多面性”[⑨]。孔子对古代文化的“伟大贡献”是：“删订六经，保存了三代旧典”；“创造儒学，形成了中国封建时代的文化核心”；孔学“影响了中国境内外非汉族的各族，在汉族与各族间起着精神联系的作用”；“积累了极其丰富

①《中国史纲》，生活书店1946年10月版，第393页。
②《中国通史简编》，人民出版社1949年9月版，第158页。
③《中国通史简编》，人民出版社1949年9月版，第201页。
④《中国通史简编》，人民出版社1949年9月版，第204页。
⑤《中国通史简编》，人民出版社1949年9月版，第202页。
⑥《中国通史简编》，人民出版社1949年9月版，第202页。
⑦《中国通史简编》，人民出版社1949年9月版，第204—205页。
⑧《中国通史简编》，人民出版社1949年9月版，第205—206页。
⑨《中国通史简编》，人民出版社1949年9月版，第206页。

的经验，特别教育和行为方面的经验”；创造了诸如“学而时习之”，“知之为知之，不知为不知”之类格言、公式，都有着科学的精神和价值①。又留下如“多闻阙疑”“四毋”、学与思配合，每事问，不耻下问、听言观行，择善而从，有过即改，学而不厌等极其宝贵的教学思想②。他认为，孔子整理六经的原则是“述而不作”，“不语怪、力、乱、神”，“攻乎异端，斯害也已”等③。都是孔子留给后人的宝贵文化遗产。他的这些评述，都更加细致深刻地丰富和发展了吕振羽的孔子观。

与翦、范不同，郭沫若在古史分期上与吕振羽是完全不同的。但是，我们在他20世纪40年代的《孔墨批判》中看到，他对孔子的阶级属性及思想的评述，则有着与吕振羽大致类似的倾向。早在“五四”时期，他就与“打孔家店”立异，表示“崇拜孔子”④，发表过许多赞美孔子的言论。这时则应用唯物史观和阶级分析，从孔子所处时代、阶级属性、思想主张的评析中，作出了新的尊孔判断。认为，孔子所处的春秋至战国，中国已开始由奴隶制向封建制转变，孔子就是“由奴隶社会变为封建社会的那个上行阶段的前驱者”⑤。表现在政治上是“袒护乱党”，而乱党“在当时都要算是比较能够代表民意的新兴势力”⑥。又说：“孔子的立场是顺乎时代潮流，同情人民的解放的”，“大体上他是站在代表人民利益的方面的，他很想积极地利用文化的力量来增进人民的幸福。对于过去的文化部分地整理接受之外，也部分地批判改造过，企图建立一个新的体系以为新来的封建社会韧带”⑦。他也认为，在孔学中“一个‘仁’字最被强调，这可以说是他的思想体系的核心”⑧，而“仁”是“克己而为人的一种利他行为”，一种“为大众的行为”，“要人们除掉一切自私自利的心机，而养成为大众献身的牺牲精神”⑨。所以，“仁”是“顺应着奴

①《中国通史简编》，人民出版社1949年9月版，第208页。

②《中国通史简编》，人民出版社1949年9月版，第208页。

③《中国通史简编》，人民出版社1949年9月版，第210页。

④《郭沫若全集》历史编1卷，第78页。

⑤《十批判书·后记》。

⑥《郭沫若全集》历史编1卷，第78页。

⑦《郭沫若全集》历史编2卷，第87页。

⑧《郭沫若全集》历史编2卷，第89页。

⑨《郭沫若全集》历史编2卷，第89页。

隶解放的潮流的。这也就是人的发现”[①]。就这样，他对孔子和孔学作了一个美化的评述。他的尊孔观比吕振羽的尊孔观调门更高，具有浪漫主义色彩。其基本方向与吕振羽是一致的。

关于侯外庐，他是春秋战国仍是奴隶社会论者，因而对孔子和孔学的时代、阶级属性的判断自然有别，但应用唯物史观和阶级分析来评判孔子和孔学，则是一致的。例如他称孔学“无疑地是贵族君子立场上出发的思想”[②]，并以此为据开展了对孔学的细致评析。

以上表明，在马克思主义史学队伍中，尽管在对中国历史的看法上有种种不同。但是，在对孔子和孔学的研评上，对孔子和孔学的理性主义的评析和批判继承上，则始终是沿着由李大钊的科学批孔所开启，由吕振羽的理性主义学术评孔所开创的方向，向前发展和逐步深入的，他们所确立起来的马克思主义的新的尊孔观，为我国的革命和建设事业，为我们批判地继承中国的优秀的文化遗产，作出了有益的贡献。

（原载《吕振羽研究文丛》，中共中央党校出版社2002年版）

①《郭沫若全集》历史编2卷，第91页。
②《中国思想通史》第1卷，人民出版社1957年版，第177页。

吕振羽在中国资本主义萌芽问题研究上的重大贡献

在中国封建社会后期存在资本主义萌芽，这是我国马克思主义史学创立初期就已提出，而在新中国成立后得以广泛深入开展讨论，并获得重大进展的一个重大的历史课题。这个问题的提出和研究的进展，标志着我国马克思主义史学逐步走向成熟。它使我们能够比较科学地说明中国社会的发展规律，特别是中国封建社会解体过程中的发展规律，从而改变了中国历史科学的面貌，把中国历史从以往那种漆黑一团、没有规律、没有发展的中国历史特殊论、循环论和停滞论中拯救出来，使中外剥削阶级史家对中国历史所作的种种歪曲得以纠正。认真回顾和总结这个问题的历史和经验，对于建设和发展有中国特色的马克思主义历史学是有必要的。

新中国成立以来，人们已先后编选了《中国资本主义萌芽问题讨论集》（下、上、续）和《明清资本主义萌芽研究论文集》等，也发表过综述性的学术评论，进行过初步的回顾和总结。但是，这些总结却忽视了我国已故著名史学家吕振羽所作出的重要贡献。这样一来，就难于全面反映这个问题的真实发展过程。因为吕振羽是我国马克思主义史学创立过程中最早提出并探讨这个问题的史学家，也是新中国成立后深入研讨中又作出过新的贡献的史学家。

为了填补资本主义萌芽研究史的这个空白，表彰吕振羽在这个问题上创造性的贡献，笔者特撰写此文，以求教于史学界。

一

吕振羽是中国资本主义萌芽问题的最早提出并进行了初步探讨的史学家。《历史研究》1956年第七期《关于中国资本主义萌芽问题的讨论》一文，在概述中国资本主义萌芽问题的提出和研究过程时说："关于中国资本主义萌芽的问题，史学界过去很少有人作过专门的研究。最早的，如侯外庐先生在其所著《中国近世学术思想史》（按：此书经修订后，改名《中国早期启蒙思想史》，由人民出版社出版）中，就清初学术思想的反映，曾提出明清之际出现了城市平民反对派及异端思想。1954年出版的《中国历史纲要》（尚钺主编）更明确的提出了明代中国社会已有资本主义生产因素的萌芽存在，就当时的中国社会经济看，已具备封建社会末期的特征"。《中国资本主义萌芽问题讨论集》（三联书店出版）的"编者的话"也说，"至于资本主义生产因素萌芽问题，是解放以后中国历史学界提出的一个新问题（过去虽然有史学家朦胧地提过，但没有提供一定的史料和确切的论断）。"我们认为以上说法，与历史的事实是不够吻合的。

我们知道，侯外庐是我国较早用马克思主义来研究中国历史的老一辈马克思主义史学家之一，他从20世纪30年代起就开始翻译《资本论》，并从事历史研究准备。但是，他并未直接参加20世纪30年代的史学论战。他是在皖南事变之后，遵照周恩来同志的指示，真正开始历史研究，并于同年写成《中国古典社会史论》，随后又从事中国思想史的研究，于1945年和1947年，在重庆和上海出版了《中国近代思想学说史》[①]。在后一著作中，他提出了明清之际出现城市平民反对派及异端思想的问题。后来，该书经修订于1956年由人民出版社以《中国早期启蒙思想史》的书名出版，修订本的第一章《十七世纪的中国社会和启蒙思潮的特点》（曾以论文形式于1955年先行发表于《新建设》5月号）和第十章《十八世纪的中国社会和专门汉学的形成》中，以丰富的资料深入地论证了在

① 见《中国哲学》第六辑《坎坷的历程》（四）一文。

明中叶以后中国存在资本主义萌芽的事实，为中国资本主义萌芽问题的进一步提出和深入研究，作出了重大贡献。但是，中国资本主义萌芽问题的提出的时间不是在抗日战争末期，更不是在全国解放以后才提出的新问题。而是在第二次国内革命战争时期，在关于中国社会史论战中就已提出的问题，而最早的提出者也不是侯外庐，更不是尚钺主编的《中国历史纲要》，而是吕振羽。

如所周知，吕振羽是我国继郭沫若之后，最早运用马克思主义观点研究中国古代社会史，积极参加20世纪30年代初中国社会史问题论战的马克思主义史学家，在这次论战中，他鉴于当时的伪马克思主义流派鼓吹中国社会发展的“外因论”“自流论”和中国社会发展“长期停滞论”等论调，就自觉地“一面给伪马克思主义流派以正面的抨击和揭露；一面也以立的工作去达到破的目的”，并在研究古代社会发展规律的同时，也注意对后期封建社会发展规律进行研讨，在研究社会史的同时，开始了对中国政治思想史的研究[①]。正是在这次论战中，他初步建立起对于中国社会性质和历史分期问题的系统见解，确立了殷代以前为原始社会，殷代为奴隶制社会和西周以后为封建社会的中国古史体系。同时，他针对中国社会长期停滞论，率先提出在中国封建社会的后期已存在资本主义萌芽的新问题。

早在1933年，他就指出，中国“到清代的前半期，封建经济已临没落，而开始跌入社会自身的突变的过渡时期。历史的新因素已在形成的过程中”[②]。稍后，又进一步指出，清代前半期，“中国的资本主义的因素，却已开始孕育”[③]。这样，他就第一次在中国历史学中提出资本主义萌芽这个崭新的历史课题。

如果以上论断过于笼统，不够确定，未能引起人们的注意，那么1937年6月由上海黎明书局出版的《中国政治思想史》一书，就明确肯定中国在明清之际已经出现了资本主义萌芽，并以此为背景展开对明清

①《哲学研究》1959年第5期《第二次国内革命战争时期历史哲学战线上的马克思主义与伪马克思主义的斗争》一文。

②《中国上古及中世纪经济史(讲义)》，北京聚魁堂1933年装订。

③《史前期中国社会研究》，北京人文书店1934年版，第59页。

之际及鸦片战争以前社会思潮的初步评述，发前人所未发。他指出，中国社会发展“到明清之际，不只表现都市经济的成长，已成为国民经济生活中的一个重要因素，而且自由商人等已开始以其资本直接投向生产。出现了资本主义工场手工业的原始形态的东西”。而这反映到意识形态上，“便产生王夫之、黄宗羲、戴震等人的反映其时市民阶级一些要求的政治学说”[①]。又说：“在清初，尤其到嘉、道间，益以在产业革命后的欧洲资本主义势力东来的影响，中国资本主义性工场手工业的幼芽又重新出现了，从而反映到意识形态上，便孕育出龚自珍和魏源的政治学说，反映着近代资产阶级思想的一些原始要求”[②]。在这样的论纲下，他以一章的篇幅，在“萌芽状态中的市民政治思想”的标题下，扼要地评述了黄宗羲、唐甄的“非君论”、王夫之的“经济欲望论”和龚自珍、魏源的学说。他指出，黄宗羲关于人类根性是“自私”“自利”，并由此引申出“取消君位的革命主张”，“民本主义”和“基本上同于近代资产阶级内阁”制的“政事堂”，“学校”形式的代议机关；关于“授民以田”和“减轻赋税的主张”讲求“民富”的“以工商为本”的经济纲领等，“都是符合市民阶级的要求的”，“正表现其时市民阶级的革命性”，在当时“是一种伟大思想的表现”，“有着不少积极的、进步的革命因素”[③]，他指出，王夫之的“经济欲望论”是以他的唯物主义哲学为基础，集中起来说，就是“不论人的思想意识怎样不同，为丰衣足食的物质欲望的斗争，都是共同的。”其目的是为了反对“存理灭欲”的“欺骗宣传立论的”，所以“有着战争内容的”[④]。他认为，唐甄的《潜书》的基本论旨，与黄宗羲的学说的精神“基本上是一致的，但比较更激烈”[⑤]。对于龚自珍、魏源，他也是“作为市民思想来考察”的。认为他们“不啻是后来代表国家官僚资本主义的康有为、谭嗣同、梁启超的直接前驱”，他分析评述了龚自珍的“更法”主张。魏源的“革虚”“富强”和“师夷长技”的主张，和他们的其他一系列内政、外交主张，特别是其重商主义的商

① 以上均见该书，生活·读书·新知三联书店第4版537页。
②《中国政治思想史》，生活·读书·新知三联书店第4版538页。
③《中国政治思想史》，生活·读书·新知三联书店第4版583—589页。
④《中国政治思想史》，生活·读书·新知三联书店第4版590—596页。
⑤《中国政治思想史》，生活·读书·新知三联书店第4版590—596页。

业政策和重农主义的农业政策。认为他们虽不正面“反对旧的社会秩序”，但“也痛恨封建政治的腐败和封建的专制主义政体”，“反映了其时市民的一些要求”，“基本精神反映了当时市民层对资本主义前途的素朴要求，代表了时代方向”[①]。

以上关于明清和鸦片战争前社会政治思潮的评述，虽然从今天的眼光来看，还显得粗疏，甚至不尽准确，但是他能立足于当时已存在资本主义萌芽，并进而从市民阶级的新观点开展评述，确是一个难能可贵的创见和卓识。表明他不仅是我国资本主义萌芽的最早提出者，也是中国用马克思主义观点研究中国思想史的开拓者。

抗日战争时期，日本帝国主义为了配合它的武装侵略，驱使其反动文人，打着学术研究的幌子，恣意歪曲中国历史，鼓噪侵略有理的谬论[②]。1939年12月，毛泽东发表了《中国革命和中国共产党》的光辉论文，科学地阐明了中国社会历史的发展规律，并从原则上指出，“中国封建社会内的商品经济的发展，已经孕育着资本主义的萌芽，如果没有外国资本主义的影响，中国也将缓慢地发展到资本主义的社会，外国资本主义的侵入促进了这种发展”。毛泽东的论断无疑是对上述谬论的驳斥，也是对中国存在资本主义萌芽的观点的肯定。

为了驳斥日本帝国主义的侵略谬论，进一步阐明毛泽东的论断，吕振羽与郭沫若等一道，在1940年前后，连续写了《关于中国社会史诸问题》《“亚细亚生产方式”和所谓中国社会的“停滞性”问题》《创造新文化与文化遗产的继承问题》等论文，发表于《理论与现实》等刊物上。他指出“把中国社会形式发展作为一个总的过程来考察，生产力、生产……以至意识形态，都是螺旋式地向前发展的，并没有什么‘停滞性’和‘复归’或‘循环’的性格”[③]。又说：“中国乃至其他许多‘文明古国’，其社会的进程都比较迟慢，这是具体的历史事实。史家便给予其比较迟慢的进程以‘停滞性’的规定（我认为中、日译马克思列宁文献中的‘停滞

①《中国政治思想史》，生活·读书·新知三联书店第4版596—602页。

② 如秋泽修二于1937年5月抛出《东方哲学史》一书，鼓吹中国的“亚细亚停滞性”，没有外力不能发展等。

③《吕振羽史论选集》，上海人民出版社本269页。

性’可改为‘迟滞性’）”[①]。这里由停滞性改为“迟滞性”，一字之改，表明他对中国历史特点的深刻认识，表明他坚持马克思主义发展观和反对中国历史停滞论的正确立场。正是从反对“停滞论”和承认中国社会发展的“迟滞性”的符合中国历史事实的马克思主义发展观出发，他进一步肯定了自己先前提出的中国存在资本主义萌芽的论断。他说：“明清之际及鸦片战争前的资本主义性质的工场手工业的萌芽，若不是为清朝统治者及欧美资本帝国主义的侵入所绞杀，中国社会已开始准备了转入资本主义的条件”[②]。又说：“在鸦片战争以前的年月，中国在明清之际，曾在东南沿海沿江地区开始出现的资本主义生产方式——即马克思所说的资本主义手工业工场等——的萌芽。可是为入关之初的清朝贵族和其奴才武装对扬州、江阴、嘉定等先进城市所实行的血洗政策所绞杀了，在康熙朝中叶后至鸦片战争前，又在沿海沿江的广州等处重新出现这种萌芽，但又为英美等国的帝国主义侵略所绞杀了”[③]。这里，虽然未能对明清之际的鸦片战争前的资本主义萌芽问题展开评述。但与前一时期相比真理论概念更明确，中国资本主义萌芽的时间、地域也更明确了。可以说，他的论断在论战中产生，又在论战中前进了。

值得认真一提的是，他在抗日战争后开始写作，于1941年5月出版第一分册，于1948年9月由大连光华书局出版全书的《简明中国通史》一书，这是新中国成立前他的史学观点和史学研究的成果的集中反映，也是他当时关于资本主义萌芽问题的论述的集中的反映，在本书中，他比较全面地评述了明中叶以后和鸦片战争前，中国资本主义萌芽产生的历史前提状况，以及由此引起的政治、意识形态的各个领域变化的表现，发展了以前的关于资本主义萌芽问题的论述。

首先，他在经济上论述了资本主义萌芽的产生和表现，他指出，随着生产力的发展，工商业的繁荣，在明武宗以后（1506—1521），一部分“力量逐渐成长，独立性逐渐加多的自由商人”，“便纷纷径向‘灶户’额外生产，也作为‘余盐’贩卖；茶也是一样。所以到世宗时（1522—

①《吕振羽史论选集》，上海人民出版社本317页。
②《吕振羽史论选集》，上海人民出版社本270页。
③《吕振羽史论选集》，上海人民出版社本325页。

1566)，便形成‘余盐’‘私茶’盛行的现象，其他绢帛、棉布等也是一样，都步步去摆脱商业垄断资本和行东的控制，日益加多的向业户订货，并径自和乡镇手工业联系。由于这种定货办法的发展，到明末，个别先进的自由商人，首先在纺织部门，便自备工具和原料，交个别农家或手工工人制成纺织成品，付给工资。这种原始状态的资本主义手工工场，首先在皖南出现，到明朝灭亡前后，南京、池州（皖南贵池）、台州（浙江）、九江（江西）、松江（江苏）等处，也都出现了”。“同时，又有一种手工制糖坊，商人自备工具、房屋、原料制糖，雇佣工人多至二十余人”①。还有“湖南平江、武冈、邵阳一带造纸，地主自设纸糟及工具，原料用新竹，是自己山里产的；每年只春夏两季开工，工人常至数十人”②。以上是明中叶以后的资本主义萌芽状况。

关于清朝，他指出，虽然清政府执行了“摧残和阻滞”资本主义萌芽的政策③，但是，“中国市民阶级和生产力的进步，如龟步式的前进”。所以“在鸦片战争前，从中国社会的内部，却也重新生出资本主义的嫩芽。如在农村，出现了富农生产，和带有一些资本主义内容的经营地主生产；手工业方面，如广东的手工纺织工场，共二千五百家雇佣工人共五万，每场平均雇佣工人二十”④等。指出，只是由于“鸦片战争的结果，这种土生土长的资本主义嫩芽，又被先进资本主义的炮火烧死了”⑤。

这样，他虽然是粗略的、初步的，但却是首次从经济上论述了中国资本主义萌芽产生的条件和状况，丰富和发展了先前关于资本主义萌芽的论断。

《简明中国通史》还从上层建筑和意识形态方面比较全面地探讨了与资本主义萌芽相关的许多问题。如明中叶以后的党争、都市民变、清初东南沿海人民的反清斗争和闭关斗争等问题。还特立制度、宗教、哲学、科学、文艺的专节，来评介资本主义萌芽在这些领域的反映。他指出，

① 均见《简明中国通史》，人民出版社新一版556—557页。
②《简明中国通史》，人民出版社新一版557页。
③《简明中国通史》，人民出版社新一版559页。
④《简明中国通史》，人民出版社新一版570页。
⑤《简明中国通史》，人民出版社新一版570页。

在明清之际到鸦片战争之前的哲学中，除原有的地方和农民的流派外，还出现了“市民阶级的哲学流派”。认为这个流派，“一致反对佛、道及汉、唐、明的儒家学（只有黎洲以阳明哲学的形式，说明自己的内容），以复古的孔孟学的形式，去表现其思想，提出时代的要求，反对封建的超经济的榨取方式，主张个人主义的国民之富，反对君主专制政体，主张没有皇帝的民主政治；反对保守和空谈，主张实用之学；反对封建迷信和思想的束缚，要求解放个性；反对损害人民的战争，但主张民族自卫战争”[①]。这一高度概括，准确与否可以研究。但较之《中国政治思想史》一书，却是新的前进。又如在文艺方面，他认为也出现了“代表正在形成中的市民阶级的流派”。小说方面，如“清之《红楼梦》（暴露封建贵族的腐败与表现个性解放的要求），《儒林外史》（暴露代表封建思想的儒生和科举制度的丑恶形象，并反映了一点个性解放的要求的倾向）、‘古宋遗民’的《后水浒传》（说宋江死后，余部从事抗金，失败后，李俊等率众浮海，在暹罗建立国家）、李汝珍之《镜花缘》（主张男女平等，并描写理想的都市——君子国）等均系反映了第三派的一种朴素思想倾向的作品”。戏剧方面的《偷桃捉住东方朔》《邯郸郡错嫁才人》《黄石婆》等，则是讽刺封建统治阶级垄断社会财富，并鼓吹个性解放，解除封建束缚，反映了当时正在形成中的市民阶级一种朴素的思想倾向”[②]。其他如诗词，以及科学、宗教等许多方面反映资本主义萌芽新因素的表现也作了阐述。

这样，在《简明中国通史》一书中，吕振羽不仅从经济上充实了自己关于资本主义萌芽的论断，而且对上层建筑和意识形态的许多领域的新变化，进行了较为全面的评述。尽管今天看来，这些评述只具有初步的性质，但考虑到直到20世纪50年代末，这方面还是资本主义萌芽研究中的薄弱环节[③]，那么我们对于他在这方面的开创性贡献，就不应低估。

综上所述：我们认为，第一，早在20世纪30年代，在中国社会史的大论战中，吕振羽就已经提出资本主义萌芽问题，并在稍后的《中国政

①《简明中国通史》，人民出版社新一版693—696页。

②《简明中国通史》，人民出版社新一版706页。

③ 参见《中国资本主义萌芽问题讨论集·编者的话》。

治思想史》一书中，从上层建筑和政治思想史的角度，开展过反映这一社会经济新因素的政治思潮的初步评述。在抗日战争时期，又在反对日本帝国主义的侵略理论的论战中，在毛泽东的《中国革命和中国共产党》一文发表后，重申了这一观点，尤其是在《简明中国通史》一书中，进一步对明清时期的资本主义萌芽问题从经济基础到上层建筑开展过虽然初步，而已较为全面的粗略的评述，发展了第二次国内革命战争时期的论断。凡此，足以证明，他关于中国资本主义萌芽这一历史课题的提出和初步论述，显然早于侯外庐的《中国近代思想学说史》，更不谈新中国成立后尚钺主编的《中国历史纲要》了。吕振羽是我国马克思主义史学创立过程中，最早提出资本主义萌芽并进行了初步探讨的史学家，是不容争辩的。

第二，诚如《中国资本主义萌芽讨论集》的“编者的话”所指出的，新中国成立前中国史学家虽然提出了这个问题，“但没有提供一定的史料和确切的论断”。包括吕振羽在内，那时他们虽然提出了这个问题，并开展过初步探讨，但这种探讨仅仅是初步的、粗略的、不成熟的，甚至难免有许多错误的，因而没有充分地展开这问题，更不可能去解决这一重大的历史课题。他们的功绩只是提出了这一问题。这一切是当时马克思主义史学还处于初创时期不可避免的，反映了马克思主义史学的幼年性。尽管如此，我们认为，这一问题提出的本身，就有重大的现实意义和科学价值。因此，决不能因为吕振羽等当时的论述还存在这样那样的缺点甚或错误，而抹杀他们的开创之功。

二

新中国成立后，吕振羽通过充实、修订旧著对资本主义萌芽研究作出了新的贡献。

新中国成立以后，我国的马克思主义史学，获得了前所未有的良好环境。与古代史分期问题一起，中国封建社会后期的资本主义萌芽问题，作为关系到中国社会历史发展的两大关键性问题之一，重新提了出来，引起广泛深入的研究和讨论，发表了数百篇有一定质量的学术论文，取得了相当丰硕的研究成果[①]。

在这场讨论中，许多著名的马克思主义史学家或修订旧著，或专门著文，用各种形式参加了讨论。范文澜在对1941年底完成的《中国通史简编》进行修订后，所写的《绪言》中[②]就“汉族封建社会的分期”问题，详尽透彻地说明了他对“明至清鸦片战争以前”中国资本主义萌芽问题的看法，并明确指出，他的这些看法是他的修订本较原版本“增加了一些新的观点”中的一部分。翦伯赞则于1955年的《北京大学学报》上发表了《论十八世纪上半期中国社会经济的性质——兼论〈红楼梦〉中所反映的社会经济情况》的长篇论文，以翔实的资料深入论证了18世纪上半期中国资本主义萌芽的状况，及其对《红楼梦》的影响。侯外庐则在《中国近代思想学说史》的修订本《中国早期启蒙思想史》[③]中，进一步系统地透彻阐述了从17世纪到19世纪初叶，中国资本主义萌芽发生、发展曲折、再发生的过程和情况，并以此为背景，以较大篇幅研讨了早期启蒙思想与资本主义萌芽的关系，作出了新的较大贡献，其他如吴晗、邓拓、尚钺、黎澍、白寿彝等著名史学家，都专门著文，参加了研讨，作出了各自的贡献。

在这场讨论中，吕振羽没有发表过专题论著来参加研讨。但是，他自始关注着这场研究和讨论，努力钻研马克思列宁的有关资本主义萌芽问题的理论，收集相关资料，来丰富和深化自己对中国资本主义萌芽问题的认识，进而对自己早年所作的关于中国资本主义萌芽的论述，进行了检查总结和自我批评，并通过增订和修订旧著，用学术界的新的研究成果和资料，以及自己的研究所得，来改正自己旧著的缺失，增补和充实旧著，特别是从经济上对中国资本主义萌芽进行大幅度的增补等办法，来完善旧著，发展自己对资本主义萌芽的研究成果，从而实际上参加了这场研讨。同时，他也还在一些有关中国历史学的新的论著中，发表了一些虽然简略但却极为明确的看法。就这样，他在新中国成立后的中国

① 参见《中国资本主义萌芽问题讨论集》上、下续。《明清资本主义萌芽论文集》等。
② 1954年写成，1963年发表。
③ 修订本《中国早期启蒙思想史》1958年由人民出版社出版。

资本主义萌芽的研究热潮中，进一步发展了他在新中国成立前的成就，并作出了新的贡献。

首先，他认真回顾总结了自己对新中国成立前的有关中国资本主义萌芽的研究成果，实事求是地肯定了自己的贡献。对存在的缺点作了严肃的自我批评，这集中地反映在《简明中国通史》修订本第二版《后记》中，他说："本书的论纲，如关于中国社会发展诸阶段的划分等方面，基本上还是在第二次国内革命战争时期，我作为一个小兵参加对伪马克思主义流派的斗争的过程中提出的论纲为基础"的。"我当时，不只继郭沫若同志之后，大胆地对中国社会历史和中国社会思想史的发展过程，提出了一个初步的系统的意见和进行论述，而又大胆地提出了若干问题和论断。如：殷朝奴隶制社会的生产工具是青铜器的问题和论断，马克思所说的'亚细亚的'是指东方奴隶制社会的特殊性的问题和论断，西周社会的过渡性和不平衡发展的问题，明末和鸦片战争前曾有着资本主义生产的萌芽的问题，等等"。关于资本主义萌芽问题，他说："我在《中国政治思想史》中，肯定明末和鸦片战争前，都有资本主义的萌芽，并论述了王夫之、黄宗羲、唐甄或魏源、龚自珍等人的思想和主张，反映了'萌芽状态中的市民政治思想'。但没有从资本主义生产的萌芽作必要的论述，而主要只是从那些思想家的思想素材的本身去说明，显然是片面的。本书的原版和新版，都是从经济上和其对城市人民所进行的阶级斗争的性质上作了必要的论证。这是正确的。但在一方面，论述得太简单，所据材料不够有力。一方面，作为论证的有些资料，如商人向茶丁、灶丁订购茶、盐，或卖原料给独立手工业者和收买他们的产品等等，它们虽然是当作由封建生产方法到资本主义生产方法的过渡来发生作用，但它还并不能唤起旧生产方式的革命，还不是资本主义性的东西"。他坦率地承认，上述"论断上的缺点、错误和材料上的不够全面与错讹"，是"由于我当时马克思主义水平和客观的困难条件的限制"造成的。以上回顾和自我批评，虽然主要是就《简明中国通史》一书而言，但实际上是他对自己的新中国成立前的史学的总结性回顾和自我批评。它比较客观地反映了他新中国成立前的史学成就和缺失，特别是对资本主义萌芽问题上的成绩和缺点作了较具体说明，表明了一位马克思主义史学家的诚实态度。

其次，为了弥补新中国成立前资本主义萌芽问题论述上的缺失和错误，在《简明中国通史》修订版第二版[①]他用了近两万字的篇幅，利用大量资料和当时人的研究成果，对明中叶至鸦片战争前自由商人的原始资本积累和资本主义工场手工业的产生作了论述，从而改变了初版本和修订一版所存在的缺乏资料和论述缺失，大大地发展了20世纪30年代以来自己提出的关于中国资本主义萌芽问题的命题。

他引用了丘浚《大学衍义补》《古今图书集成·职方典》、徐一夔《始丰稿·织工对》《明历朝实录》、叶梦珠《阅世编》、沈德符《万历野获编》、张瀚《松窗梦话》、宋应星《天工开物》，以及方观承、褚华、徐光启等人的著作，《青浦县志》等许多地方志等大量官、私文献、资料，在概述了明中叶资本主义萌芽产生条件后，明确指出，明中叶的资本主义萌芽，首先表现在自由商人逐步摆脱商业垄断资本和行东控制，通过向“业户定货”与“乡镇手工业联系”等办法，逐步发展为一部分“先进商人”，“首先在纺织部门，自备原料，或以半成品给个别农家或手工工人进行制作或加工，制成成品，付给工资”[②]，这种“包买主把材料直接分配给‘家庭手工业者’，使之为一定的报酬而制作，家庭手工业者变成了在自己家中为资本家工作的真正雇佣工人；包买主的商业资本在这里转变为工业资本”，这是属于“始基形态的资本主义的生产。又正是资本主义‘手工业工场的场外部分’”[③]。他认为这种始基形态的资本主义生产，当时，“不只在松江，并同时在徽州、南京、池州（贵池）、九江、台州等地出现”[④]。还出现了“出资自备工具、原料、雇用专靠出卖劳动力过活的劳动者，开设手工工场，进行生产的资本主义生产的萌芽”[⑤]。如苏州，就有“由商人直接雇用‘朝不保夕，得业则生，失业则死’的

---

①于1959年9月修订出版的版本（人民出版社）为修订本第二版。

②《简明中国通史》，人民出版社1959年修订第二版656页。

③《简明中国通史》，人民出版社1959年修订第二版656—657页。

④《简明中国通史》，人民出版社新一版657页。

⑤《简明中国通史》，人民出版社新一版657页。

‘浮食奇民’充当织工，构成‘机户出资，机工出力’的生产关系”[①]。在“上海的棉纺织业，亦应有这种资本主义手工工场和农家副业及行会手工业同时存在”[②]。与此相伴随，还“出现资本主义扩大再生产”，并“引出了以纺织业为中心的一系列的分工和纺织技术的进步”，他还引用邓拓在门头沟的实地调查材料，说明当时北京在煤业方面，也“显明地表现了资本主义生产方式的萌芽”[③]。此外，“如广东、山西等处的冶铁业，云南个旧的锡业，江西浮梁的‘民窑’制瓷业，福建、广东等处的制糖业，也都多多少少地具备着资本主义生产的因素”[④]，其他如湖南武冈、洞口、隆回、邵阳等由地主雇工经营的造纸业，也“比经营地主的经济，具有更多的资本主义因素”[⑤]，在农村，还“出现雇用长工或短工从事商品生产（最著者如种桑、种甘蔗、植荔枝）的经营地主和富农经济”[⑥]，进而他认为，“由于这种资本主义生产萌芽，中国民族，主要是汉族，便开始踏上了形成为近代民族，即随同‘资产阶级联系的创立’而出现‘民族联系的创立的’道路”[⑦]。但是他认为不能对当时的资本主义生产因素估计过高，因为它“还只是在萌芽状态中，不只受到封建制的严重束缚，其本身也具有很浓厚的封建性”[⑧]。更何况“在明清之际，又受到致命的摧残”[⑨]。

关于清朝的资本主义萌芽，他引用了《皇朝经世文编》《世宗宪皇帝实录》《皇朝续文献通考》《东华录》《古今图书集成》《广东通志》以及顾公燮《消夏闲记摘钞》陈作霖《风麓小志》、徐珂《清稗类钞》、屈大均《广东新语》、《醒世恒言》、方志和彭泽益、田汝康、刘永成等的有关论文的资料和论述，指出：“一度被清廷所绞杀的中国资本主义生产的幼芽，但到康熙年间，尤其到乾隆、嘉庆间，从中国内部又重新出现了，

①《简明中国通史》，人民出版社新一版657页。
②《简明中国通史》，人民出版社新一版658页。
③《简明中国通史》，人民出版社新一版659页。
④《简明中国通史》，人民出版社新一版660—661页。
⑤《简明中国通史》，人民出版社新一版660—661页。
⑥《简明中国通史》，人民出版社新一版660—661页。
⑦《简明中国通史》，人民出版社新一版661页。
⑧《简明中国通史》，人民出版社新一版661页。
⑨《简明中国通史》，人民出版社新一版678页。

并较明朝有着进一步发展和较高的形式”[①]。认为这首先“表现在丝织业和棉纺织业方面”[②]，他以“雍正十二年十二月长、元两邑同人公立”；《奉各宪永禁机匠叫歇碑记》所反映的苏州情况为例，指出，苏州“从明朝就出现了资本主义性的手工工场的生产关系”。这时“在劳资关系上，已出现了工人同盟组合。罢工，反对资本家辞退工人和要求增加工资等斗争的新情况”[③]又指出，当时“由于纺织业的发展，也发展了为纺织品加工的染坊、踹坊等资本主义性的经营”[④]。他还列举了松江、南京、广州、佛山等地的丝织业和棉纺织业中的资本主义性质的手工业生产情况进行了具体评述。其次，他指出在造纸业方面，“全国各地又都出现了资本主义性的手工工场”，如陕西的汉中、江西赣东广信府属的铅山、玉山、永丰，福建、浙江、苏州等地的造纸业的劳资状况，“显然都是属于资本主义性的生产和主雇关系，即劳资关系”。再次，他认为在铁、铜、锡、煤等的“采冶和铸造方面，也在全国若干地方，重新出现了资本主义性的生产的幼芽”[⑤]。如广东铸铁业中的“私掘者”就拥有“佣工者不下数万人”[⑥]。佛山“‘炒铁之肆’的主人，已是为‘利赢’而采冶”了。其他如广西天河，上林等县的“铁厂”或“炉房”，陕西的铁厂，江西和四川的铁业，也都存在“萌芽状态中的资本主义手工工场聚集地域或矿区的情况”[⑦]。此外，“在制瓷和其他生产方面，也都重新或开始出现了资本主义性的生产的萌芽”。在农村，“也重新出现和发展了富农以及经营地主的经济”[⑧]。

这样，他就以较翔实的资料和新的研究成果，比较全面具体地从经济上论述了明中叶至鸦片战争前我国资本主义萌芽的状况，改正了初版《简明中国通史》的某些讹误，克服了空疏、笼统的缺点，反映了20世纪50年代中国资本主义萌芽研究的新水平，正像他自己在本书修订二版

①《简明中国通史》,人民出版社新一版678页。
②《简明中国通史》,人民出版社新一版678页。
③《简明中国通史》,人民出版社新一版678页。
④《简明中国通史》,人民出版社新一版678页。
⑤《简明中国通史》,人民出版社新一版681—682页。
⑥《简明中国通史》,人民出版社新一版683页。
⑦《简明中国通史》,人民出版社新一版687页。
⑧《简明中国通史》,人民出版社新一版686页。

《后记》中所说，“在本书这次的修订本中，在我自己看来，认为基本上已弥补了自己过去在这个问题上的缺点”。

还值得一提的是，新中国成立后，他不仅在经济上进一步论证了资本主义萌芽，而且在意识形态上也在增订和修订《中国政治思想史》和《简明中国通史》有关章节中坚持先前的看法外，在其他新的论著中也仍有所发挥。例如他曾专门从资本主义萌芽角度论述王夫之思想的阶级属性，再次肯定：“王船山是代表市民阶级的，本身充满着那个时代的矛盾”[①]等。

第三，在进一步开展对资本主义萌芽探讨的基础上，他参加了对当时资本主义萌芽的讨论，多次表明了自己的论断，他在肯定这场讨论的成绩后，指出：“有些同志在理论上违背了马克思关于资本主义萌芽的论旨”，“把行会的商业和手工业，也渲染为资本主义的资本和其生产，因而乃产生唐宋已有资本主义生产的萌芽的说法”。认为这是“显而易见的错误”。他也不同意“有些同志肯定明末有了资本主义生产的萌芽，但又毋视在明清间、在鸦片战争的结局，它所受到的致命的摧毁；而把它当作一帆风顺的发展，因而甚至要把近代史的划期始自明末，这至少是武断”[②]。他还明确表示“不同意尚钺同志要把中国近代史的上限提早到明清之际。甚至提早到明朝”[③]。他认为，从理论上讲，资本主义萌芽的产生要具备两个条件：“一方面有自由出卖劳动力的人口存在（社会上有这样的因素存在并不是偶然的现象，在这里能碰到在那里也能碰到）；另一方面，资本家直接把资本投入生产购置设备，雇佣工人（资本家也不是只在某个地方出现一家，起码不是孤独的东西存在那里）”[④]。本着这样的认识，结合中国的历史实际，他反复肯定中国资本主义萌芽出现于明朝中叶以后，坚持和发展了自己新中国成立前已提出的论断。他说：“中国的资本主义萌芽在明朝中叶以前是这里一点那里一点，作为资本主义萌芽是从明朝中叶开始的，而明清之际它被扼杀于母体之中。但是社会

①《吕振羽史论选集》，上海人民出版社本592页。

② 均见《简明中国通史》1959年人民出版社修订第二版《后记》。

③《中国历史讲话》，348页。

④《吕振羽史论选集》，上海人民出版社本642页。

上有它存在的根据，就根本消灭不了，到了一定的时机总要出来”。所以“到了清康熙时代又慢慢出来了，到了鸦片战争以前，这种资本主义萌芽已经赶上原来在明朝后期的情况，或者还要高些”[①]。这可以说是他在新中国成立后关于中国资本主义萌芽问题的基本论纲，较之新中国成立前的论断既有坚持又有发展，并与新中国成立后资本主义萌芽讨论中的大多数意见基本上一致，表明了他的卓识和贡献。

这样，他在新中国成立以后的资本主义萌芽的研究热潮中，又以自己新的努力丰富和发展了新中国成立前的研究成果，深化了对这个问题的认识，作出了新的贡献。

以上1949年前后两个历史时期，吕振羽关于中国资本主义萌芽研究的成就表明，他不仅是我国马克思主义史学创立过程中，中国资本主义萌芽这一重大历史课题的率先提出并进行过初步探讨的史学家，也是最早从政治思想史的角度对反映这一新的经济因素的哲学政治思想，进行尝试性的研究者，为我国资本主义萌芽问题的提出和研究立下了开创之功。在新中国成立后，他又密切关注这一问题的讨论，并在原有论著基础上，通过深入钻研，增订和修订旧著，发表新著，来丰富和深化这个问题的认识，作出了新的贡献。他的研究成果，对于我们深入和完满解决这一问题起过重大作用。因此，我们认为他在这方面的贡献，与他在马克思主义史学创立过程中所作出的其他方面的贡献一样，同样应该载入中国马克思主义史学史册的，而他那种从经济到思想，又从思想返回经济，反复印证的全面研究资本主义萌芽和其他历史问题的研究方法，坚持用马克思主义的唯物史观为指导，结合中国历史实际，来探讨和揭示中国历史发展规律的治史道路，对我们建设有中国特色的马克思主义历史学，更是有着重大的借鉴意义。

（原载《吕振羽和中国历史学——学术研讨纪念文集》，吉林大学出版社1996年版）

---

① 均见《吕振羽史论选集》，上海人民出版社本655页。

喜读《吕振羽早期思想与实践研究》

今年四月，邵阳师范高等专科学校教授戴开柱先生的《吕振羽早期思想与实践研究》一书，由湖南师范大学出版社出版发行，这是一部关于吕振羽生平和思想研究的力作，值得一读。

作者在认真研读学术界对吕振羽研究的已有成果的基础上，利用其同乡的身份及在本地工作之便，开展了对吕振羽早期资料的进一步搜集、生平家世的调查、知情人的访问，以及与学者的切磋研究，经过几年的努力，终于成就此书。本书在吕振羽的家世考证，思想行程的探讨，社会史论战情况的追踪，以及对吕振羽早期几部传世之作的研究上，均有新的开掘和创获，总之，在吕振羽早期思想与实践的研究上取得了可喜的进展。具体表现如下：

首先，在吕振羽家世及少年时期思想的描述上，取得了新的进展。以前的几部吕振羽的传记，或由于材料的限制，或由于侧重对学术成就的评述，对吕振羽的家世，少年时思想状况的描述，一般皆过于简略，个别地方甚至记述有误。本书作者通过查阅1938年修成的《吕氏三修族谱》（时吕振羽本人，正在办塘田讲学院，他的父母也均健在），访问知情人等，不但纠正了原先各书记述吕振羽生年之误，订正为1900年1月28日（光绪二十五年己亥十二月二十八日），而且纠正了“吕振羽，名典爱”之误，改正为“原名叫吕典福”。

本书还在《报国之魂的铸成》中，详述了吕振羽从其曾祖父以来的家庭状况，具体地描述了其家乡“重文化”“崇仕途”的民风，认为这都“直接刺激了他从小立志读书成名，出人头地”的志向，而家乡经济上的贫穷落后，吕家在振羽少年时代的家道中落，所受的种种艰难困苦，使吕振羽从小形成“志切大众”“国情愚弱”的“博爱”情感，和“援贫屈富”的反封建“叛逆”精神，不甘人后，出人头地的竞争意识。作者还特别指出湖湘文化的“崇尚实学”的学风，“以天下为己任”的爱国传统给吕振羽的深刻影响，也提到中学老师肖承舆、民主革命家蔡锷（在武冈生活过）对他的深刻影响。认为正是湖湘文化孕育了吕振羽倔强求真的气质、深邃多思的头脑，和践履笃实勇于任事的工作态度。这些都是其他吕振羽传记未予足够注意或未曾提到的。

作者认为，在五四运动后，吕振羽的“读书报国”思想有了一次升华。中学毕业后，他选择了报考湖南公立工业专门学校（现湖南大学），专攻电机工程学，试图走“工业救国”之路。他接受过无政府主义的影响，对孙中山《建国方略》表示崇敬，也接触马克思主义。所以，“大学时代，吕振羽的思想是错综复杂的，具有典型的急功近利的思想特征”。在这种思想指导下，他曾尝试过“改造家乡”的计划，参加湖南大学的“驱宾”运动，但这些均在反动势力的破坏干扰下，归于失败。所以，当北伐军攻克长沙时，他就参加了北伐战争，进入了他人生的“第二大抉择”。

其次，在对吕振羽在大革命后的早期思想的研究评述上，在前人研究的基础上，作了更多方面的开掘和深入透彻的评述。

在大革命失败后，吕振羽曾因对国内和国际形势的困惑，一度陷入苦闷和迷惘之中，所以，在1928年11月至1931年6月的两年多时间中，他曾参加当时兴起的“村治”运动的宣传，并主持编辑过《村治》月刊。本书作者的贡献在于，把“村治”思想和实践，看成是传主前进过程中的重要一环，认为吕振羽的“村治”思想，从政治方面看，是孙中山三民主义指导下的理论体系，是孙中山“直接民权”思想的阐发，“与早期共产党人的思想在意义上很接近”。从总体上看，类属于“民主改良主义”思想范畴。从经济方面看，则暗示了自己主张用“革命”手段解决土地问题的思想倾向。又主张“由农业社会化运动，造成工业化的农业社会”的农村构想，又具有“空想”社会主义性质。从教育方面看，不但对教育的地位和作用给予充分估价，而且对实施民众教育提出精辟见解，这都是传主的“村治”思想与其他村治主义者不同之处。他认为，传主后来“摒弃”“村治”的原因是：与当时“村治”论者梁漱溟等主张的分歧，更主要的是“环境的驱使和客观事实的要求”，使他看到，在中国这样的“变态的封建社会”中，一切都“受军事支配”的社会条件下，“村治”，并不是“革命的唯一出路”，加上在村治理论的研究过程中，产生了许多“困惑和怀疑”，如梁漱溟等“看不到严重的土地问题之存在”，对“游民兵匪”问题“没有考虑”，而幻想用“合作银行”“信用合作”办法来解决；指望知识分子与乡村居民的打拼来实现“村治”，对“耕者有其田”，无“圆满”解决，加上看到绝大多数人民“知识薄弱”，没有“自治”的“能力和知识”等，使他“逐渐认识到‘村治’之路在中国行不通”。所以，在蒋桂战争之后，便离开了《村治》月刊社，并发表《农村自治问题》，表示与“村治”彻底告别。但是，作者认为，“村治”问题的研究和宣传对传主也有积极意义：促使他及早走出“村治”之路的死胡同，转而探索新的道路。使他重新燃起“暴力革命”的思想火花，开始自为地向马克思主义革命道路转变迈出了关键一步。

再次，本书还对吕振羽转向马克思主义的具体历程和标志，以及此后在中国社会史论战中提供的几本传世之作和南京国共谈判的作用，作了较为全面和深入的评述。

作者认为，《中国国民经济趋势之推测》，是传主“开始‘对马克思主义建立起完全的信仰’的代表作之一”。作者认为，《最近之世界资本主义经济（上）》，是传主自为地以马克思的“恐慌论”观察和分析世界经济恐慌的大作，表明他对马克思经济危机理论的准确掌握和娴熟应用。从该文对苏联新经济政策的歌颂中，可以看出传主对社会主义制度的向往和坚信。至于《中国革命问题》是被有的传记所忽略的，作者也给以足够的评价，认为该文指出中国已不是“前资本主义社会”，也不是资本主义社会，而是一个半殖民地半封建社会，认定中国革命是“彻底的反对帝国主义，根本消灭封建势力，完成资产阶级所未能完成的一种资产阶级性的民主革命”，表明传主“在整体上已经接受并发展了中国新民主主义革命的思想”。以上表明，这时传主已经确立起一个马克思主义者的核心原则，树立起一个自觉捍卫马列主义理论的责任心，确立起对马克思主义的“完全的信仰”。

进而，作者又对传主在“中国社会史问题论战”中的表现和成果，特别是对《史前期中国社会研究》（1934年6月）、《殷周时代的中国社会》（1936）等二部传世之作，以“史无前例的原始社会论”，“凿开中国‘史前史’这块混沌天地”，“依仗‘神话传说’和‘发掘的锄头’寻绎史前社会‘形迹’”。通过前后左右的比较，高度肯定了它们在马克思主义史学史上的开创性。

作者还在“艰危未计死和生”的标题下，对传主在第二次国共合作过程中的经历和作用，作了较为细致的描述。

本书作者通过搜集和发掘新资料，广泛阅读、研究传主早期思想和实践研究的新成果，以更充分的资料，更深入的研究、评述，把传主的早期思想和实践研究推向一个新的阶段，使传主“由空想社会主义到改良主义，再到马列主义”的思想历程，以更加丰富、饱满的形象展现在广大读者和研究者面前。

读了该书之后觉得有几点值得进一步改进的地方，特提出与作者共勉：一，从全书的内容看，有前重后轻之感，例如，对《史前期中国社会研究》《殷周时代的中国社会》等二本传世之作的评述，与“村治”思想相较就显得分量轻了。对于前一著述，侯外庐曾说：作者“采取严谨态度，一方面指出波格达诺夫的‘商业资本主义社会论’的错误，一方面指出马札尔派‘亚细亚生产方法论’的错误；同时又从世界史的观点，指出非奴隶社会制论的错误，坚决确认奴隶制度为社会发展过程中必经阶段”的理论成就，在本书中就未能有所反应。二，对传主某些作品的评述上，也尚有不够全面之感，如对《最近之世界资本主义经济（上）》的评估中，传主对资本主义世界经济危机的描述，显然是过于严重，对于苏联经济政策的讴歌又有过分溢美之处，这对传主当时的情况来说是可以理解的，但我们今天则必须指出传主的这种历史局限，而作者却忽略了。三，在资料的引用上，也有值得注意之处，如对《史前期中国社会研究》《殷周时代的中国社会》的引文，不是20世纪30年代的第一版，而是1962年的修订版。当然这些均属美中不足之处，希望再版时注意改进。

（原载《中国史研究动态》2000年第6期）

第五部分　文史杂论

顾颉刚《当代中国史学》中的郭沫若与胡适

顾颉刚，是我国20世纪二三十年代影响最大的资产阶级史学流派古史辨派的主要代表，是胡适在北京大学的早期学生中，最为赏识的学生之一。在《古史辨》的自序和《我是怎样编写〈古史辨〉的?》中，他曾反复提到胡适的“存疑主义”思想，治学方法以及“整理国故”的主张，对他的影响和推动。所以在一定意义上可以说，顾颉刚的古史、古书的辨伪工作，是在胡适直接诱导和启发下进行的。顾颉刚和胡适的师友关系，在当时学术界是尽人皆知的。

顾颉刚一生的治学主张，是服膺章太炎的“薄致用而重求是”[①]的主张的，是主张为“真理而真理”的。因而在治学的态度上始终能保持比较客观和冷静。例如在历史观上，虽然他不赞成唯物史观，但是他也“决不反对唯物史观”，认为在“研究古代思想及制度时，则我们不该不取唯物史观为基本观念”[②]。因而，他对古史、古地、古人和古书的考辨上，在与他所崇敬的老师胡适发生不同学术见解的争论时，他都是本着服膺真理的态度来处理和对待的。这在七册《古史辨》的著述中，可以看得很清楚。

作为一位卓越的资产阶级的史学家，顾颉刚不仅为我们留下了像《古史辨》等学术巨著，也留下了一部可供我们了解自鸦片战争至一九四五年的史学评论著作——《当代中国史学》[③]一书。在这部著作中，他从学术的角度，以客观的态度，总结评论了这一百年来，中国学术中，“最

①《古史辨》第一册《自序》。
②《我是怎样编写〈古史辨〉的?》。
③ 1945年胜利出版公司印行。

有成绩的学术——史学”[①]，其中涉及了史学的各个具体的门类，和数以百计、千计的史学论著的评价。在这部史学评论著作中，他把百年来的史学，以民国成立为界限，分作前后两个时期。在民国成立后的史学中，广泛涉及了对郭沫若和胡适的史学成就的评论。由于这是一部出版于解放前，又是最崇敬胡适且深受胡适影响的学生之手的评论，因而对两人的学术成就的评论，就有异于新中国成立后的具有意识形态色彩的评论了，加上所评论学术领域之广，又是本书[②]所不及的。因此，笔者认为，介绍一下顾颉刚先生的比较评论，不仅可以作为本书对郭沫若与胡适学术评论的印证，也可以大大弥补本书所未涉及的其他学术门类。为了保持顾颉刚先生的原著的本来面目，本文先行抄录，然后略抒比较的看法。

在《当代中国史学》中，顾颉刚谈到胡适在中国史学近代化方面的成就，一共有十二处，现在按该书的编排顺序先行抄录如下。

在《下编·近百年中国史学的后期》第一章第三节《文化史及专门史的撰述》中首次提到：

“中国哲学史的研究，以胡适、冯友兰二先生的贡献为最大。胡先生有《中国哲学史大纲》。此书为中国第一本有系统的哲学史，惜今仅出上册。西汉以下，搜集材料已逾二十年，他日成书，必可以震撼全世界。胡先生尚有其他论哲学史的文章多篇，均收在《胡适文存》及《胡适论学近著》中。”又说：

“中国文学史撰著很多。较重要的有胡适先生的《白话文学史》，见解极有独到之处。惜未全部完成。”

在第四章《俗文学史与美术史的研究》第一节《小说史的研究》中说：

“中国小说向来是被认为不登大雅之堂的，其研究完成是由外来的刺激所引起。在欧美，小说是文学很大的一个部门；所以最初研究中国小说史的人，都是对于外国文学有很深湛的研究，如胡适及周树人先生诸人。”进而具体说：“胡适先生对于中国小说史的研究贡献最大，在亚东图书馆所标点的著名旧小说的前面均冠有胡先生的考证，莫不有惊人的

①《当代中国史学·引论》，下引本文不再注。
② 指笔者近著《郭沫若与胡适》。

发现和见解。计有《水浒传考证》《水浒传后考》《水浒传续集两种序》《红楼梦考证》《跋红楼梦考证》《跋庚辰本脂砚斋重评石头记钞本》《吴敬梓传》《吴敬梓年谱》《西游记考证》《跋四游记本的西游记传》《三国志演义序》《镜花缘引论》《醒世姻缘传考证》，所论既精又博，莫不出人意外，人人意中。对于小说史作精密的研究，此为开山工作”。

在第九章的第三节《其他俗文学史的研究》中，他在界定“俗文学”为“除小说剧曲外，其他一切口语文学的研究均包括其中”之后，再次提到：

“胡适先生是白话文运动的开创者，对于俗文学极有研究，除小说部分已在第一节叙述外，更有《白话文学史》上册，《国语文学史》其中多论及俗文学，惜前书仅出上册而止”。

在第五章《古史的研究与古史辨》的第一节《古史研究兴起的背景》中，他在分析古史研究兴起并成为“当代史学研究的核心之一”的四条原因，“（一）史学上寻源心理的发达；（二）西洋的科学治学方法和新史观的输入；（三）清代中叶以来疑古史学的渐次兴起；（四）考古学的抬头”中，特别提到：

“民国以来，西洋的治学方法和新史观不断的输入，更予人们以莫大的启示。胡适先生在北京大学讲学，常常根据他从西洋得来的治史方法，考证中国历史上的问题，于是古代史的威信更为摇动。颉刚等身逢其会，便开始提出古史上诸问题加以讨论，《古史辨》便在这种情景之下出现了”。

在第五节《〈古史辨〉与古书的研究》中，在谈到《古史辨》第三册关于《易经》和《诗经》研究的成果中，他提到：

“比较重要的论文有胡适先生的《论观象制器的学说书》”。又说：“胡适先生的《论观象制器的学说书》，认为观象制器之说本来不是历史，《易系辞传》此章虽有稍后出的可能，但《象传》各条皆有观象制作之意，当是同一学说，他反对我的观象制器之说作于京房一流人的意见。”又说：在“第三册下编《诗经》部分”，“同时胡适，俞平伯，刘大白，魏建功，董作宾诸位先生对我的见解都有所补订讨论”。“胡适先生的

《诗三百篇‘言’字解》，是以科学方法研究《诗经》文法第一声。他的《谈谈诗经》也有许多新颖的见解”。在介绍《古史辨》第九册和第六册的内容时，他说：“这两册《古史辨》中所收的论文极多，不胜一一介绍。较重要的有胡适先生的《诸子不出于王官论》《评论近人考据老子年代的方法》”等。并说：“胡先生的《诸子不出于王官论》，是近今研究诸子学转变风气的第一篇重要文章。过去的学者都承认刘歆班固等的说法，认为诸子之学都是王官之学之余裔。胡先生否认此说，谓诸子之学皆春秋战国之时势世变所产生。此说一出，诸子之学之真价值和真地位乃完全显著。此后钱穆、冯友兰、罗根泽诸位先生都受此说的影响（不过冯先生虽否认诸子皆出王官的旧说，但他另有其诸子学的源起说，谓诸子学术与王官之学也有相当的关系，其说后出而很近情）。罗先生的《战国前无私家著作说》，《晚周诸子反古考》等文，都是继承胡先生的说法而作更进一步的探讨的”。在涉及《老子书》的年代问题上，他分析了当时的三种意见，认为“第二派是维持老子和《老子》书的年代的旧说的，胡适先生为其中主张最力的一人，他认为主张老子和《老子》书晚出的人所持的证据和所用的方法都很危险；他和钱穆、冯友兰二先生曾有所辩论”。

这样，顾颉刚就以一位史学史家的立场，从史学的角度对胡适在史学上的成就，作了介绍和评价。在他看来，胡适的史学足以列入当代史学之林的，主要是：中国哲学史大纲，白话文学史，小说考证，治学方法和以古书考证等几个方面。尤其在前列四个方面的开创性的贡献上，这与本书介绍的内容看，大体上是符合和接近胡适的事实的。

下边在谈顾颉刚对郭沫若史学成就评价之前，值得先说的一点是，在《当代中国史学》中，顾颉刚对马克思主义史学确是有意识形态的偏见的。例如，在谈到“社会经济史研究的战绩”时，他在承认郭沫若成绩之外，其余则概不承认，说：“郭陶两派以外的中国的社会经济史研究者，人数更多，但有贡献的都甚少，他们不但少有贡献，有的人甚至于反使中国社会经济史的研究走入了歧途，这班人实在够不上称为学术研究者，只是政治上的宣传家而已，在这里恕我们不加赘述了”。这里，陶希圣是打着马克思主义旗号研究中国社会经济史，顾氏把他与郭沫若一起加以恭维的是非，因不在本文所要解决的问题置而不论外，值得提出的，他所说的人数甚多的社会经济史研究者，只是政治上的宣传家，虽然不全指马克思主义史学家的论著，实际上大多是指或包括除郭沫若以外的马克思主义史学家在内的。他正是在这种看法的指导下，对其他马克思主义史学家的成就，只字未提。而唯独对郭沫若的成就则备加称颂，这说明他作为一位真正追求真理科学的史学家，他对真正有科学价值的论著，还是能够超越意识形态的限制，比较求实的予以对待的。所以顾颉刚在本书中，提到郭沫若在当代中国史学上的贡献，不下三十二次。下边我们也按本书的编纂次序，抄引顾颉刚先生对郭沫若史学的评述：

在《中编·新史料的发现和研究》中，第一章《甲骨文字的发现与著录》的第一节《私人的收藏与集录》中，在叙述近四十年来甲骨文字的发现和收录过程中，首次提到：

“罗氏而外，刘体智所藏甲骨文字亦极丰，其数量与罗藏[1]等，由郭沫若先生编为《殷契萃编》五册，所收共一五九五片，仅为其藏物的一小部分；其未著录的，尚在二万片左右。”又说：“其他尚有……郭沫若的《卜辞通纂别录——何氏藏骨》”。

在第二节：《“中央研究院”与河南博物馆的殷墟发掘》中，又提到：

“此十五次发掘所得的甲骨文字……郭沫若先生又选录二二片，为《卜辞通纂别录一》。第三次所得的大龟四版及兽头刻辞，已由董作宾先生发表于其所著《大龟四版考释》及《获白麟解》中，刊《安阳发掘报告》第三期及第二期，又均著录于郭沫若先生的《卜辞通纂》内。第九次所获的兽头刻辞，见董作宾先生的《甲骨文断代研究例》中，刊庆祝《蔡元培先生六十五岁论文集》，又见于郭沫若先生的《卜辞通纂》”。

在第三节《外人的收藏与集录》中也提到：

“郭沫若先生《卜辞通纂别录二》为《日本所藏甲骨择尤》，所收共八七片。金祖同先生更编有《殷契遗珠》二卷，……共一四五九片，其

① 罗藏指罗振玉收藏的甲骨。

中一部分已经著录于郭沫若先生书中”。

在《第二章·铜器群的发现与考释》的第一节：《新郑与浑源铜器群的发现与考释》中，提到新郑出土的“一方器有铭文七字，王国维释为‘王子婴次之□卢’。婴次，为桂公子婴齐，即令尹子重，关百益释为‘王子颓次之庶盘’，认藏器之地为郑厉公墓，郭沫若则认婴次为郑子婴齐，近人都从郭说。”对于山西浑源发现的大批铜器，法国美术商人王涅克（L. Wannieek）“采用当地土人的说法，认为系秦始皇巡狩所遗，于是在欧美遂流行一种‘秦式’的说法，认为这些铜器受着斯基泰（Scythia）文化的影响。近来我国学者如郭沫若……都对这说曾作强烈的反驳”。

在第二节《洛阳铜器群的发现与考释》中，在概述洛阳城东古墓发掘的研究成果中，也提到“郭沫若先生有《厵羌锺铭考释》（见《金文丛考》）《厵羌锺铭追记二则》（同前），《厵羌锺补遗论及所谓秦铜器》（见《古代铭刻录考续编》）”。又说，对于这个厵羌锺，唐兰，刘节，吴其昌等认为是“周灵王时器”，而“郭先生认为周安王时器”。

在第三节《寿县铜器群的发现与考释》中，在列举的考释成果中，又有“郭沫若先生有《寿县所出楚器之年代》，刊《古代铭刻汇考续编》”。又在“寿县出土诸器中有楚王‘酓肯’‘酓感’诸名，酓即‘熊’字，自来无异说。熊感，胡光炜，郭沫若先生均认为即楚幽王熊悍，可无疑问，熊肯之‘肯’……郭沫若先生认即楚幽王熊悍，‘肯’，‘悍’乃声之转……由我们看来，……如果说‘熊肯’即是‘熊感’，以同一王所作之器，前后异名，也说不过去”。

在第九节《安阳铜器群的发现与著录》中，也提到“罗振玉辑《殷文存》，王辰先生辑《续殷文存》，均以简单图形及有以干支为名的认为商器。此说为郭沫若先生所反对，因为在周代中叶尚有以干支为名的”。

在第三章《考古学的发掘和古器物的研究》的第三节《古器物学的研究》中，顾颉刚指出，“古器物学的研究，在我国还在萌芽时期”，“过去金石学家对于古器物，不免带着观赏和宝藏的意味，至多对于铭文的考释上用些工夫，对于它本身在历史上文化上的价值很少注意。到最近考古学家和古器物学研究者，对于古器物的研究就不同了，他们拿科学的比较方法去研求，对于每一种古器物，不但要考订它的年代，还要追求它的来源和演变的历程，来确定它在历史上文化上的价值和地位；不但要知其然，还要研究它的所以然之故，更要研究在过去社会里人们怎样制造它？怎样利用它？人们又怎样改进它？又怎样放弃它？它的形式有怎样的改变？它的纹饰又有怎样的演化？对于这种种问题的追究，便是近人研究古器物的最大进步”。反映这种进步的研究成果中，他举出了“郭沫若先生的《说戟》(《殷周青铜器铭文研究》)”和蒋大沂的《汉代戈戟考》等“对于铜器中的重要兵器——戈和戟，和铜器中的乐器，曾有很精密的分析。”尤其指出，“过去金石家研究铜器只注重铭文，现在古器物学研究者于此，已把铭文和形式花纹同样地看重了，这是大进步。郭沫若先生的《彝器形象学试探》(刊《两周金文辞大系图录》)、《周代彝铭进化观》(刊《古代铭刻汇考》)对于铜器形式花纹和铭文的溶化，曾作大略的探究”。认为“这些系统的初步研究，是他日研究铜器演化的南针。”

在下编《近百年中国史学的后期》中提到郭沫若的史学不仅方面更广，而且评价也更高。

在第一章《史籍的撰述与史料的整理》的第三节《文化史及专门史的撰述》中，提到“郭沫若先生有《先秦天道观之进展》，傅斯年先生有《性命古训辨证》，均用最新的方法，以甲骨文、金文典籍为材料，而叙述先秦时代的中国哲学。二书取径全同，其成就可谓突过前人”。这里的“前人”，从全书行文来看，显指包括胡适，冯友兰的《中国哲学史》著作，梁启超的《先秦政治思想史》等书在内的。

在第六节《社会经济史研究的成绩》中，更是对郭沫若的成就予以充分的肯定，说：“研究社会经济史最早的大师是郭沫若”也是“最有成绩”的人，“郭先生应用马克思，莫尔甘（即摩尔根——引者）等的学说，考索中国古代社会的真实情状，成《中国古代社会研究》一书，这是一部极有价值的伟著，书中虽不免有些宣传的意味，但富有精深独到的见解。中国古代社会的真相，自有此书后，我们才摸着一些边际。这部书的影响极大，可惜的是，受它影响最深的倒是中国古史的研究者，而一般所谓‘社会史的研究者’，受到它的影响却反不大，因为当时的‘社会史研究者’，大部分只是革命的宣传家，而缺少真正的学者，所以郭先生这部伟著，在所谓‘中国社会史的论战’中，反受到许多意外的不当的攻击”。以上对郭沫若《中国古代社会研究》所作的如此高度的评价，出自顾颉刚先生之口，这确实有力的证明该书的划时代的历史意义和高度的学术价值。另一方面也证明顾颉刚先生，对于当代中国史学评论上的态度是比较公正的，学术眼光是极其深邃的。

在本节中，他还指出，“我们认为：郭先生的贡献偏在破坏伪古史上”。

在第二章《甲骨文字与金文研究》中，他还把第二节命名为《王国维郭沫若等的研究与贡献》来加以述评。这样的标题，在全书中均出现过四次：上编，第三章，第三节《吴大澂与孙诒让》，谈金石学；第四章，第二节《洪钧及其〈元史译文证补〉》；第五章第二节《廖平与康有为》等。这就充分说明，顾颉刚对郭沫若的甲骨文，金文研究成就的高度评价，对郭沫若在近百年史学史中的学术地位的肯定。

在这一节中，他指出：“甲骨文字的研究，自从王国维先生以后，产生了一个划时代的革变，这个革变便决定了甲骨文字这新史料在史学研究上的地位，使已茫昧的商代历史呈现了新的光明，更使以后研究殷商史的人不得不以甲骨文为唯一可靠的史料”。进而，他说：“王氏死后，在甲骨文字研究上，能承继他的，是郭沫若先生。郭先生的成就主要的在殷商史迹的探讨，有《甲骨文字研究》二卷，《卜辞通纂考释》三卷，《卜辞中之古代社会》（见《中国古代社会研究》），及《殷周奴隶社会考》《古代社会研究的自我批判》。其中《卜辞通纂》尤集郭先生研究成绩之大成”。又说：“郭先生更有：《殷契萃编考释》，这书乃从刘体智所藏甲骨择取十一得一五九五片而成。它的考释中，也有许多新见，例如：日的出入有祭，足证《尧典》‘寅宾出日’，‘寅饯入日’之为殷礼，凤为爽，步有方位，足证殷人神话的残痕。此外，郭先生在《古代铭刻汇考》和《续编》中也有不少新的见解。”

在第四节《金文的研究与断代》中，他认为：“全盘整理存世铜器铭文而为之总结的，有郭沫若先生及吴其昌先生二人。郭先生有《两周金文辞大系图录》五册，《两周金文辞大系考释》三册。”认为“郭先生所用的方法，根据器铭本身所表现的时代，然后再根据器物，花纹人名，地名等，辗转互证。由这个方法，于两周文字得其年代或近似的，凡一百六十二器，此为上编；下编则为列国遗物，以国为别，其中亦贯以年代，得列国的文字又一百六十一器，大抵在时代上属于东周。图录分图编与录编，前有《彝器形象学试探》一文，为研究铜器花纹形制的第一篇文章，郭先生这种方法完全是受日本人研究铜镜的影响，日人研究铜镜，先把有纪年的镜作根据，以为各时代的标准器，再由此标准器的形式花纹和铭文字体分类研究，这样铜镜的系统便确立了。”他认为吴其昌对铭文的研究也作出了较大的成绩，但“他所断定的远不如郭先生的可靠，郭先生曾论专据后代历法推步铜器铭文的不足信，认为学者如就铜器铭文的历朔相互的关系来恢复周古历，再据古历作标准来校量其他，就可靠了。但在目前所得的资料，还不足以这样的研究”。

他还指出。“郭先生的《两周金文辞大系考释》，不但是一本有系统考证金文的著作，也是本通释全文的佳作。”又说：“郭先生除上列二大作外，更有《金文丛考》《金文馀释之馀》《金文续考》（在《古代铭刻汇考》内），《古代铭刻汇考续编》《殷周青铜器铭文研究》。所论都有独到的地方。”

在第五章《古史的研究与古史辨》的第二节《古书著作年代的考订》中，他也列举了郭沫若的若干成绩：例如，关于《禹贡》，顾颉刚提出了“著作在战国时代的见解”，“郭沫若先生在《金文丛考》中也主张此说”；再如，关于《尚书》的写作时代问题上，“关于《高宗肜日》郭沫若先生的《先秦天道观之进展》，根据天字与帝字的用法以及民本的观念，也认为不足信”。又如，“关于《吕刑》，郭沫若先生在金文丛考中，曾因金文中无天地对立的观念，而怀疑《吕刑》的著作年代，但证据还不够坚强”。再如，关于“三礼”的著作年代，除钱穆的著作外，“还有郭沫若先生的《周官质疑》（见《金文丛考》）从金文中的官名来考验《周礼》，同样地证明《周礼》是战国时代的作品，而且还认为，荀卿系弟子所为，袭其师‘爵名从周’之意。”

在第九节《〈古史辨〉与古史传说的研究》中，他认为：“郭沫若先生的《先秦天道观之进展》一书和《释祖妣》（见《甲骨文字研究》）等文，对于我国古代的宗教和宗教思想，曾有很新颖的见解。郭先生认为‘社’即是‘高禖’，‘高唐’，又即‘郊社’。”他还认为，在《易经》的研究上，“便是郭沫若先生对于《易经》的见解。郭先生在《金文丛考》的《金文所无考》里因为‘乾’，‘坤’二字为金文所无，天地对立的观念亦为金文所无，认为经部的著作在春秋以后。郭先生另有《周易之制作时代》一文（见《青铜器时代》），认为经部作于战国初年的楚人馯臂子弓，而《传》的大部分是秦时荀子的门徒楚国人所著”。在老子其人和其书的问题上，他把“郭沫若先生的《老聃、关尹、环渊》”一文，也作为一家之言收入《古史辨》中，并在本书中加以论列。认为，郭沫若在当时三种不同见解中，是与唐兰的观点接近的“折衷派”，“郭沫若先生又说，老子确系孔子之师，老聃，《老子书》确为老聃之语录，集成此语录者为环渊，即是关尹”。

这样，在顾颉刚的《当代中国史学》中，比包括胡适在内的任何人更多的篇幅介绍了郭沫若的史学成就，肯定了郭沫若在当代中国史学上所作出的多方面贡献，和崇高的学术地位。

从顾颉刚的述评中，我们可以看出，在他的心目中，郭、胡两人的史学成就，互有长短，而总体上说郭的成就多于胡适，领域也比胡适更广，我们认为这样的看法是公允的有说服力的。归纳起来，胡适在中国史学近代化上的成就是：中国哲学史的开拓性研究，第一本《白话文学史》的出版，中国古典小说的考证和开拓性研究，俗文学的研究，参与古史辨史学的创立，《诸子不出于王官论》和《诗经》《老子》等古人，古书的考证等。而郭沫若的开创性的贡献，则有甲骨文字的研究整理和考释，青铜器铭文的整理、研究和考释，殷商史迹的探讨和说明，《中国古代社会的研究》《先秦天道观之进展》，利用甲骨、金文对古文献资料的时代，真伪的考证，包括《周易》制作时代的研究，老子其人和其书的研究，新出土的洛阳铜器群，寿县铜器群，安阳铜器群的研究，以及

《彝器形象学试探》《周代彝铭进化观》等众多的研究成果。这就说明，在顾颉刚的心目中，郭沫若在中国古代社会，古代意识形态的研究上和说明上，尤其在古史资料的开拓性研究上，在历史研究的门类上，除了文学史和小说等个别门类之外，都比胡适做出了更多的建树，都做出了大大超越胡适的成就和达到很高的水平。

（原载《郭沫若学刊》1992年第1期）

关注时代与史学的思考

——朱政惠《史之心旅》评介

时代与史学的关系问题，可以说是与史学同步产生，古今中外史家都关注，尤其是经历过“文化大革命”磨难的中国史学工作者，更是关心。朱政惠博士于1996年在华东师范大学出版社出版的《史之心旅——关于时代和史学的思考》一书，在一定意义上可以说，集中反映和凝聚了中国当代史学工作者对这个问题的新的思考，也倾注了作者本人艰苦探索的心旅历程。

《史之心旅》一书，由二十四篇论文组成。围绕“时代与史学”这个中心，从“关于当代史学的思考”“专题理论文章”、对史家、史著和史学思潮的“个案分析”，到当代史学、史学理论研究的新对象、新内容等方面，多角度、多层次地进行了探讨。作者站在时代的新高度，以综述的方式，比较集中、系统地介绍了史学界对这个问题的深刻反思，发表了经过自己深思后的见解，还从史学史的角度，特别是马克思主义史学发展史的角度，用历史的教训，申述和论证了史学界和本人的思考。作者并从改革开放以来，在中外史学交流的新形势下，我国新时期史学繁荣和多样化发展的新形势中，进一步论证了时代和现实的需要是史学发展的源泉和动力，而史学的发展又反过来指导现实，推动时代发展的辩证关系。本书正是这样，以“时代和史学”为主题，开展了马克思主义史学的历史和理论的多方面的新思考，在一定程度上反映了我国史学界对历史，尤其是对新中国成立以来历史学走过的道路的反思，和要求史学更有效地为建设有中国特色的社会主义事业服务的强烈愿望。

本书对“时代与史学”关系的探讨，是从“当代史学的思考”入手的。因为“人们对于现实社会的了解越全面、越深刻，对历史的理解也越透彻”（《史之心旅》，第2页，以下所引只写页码）。所以，希望通过对当代史学的解剖和分析，能“对历来的史学特征有一种清醒的把握和认识”（第2页）。为此，他把《中国马克思主义史学与中国共产党的革命事业》《当代中国史学思潮述评》《当代中国史学思潮散论》列为第一部分，对马克思主义史学与时代的关系，进行了较为深入的具体探讨。通过新中国成立前后马克思史学历程的回顾与反思，认为“中国共产党的革命事业的发展需要马克思主义史学，中国马克思主义史学的发展也离不开中国共产党的革命事业”，两者是“休戚与共的关系”（第3页）。还通过列举系列事实，证明“中国马克思主义史学的诞生，顺应了中国新民主主义革命发展的要求；中国共产党的革命事业，需要中国马克思主义史学的支持；中国马克思主义史学对中国革命事业的贡献是突出的、特殊的和其他社会科学难以取代”的（第14页）。马克思主义史学的生命源泉和成功经验，就是介入现实，努力体现时代精神。“凡是真正成功的、有影响的传世的史学著作，也必然是充分体现时代精神的史学著作”（第14页）。

作者还对1958年的“史学革命”和稍后的“文革”史学作了回顾和反思。认为伴随片面强调史学为无产阶级政治服务而来的，“把马克思主义阶级斗争观点简单化”，“‘以论带史’的主观唯心主义口号”（第19页），和以“影射史学”为特征的“反科学的实用主义史学”等，既是“对史学的经世传统的背叛，又是对史学的科学精神的叛逆”（第22页）。指出，“历史研究为无产阶级革命事业服务，应采取实事求是的科学态度”，“正确的古为今用，应是用马克思主义的立场、观点、方法研究历史，对历史作科学的批判和总结”，“只有革命性和科学性的有机结合，才能做到切实有效地为无产阶级革命事业服务”（第23页）。否则，“背离时代本质趋势的‘经世’是伪史学”（第23页）。认为，近十几年来，史学界关于“史论结合”“社会发展形态”“史学和现实关系”等问题的讨论，都是在对“文革”史学反思的基础上提出来的，目的在于“克服教条主义和倡导实事求是的新学风”（第25页），科学地处理好时代与史学的关系。

正是在对中国马克思主义史学历程回顾反思的基础上，作者肯定“当代中国史学的发展趋向”，“马克思主义史学仍将是中国史学思潮发展主旋律”，但“在运用马克思主义为历史研究指南时，务必更加扎实，实事求是，僵化的、教条主义的态度”必须克服（第34页）。

本书把《历史认识的社会功能》《历史学研究的时代性》《时代发展与史学变革》及其“附篇”，作为第二组文章，以综述史学界的讨论和直抒个人见解的方式及相关的理论见解，“着重阐明历史和现实，史学和时代，史学的学术价值和史学的社会价值的特有涵义和它们之间的辩证统一关系”（第2页）。

作者认为，历史认识可以区分为：“排众”“史家、思想家、政治家”两种，前者是“直观、出于自发”，后者是“自觉反思”，“有很强的理论性”，但都是“出于现实生活的某些需要，有着明确的价值取向，因而具有社会功能”，尤其后者“往往代表某个时代某个阶级的利益，它的社会功能尤其显著”（第39页）。所谓历史认识的社会功能，主要是就后者而言。古今中外的史家都极为重视史学的社会功能，关心历史与现实、史学与时代等问题的探讨。近些年来，更“引起国内学者的关注”（第41页）。为此，作者对1985年12月《光明日报》部分史学家座谈会和1991年11月上海“时代与史学”学术研讨会的讨论，作了综述和评介，同时著文谈了自己的看法。

作者指出，“历史学作为一门学问，与现实紧密结合，具有鲜明的时代特征”（第50页），这是因为，“历史与现实不可能截然分开”，“体现在各种制度、规范、思想中的‘过去’既是已逝的历史，又是现实存在的前提”。历史和现实的这种关系“决定了历史学的时代特征”，和“历史学的时代精神”（第51—52页）。正因为这样，“古今中外，历史研究总是植根于过去，立足于现实”，“历史研究在任何时代都存在一个体现时代精神，或者说为现实服务的问题”（第56页）。所以，反映这种现实关系的史学社会功能问题，引起人们的广泛讨论，成为热门话题。作者在综合介绍了史学界关于史学社会功能的各种意见后，归结说：“大致可以集中到三个主要方面”：即历史研究的“借鉴功能”“知识功能”和“揭示规律的功能”（第42页）。

作者认为，新时期学术界对史学社会功能的热烈讨论，“主要是80年代中期后对‘史学危机’思潮反思的结果”（第46页）。作者介绍了学术界关于“史学危机”的种种说法，如：“主要是研究者观点陈旧引起的，目前史学界守成型知识比较发达，进取型知识相对薄弱”（第47页）；“前一阶段唯心史观相对严重”（第47页）；“当代史学理论的危机”，“在于历史公式论提供了一个对认识和解释中国历史毫无效用的理论范式，再加上所谓‘古为今用’的史学目的论，使我们的历史学具有极强烈的作者偏见和价值偏见，使史学陷入了困境”（第77页）；史学多年来的“要害在于学习和运用马克思主义的理论和方法，往往采取唯心主义的思想路线”，危机是“政治化史学的危机”（第77页）。作者归结说，实际上这里涉及的共同问题是：“史学如何更好为现实服务”“更好发挥它的社会作用的问题”，使史学的社会价值和学术价值“更好结合”“在现实中发挥作用”（第46—47页）。“最终目的还是希望史学改革”，“提高对史学社会价值的认识”，“突破目前狭窄、陈旧的研究状况，开拓新领域，研究新问题”，实现“史学转机”（第78—79页）。

进而，作者对学术界关于史学的“致用和求真”，也就是史学的“社会价值和学术价值的关系问题”的讨论，作了评述。认为，这实际上就是史学如何“体现时代精神”，“介入社会现实”和“坚持科学性”的问题（第58页）。不少学者都认为，史学作为一门科学，“其学术价值与社会价值同等重要”，“两者是统一的，应该在学术价值中体现社会价值”，“追求求真与致用的完美结合”（第58页）；也有人认为，两者“不可能、也不应该要求是完全一致的，或同步、等值的”（第74页），作者指出，尽管观点不一，但都是对“文革”史学的反思，要求“从理论上区别‘影射史学’与史学致用现实的界限”（第76页），“做到社会价值与学术价值完美结合”（第76页），所以都反对“急功近利的态度”，“但重视现实课题的研究”（第76页）。基于这样的观念，作者认为，近代资产阶级史学，“折射出中国先进知识分子对科学、民主和社会进步的孜孜追求”（第60页），也存在“过分夸大史学的社会功能”，“功利性效用和科学性价值未能合理调适”，“有重大创获的学术成果不多”等缺点（第61页）。马克思主义史学在推翻旧中国，缔造新中国的过程中，“起了重要的战斗作用”，但也存在“革命激情有余，史料的研究尚不充分”，“把握中国历史具体性不够”等缺点（第61页）。也是基于同样的观念，作者认同史学界对“当代史学发展”的建议：要坚持“唯物史观指导历史研究”，但“不能再犯或‘左’或右的错误”；“既要适应时代发展的客观要求，也要保持历史学本身应有的独立性、自主性、学术性”（第66页）。

本书还把《从〈史记〉看司马迁的创造性思维》《毛泽东与中国史学》《1978年以来亚细亚生产方式问题研究的若干思考》等十五篇论文列为第三部分，从古今史家、史著的个案研究，和新时期史学的多样化发展趋势的探讨中，对上述“时代与史学”的理论进行了论证。

例如，作者从创造性思维的全新角度，分析和探讨了司马迁《史记》成功的原因。认为，汉武帝时代中国的“大一统政治局面”，使“编著全国性从古到今的史著是时代的迫切要求，史学的必然趋势”（第91页）。司马迁的创造性思维就是“在这种特别需要创造发明的气候和土壤中展开的，他充分了解时代的倾向、思潮和需要，密切注视史学发展的前沿和苗头，撰成了这部划时代巨著”（第91页）。换句话说，是时代的需要，使司马迁得以施展其创造性思维，撰成这部创造性史学巨著。作者还从中国传统的“天人合一”思想对中国纪传体史书发展影响的全新角度，探讨了时代、时代精神对史学撰著形式的影响，认为“只有纪传体这种多体裁结合的方法，才能有分量地反映出古代波澜壮阔的社会变化进程，记载‘天’‘人’的演变，探求‘天’‘人’的奥秘”（第100页），进而证明“历史学总是以其独特方式反映并满足时代和现实社会发展的需要”（第2页）。

作者还通过毛泽东与中国史学，郭沫若、吕振羽史学的个案研究，进一步展开地论证了史学与时代、史学与现实、史学的社会功能和学术价值等问题。作者认为，“历史学的重要特点之一就在于它的鲜明时代性及其现实性”，“中国马克思主义史学开拓者也非常重视这一点”（第191—192页）。作者着重称颂和评述了毛泽东在史学的“古为今用”，和对中国马克思主义史学建设上的榜样作用和突出贡献。作者认为，新中国成立后郭沫若的史学研究成果，最基本的特征是“炽热的爱国主义精神”，而这是“历史赋予的使命”，“出于时代的需要”（第174页），“也是他发自心底的呼唤”（第176页）。郭沫若新中国成立后的史学实践证明，“只有体验时代的主旋律，站在人民的立场，热爱社会主义祖国，才能真正写出具有时代意义的伟大作品，催动亿万人思考，震撼亿万人的心灵”（第176页）。作者还对吕振羽史学，他的致用实践及其思想作了具体剖析。认为，吕振羽治史最根本特点，“就是为新民主主义革命事业和社会主义建设事业服务”（第198页），所以“始终闪烁着革命现实主义精神和时代精神的光芒”（第194页）。但在战争年代，较多“出于对现实政治斗争的考虑”（第193页），所以对马克思主义“较多地从阶级斗争的学说方面去理解和接受”；在对人类历史的阐述方面，较多注意了历史发展的统一性，对变异性注意不够，“对若干史料的处理也有疏误”（第210页），这造成他后期史学的若干局限。尽管如此，吕振羽所提倡的史学致用思想，“本质上是正确的”，“应该进一步发扬”。指出，马克思主义史学家治史，“应该考虑到自己的党性”，“应该把准自己时代的时代精神”，“为满足时代的迫切需要而选课题，搞研究”。“离开现实社会需要，史学不会有转机，不会有前途”（第211页）。

作者还通过对“亚细亚生产方式问题研究”“中国人口史研究”“历史城市学”“新时期敦煌学”“海外中国学研究”“中国韩国学”等当代中国史学趋势的若干专题研究，进一步申述了时代与史学关系的看法，评述了改革开放对史学发展多样化的深刻影响。说明时代需要史学，史学的发展反过来给现实以指导的雄辩事实；并较为具体的探讨了史学各专门方向在时代与现实的推动下发展的历程及其相关理论。诸如关于人类历史发展的统一性、变异性，社会发展序列性、典型性，各类史学的特有研究对象、研究内容和研究方法等。提出，应以前人对经典著作探赜索隐的态度全面理解马克思主义唯物史观。随着改革开放和中外史学交往的日益密切，更注意吸收国外史学发展的经验和长处，更注意贴近民众和社会发展的需要。并认为，世纪之交的中国史学将向着跨学科、多角度、多层次、全面反映社会历史演变的方向发展。为此，开展新史学思潮的研究和评论更显得必要。这些都显示了作者颇为深厚的学术功底和颇为宽阔的史学视野。

作者还在国外兴起的“比较文学”“比较美学”的启示下，提出了“从接受角度研究史学”的命题，并初步论述了历史学的史家“撰述过程”和读者的“接受过程”，及其相互影响。还对“比较史学”作了研究，指出与“对客观历史发展进程的比较研究”的“比较历史”不同，“比较史学”是“对人们主观历史学研究成果的比较研究”（第317页）。并初步论述了它对史学发展的意义和作用。这些全新观点的提出和阐述，也是时代和史学“主题思想的延伸”（第3页）。

这样，《史之心旅》一书，抓住“时代与史学”这个党的十一届三中全会以来我国史学界所共同关心的重大话题，通过综合评述史学界的讨论和自己深入思考后的见解，从理论和历史的不同角度作了新的回答，既反映了我国史学界的集体探索的一些成果，也集中表达了作者本人艰难思考后的“体系性见解”，对于我们在史学实践中更好地处理这些问题，都是一种十分有益的贡献。

当然，由于“时代与史学”的关系问题，是长期存在的一个困难而复杂的问题，所以，我们不能说本书的回答，是完美充实了。例如，史学与现实的关系如何摆正，史学的社会价值与学术价值究竟如何完美结合？作者提出要有一个“度”，但是如何把握这个“度”，作者说法还是略嫌笼统，不易把握。再如，作者所较多涉及的当代史学趋势的探讨，应说是当今史学史和史学理论界涉足不多的问题，虽新意颇多，但毕竟是新问题，因而无论是当代史学历程和经验教训的个案研究，还是当代史学多学科发展的趋势研究，都还只具有初步的性质。诸如阶段划分、史学主流与非主流分析，史学多样化的归纳等等是否恰当，所使用的材料是否尽可能的网罗了等，都值得进一步讨论和研究。尽管这样，笔者认为，本书表现出来的探索精神是可嘉的，理论勇气是很可佩的，值得史学工作者发扬光大。

（原载《学术月刊》1997年第3期）

试论民初复古思潮对史学的影响

民国初年，以袁世凯为首的封建买办势力，为了政治上复辟封建帝制的需求，在文化思想上，掀起了一股以尊孔读经为主要内容的复古思潮。这股思潮曾一度刮遍整个意识形态领域，当然也给历史学以严重的影响。问题是它给予史学以什么样的影响？它给我们的教训是什么？这是研究中国近代文化思想史必须予以回答的一个重要课题，也是探讨我国史学本身发展规律必须予以回答的问题。

我们认为，民国初年复古思潮对史学的影响，主要有以下四个方面的反映和表现。

一

首先表现在，封建买办势力一开始就从历史上为尊孔读经的复古“主张”，寻找根据。他们通过臆造和歪曲中国历史，特别是中国的学术文化史，来论证尊孔复古的“合理性”，使历史学直接充当他们思想上复古、政治上复辟帝制的工具。

众所周知，孔子是中国封建社会地主阶级的“大成至圣先师”，儒家“经典”是封建专制制度的护身符，孔学是中国封建社会的精神支柱。但是，在辛亥革命时期，孔子和孔学的这种至高无上的独尊地位，随着封建帝制的被推翻而动摇，出现了在封建买办势力看来，是“举国礼坏乐崩，人心变乱”，“教化衰息，纪纲扫荡，道揆凌夷，法守隳斁，礼俗变易”，“周孔之道化，一旦而尽，人心风俗之害，五千年未有斯极”（康有为《中国学会报题词》，《不忍》杂志第一册）的可悲形势。这是封建买办势力复辟封建帝制的严重思想障碍。因此，他们为了在中国复辟封建帝制，就必须恢复孔子和孔学的独尊地位，恢复儒家“经书”的垄断一切的思想统治地位。正是从这样的需要出发，他们在提出“尊孔读经”的“主张”的同时，从歪曲中国历史入手，来对这一“主张”进行历史的论证，发表大量文论，鼓吹国粹主义的复古倒退的文化史观，来对抗资产阶级新史学。在这方面，原资产阶级维新派领袖，后堕落为保皇派的康有为，成了这股反动思潮的主要代表。他不仅在组织上策动建立全国范围的“孔教会”，自任会长，几次三番鼓动“定孔教为国教”，并参与一九一七年的张勋复辟。他还办起了《孔教会杂志》《不忍》杂志等尊孔刊物，发表大量恣意歪曲历史，鼓吹尊孔读经的文电。

在这些文电中，康有为攻击辛亥革命的“全法欧美而尽弃国粹”，鼓吹什么“中国数千年来奉为国教者，孔子也”，“孔子之道，配天地，本神明，育万物，四通六辟，其道无乎不在。”（《孔教会序一》）孔教的伦理纲常是中国的“国魂”（《中国颠危误在全法欧美尽弃国粹说》），“有意保中国，则不可不保中国魂”（《中国学会报题词》），把孔子和孔学吹到无以复加的地步。诚如陈独秀当时所指出的，康有为对于“别尊卑，重阶级，事天尊君，历代民贼所利用之孔教，锐意提倡，一若惟恐中国人之帝制根本思想或至变弃也者。”（《驳康有为致总统总理书》）

从这样的前提出发，康有为对辛亥革命前资产阶级革命派的反孔斗争，表示了极度的不满，首先把斗争的矛头指向了他们。辛亥革命前，以章太炎为代表的资产阶级革命派，曾从民主革命的立场出发，在《訄书》《诸子学略说》以及其他反孔著作中，对孔子和孔学进行了一定程度的揭露和批判。他们反对神化孔子和孔学，指出孔子在历史上的地位，充其量不过是“古良史”，与诸子甚至与汉代的刘歆等人相等，儒家经典不过是“纪事之书”，也就是历史古籍的一种。康有为三番五次地咒骂章太炎等人为“愚儒”，说“愚儒一孔，遂敢妄议孔子只为哲学、政治、教育之名家，仅侪之于希腊苏格拉底、柏拉图之列”，他痛心疾首地说：“吾国人为所惑，误祖师其说，而自弃其教，尤愚谬之甚也。”（均见《孔教会序二》）

他认为孔子学说是包罗万象的思想体系，孔子是世界上独一无二的“至圣”，孔学是世界上最美最善的理论，是任何国家任何人都不能相比拟的。例如“凡法国革命所争之大者，吾中国皆以孔子之经说先得之二千年矣。”（《孔教会序一》）正是因为这样，所以“吾中国自汉世已去封建，人人平等，皆可起布衣而为卿相，虽有封爵，只同虚衔，虽有章服，只等徽章，刑讯到案，则亲王宰相，与民同罪”，“其余一切皆听民之自由。凡人身自由，营业自由，所有权自由，集会、言论、出版、信教自由，吾皆行之久矣。”（《中华救国论》，《不忍》杂志第二册）这实际上是自欺欺人。他甚至还说：“中国人数千年以来，受圣经之训，承宋学之俗，以仁让为贵，以孝弟为尚，以忠敬为美……则谓中国胜于欧美人可也。”（《物质救国论》）这样，在康有为的笔下，欧美资产阶级的精神文明，早已包容在二千多年前的孔子学说之中；中国辛亥革命所追求的各种政治上的民主自由，资产阶级共和国的理想，早在二千年前的汉朝已经付诸实施；所以资产阶级革命派的一切努力，都不过是庸人自扰。这种反动的国粹主义的奇谈怪论，乃是19世纪末洋务派的“中学为体，西学为用”的观点的翻版，但其反动性则有过之而无不及。

就这样，康有为等封建买办势力，通过歪曲和臆造历史，制造了尊孔读经的历史根据，使当时的复古思潮具有更大的欺骗性。

二

封建史学出现回潮的另一个重要表现是，袁世凯政府公然开设“清史馆”，网罗清朝遗老和封建文人，用修撰《清史》，反对辛亥革命后的民国，传播封建正统观念，散布封建文化思想，抵制资产阶级新文化，为复辟封建帝制制造舆论。

1914年春，袁世凯政府在镇压资产阶级革命派的“二次革命”、解散国民党、解散国会后不久，提出要设“清史馆”开修《清史》。当时表面理由是继承中国历史上易代修史的老传统，以便“与往代二十四史，同昭垂鉴于无穷”。（朱师辙《清史述闻》）实际上，袁世凯是借此“笼络清朝遗老”，用修史来对抗当时方兴未艾的资产阶级新文化，以配合他思想上提倡尊孔读经，政治上复辟帝制的活动。所以，他很快地批准设立清史馆的呈文，并以总统名义延聘前清东三省总督赵尔巽为馆长，用“挚遗贤”的方针，对清朝遗老耆儒“按籍而求，闻名而致”（同上书），聘请了柯劭忞、缪荃孙、王树柟、吴廷燮等前清遗臣一百多人，按照前清官委以总纂、纂修等头衔，参加这项工作。这些人“多以元遗山自况，用修史以报故君。”（孟森《清史应否禁锢商榷》）

从“修史以报故君”的立场出发，遗老们一开始就以“清史为结束旧史之时，不妨依据旧史”（《清史述闻》）为借口，拒绝了梁启超提出的“颇偏重新史体裁”的《清史商例》的建议，坚持“偏于旧史体裁”，即“大体近法明史，而稍有变通”（同上）的修史原则，也就是坚持用封建的史学观点、史学体裁和修史方法来纂修《清史》。正是从“修史以报故君”的立场出发，他们对有清一代历史作了这样的估计：“我大清定鼎二百余年，厚泽深仁，休养生息。上无失德之君，下无抗令之臣，固属前代稀有。而武功赫奕，拓土开疆，文教昌明，轶唐绍汉。”（同上）并以此为基调纂修这部大型史书。所以，他们一反历代为总结前朝成败兴亡的历史教训而修史的成例，不是对清朝历史秉笔直书，而是一味地歌功颂德，对其弊端曲意隐讳，“惓惓于故君之情，时流露于字里行间”。（金毓黻《读清史稿札记》，《国史馆馆刊》第一卷，第三号）经历十四个年头而写成的大型史书《清史稿》，对有清一代的历史，可谓是极尽其吹捧之能事了：清朝政府的各项政策，清朝的物质文明，清朝的开疆拓土，都是中国历史上前所未有的；清朝的皇帝，从努尔哈赤直到同治、光绪，几乎都是可与尧、舜、禹、汤相媲美的圣君；反之，对清朝统治者在历史上犯下的人所共知的暴政，则处处曲意回护，或者“削而不录”，加以掩盖。但是，对明代遗臣及汉族人民的反清活动，则极端仇视，加以贬低和否定，呼之为“贼”“伪”“海寇”等。更尤甚者，他们在民国设置的史馆内修前代历史，居然竭力诋毁民国的一切，他们咒骂辛亥武昌起义为“谋乱”，污蔑革命烈士英勇就义为“伏诛”，对被革命派击毙的清朝督抚则倍加称颂。他们还违例给清朝遗老立传，表彰遗老“不忘故君”，鼓励复辟。他们写民国时事，却不认民国正朔等。这部在民国时代纂修的前朝官方史书，居然站在反对民国的立场，内清室而外民国，对辛亥革命和中华民国加以敌视，根本违背已经改变的社会现实，也违背封建史学历代修史的惯例，这是从政治上言。至于该书作者们坚持封建史学观点，完全继承“旧史体裁”，按照封建史学以帝王将相为中心，用纪、表、志、传为框架，反映的完全是封建帝王的家谱，文臣武将的传记，充满封建伦理纲常的迂腐说教，那就更不待言了。

正是因为这样，所以，它于1929年刊行不久，就受到社会舆论的猛烈抨击，被指控犯有“反革命”“蔑视先烈”“不奉民国正朔”“称扬诸遗老，鼓励复辟”等十九条罪状（《故宫博物院呈请严禁〈清史稿〉发行文》），而被封禁。因此，它始终没有得到社会的公认，未能进入“正史”的行列。

由上可见，袁世凯政府当时修《清史稿》，从指导思想到修纂人员的物色选用，以及修成的史稿的内容等各方面考察，都是清朝封建遗老和封建史学家，在袁世凯及北洋军阀政权支持下，顽固坚持封建旧史学，对抗资产阶级新史学，用封建旧史学来配合封建买办势力政治上复辟封建帝制的典型表现，此书虽然在汇集和排比资料，叙述史事等方面做了大量的工作，有一定的参考价值，但政治上和史学思想上都是毫不足取的。

三

封建史学回潮的又一个表现是：一批清朝遗老和封建文人，掀起了一股坚持用封建的史学观点和方法修史的逆流，对抗刚刚兴起的资产阶级新史学，向人民群众传播封建正统主义的观念，传播封建的伦理观念，来配合复辟帝制的活动。

例如原清国史馆总纂，清末封建顽固派和封建史学的重要代表王先谦，早在清季，他就编撰《日本源流考》等书，用歪曲日本历史的手法，借题发挥来反对资产阶级维新变法，反对资产阶级革命，为封建制度辩护。这时，他更有恃无恐地纠合一批学生编撰《后汉书集解》，利用古史资料和考据学坚守封建宗法思想阵地，并在该书的许多历史实例的解释上，恣意发挥其封建正统派的顽固立场，反对资产阶级的民主革命。他的门生、长沙经学会会长叶德辉早在维新变法时期就编撰过《翼教丛编》《觉悟要录》以疯狂反对维新运动，反对萌芽中的资产阶级新史学。这时，就更自认“前朝未死人”，咒骂革命党人为“铜马黄巾寇”，积极参加提倡尊孔读经的活动，并用编撰《经学通诂》一书，散布大量的封建儒学正统主义的政治和史学观点，再次与资产阶级新史学对抗。他提出的所谓“六征”“四知”“五通”“十戒”，就是妄图继续把文、史、哲、金石、文字之学作为经学的附庸，使史学充当经学的注释和附属品。他也利用注释，考订古史书，散布古代封建正统思想以反对人们接受新思想，他攻击梁启超等忽视考据，鼓吹史书上的一字之讹误，关系到一朝的风俗，一人的人品。这表面上是今古文之争，实质上与其老师一样，是妄图用封建经学范围史学，使史学充当帝制复辟的工具。

当时，类似王先谦，叶德辉这样的人是不少的。例如，柯劭忞续修《新元史》，缪荃孙续修《续碑传集》，闵尔昌修《碑传集补》，刘锦藻刊印《清朝续文献通考》，吴士鉴续修《晋书斠注》，吴廷燮续修《历代方镇年表》，徐世昌修《清儒学案》《大清畿辅列女传》，张尔田著《史微》，孙德谦著《太史公书义法》，孟森著《心史丛刊》等，出现一股私家修史印书之风。这些人在清朝大都是翰林、进士，达官显宦，或担任过清国史馆的总纂、纂修，辛亥革命后，有的仍是袁世凯或北洋政府的显贵，清史馆建立后，又大都被聘为清史馆的总纂、纂修。他们都以清朝遗臣自居，心目中不仅没有民国而且反对民国，许多人是孔教会的骨干，有的甚至参加过袁世凯或张勋的复辟。他们这时或者刊印清季所著的封建史书，或者继续其在前清时已开始了的未竟的修史事业，或者是另起炉灶，开修新史。其中不仅有数以几百卷计的大型纪传体的断代史，而且增补修订了一些别史、杂史、各种典志、传记、方志，辑补古史材料，注释古史，修订各种专史，撰写史学论文，其目的，用徐世昌的话说，就是“欲以圣贤义蕴提倡流布”，“崇儒重道，遐迩同风”，“因学以明道，修道以为教，冀以端本善俗，范围曲成，凡属斯民尽其天界之聪明，尊所闻，行所知，皆优游于礼让道德之中”，一句话即“崇圣道也”（《清儒学案·序·凡例》），也就是为恢复孔孟的封建文化专制主义统治尽力。因此，他们不仅在修史体裁上坚持封建史学的老套，而且在思想上坚持封建史学的正统史观，把史书写成帝王的家谱，文臣武将的传记，人民群众是根本没有地位的，尤其对农民起义还加以敌视。在史事评论上，依然充满“史臣曰”之类陈腐不堪的辞句。他们的所谓史法尽管也有“多发前人所未发”之处，但总的说“仍周、汉治经之家法也”（均见王国维《玉溪生年谱会笺序》），所以尽管他们也写出了或集成了数以百卷计的大型断代史，文化史书和史论专著，但他们所注意并且大力考订、研究的往往并不是历史上的关键性的问题，而是一些片段的表面的孤立的事情，不可能揭示历史的真相和本质。他们的史论和治史方法也始终没有超出乾嘉学派的范围和水平。他们的修史活动，无疑是属于当时封建复古思潮的重要组成部分。

当然，也必须实事求是地指出：由于他们中的许多人，曾经长期从事史学研究，进行史料的搜集和考订，因而他们的某些著作，在总结前人研究成果，搜集和增补历史资料，考订和纠正前人某些具体性错误方面，还是做了大量的工作，作为历史资料仍有一定的参考价值。他们的治史、考史方法也有可资借鉴之处。如柯劭忞的《新元史》尽管还存在许多缺点，仍被史学界认为“兼具全部改造与详备博瞻二种长处”（李思纯《元史学》第二章）的集大成之作。还由于他们的修史是在辛亥革命之后，所以时代和社会变迁也会有意无意地在他们的史学论著上打上烙印。如刘锦藻的《清朝续文献通考》，是模仿《清文献通考》，但他的《外交》《邮传》《实业》《宪政》诸考，就是新增的，反映了变化着的清朝后期的新的历史内容，而且在字里行间流露了一些资产阶级观点。但是，从总体上看，他们的史学论著，无论从其动机和效果上考察，都是属于当时的反动文化的组成部分，是封建复古思潮在史学领域中的具体表现。

正是因为这样，他们修撰史书的活动，不仅受到当时封建复古思潮的鼓励，而且受到反动的北洋军阀政府的直接支持。例如柯劭忞的二百五十七卷本的《新元史》于1920年刊行后，就被徐世昌以大总统的名义，通令定为官方“正史”。

四

封建史学回潮的再一个表现是，资产阶级新史学在这股反动思潮的进攻下，队伍发生动摇和分化，新史学园地一度出现冷落、停滞状态。一些资产阶级改良派新史学家，政治上与封建复古派同流合污，新史学观点明显后退；一些资产阶级革命派史学家虽然在政治上和思想上都与封建复古势力进行过一些微弱的抗争，但也很快败下阵来。资产阶级史学阵线的这种分化，是中国资产阶级政治上、经济上的软弱性在意识形态上的表现。

首先，资产阶级改良派的思想家和史学家，随着他们政治上的动摇，在史学思想和史学实践上也发生了摇摆和倒退。例如资产阶级新史学理论的奠基人梁启超，这时不仅政治上成为进步党的首领，充当袁世凯打击国民党的帮凶，而且一度参加了“孔教会”，与孔教会头子陈焕章等人一道以孔教会名义，向参众两院提出“请定孔教为国教”的请愿书。他还著《复古思想评议》（1915年7月20日《大中华》一卷七期），鼓吹孔子教义“放诸四海而皆准，由之终身而不尽”，说什么孔子提出的“忠孝节义”，是“古今中外”都适用的，主张“今后社会教育之方针，必当仍以孔子教义为中坚，然后能普及而有力”，表明他已深深地卷入了这场反动的复古思潮之中。与他老师康有为不同的是，他政治上既不同意袁世凯的帝制自为，也反对张勋搞清室复辟。在思想文化上，他也不赞成一味美化孔子和孔学，认为“孔子的哲学政治观点，由于历史原因，不可能一一适用于今”（同上文），诚如他后来自白：“其师康有为大倡设孔教会定国教祀天配孔诸议，国中附和不乏。启超不谓然，屡起而驳之”（《清代学术概论》），表现得比康有为明智和进步些，表明他还没有完全堕落为封建买办势力的代表。这种情况反映在他的史学思想上，也是既有退步，也有坚持。例如，他这时写的《清史商例》和稍后写的《中国历史研究法》，和其他一些学术史著作，与辛亥革命前所发表的史论比较，虽然在资产阶级新史学理论方面仍有建树，史学造诣也较前更高，但是反封建的锐气已大大削弱了。以梁启超为代表的资产阶级改良派在这一场复古思潮中的表现，用《东方杂志》的话说，就是“融合新旧，以期适合”（1913年九卷十一号《现代文明之弱点》），或者说“新旧调和”。（1915年十二卷十一号《忏悔录》）

这时在资产阶级革命派的队伍里也发生了分化。一些在前期曾一度激烈地反对过封建旧文化的战士，这时虽然对封建买办势力政治上的复辟帝制和文化上的尊孔复古，进行了一定程度的抗争，但也开始动摇倒退，最后甚至完全倒向封建旧文化。例如前期的反孔思想家，资产阶级革命队伍中的新史学家章太炎，这时他政治上坚决反对袁世凯的帝制复辟和张勋复辟，一度参加了孙中山的“护法”斗争；思想文化上也反对康有为等人搞孔教会的活动，发表了《驳建立孔教议》（《雅言》1913年第1期）、《反对以孔教为国教篇·示国学会诸生》（转自《章太炎年谱长编1913年条》）等文，表示对倡孔教会者“余窃訾其怪妄”，认为“中土素无国教，孔子亦本无教名，表示六经，所以传历史；自著《孝经》《论语》，所以开儒术”，“与宗教不相及”。他认为定孔教为国教，“犹素无创病，无故灼以成瘢”，是“规摹仲舒而为”的荒谬行为，是“杜智慧之门，乱清宁之纪”的坏事。所以，他通告说，要参加他主张的国学会的，必须“先脱离孔教会”，表示了对尊孔复古思潮的一定程度的抗争。但是，这种抗争与辛亥革命前的骂孔丘为“富贵利禄”之徒，“虚誉夺实”之辈，说孔子不过是与刘歆相等的“古良史”等激烈反孔言调相比，已经是微不足道了。因为，这时他反对的只是复古派的视孔子为教主和定孔教为国教罢了，只是从古文经学派的门户之见，反对今文经学派的过分抬高孔子和孔学。事实上，他这时的思想也已由反孔倒退为尊孔，用他自己的话说，这时他自己的学术思想已经“终乃回真向俗”，也就是“以庄证孔，孔庄合一”，重新恢复了孔子的“内圣外王”的地位的阶段了。（《自编年谱》1914年条）正是因为这样，他在这时把反孔的充满革命内容的政治学术论著《訄书》，删削成为尊孔的纯学术的《检论》。删削后的《检论》一书，不仅删去了充满革命内容之章节，增补了许多儒家的《故言》，而且满怀崇孔之情说："圣人之道，笼罩万有"，说孔子"洋洋美德乎，诚非孟荀所逮闻"，对"仲尼名独尊"大为称誉，由原来的抬荀压孔，倒退为尊孔抑荀。表明这时章太炎在对孔子和孔学的看法上，与尊孔复古派已没有多少区别。以致稍后，他就发展到公开地忏悔起前期的"激而反孔"（《致柳翼谋书》），而且步康有为的后尘，也提倡起"尊孔读经"，终致"身衣学术的华衮，粹然成为儒宗了"。（鲁迅《关于太炎先生二三事》）

在这样的形势下，资产阶级新史学园地上，出现了一片冷落和停滞的状态。尽管这时尚有少数人，运用资产阶级新史学观点和方法，研究了中国历史上的某些课题，也有一些人写出了一些反映辛亥革命，揭露袁世凯和张勋复辟内幕一类的论著和回忆录等，但总的看来，资产阶级新史学成果，无论从数量和质量看，都比这个时期的封建旧史学黯然失色。

从上列四个方面的事实，我们看到，民国初年，在尊孔复古思潮的严重影响下，在辛亥革命前受到资产阶级新史学打击的封建史学一度回潮，而资产阶级新史学阵地则一度冷落。这一事实集中地反映了封建史学的猖獗，反映了中国资产阶级在文化思想上较之政治上更为软弱，反映了辛亥革命的不彻底。

民国初年，封建史学一度回潮的事实，还告诉我们，封建史学作为一种客观存在的社会现象，作为一种意识形态，一种上层建筑，它与其他精神现象一样，当着它赖以存在的经济基础还没有彻底消亡以前，是不会自行消亡的。但是，我们认为，民国初年封建史学的回潮，并不表明它还有生命力，它是在与封建社会不同的、新的历史条件下出现的，所以它在中国近代史上来说，不过是历史发展洪流中的一个漩涡，表明根深蒂固的封建势力不肯轻易退出历史舞台。然而，历史的潮流终究是不可抵挡的，随着中国民族工业的发展，以及随之而来的新文化运动的兴起，这股复古思潮就受到了更加沉重的打击，它的衰落是任何力量都无可阻止的。

（原载《安徽师大学报》（哲学社会科学版）1984年第1期）

试论章太炎的史学思想及其成就

章太炎是我国著名的资产阶级革命派人物，也是一位“有学问的革命家”[1]。对于他在政治上、哲学以至小学和经学方面的成就，学术界已经论述很多。但对于他在创立资产阶级“新史学”方面的贡献，则迄今还研究得很不够。事实上他在这方面的成就同样值得我们认真加以研究，这对于我们更好地了解中国近代资产阶级史学，以及发展无产阶级的马克思主义史学，都有一定的意义。本文试图简略评述，以求教于史学界同仁们。

章太炎作为中国资产阶级革命派的一位杰出代表，他与其他资产阶级思想家一样，也是很早就重视史学在政治斗争中的作用的。早在19世纪末，他就开始从历史中寻找反封建的武器。他说：“遭世衰微，不忘经国，寻求政术，历览前史”[2]，为此，撰写过大量史学论文，也参加翻译过许多世界史方面的论著。20世纪初，随着资产阶级革命的兴起，他深感有对中国历史重新研究的必要，为此，他写了《致梁启超书》《致吴君遂书八》以及收集在重印本《訄书》中的《尊史》《哀清史》等一系列史学理论方面的论文，阐述了他为革命而打算编著新的《中国通史》方面的主张。1906年，他第三次东渡日本，在《东京留学生欢迎会演说辞》中，更明确提出：“用宗教发起信心，增进国民的道德”，“用国粹激动种姓，增进爱国的热肠”的主张。他说，所谓“国粹”，“不是要人尊信孔教，只要人爱惜我们汉种的历史”，这就是汉种的“语言文字”“典章制度”“人物事迹”等内容。他认“国粹”或民族主义，犹“如稼穑然”，依存于“史籍”中[3]，能起灌溉作用，只要中国人懂得本国历史，“就是

① 鲁迅:《关于太炎先生二三事》。
②《蓟汉微言》。
③《答铁铮》。

全无心肝的人，那爱国爱种的心，必定风发泉涌，不可遏抑”[①]。这里与他的种族革命思想是一脉相承的，有大汉族主义的毒素，但却表达了他用历史为当时的革命服务的指导思想，仍有进步意义。直到晚年，他还反复著文强调研究历史和学习历史对于当时挽救民族危亡的意义，他说，只有提倡学习历史，才能“使阅者得知国家强弱的原因，战争胜败之远因近因，民族盛衰的变迁”[②]，而“不读史书，则无从爱国家”[③]一句话，他“提倡读史之志，本为忧患而作”[④]。可见，他重视历史为政治服务的思想是十分明确和一贯的。

正是基于这样的认识，他很早就致力于“新史学”理论的创造，并在20世纪初就提出了与当时资产阶级史学大体相当的历史哲学。他说：“余自幼专治《左氏春秋》，谓章实斋‘六经皆史’之语为有见”[⑤]。又说，自己最初，“持论不出《通典》《通考》《资治通鉴》诸书，归宿则在孙卿韩非”[⑥]。说明他开始时还是停留在古文经学派的传统史学阶段上。但是到了20世纪初，他就宣布自己是进化论的信奉者，并且以此作为自己观察社会历史的指导思想。在《訄书·原变》中，他说：“人之相竞也，以器”。认为“石刀、铜刀、铁刀，则瞻地者以其辩古今之期也”，宣传了以工具的改进作为人类进化尺度的观点。1902年在《致梁启超书》和《致吴君遂书八》中，则更进一步明确提出用进化论来编撰《中国通史》 的主张。他说：“所贵乎通史者，固有二方面：一方面以发明社会政治进化衰微之原理为主，则于典志见之；一方面以鼓舞民气，启导方来为主，则亦必于纪传见之”。他认为历史不是单纯地“褒贬人物，胪叙事状”，而应当“发明社会政治进化衰微原理”，历史不是颂古非今，引导人们向后看，而应“鼓舞民气，启导方来”，引导人们向前看。他品评了中国历史上的史书，认为“前史既难当意”，根本之点就在于不识进化之理。可见，他虽然在史书的体例上还保留旧的典志、纪传等体裁，但在指导思想上已用进化论和复古倒退的封建旧史观

①《东京留学生欢迎会演说辞》。
②《论今日切要之学》。
③《历史之重要》。
④《与邓之诚论史书》。
⑤《自述治学》。
⑥《章太炎自编年谱》。

划清了界限。而且在历史的内容上，他也提出反对把中国通史写成“为人人开明履历”的本纪和列传，要求把中国通史写成“异夫策缝计簿相斫书之为者”①。从这样的历史观出发，他进而批判了今文经学派“三统”“三世”的循环史观，明确指出：“三统迭起，不能如循环；三世渐进，不能如推毂”②。打算在自己的《中国通史》中，“熔冶哲理，以祛逐末之陋，钩没智沈，以振墨守之惑”③。他认为中国通史应包括“第一是制度的变迁，第二是形势的变迁，第三是生计的变迁，第四是礼俗的变迁，第五是学术的变迁，第六是文化的变迁”④等多方面的历史内容的发展变化。他还把突变的观念引入自己的历史哲学中，把《革命记》《光复记》《洪秀全考纪》一类内容列入自己的《中国通史》的写作计划之中⑤，这就显得比梁启超等的历史观更激进。

与上述历史观相适应，在治史方法上，一方面他继承了乾嘉学派的实事求是和“六经皆史”的观点和方法，同时又引进西方资产阶级的方法，主张扩大史料和历史的视野，采用东西、中外比较研究，同时强调史事的考订，反对今文学派的主观臆断。他说：“今日治史，不专赖域中典籍。凡皇古异闻，种界实迹，见于洪积石层，足以补旧史所不逮者；外人言支那事，时一二称道之，虽谓之古史，无过也。亦有草昧初启，东西同状，文化既进，黄白殊形，必将比较同异，然后优劣自明，原委始见。是虽希腊、罗马、印度、西膜诸史，不得谓无与域中矣。若夫心理、社会、宗教各论，发明天则、烝人所同，于作史尤为要领”⑥。他还撰写《征信论》批判康有为等借今文经学“治史”，强调“治史尽于有征”，反对“妄意其事”。直到晚年，还反复强调治史的目的方法首先在于“求是”，然后才是“致用”，认为历史“事实是错综复杂的，繁复的，无一定规律的。而历史乃是归纳这里种种事实，分类记载”，“明了历史

①《哀清史》。
②《征信论》。
③《哀清史》。
④《教育今语杂志》第二册《社说》。
⑤《哀清史》。
⑥《哀清史·附中国通史略例》。

的演进，根据他以致用”[①]。由上可见，他说的治史方法和他的历史哲学一样，虽然还不脱封建经学的古气，其内容则显然与传统经学有了很大不同。凡此，都表示他史学上的自成一格的特色。

章太炎正是在这样的历史观指导下，在辛亥革命准备时期，写出了一系列密切配合资产阶级革命斗争，在政治上有重大影响，在学术上也有一定价值的史学论著，其中最重要的有《訄书》《诸子学略说》《秦献记》《秦政记》《齐物论释》等。

《訄书》的《原人》《序种姓上、下》《原变》《族制》等论文，既可以看作章太炎的朴素唯物主义的认识论和资产阶级进化论的哲学观点的论著，也可以视为他用进化论解释中国上古史的史学论文。在这些文章中，他考察了人类的原始状态，考察了古代华夏族的形成史，考察了古代胡汉姓氏的同化史，对古代史特别是原始社会史，发表了许多卓越的见解。他说：“人之始，皆一尺之鳞也。化有蚤晚而部族殊，性有文旷而戎夏殊”。又说：“古者民知渔猎，其次畜牧，逐水草而无封畛；重以部族战争更相俘虏，羼处互效，各失其本，燥湿沧热之异而理色变，牝牡接构之异而颀骨变，社会阶级之异而风教变，号令契约之异而语言变，故今世种同者古或异，种异者古或同”。他说与世界上其他古老民族一样，“中国虽文明，古者母系未变”，当时“同部男女旁午交会，无夫妇名”，直到夏朝母系社会终结，以男系为主体的家庭出现，从此，“女子称姓，男子称氏”，经历过由野蛮到文明的变化。他进而指出，随着种族战争的进行，历史上出现“胜者常在督制系统，而败者常在供给系统。一部悉主，一部悉伏地为僮仆”的阶级对立的社会。他说，中国古代“天有十日，人有十等”，其中“隶僚以下，其始皆俘虏，而后渐以愆谪罪人”。这里他关于阶级形成的观念虽然还不是马克思主义的，却在一定程度上摸到了历史的某些边际。在这些论文中，他还用地理史观来说明中国民族发展与地理环境的关系。他说：“文明之民，战胜之国，大氐起自海滨，为其交通易也，独中夏王迹，基陇坻、华山间”。就这样，他就用进化史观，资产阶级社会学说和地理史观，对中国古史作了考察和说明，得出了与夏曾佑《中国古代史》相似的论断。这在当时无

① 以上均见《论今日切要之学》。

疑是有进步意义的。

但是，章太炎在史学研究上成绩最大的还是对中国几千年学术思想史的研究。由于他在小学和经学方面有很高的造诣，他在古史尤其在学术思想史的研究上，具备异于常人的特别优越的条件。所以他这方面的著作不仅数量宏富，而且质量也很高。重印本《訄书》的《原学》到《学隐》等十三篇文章和《诸子学略说》等就是其中最重要的著作。

这些文章中，首先章太炎根据中外学术思想史的经验，明确提出，各科学术的创立和盛衰，都受制约于“地齐、政俗、材性”等三种因素，也就是说受制约于地理环境、社会政治条件和思想家的人物个性，他以此为据，通过把儒家与先秦诸子的对比研究，对中国几千年的思想史进行了批判和清算。中心是开展对于孔丘和儒家思想的批判。他指出：“中国学说其病多在汗漫。春秋以上，学说未兴。汉武以后，定一尊于孔子，虽欲放言高论，犹必以无碍孔氏为宗，强相援引，妄为皮傅，愈调和愈失其本真，愈附会愈违其解故。故中国之学，其说不在支离，而在汗漫。自宋以后，理学肇兴；明世推崇朱氏，过于素王；阳明起而相抗，其言致良知也，犹云朱子晚年定论；孙奇逢辈遂以调和朱、陆为能，此皆汗漫之失也。”这是他对中国数千年学术思想的概述，也是他批儒的一个大纲，其锋芒集中指向“定一尊于孔子”的文化专制主义。进而他批判了孔丘和儒学的“富贵利禄为心”的思想。他说孔丘“虚誉夺实”，尊孔派的“苟务修古”。又说“孔子之教，惟在趋时，其行义从事而变”，“所谓中庸，实无异于乡愿”，又说“中庸者，是国愿也”，这些言论在当时具有战斗的意义。他继承了古文经学的观点，认为孔子充其量不过是“古良史”，儒家经典也不过为“纪事之书”，因而儒学的作用只在于是“客观之学”。他还把孔子“下比刘歆”。他的这些论点，虽然不无偏激之处，但确是高出康梁等改良派的。这是他的学术思想史研究与梁启超的基本区别所在，闪耀着反封建斗争的光芒。

他还从民主革命的立场出发，来利用和改造先秦诸子与其他思想家的学说。他推崇诸子学说，说诸子学说是“主观之学，要在寻求义理，不在考迹异同”。他说老子“知成败祸福之事，悉在人谋，故能排斥鬼神，为儒家先导"，又说老子"博览史事，而知生存竞争，自然进化，故一切以放任为主"。对墨家，他说"非命之说，为墨家所独胜"，但"亦仅持之有效，未能言之成理"，尤其"墨家尊信鬼神而言无命"，是"自相刺谬"。但又肯定墨子的"兼爱"和"苦身劳形，以忧天下"的道德。他还十分赞赏庄子，说"庄子《齐物论》出来，真是件件看成平等。照这个法子做去，就世界万物各得自在"①。他尤其推崇荀况，以"孙卿为宗"，尊其为"先师"，说"孙卿死，而儒术绝"，看出荀孟的区别。他宣传了荀况的朴素唯物主义的认识论和逻辑思想，认为荀况"名以稽实"的观点，把逻辑推理建立在客观事实的基础上，是值得称赞的。他也肯定商、韩的"法不阿贵""一断于法"的理论和反儒思想。说商鞅的"六虱"和韩非的"五蠹"都是"拒儒家之说"。他也指出了汉以后儒法合流的趋势。对于汉以后的思想家，他大力表彰王充、王符、仲长统、崔实、顾炎武、王船山、颜元、戴震等人。他著《释戴》盛赞戴震的反理学斗争。又写《非黄》批评"黄宗羲学术计会，出顾炎武下远甚；守节不逊，以言亢宗，又弗如王夫之。"这里同样不无偏激之词，过头之语，然而也确包含了许多真知灼见。

就这样，章太炎为了资产阶级革命的需要，在进化论史观指导下，他对封建文化的一些方面进行了批判和清算，这是他的学术史研究的特色，不仅具有反封建的意义，而且具有一定的学术价值。这也是他的史学在当时和后来都发生重大影响的原因所在。

此外，他还写了一些直接服务于当时革命的古今人物传记，古今法律、官制等一些既有政治意义又有学术价值的论著。

概括地说，章太炎在辛亥革命准备时期，积极从事资产阶级"新史学"理论的创造，并对中国古代史，特别是对学术思想史进行了卓有成效的研究，作出相当于甚或在某些方面超过梁启超等人的成绩，为资产阶级"新史学"的创立，作出了自己的贡献。但是，从总体上看，他的史学理论和史学成就仍然存在严重缺点，与梁启超、王国维等资产阶级史学家相比，似也略差一筹。

①《中国文化的根源和近代学术的发达》。

首先，他的史学理论和方法，虽然与梁、王等一样，基本上都是资产阶级进化论和资产阶级社会学说。这种理论虽然较之以帝王将相家谱为内容，以复古倒退为指导思想的封建旧史观进步，但是不能真正科学地解释历史。而且，即使这样，他的理论不如梁启超系统、完整，方法不如王国维严密、细致，特别是由于他古文经学派家法束缚太厉害，他的历史包袱更沉重。这就使他不敢大胆批判封建史学，不敢大胆怀疑古文，他主张进化史观，又墨守旧史书的旧体裁，墨守封建正史三皇五帝的旧史体系。他相信进化论，但直到晚年还不信甲骨文和金文，视“疑古之学”为“魔道”[①]，视甲骨文和地下文物为“赝品”[②]。正如郭沫若指出那样，“先生之蔽，在乎尽信古书。一若于经史字书有征者则无不信，反之则一无可信”[③]。他用进化论观察分析上古史，但“六经皆史”，“夷夏之防”的观念却更多地支配着他的历史的具体研究，以至大汉族主义的毒素严重。他还相信“中国人种西来说”，以为古代黄帝族是由古巴比伦迁徙而来，成为中原各族的共同祖先，所以他的古史研究，同样没有解决中国民族史上的重要问题。这样，他的历史观就显得更加驳杂，封建色彩也就更加浓厚。

其次，从历史的具体研究上，特别是在中国学术思想史的研究上，他一面激烈反孔，一面又大讲“国粹”，这就使他在当时就不可能彻底反对封建文化。加上他的形式主义的肯定一切和否定一切的方法，使他陷于偏激武断，缺乏科学性。这都预伏着他后来的尊孔。所以他的学术观点又是多变的。随着他在辛亥革命后，政治上的不断倒退，学术思想上也从反孔迅速转变为尊孔。对其他各种学术思想的评价上，有时为了强调“致用”，有时则坚持门户之见，因而偏激、臆断和附会之处很多。如说管、庄、韩“皆深识进化之理”，说惠栋、戴震等是“支那文明进化之迹，籍以发现”[④]的大功臣，都与历史的真实距离甚远。总之，庸俗进化论和传统经学的束缚，使章太炎不可能真正科学地解释中国历史。

（原载《史学史研究》1983年第4期）

①《历史之重要》。

② 孙思昉:《谒余杭章先生纪语》转引自《章太炎年谱长编·1935年》。

③《甲骨文辨证》上集序。

④《致吴君遂书八》。

一本研究清代学术的入门书

——重读梁启超的《中国近三百年学术史》

《中国近三百年学术史》一书，是梁启超继《清代学术概论》之后，于1923—1925年间撰成的又一部关于清代学术发展史的名著。其中，《清代学者整理旧学之总成绩》曾于1924年在《东方杂志》连载。1929、1936年分别由上海民智书局、中华书局出过单行本，并收入1932年中华书局版《饮冰室合集》的专集中。1985年3月北京中国书店据《饮冰室全集》本影印出版，1987年6月第二次印刷。1985年9月复旦大学出版社也以《梁启超论清学书》的书名，把以上两书作为《中国近现代思想文化史料丛书》之一出版。该书以比《清代学术概论》多几倍的篇幅，用新的学术史编撰原则，更加充实和详尽地评介了明末至民初的清代学术的内容，比较深入地探讨了政治与学术的关系，全面地总结和介绍了清代学术尤其是乾嘉学派的学术成就，及其丰富的治学经验和方法，称得上是一本具有较高学术水平的有关清代学术的百科全书式的好书，对于我们学习和研究清代学术甚至整个中国古代学术，至今仍有重要的帮助和指导意义。它的成就有如下四个方面：

首先，它贯彻了梁启超提出的主张：超越以往的编撰学术史的新原则，开创了学术史的新体例。

在中国史学史上，最早的学术史著作的萌芽，是汉代史书中的《儒林传》和《艺文志》。但比较严格意义上的学术史著作，当以黄宗羲的《明儒学案》和《宋元学案》开始。清代学者即以这种“学案”体，刊刻过的著作有江藩的《汉学师承记》、唐鉴《清学案小识》、皮锡瑞《清代经学史》和徐世昌《清儒学案》等。以上“学案”体清学史，在一定程度上反映了清代学术的面目。但由于这些书或站在封建正统立场，或有严重“门户”之见，故在价值评判和材料处理上，有着严重的偏颇；而“学案”体，又使它们不能全面反映学术和政治、学术上各派之间的相互关系以及学术史的发展面貌。

在本书中，梁启超总结了以往学术史著作的经验和存在问题，明确提出：“著学术史有四个必要的条件。第一，叙一个时代的学术，须把那时代重要各学派全数网罗，不可以爱憎去取；第二，叙某家学说，须将其特点提挈出来，令读者有很明晰的观念；第三，要忠实传写各家真相，勿以主观上下其手；第四，要把各人的时代和他一生经历大概叙述，看出那人的全人格”①。要求学术史的著述，具备全面、客观、真实的原则，并写出各家各派的特点，说明学术和时代的关系。本书正是本着这样的原则和标准，品评了以往的学术史著作，如肯定《明儒学案》因在一定程度上具备以上条件，称其为“极有价值的创作”②。又因《宋元学案》，具有不定一尊，各家各派平等看待；不轻下主观批评，广泛吸收时人及后人批评，长短得失令学者自断；注意师承及地方流别，而受到更高的推崇，说它“比《明儒学案》更进化了”③。反之，《汉学师承记》作者列目“门户”之见太深，被视为“不宜于作学史”④；《清学案小识》作者则因“主观抑更重”，被视为“不足以语于史才”⑤。更重要的是，本书的特点就在首先极力贯彻以上撰述原则。例如，它几乎对有清一代学术史上的所有学派及代表人物都进行了全面网罗和认真、客观的评价。对于清初的思想学术，他用“阳明学派之余波及其修正”概括评价了黄宗羲、孙夏峰、李二曲、李穆堂等一大批思想家的思想和学术成就。又把顾炎武、阎若璩、胡渭等作为清代经学的建设者给予了全面的评价。这本书还对王夫之、朱舜水“两畸儒”的思想、事功、节操列了专节给以述评。此外，对史学家万斯同、全祖望、章学诚、程朱学派的流裔张扬园、陆桴亭、陆稼书、王白田，强调实习的颜习斋、李恕谷和数学家

① 本书48—49页（本书指中国书店1985年版《中国近三百年学术史》），下面引用这本书内容，仅注页码。

② 49页。

③ 93页。

④ 297页。

⑤ 297页。

王锡阐、梅文鼎等都列出专节给以介绍和评价。对于清代以戴震为代表的考证学和后期的今文经学，则因学者和学术成果众多，难以按人头介绍，就以“清代学者整理旧学之成绩”的标题下，按学术门类和具体学术内容，采取重要人物的重要成果加以评述，一般人物的一般成果从简或以连类提及书名和作者的方法，加以介绍和评述。这样，它总计介绍和评述了有清一代的学者600余人，评介学术著作数以千计。基本上作到了全面网罗和客观评价的要求。

它还以其深远的学术眼光，对学派和思想家的优劣，作了比较中肯和客观公允的品评。例如，对于顾炎武，认为其贡献是：“一在开学风，排斥理气性命之玄淡，专从客观方面研察事务条理；二曰开始学方法，如勤搜资料综合研究，如参验耳闻目见以求实证，如力戒雷同剿说，如虚心考订不护前失之类皆是；三曰开学术门类，如参证经训史迹，如讲求音韵，如述说地理，如研精金石之类皆是”[①]。对颜习斋，一面赞扬他的重“习”的意义，一面又批评他把“习”局限在“古圣成法”“唐虞三代实务”的复古倾向；对于唐甄，重点在论述他的批评封建帝王的民主思想，誉为“特识”，对于阎若璩，重点又在评述其《古文尚书疏证》的思想解放的意义；对朱舜水则肯定其“尊疑”“尊证”“尊今”的”三尊”思想等。而对于清学主流乾嘉汉学，则一面指出其在整理古典文献方面的巨大贡献，指出其治学精神和治学方法给后代留下的借鉴，又批评其背弃清初的经世致用传统和思想僵化和哲学科学上的贫乏等根本性缺陷，说：“平心论之，清代风尚所趋，人人争言经学，诚不免汉人‘碎义逃难’，‘说三字至二十万言’之弊。虽其间第一流人物，尚或不免，承流望风者更不待言”[②]，“他们若能把精力和方法用到别的东西，成就或者可以很大。仅用之几部古书，已经十分可惜。即以经学论，讲得越精细、越繁重，越令人头痛。结果还是供少数人玩弄光景之具，岂非愈尊而经愈遭殃吗？依我看，这种成绩，只好存起来算做一代学术的解故，将来有专门笃嗜此学之人，供他们以极丰富的参考。”[③]这样，他又把各家各

① 65页。
② 203—204页。
③ 203—204页。

派学术的主要特点勾勒了出来，并给以恰当的评价。

可见，本书不但提出而且身体力行地贯彻了学术史编撰四原则，与以往的清代学术史著作完全不同，它全面、客观和真实地反映清代学术发展面貌的突出成就，并突破“学案体”的学术史著述模式，为学术史撰著作出开创性的贡献。

其次，它还着重地探讨了政治与学术的关系，揭示了清代学术曲折发展的政治原因。

在本书中，梁启超认为，每种学术思潮的产生与发展，都与“环境变迁与心理感召”密切相关，而“内中环境一项，包含范围很广，而政治现象，关系最大。”[①]所以，本书一开始就用四节篇幅，讨论了“清代学术变迁与政治的影响”。他指出，从明末至清末，中国学术界经历了从“经世致用”，到“为学术而学术”，再到“经世致用”的曲折发展过程。其中原因很多，而主要是受着发展变化中的政治形势的影响。他说，清初陆王心学的衰落和各种思潮，尤其是“经世致用”思潮的产生，主要是由于明代汉族政权的灭亡和满族政权的建立，给汉族知识分子以严重的刺激，“唤起国民痛切的自觉”，引起他们对明代空疏之学的“反动”。说：“他们对于明朝之亡，认为是学者社会的大耻辱大罪责。于是抛弃明心见性的空谈，专讲经世致用的实务。他们不是为学问而做学问，是为政治而做学问。”[②]尽管他们的政治活动是失败了，但是，他们仍然“不肯和满洲人合作，宁可把梦想的‘经世致用之学’依旧托诸空言，但求改变学风以收将来的效果。”康熙以后，这种学风逐渐向“为学术而学术”[③]的考据学转化，这是因为，“康熙二十年以后，形势渐渐变了”[④]，“先辈所讲经世致用之学，本来预备推倒满洲后实见施行，到这时候眼看满洲不是一时推得倒的，在当时政府之下实现他们的理想政治，也是无望”[⑤]，更主要的是，“谈到经世，不能不论到时政，开口便触忌讳，经过屡次文字狱之后，人人都有戒心。一面社会日趋安宁，人人都有安心

① 13页。
② 14页。
③ 14页。
④ 17页。
⑤ 17页。

求学的余裕，又有康熙帝这种‘右文之王’极力提倡，所以这个时候的学术界……日趋于健实有条理。”[①]他还总结了一条带规律性的认识：“凡当主权者喜干涉人民思想的时代，学者的聪明才力，只有全部用去注释古典，欧洲罗马教皇权力极盛时，就是这种现象，我国雍乾间也是一个例证”[②]。咸同以后，乾嘉学风衰颓，今文经学勃兴，其根本原因，就是因为这时清王朝走向没落，政府钳制权威陵替，再加上西学的输入，引起了“残明遗献思想之复活”[③]，“于是因政治的剧变，酿成思想的巨变。”[④]在谈到清代考据学畸形发展，而自然科学却未能发展的原因时，他特别指出八股科举制度，对其的限制作用，说：“学术界最大的障碍物，自然是八股。八股和一切学问都不相容，而科学为尤甚”。[⑤]又说：“当时功名富贵皆出于此途，有谁肯抛弃这种捷径而去学艰辛迂远的科学呢?”[⑥]以上他对清学发展与政治关系的分析，当然未能完全揭示其全部原因，但是已抓住了学术发展的主因，而且这个原因的分析也是基本上符合事实的。

再次，本书还以二分之一以上的篇幅，集中地总结评介了以乾嘉汉学为中坚的清学在整理旧学方面的众多学术成就。

梁启超认为，在清代学术中，汉学或乾嘉考证学，“可以说是清代三百年文化的结晶体。”[⑦]所以，他在“清代学者整理旧学之总成绩”的标题之下，详尽地列举和评价了以该派为中坚的清代学者在经学、小学、音韵学、校注古籍、辨注伪书、辑佚书、史学、方志学、地理学、传记、谱牒学、历算学及其他科学、乐曲学等方面的成绩。既有对各个门类学术的发生、发展和清代学者具体成就的综合述评，又有对每个门类中的每项具体的学术内容，甚至每一种古籍的历史和现状的评论和介绍。所以，它不仅可以说是清代学术著作的总目提要，也可以视为中国古代学

---

① 17页。
② 21页。
③ 29页。
④ 28页。
⑤ 17页。
⑥ 18页。
⑦ 24页。

术的简要历史汇编。因此，它不但对于清代学术史的入门和研究，也可以对我们研究中国古代学术史，提供切实有益的帮助。例如关于经学中的《易》学，他指出，《易经》“是一部最带神秘性的”古籍。他简要地介绍了汉代治《易》的今文派施、孟、梁邱三派，古文派费氏和焦京的别派《易》学；晋代王弼注，成为“今官书之十三经注疏所宗”[①]；五代以后，陈抟、邵雍、周敦颐、程颐等《易》注，混入了道家之言，朱熹综合周、邵、程之说，作《易本义》，成为宋元明清《易》学正宗，成为儒学与道学混合的《易》学；到清代，黄宗羲兄弟的《易学象数论》《图书辨惑》，毛奇龄《河图洛书辨惑》、胡渭《易图明辨》等，方把程朱等用道家言附会《易》学的方案一扫而净，还儒家《易》学的真面；然后惠栋、张惠言、焦循等著《周易述》《周易虞氏义》《雕菰楼易学三书》，把汉人解《易》各家遗说收集整理，并用“以本书解本书法”[②]，进一步加以发挥，使《易经》，比较接近于“真解”。再如，关于子学中的墨学，他说，这个战国时与儒学并称的“显学”，在汉后已废“二千年了”。只有郑樵《通志·艺文志略》“载有乐台注，久佚”[③]。直到乾隆四十一二年间，“汪容甫最初治此学”[④]，“卢抱经、孙渊如、毕秋帆同时治之”[⑤]，“其后顾涧薲又据道藏本重校写定一通，专务是正文字，继则王石臞摘条校注为《读墨子杂志》六卷，俞荫甫著《墨子平议》三卷”[⑥]，“至光绪间，孙仲容‘覃思十年’集诸家说，断以己心，得成《墨子间诂》十四卷”[⑦]，“成此不朽之作，然后墨子人人可读，现代墨学复活，全由此书导之”[⑧]，然而，“《墨子》七十一篇中最宏深而最难读者莫如《经上下》《经说上下》《大取》《小取》之六篇”[⑨]，所以孙仲容对此六篇“遗义及误解仍极多”[⑩]，“章太炎《国故论衡》中有《原名》《明见》诸篇始引西

① 180页。
② 180页。
③ 229页。
④ 229页。
⑤ 229页。
⑥ 229页。
⑦ 229页。
⑧ 229页。
⑨ 230页。
⑩ 230页。

方名学及心理学解墨经，其精绝处往往惊心动魄。而胡适之著《中国哲学史大纲》惟墨辩一篇最精心结撰，发挥甚多。适之又著《小取篇新诂》，亦主于以西方名学相引证。我自己也将十来年随时札记的写定一编名曰《墨经校释》。其间武断失解处诚不少，然亦像有一部分可供参考”①等等。就这样，他就把汉以来的一部《易》学和墨学史，和清代学者包括自己在内，《易》学和墨学方面的成就展现在读者面前。

在对清儒整理旧学的成绩的具体评述中，他还发表了许多有真知灼见的重要见解。例如，在评述清儒在礼学方面的成果时，他指出：“几千年很琐碎很繁重的名物、制度、礼节，劳精敝神去研究他，实在太不值了”②。但是，若“不把他当作经学，而把他当作史学，那么，都是中国法制史风俗史……史……史的第一期重要资料了”③。再如，关于清儒在辨伪方面工作的成就，与宋儒作了对比后，他说：“清儒辨伪工作之可贵者，不在其所辨出之成绩，而在其能发明辨的方法而善于运用。对于古书发生问题，清儒不如宋儒之多而勇。然而解决问题，宋儒不如清儒之慎而密。宋儒多轻蔑古书，其辨伪动机往往由主观的一时冲动；清儒多尊重古书。其辨伪程序常用客观的细密检查”④。再如，在论到清代地理学的特点和成绩时，他说：“清儒之地理学，严格的论之，可称为‘历史的地理学’。盖以便于读史为最终目的，而研究地理不过其一种工具，地理学仅以历史学附庸之资格而存在耳。其间亦可略分为三期：第一期为顺康间，好言山川形势扼塞，含有经世致用的精神。第二期为乾嘉间，专考郡县沿革，水道变迁等，纯粹的历史地理矣。第三期为道咸间，以考古的精神推于边徼，寖假更推及于域外，则初期致用之精神渐次复活。”⑤这类评述，充分表明他的超越前人的博学和卓识。

复次，本书还对以乾嘉学派为代表的清代学者的治学精神和治学方法，给予了总结和介绍。

梁启超指出，“以乾嘉学派为中坚之清代学者，一反明人空疏之习，

---

① 230页。
② 191页。
③ 191页。
④ 249页。
⑤ 316—317页。

专从书本上钻研考索”，“他们的工作，最少有一半白费”。[①]但是，“他们的研究精神和方法，确有一部分可以做我们模范的”[②]。又说：“他们的学问有用无用另一问题，但他们做学问的方法真可学”[③]。所以，他在评介清儒的学术成就的同时，又刻意评介了他们的治学精神和治学方法。

他最推崇清代学者的“疑古”和“实事求是”的“尊证”精神。他说：“学问之最大障碍物，莫过于盲目信仰”[④]。因为，“凡信仰的对象，照例是不许人研究的”[⑤]。那样，就“无所谓问题，更无所谓研究，还有什么新学问发生呢”[⑥]。所以，“新学问发生之第一步，是要将信仰的对象一变为研究的对象，既成为研究的对象，则因问题引起问题，自然有无限的生发”[⑦]。他之所以肯定《古文尚书疏证》，把他誉为“近三百年学术解放之第一功臣”[⑧]，就是因为它动摇了《古文尚书》的经典地位，开了有清一代把儒家的经典的从信仰地位变为研究的对象之新风。因为“中国人向来对于几部经书，完全在盲目信仰的状态之下。自《古文尚书疏证》出来，才知道这几件‘传家宝’里头，也有些靠不住，非研究一研究不可。研究之始一开，便相行于无穷”[⑨]。他之所以高度赞扬方以智，就是因为“他的学问，全由疑入”，提倡“立论要举证，是清儒最要的信条，他倡之最力而守之最严”，以及“不肯盲从古人”[⑩]。认为他虽然不是乾嘉考证学者，却因其主张以上“尊疑”“尊证”“尊今”的思想，“确与明季空疏武断相反，而为清代考证学开其先河”[⑪]。也是因为以戴震为代表的皖派，是“以求是为标帜，我们叫他做‘考证学’”，把他们视为清学的中坚和真正代表，说他们的学风“和近世科学的研究法极相

① 176页。
② 176页。
③ 202页。
④ 64页。
⑤ 69页。
⑥ 69页。
⑦ 69页。
⑧ 70页。
⑨ 69—70页。
⑩ 150页。
⑪ 150页。

通”[①]。以上他对于清代“疑古”和“尊证”思想的推崇，不仅准确地抓住清儒治学的基本特征，而且反映了“五四”时代的学术认识。

关于清代学者的治学方法，他不但介绍过焦循治《易》中的“以本书解本书法”，“从本经中贯穴钩稽，生出妙解”，“曰旁通，曰相错，曰时行，曰当位、失道，曰比例”。又介绍过清儒从古代类书《永乐大典》中辑佚书的经验等。而且详细地介绍了以下两种方法：(1) 校勘古籍之法。他认为在旧学整理上，惟校勘之学“为清儒所独擅”[②]。由于校勘是注释古书的前提，所以校勘古籍甚为重要。他认为清儒的精密的校勘法是：拿两本对照，或根据前人所征引，记其异同，择善而从，即凭善本来校正俗本；根据本书或他书的旁证、反证，校正文句的原始讹误，若本书无别的善本，他书的同文便是本书绝好的校勘资料，或从本书所用语法、字法，前后文义，以意逆志；发现著书人的原定体例，来刊正全部的通有讹误，这是较前二种更高级的校勘法，是一种把现行本末紊乱未改动的部分进行精密研究，求出本书著作义例，然后据以裁判全书，纠正其违例混乱之处；根据别的文献资料，校正原著之错误或遗漏等。(2) 关于辨伪之法，认为是清儒“发明很多的方法”：从著录传授上检查，如先秦书不见《汉书·艺文志》，汉人书不见《隋书·经籍志》，唐以前书不见《崇文总目》，便十九靠不住；从本书所载事迹制度或所引书上检查，如书中事迹记载，文句出现前人引后人的，必伪；从文体及文句上检查，文体各时代不同，多读书的人一望便知；从思想渊源上检查，各个时代有各个时代的学术思想，作伪的瞒不过明眼人；从作伪所凭藉的原料上检查；从原书佚文佚说的反证上检查，若从别书发现所引原书佚文为今本所无，便可知今本靠不住，等等。这些方法，后来他在《中国历史研究法》等书中，又反复介绍过。他认为，清代学者的贡献，除了“替后人把所需资料搜集在一处”外，就是“对于各种资料相互关系，和别择资料的方法，有许多意见足供后人参考”，“这便是他们不可没的功劳”[③]。

① 22页。
② 224—225页。
③ 191页。

综上可见，《中国近三百年学术史》确是有着开创意义的学术史著作，对于中国近代思想文化史的研究具有开拓创新的作用，对于我们今天的研究仍有入门的引导作用。当然，作为一部写作于20世纪20年代初期的资产阶级学术史专著，当然有它的时代和阶级的局限：例如关于学术史发展的规律上，他正确地指出了政治对学术的制约，但看不到经济基础在思想学术上的折光和制约；在对各家各派的思想学术的评述上，又时常出现影射现实的词句；在具体学术的评述上，也因他本身的“博而不精”，所以“谈的方面愈多”，“结果就是愈不精彩”；在名词、概念的使用上，也有把西方的东西随意附会到清代学术上的现象，等等。但是，这一切并不能掩盖住本书作为开创性的百科全书式的清代学术史的价值和意义。

（原载《史学史研究》1994年第2期）

中国近代资产阶级史学概论

中国近代资产阶级史学，是中国史学发展的一个特定的历史阶段，是中国封建史学的继续和发展，也是中国无产阶级史学产生和发展的重要前提。因此，实事求是地开展对近代资产阶级史学的研究，无疑是中国史学史研究中的一项重要任务。

党的十一届三中全会以来，史学界清理了“左”的错误思想，重视了对中国近代资产阶级史学的研究，发表了一些评述资产阶级史学家的史学观点和成就的文章。本文则打算就资产阶级史学的主要代表人物的主要论著，综合地探讨一下中国无产阶级史学建立前，近代资产阶级史学的发展、理论、成就及其历史地位和作用。

一

中国近代资产阶级史学萌生于19世纪90年代，建立于20世纪初，鸦片战争以后，中国逐步变成了半殖民地半封建社会。在外国资本主义的刺激下，一部分商人、地主和官僚开始投资于新式工业，到20世纪初，中国民族资本主义才开始了初步的发展。中国民族资本主义发生和发展的过程，也就是中国资产阶级发生和发展的过程。中国资产阶级产生后，就立即参加了反对帝国主义和封建主义的斗争，并一度充当中国革命的领导阶级。为了反帝反封建斗争的需要，他们积极向西方寻求真理，也从中国固有文化中寻找有利于自己的思想武器，逐步形成了中国资产阶级的意识形态。中国近代资产阶级史学，作为资产阶级意识形态的组成部分，也就相应地发生和发展起来。

早在戊戌维新运动期间，资产阶级改良派领袖康有为等就试图把西方进化论和儒家今文经学加以糅合，也就用公羊三世说的历史进化观，来解释中国历史，批判保守的复古主义，为其改良主义政治路线提供历史根据，制造改制舆论。他们的这种史学观点和史学实践，虽然有某种资产阶级史学的色彩，但从总体上看还是没有跳出封建史学的框架，没有提出和建立反映近代资产阶级特色史学理论，也没有堪称与封建史学相对立的研究成果。因此，最多只能说是中国近代资产阶级史学的萌芽。

中国近代资产阶级史学的真正开端，应以20世纪初梁启超的《中国史叙论》（1901）和《新史学》（1902）两文为标志。因为，正是在这两篇文章中，他以资产阶级观点在中国历史上首次开展了对封建史学的全面而又猛烈的批判，明确提出了“史界革命”的口号，同时，又提出了建立资产阶级“新史学”的主张，初步论证了具有中国特点的资产阶级历史哲学，差不多同时，资产阶级革命派章太炎也在《致吴君遂书》《致梁启超书》（均写于1902年）中，开展了对封建史学的批判，主张以进化论为指导来编著《中国通史》。梁、章的上述文论表明资产阶级已经在反封建史学的斗争中，提出并形成了自己的历史哲学，从而宣告了中国资产阶级史学的建立。

紧接着，一批以资产阶级历史观为指导，对中外历史，特别是对中国古代史、思想文化史进行研究的史学论著，陆续发表。其中最著名的有：资产阶级改良派活动家夏曾佑于1904—1906年陆续出版的《最新中学中国历史教科书》（又称《中国古代史》），这是用西方资产阶级庸俗进化论指导编著的第一部中国通史；章太炎根据资产阶级革命的需要，修订了原是改良派观点的既是政治、又是历史和哲学的著作——《訄书》（于1904年再版）；梁启超发表了以《论中国学术思想变迁之大势》为代表的许多史学论著；尤其值得指出的是，被郭沫若誉为新史学开山的近代资产阶级的杰出史学家王国维，也在1917年发表了《殷卜辞中所见先公先王考》《续考》《殷周制度论》等一大批做了“划时代的工作”[①]的中国古史论著。中国资产阶级史学大师们的这些绚丽多姿的成果，不仅直

① 郭沫若：《历史人物·鲁迅与王国维》。

接地配合了当时资产阶级反封建的政治斗争，而且用自己的创造性的劳动成果，形成与封建主义的旧史学相对立的新史学营垒。

这样，在“五四”前的将近二十年中，中国资产阶级史学家们不仅批判了封建的旧史学，而且初步地提出和论证了新史学的理论，提供了有较高造诣的一批新史学成果，从而在中国历史学舞台上，逐步取代了封建史学，而居于支配地位。

“五四”以前，资产阶级史学的凯歌行进，不是偶然的。它反映了中国资产阶级登上历史舞台后，就要求历史学为自己的反封建的政治路线服务，这是资产阶级革命性在史学上的鲜明表现。我们看到，上面四位资产阶级史学大师，他们绝大多数是资产阶级的政治代表：梁启超、夏曾佑是资产阶级改良派的著名代表和宣传家，章太炎是著名的资产阶级“有学问的革命家”[①]，王国维也是君主立宪的拥护者。他们都反复强调研究历史必须“经世致用”，史学必须为资产阶级政治服务。梁启超就明确宣布，他主张“史界革命”，就是因为“史界革命不起，则吾国遂不可救，悠悠万事，唯此为大。”[②]这里，他是把改良主义的君主立宪制，看成是救国的唯一正确的路线，而史学革命则是实行这一路线的“万事”之首。夏曾佑也明确表示，他研究古史是为了从中寻求拯救国家的经验教训。他认为戊戌变法，就是因为没有以历史为根据，以致遭到了失败[③]。章太炎则更进一步，他宣称研究历史要着眼于“方来”，以“开浚民智，激扬士气”[④]为目的，也就是为发动人民参加反清革命服务。正是因为这样，他在编著《中国通史》计划中，列入了像《革命记》《光复记》《洪秀全考纪》等一类内容，显得更为激进[⑤]。以上表明，中国近代资产阶级史学，一开始就是作为资产阶级反封建斗争的一个重要舞台而出现。由于当时资产阶级的反封建的政治斗争代表着中国历史发展的趋势，这就决定服务于这样的政治需要的资产阶级史学，充满着战斗的锐气，具有爱国主义性质和相当的进步意义。

---

①鲁迅:《关于太炎先生二三事》。
②《新史学》。
③《中国古代史叙》。
④《致梁启超书》,转引自《章太炎年谱长编·1902年》。
⑤《馗书·哀清史》。

"五四"以后，中国革命由旧民主主义革命进入新民主主义革命。这时，中国资产阶级的软弱和妥协的一面突出起来，反映在资产阶级史学家身上，有的政治上已堕落为资产阶级政客；有的则"既离民众，渐入颓唐"[①]退居于宁静的书斋，鼓吹起"尊孔读经"的复古滥调；有的则堕落为封建王朝的遗老，总之，他们在政治上不断倒退。这种情况反映在史学上，就是反封建史学的锐气大大减退，史学思想上也有许多明显的倒退，预示着中国近代资产阶级史学随着资产阶级政治上的衰落而开始衰落。但是，由于这时无产阶级史学尚未建立起来，由于这时资产阶级毕竟还是属于反帝反封建的民主革命阵线，还有反帝反封建的革命性的一面，因而他们的反封建的锐气也不会完全消尽，加上中国近代资产阶级史学家们作为一批著名学者，他们在学术上主张"致用"的同时，还非常强调"求是""求真"，要求"忠实于客观"[②]（当然，事实上他们往往做不到）。这就使他们还能继续对封建史学有所批判，并且能够以他们的丰富治史经验，继续写出一批有较高学术水平的史学论著，因而使中国的资产阶级史学仍有一定程度的发展。

这时，梁启超依然是资产阶级史学在理论和实践方面的代表。1922年他发表了《中国历史研究法》，1926—1927年又发表了《中国历史研究法〈补编〉》等极负盛名的史学理论方面的专著。这些著作虽然对封建史学的批判，已远不如以前尖锐和激烈，甚至鼓吹"为历史而历史"，然而在史学理论和史学方法方面，却更加全面系统和深入地发展了以前的反封建的新史学主张，标志着中国近代资产阶级的历史哲学趋向成熟。同时，他还写出了《清代学术概论》（1920）、《中国近三百年学术史》（1924）等有较高学术价值的中国学术史名著，在中国文化思想史的研究上做了开拓工作。当然，梁启超也写过"药现代的时蔽"等一些政治上反动的论著，这是他政治上的倒退在学术上的反映。

对于当时的王国维，郭沫若曾指出：他"研究学问的方法是近代式的，思想感情是封建式的。……他留给我们的是他知识的产品，那好像一座崔巍的楼阁，在几千年来的旧学的城垒上，灿然放出了一段异样的

① 鲁迅：《关于太炎先生二三事》。
② 梁启超：《中国历史研究法》。

光辉。”[①]王国维早年拥护君主立宪，后来反对辛亥革命成为清朝的遗老，他的政治思想感情无疑是封建式的，但长期的资产阶级思想教育，和严格的近代自然科学方法的训练，使他形成了资产阶级的世界观和治学方法。他的政治思想要求他治史“反经信古”[②]，为封建残余势力服务，而他沿着资产阶级的治史方法前进时，又使他的史学成果，无论在“五四”前的古史论著，还是在“五四”后的许多史学新作，都不依他的政治信仰为转移地成为资产阶级的“知识产品”，为资产阶级的反封建斗争服务。这种政治与学术相矛盾的情况，在古今中外的历史上也不是绝无仅有的。它表明学术与政治既有密切关联，又有区别。这里需要的是具体问题具体分析。

上述历史事实表明，中国近代资产阶级史学是适应资产阶级反封建斗争的需要产生的，是在反封建史学的斗争中形成和发展起来的，也是随着中国资产阶级政治上倒退而开始衰落的。中国近代资产阶级不仅建立了自己的历史哲学，而且提供了一批放出“异样光辉”的史学成果。在中国无产阶级史学建立以前，它曾一度取得了中国史学舞台的支配地位，成为封建史学与无产阶级史学之间的一个中间阶段。因此，认真研究中国近代资产阶级的史学，必将有助于我们了解史学发展的规律，加深我们对中国史学史的认识。

二

中国近代资产阶级史学家们，一方面引进西方的资产阶级学说，另一方面又从我国固有的文化思想中，寻找有利于自己的优秀传统思想，通过批判封建史学，形成了一套以资产阶级进化论为基本内容和我国经学的优秀传统相结合的史学理论。

梁启超早在《中国史叙论》和《新史学》中，就对封建旧史学开展了猛烈批判，初步提出和论证了“新史学”理论，作出了卓越的贡献。

首先，他指出，中国的封建旧史学有四大罪状：“知有朝廷而不知有

① 郭沫若:《中国古代社会研究·自序》。
② 罗振玉:《海宁王忠慤公传》,载《海宁王忠慤公遗书》。

国家”，二十四史不过是“二十四姓之家谱”，记述的只是“有权者兴亡隆替之事”，是“相斫书”；“知有个人而不知有群体”，根本看不到人群进化之规迹，二十四史不过是无数个人的“墓志铭”的合集而已；“知有陈迹而不知有今务”，根本不敢面对现实，不能为“经世致用”；“知有事实而不知有理想”，二十四史不过是一些历史事件的罗列，像“蜡人院”之偶像排列，根本不能揭示历史发展的因果关系，所以不仅不能“益民智”，反成为“耗民智”的工具。他进而指出，旧史学还有二大弊端：“能铺叙不能别裁”；“能因袭而不能创作”。结果使中国人“虽尽读全史，而曾无有足以激励其爱国心，团结其合群之力以应今日之时势而立于万国者。”就这样，他对封建史学从其指导思想内容、实质、编撰方法以至文字组织都作了揭露和批判，宣告它们是不适合新时代需要的过时的废物。这里，他是从救亡图存和反对封建专制制度的高度来批判旧史学的，虽然还不够深刻全面，但却十分尖锐和猛烈，充满了战斗的锐气，在当时确有振聋发聩的作用，有着强烈的爱国主义性质和重大的启蒙作用。

其次，他从“经世致用”的要求出发，认为“新史学”应以进化论为指导，来探讨人群的进化和历史事件的因果关系，为资产阶级的共和国服务。他说：“史也者，记述人间过去之事实”，“说明其事实之关系，与其原因结果”，“探察人间全体之运动进步”，“及其相互关系”。概言之，“历史者，叙述人群进化之现象而求得公理公例”，“使后人循其理率其例以增幸福于无疆”。他认为，历史的进化“非一直线，或尺进而寸退，或大涨而小落，其象如一螺线”，即由低级向高级曲折前进的，因此旧史学那种“一治一乱，治乱相循”的循环论的历史观是极其错误的。他说：“吾国所以数千年无良史者，以其于进化之现象，见之未明也。”正是从这样的历史观出发，他把中国数千年历史划分为上古（黄帝到秦）、中世（秦汉迄乾隆）、近世（乾隆以后）三个发展阶段，他要求把历史的视野从帝王家谱扩大到人群进化，把争权夺利的“相斫书”，扩大到社会的经济、政治、文化思想，从一国扩大到世界；要破除迷信古代，注意于历史的前进运动，注意于当代事变的研究。可见，他的历史观，与以循环论为特征的帝王家谱式的旧史观是对立的。特别是他关于历史发展是螺旋式上升的观点，在一定程度上已接触到了社会发展的客观规律了。这在当时确有相当的进步意义。

他还把地理环境决定论引进到历史研究中来，认为“地理与历史最有紧切之关系”，地理与人民相结合，然后“文明以起，历史以成”，否则，“则无文明，无历史”。他批判了以帝王将相家谱为内容的地主阶级的英雄史观，又引进了西方资产阶级英雄史观，说“世界之历史，即英雄之传记”，“英雄固能造时势，时势也能造英雄，英雄与时势，二者为形影之相随，未尝少离”。他还注意到“无名英雄”即“人群”在历史上的作用，说“无名英雄，是造英雄之英雄”[①]。他还十分重视文化思想在历史发展中的作用，鼓吹精神决定论。他的这些观点较之封建主义的旧史观，进步之处是不言而喻的，然而归根结蒂都还是属于历史唯心论的范畴，有着原则性的错误。

“五四”以后，他在《中国历史研究法》及其《补编》中，继续开展了对封建史学的批判，进一步论证了自己的新史学理论，特别是集中系统地论述了新史学的方法。

首先，他认为中国封建旧史学的弊病有六：为当权者服务，是“帝王的教科书”，带着强烈的贵族性；为死人服务，“为千百年前已朽之骨校短量长”；内容芜杂，包罗万象，重点不突出，详略不恰当；“强史就我，任意篡改”；伪误太多；支离破碎，不成体系等。在此基础上，他进而提出改造旧史写出新史的要求，即把为“少数特别阶级”服务的狭隘目的，扩大为“国民”服务；“用生人本位的历史代死人本位的历史”；把史学从百科之学中独立出来；杜绝主观成见，作“纯客观的研究”；在史料精审考订的基础上，写出前后照应，论证叙事，浑然一体，原因结果，条分缕析的著作来；还提出先写专史后写通史的主张等。他的这些主张在史学写作的指导思想和历史编纂学上，无疑是他先前的史学理论的补充和发展，较之封建史学是一个巨大进步。

其次，在史学理论方面，对历史的因果律，对历史与英雄的关系等问题，他也作了进一步的探讨。他认为“说明事实之原因结果，为史家

①《英雄与时势》。

诸种职责中之最重要者”。他敏锐地提出社会历史与自然界的因果律区别在于：前者不是反复的，而“常为一度的不完成的”；不是普遍的，而“常为个性的”；不是超时空的，而“恒以时间空间关系为主要基件”。应该说，他这种把社会历史的因果律与自然界严加区别的思想，是深刻的。他在宣扬英雄创造历史的历史观的同时，也力图探索和说明英雄与时代、英雄与社会、英雄与民族的关系，提出英雄背后还有“民族心理”和“社会心理”在起作用的观点，虽然没有摆脱唯心史观的束缚，但同样是比较深刻的。这都是对早先提出的新史学理论的补充和发展。

这时，他的更重要的贡献，在于运用其丰富的治史经验，总结和归纳出了一套历史研究法。在史料的搜集和鉴别方面，他提出“过去人类思想行事所留之痕迹，有证据留传至今日”的一切材料，均属于史料的范围，具体说包括“在文字记录以外者”和“在文字记录者”，这就极大地发展了“六经皆史”的主张，在史料学的视野上超越了封建史家。他反复强调要围绕历史研究的专题来进行史料的搜集。他特别强调史料鉴别的重要，并归纳了辨伪书的十二条标准，证真书的六条标准和辨伪事的七条标准。他的这一套史料搜集和鉴别方法，总的说还属于形式逻辑的范围，但在史料和史事的求真辨误的特定范围内，仍然是很有用的。这里，他继承了中国乾嘉学派的优秀的治学传统，并有所发挥和发展。关于封建史家提出的“四长”，他改变其排列顺序，从认识论的高度赋予新意，改造成为资产阶级史家的四项基本条件。他指出史家的“德、学、识、才”，应该是要求史家，实事求是，绝对忠于历史的真相，力戒“夸大”“附会”和“武断”，做到“鉴空衡平”；博约结合，专精和涉猎并进，既有广博的学识，又有专深的研究；养成敏锐的历史洞察力，学会由整体到局部，又由个别到一般的分析、综合、归纳、演绎的方法，敢于怀疑，勇于创新，“不要为因袭传统的思想所蔽”，也不为“自己的成见所蔽”；学会史学论著的写作方法，善于组织和驾驭材料，做到剪裁得体，详略得当，加强文采修养，使文词“简洁”“飞动”。此外，他还专门论述了历史专题的选取与研究的八条方法。他也十分重视历史的分类研究，提出写好人、事、文物、地方、断代等五种专史，是写好一部通史的前提，等等。

这样，他就使20世纪初提出的资产阶级新史学理论，更加丰富，更加成熟、系统和深化了。这里，既有对封建史学的否定，又有对其中某些优秀传统的继承，而主要的则是引进了西方的资产阶级进化论。应当指出，他的这套理论，是一种庸俗进化论。这种进化论只承认历史的渐变，否认突变，害怕革命，因而是一种形而上学的发展观，归根到底是一种唯心史观。但是，在当时，特别是在20世纪初，还是有重大的启蒙意义的，更无论其中所包含的某些合理的思想因素了。至于他总结归纳出来的那套历史研究法，作为一种形式逻辑的方法，它本身并没有什么阶级性，所以至今还可以为我们所用。

在中国近代资产阶级史学理论方面，王国维也作出了一定的贡献。他没有写过梁启超那样的史论专著，但他也归纳出一套反映近代科学水平的治史方法——“二重证据法”。他说：“吾辈生于今日，幸于纸上之材料外，更得地下之新材料。由此种材料，我辈因得据以补证纸上之材料；亦得证明古史之某部分为实录。即百家不雅驯之言，亦不无表示一面之事实。此二重证据法，惟在今日始得为之”[①]。又说：“考之史事与制度文物，以知其时代之情状；本之《诗》《书》，以求其文之义例；考之古音，以通其义之假借，参之彝器，以验其文字之变化；由此而之彼，即甲以推乙，则于字之不可释，义之不可通者，必间有获焉。然后，阙其不可知者，以俟后之君子，亦庶乎其近之矣。”[②]很明显，这种方法就是一种地下实物与文献资料互相印证的方法，就是从识读文字，进而研究古史的方法。实际上就是西方资产阶级的实证论和清代乾嘉学派由字通辞，由辞通道的考据方法的结合。它反映了当时中国资产阶级历史研究法的最高水平，是封建史学难望项背的。这也是他在中国古史研究方面作出如此巨大的贡献的奥秘所在。但是，他的这种治史方法，与梁启超一样，毕竟还是停留在形式逻辑的水平上。它最多只能作些简单的制度、史事等史料的搜集、整理和分析工夫，得出一些正确的结论。而一旦要求对历史进行抽象性的理性研究时，就无能为力了。它只能止于

①《古史新证·总论》。
②《毛公鼎释序》。

“考史”，而不能用于“论史”。所以，他在中国古史研究上，能在文字、史事、史料的考释等方面开辟新大陆，却不能正确揭示中国古代社会发展的客观规律。

在中国近代资产阶级史学理论方面，章太炎也有特殊的建树。他与梁启超、夏曾佑不同，政治上是资产阶级革命派，学术上属于古文经学派。因而他的史学思想既有与前者相同之处，又有自己的特点。他也主张用进化论作为历史研究的指导思想，以“发明社会政治进化衰微原理”[①]，认为旧史的根本缺点就在于不“识进化之理”，迷恋往古。他也不赞成循环论的历史观，说“三统迭起，不能为循环；三世渐进，不能为推毂”[②]。他认为帝王将相式的旧史体系必须改变，反对把通史写成“为人人开明履历”的本纪和列传。历史不应以“褒贬人物，胪叙事状为贵”，而应去探讨进化的规律。他还主张历史研究的目的在“经世致用”，以“鼓舞民气，启导方来”[③]。为此一部通史的内容应该包括：制度、形势、生计、礼俗、学术和文化的变迁[④]。在治史方法上，他强调“求是”，要求“夫史尽于有征”，反对“妄意其事”[⑤]，反对今文学派主观臆断的治史方法。这一切与梁、夏、王等人是一致或近似的。他的史学理论特色在于，引进了某种突变的概念，敢于歌颂下层人民，特别是农民起义的正义性，显得比梁启超等人进步些。但总的看来，他的史学理论没有梁启超的系统和完整，治史方法不如王国维的严密透彻。另外，他受传统经学的束缚太厉害，以致没有能像梁启超那样敢于大胆怀疑古史。他“笃信”古史，却不像王国维用近代科学方法去考证古史，而是墨守封建正史的三皇五帝的体系，直到晚年还不信甲骨文和金文，把“疑古之史学”视为“魔道”[⑥]，把甲骨和地下文献，视为“赝器”[⑦]。从这个意义上说，他比梁、夏、王等人的史学观点，几乎落后了一个时代。

①《致梁启超书》。
②《征信论》。
③《致梁启超书》。
④ 转引自《章太炎年谱长编·1910年》。
⑤《征信论》。
⑥《历史之重要》。
⑦ 孙思昉《谒余杭章先生纪语》，转引自《章太炎年谱长编·1935年》。

综上可见，中国资产阶级在历史哲学方面，经过较为全面深入地批判封建史学，引进西方的进化论和中国经学的优秀传统结合，形成了一套具有中国特色的近代资产阶级的史学理论，和较为周密严谨的治史方法，它们的这套理论和方法，较之封建史学的历史观和方法论，确是很大的进步，在中国史学发展史上开辟了一个新天地。但是，这种进化论的历史理论实际上还是一种形而上学的发展观，还是历史唯心论，其方法论还停留在形式逻辑的水平上，因此它们还不能成为真正科学地解释历史的理论。加上他们都是经学家，传统经学的束缚，又使他们在历史观和方法论上还保留浓厚的封建糟粕，这在章太炎的历史观上表现得尤为突出。因此，我们在汲取它的有用的资料的同时，必须注意抛弃其中的封建主义的糟粕。

三

中国资产阶级史学家，在进行新史学理论创造的同时，还应用这种理论写出了一批有开创性意义的重要史学著作，在中国史学发展史上起到了承先启后的重要作用。现择其代表性论证评述如下：

（一）夏曾佑的《最新中学中国历史教科书》。这是他尝试用资产阶级庸俗进化论为指导，总结中国历史的第一部通史。它的开创意义在于：

首先，他用进化论观点和当时考古学成就，把中国历史分为三大时期，七个时代。自草昧至周末，为上古之世，其中又包括：太古三代（因无可信的史料，又称传疑时代）；周中叶至战国时期，是中国文化造成时期，故称为化成时代。秦至唐为中古之世，其中秦至三国，因人才极盛，国势极强，称为极盛时代；晋至隋，由于外族不断入侵，故称中衰期；唐朝，因国力极强，接近汉代，故称复盛期。宋至清为近古之世，其中五代、宋、元、明为退化期；清代为更化期等。他这样进行历史分期，虽然还不能揭示历史发展的真正的因果关系，但却打破了几千年封建史学不划分历史发展阶段的传统史观，使人耳目一新，在史学研究上是一种创造性的贡献。它对古史的看法，并直接启迪了20世纪20年代中期，中国古史辨派疑古史学的建立[①]。

其次，在对中国古代史，特别是对神话传说的古史的具体解释上，他把渔猎、游牧、农业视为社会依次递进的三个阶段，把母系、父系看作是家庭进化演变的不同发展阶段，把政治上专制制度的建立看成是区别于古代公选制（如“四岳制”）的一种历史的进步。

再次，采用篇、章、节的编著体例以时间的发展为顺序，叙述历史的演变递嬗，给读者以一目了然的发展线索，不仅优于断代为史，也优于编年通史。它把本纪、列传、纪事本末作综合处理，以年代为经，以重大历史事件为纬，按“一代兴亡之所系者加详”，“一人一家之事”从略的叙述原则，有详有略，有取有舍，把几千年的中国历史简明扼要地串了起来，作了既完整又明晰的轮廓的描绘。这在史学的编撰体例和方法上，又是一个重大的创新和突破。

此外，本书在历史内容的介绍上，特别注意各个时代的学术文化、风俗政制的源流和演变沿革，民族关系，对外活动，以及历史地理等，展示了历史发展的多方面内容。在史料的运用上，也注意考订分析，尤其是对神话传说和统治阶级夸大自身功绩的史料，严加别择，力求使史料信而有征，排除神秘和虚假的成分。

由上可见，这部通史确在一系列问题上，与以“帝王将相家谱”为特征的封建史学著作，划清了界限。难怪严复当时就赞它为“旷世之作”[②]。但是，贯串全书的是庸俗进化论和今文经学糅合起来的“民智决定论”，是一种唯心主义的文化史观。以致内容上重文化、宗教，轻经济，充斥着各种偏见。因此它没有也不可能真正完成探讨历史事变因果律的任务，不可能揭示历史发展的本质，也不可能彻底摆脱帝王家谱的旧框架，反映的仍是“宫廷之变，群雄之战”的历史。

（二）王国维在古史研究上的卓越成就。王国维是中国近代史学家中，真正在史学的具体研究中，与几千年封建史学划清界限的杰出代表。他的史学成果是多方面的，而主要贡献则在中国上古史的研究方面。

19世纪后半期以来，中国出现了大量新发现的学术资料，这就是殷

① 顾颉刚:《我是怎样编写〈古史辨〉的?》。

② 引自《中国哲学》第六辑，340页。

墟的甲骨文字、敦煌塞上及西域出土简牍（流沙坠简）、敦煌千佛洞之六朝唐人所书卷轴，以及其他资料。梁启超说王国维“奇字译鞮，创通龟契”，是我国搞通甲骨文字的第一人。他就是以此为工具，对上述资料进行识读和研究，进而开展对殷周历史的研究，取得创造性的重大成果。他的《殷卜辞中所见先公先王考》《续考》《殷周制度论》等著名论文，首次雄辩地证明，《史记》之《殷本纪》《三代世表》等所载的商代帝王世系是正确可靠的，证明《书经》之《汤誓》《盘庚》《高宗肜日》《西伯戡黎》《微子》诸篇也是可靠的。他还把甲骨文和《山海经》《竹书纪年》《楚辞·天问》及《吕氏春秋》等“百家不雅驯之言”，也就是传说性的古书，进行互证。通过对甲骨文《殷本纪》《天问》中的王亥王恒互证作了有力的补充说明，证明《天问》等传说性的古书中也包含了一定的真实的历史事实，为古代史开辟了新的资料来源。他不仅根据甲骨文等地下材料，以订正纸上材料的讹缺，还用纸上材料，补充地下材料的脱略。正是在这种坚实的科学的基础上，他有力地证明，中国可信的历史可以上溯到四千年。从而有力地驳斥了当时以康有为为代表的怀疑古史，不仅怀疑尧、舜、禹、汤，而且怀疑文、武、周、孔的思潮，肯定了殷周历史的信而有证。他还指出，中国古代由狩猎、畜牧转入农业，又由农业转入工商业经济的历史情况，指出“中国政治与文化之变革，莫剧于殷周之际”，说这种变革“自其表言之，不过一家一姓之兴亡，与都邑之转移；自其里言之，则旧制度废，而新制度兴，旧文化废，而新文化兴”。他还指出，变革后的周代社会的特点是“立子立嫡之制”“庙数之制”“同姓不通婚制”，简言之，即宗法制度。他的这些论断虽然仍未能揭示殷周社会和政治文化制度演变沿革的本质特征，但也确已部分地接触了当时社会的真实内容，接触了古代社会发展的一些带规律性的内容。

对于王国维的史学成就，郭沫若在《中国古代社会研究·自序》中给予了高度的评价。他认为在无产阶级的马克思主义史学产生前，“在中国文化史上实际上做了一番整理工夫的要算是以清代遗臣自任的罗振玉，特别是前二年跳水死了的王国维”。他强调指出，无产阶级要清算中国古代社会，就必须以“罗、王二家之业绩为其出发点”。这里“出发点”三字，不仅点出了王国维的史学的重大成就，也点出了中国近代资产阶级史学的历史地位和作用。尽管如此，我们认为王国维毕竟是一个资产阶级史学家，他不懂唯物史观，因此他不会也不能真正科学地说明中国的古史，揭示中国古代社会发展的本质规律。后来，郭沫若在王国维研究的基础上，用马克思主义观点去重新分析、研究中国古史，取得了辉煌的成就。

（三）梁启超在中国学术史方面的丰硕成果：前面我们说过，他是中国近代资产阶级历史哲学的奠基人，然而在历史的具体研究上，却拿不出堪与夏、王媲美的重大成果。但是，这绝不是说他的史学成果不值一提。事实上，他的某些方面，尤其是在中国学术史的研究成果方面，其数量之多、方面之广，是无与伦比的。他的成就同样为无产阶级的学术史研究提供了重要前提。

早在20世纪初，他就写过《论中国学术思想变迁之大势》；“五四”以后又写出了《清代学术概论》《中国近三百年学术史》这样负有盛名的学术珍品。在后两书中，他总结了封建史家编著学术史的经验，按照资产阶级的历史观，明确提出编写学术史，必须做到全面、忠实地反映各派学术，反对门户之见，客观地勾勒各家学术特点的指导原则。据此，他把明末至“五四”前后的中国学术的发展，划分为启蒙、全盛、蜕分、衰落等四个时期，并抓住“以复古为解放”的特点，客观地评述了包括康有为和自己在内的，数以百计的各个时期各个学派代表人物的学术思想，发表了许多极有见地的见解。他还从政治与学术的关系上，具体探讨了各个时期学术发展变化的过程，分析了中国学术特别是自然科学发展迟缓的政治原因。《中国近三百年学术史》一书，还在“清代学者整理旧学之总成绩”的标题下，用二分之一以上篇幅，详尽评价了以乾嘉学派为中坚的数百名清代学者，在经学、小学、音韵、校注古籍、辨伪书、辑佚书、史学、方志学、地理学、传记、谱牒学、历算学、科学和乐曲学等各个门类的学术成就和局限，总结了他们的治学经验。既有各个门类的综合评述，又有几乎每本著作的简要介绍，所以在一定程度上可以说是清代学术著作的总目提要。这对于清代学术史，以至中国学术史的进一步研究，都能提供切实的帮助。毫无疑问，这样的学术史著作，与夏、王等人的著作一样具有开拓性的重要价值。当然，学术思想史作为一种上层建筑和意识形态，用进化论和资产阶级的唯心史观，是不能科学地予以说明的。至于他的一些直接服务于其他改良主义政治需要，因而穿凿附会，随意歪曲、改铸而成的学术史论著，那就更不足道了。

（四）章太炎在学术史特别是政治思想史方面的成就。《訄书》重印本和《诸子学略说》是他的代表作。《訄书》的《原学》第一到《学隐》第十三和《诸子学略说》等文，完全是论述中国从先秦诸子到近代的思想学说史的。他力图“观省社会因其政俗”，对中国学术思想的发展变化历史作出说明，中心是开展对儒家思想的批判。他从民主革命的立场出发，着重揭露了孔丘和儒家的“富贵利禄思想”与民权革命的对立。它淋漓尽致地揭穿孔丘“虚誉夺实”，尊孔派“苟务修古”，嘲笑了神圣不可侵犯的“大成至圣先师”，成为当时讨伐孔丘和儒家的战斗檄文，也是投向改良派的一把匕首。他继承了古文经学派的传统看法，指出孔子在历史上的地位充其量不过是“古良史”，其地位与刘歆相等，而儒家的经典不过是“记事之书”。他这样把孔子“下比刘歆”的结果，使“孔子遂大失其价值，一时群言多攻孔子矣。”①是反孔还是尊孔，这是当时革命派和封建顽固派、改良派的分界线，也是章太炎的学术史研究与梁启超的学术史的基本区别之点。他还利用和改造先秦诸子和中国历史上的其他思想家的学说，对道家、墨家、法家都作了符合于资产阶级革命需要的解释。他推崇诸子学说，把它们看成为“要在寻求义理”的“主观之学”，他尤其推崇荀况的朴素唯物主义的认识论和逻辑思想，赞赏荀况的“名以稽实”的观点，认为逻辑推理应建立在客观事实的基础上。他也赞赏法家的某些观点。对于明清时代的思想家，他推崇顾炎武和王船山的坚定的反清思想和行为，对黄宗羲则有所訾议。他尤其赞赏戴震的反理学斗争。总之，他对于以儒家为代表的中国旧学的批判，和对于中国历史遗产的清算，反映了他的历史学研究的特色，不仅有重大的学术价值，而且有着重大的革命意义，这也是他的史学能在当时和后来都发生重大

① 转引自《章太炎年谱长编》150页。

的影响的原因所在。

但是，章太炎毕竟是一个资产阶级史学家，他引进的庸俗进化论和西方资产阶级社会学说，和浓厚的古文经学派门户偏见，形而上学的方法，使他同样不可能真正科学地分析历史，分析中国思想史。尤其是当他过分着重于“致用”的一面时，他的史著中的“求是”一面就必然大大削弱，偏激之词，臆断和附会之处就很多。如说什么“管、庄、韩，皆深识进化之理”，把惠栋、戴震等清代古文经学大师说成“支那文明进化之迹，藉以发现”[①]等，相反对今文经学派则随意贬斥。这表明他受封建经学的束缚，较之前三人又甚，以致显得保守。正因为他的这种形而上学的治学态度和方法，使他在辛亥革命后，随着政治上的不断倒退，学术思想也由反孔转变为尊孔，发生了一百八十度的大转变。

以上概述告诉我们，中国资产阶级不仅在反封建史学的斗争中，形成和建立了自己的史学理论体系，而且应用这种理论和方法，对中国的古代史，对几千年的学术文化史作了创造性的研究，写出了一批享有盛誉的中国通史、上古史和学术文化专史的著论。这两方面的成就构成了中国史学发展史上的特定阶段。他们的这些史学成果，与他们的史学理论一样，既有区别封建史学的重大建树，也存在着严重的局限，这也是资产阶级两面性在史学上的深刻反映。

四

列宁指出：“以往的历史理论的两个主要缺点。第一，以往的历史理论，至多是考察了人们历史活动的思想动机，而没有考究产生这些动机的原因，没有摸到社会关系体系发展的客观规律性，没有看出物质生产发展程度是这种关系的根源；第二，过去的历史理论恰恰没有说明人民群众的活动，只有历史唯物主义才第一次使我们能以自然史的精确性去考察群众生活的社会条件以及这些条件的变更。马克思以前的社会学和历史学，至多是积累了片断收集来的未加分析的事实，描述了历史过程

①《致吴君遂书八、九》。

的个别方面。”[①]

我们认为中国近代资产阶级史学，作为中国史学史发展的一个阶段，在整个中国史学史链条中，是一个有着具体内容的客观环节，是起着承前启后的作用的。它无论在史学理论和史学方法的建树上，在史料的发掘、考证和整理上，在对中国历史的某些重大课题的探索和论述上，既继承了封建史学的优秀传统，又都别开生面地超越了封建史学，极大地丰富和发展了中国史学史，也为无产阶级史学的建立和发展，提供了重要的前提，其历史功绩是不应也不能抹杀的。

然而，中国近代资产阶级史学建立到开始衰落，毕竟为时较短，因而它的成就无论从数量和质量上看，都不能估计过高。尤其它作为一种剥削阶级的史学思想体系，从总体上看还是一种历史唯心主义。中国资产阶级的两面性，决定着他们不愿也不能接受历史唯物论，拒绝甚至害怕阶级分析的方法，否认人民群众创造历史的观点。他们的历史哲学比欧洲资产阶级显得更加驳杂和软弱，因而他们也就不能彻底地和封建史学划清界限，不能真正揭示历史发展的客观规律，说明历史发展的真相和本质。他们的理论和实践，充其量不过“考察了人们历史活动的思想动机”，“积累了片断收集起来的未加分析的事实，描述历史过程的个别方面”罢了。至于他们在“五四”后从其直接政治需要出发，随意图解，改铸和篡改而成的、充满资产阶级偏见的论著，那就更不足论了。这是我们在批判地研究中国近代资产阶级史学时，应当予以足够注意的。

（原载《安徽师大学报》（哲学社会科学版）1983年第1期）

①《卡尔·马克思》。

资产阶级史学的创立和成长

一、梁启超的“新史学”理论

从严格意义上说，中国资产阶级史学的真正开端，应以梁启超的《中国史叙论》和《新史学》两文为标志。因为正是在这两文中，梁启超以资产阶级的观点，首次猛烈地批判了封建史学，提出了“史界革命”的口号，提出并初步论证了具有中国特点的资产阶级“新史学”理论。

梁启超（1873—1929）字卓如，号任公，广东新会人。他自幼熟读子书诗经，习帖括、训诂词章之学。十七岁中举，次年入京会试，于沪开始接触西学。回粤后，拜康有为为师，攻今文经学。康教以中国数千年学术源流、历史政治、沿革得失，兼及西学梗概。梁启超为之茅塞顿开，“自是决然舍去旧学”。他协助编撰《新学伪经考》《孔子改制考》。尔后，又参与发动过著名的“公车上书”，组织强学会，主编过《万国公报》（不久改称《中外纪闻》）、《时务报》，发表了《变法通议》等大量著作，“借经术以文饰其政论”，成为维新运动中与康有为并称的改良派领袖、最著名的宣传鼓动家。变法失败后，逃亡日本。他广搜博览，阅读大量的西方资产阶级学术著作，“思想为之一变”。自此，“绝口不谈伪经，亦不甚谈改制”，著书立说，介绍和宣传西学。在政治上，他仍坚持改良主义，鼓吹君主立宪，从事保皇活动。辛亥革命以后，他继续与孙中山为代表的革命民主派为敌，曾参与组织过“进步党”“宪法研究会”，先后担任过司法总长、币制局总裁和财政总长等职，充当袁世凯与北洋军阀镇压孙中山领导的民主革命的帮凶。当袁世凯复辟帝制和张勋复辟清室的丑剧公开时，他又打出反袁旗帜，支持段祺瑞讨伐张勋。1917年11月，他与段祺瑞关系破裂，退出政治舞台，才专门从事学术研究和讲学。

梁启超一生写过大量的史论和历史专题方面的论著。他始终自觉地把建立资产阶级“新史学”，作为反对封建专制主义的重要手段。早在戊戌变法期间，他就从“经世致用”的要求出发，提出编著资产阶级“国史”和“民史”，反对封建“君史”的主张（《续译列国岁计政要叙》）；认为中国二千多年来的各种体裁的史书都“不过为一代之主作谱牒”，“不能继往以知来，察彼以知己”，不是“良史”，应该“革”掉。20世纪初，他更感到有改革封建主义旧史学和创立资产阶级“新史学”的急切需要。他说：“今日欲提倡民族主义，使我四万万同胞强立于此优胜劣败之世界乎！则本国史学一科，实为无老无幼无男无女，无智无愚无贤无不肖所皆当从事，视之为渴饮饥食，一刻不容缓者也”（《新史学》）。为此，他大声疾呼，“史界革命不起，则吾国遂不可救，悠悠万事，惟此为大”（同上）。他从救亡图存，实行资产阶级改革的需要出发，积极开展对封建旧史的清理和“新史学”理论的创造，在20世纪初写出了《中国史叙论》（1901年）和《新史学》（1902年）等史论专著。

首先，他认为要进行“史界革命”就必须全面地清算“旧史学”。他指出中国封建旧史学有四弊二病，也可称之为“六弊”，这就是：

“一曰知有朝廷而不知有国家”。二十四史不过是“二十四姓家谱”，记载的只是“有权力者兴亡隆替之事”，此兴彼亡，你来我往，争战不已。因此，二十四史可视为地球上“空前绝后”的“相斫书”。这样的史书，只是为封建统治者提供“资鉴”，而不为一般国民编著。它们混淆了国家和朝廷的区别，以朝廷为国家，因而生出“正统闰统之争论”、“鼎革前后之笔法”，出现了“今日盗贼，明日神圣，甲也天命，乙也僭逆”的矛盾记载。他尖锐地批判了封建史学中的“正统论”，指出，所谓正统，“一言以蔽之曰：自为奴隶根性所束缚，而复以煽后人之奴隶根性而已”。他认为，“正统”是历代统治者，“霸者与霸者之奴隶”，为了一家一姓的私利，“缘饰附会”辗转伪造而成的。封建正史的正闰之争，是

"群蛆啄矢，争其甘苦；狙公赋芋，辨其三四"，是自欺欺人的骗局。新史学应该把它彻底抛弃。

"二曰知有个人而不知有群体"。中国封建正史，不是把人物作为"历史之材料"，而是把历史变成人物的"画像"；不是把人物作为"时代之代表"，而是把时代变成"人物之附属"。结果，二十四史的本纪、列传，一篇篇就像"海岸之石，乱堆错落"，显示不出群体进化的规律。二十四史不过是无数个人的"墓志铭"的合集而已。

"三曰知有陈迹而不知有今务"。中国封建正史，只是以往历史的刻板记录，"非鼎革之后，则一朝之史不能出现"。故"知古不知今"，不敢面对现实，根本不能为"经世之用"。

"四曰知有事实不知有理想"。中国封建正史，记载的都是历史事实的机械罗列，至于事实的前因后果，以及"其事之影响于他事或他日者"，皆"莫能言"。这样的史书，虽然汗牛充栋，"皆如蜡人院之偶像，毫无生气"。这样的旧史根本不能揭示历史发展的因果规律，不仅不能"益民智"，反成为"耗民智"的工具。

封建史学因为有以上"四弊"，也就同时产生"二病"："其一能铺叙而不能别裁"，分不清历史事实的轻重主次，记载的"皆此等邻猫生子之事实"；"其二能因袭而不能创作"，除司马迁等少数人有独创外，大多无创作之才，结果是"《史记》以后，而二十一部，皆刻画《史记》；《通典》以后，而八部皆模仿《通典》"。

他认为，这样的封建正史，中国人"虽尽读全史，而曾无有足以激励其爱国心，团结其合群之力，以应今日之时势而立于万国者"。这样，他对封建史学从其指导思想、内容、实质、编著体系直到文字组织都作了揭露和批判。这在中国史学史上是空前的。尽管他的批判存在形式主义的缺点，包含着不少偏见，有不少言过其实的地方。但在20世纪初期的中国，这种高屋建瓴，敢于否定旧史学的气概，毫无顾忌地指斥封建史学为"帝王将相家谱""相斫书""墓志铭"、"蜡人院"，的确有着振聋发聩的作用，反映了资产阶级在文化上的革命性，有着重大的思想解放意义。

其次，在批判封建史学的基础上，从“史界革命”的高度出发，他初步地较系统地论证了“新史学”理论。

与旧史学相反，“新史学”应该以进化论为指导，来探讨人群进化和历史事件的因果关系，揭示人类社会的发展规律。他说，新史学不仅要“记述人间过去之事实”，还必须“说明其事实之关系，与其原因结果”，“探察人间全体之运动进步”“及其相互关系”。他认为，“地球人类，乃至一切事物，皆循进化之公理”发展的，因此，新史学的任务，就在于“叙述人群进化之现象而求得公理公例”，“求得前此进化之公理公例，而使后人循其理率其例以增幸福于无疆”。这是我国学者运用资产阶级社会进化论，对历史以及历史学的目的、任务所作的第一次明确的阐述。

他进而指出，历史的进化不是直线式发展，而是“或尺进而寸退，或大涨而小落，其象如一螺线”，由低级向高级曲折前进。但总趋势是，今天胜过昨天，将来超过现在，愈变愈进步。据此，他认为，旧史学那种“一治一乱，治乱相循”的观点是错误的。他说，“吾国所以数千年无良史者，以其于进化之现象，见之未明也。”这样，他就点出新旧史观的根本对立，在于承认进化，还是循环倒退。这种看法具有辩证法思想的因素，与封建旧史观相比，确有相当大的进步意义。

正是从历史的进化观点出发，他把中国历史划分成上世（黄帝到秦，并把近代考古学上的史前三期，即石刀、铜刀、铁刀时代的观念引入说明中国古史）；中世（秦汉至清乾隆）；近世（乾隆以后）等三个历史发展阶段。又把中国三千年学术思想的发展划分为：胚胎时代（春秋以前）、全盛时代（春秋战国）、儒学统一时代（西汉），玄学时代（魏晋南北朝）、佛学时代（隋唐）、理学时代（宋元明）、近世学术时代（明末至晚清）等七个时期（《论中国学术思想变迁之大势》）。把欧洲国家思想的形成和发展分为：家族主义、酋长主义、帝国主义、民族主义、民族帝国主义、万国大同主义六个时代（《国家思想变迁异同论》）。他的这种历史分期法，虽然还不科学，但是较之封建史家那种以美化古代和循环观点为指导，以王朝更替为内容的写史方法，高明得多。它给人以鲜明和强烈的历史观。

梁启超还把种族优生论也引来说明历史。他说，历史归根就是“叙述人种之发达与竞争而已”，换言之，“叙述数千年来各种族盛衰兴亡之迹者，是历史之性质也；叙述数千年各种族所以盛衰兴亡之故者，是历史之精神也”。由此出发，他把世界上的民族分成：“历史的人种”——优等民族和“非历史的人种”——劣等民族两类。这种理论，显然是反动的。它不承认人类社会的历史是生产方式发展的历史，无视阶级和阶级斗争的基本事实，归根到底是一种历史唯心论。它说明了梁启超“新史学”理论的社会达尔文主义的实质。当然，在20世纪初期的民族危机的形势下，这种优胜劣败的惊世之论，对于唤起人民觉醒，仍起过一定的作用。

很显然，对于纷繁复杂的历史现象，单靠历史进化论是不能解决问题的。于是，他又把当时非常流行的地理环境决定论也搬到历史研究中来。他认为，地理与历史最有密切关系，“寒带之民擅长战争，温带之民能生文明”。因此，只有地理与人民相结合，然后“文明以起，历史以成”，“若二者相离，则无文明，无历史”。他正是据此来解释中国历史上的许多现象。例如，在战争史上，他说我国在明代以前，之所以总是北方的统治者吃掉南方的统治者，就是因为“寒带之人常悍然”，“温带之人常文弱”。又如，春秋战国时期的百家争鸣，和“南老北孔”的对立，也是由于地理环境和气候的差异使然，等等。应当肯定，看到地理环境与人类历史发展的密切关系，这在一定程度上接近历史的真实，有唯物论因素，在史学理论上是一种进步。但是，他无限夸大地理环境的作用，就又堕入了唯心史观的泥坑。

他一方面批判了以帝王将相家谱为内容的地主阶级英雄史观，另一方面又引进了西方资产阶级的英雄史观。他曾说过，“世界之历史，即英雄之传记”（《英雄与时势》）。他说英雄与时势的关系是：“英雄固能造时势，时势亦能造英雄，英雄与时势，二者如形影之相随，未尝少离”，“英雄与时势，互相为因，互相为果，造因不断，斯结果不断”（同上）。从前者出发，他断言古今中外的历史，就是屈指可数的少数伟人所创造。从后者出发，他又注意到“无名英雄”在历史上的作用，认为“农夫、职工、役人、商贾、兵卒、小学教师、老翁、寡妇、孤儿”等“无名英雄，是造英雄之英雄”（《无名之英雄》）。而且说，英雄是“人群未开化之时代”的产物，“文明愈开，则英雄将绝迹于天壤”，“人民不依赖英雄之境界，然后为真文明”（《文明与英雄之比例》）。他的这些观点，虽带有折衷主义色彩，但较之地主阶级以帝王将相为中心的英雄史观有着明显的进步，反映当时的资产阶级有借助人民力量来实现其改良主义路线的迫切愿望。但从总体上看，他还是强调像他这样的资产阶级英雄能在历史上起最后决定作用，因而还是唯心史观。

与英雄史观相联系，他也十分重视文化对历史的作用，鼓吹“学术势力左右世界”（《论学术势力左右世界》）的文化决定论，并写了《论中国学术思想变迁之大势》等许多评述和介绍中国及西方文化学术方面的论著。

此外，他在历史编纂方法上，要求与进化论相适应，打破封建史学的纪传体，采取欧美的章节体，并在自己的史学论著中，尝试贯彻这一要求。

由上可见，梁启超“新史学”理论的哲学基础，就是资产阶级的社会进化论，并辅以地理环境决定论、英雄史观和文化史观等。它主张史学应以发展变化的客观历史为研究对象，探索“人群”的进化，查寻社会政治、经济、文化、思想等一切领域。它也大力提倡学术“致用”，但强调要揭示历史的“公理公例”，即规律，让“后人循其理率其例以增幸福”。因此，可以说，这种理论已突破了封建主义经学的束缚，远非今文经学派的“三世”说能比。在中国史学发展史上，从世界观到方法论，梁启超的“新史学”理论都标志着一个崭新阶段的开始。在这个意义上，我们说，梁启超是中国资产阶级史学的开创者。但是，梁启超的进化论历史观，是宣扬改良，害怕革命的庸俗进化论，一种近代的历史唯心主义。因而，它不能也不敢与封建旧史学作彻底的决裂，也不可能真正完成探讨和揭示历史发展规律的科学任务。随着时代条件的变化，梁启超“新史学”理论中的消极因素也日趋暴露。

二、夏曾佑与《中国古代史》

如果说梁启超是中国资产阶级“新史学”理论的创立者和奠基人，那么，夏曾佑则为应用这种理论编写中国历史的资产阶级历史家。他写的我国第一部中国通史著作《中国古代史》，为中国资产阶级新史学的创立作出了重要的贡献。

夏曾佑（1863—1924）字穗卿，号碎佛，笔名别士，浙江杭州人。二十六岁中举，二十八岁中进士，曾任清廷礼部主事。他信奉今文经学，与梁启超、谭嗣同、严复交往甚密。戊戌变法前，他和严复等在天津创办《国闻报》，与当时上海《时务报》分执南北舆论的牛耳，并经严复介绍系统地接触了西方资产阶级进化论，由传统的今文经学的历史变易思想，发展为资产阶级社会进化论的拥护者。在政治上拥护维新变法，鼓吹改良主义。但是，他不赞成用政变方式搞维新变法，支持严复的“开明专制”的主张，认为救国之道在“鼓民力”“开民智”“新民德”，提倡“民智决定论”和“教育救国论”，故属资产阶级改良派的右翼，没有真正参加戊戌变法的实际活动。戊戌变法失败的次年，他出任安徽祁门县知县。1902年在上海居母丧，开始致力于中国古代史的研究，写出了他一生中最重要也是唯一的历史著作《最新中学中国历史教科书》，于1904年至1906年分三册由商务印书馆陆续排印出版。1933年，商务印书馆将它加以句读，并改名《中国古代史》，作为大学丛书之一重行出版。1905年以后，他曾随清廷五大臣到日本考察，回国后参加过当时喧嚣一时的预备立宪活动。辛亥革命后，他曾担任过为时四年的北洋政府教育部社会教育司司长，后调任北京图书馆馆长。1924年病逝。

夏曾佑与梁启超一样，也深明史学对现实有重大作用。他编著《中国古代史》，有明确的政治目的。在本书《序》中，他就表示，自己研究古代史是为了寻找拯救国家的经验和教训。他说：“智莫大于知来。来何以能知？据往事以为推而已矣。”所以能推，是因为“运会所遭，人事将变，目前所食之果，非一一于古人证其因，即无以知前途之夷险”。历史和现状之间有密切的因果关系，现实社会中的种种迹象，必须也只有从历史中才能找到它的根源。他也是为了当时维新变法的政治需要，才潜心于历史研究的。他的《论变法必须以历史为根本》一文，就认为戊戌变法失败的原因，即在于变法没有以历史为根据。他强调，变法必须抓住本国的历史特点，否则，“立不合于历史之政治”，则其统治下的人民“不能一日安”，政治本身“亦无有不归于澌灭”。他认为，“凡其能行之而不废，循焉而有效者”，都必须“推本于历史”。鉴于“神州建国既古，往事较繁。自秦以前，其记载也多歧；自秦以后，其记载也多仍”，难以实现察往以知来的要求，因此，他决心写一“文简于古人而理富于往籍”的中国通史，“以供社会之需”，冀祖国免“蹈埃及、印度之覆辙”。总之，他是满怀爱国热情，从救亡图存、维新变法的需要，来研究中国历史，编著《中国古代史》的。

这部约三十万字的《中国古代史》从“传疑时代”即太古三代的神话传说时代的历史写起，下至隋朝。虽然只能算半部通史，但它突破了传统的封建史学的编撰方法，采用章节体，自始至终贯彻今文经学和西方资产阶级社会进化论相结合的历史进化观点，显示了与封建正史完全不同的面貌。

本书第一篇第一章第一节《世界之初》中，他开宗明义地提出，迄今有宗教家的与生物学家的两种历史观。“生物学家者，创于此百年以内，最著者英人达尔文（Darwin）之种源论（Origin of Species）。其说本于考察当世之生物，与地层之化石，条分缕析，观其会通，而得物与物相嬗之故”。他表示自己笃信这种学说。在对中国历史的具体解释上，他还明显地受严复译的甄克思《社会通诠》的影响，宣扬由图腾而宗法，由宗法而国家的社会历史进化的公式。例如，他对神话传说的古代史，也就是“传疑时代”历史的解释上，就反复申述说：“凡今日文明之国，其初必由渔猎社会，以进入游牧社会。自渔猎社会，改为游牧社会，而社会一大进”。“又由游牧社会，以进入耕稼社会。自游牧社会，改为耕稼社会，而社会又一大进”。渔猎、游牧、农业为古代社会依次递进的三个阶段。从“知有母，不知有父”，“而变为家族”，则为家庭进化演变的

"必历之阶级（段）"。他还认为，政治上专制制度的建立，也是优胜于古代公选制（如"四岳制"）的一种历史进步。"盖专制之权渐固，亦世运进步使然"。中国历史上传说的庖牺氏"正为渔猎社会，而进游牧社会之期"；神农氏则"已出游牧社会"而进入"耕稼社会"；禹传子是由公选制度发展为专制制度的建立，都是历史的进步。书中概括地评述了太古三代不同社会阶段的物质生产、文化思想和政治状况。认为中国上古时代的鬼神术数，是生产条件落后，人类愚昧无知的产物，"人鬼天神地示，均以生人之理，推之而已"；随着"人事进化"，到春秋时代，"鬼神术数之学遂不足以牢笼一切"。至于历史上争论不休的井田制度，他则明确表示"以近人天演学之理解之，则似不能有此"。"井田不过儒家之理想"，因为，"社会之变化，千因万缘，互为牵制，安有天下财产，可以一时匀分者"。他认为，合理的解释是，所谓井田之法"其实情盖以土地为贵人所专有，而农夫皆附田之奴，此即民与百姓之分也"。总之，在他看来，文化是适应生产发展的需要而逐渐发达起来的，与生产密切相关的。中国古代的井田、宗法、世禄、封建等制度，从历史的角度考察，都是人们定居从事耕稼以后产生的。凡此种种，应该说在相当程度上接近于古代历史的实际，较之封建正史美化古代，视古史为黄金时代的观点，显得进步多了。

本书的首创性还表现在，它完全依进化论观点和考古学方面的成就，对中国历史进行分期。他说："中国之史，可分为三大期。自草昧以至周末，为上古之世。自秦至唐为中古之世。自宋至今为近古之世"。进而又细分七个时期，"上古之世，可分为二期：由开辟至周初，为传疑之期，因此期之事，并无信史，均从群经与诸子见之，往往寓言实事，两不可分，读者各信其习惯而已，故谓之传疑期；由周中叶至战国为化成之期，因中国之文化，在此期造成，此期之学问，达中国之极端，后人不过实现其诸派中之一分，以各蒙其利害，故谓之化成期。中古之世，可分为三期：自秦至三国，为极盛之期，此时中国人才极盛，国势极强，凡其兵事皆同种相战，而别种人则稽颡于阙廷，此由实行第二期之理想而得其良果者，故谓之极盛期；由晋至隋为中衰之期，此时外族侵入，握其政权。而宗教亦大受外教之变化，故谓之中衰期；唐室一代，为复盛期，此期国力之强，略与汉等，而风俗不逮，然已胜于其后矣，故谓之复盛期。近古之世，可分为二期：五季宋元明为退化之期，因此期中，教殖荒芜，风俗陵替，兵力财力，逐渐摧颓，渐有不能独立之象，此由附会第二期人之理想，而得其恶果者，故谓之退化期；清代二百六十一年为更化之期，此期前半，学问政治集秦以来之大成，后半世局人心，开秦以来所未有，此盖处秦人成局之已穷，而将转入他局者，故谓之更化期”。显然，这种分期方法并不科学，它不能揭示历史发展的规律和阶段，但把中国历史放在连续发展的过程中去考察，强调古今历史事变的因果联系，注重揭示社会历史的进化规律，在历史研究上确是一种新贡献。而他关于把神话传说中的古史叫做“传疑时代”的历史观点，还直接启迪了后来的“古史辨”研究。

本书在第二篇《凡例》中明确表示：“本篇用意与前篇相同，总以发明今日社会之原为主。文字虽繁，其纲只三端”，即“一为关乎皇室者，如宫廷之变，群雄之战，凡为一代兴亡之所及者，无不详之，其一人一家之事无不从略；二为中国境内周边各族，如匈奴、西域、西羌，事无大小，皆举其略；三为关乎社会者，如宗教风俗之类”，等等。事实上，他主要着眼于“宗教”，即文化思想。全书用了大量的篇幅极力夸大文化的作用，特别把孔子的儒教说成是中国的社会之原。在先秦的历史上，他几乎很少涉及经济问题，而集中谈鬼神、术数以及老子、孔子、墨子等诸子百家的学术思想和政治制度。而其中的重点又是孔子和儒教，从“孔子的世系及形貌”“孔子之事迹”“孔子之异闻”到“孔子之六经”，无所不谈。他认为“孔子之道”之所以能“成为国教”，是由于孔子“留术数而去鬼神”，是所谓“君子之道”。“孔教之原理”是关于“富贵贫贱与智愚贤不肖”的，适应当时政治斗争的需要而产生和变化，是一种“近人”的学说。所谓“虽因缘繁复，然至大之因，总不外吾民之与儒家相宜耳”。又如，在论述周代的历史地位时，他说“有周一代之事其关系于中国者至深，中国若无周人，恐今日尚居草昧。盖中国一切宗教、典礼、政治、文艺，皆周人所创也。中国之有周人，犹泰西之有希腊。泰西文化，开自希腊”。也是从这样的观点出发，他认为中国历史“综古今士类言之，亦可分为三期”，“由三代至三国之初，经师时代也”；“由三国至唐，名士时代也”；“由唐至今，举子时代也”。他认为经师时代的经师“法古守礼”，“其蔽也诬”；名士时代的名士“俶傥不羁”，“其蔽也疏”；举子时代的举子“天地之大，万物之多”一概不知，“其蔽也无耻”。借此否定古文经学和科举制度，直接为维新变法提供历史依据。也是在这个意义上，他认定秦的灭亡是由于“择教不善”等。在一系列具体历史问题的解释上，着眼于从文化上找根源，使本书明显地表现出轻经济，重学术的倾向。对此，章太炎当时就指出：本书发明“只有宗教最多，其余略讲一点学术，至于典章制度，全然不说，地理也不分明，是他的大缺陷”（《教育今语杂志》：《社说·述常识与教育》）。总之，在夏曾佑看来，“古今人群进化之大例，必学说先开，而政治乃从其后”。很明显，这是一种宣扬文化决定政治、决定历史发展的文化史观。这与他政治思想上的“民智决定论”和“教育救国论”是一脉相承的。但他从文化学术思想上去寻找中国历史发生之原，较之封建史学从历史政治中“考其得失，以为龟鉴”的“资治”和务为“惩恶劝善”的“垂训”，还是有很大进步的。

然而，文化史观毕竟是一种唯心史观，由于他过分夸大文化等上层建筑的作用，就必然会严重歪曲历史。其突出表现就是违背了自己编书不写帝王将相一人一家之事的原则，陷入了崇拜英雄人物的泥坑。例如，他竟把“中国之历史”说成“即孔子一人之历史而已”，说什么“春秋战国时代，至要之事，乃孔子生于此代也”。只要对“孔子教育之指要，既有所窥，则自秦以来，直至目前，此二千余年之政治盛衰，人才升降，文章学问，千枝万条，皆可烛照而数计矣”。还说：“中国之教，得孔子而后立；中国之政，得秦皇而后行；中国之境，得汉武而后定，三者，皆中国之所以为中国也”。他甚至不顾自己的历史进化观点，竟然荒谬地认为：中国历史“自秦以来，垂二千年，虽百王代兴，时有改革，然观其大义，不甚悬殊，譬如建屋，孔子奠其基，秦汉二君营其室，后之王者，不过随事补苴，以求适一时之用耳，不能动其深根宁极之理也”。这就使本书离历史的事实和真理更远了。

本书在历史编纂学方面，在通史编著体例上，与封建史学相比也有重大突破。中国二千多年的封建史学，从编史体裁来说，不外编年、纪传和纪事本末三大类。由司马迁开创的纪传体，便于考察各类人物的活动，分门别类地记载各种典章制度，但对历史的全貌及发展脉络却难于顾及。由《资治通鉴》所代表的编年体，以年系事，按照时间顺序记载历史事件的发生发展比较清楚，但为时较长的事件前后割裂，不相连贯，特别是典章制度无法系统记载。以袁枢《通鉴纪事本末》为代表的纪事本末体，"文省于纪传，事豁于编年"，就某件史事而论，以事为纲，首尾经过，一目了然，但写不出事与事之间的联系，无法描绘整个历史的全貌。显然，在新的历史条件下，这些历史编纂方法，都无法容纳用资产阶级进化论作指导编著的历史内容。夏曾佑在本书中，学习并汲取了外国资产阶级史学的编纂方法，突破了上述三种史学体裁，首次采取篇、章、节的历史体裁，以时间的发展为顺序，叙述历史的演变递嬗，给读者以一目了然的通史发展线索，不仅优于纪传体的断代为史，也优于编年通史。它以年代为经，以重大事件为纬，运用所谓"一代兴亡所系者加详"，普通事件，即"一人一家之事"从略的叙述原则，有详有略，有取有舍，左右照应，把几千年的中国历史，简明扼要地串了起来，作了既完整又明晰的描绘。这在历史编撰方法上确是一个重大创新。

夏曾佑的《中国古代史》在当时有一定的声誉。严复就称誉它为"旷世之作"（《严复致夏曾佑》）。梁启超也称赞作者"对于中国历史有崭新的见解，尤其是古代史"，称他为"晚清思想界革命的先驱者"（《亡友夏穗卿先生》），决非过誉。

但是，用资产阶级庸俗进化论和文化史观指导写作的通史，是无法真正完成探讨历史事件的因果规律的任务的，也不可能真正说明历史发展的真相和本质。从内容上看，它没有也不可能彻底摆脱"帝王将相家谱"的旧框架，反映的实际上仍是"宫廷之变，群雄之战"；具体论述上更是充斥着资产阶级的偏见和谬论。可以说，这些也是夏曾佑当时不可克服的弱点。

三、王国维的古史研究

资产阶级新史学开创的时代，王国维是一位造诣很深，成就很大的史学家。他的历史研究成果，无论从题材的选取，论证的方法，追求的目的，得出的结论，都与传统的封建史学迥然不同。他的学术论著集中于他自己手定的《观堂集林》，而主要贡献则在殷周史的研究方面。他的成就反映了中国资产阶级新史学的成长。

王国维（1877—1927）字伯隅，自号静安，又号观堂，浙江海宁人。他十五岁进学，1893—1897年两次参加乡试均失败，甲午战争后，受康梁思想影响，便“弃帖括而不为”，向往维新，趋向“新学”。1898年到上海，在《时务报》当书记和校对。适逢罗振玉办东文学社，他入学并被罗赏识。1901年春赴武昌农学堂任译授，主办《农报》，是年秋赴日本物理学校读书，次年夏因病回国，1903年起，他曾先后随罗振玉任教于南通、苏州等师范学校，并任清廷学部总务司行走的小官，在辛亥革命前的岁月里，他政治上拥护维新变法，拥护君主立宪制，反对过张之洞“中学为体，西学为用”的主张，但又反对“自由革命之说”。思想上深受西方资产阶级哲学，特别是康德、叔本华哲学的影响。他写过大量的哲学论文，发表过许多著名的文学论著。辛亥革命后，他随罗振玉逃居日本京都。从此，“尽弃前学，专治经史”。认为“方今世论益歧，三千年之教泽不绝如线，非矫枉不能反经，士生今日，万事无可为，欲拯此横流，舍反经信古末由也”（罗振玉《海宁王忠悫公传》，载王国维《海宁王忠悫公遗书》）。1916年春回上海，为犹太人哈同编辑《学术丛编》，后又为蒋孟苹编写《密韵楼书目》和参加纂修《浙江通志》等。1916—1923年在上海期间，是他学术活动的最盛时期，著述极多，主要为甲骨文和古史考证。其中最重要的有：《殷卜辞中所见先公先王考》《续考》《殷周制度论》等。1923年4月应召为溥仪“南书房行走”，次年被聘为清华国学研究院教授，除讲授经史小学等科外，还从事西北地理及蒙古史料的研究整理。1927年1月2日投昆明湖自杀，遗书云：“五十之年，只欠一死。经此世变，义无再辱”。

郭沫若对王国维一生作这样的评价，“王国维，研究学问的方式是近代式的，思想感情是封建式的。……他留给我们的是他知识的产品，那好像一座崔巍的楼阁，在几千年来的旧学的城垒上，灿然放出了一段异样的光辉”（《中国古代社会研究·自序》）。王国维之所以能在旧学的城垒上，放出异样的光辉，这是由于他有一套与封建史学家不同的崭新的治史方法。在《毛公鼎考释序》中，他说考释古文字“苟考之史事与制度文物，以知其时代之情状；本之诗书，以求其文之义例；考之古音，以通其义之假借；参之彝器，以验其文字之变化；由此而之彼，即甲以推乙，则于字之不可释，义之不可通者，必间有获焉，然后阙其不可知者，以俟后之君子，亦庶乎其近之矣”。这是他治甲骨文和钟鼎铭文，也就是古文字学的方法和态度的经验总结。他正是依靠这样的学术修养和科学态度，在搞懂古文字音韵的基础上，开展对金文和甲骨文的研究识读，成为我国搞通甲骨文字的第一人。进而他又把地下文献和古书互相印证，互相补充，扩大了古史的史料范围，以此为基础对古代社会各方面开展了卓有成效的研究，取得了丰硕的成果。这个方法，他自己称为“二重证据法”。他说：“吾辈生于今日，幸于纸上之材料外，更得地下之新材料，亦得证明古书之某部分全为实录，即百家不雅驯之言，亦不无表示一面之事实，此二重证据法，惟在今日始得为之”（《古史新证·第一章总论》）。又说：“古文字古器物之学，与经史之学实相表里。惟能达观二者之际，不屈旧以就新，亦不拙新以从旧，然后能得古人之真，而其言乃可信于后世。”（《殷墟文字类编序》）这种方法实际上就是西方资产阶级的实证论，和乾嘉学派由字通辞、由辞通道的考据方法的有机结合。它显然比乾嘉学派进步，是封建史学所不可企及的。不过，这毕竟还是一种形式逻辑的方法，它最多只能简单地对制度，史事等史料进行搜集、考订、整理和分析，而不能用作抽象的理论的研究。换言之，它只能止于“考史”，而不能用于“论史”。

王国维取得古史研究的新成就，还由于当时他面临着大量的新史料。19世纪后半期以来，中国出现了大量新发现的学术资料：殷墟甲骨文字，敦煌塞上及西域出土简牍（流沙坠简），敦煌千佛洞之六朝唐人所书卷轴，内阁大库档案等。他就是依靠自己深厚的学术修养和崭新的方法，从对这些资料的识读整理入手，“以旧史料释新史料，复以新史料释旧史料，辗转相生”（蒋汝藻《观堂集林》序）为古史考证开拓了新的途径，开创了一种新方法，构成了一门新学问，取得对古史，特别是对殷周史研究的创造性的重大成果，写出了像《殷卜辞中所见先公先王考》《续考》《殷周制度论》等著名论文。

在这些论文中，他首次雄辩地证明，《史记》之《殷本纪》《三代世表》等所载的商代帝王世系的正确可靠，证明《书经》之《汤誓》《盘庚》《高宗肜日》《西伯戡黎》《微子》诸篇的可靠。他还把甲骨文和《山海经》《竹书纪年》《楚辞·天问》及《吕氏春秋》等古书进行互证。例如，一面对甲骨文中和《殷本纪》的王亥王恒进行互证，作了有力的补充说明，一面又把甲骨文和《殷本纪》中与《楚辞·天问》中的王亥王恒进行互证，证明《楚辞·天问》等也包藏着一定的真实的事实，由此认定在古史研究中，不应局限于《史记》等史书，还应注意《山海经》《竹书纪年》等一类古文献。他以甲骨文等地下材料，订正纸上材料之讹缺，又用纸上材料，补足地下材料的脱略，有力地证明殷周史的信而有征，中国的可信历史可以上溯到四千年前。在自晚清以来，疑古思潮风行的情况下，他的古史新证对于历史学的发展，确是一桩有重大意义的工作。

在考定殷代世系，证明殷史信而有征的基础上，他进而根据甲骨文，参以经传等古书，论证了殷周制度的异同，肯定周制优于殷制。他敏锐地指出：“中国政治与文化之变革，莫剧于殷周之际”。“夏殷间政治与文物之变革，不似殷周间之剧烈”。“殷周间之大变革，自其表言之，不过一姓一家之兴亡与都邑之移转；自其里言之，则旧制度废而新制度兴，旧文化废而新文化兴”。周代社会制度的基本内容和特点，就是宗法和封建子弟的制度，以及与此相适应的尊尊亲亲贤贤和男女有别的道德原则。周朝靠着这一制度“纲纪天下”，而这种制度也成了“治天下之通义”。他的这些论断虽然仍未能说明殷周制度演变的本质特征，但由于所论

“皆有事实为之根据”，确已隐隐约约地看到了殷周之际的社会变动，部分地触摸到当时社会的表象，并有一定的说服力。这无疑给后来的古史研究者以极大的启示。

除了根据甲骨文字考证殷史外，他还在整理铜器刻辞方面取得显著成就，一部《尚书》不过二十九篇，每篇短者数十字，长者数百字。而铜器有铭文者甚多，每器铭文多者也达数百字。集周代钟鼎铭文，等于一部新《尚书》。因此，识读金文显然对于古史研究有重大意义。从前一般研究金文的，不过单据一器一字，以证经说字为归。他却能融会很多铜器上的刻辞，加以综合研究，对许多古代名物制度，作了通释和疏证。如《生霸死霸考》，就是搜集三代古彝器铭识上的干支，一一为之推审，以定其时代，更从其时代，推测古代历法。又如《明堂寝庙考》，也是根据许多古铜器铭文，折中历代经师的说法，进行论断，说明古代统治阶级的建筑制度，解决了历史上长期弄不清楚的一些问题。又如《鬼方、昆夷、玁狁考》也是根据铜器铭文，对北方匈奴族二千多年来，与夏、商、周、秦、汉五代的相互关系，以及长期来彼此战争、华夷消长等疑难历史，理出头绪，作了概述。这样，他通过识读和整理金文，使两千年前长期湮没了的，关于君王、诸侯、邦、伯、帅、尹、民族、国家、都邑、礼乐、风俗、习惯、历法、建筑乃至战争、交聘等方面的记载，重新复活起来，补正了诸史和群经之不足，充实了殷周社会生活方面的研究材料。

综上可见，王国维运用传统的考据方法和资产阶级实证论，在识读甲骨文和金文的基础上，以甲骨文证殷史，以金文证周史，在中国古代史的研究上，或者说在中国古代史料的训诂考据工作上，作出了创造性的卓越贡献。他是我国利用甲骨文金文解释中国古史的创始人。和康有为信今文而否定某些典籍的古史记载不同，也和章太炎信三皇五帝的古史体系，但不信甲骨金文不同，他以比较“可信”的“实证”与“经验”的方法，“由博以返约，由疑而得信”，“以事实决事实”，从而发前人之所未发，论证了中国古代史的若干重要史实。他在治史方法上比康、章确实跃进了一个时代，堪称中国近代资产阶级史学的一个代表。

但是，王国维毕竟是一个资产阶级史学家。他“反经信古”的治史动机，和“以事实决事实”的客观主义的治史方法，都使他的古史研究不可能真正达到揭示中国古代社会的本质特征和历史发展的客观规律。而且，从史实上看，他关于殷制无嫡庶之分，无宗法之制，不是嫡长继承制而是兄终弟及制等论断，与古书如《竹书纪年》《周书》《吕氏春秋》的某些记载，也不尽符合。而他对周制部分，引用的材料也都是晚周而不是西周的，更不是周公之制、嫡庶之制，以此与甲骨卜辞相比较，也是不恰当的。凡此，都说明他的古史研究，与殷周历史的实际，殷周社会的本质，都还有相当距离。

尽管如此，马克思主义史学家还是充分肯定他的史学成就。郭沫若指出，他的甲骨文和金文研究，是“划时代的工作”，称他为“新史学的开山”，(《鲁迅与王国维》)，说：“在中国文化上实际做了一番整理工夫的要算是以清代遗臣自任的罗振玉，特别是在前二年跳水死了的王国维。”我们清算中国古代社会，必须以“罗王二家的业绩为其出发点”(《中国古代社会研究·自序》)。侯外庐在评价《殷周制度论》时也说，“他并没有曲解历史，他的答案在求是，而求是的结果，则又足以讽刺批判了他的主观理想，客观上便是科学的。(《中国近代思想史》)

四、章太炎的史学思想及成就

在20世纪初，章太炎是中国资产阶级新史学中别具一格的史学家。政治上，他是资产阶级一位“有学问的革命家”(鲁迅《关于太炎先生二三事》)，学术上则是一位在国学上有多方面造诣的朴学大师。但从史学理论和史学成就的某些方面看，似又比梁启超、王国维保守。这是近代学术史上一个奇特复杂的现象。然而，从总体上考察，他的史学观点和史学实践，还是属于资产阶级新史学的一部分。他对资产阶级新史学的创立和发展，同样作出了重要的贡献。

章太炎（1869—1936），名炳麟，字枚叔，一作梅叔，因仰慕顾炎武（原名绛）、黄宗羲（字太冲）的为人，改为绛，别号太炎，浙江余杭人。

他九岁习诵儒家经典，二十二岁到杭州“诂经精舍”从朴学大师俞樾受业，埋头“稽古之学”。甲午战争使他从民族危机中觉醒过来，先后参加强学会和《时务报》《经世报》《实学报》等的编撰工作，与梁启超、汪康年、夏曾佑等交游，主张以“革政挽革命”（《论学会有大益于黄人亟宜保护》）。他钦佩康有为，但不赞成康借孔子“托古改制”，加上学术上与康、梁等分属古今文经派，门户之见，辄如冰炭。他还曾对张之洞《劝学篇》表示异议，被逐出《正学报》馆。戊戌变法失败，特别是义和团的反帝斗争和清政府的残民媚外，促使他进一步觉醒。1900年7月，在唐才常等发起的“张园国会”上，他当场“宣言脱社，割辫与绝”（冯自由《革命逸史》第二集），表示反清的革命决心。次年，他发表《正仇满论》，猛烈抨击梁启超的《积弱溯源论》，同保皇派展开了正面论战。1902年春，他逃亡日本，在孙中山支持下，与秦力山等发起“支那亡国二百四十二年纪念会”。1903年6月，发表了《驳康有为论革命书》，与保皇派展开了针锋相对的斗争，又为邹容《革命军》作序。在震动全国的“苏报案”中，他被逮捕。1904年冬，在狱中参与光复会的发起。1906年6月，刑满出狱，第三次东渡日本，被委任为《民报》主编，参与了同《新民丛报》的大论战，为辛亥革命作了舆论准备。此后，他因《民报》经费等问题，与孙中山等闹分裂。武昌起义后，他鼓吹“革命军起，革命党消”，要求解散同盟会，反对孙中山，支持袁世凯，发表许多不利于革命的言论。袁世凯任总统后，被委为总统府顾问和东三省筹边使。“二次革命”后，他被袁世凯软禁。袁死后，他又参与孙中山的“护法”运动。“五四”后，他日趋反动，主张“联省自治”，拥护军阀割据，攻击十月革命，反对孙中山三大政策和国共合作。晚年，还鼓吹“尊孔读经”。“九一八”后，他又投笔而起主张抗日，谴责蒋介石的卖国政策，同情学生爱国运动。

章太炎作为中国资产阶级民主革命派的一位代表人物，也很早就重视史学在政治斗争中的作用。早在19世纪末，他就开始从历史中寻找反封建的武器。他说：“余自幼专治《左氏春秋》，谓章实斋‘六经皆史’之语为有见。”（《自述治学》）又说：“遭世衰微，不忘经国，寻求政术，历览前史”（《菿汉微言》）。为此，撰写过大量史学论文，也参加翻译过许多世界史方面的论著。1902年后，他更深感有对中国历史重新研究的必要，写了《致梁启超书》《致吴君遂书八》以及重印本《訄书》中的《尊史》《哀清史》等史学理论方面的论著，系统地阐述了为革命而编写《中国通史》的主张。1906年，在《东京留学生欢迎会演说辞》中，他更明确提出：“用宗教发起信心，增进国民的道德”，“用国粹激动种性，增进爱国的热肠”的主张。他说，所谓“国粹”，“不是要人尊信孔教，只要人爱惜我们汉种的历史”，这就是“一是语言文字，二是典章制度，三是人物事迹”等三方面的内容。他认为，民族主义“如稼穑然”，依存于“史籍”，能起灌溉作用（《答铁铮》）。只要中国人懂得本国历史，“就是全无心肝的人，那爱国爱种的心，必定风发泉涌，不可遏抑”。直到晚年，他还反复著文强调研究历史的重要和读史的利益，认为只有提倡读史，才能“使阅者得知国家强弱的原因，战争胜败之远因近因，民族盛衰的变迁”（《论今日切要之学》）；而“不读史书，则无从爱国家”（《历史之重要》）。一句话，他“提倡读史之志，本为忧患而作”（《与邓之诚论史书》）。

正是基于这样的认识，他在20世纪初就研究提出了与当时的资产阶级史学大体相当的历史理论观点。他说，他自己最初“所持论不出《通典》《通考》《资治通鉴》诸书，归宿则在孙卿、韩非”（《章太炎自编年谱》）。但在《訄书·原变》中，他表明自己是进化论的信奉者，强调合群以进化的理论。他提出：“人之相竞也，以器”，认为“石刀、铜刀，铁刀，则瞻地者以其辨古今之期也”，宣传了以工具的改进作为人类进化尺度的观点。1902年在《致梁启超书》和《致吴君遂书八》中，则更进一步提出把进化论作为研究和编撰《中国通史》的指导思想。他说“所贵乎通史者，固有二方面：一方以发明社会政治进化衰微之原理为主，则于典志见之；一方以鼓舞民气，启导方来为主，则亦必于纪传见之”。他品评了中国历史上的旧史书，认为“前史既难当意”，根本之点就在于不识“进化之理”。他自己在编史的体例上仍然承继了旧史书那种典志、纪传的古气，但指导思想上却显然已与封建史学划清了界限。而且，在内容上也有明显的不同。他批判了循环论的历史观，“三统迭起，不能如循环；三世渐进，不能如推毂”（《征信论》）。打算在自己编写的百卷本中国通史中，“熔冶哲理，以祛逐末之陋，钧汲眢沈，以振墨守之惑”（《訄书·哀清史》）。中国通史在内容上应包括：“第一是制度的变迁，第二是形势的变迁，第三是生计的变迁，第四是礼俗的变迁，第五是学术的变迁，第六是文化的变迁”（《教育今语杂志》第二册《社说》）。他还把突变的观念引入自己的历史理论，把《革命记》《光复记》《洪秀全考记》等内容列入自己的中国通史的计划（《訄书·哀清史》），显得比梁启超等更为激进。

在治史方法上，章太炎也引进西方资产阶级的方法，并发展了“六经皆史”的观点，主张扩大史料范围，扩大历史视野，采用东西、中外比较法，并注意史事考订，反对今文学派的主观臆断。他说：“今日治史，不专赖域中典籍。凡皇古异闻，种界实迹，见于洪积石层，足以补旧史所不逮者；外人言支那事，时一二称道之，虽谓之古史，无过也。亦有草昧初启，东西同状，文化既进，黄白殊形，必将比较同异，然后优劣自明，原委始见。是虽希腊、罗马、印度、西膜诸史，不得谓无与域中矣。若夫心理宗教各论，发明天则，烝人所同，于作史尤为要领”。（《哀清史》）他还撰《征信论》，批判康有为等借今文经学“治史”，强调“治史尽于有征”，反对“妄意其事”。凡此，都表现了他治史上自成一格的特色。

他正是在这样的历史观的指导下，在辛亥革命准备时期，写出了一系列密切配合资产阶级革命斗争，在政治上有重大影响，在学术上也有一定价值的史学论著，其中最重要的有重印本《訄书》《诸子学略说》等。

《訄书》的《原人》《序种性》《原变》等文，既集中地反映了他的朴素唯物主义的认识论和资产阶级进化论的哲学观点，又可以视为他用进化论解释中国古史的历史著作。在这些文章中，他考察了人类的原始状态，考察了古代华夏族的形成史，考察了古代胡汉姓氏的同化史，对古代史特别是原始社会史，发表了许多卓越的见解。他说：“人之始，皆一尺之鳞也。化有蚤晚而部族殊，性有文旷而戎夏殊”。又说：“古者民知渔猎，其次畜牧，逐水革而无封畛；重以战争更相俘虏，羼处互效，各失其本，燥湿沧热之异而理色变，牝牡接构之异而颅骨变，社会阶级之异而风教变，号令契约之异而语言变，故今世种同者古或异，种异者古或同”。他说，与世界其他古老民族一样，“中国虽文明，古者母系未变”，直到夏朝母系社会终结，以男系为主的家庭出现，从此“女子称姓，男子称氏”经历过由野蛮到文明的变化。随着部族战争的进行，历史上出现“胜者常在督制系统，而败者常在供给系统。一部悉主，一部悉伏地为僮仆”的社会状况。他说，中国古代“天有十日，人有十等”，其中“隶僚以下，其始皆俘虏，而后渐以惩谪罪人”。他用进化论，考察了华夏民族的形成史，考察了我国原始社会的状况和向奴隶社会过渡的问题，得出了与夏曾佑《中国古代史》相似的论断。不过，他相信“中国人种西来说”，同样没有真正解决中国民族的产生和发展问题。

章太炎在史学研究上成绩最大的还是在中国几千年的学术思想史方面。由于他在小学和经学方面有很高造诣，在古史尤其是在学术思想史的研究上，就具备了异于常人的特别优越条件。在这方面的著作不仅数量宏富，而且质量也很高。重印本《訄书》中从《原学》到《学隐》等十三篇文章和《诸子学略说》，就是通过把儒家与先秦诸子作对比研究，而写成的有关中国几千年思想史的重要论著。其中心就是开展对于孔丘和儒家的批判。他指出：“中国学说，其病多在汗漫。春秋以上，学说未兴。汉武以后，定一尊于孔子，虽欲放言高论，犹必以无碍孔氏为宗，强相援引，妄为皮傅，愈调和愈失其本真，愈附会愈违其解故。故中国之学，其说不在支离，而在汗漫。自宋以后，理学肇兴；明世推崇朱氏，过于素王；阳明起而相抗，其言致良知也，犹云朱子晚年定论；孙奇逢辈遂以调和朱、陆为能，此皆汗漫之失也”。这是他对中国数千年学术思想的概述，也是他批儒的一个大纲，其锋芒集中指向“定一尊于孔子”的文化专制主义。他批判了孔丘和儒学以“富贵利禄为心”的思想，淋漓尽致地揭露了孔丘的“虚誉夺实”和尊孔派的“苟务修古”。他说：“孔子之教，惟在趋时，其行义从时而变”，“所谓中庸，实无异于乡愿”。

又说："中庸者，是国愿也"，惟妙惟肖地刻画出孔丘和儒家的嘴脸。他继承了"六经皆史"的观点，认为孔子在历史上的地位充其量不过是"古良史"，而儒家经典也不过为"纪事之书"，因而儒学只是"客观之学"。他还把孔子"下比刘歆"。这些论点，说明章太炎与改良派的学术史研究有所不同，闪耀着反封建斗争的光辉。他还从民主革命立场出发，利用和改造先秦诸子与其他思想家的学说。他推崇诸子学说，说诸子学说是"主观之学，要在寻求义理，不在考迹异同"。他说，老子"博览史事，而知生存竞争，自然进化，故一切以放任为主"。"非命之说，为墨家所独胜"，但"亦仅持之有故，未能言之成理"，"墨家尊信鬼神而言无命"，是"自相刺谬"。他还肯定墨子的"兼爱"和苦身劳形以忧天下的道德。他特别推崇荀况，以"孙卿为宗"，尊其"先师"，说"孙卿死，而儒术绝"。他宣传了荀况的朴素唯物主义的认识论和逻辑思想，认为荀况"名以稽实"的观点，把逻辑推理建立在客观事实的基础上，是值得称赞的。他肯定商、韩"法不阿贵""一断于法"的理论和反儒思想，商鞅的"六虱"和韩非的"五蠹"都是"拒儒家之说"。他还指出汉以后儒法合流的趋势。对于汉以后的思想家，大力表彰王充、王符、仲长统、崔寔、顾炎武、王船山、颜元、戴震等人。他特别推崇顾炎武、王船山的坚定反清思想和行为，尤其赞赏戴震的反理学斗争。这样，他为了资产阶级革命的需要，对以儒家为代表的中国旧学作了系统的批判，对中国的历史文化遗产作了比较全面的清算。他的学术史研究，不仅有着重大的革命意义，也有一定的学术价值。这也是他的史学在当时和后来都发生重大影响的原因所在。

此外他还写了一些直接服务于当时的革命的古代官制、法律和古今人物传记等著作。

必须指出，尽管章太炎从资产阶级革命需要出发，积极从事资产阶级新史学理论的创造，并以此为指导进行了对中国古代史，特别是对学术思想史的研究，作出相当于甚或在某些方面超过梁启超等人的成绩，为资产阶级新史学的创建和发展，作出了自己的贡献。但是，从总体上看，他的史学理论和史学成就似又比梁、王等人要略差一筹，他的某些缺点还是严重的。

首先，从史学理论和方法上看，虽然他与梁、王等都是引进资产阶级的进化论，但理论上却没有梁启超的系统、完整和透彻，方法上不如王国维的严密细致，特别是由于他受古文经学派家法的束缚太厉害，历史包袱更为沉重，就不敢大胆批判封建史学，不敢大胆怀疑古史，甚至直到晚年还不信甲骨文和金文，视“疑古之学”为“魔道”（《历史之重要》），视甲骨文和地下文物为“赝器”（《章太炎年谱长编》）。他虽曾用进化论观察分析上古史，但“六经皆史”，“夷夏之防”的观念却更多地支配着他对历史的具体研究。这样，他在历史观上就显得更加驳杂，封建色彩也就更加浓厚，似又比梁、夏、王等落后一些。

其次，从历史的具体研究上看，他一面激烈反孔，一面又大讲“国粹”，这使他不可能彻底反对封建文化，以至于晚年尊孔。他的学术观点也是多变的，其学术史著作，先是批孔反儒，后来又提倡尊孔读经。在对各种学术思想的评价上，有时强调“致用”，有时则坚持门户之见，因而偏激之词、武断和附会之处也很多。如说管、庄、韩“皆深识进化之理”，惠栋、戴震发现“支那文明进化之迹”（《致吴君遂书八》）。总之，庸俗的进化论和传统经学的束缚，使他不可能真正科学地解释中国历史。

（原载《中国史学发展史》，中州古籍出版社1985年版）

封建史学的回潮与没落

一、民初复古思潮对史学的影响

1911年的辛亥革命，是一次更完全意义上的具有全国规模的反帝反封建的资产阶级民主革命。它推翻了清政府，结束了两千多年来的封建君主专制制度，沉重地打击了帝国主义和封建势力在中国的统治。但是，以袁世凯为代表的封建买办势力，在帝国主义支持下，利用中国资产阶级的软弱，窃夺了这场革命的成果，并进而大搞复辟帝制活动。与此相配合，他们在文化思想上掀起了一股以尊孔读经为主要内容的复古思潮。这股思潮一度席卷整个意识形态领域，给当时的历史学界以严重的影响。

封建买办势力为了给尊孔读经的反动主张提供论据，一开始就利用历史学，使之充当他们复辟帝制和恢复旧文化的工具。他们歪曲中国历史，特别是中国的学术文化史，无以复加地抬高孔子和孔学的地位，宣扬国粹主义，用以反对和诋毁资产阶级革命，为复辟帝制制造舆论。在这方面，原资产阶级维新派首领，后堕落为保皇派的康有为，成了这股思潮的主要代表。他策动建立全国范围的“孔教会”，自任会长，几次三番地鼓动“定孔教为国教”，直接参与1917年的张勋复辟活动。还办起《孔教会杂志》《不忍》杂志等尊孔刊物，发表《孔教会序一、二》《中华救国论》《中国颠危误在全法欧美尽弃国粹说》《中国学会报题词》等一系列歪曲历史，鼓吹尊孔读经的文章。

在这些文章中，康有为攻击辛亥革命是“全法欧美而尽弃国粹”。他认为孔子是世界上独一无二的“至圣”，“孔子之道”或儒家思想是包罗万象的思想体系，是世界上最美最善的理论，任何国家的任何学说都不能与之比拟，是中国的“国魂”。所以他说“有意保中国，则不可不先保中国魂。”（《中国学会报题词》）他攻击辛亥革命时以章太炎为代表的资产阶级革命派的批孔，是“愚谬之甚”的行为。他说：“愚儒一孔，遂敢妄议孔子只为哲学、政治、教育之名家，仅侪之于希腊索格底、伯拉图之列。”（《孔教会序二》）他说法国资产阶级革命所要争取的目标，在中国二千年前就由孔子之经说达到了。“吾中国自汉世已去封建，人人平等，皆可起布衣而为卿相，虽有封爵，只同虚衔，虽有章服，只等徽章，刑讯到案，则亲王宰相，与民同罪”，“其余一切皆听民之自由。凡人身自由，营业自由，所有权自由，集会言论出版信教自由，吾皆行之久矣。”（《中华救国论》）他甚至说：“中国人数千年以来，受圣经之训，承宋学之俗，以仁让为贵，以孝弟为尚，以忠敬为美”，“则谓中国胜于欧美人可也。”（《物质救国论》）这样，在康有为的笔下，当时欧美资产阶级的精神文明，早已包容在二千多年前的孔学之中；中国辛亥革命所追求的各种政治上的民主自由，资产阶级共和国的一切事物，早在二千多年前的汉朝已经付诸实施。那么，辛亥革命不过是庸人自扰。他以为孔子学说是远胜于欧美的精神财富，中国所缺的只是物质文明。这是一种反动的国粹主义的奇谈怪论。实际上，不过是19世纪末洋务派“中学为体，西学为用”观点的翻版，其反动性则有过之而无不及。康有为的这些言论，使当时的尊孔复古思潮具有更大的欺骗性。这是封建买办势力直接利用史学将其纳入复古思潮，以配合复辟帝制的一种卑劣行径。

在复古思潮的严重影响下，一批清朝遗老和顽固坚持封建立场的文人，刊行了大量用封建史观和史法纂修的各种史书，传播封建正统观念和封建伦理道德，紧密配合着复辟帝制的活动。例如，原清国史馆总纂、清末封建顽固派和封建史学的重要代表王先谦（1842—1917），早在清季，就编撰《日本源流考》等书，用歪曲日本历史的手法，借题发挥，反对维新变法，反对资产阶级革命，为封建专制制度辩护；晚年又纠合一批学生编撰《后汉书集解》，在许多历史实例的解释上，恣意发挥其封建宗法思想和正统主义的陈腐观点。王先谦的门生、清末封建顽固派的另一个重要代表叶德辉（1864—1927），这时更自诩“前朝未死人”，积极参加鼓吹尊孔读经的活动。1915年他编成《经学通诂》，提出读经要做到所谓“六征”“四知”“五通”“十戒”，主张“以史证经”“以子证经”“以《说文解字》证经”等等，实际上依旧是把包括史学在内的一切学问都纳入注经的轨道，继续强使史学充当经学的附庸。他宣扬君臣父子“大义”，说什么大义虽乖，可以随时“匡正”，借此为袁世凯复辟帝制制造舆论。此外，还有柯绍忞的《新元史》，缪荃孙的《续碑传集》，闵尔昌的《碑传集补》，刘锦藻的《清朝续文献通考》、徐世昌修《清儒学案》《大清畿辅列女传》，张尔田著《史微》、孙德谦著《太史公书义法》等等，也推波助澜。他们修史的目的，用徐世昌的话说，就是“欲以圣贤义蕴提倡流布”，“崇儒重道，遐迩同风”，“因学以明道，修道以为教，翼以端本善俗，范围曲成，凡属斯民各尽其天界之聪明，尊所闻，行所知，皆优游于礼让道德之中”，一句话，即“崇圣道也。”（《清儒学案》序、凡例）这也就是为恢复封建文化专制主义统治尽力。他们的史法，用王国维的话说“仅周、汉治经之家法也。”（《玉谿生年谱序》）他们修史坚持封建旧史学的老套，把史书写成帝王的家谱，文臣武将的传记，根本没有人民群众的历史地位。在史事评论上，依然充满“史臣曰”之类的迂腐不堪的辞句。在辛亥革命之后的几年里，这些封建旧史的大量问世，无疑是适应于当时鼓噪复辟的政治气候，成为封建复古思潮的一个重要组成部分。

当然，这些史家和他们的著作在总结前人成果，搜集和增补历史资料，考订和纠正前人某些错误等方面，也还做了不少的工作，有一定的参考价值。有的书是修纂或刊行于辛亥革命之后，也多少打上某些时代的印记。如刘锦藻的《清朝续文献通考》，虽系仿《清文献通考》之作，但其中新添《外交》《邮传》《实业》《宪政》诸考，记述了清朝后期新的历史内容，字里行间还流露了一些资产阶级观点。

这时的封建史学回潮还表现在，某些资产阶级新史学家的动摇和倒退。突出的代表人物就是章太炎。章太炎这时在政治上坚决反对袁世凯的帝制自为，反对张勋的清室复辟，一度参加了孙中山的“护法”斗争。思想文化上也反对孔教会的“尊孔”活动，发表了《驳建立孔教议》《反对以孔教为国教示国学会诸生》等文，訾倡孔教会者“怪妄”。认为“中土素无国教，孔子亦本无教名。表章六经，所以传历史；自著《孝经》《论语》，所以开儒术”，“与宗教不相及”。他认为定孔教为国教，“犹素无创病，无故灼以成瘢”，是“规摹仲舒而为”的荒谬行为，是“杜智慧之门，乱清宁之纪”的坏事。所以，他要参加国学会的人，必须“先脱离孔教会”。凡此，都表示了他对尊孔复古思潮的一定程度的抗争。但这与他前期的反孔言辞相比，已是微不足道了。事实上，这时他只是反对复古派的视孔子为教主和定孔教为国教，反对今文经学家过分地抬高孔子和孔学而已；而在尊孔这一点上，却与前者没有什么差别。用他自己的话说，这时他自己的学术思想“终乃回真向俗”，“以庄证孔，孔庄合一”，重新恢复了孔子的“内圣外王”的地位。正是因为如此，他把在20世纪初的反孔的充满革命生气的政治学术论著《訄言》，删削成为尊孔的纯学术的《检论》。在《检论》中还增补了许多儒家的言论。他深情地说：“圣人之道，笼罩万有”，“洋洋美德乎，诚非孟荀所违闻”。由抬荀抑孔，倒退为尊孔抑荀。稍后，他还进一步发展到公开忏悔前期的“激而反孔”（《致柳翼谋书》）。他步康有为的后尘，也提倡“尊孔读经”，终致“身衣学术的华衮，粹然成为儒宗”（鲁迅《关于太炎先生二三事》）。章太炎这种政治学术观点的倒退，集中地反映了中国资产阶级的软弱性和妥协性。

在这种情况下，当时的史学园地里，虽然也有少数人运用新史观，在研究古史方面仍取得一定成就，如王国维的殷周史的研究；也有一些人写出了一些反映辛亥革命，揭露袁世凯、张勋复辟内幕一类的论著和回忆录等。但总的看来，资产阶级新史学著作显得稀疏冷落，几呈停滞状态。

这一时期封建旧史学的回潮和反扑，最突出的表现莫过于《清史稿》的编纂。

二、《清史稿》的修纂

易代修史，是我国史学的传统。其目的是述其兴衰之由，明成败之迹，作为鉴戒。袁世凯政府设清史馆修清史的表面理由也是如此。1914年，北洋政府国务院向总统袁世凯所上的关于设馆纂修清史的呈文写道："春秋而降，凡新陈之递嬗，每纪录而成篇……惟是先朝纪载，尚付阙如，后世追思，无从观感。及兹典籍具在，文献未湮，尤宜广召耆儒，宏开史馆，萃一代人文之美，为千秋信史之征"，以便"与往代二十四史，同昭垂鉴于无穷。"（朱师辙《清史述闻》）实际上，袁世凯也想借此"笼络清遗老"，以文事饰治。所以，国务院的呈文迅即得到袁世凯的允准，决定设立清史馆，并以总统的名义，延聘前清东三省总督赵尔巽为史馆总裁（后改称馆长），而赵尔巽则怀着"图报先朝"的心情走马上任。清史馆创立之初，赵即向袁世凯提出："往代修史，即以养士，欲援曩例以縶遗贤"的方针，深得袁的赞同和支持。在这样的方针下，赵对清季遗老耆儒"按籍而求，闻名而致"，聘请了柯劭忞、缪荃孙、王树枏、吴廷燮等一百余人参加纂修工作。除极个别人外，几乎全是清朝的遗老和封建旧史家。他们与赵尔巽一样，"多以元遗山自况，用修史以报故君。"（孟森《清史应否禁锢商榷》）

修史之初，就清史的体例进行了讨论。遗老们以"清史为结束旧史之时，不妨依据旧史"为借口（朱师辙《清史述闻》），否定了梁启超主张清史要反映社会新变化、新情况的"颇偏重新史体裁"的建议，接受于式枚、缪荃孙等的《谨拟开馆办法九条》作为修史的指导原则。于、缪等的建议开宗明义就提出："我大清定鼎二百余年，厚泽深仁，休养生息。上无失德之君，下无抗令之臣，固属前代稀有。而武功赫奕，拓土开疆，文教昌明，轶唐绍汉"，给清史的编纂定了基调。在体例上则"大体近法明史，而稍有变通"（《清史述闻》）。正是在这样的指导思想和修史原则下，他们对清王朝歌功颂德，"惓惓于故君之情，时流露于字里行间"（金毓黻《读清史稿札记》），而且，"以先朝之欲想为取舍，虽蹈曲笔而不辞”（孟森《清史传目通检》）。

清史的纂修经历了十四个年头。在北洋军阀政府的支持下，于1927年写成初稿。当时尽管史稿尚未综核，遗漏、牴牾之处尚多，但馆长赵尔巽一方面虑及“时局多故”，另一方面又自感年已垂暮，乃亟思告竣，提出“吾不能刊《清史》，独不能刊《清史稿》乎?”（《赵尔巽行状》）于是，在从张作霖处征得一笔资金后，就交袁金铠、金梁等仓卒付印。1927年夏，北洋政府行将灭亡，史稿尚有十分之一二未印，金梁即将书稿“携归私寓，日夕赶办，撰校兼行，一月之间，竟补至百卷”（金梁《清史稿回忆录》），并乘史馆诸人无暇顾及之机，“偷将各人之稿增改，复将卷首职名任意开列，又私作校刻记，窃称总阅”（朱师辙《清史述闻·窜改更正》）。及北伐胜利，书方印就，金梁又将印成之书，私自运往东北四百部。1930年，清史馆为故宫博物院接收，原史馆之人检阅史稿时，发现金梁偷改等情，遂集会讨论，决定将金梁窃改的部分抽换，其卷首职名重写，并把金梁私作的《校刻记》及增入的康有为、张勋列传抽出。但是，已运往东北之四百部已无法追回，这就出现了《清史稿》的关内本与关外本的区别。

刊行的《清史稿》计本纪二十五卷，志一百四十二卷，表三十五卷，列传一百一十六卷，共五百三十六卷，篇幅比二十四史中的任何一部都大，是近代一部大型的重要历史著作。

由于上述的指导思想和参加编纂人员的政治态度，决定了《清史稿》在政治上的反动倾向。问世后，它受到社会进步舆论的谴责。当时故宫博物院在上报国民政府的一份《呈请严禁清史稿发行文》中，就指出：赵尔巽之流“自诩忠于前朝，乃以诽谤民国为能事，并不顾其既食周粟之嫌，遂至乖谬百出，开千古未有之奇”。报告列举其十九条错误，提出“宜将背逆之清史稿一书，永远封存。”（朱师辙《清史述闻》）

《清史稿》对清王朝的统治备加赞颂。它称颂清王朝的建立是“顺天应人，得天下之正，古未有也。”（《遗隐传序》）又说清朝“凡滋生人丁，永不加赋，又普免天下租税，至再至三。呜呼，古未有也。”（《食货志序》）称颂清代“理明数确，器法精密，自古以来，所未有也。”

（《天文志序》）总之，清代的一切都是亘古未有的。至于对清朝的皇帝，更是备极赞誉之能事。称太祖努尔哈赤是“天赐智勇，神武绝伦”，称皇太极为“用兵如神，所向有功”，称康熙则“几暇格物，豁贯天人，尤为古今所未有”，甚至称道光是“恭俭宽仁”之主，同治“至勤至仁至明”，光绪更是“恩义兼尽，度越唐明远矣。”（均见《清史稿》之本纪）总之，在他们的笔下，清代的皇帝，几乎人人都可与被儒家美化了的圣人尧、舜、汤、武媲美。史官如此措辞，就后朝人修前朝历史的情况来说，“可谓开前古绝无仅有之例”（孟森《清史传目通检》）。

反之，对于不利于清王朝的历史事实和清朝统治者的暴政，《清史稿》则曲意回护隐讳。建州卫本系明朝属地，自永乐时即已设置官府，而它则“多方掩护，特立阿哈出传，意谓清非建州卫职者之裔，以示未服于明之意”（李权《清史稿管见》），对于清初的“圈地”，它写作“顺治元年，定京畿荒地及前明庄田无主者，拨给东来官兵”。对于清朝初年平定东南时之屠城，康熙、乾隆之游幸，康熙、雍正时之文字大狱，以及清末之纲纪废弛，权阉乱政，则“削而不录”。甚至将庚子之役时慈禧的被迫出走，书为“出巡”；将光绪被囚，则书“上有疾，命居瀛台养疴”等等。这些都是煞费苦心的曲笔。

《清史稿》对明遗臣及汉族人民的反清活动，则抱仇视态度、竭力贬低和否定，视其为“贼”“伪”“海寇”等等。它称太平天国农民起义为“寇”，将洪秀全与吴三桂并列于列传之末。而像吕留良、汪梅村等人的事迹，书中俱不记载，就连维新变法运动，也只在光绪《本纪》二十三年条内轻轻一笔带过。

更有甚者，《清史稿》虽在民国时代修纂，却站在清朝的立场上，诋毁辛亥革命，藐视和反对民国。称辛亥起义始“谋乱于武昌”，四川保路运动是“乱作”，秋瑾的革命活动为“阴谋乱”，徐锡麟的英勇就义是“伏诛”。反之，对于一些在辛亥革命中被革命派击毙的清朝督抚如端方、赵尔丰、松寿等，则称颂说“或慷慨捐躯，或从容就义，示天下以大节，垂绝纲常，庶几恃以复振焉。”（《清史稿》“列传”256）《清史稿》纪年，不奉民国正朔，凡民国以后之事，皆用干支或曰“越若干年”。

按照历代修史成例，卒于民国的清室遗臣，本不应为之立传。《清史稿》不仅违例，而且还大加颂扬。如称陆润庠、世续“鞠躬尽瘁，不忘故君，靖共尔位，始终如一，亦为人所难能者也。”（《清史稿》“列传”259）。还把溥仪于逊位以后所颁的“谥典”，分别写入这些人的列传之中它不是将王国维列入《儒林传》，而列入《忠义传》，只记其投湖自尽效忠清室一事。在该传中，把王国维死前北伐军节节胜利的形势，说成为“时局益危”。凡此，都表明编史者敌视民国，害怕革命的阴暗心理。

至于《清史稿》在学术方面的纰缪舛错，史实方面的疏漏遗误，更是不胜枚举。全书除观念陈腐而外，内容与目录、序例互相牴误，断限参差不一，重复、疏漏甚多，至于译名歧异、人名舛错等等，更是不一而足。

总之，《清史稿》全盘继承了封建正史的史观和体裁，宣扬封建主义的“三纲五常”和“劝忠效义”等伦理说教。而且，它实际上还违背了过去历代修史的惯例，作为民国的史官，却站在清朝的立场上，对清朝极尽歌颂、粉饰之能事；而对反清斗争，农民起义，特别是资产阶级的革命运动，则百般诋毁和抹煞。它的体裁也难以适应社会大变动时期记述历史的要求。加上仓促付印，草率成书，在技术上也存在许多问题。所以，它刊行以来，受到社会舆论的谴责是理所当然的。

尽管如此，《清史稿》在汇集和排比资料，叙述史事方面，仍有重要参考价值。此书刊行不久，人们在揭露其政治上和学术上的错误的同时，也承认它有可取之处，如有人说它“积十余年之岁月，经数十学者之用心，又有国史原本可据，而历朝所修之《实录》《圣训》及《宣统政纪》，并蒋、王、潘、朱四氏《东华录》，采摭甚富，史实赅备，囊括以成一代之大典，差足以继轨前代正史之后，而同垂于奕禩矣。”（金毓黻《读清史稿札记》）

《清史稿》所参阅的史料，有《实录》、国史、诏书、典志、传记（包括私人撰写的《碑传集》等）、纪事以及“征访所得”等公私资料一万七千余卷。编修人员多为满人和旧翰林院的史官，对这些资料比较熟悉，检阅采摭比较容易，有的史料也经过一定的辨别整理。所以，它虽不像金梁说的那样“务求传信，不尚文饰”，但确有相当的参考价值。

此外，在体例方面，《清史稿》也不能不打上某种时代的印记，有某些新的创造。这就是所谓“大体近法明史，而稍有变通”，或叫做“依据旧史，稍广类目”（朱师辙《清史述闻》）。例如，它创立《交通》《邦交》二志，《畴人》《藩部》《属国》三传，《诸臣封爵》《大学士》《军机大臣》《部院大臣》《疆臣》《藩部》等六表，就能反映部分社会的新现象。

《清史稿》产生于中国资产阶级新史学成长的年代，但它却适应了政治上和思想上那股封建主义的复辟逆流，体现了在受过一度猛烈冲击的封建旧史学的回潮。作为一部继踵“二十四史”的所谓正史，它的成就大大逊色于前此诸史，这也恰恰说明中国封建主义旧史学的没落。

三、对封建史学的再批判

就在以袁世凯、康有为为代表的封建买办势力在政治上搞帝制复辟，思想上搞尊孔读经的时候，一场反复辟、反封建的新文化运动，以前所未有的声势和姿态展开了。它给了封建旧文化，也给了封建史学，沉重的一击。从此，喧嚣一时的封建旧文化，以及封建史学，虽然在反动势力的支持下几度沉渣泛起，但总的趋势已是日薄西山。

这场新文化运动，是在新的历史条件下发生的。由于1914年帝国主义第一次世界大战爆发，列强一时无暇东顾，中国的民族资本主义工商业得到了进一步发展，中国民族资产阶级和工人阶级的力量都比战前壮大，新型的知识分子队伍也有了迅速的增长，这就增强了反封建的社会力量。与此同时，辛亥革命后，西方资产阶级的政治学说和文化思想广泛输入，也向人们提供了反封建的武器。就在这种形势下，以陈独秀、李大钊和鲁迅为代表的激进的资产阶级民主主义者，与资产阶级在政治上的反对帝制复辟的斗争相呼应，以1915年9月创刊的《青年杂志》（自第二卷起改为《新青年》）等杂志为阵地，奋起反对以孔子和孔学为中心内容的封建文化。他们高举民主和科学的旗帜，针锋相对地发出了

“打倒孔家店”的战斗号召，对孔子偶像，对封建伦理纲常，对鬼神迷信进行了猛烈的抨击。

新文化运动的倡导者们，一开始就痛切地指出，“中国腐朽的封建文化和政治制度，落后于欧洲几及千载，若“不能善变而与之俱进者，将见其不适环境之争存，而退归天然之淘汰”（陈独秀《敬告青年》），要拯救中国的危亡，改变国家贫穷落后的状况，就必须“弃数千年相传之官僚的专制的个人政治”，而“易以自由的自治的国民政治”（陈独秀《吾人最后之觉悟》），实现“科学与人权并重。”（陈独秀《敬告青年》）民主和科学不昌，其原因又在封建伦理道德没有扫除。所以，他们一开始就把斗争的锋芒直指孔子偶像和孔子学说的核心——纲常等级制度。他们尖锐地指出，孔子最先制定的三纲说，是封建专制主义的核心，是“一切道德政治之大原”“专制政治的灵魂”。孔子则是“历代帝王专制之护符”“保护君主政治之偶像”。他们针对封建买办势力定孔教为国教的喧嚣，反复论证了“孔教与帝制有不可离散之姻缘”，指出儒家伦理纲常与民主政治、纲常等级制与共和立宪制的尖锐对立。他们指出新旧两种文化是“绝不相容之物，存其一必废其一。”（陈独秀《吾人最后之觉悟》）号召青年起来“冲决过去历史之网罗，破坏陈腐学说的囹圄”（李大钊《青春》），“打倒孔家店”，铲除这“吃人的礼教”。

当时，新文化的倡导者们十分强调伦理道德与学术发展的关系。他们认为：“法律上之平等人权，伦理上之独立人格，学术上之破除迷信、思想自由，此三者为欧美文明进化之根本原因。”（陈独秀《袁世凯复活》）自19世纪以来，西方“文明”输入我国，最初促使中国人觉醒的资产阶级的学术思想，继之，则为政治上平等、民主和人权等观念。现在，到了“最后”的阶段，就是求得伦理上的解放。倘若伦理问题不解决，不仅会前功尽弃，而且“根本思想未尝变更，不旋踵而仍复旧观者，此自然必然之事也”。（陈独秀《宪法与孔教》）新文化运动发起的这场“覆孔孟，铲伦常”的斗争，不仅是对封建专制制度和为之服务的封建主义国粹的冲击，而且也意味着对以孔子学说为理论基础、以帝王将相为中心、以封建伦理说教的“垂训”为目的的封建史学体系，进行一次更为有力的批判，而且动摇了它的根基。

在这场新文化运动中，新文化运动的倡导者们为了批倒尊孔复古思潮，批倒封建旧文化，还大力提倡科学，进一步宣传和运用进化论的历史观。他们反复指出："宇宙间的精神物质，无时不在变迁，即进化之途"（陈独秀《孔子之道与现代生活》），"今世万事，皆在进化之途"（同上）。他们认为，自然和社会的历史就像是一种"大实在的瀑流永远由无始的实在向无终的实在奔流"（李大钊《"今"》，4号），"宇宙进化的大路，只是一个健行不息的长流，只是前进，没有反顾；只有开新，没有复旧，有时旧的毁灭，新的再生，只是再造，也断断不能说复旧；物质上、道德上，均没有复旧的道理。"（同上）根据这种进化观念，他们特别痛诋那种在学术上"独尊一说"的陈规陋见。指出，孔子之学只能说是儒家的一家之说，必不可称之为一国之学。那种"朕即国家"的思想施诸于政治不可，施诸学术更是荒谬。"以孔子统一古之文明，则老、庄、杨、墨、管、晏、申、韩、长沮、桀溺、许行、吴虞，必群起否认，开会反对；以孔子网罗今之文明，则印度、欧洲，一居南海，一居西海，风马牛不相及。"（易白沙《孔子平议》）总之，"文明进化之社会，其学说之兴废，恒时时视其社会之生活状态为变迁"。（陈独秀《孔子之道与现代生活》）这些言论，确实是所向披靡，有力地批判了封建买办势力的尊孔复古滥调，也批判了循环倒退的反动历史观，在史学思想上是一次较为深刻的革命。

在提倡科学和宣传进化论的历史观的同时，新文化运动的倡导者们，还宣传和提倡了一种以实证论为基本内容的研究方法。这就是主张用科学的态度来观察自然和社会现象，讲究求实精神，反对脱离实际的空谈。1919年"五四"前夕，有人曾专门著文概述过这种看法。他们认为，科学要研究事实，以"发明未知之理"（任鸿隽《何为科学家》），"唯其要研究事实，所以科学家要讲究观察和实验"，"我们东方的文化，所以不及西方的所在，也是因为一个在文字上做工夫，一个在事实上做工夫的原故"。这实际是对包括封建史学家在内的封建学者的治学方法的一个总的批评，是对资产阶级治学方法的一种提倡。

由上可见，五四运动前夕在中国大地上发展起来的这场新文化运动，是一次有重大历史意义的思想解放运动。它不仅在政治上有力地批判了封建专制制度，而且对以孔子和孔子学说为代表的封建旧文化进行了一次大扫荡，使中国几千年来封建社会的“大成至圣先师”，和神圣不可侵犯的儒家经书，威风扫地，为伟大的“五四”反帝反封建爱国运动作了思想准备。通过这场斗争，中国封建史学从指导思想、历史观点到治史方法，也都受到了一次较为彻底的批判。从中国史学发展史上看，这是远比辛亥革命准备时期，资产阶级抨击封建史学来得更为猛烈和深入的一场再批判运动，也是历史学的一次更深刻的变革。过去，古、今文经学派的封建史家，都是孔孟之道的信徒，他们的治史至多只能在一定的范围内去伪存真，考证出孔子经书的真本和本义，决不敢离经叛道。在他们心目中，只有儒家的“经书”才是古史的唯一经典，史学是处于经学的附庸地位的。梁启超所创立的资产阶级新史学理论，已摆脱了封建经学的束缚，但因为当时孔学没有经受一次彻底的批判，因而给封建史学留下了防空洞。只有在这次来势凶猛的新文化运动中，孔子和孔子学说的至尊地位发生了根本的动摇。使人们懂得，孔学只是春秋时代的一派学说，而且它的伦理观、政治观，到了现在必须给以批判；五经不过是记述历史的一种典籍，而且也可以任人怀疑、批评和驳斥；除了儒家经书外，历史材料也进而扩大到子、史、集部，扩大到考古发掘以及其他各种资料。从古史研究来说，先秦诸子（包括儒家）和两汉经师所制造出来的“三皇五帝”的古史体系，也因为经受不住进化论历史观和实际材料的验证，被怀疑和逐步抛弃。这样，史学就从经学的羁绊中彻底挣脱出来。封建史学也随同孔子和孔子学说一道，被逐步挤出了历史舞台，走向没落。正是在新文化运动的新思想的激励之下，在对于封建史学再批判运动的推动之下，“五四”以后，在资产阶级史学的阵营中，涌现出了新的流派。新文化运动对于封建文化和封建史学的再批判也为马克思主义唯物史观在我国的广泛传播，提供了一定的条件。

（原载《中国史学发展史》，中州古籍出版社1985年版）

我的一点体会

庄子有言："吾生也有涯，而知也无涯。"这对于已处在信息社会时代的今天的人们来说，更是如此。我认为，只有懂得这样的道理，才能及早地确定自己学术主攻的方向，终身努力，使自己成为"术业有专攻"的有用之人。

在进大学之前，对于自己的未来，有时是懵懵然，有时又产生过一些不切实际的幻想和梦想。是五年的大学生活，使我在知识海洋的徜徉中，逐步懂得了上面这个道理，才根据自身的条件和爱好，把自己的专业主攻方向确定在中国思想文化史方面，后来又把它与组织分配教学工作任务结合起来，最终定位在中国现代思想文化史的研究上。如果说，几十年来，我在教学和科研上尚有成绩可言的话，那么我的主要做法和体会就是：围绕上述具体的专业方向，来不断地充实自己，提高自己，并抓住一切可能的机遇，积极参加相关课题的研究，寻找和发现各种相关的研究课题，在学中干，在干中学，边学边干，边干边学，以"板凳要坐十年冷，文章不写一字空"的精神，锲而不舍地在中国现代思想文化史的土地上耕耘。这就是我贡献给当代大学生的一点心得体会。

编后语

杜蒸民先生1933年生于浙江省东阳市，1961年毕业于南京大学历史系，先后在蚌埠师专（现为蚌埠学院）、安徽教育学院（现为合肥师范学院）、安徽师范大学等单位工作，长期从事中国近现代史的教学与研究。

杜蒸民先生一生学术成果颇丰，在中国近现代史研究领域成就显著。本书即杜蒸民先生一生学术研究成果的萃编。本书根据研究内容，主要划分为李大钊研究、郭沫若研究、胡适研究、吕振羽研究、文史杂论五个部分，总计五十余万字。

鉴于本书所收录的文章写作时间跨度较长，历经数十年，且每篇文章都具有当时的时代特征。为了让读者更好地理解每篇文章，除个别文章略有删改外，书中的文章基本都以最初发表时的原貌呈现给读者，以防有所漏缺和误解。在编校过程中，我们在尊重原文的基础上，仅对文章中确属错误的文字、标点和一些无歧义的异体字略作修改，并对同一篇文章中的引文、注释格式等做出了适当的修正，使之大致统一，其他则一律依旧。

杜蒸民先生学术功底深厚，学问博大精深，著述勤勉丰富，但限于我们的学养和编辑经验，书中难免还存在着一些不足之处，真诚希望广大读者朋友批评指正。

编者

2021年1月